Fiktionalität

Revisionen
Grundbegriffe der Literaturtheorie

Herausgegeben
von

Fotis Jannidis
Gerhard Lauer
Matías Martínez
Simone Winko

4

De Gruyter

Fiktionalität

Ein interdisziplinäres Handbuch

Herausgegeben
von

Tobias Klauk
Tilmann Köppe

De Gruyter

ISBN 978-3-11-048613-1
e-ISBN 978-3-11-032260-6

Library of Congress Cataloging-in-Publication Data
A CIP catalog record for this book has been applied for at the Library of Congress.

Bibliografische Information der Deutschen Nationalbibliothek
Die Deutsche Nationalbibliothek verzeichnet diese Publikation in der
Deutschen Nationalbibliografie; detaillierte bibliografische Daten sind im Internet
über *http://dnb.dnb.de* abrufbar.

© 2014 Walter de Gruyter GmbH, Berlin / Boston

Satz: epline, Kirchheim unter Teck
Druck und Buchbinder: Hubert & Co. GmbH & CO. KG, Göttingen
♾ Gedruckt auf säurefreiem Papier

Printed in Germany

www.degruyter.com

Vorwort

Die in diesem Band versammelten Beiträge wurden am 12. und 13. Oktober 2012 auf einer Tagung diskutiert, die aus Mitteln der Exzellenzinitiative am Courant Forschungszentrum „Textstrukturen" an der Universität Göttingen finanziert wurde. Wir danken Nora Skorsinski, Hanan Natour, Astrid Schwaner und Evelyn Waldt für ihre Unterstützung während der Tagung und bei der Vorbereitung des Bandes.

Die Herausgeber

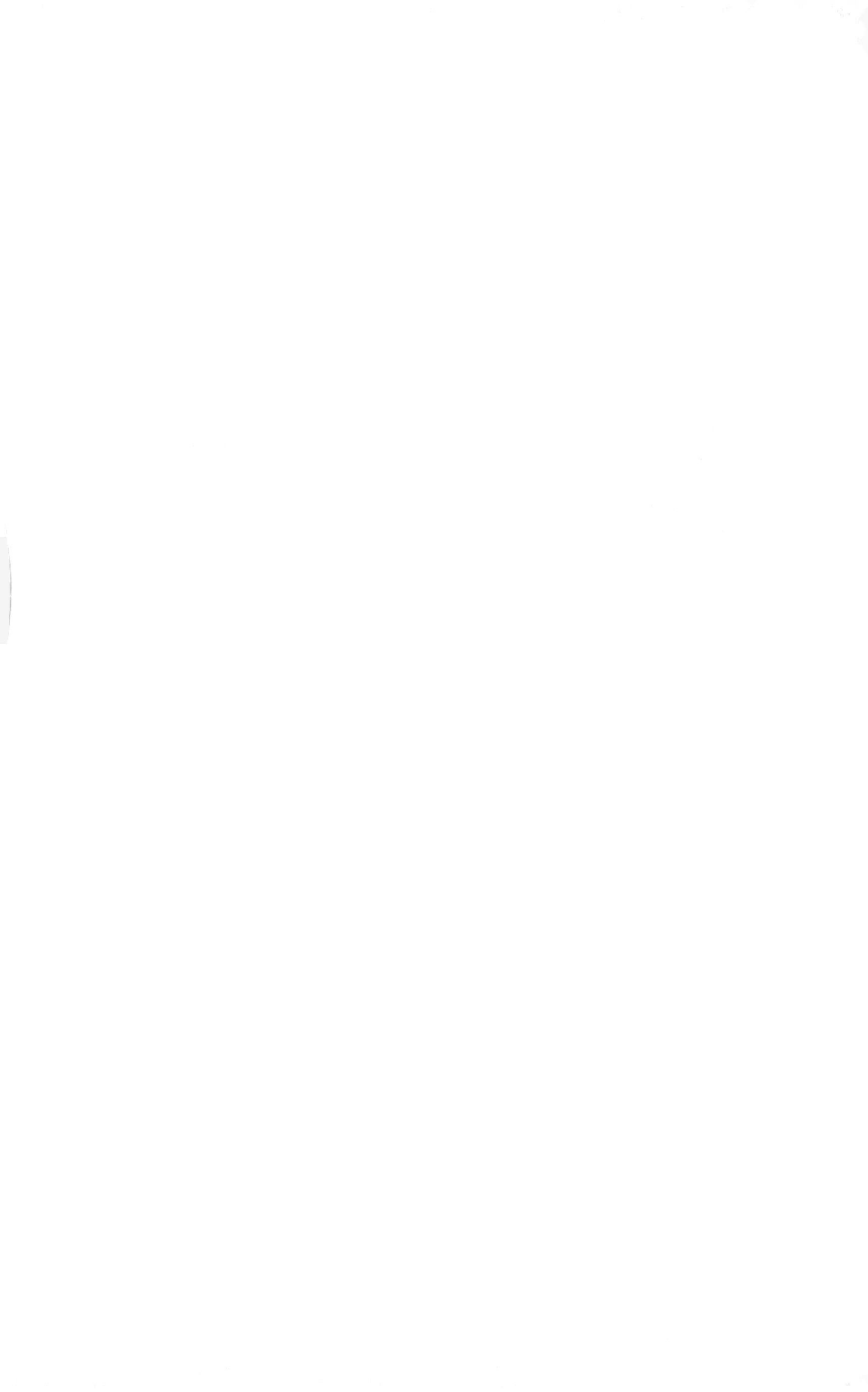

Inhalt

Einleitung

TOBIAS KLAUK / TILMANN KÖPPE
1. Bausteine einer Theorie der Fiktionalität 3

I. Theoretische Aspekte der Fiktionalität

TILMANN KÖPPE
2. Die Institution Fiktionalität. 35

J. ALEXANDER BAREIS
3. Fiktionen als *Make-Believe* 50

EDGAR ONEA
4. Fiktionalität und Sprechakte 68

Frank Zipfel
5. Fiktionssignale 97

JAN C. WERNER
6. Fiktion, Wahrheit, Referenz. 125

MARIA ELISABETH REICHER
7. Ontologie fiktiver Gegenstände. 159

TILMANN KÖPPE
8. Fiktive Tatsachen 190

OLIVER R. SCHOLZ
9. Fiktionen, Wissen und andere kognitive Güter. 209

EVA-MARIA KONRAD
10. Panfiktionalismus 235

TOBIAS KLAUK
11. Fiktion und Modallogik 255

II. Psychologie der Fiktionalität

RÜDIGER ZYMNER
12. Evolutionäre Psychologie der Fiktionalität 277

TILMANN KÖPPE
13. Theoretische Rezeptionspsychologie der Fiktionalität 298

ÍNGRID VENDRELL FERRAN
14. Das Paradoxon der Fiktion 313

NORBERT GROEBEN / URSULA CHRISTMANN
15. Empirische Rezeptionspsychologie der Fiktionalität. 338

III. Historische Dimensionen der Fiktionalität

WOLFGANG RÖSLER
16. Fiktionalität in der Antike 363

SONJA GLAUCH
17. Fiktionalität im Mittelalter 385

TILMANN KÖPPE
18. Fiktionalität in der Neuzeit 419

IV. Fiktionalität im disziplinären Kontext

JAN-NOËL THON
19. Fiktionalität in Film- und Medienwissenschaft. 443

REGINA WENNINGER
20. Fiktionalität in Kunst- und Bildwissenschaften 467

TOBIAS KLAUK
21. Fiktionalität in der Philosophie: Fiktionalismus 496

STEFAN HAAS
22. Fiktionalität in den Geschichtswissenschaften 516

Namen- und Sachregister 533
Anschriften der Beiträgerinnen und Beiträger 537

Einleitung

Tobias Klauk / Tilmann Köppe

1. Bausteine einer Theorie der Fiktionalität

Der Ausdruck ‚Fiktionalität' ist ein Terminus der Geisteswissenschaften. Er bezeichnet die Eigenschaft von Medien (Texten, Filmen, Comics usw.), fiktional zu sein oder, anders gesagt, eine Fiktion zum Gegenstand zu haben. Fiktionale Medien sind einem verbreiteten Verständnis zufolge Dichtungen oder Erdichtungen, sie handeln von Erfundenem. In diese Richtung weist bereits die Etymologie des Wortes: Das lateinische *fingere* kann mit ‚erdichten' übersetzt werden, *ficta* als ‚Erdichtetes'.[1] Der paradigmatische Fall einer solchen Erdichtung ist der Roman: Er handelt von Ereignissen, die nicht stattgefunden haben. Der Romanautor mag von der ihm bekannten Wirklichkeit angeregt worden sein und auf vielfältigste Weise auf diese Wirklichkeit anspielen; das ändert aber nichts daran, dass die Ereignisse, von denen in seinem Text die Rede ist, erfunden sind. Kompetente Romanleser (oder allgemeiner: Mediennutzer) wissen das. Sie lassen sich von diesem Wissen insofern leiten, als sie das im Roman Geschilderte nicht für bare Münze nehmen.

Die vorstehende Skizze gängiger Intuitionen zur Fiktionalität ist in verschiedener Hinsicht präzisionsbedürftig, und hier kommt die Theorie der Fiktionalität ins Spiel. So ist beispielsweise klar, dass ein Text nicht schon deshalb fiktional ist, weil er von Erfundenem handelt, denn das gilt schließlich auch von Lügen, Falschaussagen vor Gericht oder der Schilderung einer technischen Innovation beim Patentamt. Und sind nicht beispielsweise die Verfilmungen der *Harry Potter*-Romane fiktional, obwohl die Produzenten, Drehbuchautoren und Regisseure die Filmhandlung keineswegs erfunden, sondern vielmehr in der Romanvorlage vorgefunden haben? Ist das erste Kapitel von Gottfried Kellers Roman *Der grüne Heinrich* fiktional, obwohl dort von der Geographie von Zürich, Luzern, Genf und Konstanz die Rede ist – also Orten, die es auch in der Wirklichkeit gibt? Antike Mythen und manche Texte der Bibel handeln von Dingen, die es nie gab – aber sind sie

---

1 Vgl. etwa Gabriel: Fiktion, S. 595.

deshalb schon fiktional? In welchem Sinne stimmt es, dass fiktionale Texte eine eigene Wirklichkeit erschaffen, sonstige Texte aber nicht?

Die Theorie der Fiktionalität gibt Antworten auf Fragen wie diese, und sie tut dies in allgemeiner und systematischer Weise. ‚Allgemein' bedeutet, dass beispielsweise nicht über die Wirklichkeitsbezüge dieses oder jenes Einzelwerkes entschieden wird, denn das ist Sache der Interpretation des fraglichen Werks; vielmehr soll grundsätzlich geklärt werden, welche Beziehungen zwischen der Fiktionalität eines Werkes und der Wirklichkeit bestehen können. ‚Systematisch' sollte eine Fiktionalitätstheorie insofern sein, als die vielen Teilfragen und -probleme, die fiktionale Medien aufwerfen, im Rahmen einer möglichst einheitlichen oder geschlossenen Theorie behandelt werden sollten. Was Produzenten und Rezipienten fiktionaler Medien tun, wie diese Medien *qua* fiktionale gestaltet sind und wovon sie handeln, wie sie sich zur Wirklichkeit verhalten und welche historischen und kulturellen Voraussetzungen sie haben – diese Fragen sind nicht völlig unabhängig voneinander zu beantworten, und das sollte in einer Theorie insofern seinen Niederschlag finden, als die Antworten einander zumindest nicht widersprechen und idealerweise aufeinander aufbauen sollten. Einen Katalog wichtiger Teilfragen und -probleme der Fiktionalitätstheorie stellen wir in dieser Einleitung vor; sie bietet zugleich einen Überblick über die in diesem Band verhandelten Themen.

Zuvor sei noch von der Bedeutung der Fiktionalität die Rede. Fiktionale Medien spielen eine enorme Rolle in unserem Leben, und zwar von klein auf. Kinder lernen anhand fiktionaler Geschichten die Welt (und sich selbst in ihr) kennen, Erwachsene verbringen viel Zeit mit Spielfilmen, Fernsehserien und dergleichen, oder sie befassen sich mit einer medialen Berichterstattung, die ihre Existenz den fiktionalen Produkten der Unterhaltungsindustrie verdankt. Man darf vermuten, dass in weiten Teilen Vergleichbares auch für andere Zeiten, Kulturen oder Gesellschaften gilt. Die Praxis des Geschichtenerzählens, es handele sich um erfundene Geschichten oder nicht,[2] ist als solche nicht an eine moderne Medienlandschaft mit Fernsehen, Buchmarkt, Internet usw. gebunden. Vielmehr erhöhen diese Institutionen die Verbreitung oder Reichweite einer sozialen Praxis, die ihrerseits bedeutend älter ist und prinzipiell auch ohne sie auskommt. Noch deutlicher ist dies im Falle von Fantasien oder Tagträumen, die als rein private Beschäftigung keines Publikums bedürfen und als Vorstufen des Dichtens angesehen wurden.[3]

---

2 Vgl. Lamarque/Olsen: Truth, die sowohl eine Praxis des Erzählens fiktionaler Geschichten (S. 31) als auch eine literarische Praxis (S. 256) annehmen.
3 Vgl. Freud: Dichter.

Ein wichtiger Grund für ihre Verbreitung dürfte in den Funktionen fiktionaler Medien zu sehen sein. Einerseits befriedigen sie die Unterhaltungsbedürfnisse ihres Publikums, andererseits werden ihnen zahlreiche weitere Funktionen – dem Vermeinen nach höherer Dignität – nachgesagt. Zu ihnen gehören etwa die Moralerziehung, die Verbreitung von Kenntnissen oder Wissen über Sachverhalte in der Welt, die Ausbildung allgemeiner kognitiver Fähigkeiten und anderes mehr.[4]

Gemessen an dieser allgemeinen Bedeutung fällt kaum ins Gewicht, dass fiktionale Medien außerdem auch zu den Hauptgegenständen vieler akademischer Fächer gehören. Insbesondere die Literaturwissenschaften haben das Wort ‚Fiktion' zwar nicht im Titel; die von ihnen behandelte Literatur ist aber zum überwiegenden Teil die fiktionale Nationalliteratur des jeweiligen Fachs. Und gewiss gehört es zu den Aufgaben dieser Fächer, die Natur (oder, bescheidener formuliert: Aspekte) der Fiktionalität zu klären.

Anhand solcher Klärungsversuche wird eine weitere Besonderheit der Fiktionalitätstheorie deutlich: Man kann sie nicht betreiben, ohne über einige Grundprobleme von anthropologischem Format nachzudenken. Das gilt etwa für die Beziehung zwischen Sprache und Welt, die Regeln menschlicher Kommunikation oder die Natur und Entwicklung kooperativer (sozialer) Praxen. ‚Fiktionalität' hat damit das Zeug zu einer Art geisteswissenschaftlichem Grundbegriff. Er bezeichnet ein komplexes, vielschichtiges und insofern ‚höherstufiges' Phänomen, als ein umfassenderes Verständnis von Fiktionalität ein Verständnis vieler basaler Probleme involviert oder voraussetzt. Einen Beitrag dazu will der vorliegende Band leisten.

Terminologische Festlegungen

Eine wichtige Aufgabe von Theorien der Fiktionalität besteht in der Einführung terminologischer Unterscheidungen und Begrifflichkeiten. Einige für das Folgende wichtige Festlegungen führen wir an dieser Stelle an: Als ‚Fiktionalität' haben wir die Eigenschaft sprachlicher Einheiten (Sätze, Äußerungen, Texte usw.) oder sonstiger Medien (Bilder, Filme, Comics usw.) bezeichnet, fiktional zu sein. ‚Fiktionalität' und ‚fiktional' werden also von im weitesten Sinne semiotischen Entitäten ausgesagt. Als ‚Fiktionalitätsinstitution' wird die soziale (konventionalisierte) Praxis der Produktion und Rezeption fiktionaler Medien bezeichnet. Sollen fiktionale Texte von nicht

---

4 Vgl. die Beiträge *9. Fiktionen, Wissen und andere kognitive Güter*, *12. Evolutionäre Psychologie der Fiktionalität* und *15. Empirische Rezeptionspsychologie der Fiktionalität*. Eine umfassendere Liste von Kunstfunktionen, die auch fiktionale Medien umfasst, findet sich in Schmücker: Kunst.

fiktionalen Texten abgegrenzt werden, so wird für letztere manchmal der Ausdruck ‚faktual' verwendet. Damit ist dann allerdings eben *nur* die Tatsache gemeint, dass der fragliche Text nicht fiktional ist – und nicht etwa, dass der Text Fakten beschreibt oder wiedergibt. Auch ein Text, der auf Lügen oder Irrtümern beruht, könnte demnach ‚faktual' sein.

Die Ausdrücke ‚Fiktivität' und ‚fiktiv' bezeichnen die Gegenstände und Sachverhalte, von denen fiktionale Medien handeln.[5] So sind zum Beispiel die *Sherlock Holmes*-Romane fiktionale Texte, und der titelgebende Detektiv ist eine fiktive Person. Wird ein Gegenstand als ‚fiktiv' charakterisiert, so wird eine Aussage über seinen ontologischen Status (seine ‚Seinsweise') gemacht. Fiktive Gegenstände haben keine raumzeitliche Existenz.[6] Das unterscheidet sie natürlich von fiktionalen Gegenständen wie fiktionaler Rede oder fiktionalen Texten.[7] Als ‚Fiktion' bezeichnen wir die Gesamtheit der von einem fiktionalen Medium behandelten fiktiven Gegenstände, Ereignisse usw. So ist es beispielsweise Teil der *Sherlock Holmes*-Fiktion, dass Watson, Holmes' Freund und Gefährte, von den Abenteuern des Meisterdetektivs berichtet. Statt von der durch die Romane entworfenen Fiktion kann man auch von der ‚fiktiven Welt' der Romane sprechen. Die Rede von einer fiktiven Welt suggeriert, dass wir es mit einer zusammenhängenden (fiktiven) Ereignisfolge oder -struktur und nicht lediglich mit einzelnen Gegenständen oder Sachverhalten zu tun haben. Allerdings sind die genauen Abhängigkeitsverhältnisse kompliziert und umstritten. Die Frage, wie die Zusammenhänge von fiktionalen Medien und fiktiven Gegenständen verstanden werden können, was die Rede von ‚fiktiven Welten' eigentlich besagt und wie die Seinsweise fiktiver Gegenstände zu verstehen ist – dies sind Fragen, die in der Theorie der Semantik fiktionaler Rede, der Ontologie fiktiver Gegenstände sowie der Theorie fiktiver Tatsachen und fiktiver Welten verhandelt werden, von denen im Band ausführlich die Rede sein wird.

Auch für die Tätigkeiten der Produktion und Rezeption fiktionaler Medien wurden verschiedene Terminologien vorgeschlagen. So werden beispielsweise sowohl das Schreiben eines fiktionalen Textes als auch das Erschaffen fiktiver Gegenstände und Sachverhalte als ‚Fingieren' bezeichnet.[8] Im Einzelnen verbergen sich hier unterschiedliche Probleme: Die Produktion eines fiktionalen Textes und das Kommunizieren eines solchen Textes

---

5 Andere terminologische Festlegungen sind möglich und verbreitet. In den Geschichtswissenschaften etwa kann ‚fiktiv' die Nichtübereinstimmung von Text und Tatsachen und ‚fiktional' die narrativ-literarische Verfasstheit des historiographischen Textes bezeichnen, die diesen von einem reinen Tatsachenreport unterscheidet; siehe den Beitrag *22. Fiktionalität in den Geschichtswissenschaften*.
6 Siehe Beitrag *7. Ontologie fiktiver Gegenstände*.
7 Das gilt zumindest für die Token fiktionaler Rede und fiktionaler Texte.
8 Vgl. Iser: Das Fiktive, S. 18. Zur Kritik vgl. Zipfel: Fiktion, S. 184.

können u. a. unter linguistisch-pragmatischem, semantischem oder psychologischem, und die Erschaffung fiktiver Tatsachen kann unter ontologischem oder auch interpretationstheoretischem Gesichtspunkt betrachtet werden. Entsprechend vage ist die unqualifizierte Rede vom ‚Fingieren'. Fiktionstypische Rezeptionshaltungen werden oft mit den Ausdrücken ‚sich etwas vorstellen', ‚so tun als ob', ‚imaginieren' usw. bezeichnet; relevant dafür ist das menschliche Vorstellungsvermögen oder seine (Fähigkeit zur) Imagination.[9]

Wir kommen auf die hier angesprochenen Probleme bei der Vorstellung der Beiträge des Bandes zurück; an dieser Stelle genügt der Hinweis auf die entsprechenden terminologischen Festlegungen. Hervorgehoben sei noch einmal, dass eine Festlegung natürlich noch keine Explikation ist, und dass ihr sich alternative Terminologien an die Seite stellen lassen – was in der Fiktionalitätsdiskussion natürlich auch geschehen ist.[10]

Die Institution Fiktionalität

In vielen fiktionalitätstheoretischen Arbeiten – vielleicht in der Mehrheit – hat sich heute die Auffassung durchgesetzt, dass die Fiktionalität eines Mediums in entscheidender Weise von der Art und Weise abhängt, wie mit diesem Medium umgegangen wird. Damit ist aber nicht gemeint, dass jede Rezipientin und jeder Rezipient frei entscheiden könnte, ob ein vorliegendes Medium fiktional ist oder nicht. Vielmehr wird angenommen, dass es Konventionen oder Regeln gibt, die festlegen, wie mit fiktionalen Medien umzugehen ist bzw. was für Rezeptionsweisen für diese Medien angemessen sind. Eine solche soziale Praxis des geteilten Konventions- oder Regelwissens nennt man eine ‚Institution'.[11] Die Theorie der Institution Fiktionalität hat insbesondere die Aufgaben, die Zusammenhänge zwischen der Institution Fiktionalität und fiktionalen Medien zu klären und die an der sozialen Praxis beteiligten Normen zu benennen. Der Beitrag *2. Die Institution Fiktionalität* erläutert eine Möglichkeit, diese Aufgaben zu bewältigen. So ist argumentiert worden, ein Medium sei genau dann fiktional, wenn es mit der Absicht hervorgebracht wurde, gemäß den Konventionen der Fiktionalitätsinstitution rezipiert zu werden, und die zwei wichtigsten Konventionen der Institution werden (vereinfacht gesagt) darin gesehen, dass Rezipienten gegenüber den Gehalten der Medien erstens bestimmte Einstellungen einnehmen (bezeichnet als ‚make-believe', ‚so tun als ob' oder ‚vorstellen') und zweitens

---

9 Siehe den Beitrag *13. Theoretische Rezeptionspsychologie der Fiktionalität*.
10 Vgl. insbesondere den Beitrag *17. Fiktionalität im Mittelalter*.
11 Vgl. etwa Lamarque / Olsen: Truth.

von anderen Einstellungen (nämlich insbesondere dem Fürwahrhalten der Sätze des Textes) absehen sollen.

Fiktionen als *Make-Believe*

Dass die Rezeption von Fiktionen zentral mit der Imagination oder dem Vorstellungsvermögen von Rezipienten zusammenhängt, ist eine derart vage und auf den ersten Blick auch überzeugende Idee, dass sie eine weite Verbreitung gefunden hat. Eine Theorie, die diesen Aspekt gleichwohl in ihr Zentrum stellt, um von dort aus eine beeindruckende Menge fiktionalitätstheoretischer Probleme zu lösen, stammt von Kendall L. Walton. J. Alexander Bareis stellt diese Theorie in *3. Fiktionen als* Make-Believe in ihren Grundzügen vor. Walton argumentiert, fiktional seien jene Gegenstände, deren sozial anerkannte Funktion es sei, als Anleitungen zu einem ‚Imaginationsspiel' („game of make-believe") zu dienen. Fiktionale Werke, so die Grundidee, bestehen im Kern aus Vorstellungs-Vorschriften, d. h., sie laden ihre Leser dazu ein, sich vorzustellen, wovon sie handeln. (Walton ist darüber hinaus der Auffassung, dass solche Vorstellungs-Vorschriften auch *ad hoc* generiert werden können, ohne dass es dazu spezieller Intentionen etwa der Textproduzenten bedürfte.) Ausgehend von dieser Grundidee entwickelt Walton ein beeindruckendes Spektrum von Antworten auf fiktionalitätstheoretische Fragen – etwa auf die Fragen, welche fiktiven Tatsachen von einem bestimmten fiktionalen Werk ‚erschaffen' werden (s. den Beitrag *8. Fiktive Tatsachen*), wie unsere emotionalen Reaktionen auf für fiktiv gehaltene Gegenstände zu verstehen sind (s. den Beitrag *14. Das Paradoxon der Fiktion*), was fiktive Gegenstände sind (s. den Beitrag *7. Ontologie fiktiver Gegenstände*) oder was es bedeutet, dass ein Gemälde etwas darstellt bzw. einen repräsentationalen Gehalt hat (s. den Beitrag *20. Fiktionalität in Kunst- und Bildwissenschaften*). – Damit ist bereits angedeutet, dass Waltons Theorie zu den wichtigsten und auch einflussreichsten Fiktionalitätstheorien neueren Datums zählt. Wichtig ist jedoch auch zu sehen, dass das Merkmal, Anleitung zu einem ‚Imaginationsspiel' zu sein, Walton zufolge keineswegs nur den Gegenständen zukommt, die traditioneller Weise als fiktionale Medien aufgefasst werden (also etwa Romanen oder Spielfilmen). Der Begriff der Fiktionalität bekommt im Rahmen von Waltons Theorie eine wesentlich weitere Extension, und entsprechend umfassend ist auch das Spektrum der von seiner Theorie behandelten Themen: Nicht zufällig trägt Waltons 1990 erschienenes Hauptwerk den Titel *Mimesis as Make-Believe. On the Foundations of the Representational Arts.*

1. Bausteine einer Theorie der Fiktionalität

Fiktionalität und Sprechakte

Waltons Theorie stellt die Rezeption fiktionaler Medien ins Zentrum. Was aber tut der Autor eines fiktionalen Textes? Aus der Sicht der Sprechakttheorie, wie sie von John Searle entwickelt wurde,[12] sind insbesondere die folgenden Probleme klärungsbedürftig: Erstens stellt sich die Frage, wie es der Autor eines fiktionalen Textes schafft, sich normalerweise nicht auf die Wahrheit der Sätze seines Textes festzulegen, während er sich durchaus darauf festlegt, dass die Sätze *im Rahmen der Fiktion* wahr sind. Zweitens ist klärungsbedürftig, ob sich Autoren tatsächlich niemals auf die Wahrheit der Sätze fiktionaler Texte festlegen. Die zweite Frage verneint Searle mit dem Hinweis darauf, dass ein fiktionaler Text typischerweise aus einer Mischung fiktionaler und nicht fiktionaler Rede besteht. Für die nicht fiktionale Rede gelten dieselben Sprechakt-Bedingungen wie sonst auch, d. h. (beispielsweise), mit einer Behauptung legt sich der Sprecher auf die Wahrheit des Behaupteten fest. Komplizierter ist die Antwort auf die erste Frage. Denn Searle ist der Auffassung, dass die linguistische Form eines Satzes dessen Bedeutung bestimmt; und weiterhin nimmt er an, dass die Bedeutung des Satzes den illokutionären Akt bestimmt, den man mit dem Satz vollziehen kann. Das heißt beispielsweise, dass eine Sprecherin des Deutschen, die den Satz „Es regnet" äußert, gewissermaßen automatisch etwas behauptet: Wer diesen Satz – ohne weitere Einschränkungen – äußert, der legt sich damit auf die Wahrheit des Satzes fest. Nun äußern Autoren fiktionaler Texte ständig solche Sätze, und gemäß dem gerade genannten Prinzip wären sie allein dadurch auf die Wahrheit des Gesagten festgelegt – was aber offenkundig nicht der Fall ist. Searles Lösung des Problems liegt allerdings keineswegs in der Verwerfung entweder der Annahme eines regelhaften Zusammenhangs zwischen der Bedeutung eines Satzes und dem illokutionären Akt, den man mit seiner Äußerung vollzieht, und er ist auch nicht der Auffassung, dass fiktionale Rede als Sprechakt eigenen Rechts verstanden werden kann. Vielmehr argumentiert Searle, dass Autoren im Kontext der Fiktionalitätsinstitution nur so tun („pretense"), als vollzögen sie beispielsweise Sprechakte des Behauptens. Edgar Onea diskutiert im Beitrag 4. *Fiktionalität und Sprechakte* detailliert Searles Argumentation für diese Annahme und setzt sich mit Kritik auseinander. Dabei wird unter anderem deutlich, dass ein Großteil der – nicht zuletzt in der deutschsprachigen Diskussion – an Searle geübten Kritik fehlgeleitet ist,[13] und zwar beginnend mit der Annahme, Searle wolle mit seinem Text eine Theorie der Textsortenunterscheidung (s. u.) formulieren. Die eigentlichen, im Beitrag ausführlich diskutier-

---

12 Vgl. Searle: Speech Acts.
13 Vgl. stellvertretend etwa Hempfer: Fiktionstheorie.

ten Probleme, auf die seine Position antwortet, geraten dabei selten oder gar nicht in den Blick.

Fiktionssignale

Nicht zuletzt angesichts der pragmatischen und semantischen Besonderheiten fiktionaler Rede (sowie der damit verbundenen Besonderheiten der Redegegenstände und Verarbeitungsmodi) nimmt es nicht wunder, dass fiktionale Rede unter einem besonderen ‚Markierungsdruck' steht. Wer die besonderen Konventionen der Fiktionalitätsinstitution aufrufen – und damit die Lizenzen fiktionalen Sprechens in Anspruch nehmen – will, der muss gewährleisten, dass seine Rede von kompetenten Kommunikationsteilnehmern auch als fiktionale erkannt werden kann. Entsprechende sprachliche Mittel in ihrer Funktionsweise und ihren Varianten zu erklären, ist Aufgabe der Theorie der Fiktionssignale. Frank Zipfel gibt im Beitrag *5. Fiktionssignale* einen breiten Überblick über die theoretische Diskussion. Fiktionssignale lassen sich verstehen als sprachliche Merkmale, anhand derer die Klassifikation eines Textes (oder allgemeiner: eines Mediums) als fiktional begründet werden kann. Solche Merkmale lassen sich nach dem Ort ihres Auftretens (u. a. textuell, paratextuell) und nach der linguistischen Kategorie (u. a. syntaktisch oder semantisch) einteilen; außerdem kann man sie ihrer Eindeutigkeit, Verbindlichkeit oder ihrer epistemischen Stärke nach beurteilen, d. h., man kann Aussagen darüber zu treffen versuchen, wie gut die Gründe sind, die ein bestimmtes sprachliches Merkmal zur Textsortenunterscheidung (und damit zur Wahl der jeweils angemessenen Rezeptionshaltung) bereitstellt.

Fiktion, Wahrheit, Referenz

Wir haben bereits mehrfach erwähnt, dass Autoren sich mit den im Rahmen fiktionaler Werke geäußerten Sätzen typischerweise nicht auf deren Wahrheit festlegen. Davon unterschieden ist jedoch die rein semantische Frage, ob die in fiktionalen Werken geäußerten Sätze jemals wahr sein können. Jan Werner diskutiert sie in Beitrag *6. Fiktion, Wahrheit, Referenz*. Dabei stellt sich heraus, dass die Rede *über* Fiktionen semantisch mindestens ebenso spannend und rätselhaft ist wie fiktionale Rede selbst. Woran entscheidet sich, ob Sätze in und über Fiktionen wahr sein können? Eine wichtige Stellschraube ist die Semantik fiktionaler Namen. Der Name ‚Anna Karenina' bezieht sich, so eine mögliche Theorie, auf gar nichts, denn es gibt oder gab Anna Karenina nicht. Sätze mit leeren Eigennamen aber sind falsch oder wahrheitswertlos (man vergleiche ‚Die Periheldrehung des Merkur wird zum Teil durch den Planeten Vulkan verursacht'). Anderen Theorien zufolge bezieht sich der Name ‚Anna Karenina' sehr wohl auf etwas, z. B. auf einen abstrakten Gegenstand. Erstaunlicherweise heißt das nicht unbedingt, dass Sätze in und über Fiktionen damit einfach wahr sein können, denn nun ergibt sich das Problem, dass die Eigenschaften, die dem abstrakten Gegenstand ‚Anna Karenina' zugeschrieben werden, ihm eigentlich gar nicht zukommen können. Abstrakte Gegenstände stürzen sich beispielsweise nicht vor Züge, aber eben dies ist bekanntlich das Schicksal von Anna Karenina. Wir greifen aus der Vielzahl von Faktoren, die mit darüber bestimmen, ob Sätze in und über Fiktionen wahr sein können, einen weiteren heraus: Es ist bezweifelt worden, dass genuin interpretatorische Sätze Wahrheitswerte haben können, z. B. weil man der Ansicht sein kann, dass sich hinter der deskriptiven Oberflächenstruktur in Wirklichkeit präskriptive Sätze verstecken. Wenn man interpretatorische Sätze als Aufforderungen versteht, ein Werk in einer bestimmten Weise zu sehen, so kommen diesen Sätzen keine Wahrheitswerte zu: Aufforderungen haben keine Wahrheitswerte. Die Frage ist, ob dies die beste Art ist, interpretatorische Sätze für Fiktionen zu verstehen.

Ontologie fiktiver Gegenstände

Eng verwoben mit semantischen Fragen sind Überlegungen zur Ontologie fiktiver Gegenstände. Im Gegensatz zur Frage nach der Semantik von Ausdrücken in fiktionaler und über fiktionale Rede, die für verschiedene Fälle durchaus verschieden beantwortet werden kann, gibt es auf die ontologische Frage nur zwei Antwortoptionen: Entweder fiktive Gegenstände existieren oder sie existieren nicht. Die erste dieser Positionen ist ein Realismus, die zweite ein Antirealismus bezüglich fiktiver Gegenstände.[14] Da niemand der Auffassung ist, dass man fiktiven Gegenständen wirklich begegnen kann, wollen Realisten zudem angeben, um was für eine Art von Gegenstand es sich handelt. Fiktive Gegenstände, wenn es sie denn gibt, könnten bloß möglich sein, real aber nichtexistierend, oder abstrakt. Typischerweise wird für (und gegen) diese Positionen argumentiert, indem bestimmte Arten von Sätzen angeführt werden, deren intuitive Wahrheitswerte für die einzelnen Positionen besonders leicht oder besonders schwer zu erklären sind. Wir geben hier nur ein Beispiel: Antirealisten haben *prima facie* ein Problem mit Zuschreibungen so genannter ‚externer' Eigenschaften. ‚Sherlock Holmes

---

14 Es gibt im Übrigen eine semantische Art, den Unterschied zwischen Realismus und Antirealismus zu bestimmen, die nicht unbedingt deckungsgleich mit der genannten ist: Realisten behaupten dann, dass fiktive Namen referieren, Antirealisten bestreiten dies.

ist eine Figur von Conan Doyle' ist auf den ersten Blick ein wahrer Satz, mit dem einem Gegenstand (Holmes) eine Eigenschaft zugeschrieben wird. Existiert der Gegenstand aber gar nicht, wie Antirealisten behaupten, so ist der Satz falsch oder wahrheitswertlos, jedenfalls aber nicht wahr. Das muss nun nicht das Aus für eine antirealistische Theorie bedeuten. Ersten kann keine Theorie *prima facie* alle Typen von Sätzen mit (anscheinenden) Bezugnahmen auf fiktive Gegenstände erklären. Und zweitens lassen sich verschiedene Kniffe ersinnen, um doch noch bei den richtigen Wahrheitswerten anzulangen oder zu erklären, warum die falschen Wahrheitswerte nicht fatal sind. Maria Elisabeth Reicher gibt in Beitrag *7. Ontologie fiktiver Gegenstände* einen ausführlichen Überblick über die aktuelle argumentative Lage, bevor sie für ihre eigene Position, eine Form des Abstraktheits-Realismus, Stellung bezieht.

Fiktive Tatsachen

Ihr ontologischer Status ist nur eines der Probleme, die fiktive Gegenstände, Sachverhalte oder Ereignisse aufwerfen. Auf ein weiteres Problem verweist die Frage, welche Sachverhalte in der fiktiven Welt eines bestimmten Werkes eigentlich bestehen. Im Unterschied zu Tatsachen in der Wirklichkeit sind fiktive Tatsachen von fiktionalen Medien abhängig. Aber diese Medien sind erstens in der Beschreibung fiktiver Tatsachen nicht immer zuverlässig; mancher fiktive Icherzähler ist nicht sonderlich gut informiert darüber, was in seiner Welt der Fall ist, und trotzdem scheint sein Bericht die einzige Informationsquelle des Lesers zu sein. Zweitens sind fiktionale Medien in der Beschreibung fiktiver Tatsachen nicht erschöpfend. In fiktiven Welten, so eine verbreitete Intuition, sind viele Dinge der Fall, die nicht explizit beschrieben werden. Dass die Frage nach fiktiven Tatsachen keineswegs von rein (fiktions-)theoretischem Interesse ist, zeigt sich daran, dass sie wohl in so gut wie jeder Interpretation eines fiktionalen Mediums eine Rolle spielen dürfte. Denn was immer Interpreten fiktionaler Erzählungen oder Darstellungen auch sonst tun mögen – sie müssen sich auch um ein Verständnis des Erzählten oder Dargestellten bemühen oder ein solches Verständnis zumindest voraussetzen. Die Rede von ‚dem Erzählten' oder ‚dem Dargestellten' ist im Falle fiktionaler Medien nur eine andere Weise, von fiktiven Tatsachen zu sprechen: von jenen Tatsachen also, die die ‚fiktive Welt' eines fiktionalen Mediums ausmachen. Die fiktionalitätstheoretische Diskussion um fiktive Tatsachen, die von Tilmann Köppe im Beitrag *8. Fiktive Tatsachen* vorgestellt wird, hat sich vornehmlich um zweierlei gedreht. Erstens stellt sich die Frage, genau was der Fall sein muss, damit eine fiktive Tatsache besteht. In Rede steht damit eine Definition des Ausdrucks

‚fiktional wahr'. Kontrovers ist weder die Annahme, dass fiktive Tatsachen in irgendeiner Weise von fiktionalen Medien abhängen, noch, dass der Wortlaut eines fiktionalen Textes (oder auch die gezeigte Bildfolge eines fiktionalen Films) nicht hinreichend ist, um alle fiktiven Tatsachen eines fiktionalen Mediums zu determinieren. Die rekonstruierten Auffassungen von Kendall Walton, David Lewis, Gregory Currie und Jan Stühring zeigen jedoch, dass darüber hinaus in der Diskussion kaum Einigkeit besteht. Zweitens stellt sich die Frage, wie Leser herausfinden können, genau was in einer bestimmten fiktiven Welt der Fall ist. Diskutiert werden hier eine Reihe von Prinzipien der ‚Exploration fiktiver Welten', deren Ziel es ist, plausible Aussagen über das explizit im Text Gesagte hinaus zu ermöglichen. An dieser Stelle berührt sich die Theorie der Fiktionalität mit der Theorie der Interpretation. An letztere kann man den Anspruch erheben, dass sie Ziele und Standards der Interpretation spezifiziert – und zu diesen Zielen gehört, wie bereits bemerkt, die korrekte Beschreibung der von einem fiktionalen Werk erzählten (fiktiven) Sachverhalte.

Fiktion und Modallogik

Unter anderem im Zusammenhang mit fiktiven Tatsachen ist von der fiktiven Welt eines fiktionalen Werkes die Rede gewesen. Nun ist gar nicht unbedingt klar, was eigentlich gemeint ist, wenn man von solchen Welten spricht. Und es liegt nahe, die fiktiven Welten im Sinne der Mögliche-Welten-Semantik der Modallogik zu verstehen. Tobias Klauk untersucht in Beitrag *11. Fiktion und Modallogik*, inwiefern sich diese Idee fruchtbar machen lässt. Denn einerseits steht die Frage im Raum, ob die Modellierung von Fiktionen als möglichen Welten technisch sauber machbar ist. Traditionelle Einwände betreffen etwa die grundsätzliche Unbestimmtheit oder Unmöglichkeit mancher fiktiver Sachverhalte. Auch wenn diese Frage sich als prinzipiell beantwortbar herausstellt, so muss andererseits geklärt werden, was genau die Auffassung, Fiktionen ließen sich als mögliche Welten verstehen, eigentlich an theoretischer Arbeit leisten kann. Mit anderen Worten: Wenn Fiktionen (Mengen von) möglichen Welten sind, was haben wir dann besser verstanden? Wir greifen hier eine der im Beitrag besprochenen Thesen heraus: Autoren wie Doležel haben mit der Anwendung der Mögliche-Welten-Semantik auf Fiktionen die Hoffnung verbunden, gleichzeitig eine Bestimmung des Fiktionalitätsbegriffs zu leisten. Fiktionale Werke sind eben jene, in denen auf fiktive Welten Bezug genommen wird. Doch diese Idee ist problematisch: Erstens müssen solche Theorien nun den Begriff der Fiktivität erklären, ohne auf den Begriff der Fiktionalität zurückzugreifen – es gilt also zu erklären, warum Emma Bovary ein fiktiver Gegenstand ist, der Äther aber nicht, ohne dabei auf fiktionale Texte Bezug zu nehmen. Faktisch ist noch niemandem eine solche Erklärung gelungen. Zweitens lassen sich Beispiele für nichtfiktionale Texte finden, in denen hauptsächlich über fiktive Gegenstände oder Ereignisse gesprochen wird, man denke an literaturwissenschaftliche Arbeiten.

Das gerade genannte Beispiel betraf einen (rein semantischen) Ansatz zur Definition des Fiktionsbegriffs und die damit einhergehende Textsortenunterscheidung. Wir wollen an dieser Stelle ausführlicher auf diese beiden Anliegen der Fiktionstheorie eingehen.

Begriffsdefinition und Textsortenunterscheidung

Eine traditionell wichtige Aufgabe der Fiktionalitätstheorie besteht in der Beantwortung der Frage, was Fiktionalität eigentlich ist. Solche ‚Was-ist'-Fragen kann man oft als Aufforderungen zu einer Begriffsdefinition verstehen.[15] Die Definition gibt an, über genau welche Eigenschaften ein Gegenstand verfügen muss, um unter den fraglichen Begriff zu fallen. In einem zentralen – aber, wie mit Blick etwa auf Filme hinzuzufügen ist: nicht dem einzigen – Fall sind diese Gegenstände mündliche oder schriftlich fixierte Texte. Die Antwort auf die Frage ‚Was ist Fiktionalität?' wäre damit eine Theorie der Textsortenunterscheidung. Sie klärt, welches Set von Eigenschaften *allen* fiktionalen Texten und *nur* diesen zukommt.[16]

Theorien, die sich diese definitorische Aufgabe stellen, werden oft als Fiktionalitätstheorien im engeren Sinne verstanden. Man kann die wichtigsten Theorien der Textsortenunterscheidung nach dem Stellenwert sortieren, den sie bestimmten Aspekten der literarischen Kommunikation im Rahmen der Definition beimessen. Als ‚literarische Kommunikation' wird ein für den Fall schriftlich fixierter Texte modifiziertes Kommunikationsmodell bezeichnet: Jemand (der ‚Sender') produziert einen Text, der von jemandem (dem ‚Empfänger') gehört oder gelesen wird.[17] Produktion und Rezeption des Textes finden weiterhin in einem Kontext statt. Die wichtigsten Fiktionalitätstheorien (im engeren Sinne) sind demnach textbezogen, produktionsbezogen, rezeptionsbezogen oder kontextbezogen – je nachdem, an welcher Stelle der literarischen Kommunikation jene Eigenschaften loka-

---

15 Vgl. Robinson: Definition.
16 Man muss Fragen nach der Fiktionalität allerdings nicht auf Ebene von Texten oder Werken diskutieren. So kann man z. B. klären, worin sich fiktionale Rede von nichtfiktionaler Rede unterscheidet, ohne damit eine These zu verbinden, wie sich fiktionale Werke von nichtfiktionalen unterscheiden, s. den Beitrag 4. *Fiktionalität und Sprechakte*.
17 Vgl. etwa Zipfel: Fiktion, S. 34 ff.

lisiert werden, die die Fiktionalität eines Textes ausmachen sollen.[18] Wir stellen diese vier Optionen hier knapp vor und können uns dabei auf die bereits vorgestellten Überlegungen u. a. zur Semantik, Pragmatik, Rezeption sowie institutionellen Aspekten fiktionaler Rede beziehen. Theorien der Textsortenunterscheidung können nur so gut sein wie die zugrunde liegenden Theorien der genannten Aspekte. (Der Einfachheit halber gehen wir im Folgenden vom zentralen Fall fiktionaler *Texte* aus.)

Zu den textbezogenen Fiktionalitätstheorien zählen wir Ansätze, die die Fiktionalität eines Textes an seiner (im weiteren Sinne) syntaktischen Struktur oder aber seinen semantischen Eigenschaften festmachen. Als ‚syntaktische Struktur' bezeichnen wir hier bestimmte lexikalische oder grammatische Phänomene des ‚Diskurses' im erzähltheoretischen Sinne. Die semantischen Eigenschaften eines Textes betreffen dagegen dessen Bedeutung; im Kontext von Fiktionalitätstheorien ist insbesondere interessant, ob und in welcher Weise Eigennamen (‚Sherlock Holmes') in fiktionalen Kontexten auf etwas Bezug nehmen, ob fiktionale Sätze wahr sein können und ob sie von einer bestimmten (ontologisch distinkten) Klasse von Gegenständen oder Sachverhalten handeln.

Syntaktische Fiktionalitätstheorien werden selten oder nie in Reinform vertreten. Vertreter einer solchen Theorie sind auf die Annahme festgelegt, dass eine bestimmte lexikalische oder grammatische Struktur (genannt werden öfters Wendungen wie „Es war einmal" oder das grammatische Phänomen der erlebten Rede) notwendig und hinreichend dafür ist, dass der Text fiktional ist. Gegen beide Annahmen gibt es überzeugende Argumente: Dass eine bestimmte lexikalische oder grammatische Struktur nicht notwendig für Fiktionalität ist, sieht man schon daran, dass fiktionale Texte die syntaktische Struktur nicht fiktionaler Texte vollständig imitieren – und damit auf entsprechende Besonderheiten verzichten – können. Und umgekehrt kann ein nicht fiktionaler Text, etwa aus stilistischen Gründen, typische lexikalische oder grammatische Merkmale fiktionaler Texte aufweisen. So kann ein Feuilletonist beispielsweise seinen Beitrag mit den Worten „Es war einmal eine Kanzlerin" eröffnen, ohne dass der nicht fiktionale Status seines Kommentars damit gefährdet würde. Auch wenn syntaktische Fiktionalitätstheorien also defizitär sind, so können lexikalische und grammatische Strukturen doch als Fiktionssignale eine Rolle spielen (s. o. sowie den Beitrag *5. Fiktionssignale*).

Etwas interessanter als die syntaktischen Fiktionalitätstheorien ist die Gruppe der semantischen (textbezogenen) Fiktionalitätstheorien. Fiktionale Texte, so ein nahe liegender Gedanke, sind wesentlich dadurch gekennzeichnet, dass in ihnen auf Dinge und Ereignisse Bezug genommen wird, die es

---

18 Vgl. zum Folgenden Gertken / Köppe: Fiktionalität.

nicht gibt. Dieser Gedanke lässt sich im Prinzip auf der Satzebene oder auf der Wortebene ausbuchstabieren, ein Text könnte also genau dann fiktional sein, wenn er falsche Aussagen macht oder nicht-bezeichnende Ausdrücke enthält. Diese Bedingungen sind allerdings ganz offenbar zu schwach. Nicht jeder Text, der einen falschen Satz oder einen Ausdruck enthält, der sich auf nichts bezieht, ist fiktional. Es hilft dabei nicht, lediglich zu fordern, dass ein Text hinreichend viele falsche Sätze oder Sätze mit nicht-bezeichnenden Ausdrücken enthält, denn es gibt natürlich nicht fiktionale Texte, die auch diese schwache Bedingung erfüllen, man denke z. B. an wissenschaftliche Texte über den Äther.

Es liegt nahe, diese Probleme durch einen Ansatz umgehen zu wollen, der einen Text genau dann für fiktional hält, wenn in ihm (ausreichend häufig) auf fiktive Gegenstände oder fiktive Ereignisse Bezug genommen wird. Angenommen wird also eine spezielle ontologische Klasse von Gegenständen oder Ereignissen – gute Beispiele für solche Theorien sind z. B. die Ansätze von Pavel und Doležel, die fiktionale Werke mit Rückgriff auf fiktive Welten bestimmen wollen.[19] Auf die Probleme solcher Ansätze sind wir im vorigen Abschnitt bereits eingegangen.

Produktionsbezogenen Fiktionalitätstheorien zufolge ist ein Text genau dann fiktional, wenn er auf bestimmte Weise hervorgebracht wird. Eine auf die Produktion sprachlicher Äußerungen zugeschnittene Theorie ist die Sprechakttheorie, deren bekannteste Version von John Searle stammt. Entsprechend nimmt es nicht wunder, dass Searles „The Logical Status of Fictional Discourse" die mit Abstand meistdiskutierte produktionsbezogene Fiktionalitätstheorie ist. Searle zufolge bestehen fiktionale Äußerungsakte („fictional discourse") im Vorgeben eines illokutionären Aktes in der Absicht, bestimmte Konventionen aufzurufen, die die normalerweise mit illokutionären Akten des fraglichen Typs verbundenen Anforderungen außer Kraft setzen.[20] Eine Einschränkung ist an dieser Stelle allerdings wichtig: Searle präsentiert seine Theorie fiktionaler Äußerungsakte nicht als Theorie der Textsortenunterscheidung; er ist vielmehr der Auffassung, dass fiktionale *Texte* durchaus aus fiktionalen *und* nichtfiktionalen Äußerungsakten hervorgehen können. Folglich sollte „The Logical Status of Fictional Discourse" eher als Beitrag zu den oben erwähnten pragmatischen Problemen gesehen werden, die fiktionale Rede im Kontext der Sprechakttheorie aufwirft.[21] So oder so stellt sich die Frage, wie genau man sich das Vorgeben eines illokutionären Aktes vorzustellen hat und wie die Konventionen zu

---

19 Für eine Diskussion der Ansätze von Pavel und Doležel siehe den Beitrag *11. Fiktion und Modallogik*.
20 Vgl. Searle: Status.
21 Siehe den Beitrag *4. Fiktionalität und Sprechakte*.

bestimmen sind, die die normalerweise mit illokutionären Akten des fraglichen Typs verbundenen Anforderungen außer Kraft setzen. Es stellt sich heraus, dass befriedigende Antworten neben der Person des Autors auch Fragen der Rezeption und des Kontextes berücksichtigen müssen. Die Fragen der Pragmatik, die hier einer Rolle spielen, lassen sich nicht ohne weiteres auf produktionsspezifische Aspekte reduzieren. Dieser Umstand betrifft auch die vielen Vorläufer Searles, die Fiktionen als spezielle Art des So-tun-als-ob verstehen.[22]

Die Grundidee rezeptionsbezogener Theorien ist, dass die Fiktionalität eines Mediums in erster Linie Sache des Verhaltens der Mediennutzer ist. Der wichtigste Vertreter einer solchen Theorie ist Kendall Walton. Dessen Theorie ist aber ebenfalls keine Theorie der Textsortenunterscheidung, vielmehr hat sie, wie oben angedeutet, eine deutlich größere Reichweite und einen auf andere Probleme ausgerichteten Erklärungsanspruch. Eine wichtige Pointe von Waltons Theorie ist denn auch, dass das für fiktionale Medien charakteristische Rezeptionsverhalten (nämlich „make-believe") nicht nur für jene Medien einschlägig ist, die traditioneller Weise als fiktionale angesehen werden. Entsprechend wenig Wert legt Walton auf Fragen der Textsortenunterscheidung.

Dass für die Rezeption fiktionaler Medien ein bestimmtes Rezipientenverhalten charakteristisch ist, ist gleichwohl natürlich schon vorher bemerkt worden. Gerne zitiert wird beispielsweise die Formulierung Samuel Coleridges, was Leser an den Tag legten, ließe sich als „willing suspension of disbelief" beschreiben.[23] Liest man Coleridge sehr wohlwollend, dann verbirgt sich in diesem *Soundbite* bereits der negative Teil der Walton'schen Idee, dass es in der Rezeption von Fiktionen nicht in erster Linie darum geht, Meinungen über Tatsachen zu erwerben, sondern Vorstellungsspiele zu spielen. Kritischer gelesen, behauptet Coleridge dagegen, dass wir in der Rezeption fiktionaler Werke das automatisch auftretende Für-falsch-halten der im Text beschriebenen Sachverhalte aktiv unterdrücken müssen. Diese Idee ist sicherlich falsch.

Kontextorientiere Fiktionalitätstheorien legen besonderen Wert auf einen Aspekt, der bereits bei unserer knappen Vorstellung produktions- und rezeptionsbezogener Fiktionalitätstheorien eine wichtige Rolle gespielt hat: die Bedeutung sozialer (,institutioneller') Konventionen oder Regeln. Bereits Searles Theorie fiktionaler Rede beruht wesentlich darauf, dass bestimmte Äußerungsakte in der Absicht hervorgebracht werden, ein bestimmtes Konventionsset aufzurufen; in Waltons „make-believe"-Theorie ist einerseits je-

---

22 Vgl. Mercolli: Analyse.
23 Die Formel stammt aus Samuel T. Coleridges „Biographia Literaria" (1817); vgl. Carroll: Philosophy, S. 64 f., für eine gute Diskussion und Kritik.

des ‚Vorstellungsspiel' durch ein ggf. *ad hoc* vereinbartes Set von Regeln definiert und andererseits verfügen manche Artefakte (z. B. Romane) über die *sozial anerkannte*, d. h. konventionalisierte, Funktion, in diesem Sinne Anleitung zu einem Vorstellungsspiel zu sein. Kontextorientierte Theorien der Textsortenunterscheidung versuchen, die Strukturen und Inhalte solcher Konventionen oder Regeln (oder, mit einem anderen Wort, der fraglichen sozialen Praxis oder Institution) zu erklären.[24] Besonders detaillierte Ausführungen zur Struktur dieser Regeln sowie zur durch sie angeleiteten kommunikativen Praxis finden sich in Gregory Curries *The Nature of Fiction* aus dem Jahr 1990.[25] Currie verbindet in seiner Definition des auf Texte zutreffenden Fiktionalitätsbegriffs die (‚rezeptionsbezogene') Annahme, dass Leser fiktionaler Texte oder anderer Medien ein bestimmtes Verhalten an den Tag legen, mit der (‚produktionsbezogenen') Annahme, dass dieses Verhalten intendiert ist; und ermöglicht wird beides durch die Konventionen einer nach Grice'schem Muster ausbuchstabierten kommunikativen Praxis, die Autoren- und Leserverhalten koordiniert. Theorien der Textsortenunterscheidung, das zeigt das Beispiel der kontextorientierten (institutionellen) Theorien, lassen sich nur grob und zu Übersichtszwecken in der hier vorgenommenen Weise einteilen, Überschneidungen sind unvermeidlich. Die meisten modernen textsortenunterscheidenden Theorien der Fiktionalität lassen sich im weitesten Sinne als pragmatisch bezeichnen, weil sie auf die eine oder andere Weise versuchen, das konventionalisierte Zusammenspiel von Autoren, Texten und Lesern in den Blick zu nehmen.

Gewisse Anforderungen richten sich an alle klassifikatorischen Theorien der Fiktionalität. So sollte geklärt sein, für welche Gegenstände (und welche Zeiten) die Klassifikation jeweils gelten soll. Bereits angedeutet haben wir, dass kontrovers sein kann, ob sich die Fiktionalität eines Textes auf den gesamten Text oder vielmehr einzelne seiner Teile, etwa Sätze, erstreckt.[26] Ebenso sollte eine klassifikatorische Theorie der Fiktionalität dem Umstand Rechnung tragen, dass die Klassifikation *einzelner* Texte als fiktional oder nicht fiktional höchst umstritten sein kann. Weiterhin gibt es bestimmte Textgattungen oder Medien, deren Fiktionalitätsstatus insgesamt umstritten ist, etwa die Autofiktion oder das Doku-Drama.[27] Welche Konsequenzen aus diesen Beobachtungen gezogen werden sollten, bedarf in jedem Fall der sorgfältigen Abwägung. Eine übliche Reaktion auf Fälle wie die geschilderten wäre etwa, dem Fiktionalitätsbegriff ‚unscharfe Ränder' zuzusprechen;

---

24 Vgl. Lamarque / Olsen: Truth.
25 Siehe die Beiträge *2. Die Institution Fiktionalität* und *3. Fiktionen als* Make-Believe.
26 Siehe den Beitrag *4. Fiktionalität und Sprechakte*. Für den Fall einzelner Ausdrücke siehe den Beitrag *6. Fiktion, Wahrheit, Referenz*.
27 Vgl. Zipfel: Autofiktion; siehe auch den Beitrag *19. Fiktionalität in Film und Medienwissenschaft*, insbes. Abschnitt 4.

neben zentralen oder paradigmatischen Fällen gäbe es dann auch noch Fälle an der ‚Peripherie' des Begriffs, in Bezug auf die eine Klassifikation nicht möglich ist. Zusätzlich ist denkbar, die Begriffe des Fiktionalen und Nicht-Fiktionalen nicht als exklusiv oder die Unterscheidung nicht als vollständig anzusehen. Ist ersteres der Fall, so kann ein Medium sowohl fiktional als auch nicht fiktional sein; im Falle der Unvollständigkeit der Unterscheidung gäbe es neben fiktionalen und nicht fiktionalen Medien noch eine dritte Kategorie, deren Mitglieder weder fiktional noch nicht fiktional sind.[28] Entsprechende Klassifikationen werden etwa für mittelalterliche Literaturen diskutiert; die theoretische Aufgabe besteht hier darin, genau aufzuzeigen, welche Merkmale die Gegenstände der jeweiligen Klassen voneinander unterscheiden.[29]

Aus dem Vorstehenden wird deutlich, dass eine Theorie der Textsortenunterscheidung auf theoretischen Annahmen etwa zur Pragmatik oder Semantik fiktionaler Rede, zur Rezeptionspsychologie oder zur Ontologie fiktiver Gegenstände beruht. Tatsächlich sind wir der Auffassung, dass eine begrifflich saubere Textsortenunterscheidung keineswegs die wichtigste oder dringendste Aufgabe einer Theorie der Fiktionalität ist. Denn in ihren vortheoretischen Intuitionen, welche Werke fiktional sind und welche nicht, stimmen Theoretiker zumindest insofern überein, dass es klare Fälle für fiktionale und nicht fiktionale Werke gibt sowie verschiedene Fälle, über die Streit herrscht, die schwierig zu beurteilen sind, in Grauzonen fallen und dergleichen. Ob eine textsortenunterscheidende Theorie gut ist, wird unter anderem über den Abgleich mit diesen vortheoretischen Intuitionen bestimmt.[30] Es ist also keineswegs so, dass erst mit einer fertigen Theorie der Textsortenunterscheidung andere Teilbereiche einer Theorie der Fiktionalität in Angriff genommen werden können.

Panfiktionalismus

Allen Versuchen einer Textsortenunterscheidung fiktionaler und nichtfiktionaler Texte gemeinsam ist die Ablehnung von in literaturwissenschaftlichen, philosophischen oder auch geschichtstheoretischen Kontexten unter dem Schlagwort des ‚Panfiktionalismus' verhandelten Argumentationen, die die Unterscheidbarkeit zwischen fiktionalen und nicht fiktionalen Medien

---

28 Vgl. Gertken / Köppe: Fiktionalität, S. 259 f.
29 Siehe den Beitrag *17. Fiktionalität im Mittelalter*.
30 ‚Panfiktionalisten' weichen von diesem Konsens ab; aber erstens möchte wohl kein Panfiktionalist behaupten, dass die vortheoretischen Intuitionen, um die es hier geht, den Panfiktionalismus nahe legen oder gar stützen, und zweitens ist der Panfiktionalismus mit schier unüberwindlichen Einwänden konfrontiert (s. u.).

grundsätzlich in Frage stellen möchten. Wir sind eingangs davon ausgegangen, dass die Unterscheidung zwischen fiktionalen und nicht fiktionalen Texten grundsätzlich sinnvoll ist. Doch diese Voraussetzung wird nicht universell geteilt. Zwar bezweifelt niemand, dass fiktionale Texte existieren, doch immer wieder findet sich die Idee, dass alle Texte in gewisser Weise fiktional sind. Dies ist die These des Panfiktionalismus. Es ist verhältnismäßig einfach, in den Sog dieser Idee zu geraten. Wir haben bereits gesehen, dass sich Eigenschaften fiktionaler Texte oft auch in nicht fiktionalen Texten wiederfinden lassen und dass die Grenze zwischen fiktionalen und nicht fiktionalen Texten unscharf zu sein scheint. Warum also nicht annehmen, dass sich die Grenze gar nicht ziehen lässt und alle Texte fiktional sind? Eva-Maria Konrad zeigt in *10. Panfiktionalismus* ausführlich, warum man diese Annahme nicht teilen sollte, indem sie mögliche Motivationen für eine solche These als unzureichend entlarvt und starke Einwände gegen den Panfiktionalismus präsentiert.

Probleme der Rezeption fiktionaler Werke

Im Zusammenhang mit der Institution Fiktionalität, der Rezeptionshaltung des Make-Believe und einer Reihe von Theorien der Textsortenunterscheidung sind wir bereits auf den Zusammenhang der Rezeption fiktionaler Werke gestoßen. Die Frage war dort, ob und inwiefern es eine spezifische Rezeptionshaltung gibt, die charakteristisch für fiktionale Werke ist. Doch die Rezeption fiktionaler Werke gibt Anlass zu einer ganzen Reihe weiterer Überlegungen. Lässt sich aus fiktionalen Werken Wissen erwerben? Welche psychischen Fähigkeiten liegen der Rezeption zugrunde? Wie lassen sich die Vorstellungsprozesse, die in der Rezeption fiktionaler Werke ablaufen, am besten verstehen? Was hat es mit unseren emotionalen Reaktionen auf Fiktionen auf sich? Um diese und andere Fragen soll es im Folgenden gehen.

Evolutionäre Psychologie der Fiktionalität

Die Rezeption fiktionaler Werke geht mit einer Reihe markanter psychischer Phänomene einher. Hervorzuheben sind insbesondere die verschiedenen Arten von Vorstellungen, die ausgebildet werden, aber auch unsere emotionalen Reaktionen auf Fiktionen. Die evolutionäre Psychologie der Fiktionalität untersucht, wie (und warum) sich die psychischen Fähigkeiten, die diesen Reaktionen zugrunde liegen, evolutionär entwickelt haben. Dabei werden die zentralen Erkenntnisse der Evolutionstheorie vorausgesetzt. Die Ursachen für die Art, in der Menschen Fiktionen verarbeiten, sind in der Entstehungsgeschichte des Gehirns, in seiner evolutionären Ausbildung und Anpassung an Umwelteinflüsse zu suchen. Rüdiger Zymner stellt in *12. Evolutionäre Psychologie der Fiktionalität* aber nicht nur dieses ‚schwache' Programm einer evolutionären Psychologie der Fiktionalität vor, das man als *Ergänzung* zu anderen fiktionstheoretischen Überlegungen auffassen kann. Er beschreibt auch das viel ‚stärkere' und wesentlich kontroversere Programm vieler evolutionärer Fiktionspsychologen, das auf Grundlage der Erkenntnisse der evolutionären Psychologie ‚Fiktionalität' radikal neu bestimmen sowie andere Ansätze zu verschiedenen Teilproblemen der Fiktionalitätstheorie ablösen möchte. Wir beschränken uns hier darauf, zwei Beispiele für diesen stark revisionistischen Zug zu benennen, indem wir zwei der Thesen zitieren, mit denen Zymners Beitrag endet. Die eigentlichen Fiktionsträger sind nicht mehr Werke, sondern mentale Ereignisse: „‚Fiktionalität' kann einem Typus von Imaginationen zugesprochen werden, der sich als kognitive Metarepräsentation aber nicht prinzipiell von anderen Typen der Imagination (wie Erinnerung, Traum, Wahnvorstellung etc.) unterscheidet." Nur derivativ lassen sich die Werke, die zu solchen Imaginationen Anlass geben, noch als fiktional auszeichnen. Fiktionalität, das ist die zweite These, wird auch nicht mehr als gegensätzlich zu Faktualität begriffen: „‚Faktualität' und ‚Fiktionalität' verhalten sich nicht konträr oder kontradiktorisch zueinander." Wir lassen an dieser Stelle offen, ob mit diesen Thesen des starken Programms der evolutionären Psychologie der Fiktionalität eine Aufgabe klassischer Annahmen, wie sie z. B. in dieser Einleitung getroffen werden, einhergehen muss, oder ob es genügt, zwischen verschiedenen Fiktionalitätsbegriffen zu unterscheiden.

Theoretische Rezeptionspsychologie der Fiktionalität

Tilmann Köppe erläutert in *13. Theoretische Rezeptionspsychologie der Fiktionalität* solche klassischen begrifflichen Voraussetzungen einer Theorie der Fiktionsrezeption. Fiktionale Medien verfügen über eine Art ‚Doppelnatur': Einerseits handelt es sich um Texte (Filme, Hörspiele usw.), andererseits handeln diese Texte (usw.) von fiktiven Sachverhalten. Der Auseinandersetzung mit diesen Sachverhalten kommt für die theoretische Rezeptionspsychologie insofern eine Schlüsselrolle zu, als uns fiktive Sachverhalte nur im Medium der Vorstellung gegeben sind. Erläuterungen des Vorstellungsbegriffs sowie verwandter Begriffe leisten damit einen wesentlichen Beitrag zur begrifflichen Klärung zentraler Rezeptionsvorgänge. Vorstellungen (oder Imaginationen oder das So-tun-als-ob) sind mentale Einstellungen, die u. a. über die folgenden zentralen Merkmale verfügen: Zunächst einmal können sie sich auf unterschiedlichste Gehalte erstrecken und unterschiedlichste Modi aufweisen. Wir können uns Gegenstände oder Sachverhalte vorstellen, und wir können uns vorstellen, etwas zu tun oder jemand zu sein. Wer sich den Gehalt eines Satzes vorstellt, legt sich damit nicht auf dessen Wahrheit fest; ähnlich gilt, dass die Vorstellung eines Gegenstandes oder Sachverhalts nicht mit einer Existenzannahme verbunden ist. Vorstellungen unterliegen weitgehend unserer Kontrolle, d.h. wir können uns spontan (willentlich) Dinge vorstellen oder uns Dinge, die wir uns vorstellen möchten (etwa im Sinne eines Walton'schen regelgeleiteten ‚Vorstellungsspiels‘, s. o.), von einem Text vorgeben lassen. Weitere Merkmale betreffen etwa inferenzielle oder phänomenale Eigenschaften. Eine umfassendere Charakterisierung des Vorstellungsbegriffs kann nicht nur als Grundlage von Theorien der Fiktionalität dienen, sie kann auch einen Beitrag zur Klärung bestimmter Funktionen fiktionaler Literatur leisten. Wenn etwa fiktionaler Literatur das Potenzial zugesprochen wird, ein ‚Probehandeln unter vermindertem Risiko‘ zu ermöglichen, so steht in Rede, was Rezipienten in ihrer Vorstellung tun oder lassen, was dann wiederum Einstellungsänderungen jenseits der Vorstellungsaktivität nach sich ziehen kann. Die Theorie der Fiktionalität wird an dieser Stelle anschlussfähig etwa für Theorien, in denen die Rolle von Vorstellungsprozessen in der Handlungsplanung und -ausführung eine wichtige Rolle spielt.

Das Paradoxon der Fiktion

Bei typischen Rezeptionsprozessen wie etwa der Lektüre eines Romans oder dem Ansehen eines Spielfilms handelt es sich normalerweise nicht um ein distanziertes, affektfreies Unterfangen: Fiktionale Medien verfügen über zahlreiche Strategien der Emotionslenkung, ihre Funktionen – man denke an die ‚Unterhaltung‘, aber auch an die (moralische) Motivation oder die Vermittlung von Wissen – hängen aufs Engste mit ihrem Potential zur affektiven Erregung zusammen, und entsprechend ist die emotionale Seite von Rezeptionsprozessen seit jeher Gegenstand des Nachdenkens gewesen.[31] Nicht alle der damit verbundenen Probleme beruhen allerdings auf der *Fiktionalität* der fraglichen Medien; Strategien der Emotionslenkung beispielsweise werden auch in der allgemeinen Rhetorik verhandelt, die bekanntlich nicht (in erster Linie) eine Theorie fiktionaler Rede ist. Sieht man genau hin, so werfen aber auf *fiktive Gegenstände* gerichtete Emotionen eine Reihe besonderer Probleme auf. Eine erste Gruppe von Problemen betrifft die Psychologie dieser Einstellungen. Hier stellt sich die Frage nach der

---

31 Vgl. einführend etwa Anz: Text- und Emotionsanalyse; van Holt/Groeben: Erleben; Huber: Gefühl.

interne (funktionalen) Struktur von Emotionen, deren Träger um die Nichtexistenz der Gegenstände der Emotionen wissen. In paradigmatischen Fällen (d. h. außerhalb fiktionsbezogener Kontexte) repräsentieren wir beispielsweise im Falle von Furcht einen bestimmten Gegenstand oder Sachverhalt *als für uns bedrohlich*; die Emotion ‚Furcht' wird, mit anderen Worten, über diesen repräsentationalen Gehalt identifiziert. Wie kann es aber sein, dass Furcht ausgelöst wird, wenn wir zugleich wissen, dass der Gegenstand unserer Furcht nicht für uns bedrohlich ist, weil es ihn (als fiktiven) gar nicht gibt? Und weshalb scheinen diese emotionalen Zustände von ihrer normalen motivationalen Kraft entkoppelt zu sein? Dies ist die psychologische Spielart des als ‚Paradoxon der Fiktion' bekannt gewordenen Problemzusammenhangs emotionaler Reaktionen auf fiktive Gegenstände. Eine weitere Spielart betrifft die begriffliche Dimension des Problems: Sind die emotionalen Reaktionen, die Fiktionsrezipienten normalerweise an den Tag legen, paradigmatischen Fällen von Emotionen hinreichend ähnlich, so dass wir von Emotionen im eigentlichen Sinne sprechen sollten? Eine Reihe von Autoren ist der Auffassung, dass das nicht der Fall ist. Schließlich stellt sich die Frage, ob emotionale Reaktionen auf fiktive Gegenstände als *rational* bewertet werden können. Entsprechende Zweifel können sich erstens aus der Beobachtung speisen, dass das Verhalten eines Fiktionsrezipienten, der sich vor dem fiktiven Vampir Dracula fürchtet, einerseits den Schluss nahe zu legen scheint, dass der Rezipient glaubt, dass Dracula ihm ein Leid antun kann; andererseits glaubt der Rezipient typischerweise aber auch, dass es Dracula (*qua* fiktive Entität) nicht gibt, so dass keinerlei Gefahr von ihm ausgehen kann. Einander widersprechende Überzeugungen sind aber nun einmal ein Paradebeispiel theoretischer Irrationalität. Zweitens kann man auch fragen, welchen *Grund* Rezipienten haben sollten, ein Furcht-Verhalten an den Tag zu legen, wenn sie denn wissen, dass ihnen keine Gefahr droht. Hier eröffnet sich ein Problem der praktischen Rationalität: denn ein Verhalten, für das es keinen Grund gibt (oder: das trotz Einsicht in seine Unbegründetheit fortgesetzt wird) steht ebenfalls unter Irrationalitätsverdacht.[32] Der Beitrag *14. Das Paradoxon der Fiktion* von Íngrid Vendrell Ferran stellt die psychologische Spielart des Paradoxons der Fiktion in den Vordergrund. Diskutiert wird insbesondere die Rolle des Paradoxons für die Entwicklung solcher neuerer Emotionstheorien, für die Existenzannahmen in Bezug auf den Gegenstand der Emotion keine Rolle (mehr) spielen.

---

32 Zur Unterscheidung dieser Spielarten des Paradoxons vgl. Köppe: Psychology.

Empirische Rezeptionspsychologie der Fiktionalität

Fiktionstheorien werden traditionell im Rahmen der Geisteswissenschaften entworfen und diskutiert. Insbesondere wenn es um Fragen der Rezeption fiktionaler Werke geht, ist aber nicht einzusehen, warum dies mehr als eine zufällige und allenfalls historisch begründete Beschränkung sein sollte. Tatsächlich liegt es sogar besonders nahe, rezeptionspsychologische Phänomene empirisch zu untersuchen. Grundsätzlich ist es eine gute Idee, sich bei allen Thesen zur Fiktionstheorie zu fragen, ob man es jeweils mit einer These zu tun hat, die empirisch begründbar ist. Behauptungen darüber, wie Leser Texte rezipieren, lassen sich ganz offensichtlich am besten begründen, indem man empirische Untersuchungen anstellt. Wie entwickelt sich das Fiktions-Verstehen von Kindern? Wie werden Fiktionen kognitiv verarbeitet? Welche narrativen Faktoren spielen dabei eine Rolle? Welche Arten von Emotionen sind in der Rezeption fiktionaler Werke im Spiel? Wie lassen sich Empathie und Identifikation mit fiktiven Figuren erklären? Kann die Rezeption von Fiktionen die Rolle von Probehandlungen übernehmen? Welche Unterschiede und Gemeinsamkeiten gibt es in der Meinungsbildung aufgrund fiktionaler und nichtfiktionaler Texte? Wie kommt es, dass wir in der Rezeption fiktionaler Werke alles um uns herum zu vergessen scheinen? Zu diesen und vielen verwandten Fragen gibt es empirische Untersuchungen, die in der geisteswissenschaftlichen Fiktionsforschung oft nicht bekannt sind. Norbert Groeben und Ursula Christmann geben im Beitrag *15. Empirische Rezeptionspsychologie der Fiktionalität* einen kondensierten Überblick über den Stand der empirischen Forschung.

Fiktionen, Wissen und andere kognitive Güter

Bereits einleitend haben wir kurz auf die Wertschätzung hingewiesen, die fiktionalen Medien in vielen Kontexten zuerkannt wird. Einer der wichtigsten Gründe dafür, Kunst im Allgemeinen und fiktionale Literatur im Besonderen einen hohen Wert zuzuerkennen, ist immer wieder in deren Erkenntnisbedeutsamkeit gesehen worden. Oliver Robert Scholz gibt im Beitrag *9. Fiktionen, Wissen und andere kognitive Güter* einen Überblick über die Dimensionen und die Berechtigung solcher Ansprüche. So kann die These vom Erkenntniswert fiktionaler Künste erstens sehr unterschiedlich ausbuchstabiert werden. Scholz plädiert dafür, ein breites Spektrum kognitiver Ziele anzuerkennen, das von diskriminatorischen Fähigkeiten über begriffliche Fähigkeiten, moralisches Lernen und den Erwerb wahrer Meinungen bis hin zur Weisheit reicht. Erst vor dem Hintergrund einer entsprechend breit gefächerten Erkenntnistheorie könne geklärt werden, auf welche Weisen wir aus Fiktionen lernen können. Zweitens zeigt sich, dass Thesen zur Erkenntnisbedeutsamkeit der Künste mit sehr unterschiedlichen Gründen sowohl verfochten als auch angefochten werden und dass diese Gründe in unterschiedlicher Weise mit der Fiktionalität der Künste zusammenhängen.

Die historische Dimension von Fiktionalität

Es kann nicht verwundern, dass ein so komplexes soziales Phänomen wie Fiktionalität historischen Veränderungen unterworfen ist. Es wäre im Gegenteil verwunderlich und erklärungsbedürftig, wenn man solche Veränderungen nicht vorfinden würde. Es lohnt sich dabei, die Sachgeschichte, also die Geschichte der fiktionalen Medien, möglichst sauber zu trennen von der Begriffsgeschichte, also der Geschichte der Versuche ‚Fiktionalität' zu definieren. Die Fragen nach Sach- und Begriffsgeschichte können dabei beinahe beliebig verfeinert werden: Schließlich kann es sein, dass sie in Bezug auf zwei zeitgleich existierende Kulturen, in Bezug auf verschiedene gesellschaftliche Gruppen innerhalb einer Kultur oder in Bezug auf verschiedene Denker innerhalb einer gesellschaftlichen Gruppe jeweils unterschiedlich zu beantworten sind. Mit dieser Warnung im Gepäck können wir nun aber auch konstatieren, dass es schlicht nicht immer möglich ist, all diese Fragen sauber zu trennen. Daran kann die Quellenlage schuld sein – das antike Rezipientenverhalten können wir nicht empirischen Versuchen unterwerfen. Tatsächlich sind uns für weite Abschnitte der Geschichte hauptsächlich Beschreibungen von Personen überliefert, die sich professionell mit Fiktionen beschäftigt haben, nämlich von Autoren, Philosophen, Rednern. Es gibt aber auch theoretische Gründe dafür, dass die Fragen nach der Sach- und Begriffsgeschichte oft nicht auseinanderzuhalten sind: Wenn zwei Fiktionsbegriffe unterschiedliche Extensionen haben, so werden andere Werke als fiktional bestimmt.

Diese einleitenden Überlegungen zur historischen Dimension von Fiktionalität waren wieder ganz auf Begriffsbestimmung und Textsortenunterscheidung gemünzt. Aber die historische Untersuchung von Fiktionalität muss sich darauf nicht beschränken. Alle im Band angesprochenen Themen lassen sich in einer historischen Perspektive betrachten. Gelten in der Antike dieselben Fiktionssignale wie heute? Werden um 1800 fiktionale Texte in derselben Weise wie heute als Wissensquellen betrachtet? Gibt es im Mittelalter Überlegungen zur Ontologie fiktiver Gegenstände? Es versteht sich, dass eine auch nur einigermaßen gründliche Bearbeitung all dieser Fragen mehr als ein Forscherleben ausfüllen kann. Der vorliegende Band beschränkt sich daher darauf, drei Schlaglichter auf sehr weit gefasste Epochen europäischer Fiktionsgeschichte zu werfen: Antike, Mittelalter und Neuzeit.

Fiktionalität in der Antike

Wolfgang Rösler untersucht in *16. Fiktionalität in der Antike* die Entstehung der Fiktionalitätsinstitution bei Homer und Späteren sowie die Geschichte des Nachdenkens über Fiktionalität, die in Aristoteles' Theorie mündet. Es ist beispielsweise spannend, zu verfolgen, wie das dichterische Selbstverständnis sich bereits von *Ilias* zu *Odyssee* hin wandelt. Während in der *Ilias* dichterische Ausgestaltung über den Musenanruf lizensiert wird, wobei die Musen als Augenzeugen des erzählten Geschehens verstanden werden, behält die *Odyssee* dieses Selbstverständnis in theoretischer Hinsicht zwar bei, überschreitet es aber in der Erzählung von Begebenheiten, von denen schwer vorstellbar ist, dass sie von zeitgenössischen Lesern als rein faktual aufgefasst wurden. Aus moderner Sicht ist bei Betrachtung der antiken Auffassungen auffällig, wie bekannt uns viele der dortigen Denkbewegungen und Theoriekonzepte vorkommen. Das liegt nun aber nicht daran, dass die Moderne antike Begrifflichkeiten einfach übernommen hätte. Vielmehr sind, so erklärt Rösler, Theoretiker zu sehr verschiedenen Zeiten zu ähnlichen Ergebnissen gekommen.

Fiktionalität im Mittelalter

Sonja Glauch betont dagegen in *17. Fiktionalität im Mittelalter* gerade die Unterschiede mittelalterlichen Denkens gegenüber modernen Konzeptionen der Fiktionalität. Sie geht insbesondere auf die Schwierigkeiten ein, die sich ergeben, wenn wir herausfinden wollen, welche Ansichten damals herrschten. Wir greifen hier eines von vielen interessanten Beispielen für Probleme heraus, mit denen die Forschung sich konfrontiert sieht. In mittelalterlichen Texten wird gegenüber rein Erfundenem oft der Vorwurf erhoben, es handele sich um Lügen. Es ist aber keineswegs klar, wie diese standardisierten Anmerkungen zu verstehen sind. Glauch bietet gleich drei Lesarten an, zwischen denen jeweils zu entscheiden alles andere als trivial ist. Erstens: Dichtung wird grundsätzlich als nicht fiktional verstanden, der Vorwurf ist also ernst zu nehmen. Zweitens: Fiktionale Dichtung wird als fiktional verstanden, man weiß, dass ein Täuschungsvorwurf ins Leere geht, kann die Lage aber nicht begrifflich differenzierter beschreiben. Oder, drittens, fiktionale Dichtung wird als fiktional verstanden, aber als weniger seriös aufgefasst als Nichtfiktionales, weswegen sie polemisch als ‚Lüge' abgetan wird.

Fiktionalität in der Neuzeit

Tilmann Köppe untersucht die beginnende romantheoretische Diskussion des 17. Jahrhunderts auf Hinweise darauf, dass es in der Neuzeit eine Praxis der Unterscheidung fiktionaler und nicht fiktionaler Texte gegeben hat. Die Befunde deuten darauf hin, dass eine solche Praxis nicht nur bestand, sondern dass sie über große Ähnlichkeiten zur heutigen (‚modernen') Praxis verfügt hat: Fiktionale Texte wurden von kompetenten Mediennutzern anders gelesen und verstanden als nicht fiktionale Texte, und es gibt in den Quellen zahlreiche Versuche, diesen Sachverhalt durch Beobachtungen zu den Produktions- und Rezeptionsbedingungen der Texte sowie zu ihrer Semantik zu untermauern. Allerdings entspringen diese theoretischen Überlegungen in aller Regel einem – heute nicht mehr üblichen – Bedürfnis, die Existenzberechtigung der Dichtung zu verteidigen. Entsprechend ist der theoretische Diskurs über Fiktionalität durch Schwerpunkte und Interessen geprägt, die lediglich indirekte Schlüsse auf die etablierte Praxis zulassen.

Medienspezifische Aspekte der Fiktionalität

Die zeitgenössische Theorie der Fiktionalität ist primär für fiktionale Literatur entwickelt worden. Einen Grund dafür mag man darin sehen, dass sprachliche Fiktionen älter sind als bestimmte neuere Medien wie etwa Film, Comic oder Hörspiel. Neuere Theorien gehen allerdings davon aus, dass die einseitige Bevorzugung sprachlicher Fiktionen der Sache nach kaum gerechtfertigt ist.[33] Erstens werfen auch nicht sprachliche Medien (beginnend mit der Höhlenmalerei) Probleme des Bezugs auf die Wirklichkeit, der Existenz des Darstellten oder intendierter Rezeptionshaltungen auf – und damit Kernprobleme einer Fiktionalitätstheorie. Zweitens lassen sich für den Fall sprachlicher Medien ausgearbeitete Fiktionalitätstheorien nicht immer ohne weiteres auf andere Medien übertragen. Und drittens werfen insbesondere neue, nicht exklusiv sprachliche Medien beispielsweise ihren fiktionalen Status betreffende Abgrenzungsprobleme auf. Die Beiträge von Jan-Noël Thon und Regina Wenninger widmen sich solchen medienspezifischen Besonderheiten.

---

33 Vgl. Walton: Mimesis.

Fiktionalität in Film- und Medienwissenschaft

Im Beitrag *19. Fiktionalität in Film- und Medienwissenschaft* geht es zunächst um die Fiktionalität von Spielfilmen, *Graphic Novels* und Computerspielen. Jan-Noël Thon stellt mit Kendall L. Walton, Gregory Currie und Marie-Laure Ryan drei Fiktionstheoretiker vor, deren Ansätze sich für die Analyse neuerer Medien als besonders fruchtbar herausgestellt haben, weil sie im Prinzip offen sind für die Besonderheiten dieser Medien. Die fiktionstheoretischen Auseinandersetzungen innerhalb der Film- und Medienwissenschaften sind dagegen eher Nebenprodukt (narratologischer) Darstellungstheorien der einzelnen Medien. Thon konzentriert sich auf die Abgrenzung fiktionaler von nicht fiktionalen Werken, die für die meisten Medien vor allem *ex negativo* geführt wurde. In Rede steht zumeist, unter welchen Bedingungen ein Film dokumentarisch ist, ein Computerspiel die Realität abbildet oder eine *Graphic Novel* als autobiographisch zu gelten hat.

Fiktionalität in Kunst- und Bildwissenschaften

Obwohl bildende Kunst um Jahrhunderte älter ist als Film und andere moderne Medien, sind Fiktionstheorien, die sich ausdrücklich um sie kümmern, sehr selten. Zumeist werden anhand von Literatur entwickelte Fiktionstheorien lediglich beiläufig auf bildende Kunst übertragen. Wiederum ist es Waltons Fiktionstheorie, die eine der wenigen Ausnahmen darstellt. Regina Wenninger geht daher in Beitrag *20. Fiktionalität in Kunst- und Bildwissenschaften* ausführlich auf diesen Aspekt von Waltons Theorie ein. Es zeigt sich, dass Waltons revisionistische Bestimmung des Fiktionsbegriffes, die in einer rein literaturorientierten Beschäftigung mit Fiktionstheorien auf viele Leser zunächst rätselhaft wirkt, in der Anwendung auf bildende Kunst z. B. der Einsicht Rechnung trägt, dass auch traditionell nicht als fiktional aufgefasste Darstellungen grundsätzlich vermittelnden Charakter haben und insbesondere auch unser Vorstellungsvermögen in Anspruch nehmen. Während Fiktionalitätstheorien bildende Kunst meist nur am Rande behandeln, gibt es eine Vielzahl von Einzeluntersuchungen, die sich mit Formen und Funktionen des Fiktionalen in der bildenden Kunst beschäftigen. Es lassen sich zwei große Felder unterscheiden: Auf der einen Seite ein Verständnis von Fiktion als die Wirklichkeit simulierend, als bloße Illusion von Wirklichkeit. Trompe-l'œil, virtuelle Welten oder Werke, die mit Hilfe inszenierter Authentizität arbeiten, gehören allesamt zu dieser Gruppe. Auf der anderen Seite lässt sich Fiktion als Erschaffung einer explizit von der Wirklichkeit verschiedenen Gegenwelt verstehen. Die phantastischen Bilder Maurits Cornelis Eschers oder Hieronymus Boschs fallen genauso in diese Kategorie wie die Ideallandschaften der Landschaftsmalerei um 1800.

Fiktionalität in Philosophie und Geschichtswissenschaft

Fiktionalität spielt gleichwohl nicht nur in einzelnen Künsten und den damit verbundenen geistes- oder kulturwissenschaftlichen Disziplinen eine Rolle. Auch andere Disziplinen thematisieren Fiktionalität an zentralen Stellen, die mitunter sogar das Selbstverständnis des Faches berühren. Der vorliegende Band greift aus der Menge von Disziplinen, in denen Überlegungen zur Fiktionalität eine Rolle spielen können, die Philosophie und die Geschichtswissenschaften heraus, erstere, um einen besonders klaren und im Prinzip auch in anderen Disziplinen benutzbaren Anwendungsfall fiktionstheoretischer Überlegungen zu dokumentieren, letztere, weil die Überlegungen innerhalb der Geschichtswissenschaften, inwiefern ihre Texte fiktional sind und ob dies problematisch ist, von vielen anderen Disziplinen kopiert wurden.

Die Philosophie hat insofern einen Sonderstatus, als viele der im Band behandelten Themen auch, und manchmal vor allem, in der philosophischen Diskussion behandelt wurden. Tobias Klauk konzentriert sich in *21. Fiktionalität in der Philosophie* daher auf ein Thema, das typisch ist für die *Anwendung* fiktionstheoretischer Überlegungen auf den philosophischen Diskurs selbst. Fiktionaler Diskurs hat, wie wir gesehen haben, eine Reihe bemerkenswerter Eigenschaften. Eine dieser Eigenschaften ist, dass die in fiktionalen Werken geäußerten Sätze oft falsch oder wahrheitswertlos sind, ohne dass dies den Wert fiktionalen Diskurses herabsetzt. Nun gibt es eine Reihe von anderen Diskursen, von denen manche Philosophen mutmaßen, dass in ihnen falsche oder wahrheitswertlose Sätze eine große Rolle spielen. Die Rede über Zahlen, wissenschaftliche Theorien, mögliche Welten, moralische Eigenschaften und fiktive Gegenstände ist jeweils in den Verdacht geraten, größtenteils aus falschen oder wahrheitswertlosen Sätzen zu bestehen, weil sich die bezeichnenden Ausdrücke jeweils auf nichts beziehen. Wenn man einen solchen Verdacht überzeugend findet, gerät man in Erklärungsnot, warum wir ganz selbstverständlich über all diese Dinge reden und streiten. Der sogenannte ‚Fiktionalismus' bietet eine Erklärung an: Der jeweilige Diskursbereich hat ähnliche Eigenschaften wie der fiktionale Diskurs, sein Wert liegt also z. B. nicht im Äußern von Wahrheiten begründet. Beitrag *21. Fiktionalität in der Philosophie: Fiktionalismus* führt in verschiedene Versionen dieser komplexen und oftmals problematischen Idee ein und diskutiert grundlegende Argumente für und gegen sie.

In den Geschichtswissenschaften gab es eine breite Debatte die Frage betreffend, inwiefern geschichtswissenschaftliche Texte notwendig fiktional sind. Wenn man so will, geht es also auch hier um eine Art Fiktionalismus, das Thema ist jedoch nicht unter diesem Schlagwort und nicht mit derselben Ausrichtung diskutiert worden. Die Idee ist vielmehr, dass Historiker nicht lediglich getreulich abbilden, was sie in der Welt vorfinden. Sie ordnen, fassen zusammen, wählen aus, setzen Anfangs- und Endpunkte, stellen Sinnzusammenhänge her. All dies sind Elemente, die man nicht in den Blick bekommt, wenn man geschichtswissenschaftliche Texte nur als abbildend versteht. Stefan Haas diskutiert in Beitrag 22. *Fiktionalität in den Geschichtswissenschaften* verschiedene Ausprägungen dieser das Selbstverständnis des Faches betreffenden Idee. Es ist nützlich, sich vor Augen zu führen, dass die Eigenschaften von Texten, die in den Geschichtswissenschaften unter anderem unter dem Titel ‚Fiktionalität' verhandelt wurden, zwar Eigenschaften sind, die fiktionalen Texten oft zukommen. Man kann aber der Meinung sein, dass dies der Fall ist, weil viele fiktionale Texte auch narrativ sind und es in der geschichtswissenschaftlichen Debatte daher eigentlich um die Frage geht, inwiefern die entsprechenden Texte *narrativ* sind. Damit bezeichnet ‚fiktional' in der Geschichtswissenschaft zunächst einmal ein ganz anderes, wenn auch verwandtes, Phänomen als jenes, um das es zentral in dieser Einleitung und im Handbuch geht. Bei näherem Hinsehen verschwimmt die scharfe Grenze, die wir damit angedeutet haben, allerdings gleich wieder. Denn der Aufruhr, den z. B. Hayden Whites Thesen in den Geschichtswissenschaften hervorgerufen haben, ist gar nicht zu erklären, wenn man annimmt, dass er stets so gelesen wurde, dass es ihm nur um die Narrativität von Texten ging.

Schließen möchten wir diese Einleitung mit einem warnenden Hinweis. Was in einzelnen Disziplinen, zu verschiedenen Zeiten und auch von verschiedenen Autoren unter ‚Fiktionalität' verstanden wird, ähnelt sich stark und rechtfertigt insofern, vom Phänomen der Fiktionalität zu sprechen; es weicht aber in entscheidenden Punkten auch deutlich voneinander ab. Wer z. B. allein mit einer Walton'schen Fiktionstheorie antike Texte beschreibt, wird zeitgenössischen Kommentaren größtenteils mit Unverständnis begegnen müssen. Leserinnen und Leser des vorliegenden Bandes und überhaupt der wissenschaftlichen Literatur zur Fiktionalität sind gehalten, diesen Umstand stets kritisch mit zu bedenken. Einsteiger in das große Thema der Fiktionalitätstheorie mögen sich einheitliche Begriffe und scharfe Abgrenzungen wünschen, doch die historisch gewachsenen Theorien und revisionistischen Vorstellungen einzelner Autoren genügen diesen Wünschen nicht immer.

Bibliographie

Anz, Thomas: Literaturwissenschaftliche Text- und Emotionsanalyse. Beobachtungen und Vorschläge zur Gefühlsforschung. In: Julia Schöll (Hg.): Literatur und Ästhetik. Texte von und für Heinz Gockel. Würzburg 2008, S. 39–66.
Carroll, Noël: The Philosophy of Horror, or: Paradoxes of the Heart. New York, London 1990.
Freud, Sigmund: Der Dichter und das Phantasieren [1908]. In: Fotis Jannidis u. a. (Hg.): Texte zur Theorie der Autorschaft. Stuttgart 2000, S. 35–45.
Gabriel, Gottfried: Fiktion. In: Klaus Weimar u. a. (Hg.): Reallexikon der deutschen Literaturwissenschaft. Bd. 1. Berlin, New York 1997, S. 594–598.
Gertken, Jan / Tilmann Köppe: Fiktionalität. In: Simone Winko / Fotis Jannis / Gerhard Lauer (Hg.): Grenzen der Literatur. Zu Begriff und Phänomen des Literarischen. Berlin, New York 2009, S. 228–266.
Hempfer, Klaus W.: Zu einigen Problemen einer Fiktionstheorie. In: K. W. H.: Grundlagen der Textinterpretation. Hg. von Stefan Hartung. Stuttgart 2002, S. 107–133.
Holt, Nadine van / Norbert Groeben: Emotionales Erleben beim Lesen und die Rolle textsowie leserseitiger Faktoren. In: Uta Klein / Katja Mellmann / Steffanie Metzger (Hg.): Heuristiken der Literaturwissenschaft. Disziplinexterne Perspektiven auf Literatur. Paderborn 2006, S. 111–130.
Huber, Martin: ‚Noch einmal mit Gefühl'. Literaturwissenschaft und Emotionen. In: Walter Erhart (Hg.): Grenzen der Germanistik. Rephilologisierung oder Erweiterung? Stuttgart, Weimar 2004, S. 343–357.
Iser, Wolfgang: Das Fiktive und das Imaginäre. Perspektiven literarischer Anthropologie. Frankfurt/M. 1993.
Iser, Wolfgang: Der Akt des Lesens. Theorie ästhetischer Wirkung. 4. Aufl. München 1994.
Köppe, Tilmann: Evolutionary Psychology and the Paradox of Fiction. In: Studies in the Literary Imagination 42,2 (2009), S. 125–151.
Lamarque, Peter / Stein Haugom Olsen: Truth, Fiction, and Literature. A Philosophical Perspective. Oxford 1994.
Mercolli, Laura: So tun, als ob. Analyse eines ungewöhnlichen Begriffs mit einer Anwendung auf Theorien der Fiktionalität. Münster 2012.
Robinson, Richard: Definition. Oxford 1954.
Schmücker, Reinold: Funktionen der Kunst. In: Bernd Kleimann / R. S. (Hg.): Wozu Kunst? Die Frage nach ihrer Funktion. Darmstadt 2001, S. 13–33.
Searle, John: Speech Acts. An Essay in the Philosophy of Language. Cambridge 1969.
Searle, John: The Logical Status of Fictional Discourse. In: New Literary History 6,2 (1975), S. 319–332.
Zipfel, Frank: Fiktion, Fiktivität, Fiktionalität. Analysen zur Fiktion in der Literatur und zum Fiktionsbegriff in der Literaturwissenschaft. Berlin 2001.
Zipfel, Frank: Autofiktion. Zwischen den Grenzen von Faktualität, Fiktionalität und Literarizität? In: Simone Winko / Fotis Jannis / Gerhard Lauer (Hg.): Grenzen der Literatur. Zu Begriff und Phänomen des Literarischen. Berlin, New York 2009, S. 285–314.

I. Theoretische Aspekte der Fiktionalität

TILMANN KÖPPE

2. Die Institution Fiktionalität

1. Grundriss der Theorie

Die sogenannte ‚institutionelle' Theorie der Fiktionalität verdankt ihren Namen der Annahme, dass die Eigenschaft bestimmter Texte (und anderer Medien), fiktional zu sein, auf einer sozialen Praxis koordinierten, konventionsbasierten Handelns beruht. Ein anderer Ausdruck für ‚soziale Praxis' ist ‚Institution'. Was einen Text fiktional macht, ist demnach die Tatsache, dass der Text mit der Absicht hervorgebracht wurde, gemäß den Konventionen der Fiktionalitätsinstitution rezipiert zu werden. Für diese Rezeption ist wesentlich, dass Leser den Text einerseits zur Grundlage einer imaginativen Auseinandersetzung mit dem Dargestellten nehmen und andererseits von bestimmten Schlüssen vom Text auf Sachverhalte in der Wirklichkeit absehen; so darf man insbesondere nicht davon ausgehen, dass die Sätze des Werkes wahr sind oder vom Autor des Werkes für wahr gehalten werden. Diese Konventionen steuern das Verhalten kompetenter Mediennutzer, ohne dass sie diesen Nutzern in allen Einzelheiten bewusst sein müssten.

Die Konturen der institutionellen Theorie der Fiktionalität sollen nun etwas näher vorgestellt werden (2). Es schließen sich Hinweise auf Vorläufer der Theorie (3) sowie Überlegungen zu ihren Stärken und Schwächen an (4).

2. Die institutionelle Theorie nach Lamarque und Olsen

Eine ausführliche Variante der institutionellen Theorie der Fiktionalität haben Peter Lamarque und Stein Haugom Olsen in *Truth, Fiction, and Literature* (1994) vorgestellt. Fiktionale literarische Werke haben demnach ihren Ursprung in fiktionalen Äußerungsakten. Für diese Akte ist konstitutiv, dass ein Sprecher natürlichsprachliche Sätze in der Absicht äußert, dass Leser den Sätzen gegenüber eine fiktionstypische Rezeptionshaltung („fictive stance") einnehmen.¹ Der Kern der institutionellen Theorie der Fiktionalität besteht in einer genaueren Charakterisierung fiktionaler Äußerungsakte einerseits und der fiktionstypischen Rezeptionshaltung andererseits:

Fiktionale Äußerungen beruhen auf spezifischen Sprecherintentionen. Wer eine fiktionale Äußerung tätigt, möchte damit erreichen, dass Adressaten der Äußerung das Vorliegen der Intention für einen hinreichenden Grund halten, die fiktionstypische Rezeptionshaltung einzunehmen.² Voraussetzung dafür sind eine allgemeine *rationale* (d. h. durch Gründe geleitete) *Kooperation* zwischen Sprecher und Adressat sowie insbesondere ein *geteiltes Wissen* um die Konventionen der Fiktionalitätsinstitution. Sprecher- und Adressatenrolle können von verschiedenen Personen eingenommen werden, sie müssen es jedoch nicht. Ein Autor kann die Absicht haben, einen fiktionalen Text zu schreiben, ohne damit Veröffentlichungsabsichten zu verbinden; für die Struktur fiktionaler Äußerungsakte ist das ebenso unerheblich wie die Tatsache, dass die fraglichen Äußerungen mündlich oder schriftlich, in Gemeinschaft anderer oder im Stillen vorgenommen werden können.³

Die fiktionstypische Rezeptionshaltung ist recht komplex. Allgemein charakterisieren lässt sie sich anhand eines Bündels von Normen, die bestimmen, wodurch sich ein angemessenes Rezeptionsverhalten auszeichnet. ‚Angemessen' lässt sich dabei zunächst mit ‚bestimmungsgemäß' übersetzen: Wer einem fiktionalen Text gegenüber eine fiktionstypische Rezeptionshaltung an den Tag legt, verhält sich ja im Sinne der Sprecherintentionen. Außerdem kann man sagen, dass Leser einen Text in einem recht basalen Sinne missverstehen, wenn sie seinen Fiktionalitätsstatus nicht erkennen. Die Befolgung der Normen der Fiktionalitätsinstitution ist daher umgekehrt ein ebenso basales wie wichtiges Element des Verstehens fiktionaler Texte. Einteilen lassen sich diese Normen in Verbote einerseits und Gebote andererseits:

Verboten ist es den Adressaten fiktionaler Äußerungen, vom Gehalt der Äußerungen (unmittelbar) auf das Bestehen der beschriebenen Sachverhalte in der Wirklichkeit zu schließen. So darf man insbesondere aus der Tatsache, dass in einem fiktionalen Text ein Satz „p" steht, weder schließen, dass p in der Wirklichkeit der Fall ist, noch, dass der Autor des Textes der Auffassung gewesen ist, dass p in der Wirklichkeit der Fall ist.

---

1 Vgl. für das Folgende Lamarque / Olsen: Truth, insbes. Kap. 2 bis 4.
2 Die allgemeine Struktur solcher kommunikativer Intentionen wurde von Paul Grice beschrieben; eine konsequente Anwendung auf fiktionale Äußerungen findet sich in Currie: Nature, Kap. 1.
3 Vgl. auch Zipfel: Fiktion, insbes. Kap. 2.1.2.

2. Die Institution Fiktionalität

Ähnliches gilt für nicht-deklarative Sätze, also beispielsweise fiktionale Fragen, die man nicht so verstehen darf, dass der Autor des Textes etwas wissen will. In fiktionalen Äußerungen, das zeigt das Verbot von Schlüssen auf Überzeugungen sowie weitere Einstellungen des Sprechers, sind die in nicht-fiktionalen Kontexten gültige Bedingungen für Sprechakte (zumindest teilweise) aufgehoben.[4] Diese Verbote tragen der verbreiteten Intuition Rechnung, dass fiktionale Texte von der Wirklichkeit ‚abgekoppelt' sind – eine Intuition, die etwa in den Redewendungen zum Ausdruck kommen, Fiktionen handelten von Erfundenem oder etwas sei eine ‚bloße Fiktion', d. h. ohne Entsprechung in der Wirklichkeit. Unberührt von diesem Verbot sind allerdings bestimmte mittelbare Schlüsse von fiktionalen Äußerungen auf wirkliche Sachverhalte (s. dazu unten, Abschnitt 4).

Geboten ist den Adressaten fiktionaler Äußerungen die imaginative Auseinandersetzung mit fiktionalen Äußerungen. Etwas zu imaginieren („imagine") bedeutet dabei zunächst so viel wie sich etwas vorstellen („make-believe") oder so tun, als sei etwas der Fall („pretend").[5] Zunächst können die Gegenstände dieser imaginativen Tätigkeiten näher charakterisiert werden:

Leser sollen sich Lamarque und Olsen zufolge *erstens* vorstellen, dass es sich bei den durch fiktionale Äußerungen zum Ausdruck gebrachten Sätzen um normale Sprechakte handelt, obwohl sie wissen, dass normale Sprechaktbedingungen außer Kraft gesetzt sind. Der erste Satz von Thomas Manns Erzählung „Gladius Dei" („München leuchtete.") wird demnach verstanden als Behauptung eines imaginierten Sprechers oder Erzählers.

Zweitens spielt natürlich auch der Gehalt der fiktionalen Äußerungen eine wichtige Rolle im Vorstellungsspiel der Leser.[6] Um beim Beispiel zu bleiben: Leser von „Gladius Dei" werden durch den ersten Satz eingeladen, sich vorzustellen, dass München leuchtete. Eine sowohl einfache als auch generelle Formulierung einer Vorstellungsregel (etwa: ‚Leser sollen sich den Gehalt der Sätze vorstellen') ist aber streng genommen nicht möglich. Denn zum einen kann das, was Leser sich vorstellen sollen, natürlich nicht nur durch den wörtlichen Gehalt deklarativer Sätze bestimmt werden, sondern vielmehr durch alle denkbaren stilistischen oder narrativen sprachlichen Mittel. „München leuchtete" ist ein simples Beispiel für die metaphorische Charakterisierung eines komplexen Sachverhalts, der in der Vorstellung der Adressaten sicherlich im Detail unterschiedlich realisiert werden kann. Zum anderen müssen Leser das wörtlich Gesagte um weitere Vorstellungsgehalte

---

[4] Vgl. zu diesen Bedingungen Searle: Speech Acts.
[5] Lamarque / Olsen: Truth, S. 43 (s. den Beitrag *13. Theoretische Rezeptionspsychologie der Fiktionalität*).
[6] Vgl. zum Folgenden auch Wolterstorff: Works, S. 231–234.

ergänzen. Wenn etwa in Thomas Manns Erzählung von einer Stadt („München") die Rede ist, dann soll man sich sicherlich vorstellen, dass dieser Ort auch über solche stadttypischen Eigenschaften verfügt, die in der Erzählung nicht ausdrücklich genannt oder in Abrede gestellt werden (s. zum Folgenden den Beitrag *8. Fiktive Tatsachen*).

Ein einfaches Entsprechungsverhältnis zwischen fiktionalen Sätzen und vorzustellenden Sachverhalten gibt es also nicht. Man kann sich aber mit der allgemeinen Formulierung behelfen, dass Leser die Sätze des Werkes zum Anlass nehmen sollen, sich relevante Konturen einer Welt vorzustellen (wobei sie wissen, dass es sich um eine bloß vorgestellte, also ‚fiktive' Welt handelt). Die Konturen dieser Vorstellungswelt müssen durch Interpretationen erschlossen werden. Hier kommen ein weiteres Mal *Normen* ins Spiel. Leser können die Vorstellungsanleitungen eines fiktionalen Textes richtig oder falsch befolgen. Um beim Beispiel zu bleiben: Wer sich anhand von Thomas Manns Erzählung vorstellt, dass sich das Beschriebene in Padua abspielt oder dass München auf dem Mars liegt, macht einen Fehler. Er bildet anhand des Textes eine idiosynkratische Vorstellungswelt aus, die nicht durch den Text *autorisiert* ist. Mögliche Quellen dieser Autorisierung gibt es mehrere: Neben dem Text selbst kommen etwa auch einschlägige Bekundungen des Autors in Frage sowie Genrekonventionen, literarische Traditionen oder sonstige historische Kontexte.[7] Die Klärung der Frage, wie genau die mit einem bestimmten Werk verbundene Vorstellungswelt konturiert ist (was also in dieser fiktiven Welt der Fall ist und was nicht), ist allerdings nicht Sache der Fiktionstheorie, sondern vielmehr der Einzeltextinterpretation sowie der Interpretationstheorie. Die Abgrenzung zwischen autorisierten und idiosynkratischen Vorstellungen kann im Einzelnen schwierig und diese Schwierigkeit im Übrigen auch gewollt sein. Eine wichtige Quelle des Reizes vieler fiktionaler literarischer Texte besteht genau darin, dass Leser beispielsweise über die Motive (oder allgemeiner über die Psyche) einer Figur im Unklaren gelassen werden. Leser von Laclos' *Les Liaisons Dangereuses* können lange darüber rätseln, ob Valmont wirklich in Madame de Tourvel verliebt ist. In solchen Fällen scheint der Text keine, keine eindeutigen oder auch mehrere Vorstellungsgehalte zu autorisieren.[8]

Drittens ist Bestandteil der fiktionstypischen Rezeptionshaltung, dass man die genannten Vorstellungen erster Stufe zum Gegenstand weiterer (höherstufiger) Einstellungen macht. Das kann etwa bedeuten, dass man über die Konturen der Vorstellungswelt nachdenken, sie beurteilen und in Bezug auf bestimmte Ereignisse Hoffnungen, Wünsche oder Gefühle aus-

---

7 Vgl. Lamarque / Olsen: Truth, S. 89 f. Für eine Fülle von Beispielen vgl. Walton: Mimesis, Kap. 4.
8 Vgl. Currie: Interpreting.

2. Die Institution Fiktionalität

bilden soll. Die Kindheit von Jane Eyre in C. Brontës gleichnamigem Roman wird beispielsweise so geschildert, dass Leser nicht nur zu der Auffassung kommen, diese Zustände seien unmenschlich, sondern der Text lädt auch dazu ein, Jane mit Sympathie und Mitleid zu bedenken und für sie oder mit ihr auf eine bessere Zukunft zu hoffen (s. den Beitrag *14. Das Paradoxon der Fiktion*). An dieser Stelle wird es allerdings zunehmend problematisch, eine vom Text autorisierte von einer idiosynkratischen Rezeption abzugrenzen. Außerdem verschwimmen die Grenzen einer ‚basalen‘ fiktionstypischen Rezeptionshaltung und einer *literarischen* Rezeptionshaltung.[9] Lamarque und Olsen zufolge ist für eine literarische Rezeptionshaltung u. a. eine elaborierte Beurteilung der thematischen Gehalte des Textes und der Art und Weise ihrer Entfaltung charakteristisch. Die fiktionstypische Rezeptionshaltung, zu der fiktionale Äußerungen einladen, konzentriert sich dagegen auf die Ausgestaltung von Vorstellungswelten.

Zusammengefasst, gebietet die fiktionstypische Rezeptionshaltung also eine komplexe imaginative Auseinandersetzung (insbesondere) mit dem Gehalt fiktionaler Äußerungen, die normativ beschränkt (angeleitet) ist, Interpretationen erfordert sowie Elemente der affektiven und volitiven Anteilnahme umfasst. Ein fiktionaler Text beruht auf fiktionalen Äußerungsakten, denen die (Grice'sche) Intention zugrunde liegt, dass Adressaten dem Text gegenüber die fiktionstypische Rezeptionshaltung an den Tag legen.

Lamarque und Olsen sind der Auffassung, dass diese Bedingungen nicht hinreichend sind, um fiktionale Texte von Texten anderen Typs abzugrenzen. Grund dafür sind hypothetische Fälle von Texten, denen gemeinsam ist, dass sie zwar mit der für fiktionale Äußerungsakte relevanten Intention hervorgebracht wurden, jedoch ausschließlich oder zum großen Teil aus wahren Sätzen bestehen. Diese Möglichkeit ist im Rahmen der bisherigen Bestimmung von ‚Fiktionalität‘ ausdrücklich gegeben; von der semantischen Eigenschaft der Wahrheit der Sätze eines fiktionalen Textes war im Rahmen dieser Bestimmung schließlich noch gar nicht die Rede.[10] Ein Beispiel wäre etwa der Fall eines Autors, der eine Autobiographie schreibt, durch stilistische und andere Merkmale jedoch zu verstehen gibt, dass es sich um einen Roman handelt, und auch erwartet, dass der Text als fiktional aufgefasst

---

9 Vgl. Lamarque / Olsen: Truth, S. 66 u. 77.
10 Das erwähnte Verbot, von einer fiktionalen Äußerung auf das Bestehen eines wirklichen Sachverhalts (und damit auf die Wahrheit eines fiktionalen Satzes) zu schließen, betrifft das Verhalten von Adressaten der Äußerung und nicht die Semantik des Satzes selbst. Das Verbot betrifft, genauer gesagt, die Annahmen, in denen der Adressat gerechtfertigt ist (noch genauer: es behauptet, dass Adressaten nicht von der Wahrheit der Konklusionen bestimmter Schlüsse ausgehen dürfen), und das ist für sich genommen natürlich damit vereinbar, dass fiktionale Sätze *de facto* wahr sind.

wird. In diesem Fall kann man die Intuition haben, dass der Text dennoch nicht fiktional ist.

Um sicherzustellen, dass ihre Bestimmung des Fiktionalitätsbegriffs dieser Intuition Rechnung trägt, ergänzen Lamarque und Olsen die bisherige Bestimmung um ein weiteres Element. Notwendig dafür, dass ein Text fiktional ist, ist demnach nicht nur, dass der Autor dem Text gegenüber eine fiktionstypische Rezeptionshaltung für angemessen hält, sondern auch, dass der *Gehalt* des Textes ‚fiktional' ist. Dies ist genau dann der Fall, wenn die Konturen der autorisierten Vorstellungswelt von den fiktionalen Äußerungsakten abhängen: „Fictional content is such that *how things are (in the fiction) is determined by how they are described to be in a fictive utterance.*"[11] Genau dies ist bei der lediglich als fiktional publizierten Autobiographie nicht der Fall: Hier bestimmt das Leben des Autors (und damit die Wirklichkeit) den Gehalt des Textes. Folglich zählt der Text gemäß der um die Gehaltsbedingung erweiterten Bestimmung des Fiktionalitätsbegriffs nicht (mehr) als fiktional.

Lamarque und Olsen verzichten auf eine knappe, zusammenfassende Formulierung ihrer Bestimmung des Fiktionalitätsbegriffs. Wollte man sie nachliefern, so könnte sie etwa lauten wie folgt:[12]

T ist genau dann ein fiktionaler Text, wenn gilt:
(1) T wurde von seinem Verfasser mit der Absicht A verfasst, dass für Leser das Vorliegen von A ein hinreichender Grund ist,
  (i) sich vorzustellen, dass ein Sprecher/Erzähler mit den in T vorkommenden Sätzen bestimmte Sprechakte ausführt (obwohl sie wissen, dass gewöhnliche Sprechaktkonventionen zumindest zum Teil aufgehoben sind), und
  (ii) in eine vielschichtige imaginative Auseinandersetzung mit dem Gehalt der vorgestellten Sprechakte einzutreten und
  (iii) keine unmittelbaren Schlüsse vom Gehalt der Sätze von T auf das Vorliegen von Sachverhalten in der Wirklichkeit zu ziehen; und
(2) der Gehalt der Sätze von T ist durch die fiktionalen Äußerungsakte bestimmt.

Inwieweit diese Definition tatsächlich notwendige und zusammen hinreichende Bedingungen für die Fiktionalität eines Textes benennt, soll hier nicht weiter diskutiert werden. Lamarque und Olsen betonen, dass ihre Bestimmung des Fiktionalitätsbegriffs zur Klassifikation (und Erläuterung) zentraler oder paradigmatischer Fälle fiktionaler Texte gedacht ist. Entsprechend ist die institutionelle Theorie der Fiktionalität mit dem Anspruch verbunden, die unserer (heutigen) etablierten Praxis zugrundeliegenden Re-

---

11 Lamarque/Olsen: Truth, S. 51 (Kursivierung im Original).
12 Vgl. bereits Gertken/Köppe: Fiktionalität, S. 252 f.

geln explizit zu machen. Wie die institutionelle Theorie mit Sonderfällen (u. a. Grenz- und Mischfällen) umgehen kann, wird kurz in Abschnitt 4 angesprochen.

An dieser Stelle soll kurz von Varianten der Theorie die Rede sein. Das allgemeinste Kennzeichen institutioneller Theorien ist darin zu sehen, dass der Begriff der Fiktionalität über die regelgeleiteten Handlungen und Einstellungen von Personen (und nicht beispielsweise über die semantischen Eigenschaften von Sätzen oder die ontologischen Eigenschaften von Referenzobjekten) bestimmt wird.[13] Innerhalb dieses weiten Rahmens sind natürlich viele Konkretisierungen möglich.

Ein erster Punkt betrifft die Rolle und Notwendigkeit von Sprecherintentionen. Auch für Kendall Waltons Fiktionalitätstheorie ist die Erschaffung von und Auseinandersetzung mit Vorstellungswelten zentral (s. den Beitrag *3. Fiktionen als* Make-Believe). Im Unterschied zu Lamarque und Olsen ist Walton jedoch der Ansicht, dass nicht nur mit bestimmten Absichten hervorgebrachte Artefakte sondern beispielsweise auch Naturobjekte zu solchen (regelgeleiteten) ‚Vorstellungsspielen' einladen können; entscheidend für die Fiktionalität eines Gegenstandes sind demnach ausschließlich die (u. U. spontanen) Einstellungen und Übereinkünfte von Rezipienten. Auch Walton spricht in diesem Zusammenhang von einer sozialen Praxis oder Institution, die uns erlaubt, Gegenstände mit der Funktion zu versehen, Grundlage von Vorstellungsspielen zu sein (und er bestreitet im Übrigen nicht, dass unser Umgang mit *fiktionalen literarischen Texten*, um die es Lamarque und Olsen geht, in Übereinstimmung mit den Absichten ihrer Autoren abläuft).[14]

Zweitens ist strittig, ob fiktionale Texte Leser in jedem Fall zu der Vorstellung auffordern, dass ein vom Autor des Textes verschiedener Sprecher oder Erzähler mit den Sätzen des Textes bestimmte Sprechakte ausführt. Strittig ist, mit anderen Worten, ob (i) in der obigen Definition eine notwendige Bedingung für Fiktionalität ist. Bezweifeln kann man zum einen, ob die Sätze des Textes notwendig *Gegenstände* der autorisierten Vorstellungsaktivität von Lesern sind, und ob sie nicht vielmehr zumindest manchmal diese Vorstellungsaktivität zwar anleiten, dabei jedoch nicht Teil der autorisierten Vorstellungsgehalte von Lesern sind. Kendall Waltons Beispiel für einen Text, der zu Vorstellungen über sich selbst einlädt, ist Swifts *Gulliver's Travels*; Leser sollen sich hier vorstellen, dass die Sätze des Textes die Tagebuchaufzeichnungen Gullivers sind.[15] Eine solche Vorstellung ist in anderen Fällen, in denen keine Autorschafts- oder Herausgeberfiktion vor-

---

13 Vgl. Lamarque/Olsen: Truth, S. 32.
14 Vgl. Walton: Mimesis, S. 88 f. u.ö.; Lamarque/Olsen: Truth, S. 46–49.
15 Vgl. Walton: Mimesis, S. 117.

liegt, aber offenbar wenig sinnvoll.[16] Zum anderen ist strittig, ob ein vorgestellter Erzähler notwendig Teil autorisierter Vorstellungswelten ist.[17] Hier berührt sich die Fiktionalitätstheorie mit der allgemeinen Erzähltheorie, in der die Notwendigkeit der Annahme eines fiktiven Erzählers für jeden fiktionalen Erzähltext ein gut etabliertes Dogma darstellt.[18]

Eine dritte Variante der Theorie bezweifelt die Notwendigkeit von Bedingung (2) in der Definition. Erstrebenswert ist ein Verzicht auf Bedingung (2) im Rahmen institutioneller Theorien insofern, als die Bedingung der Gehaltsabhängigkeit stark an semantische Kriterien für Fiktionalität erinnert, die institutionelle Fiktionalitätstheorien ja gerade vermeiden wollen. Die Bedingung könnte indessen vor dem Hintergrund einer genaueren Bestimmung der fiktionalen Äußerungsakten zugrunde liegenden Intentionen verzichtbar sein.[19] So ließe sich in Bezug auf das obige Beispiel der als fiktional publizierten Autobiographie argumentieren, dass die relevanten Intentionen bei der Abfassung des Textes schlicht nicht vorlagen; die notwendige Bedingung (1) ist in diesem Beispiel damit nicht erfüllt.[20] Allgemein gesprochen, liegt es nahe, den Autoren von Texten, die überwiegend oder ausschließlich wahre Sätze enthalten, fiktionstypische Intentionen ab- und für nicht-fiktionale Texte typische Informationsabsichten zuzusprechen. Fälle, die mit der relevanten Intention hervorgebracht wurden und in denen sich die Wahrheit der Sätze eines Textes rein zufällig ergibt, könnten im Übrigen als (rein hypothetische?) Grenzfälle deklariert werden, in denen eine Klassifikation nach dem Kriterium fiktional/nicht-fiktional nicht möglich ist. Das grundsätzliche Problem des Zusammenhangs von Wahrheit und Fiktionalität ist damit aber noch nicht aus der Welt geschafft. Die Frage, welchen Status die Wahrheit der Sätze eines Textes in der Theorie der Abgrenzung fiktionaler und nicht-fiktionaler Texte haben sollte, ist nach wie vor umstritten. Konsens ist, dass die Falschheit fiktionaler Sätze oder das Fehlen eines Wahrheitswertes keine hinreichenden Bedingungen für

---

16 Ann Banfield argumentiert, dass es im Falle der erlebten Rede grammatisch unmöglich ist, die fraglichen Sätze einem Sprecher zuzuordnen; vgl. Banfield: Sentences.
17 Für semantische Argumente für eine solche Notwendigkeit vgl. Lamarque / Olsen: Truth, insbes. S. 70 f.; Currie: Nature, S. 155–158; Conter: Names.
18 Vgl. Walton: Mimesis, S. 355–358 u.ö.; Walsh: Rhetoric; Köppe / Stühring: Theories; Walton: Thoughtwriting.
19 Vgl. Gertken / Köppe: Fiktionalität, S. 254–258.
20 Lamarque und Olsen sind der Ansicht, dass die in fiktionalen Texten vorkommenden Satz-Typen durchaus wahr sein können (und es auch oft sind), *wenn sie in einem anderen, nicht fiktionalen-Kontext geäußert werden* (vgl. Lamarque / Olsen: Truth, S. 53–60). Als Bestandteil fiktionaler Äußerungsakte werden diese Sätze aber nicht in der Absicht verwendet, Sachverhalte in der Wirklichkeit zu identifizieren, sondern vielmehr in der Absicht, zur fiktionstypischen Rezeptionshaltung einzuladen; sehr allgemein gesprochen, handelt es sich um die Absicht „of characterizing a fictional setting" (ebd., S. 55).

Fiktionalität sind; strittig ist, ob das eine oder das andere zu den notwendigen Bedingungen zählt.[21]

3. Vorläufer

Die institutionelle Theorie der Fiktionalität beruht unmittelbar auf Einsichten produktions- und rezeptionsorientier Fiktionalitätstheorien wie der sprechakttheoretischen John Searles, Kendall Waltons *Make-Believe* Ansatz (s. die Beiträge *3. Fiktionen als* Make-Believe *und 4. Fiktionalität und Sprechakte*) oder Gregory Curries Fiktionalitätstheorie, die beides verbindet.[22] Es handelt sich bei institutionellen Theorien denn auch eher um eine bestimmte Schwerpunktsetzung im Rahmen dieser Theorien als um einen Neuansatz im eigentlichen Sinne. Allerdings versuchen ohnehin alle Fiktionalitätstheorien, im Wesentlichen denselben Intuitionen gerecht zu werden, und in so gut wie allen Theorien werden Aussagen über zentrale Elemente oder Aspekte sprachlicher Äußerungen getroffen; entsprechend subtil mögen die Unterschiede auf den ersten Blick erscheinen.

Zu den weiteren Vorläufern gehören Theorien, die einen bestimmten Äußerungsmodus als wesentlich für Fiktionalität ansehen. Vielzitiert ist in diesem Zusammenhang das Aperçu Sir Philip Sidneys aus *An Apology for Poetry* (1595), die Dichter lögen nicht, da sie nichts behaupteten.[23] Überlegungen zu einem besonderen Status der in einem literarischen (gemeint ist: fiktionalen literarischen) Text vorkommenden Behauptungen oder Urteile finden sich im 20. Jahrhundert bereits vor der Popularität der Sprechakttheorie, etwa bei Monroe Beardsley,[24] sowie auch unabhängig davon, etwa in der philosophisch-phänomenologischen Literaturtheorie Roman Ingardens.[25] Im Rahmen von Verwissenschaftlichungsbestrebungen der deutschsprachigen Literaturwissenschaft ab etwa 1970 sind unter linguistischem und philosophischem Einfluss eine Reihe von Fiktionalitätstheorien entwickelt worden, die mit vollem Recht als ‚institutionelle' bezeichnet werden können.[26] Auch die Rede vom „Fiktionsvertrag" zwischen Autoren und Lesern ist eine Bezeichnung für eine institutionalisierte Praxis.[27] Im Detail

---

21 Ein Vertreter der Auffassung, fiktionale Sätze seien (wörtlich) falsch, ist etwa Nelson Goodman, vgl. Goodman: Mind, S. 124 u.ö.; vgl. auch Savile: Imagination.
22 Vgl. Currie: Nature. Für weitere Vorläufertheorien vgl. auch Zipfel: Fiktion.
23 Vgl. Sidney: Apology, S. 103.
24 vgl. Beardsley: Aesthetics, S. 420 f.
25 Vgl. Ingarden: Kunstwerk, S. 169 ff.; vgl. Gabriel: Fiktion, S. 53–56.
26 Vgl. etwa die in Schmidt: Fictionality, zusammengefassten Arbeiten u. a. von Teun A. van Dijk und Jens Ihwe; Hoops: Fiktionalität.
27 Eco: Wald, S. 103.

weichen diese Theorien von der hier vorgestellten jedoch nicht unerheblich ab.

Auch dass sich die angemessene Rezeption fiktionaler Texte durch bestimmte Besonderheiten auszeichnet, ist schon vor einer systematischen Ausarbeitung in Kendall Waltons *Make-Believe* Theorie bemerkt worden. Vielzitiert ist etwa Samuel Coleridges Formel von der „willing suspension of disbelief", die etwa besagt (oder besagen könnte), dass Leser fiktionaler Texte im Zuge der Lektüre davon absehen, dass dem Gesagten in der Wirklichkeit nichts entspricht (oder entsprechen muss).[28] In Freges Überlegungen zu „Sinn und Bedeutung" findet sich die Beobachtung, Leser fiktionaler Literatur seien nur mit dem „Sinn" der Sätze, nicht jedoch mit ihren Wahrheitswerten befasst.[29] Diese Auffassung ist in die Theorie von Lamarque und Olsen eingegangen. Käte Hamburger bringt die auch sonst verbreitete Ansicht zum Ausdruck, mit fiktionalen Texten werde „der Schein von Wirklichkeit" erzeugt.[30] Man kann das so verstehen, dass Leser fiktionaler Texte lediglich den Eindruck haben, wirkliche Dinge würden beschrieben; auch dies ist dann eine Charakterisierung einer fiktionstypischen Rezeptionshaltung. Um ausgearbeitete Fiktionalitätstheorien handelt es sich dabei aber jeweils nicht.

4. Stärken und Schwächen institutioneller Theorien der Fiktionalität

Institutionelle Theorien der Fiktionalität verfügen über eine Reihe von Stärken und Schwächen, die an dieser Stelle kurz in den Blick genommen werden sollen.

Man kann institutionelle Theorien als eine Art Rahmenmodell verstehen, das mit spezifischeren Theorien etwa zur Psychologie fiktionstypischer Rezeptionshaltungen, zur Semantik fiktionaler Terme oder Sätze, zur Pragmatik fiktionaler Äußerungsakte oder zur Ontologie fiktiver Gegenstände kombiniert werden kann. Wer das Rahmenmodell als solches vertritt, legt sich damit beispielsweise noch nicht auf eine bestimmte Position in Bezug auf die Frage nach der Existenz fiktiver Gegenstände fest (s. den Beitrag *7. Ontologie fiktiver Gegenstände*). Bisweilen wird jedoch auch die anspruchsvollere These vertreten, dass die institutionelle Theorie der Fiktionalität ihrerseits zur Erklärung etwa semantischer, pragmatischer und ontologischer Eigenschaften von Sätzen oder Gegenständen in fiktionalen Kontex-

---

28 Die Formel stammt aus Samuel T. Coleridges „Biographia Literaria" (1817), zitiert nach Carroll: Philosophy, S. 64 f., wo sich auch eine gute Diskussion und Kritik findet.
29 Frege: Sinn, S. 48; vgl. Gabriel: Fiktion, S. 112 ff.
30 Hamburger: Logik, S. 59.

2. Die Institution Fiktionalität

ten herangezogen werden muss.[31] Entschieden werden muss über die Richtigkeit solcher Thesen natürlich im Einzelfall.

Dass das Rahmenmodell seinerseits nur wenige (und zudem vergleichsweise anspruchslose) Festlegungen in Bezug auf viele der genannten Einzelfragen erfordert, kann man einerseits als einen Vorzug ansehen; andererseits müssen sich institutionelle Theorien der Fiktionalität auch den Vorwurf gefallen lassen, dass sie weder umfassend noch detailliert sind. Je nachdem, welche Antworten man von einer Theorie der Fiktionalität erwartet, kann man institutionellen Theorien vorwerfen, dass sie in Bezug auf viele Probleme unterentwickelt sind. Nicht angebracht ist dieser Vorwurf gleichwohl in Bezug auf die – für Fiktionalitätstheorien zentrale – Frage nach der Abgrenzung von fiktionalen und nicht-fiktionalen Texten. Zumindest dem Anspruch nach wird eine solche Abgrenzung geleistet.

Als einen Vorzug kann man der Theorie anrechnen, dass sie gute Ressourcen zur Beschreibung einiger notorischer Probleme an die Hand gibt:

Ein erstes Problem stellt der augenscheinliche Wandel der Fiktionalität bestimmter Texte dar. Viele antike Texte (Mythen) beispielsweise wurden ursprünglich vermutlich nicht als fiktional angesehen, heute scheint diese Auffassung dagegen durchaus vertretbar zu sein. Die institutionelle Theorie der Fiktionalität geht einerseits davon aus, dass die soziale Praxis der Fiktionalität (wie alle sozialen Praxen) eine diachrone Entwicklung durchlaufen kann; in der Literatur der Antike selbst gibt es Hinweise auf die Entstehung der Praxis.[32] Texte, die außerhalb dieser Praxis hervorgebracht werden, zählen nicht als fiktional, wenn, wie in der oben erläuterten Definition, zu den notwendigen Bedingungen für Fiktionalität gehört, dass der fragliche Text mit der Absicht hervorgebracht wird, gemäß den Regeln der Fiktionalitätsinstitution rezipiert zu werden. Der Wechsel des Fiktionalitätsstatus eines Textes lässt sich weiterhin so erklären, dass ein Sprecher einen vorliegenden, nicht-fiktionalen Text in dem Sinne neu erzählen kann, dass ein (womöglich sogar wortwörtlich identisches) zweites und nunmehr fiktionales Exemplar des Textes entsteht.[33] Heute erzählte mythische Stoffe dürften in diesem Sinne – und mit diesem Effekt – erzählt werden. (Davon zu unterscheiden ist natürlich eine um historische Adäquatheit bemühte *Beschreibung* der originalen Geschichten, die deren ursprünglichen Fiktionalitätsstatus bewahrt.) Die institutionelle Theorie der Fiktionalität gestattet außerdem die Unterscheidung zwischen einem fiktionalen Text und der Behandlung eines Textes *als* fiktionaler Text. Letzteres bedeutet, dass man dem

---

31 Vgl. Lamarque / Olsen: Truth, S. 42.
32 Vgl. Rösler: Entdeckung (s. den Beitrag *16. Fiktionalität in der Antike*).
33 Vgl. Lamarque / Olsen: Truth, S. 38, 42 u. 52; Walton: Mimesis, S. 91 f. u. 95–98.

Text gegenüber die fiktionstypische Rezeptionshaltung einnimmt, ohne dass man sich in Bezug auf den tatsächlichen Status des Textes festlegen müsste.

Ein zweites Problem vieler Fiktionalitätstheorien stellen literarische Textgattungen dar, denen es offensichtlich darum geht, Einsichten über die Wirklichkeit zu vermitteln. Zu diesen Gattungen gehören etwa Fabeln, der historische Roman, der Schlüsselroman oder der *roman à thèse*; zum erweiterten Kreis gehören auch der psychologische Roman oder der Entwicklungsroman. Schließlich ist auch nicht abzustreiten, dass anspruchsvolle Literatur traditionell ganz generell mit der Ambition in Verbindung gebracht wird, Einsichten über die Wirklichkeit zu vermitteln. Auf der Basis der institutionellen Theorie der Fiktionalität lässt sich dazu Verschiedenes sagen. Erstens ist denkbar, dass den genannten Genres ein je eigenes Set von Regeln oder Konventionen zugrunde liegt, die das Verhalten von Autoren und Lesern bestimmten (weiteren) Beschränkungen unterwerfen oder die die normalen Ge- und Verbote der Fiktionalitätsinstitution zumindest teilweise aufheben oder modifizieren.[34] Zweitens ist es natürlich möglich, dass ein Autor den Regeln der Fiktionalitätsinstitution nur teilweise oder unvollkommen folgt. Das kann beispielsweise auf Unkenntnis beruhen – wie etwa bei Kindern, die mit den Konventionen der Fiktionalitätsinstitution noch nicht oder nicht vollständig vertraut sind (s. den Beitrag *15. Empirische Rezeptionspsychologie der Fiktionalität*) – oder auch gezielt geschehen. Autoren können es darauf absehen, Texte zu produzieren, die Grenz- oder Mischfälle darstellen und deren Klassifikation schwierig ist. Solche Schwierigkeiten entstehen nicht zuletzt bei Texten, von denen wir nicht mit Sicherheit sagen können, dass sie innerhalb unserer (oder einer der unsrigen vergleichbaren) institutionellen Praxis hervorgebracht wurden. Mit genau welchen Absichten diese Texte hervorgebracht wurden und welche textuellen und sonstigen Merkmale als Garanten dieser Absicht gelten können, kann Gegenstand kontroverser Diskussionen sein (s. den Beitrag *5. Fiktionssignale*); bisweilen beschäftigen diese Fragen auch die Gerichte.[35] Drittens können die fiktionalen Äußerungsakten zugrunde liegenden Intentionen mit weitergehenden Absichten zur Funktion der Texte kombiniert werden. So kann ein Autor seine Leserschaft beispielsweise belehren wollen, *indem* er eine fiktionale Geschichte erzählt. Der Autor verlässt sich in diesem Fall darauf, dass seine Adressaten die fiktionale Geschichte zum Anlass nehmen, nach einschlägigen Bezügen zur Wirklichkeit zu suchen. Dabei kann es sich sowohl (wie in der Satire) um Anspielungen auf konkrete historische Personen oder Sachverhalte als auch (wie in der Fabel) um ‚allgemeinmenschliche' Ansichten

---

34 Vgl. Walton: Mimesis, S. 79; Reicher: Knowledge.
35 So etwa in jüngerer Zeit im Fall von Maxim Billers Roman *Esra*. Vgl. auch Nickel-Bacon / Groeben / Schreier: Fiktionssignale, insbes. S. 267 f. u. 297–299.

handeln, die vermittelt werden sollen. In diesem Sinne ist auch Bedingung (iii) in der obigen Definition von ‚Fiktionalität' zu verstehen: Das generelle Verbot *unmittelbarer* Schlüsse vom Gehalt fiktionaler Sätze auf die Wirklichkeit ist sowohl mit ‚sekundären' Informationsabsichten von Autoren als auch mit ‚sekundären' leserseitigen Interpretationen vereinbar, in denen Bezüge zur Wirklichkeit hergestellt werden. Insbesondere diese dritte Möglichkeit spricht in jedem Fall dafür, dass keine ‚Durchbrechung' oder ‚Verletzung' der Fiktionalitätsinstitution (bzw. der diese Institution konstituierenden Regeln) vorliegen muss, wenn ein fiktionaler Text zur Vermittlung von Einsichten eingesetzt und/oder verwendet wird.

Je nachdem, wie diese drei Möglichkeiten (eigenes Konventionsset, unvollständige Regelbefolgung, sekundäre Absichten) im Einzelnen ausbuchstabiert werden, kann die Abgrenzung fiktionaler von nicht-fiktionalen Texten ihre Vollständigkeit einbüßen, sodass es neben fiktionalen und nicht-fiktionalen noch eine dritte Gruppe von Texten gibt, oder sie kann ihre Exklusivität einbüßen, sodass ein bestimmter Text sowohl fiktional als auch nicht-fiktional sein kann. Keine Erklärung hat die institutionelle Theorie für sogenannte ‚Grade' der Fiktionalität, also für die Auffassung, dass ein Text mehr oder weniger fiktional sein kann. Es steht allerdings zu vermuten, dass die Redeweise von Graden der Fiktionalität (zumindest oft) etwa dahingehend zu interpretieren ist, dass fiktionale Texte mehr oder weniger stark von der Wirklichkeit inspiriert sind oder mehr oder weniger zuverlässige Annahmen über die Wirklichkeit nahe legen können; in Rede stehen dann eigentlich die Genese, die Interpretation oder die epistemischen Funktionen der Texte, nicht ihre Fiktionalität im engeren Sinne.[36]

Die institutionelle Theorie der Fiktionalität empfiehlt sich als Grundlage einer medienübergreifenden Theorie (s. die Beiträge *19. Fiktionalität in Film- und Medienwissenschaften* und *20. Fiktionalität in Kunst- und Bildwissenschaften*). Sowohl Spielfilme als auch Hörspiele, Comics oder Dramen werden im Allgemeinen als fiktional aufgefasst, und es ist plausibel anzunehmen, dass dies auf einer regelgeleiteten, sozialen Praxis der Produktion und Rezeption beruht. Eine Anwendung auf solche Fälle erfordert jedoch mehr oder minder erhebliche Anpassungen der oben vorgestellten Theorie; das wird sofort deutlich angesichts der Tatsache, dass die Definition von Äußerungsakten und Sätzen spricht, auf die die genannten Medien teilweise oder sogar ganz verzichten können.

Ein letzter wichtiger Vorzug institutioneller Theorien ist ihre relative Einfachheit, die sie für den Export in viele geisteswissenschaftliche Fächer empfiehlt. So ist etwa für die Literaturwissenschaften ein grundsätzliches Verständnis der Fiktionalität literarischer Texte zentral; man kann aber nicht

---

36 Vgl. zur Diskussion Currie: Nature, S. 90–92; Zipfel: Fiktion, S. 292–297.

erwarten, dass sich Literaturwissenschaftler mit den Subtilitäten philosophischer Semantik, Modallogik oder Ontologie auseinandersetzen. Während solche Theorien weitab von literaturwissenschaftlichen Kerninteressen liegen und entsprechend im Ruf einer nur geringen Anschlussfähigkeit stehen, bieten institutionelle Theorien der Fiktionalität zahlreiche Möglichkeiten, literaturwissenschaftliche Kernfragen wie etwa die nach *literaturspezifischen* Konventionen, Gattungen, literaturgeschichtlichen Entwicklungen sowie nach den Funktionen fiktionaler Literatur zu thematisieren und zu beantworten.[37]

Forschungsbedarf besteht in der empirischen Überprüfung der Behauptungen, die von der institutionellen Theorie der Fiktionalität über die Konturen der (diachronen und synchronen) Praxis des Umgangs mit fiktionalen Texten aufgestellt werden. Solche Untersuchungen können sich zum einen größeren Korpora historischer Quellen zuwenden, in denen sich niederschlägt, wie Texte *de facto* produziert und verstanden wurden. Zum anderen ist die heutige Praxis des Umgangs mit fiktionaler Literatur grundsätzlich der experimentellen Erforschung zugänglich. Das gilt beispielsweise für den Erwerb des einschlägigen Regelwissens sowie dessen Umfang, dessen genaue Konturen und dessen Verbreitung innerhalb bestimmter Personengruppen. Auf diesem Wege wäre eine empirische Untermauerung wesentlicher Bestandteile institutioneller Theorien der Fiktionalität möglich (s. den Beitrag *15. Empirische Rezeptionspsychologie der Fiktionalität*).

Bibliographie

Banfield, Ann: Unspeakable Sentences. Narration and Representation in the Language of Fiction. Boston u. a. 1982.
Beardsley, Monroe C.: Aesthetics. Problems in the Philosophy of Criticism [1958]. 2. Aufl. Indianapolis 1981.
Carroll, Noël: The Philosophy of Horror, or: Paradoxes of the Heart. New York, London 1990.
Conter, David: Fictional Names and Narrating Characters. In: Australasian Journal of Philosophy 69 (1991), S. 319–328.
Currie, Gregory: The Nature of Fiction. Cambridge 1990.
Currie, Gregory: Interpreting Fictions. In: Richard Freadman / Lloyd Reinhardt (Hg.): On Literary Theory and Philosophy. Basingstoke, London 1991, S. 96–112.
Eco, Umberto: Im Wald der Fiktionen. Übersetzt von Burkhart Kroeber. München 1996.
Frege, Gottlob: Über Sinn und Bedeutung [1892]. In: G. F.: Funktion, Begriff, Bedeutung. Hg. von Günther Patzig. 7. Aufl. Göttingen 1994, S. 40–65.
Gabriel, Gottfried: Fiktion und Wahrheit. Eine semantische Theorie der Literatur. Stuttgart-Bad Cannstatt 1975.

---

37 Vgl. Lamarque / Olsen: Truth.

Gertken, Jan / Tilmann Köppe: Fiktionalität. In: Simone Winko / Fotis Jannis / Gerhard Lauer (Hg.): Grenzen der Literatur. Zu Begriff und Phänomen des Literarischen. Berlin, New York 2009, S. 228–266.
Goodman, Nelson: Of Mind and Other Matters. Cambridge, London 1984.
Hamburger, Käte: Die Logik der Dichtung [1958]. München 1987.
Hoops, Wiklef: Fiktionalität als pragmatische Kategorie. In: Poetica 11 (1979), S. 281–317.
Ingarden, Roman: Das literarische Kunstwerk [1931]. 4. Aufl. Tübingen 1972.
Köppe, Tilmann / Jan Stühring: Against Pan-Narrator Theories. In: Journal of Literary Semantics 40 (2011), S. 59–80.
Lamarque, Peter / Stein Haugom Olsen: Truth, Fiction, and Literature. A Philosophical Perspective. Oxford 1994.
Nickel-Bacon, Irmgard / Norbert Groeben / Margrit Schreier: Fiktionssignale pragmatisch. Ein medienübergreifendes Modell zur Unterscheidung von Fiktion(en) und Realität(en). In: Poetica 32 (2000), S. 267–299.
Reicher, Maria E.: Knowledge from Fiction. In: Jürgen Daiber / Eva-Maria Konrad / Thomas Petraschka / Hans Rott (Hg.): Understanding Fiction. Knowledge and Meaning in Literature. Münster 2012, S. 114–132.
Rösler, Wolfgang: Die Entdeckung der Fiktionalität in der Antike. In: Poetica 12 (1980), S. 283–319.
Savile, Anthony: Imagination and the Content of Fiction. In: British Journal of Aesthetics 38 (1998), S. 136–149.
Schmidt, Siegfried J.: Towards a Pragmatic Interpretation of ‚Fictionality'. In: Teun A. van Dijk (Hg.): Pragmatics of Language and Literature. Amsterdam 1976, S. 161–178.
Searle, John: Speech Acts. An Essay in the Philosophy of Language. Cambridge 1969.
Sidney, Sir Philip: An Apology for Poetry, or: The Defence of Poesy [1595]. Hg. von Geoffrey Shepherd, 3., überarb. Aufl. von R. W. Maslen. Manchester, New York 2002.
Walsh, Richard: The Rhetoric of Fictionality. Narrative Theory and the Idea of Fiction. Columbus 2007.
Walton, Kendall L.: Mimesis as Make-Believe. On the Foundations of the Representational Arts. Cambridge, London 1990.
Walton, Kendall L.: Thoughtwriting – In Poetry and Music. In: New Literary History 42 (2011), S. 455–476.
Wolterstorff, Nicholas: Works and Worlds of Art. Oxford 1980.
Zipfel, Frank: Fiktion, Fiktivität, Fiktionalität. Analysen zur Fiktion in der Literatur und zum Fiktionsbegriff in der Literaturwissenschaft. Berlin 2001.

J. ALEXANDER BAREIS

3. Fiktionen als *Make-Believe*

1. Zu Inhalt und Aufbau des Artikels

Unter Make-Believe-Theorien subsumiert man gemeinhin die fiktionstheoretischen Arbeiten, in denen das Verhalten von Rezipienten eine zentrale Rolle spielt. Die wichtigsten Arbeiten stammen von Gregory Currie und Kendall L. Walton, die beide im Jahr 1990 umfassende Monographien zum Thema vorgelegt haben: Waltons *Mimesis as Make-Believe. On the Foundations of the Representational Arts* und Curries *The Nature of Fiction*. Wenngleich in beiden Arbeiten das Konzept des Make-Believe eine zentrale Rolle spielt, unterscheiden sich die theoretischen Modelle in vielerlei Hinsicht. Gemessen an der wissenschaftlichen Resonanz hat sich die Theorie Waltons als die erfolgreichere herausgestellt. Der vorliegende Beitrag wird deshalb überwiegend auf die Make-Believe-Theorie Waltons eingehen.

Um eine möglichst hohe begriffliche Transparenz zu gewährleisten, werden die englischsprachigen Originalbegriffe in Klammern direkt nach der jeweiligen von mir vorgenommenen Übersetzung nachgeliefert. Der zentrale Begriff des Make-Believe wird jedoch nicht ins Deutsche übertragen, da das Konzept des ‚Glauben-Machen-Spiels' von Kindern nicht auf vergleichbare Weise im Deutschen etabliert ist. Ebenso ist der Begriff des ‚So-tun-als-ob' (oder auch nur des ‚Als-ob') nicht deckungsgleich mit der vollen Bedeutung des Make-Believe-Spiels im Amerikanischen und insbesondere in der spezifischen Verwendung bei Walton.[1]

Die Gliederung des Artikels ist wie folgt: Zunächst wird im anschließenden Kapitel ein kurzer geschichtlicher Abriss des Make-Believe-Konzepts in der analytischen Philosophie gegeben und auf Arbeiten von Gilbert Ryle, Gregory Currie und Kendall Walton eingegangen. Im Anschluss daran orientiert sich die Darstellung hauptsächlich an der Theorie Waltons. Nach einer typologischen Verortung der Make-Believe-Theorie Waltons und kur-

---

[1] Zur Problematik der Übersetzung des Begriffs vgl. Zipfel: Fiktion, S. 215–217, der ebenfalls ‚make-believe' als eigenen Ausdruck im Deutschen beibehält. Bühler: Autorabsicht, S. 67, hat hingegen zuvor mit „So-tun-als-ob" übersetzt.

zer Übersetzung der wichtigsten Grundbegriffe folgt zunächst die Explikation des Generierens fiktionaler Wahrheiten im theoretischen Modell Waltons. Im vierten Teil werden unterschiedliche Prinzipien diskutiert, mit Hilfe derer fiktionale Wahrheiten generiert werden können, und im fünften Teil geht es um die Unterscheidung von Fiktion und Nichtfiktion im Rahmen einer Make-Believe-Theorie im Sinne Waltons. Im abschließenden sechsten Abschnitt werden einige strittige Fragen, die sich aus der theoretischen Beschreibung ergeben haben, unter Verwendung weiterer Forschungsansätze kurz diskutiert und es wird auf Forschungsdesiderata hingewiesen.

2. Zur Geschichte des Make-Believe-Konzepts in der analytischen Philosophie

Der Begriff des Make-Believe ist bereits vor Kendall Waltons Arbeiten Bestandteil der analytischen Philosophie gewesen, und der Vergleich des Spiels mit dem Prozess der Rezeption ästhetischer Werke hat bekanntlich eine bedeutend längere Tradition. Als erster Gewährsmann ist wohl Aristoteles zu nennen, der in seiner *Poetik* ausdrücklich die Mimesis mit dem Kinderspiel in Verbindung bringt.[2] Waltons erste publizierte Auseinandersetzung mit dem Begriff findet sich in einer frühen Veröffentlichung aus dem Jahre 1973, „Pictures and Make-Believe", während Gilbert Ryle bereits 1933 in einem Artikel zu imaginären Objekten auf den Begriff des Make-Believe zurückgreift. Allerdings stellt die Bezugnahme Ryles keinen systematischen Zusammenhang zwischen einem Konzept des Make-Believe-Spiels und einer Theorie der Fiktion her, sondern bringt lediglich in Anführungsstrichen den Begriff ‚make-believe' ins Spiel, um die Ähnlichkeit von Vorstellen (*imagining*) und Bildern (*images*) zu bezeichnen:

> But, of course, there are no such dragons or knights, so our pictures are not *of* dragons and knights, but only as if of dragons or knights. Only in this sense can I think about the dragon which I am picturing, namely, that I can understand what the pictures *would* be recording if they were recording and not merely pretending to record. The „make-believe" is the same in this sort of imagining as in literary romancing. It is considering what is depicted as being the case or what is described as being the case, without, usually, much inclination to believe that the pictures or the descriptions are true.[3]

---

2 Vgl. den Beginn des 4. Kapitels der *Poetik* (14481–1448b), worauf auch Halliwell: Aesthetics, S. 178f., hinweist, der an dieser Stelle die mangelnde Bezugnahme Waltons auf Aristoteles tadelt.
3 Ryle: Objects, S. 71.

Bemerkenswert ist hierbei vor allem, dass bereits von Ryle der Make-Believe-Begriff nicht allein auf eine Kunstform angewendet wird, sondern als Gemeinsamkeit verschiedener Kunstarten betrachtet wird.

Neben der Verwendung des Make-Believe-Begriffs in der analytischen Philosophie sollte auch der berühmte Aufsatz Ernst H. Gombrichs, „Meditations on a Hobby Horse" aus dem Jahre 1963 nicht unerwähnt bleiben.[4] Walton hat selbst in einer späteren Arbeit darauf hingewiesen, dass der Ansatz Gombrichs „on the right track", auf dem rechten Wege gewesen sei, auch wenn das Essay ansonsten eine Reihe eklatanter Fehler aufweise.[5] Das Essay Gombrichs kann somit kaum als wichtige theoretische Vorarbeit zu Waltons eigenem Ansatz betrachtet werden. Es zeigt allerdings, dass die Grundlagen des Walton'schen Theoriemodells keineswegs in einem luftleeren Raum entstanden sind, sondern auf einige bereits vorhandene Gedanken und Konzepte zurückgreifen konnten, die in einschlägigen analytisch-philosophischen und kunstwissenschaftlichen Arbeiten verhandelt wurden. Walton hat diese dann zu einer kohärenten Theorie ausgebaut.

Nach der Veröffentlichung aus dem Jahr 1973 hat Walton in einer Reihe weiterer Artikel vor der Veröffentlichung der Monographie im Jahr 1990 das Konzept des Make-Believe in Zusammenhang mit der Rezeption verschiedener Kunstformen gesetzt,[6] bevor er in seinem Hauptwerk eine umfassende Beschreibung des theoretischen Modells, das für alle Kunstarten Geltung beansprucht, geliefert hat. Kurz zuvor, im gleichen Jahr, erschien Gregory Curries Monographie *The Nature of Fiction*, die ebenfalls mit Hilfe des Make-Believe-Begriffs die Rezeptionshaltung fiktionaler Kunstwerke beschreibt.

Die Make-Believe-Theorie Gregory Curries hat im Gegensatz zu Waltons Modell eine intentionalistisch und kommunikationstheoretisch geprägte Komponente. Während in Waltons Modell allein das Vorschreiben von Imaginationen (*prescribe imaginings*) einer Darstellung Voraussetzung für das Zustandekommen von Fiktion ist, definiert Currie (literarische) Fiktion als die Einnahme einer Make-Believe-Haltung unter der Voraussetzung einer entsprechenden Intention auf Seiten des Autors, dass der Rezipient sich den Inhalt der Erzählung vorstellen soll. Ist die Intention des Autors diejenige, dass der Rezipient den Inhalt der Erzählung glauben soll, dann liegt im Modell Curries Nichtfiktion vor. Verkürzt ausgedrückt kann man sagen,

---

4 Ernst H. Gombrich: Meditations on a Hobbyhorse and other Essays on the Theory of Art, London 1963.
5 „Much of what Gombrich said in spelling out the analogy between hobby horses and pictures is blatantly and straightforwardly false." (Walton: Images, S. 64 und S. 65.)
6 Vgl. Walton: Points of View; Walton: Fiction; Walton: Transparent Pictures. Aus diesem Grund greift auch die Kritik Margit Sutrops in Sutrop: Imagination, S. 67, an Waltons mangelnder Bezugnahme auf beispielsweise Prado: Making Believe, aus dem Jahr 1984 zu kurz.

dass Currie den Begriff des Make-Believe allein für eine spezifische Rezeptionshaltung reserviert, die aber stets von einer kommunizierten Intention des Autors abhängig bleibt, während Walton zufolge der Begriff des Make-Believe-Spiels zur Erläuterung eines wesentlich breiteren Phänomenkomplexes herangezogen wird, zu dem nicht nur literarische und andere Kunstwerke sondern vielmehr auch Repräsentationen in sonstigen, nicht-künstlerischen Kontexten zählen.

3. Die Make-Believe-Theorie nach Walton

Folgendes Zitat aus Waltons Hauptwerk, *Mimesis as Make-Believe*, ist eine konzise Zusammenfassung des theoretischen Gerüsts:

> *Representations*, I have said, are things possessing the social function of serving as props in games of make-believe, although they also *prompt* imaginings and are sometimes *objects* of them as well. A prop is something which, by virtue of the conditional *principles of generation*, mandates imaginings. Propositions whose imaginings are mandated are *fictional*, and the fact that a given proposition is fictional is a *fictional truth*. *Fictional worlds* are associated with collections of fictional truths; what is fictional is fictional in a given world – the world of a game of make-believe, for example, or that of a representational work of art.[7]

Waltons Make-Believe-Theorie kann als eine funktionelle Theorie der Fiktion charakterisiert werden. Alle Darstellungen (*representations*) im Sinne Waltons teilen die Eigenschaft, als Requisiten (*props*) in einem Make-Believe-Spiel (*game of make-believe*) zu fungieren und dabei Vorstellungen anzuleiten oder vorzuschreiben (*prescribe imaginings*). Darstellungen im Sinne Waltons sind beispielsweise Romane, Filme, Gemälde (nicht jedoch alle Formen abstrakter Kunst und Ornamente), Theateraufführungen, Opern, aber auch Fotografien (auch in Zeitungen) und Musik. Solange einem Artefakt die Eigenschaften einer Darstellung in Waltons Sinne zugeschrieben werden können, wird diese Darstellung immer die Funktion haben, als Requisit in einem Make-Believe-Spiel zu dienen, und es wird dabei das Phänomen der Fiktion zustande kommen. Diese sehr weite Applikation des Fiktionsbegriffs hat einerseits den großen Vorteil, dass der Begriff der Fiktion nicht auf eine einzelne Kunstform eingeschränkt wird und dann anschließend als paradigmatisch für die Fiktion schlechthin behandelt wird, wie dies beispielsweise für Fiktionstheorien des literarischen Erzählens oftmals der Fall war und ist. Vielmehr wird im Modell Waltons das Gemeinsame des Phänomens in all seinen medialen Formen gesucht – sei es Literatur, Theater, Film oder bildende Kunst. Die Make-Believe-Theorie eignet sich also insbesondere für intermediale und interdisziplinäre Herangehensweisen. Die

---

7 Walton: Mimesis, S. 69. Alle Hervorhebungen im Original.

Konsequenz, die sich hieran anschließt, ist die Ausweitung des Fiktionsbegriffs auf Bereiche, die gemeinhin nicht der Fiktion zugeschrieben werden, wie beispielsweise die Pressefotografie. Waltons Position ist dabei allerdings keineswegs als eine Position des Panfiktionalismus zu verorten (s. den Beitrag *10. Panfiktionalismus*). Die Make-Believe-Theorie Waltons nivelliert nicht die theoretische Unterscheidung von Fiktion und Nichtfiktion, sie zieht jedoch die Grenze auf eine Weise, die oftmals nicht mit den tradierten Unterscheidungen korreliert.

Die Bezeichnung „Make-Believe-Spiel" basiert auf dem im englischen Sprachraum gängigen Begriff für kindliche Phantasiespiele. Waltons gebräuchlichstes Beispiel sind zwei Kinder, die im Wald miteinander spielen, dass jeder Baumstumpf ein Bär sei. Das eine Kind deutet auf einen Baumstumpf und sagt „Guck mal, da ist ein Bär!", worauf das andere Kind diese Setzung akzeptiert und mitspielt, indem es beispielsweise sagt „Oh ja, und was für ein fürchterlich großer. Und guck mal da, da ist noch einer!" und zeigt dabei auf etwas ein Stück weiter weg, das auf den ersten Blick ebenfalls wie ein Baumstumpf aussieht. Bei näherer Betrachtung zeigt sich allerdings, dass es nur ein großer, moosbewachsener Stein gewesen war, und das Kind, das den zweiten „Bären" deklariert hatte, nimmt nun diese Deklaration zurück und sagt gemäß den impliziten Regeln des Spiels (‚Alle Baumstümpfe sind Bären'), dass es nur falscher Alarm gewesen sei und dies kein Bär (im gemeinsamen Make-Believe-Spiel) sei. Walton macht nun diese ‚Mechanik' im Kinderspiel, das Akzeptieren gemeinsamer, oftmals implizit verstandener Regeln, in denen gewissen Gegenständen gewisse Eigenschaften zugeschrieben werden – egal ob diese Gegenstände diese Eigenschaften tatschlich besitzen oder nicht – zum Grundprinzip der Art und Weise, wie wir mit Darstellungen umgehen. Wenn wir in einem Roman lesen, der erste Einwohner einer Insel, auf den Gulliver bei seiner Ankunft trifft, sei nur drei Zoll groß, dann akzeptieren wir dies und spielen mit, wenn der nächste Inselbewohner kommt und gehen davon aus, dass auch dieser circa drei Zoll groß ist. Und zwar auch dann, wenn dies nicht ausdrücklich im Roman beschrieben wird. Diese Analogie beinhaltet auch, dass beispielsweise auch solche Baumstümpfe Bären sind, die von den Kindern (noch) nicht erkannt wurden. Demzufolge sind auch weitere Bewohner Liliputs drei Zoll groß, auch wenn sie (noch) nicht explizit Gegenstand des Romans sind.

Ausgehend von dieser Grundanalogie hat Walton in *Mimesis as Make-Believe* den Umgang mit Darstellungen einer umfassenden Beschreibung unterzogen und dabei die These aufgestellt, dass sich der Umgang mit Kunstwerken durch genau solche Regeln auszeichnet – wir akzeptieren gewisse Setzungen, um dadurch Teilnehmer an einer vorgestellten Welt zu werden, und diese Setzungen generieren gewisse Konsequenzen, die, ähnlich wie im Kinderspiel, regelgeleitet sind.

Anhand dieser Analogie bietet sich nun die Möglichkeit, eine Reihe von Phänomenen in Zusammenhang mit der Rezeption fiktionaler Werke zu erklären. Bereits in einem frühen Artikel hat Walton eine Erklärung des sogenannten *Paradox of fiction* (vgl. den Beitrag *14. Das Paradoxon der Fiktion*) abgeleitet, die die aktive Rolle des Rezipienten im Rahmen des Spiels betont.[8] Für Walton bedeutet die Analogie mit dem Kinderspiel eben auch, dass man aktiver Teilnehmer des Spiels ist. Sicherlich bietet das Make-Believe-Spiel von Kindern, sei es mit einem Steckenpferd, im Wald mit Baumstümpfen, oder beim Sandkuchenbacken im Sandkasten größere und andersartige Teilnahmemöglichkeiten als beispielsweise die Rezeption eines Spielfilms oder die Lektüre eines Romans. Dennoch bietet dieser Ansatz die Möglichkeit, beispielsweise das Zwischenrufen im Kino, das laute Aufschreien und andere immersive Effekte beispielsweise beim Lesen eines Romans theoretisch zu erklären: Im Rahmen des Make-Believe-Spiels werden eben nicht nur fiktionale Wahrheiten generiert, beispielsweise dass der nächste Bewohner Liliputs drei Zoll groß ist, sondern der Rezipient generiert im Rahmen des Spiels auch fiktionale Wahrheiten über sich selbst – z. B. dass es fiktional wahr ist, dass er/sie gerade das Logbuch des Gulliver liest, oder dass es fiktional wahr ist, dass man Mitleid mit Anna Karenina empfindet. Wenngleich die daraus resultierende Lösung des (vermeintlichen) Paradoxons der Fiktion, dass Leser deshalb nur Quasi-Emotionen fühlten, womöglich keine befriedigende Antwort und exakte Benennung der Gefühle in Zusammenhang mit Fiktionen generell darstellt, so liefert dieser Ansatz dennoch einen wichtigen Beitrag für das Verständnis von Phänomenen wie der Immersion in fiktionale Welten. Teilnehmer eines Make-Believe-Spiels mit einem darstellenden Kunstwerk in Waltons Sinne generieren fiktionale Wahrheiten über die fiktionale Welt des Werkes; sie genieren aber auch fiktionale Wahrheiten im Rahmen ihres eigenen Spiels, zum Beispiel über sich selbst. Wenn ein Zuschauer eines Horrorfilms im Kino laut vor Schreck ausruft, dann kann dies dadurch erklärt werden, dass es im Spiel des Rezipienten fiktional wahr ist, dass er selbst gerade dieses furchteinflößende Monster sieht. Es ist nicht nur wahr, dass auf der Leinwand ein furchterregendes Monster zu sehen ist, sondern es ist eine fiktionale Wahrheit in der privaten Welt des Spiels, dass der Rezipient dieses Monster gerade sieht, genau so wie es beispielsweise fiktional wahr ist im Spiel eines Rezipienten, dass dieser gerade das Logbuch des Gulliver liest.

Zudem generieren Teilnehmer in Rahmen ihres privaten Spiels auch eine Reihe von fiktionalen Wahrheiten auf eine für ihr Spiel spezifische Art und Weise, zum Beispiel wenn es darum geht, sich das Äußere von Figuren oder

---

8 Vgl. Walton: Fictions.

das genaue Aussehen eines Raumes in einem Roman vorzustellen. Im Rahmen der Theorie Waltons ist es erklärbar, weshalb man als Rezipient einer Literaturverfilmung oftmals ein enttäuschendes Erlebnis hat – man hat sich beispielsweise diese oder jene Figur ganz anders vorgestellt, als dies dann durch den Schauspieler verkörpert wird. Das Auffüllen der sogenannten Leerstellen, also das Vorstellen des nicht explizit Beschriebenen, geschieht im Rahmen der Make-Believe-Theorie innerhalb der privaten Teilnahme am Spiel; dies bedeutet, dass man als Rezipient im Rahmen des privaten Make-Believe-Spiels fiktionale Wahrheiten aus dem eigenen Erfahrungsschatz generiert. Dies ist eine Notwendigkeit für das Zustandekommen des Phänomens Fiktion, denn fiktionale Welten sind durch Kunstwerke oder andere Repräsentationen nicht vollständig bestimmt. Erst die aktive Teilnahme an einem Make-Believe-Spiel ermöglicht das ‚Auffüllen' der fiktionalen Welt. Da dies aber stets auf der privaten Spielwelt und der privaten Teilnahme des Rezipienten aufbaut, sind die im Rahmen des privaten Spiels generierten fiktionalen Wahrheiten nicht notwendigerweise stets identisch mit denen anderer privater Spielwelten. Die Unterscheidung Waltons zwischen privaten Spielwelten (*game world*) und Werkwelten (*work world*) trägt eben diesem Unterschied Rechnung: Was fiktional wahr ist in der Werkwelt ist das, und nur das, was in jeder Spielwelt wahr ist, die mit genau diesem Objekt gespielt wird. Auf diese Unterscheidung wird gleich im Anschluss noch einmal ausführlicher eingegangen, zunächst soll aber der Begriff der fiktionalen Wahrheit im Vordergrund stehen.

In der philosophischen Forschung hat vor allem der Lösungsvorschlag Waltons Eingang gefunden, der sich mit dem Wahrheitswert von Propositionen auseinandersetzt, die Referenz auf fiktionale Entitäten nahelegen (s. den Beitrag *7. Ontologie fiktiver Gegenstände*). Waltons Lösungsansatz in diesem Bereich ist als sogenannte *pretense theory* bezeichnet worden,[9] da er darauf hinausläuft, Sätzen wie (1): „In der fiktionalen Welt der Sherlock-Holmes-Geschichten von Arthur Canon Doyle ist es wahr, dass Sherlock Holmes in der Baker St 221B wohnt" einen Wahrheitswert zuzusprechen und gleichzeitig die Frage nach der Referenz auf nicht-existente Objekte als *pretense* zu erklären (s. den Beitrag *6. Fiktion, Wahrheit, Referenz*).[10] An dieser Stelle muss auch darauf hingewiesen werden, dass der philosophisch ‚schwere' Begriff der Wahrheit von dem Begriff der fiktionalen Wahrheit bei Walton deutlich zu trennen ist. Walton schreibt hierzu:

> What we call truth in a fictional world is not a kind of truth. The phrase „in the world of the Unicorn Tapestries," preceding „a unicorn was captured," does not indicate in what

---

9 Vgl. z. B. Thomasson: Fiction, S. 97.
10 Vgl. hierzu auch Walton: Mimesis, Kap. 10.

3. Fiktionen als *Make-Believe*

manner or where or on what realm it is true that a unicorn was captured, or anything of the sort. This is *not* true, *period*.[11]

Dass Sherlock Holmes in der Baker St 221B wohnt, ist eine fiktionale Wahrheit, denn dieser Sachverhalt wird so mehrmals in den Geschichten von Canon Doyle geschildert und ist somit ein Teil der Fiktion der Sherlock-Holmes-Geschichten. In Bezug auf die historische Richtigkeit fehlt dieser Aussage ein Wahrheitswert, denn zu der Zeit, in denen sich die Sherlock-Holmes-Geschichten abspielen sollen, hat es in London keine Adresse Baker St 221B gegeben. Nun gibt es aber auch die Möglichkeit, dass eine fiktionale Wahrheit sich im Laufe des Lektüreprozesses als falsch herausstellt, oder dass eine andere fiktionale Wahrheit einer früheren fiktionalen Wahrheit zumindest entgegensteht. Gerade die Geschichten von Sherlock Holmes bieten hierfür eine Fülle von Beispielen, da Watson oft die tatsächlichen Umstände eines Sachverhalts erst sehr spät durchschaut. Was genau und was nicht als fiktionale Wahrheit in einem fiktionalen Werk zu gelten hat, ist also keineswegs immer eindeutig beantwortbar, und dies zu tun ist auch in keinerlei Hinsicht die Zielsetzung der Make-Believe-Theorie, denn sie ist eine Fiktionstheorie und nicht eine Interpretationstheorie. Dies heißt allerdings nicht, dass im Rahmen der Theorie nichts über das Zustandekommen von fiktionalen Wahrheiten gesagt werden kann. Walton spricht davon, dass dem Make-Believe-Spiel eine ‚Mechanik des Generieren' (*mechanics of generation*) innewohnt, die gewissen Prinzipien folgt. Auf die Prinzipien wird weiter unten noch einmal eingegangen (s. auch den Beitrag *8. Fiktive Tatsachen*).

Walton unterscheidet zunächst einmal zwei Typen fiktionaler Wahrheiten, nämlich primäre oder direkte fiktionale Wahrheiten (*primary/direct fictional truths*) und implizite, indirekte fiktionale Wahrheiten (*implicit/indirect fictional truths*). Primäre fiktionale Wahrheiten sind solche Wahrheiten, die einem Requisit in einem Make-Believe-Spiel ‚direkt entnommen' werden können,[12] wie beispielsweise die Adresse Baker St 221B in den Sherlock-Holmes-Geschichten, die mehrmals in den Geschichten explizit als Wohnort von Holmes angegeben wird, während implizite fiktionale Wahrheiten solche Wahrheiten sind, die nur auf der Basis gewisser Implikationen erzielt werden können. Es ist direkt fiktional wahr in den Sherlock-Holmes-Geschichten, dass Sherlock Holmes Pfeife raucht, aber nur eine implizite fiktionale Wahrheit, dass Sherlock Holmes einmal im Jahr Geburtstag hat, da über das tatsächliche Datum seines Geburtstags keinerlei Aussagen in den Geschich-

---

11 Walton: Mimesis, S. 41–42. Alle Hervorhebungen im Original.
12 ‚Entnehmen' ist hier bestenfalls metaphorisch gemeint. Die genaue Bestimmung des Prozesses, wie fiktionale Wahrheiten generiert werden können und wie dies dann tatsächlich zu beschreiben ist, kann an dieser Stelle nicht weiter untersucht werden.

ten zu finden sind. Was fiktional wahr in den Sherlock-Holmes-Geschichten ist, beruht also darauf, welche direkten und indirekten fiktionalen Wahrheiten mit Hilfe des Romans im Prozess der Rezeption, dem Make-Believe-Spiel, generiert werden. Primäre und implizite fiktionale Wahrheiten werden mit Hilfe eines Requisits, einem Roman beispielsweise, in einem Make-Believe-Spiel generiert. Was wahr ist in einem Make-Believe-Spiel mit den Sherlock-Holmes-Geschichten ist wahr im jeweiligen Spiel des Spielenden, in der Spielwelt (*game world*). Was wahr ist in den Sherlock-Holmes-Geschichten ist wahr in der Werkwelt (*work world*), die von Walton als Schnittmenge aller möglichen Spielwelten verstanden wird:

> This points to the conclusion that what is fictional in *La Grande Jatte* [d. i. dem Gemälde Georges Seurats, J. A. B.] is what is (or would be) fictional in *any* game in which it is the function of the painting to serve as a prop, and whose fictionality in such games is generated by the painting alone.[13]

Damit ist klar, dass eine eindeutige Bestimmung einer Werkwelt eher ein idealistisches Ziel darstellt als ein realistisches Interpretationsziel. Da nur solche fiktionalen Wahrheiten als Wahrheiten der Werkwelt gelten, die in *jedem* Make-Believe-Spiel mit diesem Werk generiert werden, ist es ausgesprochen schwierig, die potentiellen Spielwahrheiten einzuschränken. Wenn nur das als Werkweltwahrheit gilt, was in *jedem* Spiel als wahr gilt, dann beschränken sich die Wahrheiten der Werkwelt wahrscheinlich auf solche Wahrheiten, die *offensichtlich* wahr in einer Spielwelt mit einem spezifischen Werk sind. Die Vermutung liegt nahe, dass es sich dabei in erster Linie um direkt generierte fiktionale Wahrheiten dreht, wenngleich die Möglichkeit des unzuverlässigen Erzählens für den Fall der fiktionalen Erzählliteratur auch augenscheinlich bestehende primäre fiktionale Wahrheiten unterlaufen und als ungültig gelten lassen kann. Gleichzeitig sind solche impliziten fiktionalen Wahrheiten denkbar, die in *jedem* Make-Believe-Spiel mit einem spezifischen Werk generiert werden, da die Implikationen völlig offensichtlich sind.

Aber auch wenn es letztlich kaum eine eindeutige Antwort auf die Frage nach den fiktionalen Wahrheiten einer Werkwelt geben kann, bedeutet dies nicht, dass damit einer völligen Beliebigkeit das Wort geredet würde. Das Generieren fiktionaler Wahrheiten im Rahmen der Make-Believe-Theorie ist durchaus bis zu einem gewissen Grad intersubjektiv beschreibbar und kann mit Hilfe von Abstraktionen in eine Reihe von Prinzipien gefasst werden.

---

13 Walton: Mimesis, S. 60. Alle Hervorhebungen im Original.

4. Prinzipien des Generierens fiktionaler Wahrheiten

Es ist eine fiktionale Wahrheit der Werkwelt der Geschichten von Sherlock Holmes, dass es sich bei Sherlock Holmes und Dr. Watson um Menschen handelt. Ist es demzufolge fiktional wahr, dass in Sherlock Holmes' Adern rotes Blut fließt, auch wenn dieser Umstand niemals eine primäre fiktionale Wahrheit in den Geschichten von Sherlock Holmes darstellt, also auch dann, wenn man nirgends nachlesen kann, dass das Blut von Holmes rot ist? Gemäß dem Realitätsprinzip (*reality principle*) ist die fiktionale Wahrheit zu generieren, dass alle impliziten fiktionalen Wahrheiten, die nicht anhand direkter fiktionaler Wahrheiten explizit ausgeschlossen sind, gemäß dem entsprechenden Sachverhalt in der Realität zu generieren sind.[14] Da Holmes ein Mensch ist und es beispielsweise nicht primär fiktional wahr ist, dass Holmes ein Vulkanier ist, muss es auch als implizit fiktional wahr gelten, dass in Holmes' Adern rotes Blut fließt. Im Falle von Spock, der Figur aus der US-amerikanischen Fernsehserie *Star Trek* (auf dt. *Raumschiff Enterprise*), ist es eine fiktionale Wahrheit, dass er grünes Blut hat – zumindest, wenn es sich im oxidierten Zustand befindet wie in den Arterien oder außerhalb des Körpers in einer sauerstoffhaltigen Atmosphäre, während es in den Venen in nicht-oxidiertem Zustand kupferfarben ist.[15] An diesem Beispiel erkennt man, dass auch im Bereich der phantastischen oder der Fantasy- und Science-Fiction-Literatur das Realitätsprinzip gültig sein kann – auch wenn manche primäre fiktionale Wahrheiten gewisse nicht-reale Voraussetzungen schaffen, wird auf diese Voraussetzungen gemäß dem Realitätsprinzip aufgebaut. Kupfer oxidiert im Kontakt mit Sauerstoff und färbt sich grünlich, also muss dieses Naturgesetz auch im Weltraum und in der Zukunft gelten.

Während das Realitätsprinzip überzeitliche Naturgesetze und dergleichen abdeckt, bedarf es aber auch eines Prinzips, das soziokulturelle Veränderungen von Wirklichkeitsauffassungen Rechnung trägt. Nehmen wir einmal an, in einer Gesellschaft, die die Welt als flache Scheibe betrachtet hat, ist es Teil der gemeinsamen Überzeugung (*Mutual Belief*), dass man am Rand über die Kante fallen kann. In einem fiktionalen Text, der in einer solchen Gesellschaft entstanden ist, in der Seefahrer in ständiger Angst vor dem Horizont leben, ohne dass dies weitere Erklärung findet, ist es gemäß dem Prinzip der allgemeinen Überzeugung eine implizite fiktionale Wahrheit, dass die Seefahrer Angst davor haben, über die Kante zu segeln.[16] Das ist

---

14 Waltons Diskussion unterschiedlicher Prinzipien basiert auf dem grundlegenden Aufsatz von Lewis: Truth.
15 Entsprechende Informationen befinden sich beispielsweise auf der umfassenden englischsprachigen Wikipedia-Seite zum Thema Vulkanier: <http://en.wikipedia.org/wiki/Vulcan_(Star_Trek)> (24.9.2012).
16 Dieses Beispiel stammt von Walton: Mimesis.

auch dann fiktional wahr, wenn das Über-die-Kante-Fallen mit keinem Wort in diesem Werk erwähnt wird. Wenn es zur Entstehungszeit dieses Werkes eine allgemeine Überzeugung über die Beschaffenheit der Wirklichkeit war, dass man am Horizont über die Kante der Erde segelt, ist dies auch fiktional wahr in der fiktionalen Welt. Dieses Prinzip schützt auch in umgekehrter Richtung vor anachronistischen Leseweisen: Wenn in einer Geschichte von Edgar Allen Poe ein starker Raucher Blut hustend stirbt, ist es eben keine fiktionale Wahrheit, dass die Figur an Lungenkrebs leidet, weil Lungenkrebs eine Diagnose ist, die erst nach dem Entstehen der Geschichte in der Wissenschaft bekannt war.[17]

Allerdings führt das Prinzip der allgemeinen Überzeugung nicht immer zu plausiblen Ergebnissen. Angenommen, ein Roman entsteht in einer Gesellschaft, von der man legitimer Weise sagen kann, dass sie antisemitisch ist. Bedeutet dies auch, dass gewisse implizite Wahrheiten in diesem Roman bestehen, z. B. dass eine bestimmte negativ konnotierte Figur ein Jude ist, obwohl das Wort ‚Jude' kein einziges Mal erwähnt wird? Sind negative Entwicklungen der Weltwirtschaft in einem Roman, der aus einer antisemitischen Gesellschaft stammt, gemäß dem Prinzip der allgemeinen Überzeugung auf eine Schuld der Juden zurückzuführen, auch wenn dies nicht explizit als direkte fiktionale Wahrheit dem Roman entnehmbar ist?[18] Der Rückschluss scheint nicht offensichtlich, wenn man beispielsweise an Romane aus der Zeit des nationalsozialistischen Regimes in Deutschland denkt. Gemäß dem Prinzip der allgemeinen Überzeugung müsste man dezidiert antisemitische indirekte fiktionale Wahrheiten annehmen, was wohl für einen Teil der Literatur während des Dritten Reiches angemessen ist, für einen anderen Teil aber gerade nicht. Die Anwendung des Prinzips der allgemeinen Überzeugung scheint in solchen Fällen also durchaus problematisch zu sein.

Neben diesen beiden Prinzipien sieht Walton noch eine Reihe weiterer möglicher Vorgehensweisen für das Generieren indirekter fiktionaler Wahrheiten, wie beispielsweise Konventionen, geht aber gleichzeitig auch davon aus, dass es keinesfalls einen hinreichenden Katalog aller Prinzipien und Weisen der Implikation geben kann.[19] Ebenso sind die Prinzipien keine ‚Muss-Regeln', sondern allenfalls potentielle Abstraktionen tatsächlicher Rezeptionsweisen.

---

17 Dieses Beispiel stammt von Livingston: Art.
18 Dieses Beispiel stammt von Bonomi / Zucchi: Framework.
19 Eine Reihe weiterer Prinzipien sind unterdessen vorgeschlagen worden: Marie-Laure Ryan hat das Prinzip der minimalen Abweichung vorgeschlagen, Mikael Pettersson das Prinzip der Kohärenz, vgl. Ryan: Fiction und Pettersson: Story. An anderer Stelle habe ich eine Reihe weiterer potentieller Prinzipien diskutiert, wie beispielsweise ein Prinzip der Genrekonvention und der Medienkonvention, vgl. Bareis: Fiktion.

5. Die Unterscheidung von Fiktion und Nicht-Fiktion

Wie kann man mit Hilfe der Make-Believe-Theorie Waltons zwischen fiktionalen und nichtfiktionalen Texten unterscheiden? Die Antwort scheint zunächst zu sein: Zwischen Fiktion und Nicht-Fiktion ist nur eine funktionale Unterscheidung möglich. Wenn ein Artefakt als Requisit in einem Make-Believe-Spiel benutzt wird und es die Funktion des Requisits ist, Vorstellungen zu evozieren, dann werden fiktionale Wahrheiten generiert. Vereinfacht gesagt: Fiktion ist dann, wenn ein Make-Believe-Spiel gespielt wird. Waltons Theorie kommt grundsätzlich, d. h. für die Definition des Phänomens Fiktion, ohne Intention eines Produzenten aus. Was Fiktion ist oder nicht, hängt zunächst einmal nicht mit einer Intention seitens des Produzenten zusammen. Dies bedeutet allerdings nicht, dass die Absichten beispielsweise eines Autors im weiteren Sinne völlig irrelevant sind. Dies bedeutet einerseits, dass das kurze Make-Believe-Spiel beispielsweise mit einer Wolke am Himmel, die vielleicht an die Umrisse eines Schafes erinnert, ebenfalls Fiktion hervorruft wie das Make-Believe-Spiel mit einem aufwendig und kostenintensiv produzierten Hollywood-Film. Sicherlich ist die Intensität der jeweiligen Spiele wahrscheinlich unterschiedlich, aber im Grunde ist die Funktionsweise die gleiche. Dieser Aspekt der Theorie Waltons ist wiederholt kritisch kommentiert worden, gerade auch aus literaturwissenschaftlicher Sicht, weil die Unterscheidung zwischen Fiktion und Nicht-Fiktion oftmals als grundlegende Aufgabe der Theoriebildung einer Fiktionstheorie betrachtet wird. Dies ist allerdings nur aus der Sichtweise einer medien- bzw. genrespezifischen Frage nach der Fiktion verständlich, es leuchtet aber weniger ein aus der Perspektive eines intermedialen Verständnisses von Fiktion. Zudem sind die Auffassungen darüber, was als Fiktion gilt, sowohl soziokulturell als auch historisch variabel, während das Phänomen selbst historisch sowie soziokulturell stabil erscheint. Es sei an dieser Stelle auch noch einmal darauf hingewiesen, dass Fiktion im Sinne Waltons nicht in Opposition zu Wirklichkeit/Realität und/oder Wahrheit definiert wird. Das Gegenteil von Fiktion ist Nicht-Fiktion. Infolgedessen ist das Gegenteil fiktionalen Erzählens nicht etwa faktuales Erzählen, sondern nichtfiktionales Erzählen: „Reality can be the subject of fantasy", stellt Walton fest, und umgekehrt gilt eben auch, dass Fiktives Gegenstand nichtfiktionalen Erzählens sein kann.[20] Fiktion kann gemäß Walton von wirklichen Entitäten und wirklichen Personen handeln, und Propositionen eines fiktionalen Werks können außerhalb der Fiktion einen Wahrheitswert haben: „But there is no reason why a work of fiction could not be exclusively about people and

---

20 Walton: Mimesis, S. 74.

things (particulars) that actually exist."²¹ Im Grunde genommen ist es also in Waltons Theorie möglich, dass ein fiktionales Werk nur wahre Propositionen enthält und nur von Entitäten handelt, die wirklich existieren. Diese Sichtweise widerspricht dem traditionellen Verständnis von Fiktion als etwas Fiktives im Sinne von ‚erfunden/nicht wirklich', und ist wiederholt auf Kritik gestoßen.²²

Doch wie unterscheidet man konkret im Rahmen einer Make-Believe-Theorie zwischen Fiktion und Nicht-Fiktion? Waltons Antwort ist funktionell: Wenn beispielsweise ein Buch die Eigenschaft hat, Vorstellungen vorzuschreiben (*prescribe imaginings*), handelt es sich um Fiktion. Die Intention des Herstellers des Objekts spielt dabei übrigens zunächst einmal keine Rolle – es ist der Umgang mit dem Objekt, der entscheidet. Walton konzediert allerdings auch ohne Umschweife, dass viele der Artefakte, die gemeinhin als Requisiten für ein Make-Believe-Spiel benutzt werden, auch für gerade diesen Zweck hergestellt wurden. Aber dies ist für das Zustandekommen von Fiktion in seinem Modell keine zwingende Voraussetzung. Fiktion kann auch *ad hoc*, mit zufälligen Artefakten, zustande kommen, die Intention eines Herstellers ist dafür nicht notwendig. Wenn Kinder mit Bären oder Wolkenformationen Make-Believe-Spiele spielen, dann sind sie nicht die Hersteller dieser Artefakte, sondern geben diesen Artefakten durch ihren Umgang den Status eines Requisits im Spiel. Während in vielen anderen fiktionstheoretischen Ansätzen jedoch entweder auf die Intention des Produzenten als entscheidendes Merkmal verwiesen wird oder auf eine autorisierte institutionelle Praxis verwiesen wird (vgl. den Beitrag *2. Die Institution Fiktionalität*), verzichtet Walton in seinem Modell auf eine notwendige oder hinreichende Voraussetzung einer Intention und/oder einer Markierung dieser Intention. Für Walton ist Fiktion dann, wenn auf die oben beschriebene Art und Weise mit einem Gegenstand umgegangen wird, und die Konsequenz daraus ist ein Fiktionsbegriff, dessen Trennschärfe nicht immer den Anforderungen der wissenschaftlichen Praxis zu entsprechen scheint.

Als Literaturwissenschaftler sucht man in der praktischen Arbeit oft nach Möglichkeiten, strittige Fälle voneinander zu trennen, um theoretisch gut begründet eine möglichst klare Trennlinie einführen zu können. Waltons funktionale Unterscheidung von Fiktion und Nicht-Fiktion liefert in manchen Fällen, insbesondere im Bereich der Photographie, eher kontraintuitive

---

21 Ebd.
22 Vgl. hierzu, aber auch zur terminologischen Unterscheidung von Fiktion, Fiktionalität und Fiktivität, insbesondere die Monographie von Zipfel: Fiktion, S. 19 zur Terminologie, und z. B. S. 102, zur Voraussetzung der „Fiktivität der Ereignisträger", oder S. 167, wo Fiktivität als „nicht hintergehbares Faktum für jegliche Theorie der literarischen Fiktion" bezeichnet wird. Kritisch hierzu Bareis: Erzählen, z. B. S. 56 ff.

Resultate (vgl. den Beitrag *20. Fiktionalität in Kunst- und Bildwissenschaften*); intuitiv leichter zugänglich scheint sein Erklärungsmodell für solche Kunstwerke zu sein, die auf Artefakten beruhen, die ursprünglich für andere Zwecke hergestellt wurden, beispielsweise die *Fountain* von Duchamps oder andere *ready mades* wie der *Stierschädel* Picassos (der auch die Vorderseite der Taschenbuchausgabe Waltons *Mimesis as Make-Believe* ziert). Eine strikte Anbindung an die Intention eines Herstellers scheint zumindest in solchen Fällen kontraproduktiv, aber auch für die fiktionale Literatur lässt sich anführen, dass bisweilen Versatzstücke in fiktionale literarische Texte eingebaut werden, die ursprünglich nicht als fiktionale Texte produziert waren.

Es scheint zudem, dass es aus einer traditionellen Sichtweise auf Fiktion als Objekteigenschaft, die meist als *konstante* Eigenschaft betrachtet wird, als besonders problematisch erscheint, Fiktion als funktionales Phänomen zu verstehen. Betrachtet man diese unterschiedlichen Theorietypen etwas genauer, sieht man weitreichende Konsequenzen: Eine objektgebundene Fiktionstheorie, wie sie beispielsweise durch die Voraussetzung von Fiktivität vertreten wird, legt ein Objekt aufgrund gewisser Eigenschaften, beispielsweise ihrer (partiellen) Fiktivität, auf ihre Fiktionalität fest, während Waltons funktionale Fiktionstheorie prinzipiell dem gleichen Objekt unterschiedlichen Status in Bezug auf Fiktionalität zuschreiben kann – je nachdem, ob ein Werk Vorstellungen vorschreibt (*prescribes imaginings*) und im Rahmen eines Make-Believe-Spiels rezipiert wird. Um an einem Beispiel zu exemplifizieren: Sollte ein Schriftsteller einmal ein Telefonbuch als einen Roman herausgeben, könnte man zwar einerseits argumentieren, dass es nun dieser intentionale Akt des Autors gewesen ist, der dem Objekt den fiktionalen Status verleiht, aber auch hier ist es wiederum erst die Teilnahme an einem Make-Believe-Spiel, die das Phänomen Fiktion zustande kommen lässt. Es ist sicherlich richtig, dass ein Rezipient der Intention des Autors in diesem Falle Folge leistet, aber die Intention allein reicht nicht aus. Wenn es einem Rezipienten praktisch unmöglich ist, sich anhand des Telefonbuchs irgendetwas vorzustellen, dann entsteht auch keine Fiktion – trotz der Intention des Künstlers.

Ein möglicher Kompromissvorschlag zwischen der Theorie Waltons und den Ansprüchen literaturwissenschaftlicher Begriffsverwendung ist meines Erachtens die Frage nach der *Unter*scheidung von Fiktion und Nicht-Fiktion und die davon losgekoppelte Frage nach der *Ent*scheidung zwischen einer fiktionalen oder nichtfiktionalen Rezeption streng auseinanderzuhalten.[23] Die theoretische *Unter*scheidung zwischen Fiktion und Nicht-Fiktion wird dabei gemäß Walton beibehalten – Fiktion kann nur dann sein, wenn ein bestimmtes Artefakt in einer bestimmten Weise ver-

---

23 Vgl. Bareis: Erzählen, insbes. Kap 2.4.

wendet wird; die *Ent*scheidung für die eine oder andere Rezeptionsweise hängt allerdings durchaus mit einer Reihe diachron und soziokulturell wandelbarer Kennzeichnungen (vgl. den Beitrag *5. Fiktionssignale*) zusammen wie beispielsweise Paratext und Markierungen der Produzentenintention. Dieser Kompromiss verbindet in gewisser Weise Einsichten der institutionellen Theorien der Fiktion mit denen aus dem Bereich der Make-Believe-Theorien (s. den Beitrag *2. Die Institution Fiktionalität*). Wer sich für eine fiktionale Rezeption *ent*scheidet folgt entweder den gängigen paratextuellen Markierungen oder der momentanen Praxis, kann sich aber auch in solchen Fällen für eine fiktionale Rezeption eines Artefakts entscheiden, in denen dies der gegenwärtigen Praxis *nicht* entspricht. Entstehen im Umgang mit einem traditionell nicht-fiktional rezipierten Artefakt, beispielsweise dem Urinal in Dechamps Fall, fiktionale Wahrheiten gemäß der Mechanik des Generierens, dann funktioniert das Artefakt als Requisit, das Vorstellungen vorschreibt, und dann entsteht auch in solchen Fällen Fiktion, wenn dies der momentanen Praxis widerspricht. Diese Sichtweise ermöglicht auch eine Berücksichtigung bekannter Grenzfälle wie beispielsweise Hildesheimers *Marbot*, in dem absichtlich mit den diachron veränderlichen Markierungen von Fiktionalität gespielt wird, oder auch Fälle von diachron wandelbaren Zuschreibungen, wie sie beispielsweise bei mythologischen oder religiösen Texte auftreten.[24]

6. Strittige Fragen und Forschungsdesiderata

Eine von Walton selbst erneut diskutierte Frage ist die nach der Definition dessen, was genau eine Aussage zu einer fiktionalen macht. In Waltons ursprünglicher Definition ist eine Proposition p genau dann fiktional wahr in der Welt w eines bestimmten Werkes, wenn diese Vorstellung vom Werk vorgeschrieben wird (*prescribe to imagine*), d. h. wenn die umfassende Rezeption eines Werkes diese Vorstellung notwendig macht („full appreciation of work w requires imagining p").[25] In einer Reihe von Vorträgen und schriftlich in Form eines Vorabdrucks hat Walton diese enge Definition dessen, was eine Proposition zu einer fiktionalen macht, einer erneuten Prüfung unterzogen. Insbesondere in Fällen, die von Walton als ikonische Metadarstellungen (*iconic meta-representations*) bezeichnet werden, stößt die ursprüngliche Definition auf Probleme, und die ursprüngliche Minimaldefinition einer fiktionalen Proposition, eine Proposition sei bereits dann fiktional wenn sie Imaginationen vorschreibt (*prescribes imaginins*), ist zwar eine notwendige,

---

24 Zu Grenzfällen und diachronen Veränderungen vgl. Bareis: Probleme.
25 Walton: Images, S. 56.

aber keine hinreichende Bedingung: „Prescriptions to imagine are necessary but not sufficient for fictionality."[26] Das Beispiel Waltons ist ein Gemälde Johannes Vermeers, *Stehende Dame am Spinett* (1670–72), das eine junge Frau an einem Spinett darstellt, hinter der an der Wand ein Gemälde des Amor zu sehen ist. Einerseits sei es zufolge Walton so, dass das Werk vorschreibt, sich Amor vorzustellen, gleichzeitig sei es aber in der Welt des Werkes nicht fiktional wahr, das dort Amor sei: „But it remains true that spectators, *qua* viewers of Vermeer's painting as a whole, are to imagine that there is a child with wings, although this is not fictional in Vermeer's painting."[27] Neben derartigen metafiktionalen Beispielen nennt Walton Halluzinationen einer Figur im Film, was letztlich Beispielen von erzählerischer Unzuverlässigkeit bzw. *fallible filters* im Film entspricht, wie die mittlerweile klassischen Beispiele *A Beautiful Mind*, *Fight Club* oder *The Usual Suspects*. Köppe und Kindt haben in ihrer Untersuchung zum ‚erzählerlosen' unzuverlässigen Erzählen hierfür die Unterscheidung zwischen „seemingly, or *prima facie*, authorized imaginings and actually authorized" eingeführt,[28] die möglicherweise das Problem für unzuverlässiges Erzählen löst, dabei allerdings eine Reihe anderer Probleme eröffnet: Wie lassen sich solche scheinbaren Vorstellungen (*imaginings*) von tatsächlich fiktionalen trennen? Die Konsequenz bleibt in jedem Fall, dass die ursprünglich als notwendig und hinreichend gehaltene Bedingung für eine fiktionale Proposition nur notwendig, aber nicht hinreichend ist. Problematisch an diesem Lösungsversuch ist zudem, dass die von Walton eingeführte Unterscheidung von *authorized and non-authorized games of make-believe* nicht so eingeführt wurde, wie sie von Köppe/Kindt verstanden wird, sondern vielmehr um zwischen angemessenen und unangemessenen Weisen des Umgangs mit Darstellungen (*representations*) zu unterscheiden. Wer die zahlreichen roten Farbtupfer in Brueghels *Hochzeitstanz* als Blutspritzer eines furchtbaren Verbrechens betrachtet, spielt mit der Darstellung ein nicht-autorisiertes Make-Believe-Spiel.[29] Wer im Falle des unzuverlässigen Erzählens fiktionale Wahrheiten generiert, die sich später als falsch herausstellen, verwendet die Darstellung aber genau in dem Sinne, den sie autorisiert.

Aus der Unterscheidung zwischen autorisierten und nicht-autorisierten Make-Believe-Spielen lässt sich demzufolge weder ableiten, ob ein bestimmter Text als fiktionaler zu bezeichnen sei, noch lässt sich aus der Minimalbedingung, dass eine Darstellung Vorstellungen vorschreibt, eine notwendige *und* hinreichende Definition für Fiktionalität ableiten. Eine Antwort,

---

26 Walton: Fictionality, S. 1.
27 Ebd., S. 4.
28 Köppe / Kindt: Narration, S. 89.
29 Vgl. Walton: Mimesis, S. 397.

wie man die ursprüngliche Definition erweitern könnte, bleibt Walton in seinem Vorabdruck schuldig.

Grundsätzlich fehlt es bislang noch an ausreichend umfassenden Untersuchungen, die systematisch Waltons umfassende Theorie in den diversen Einzeldisziplinen auf ihre Tauglichkeit für den jeweiligen Gegenstandsbereich untersuchen. Waltons Theoriemodell ist mittlerweile breit rezipiert und wird in den unterschiedlichsten Bereichen diskutiert, hauptsächlich in der Philosophie, aber auch in der Kunst-, Literatur- und Filmwissenschaft. Darüber hinaus gibt es eine Reihe von Arbeiten, die sich mit Waltons Make-Believe-Theorie in Zusammenhang mit weiteren Kunstformen beschäftigen, beispielsweise Photographie, Theater und Musik. Auch im Bereich der Mathematik ist auf die Make-Believe-Theorie zurückgegriffen worden, ebenso für die Beschreibung der Rezeption von Sportveranstaltungen. Eine übersichtliche Darstellung der jeweiligen Verwendungsweisen fehlt allerdings ebenso wie eine systematische Auswertung der Bereiche, in denen Waltons Theorie als positiv oder negativ in der Anwendung befunden wurde.

Bibliographie

Bareis, J. Alexander: Fiktionales Erzählen. Zur Theorie der literarischen Fiktion als Make-Believe. Göteborg 2008.

Bareis, J. Alexander: Was ist wahr in der Fiktion? Zum Prinzip der Genrekonvention und die Unzuverlässigkeit des Erzählers in Patrick Süskinds *Die Geschichte von Herrn Sommer*. In: Scientia Poetica 13 (2009), S. 230–254.

Bareis, J. Alexander: Noch einmal: Grundlegende Probleme der Fiktionstheorie. In: Remigius Bunia (Hg.): Publikation des Netzwerks ‚Fiktion' (in Vorbereitung).

Bonomi, Andrea / Sandro Zucchi: A Pragmatic Framework for Truth in Fiction. In: Dialectica 57 (2003), S. 103–120.

Bühler, Axel: Autorabsicht und fiktionale Rede. In: Fotis Jannidis / Gerhard Lauer / Matías Martínez / Simone Winko (Hg.): Rückkehr des Autors. Zur Erneuerung eines umstrittenen Begriffs. Tübingen 1999, S. 61–75.

Currie, Gregory: The Nature of Fiction. Cambridge 1990.

Halliwell, Stephen: The Aesthetics of Mimesis. Ancient Texts and Modern Problems. Princeton, Oxford 2002.

Köppe, Tilmann / Tom Kindt: Unreliable Narration with a Narrator and without. In: Journal of Literary Theory 5 (2011), S. 81–94.

Lewis, David: Truth in Fiction. Philosophical Quarterly 15 (1978), S. 37–46.

Livingston, Paisley: Art and Intention. A Philosophical Study. Oxford, New York 2007.

Pettersson, Mikael: What's the Story? On the Issue of Truth in Fiction. In: Lars-Åke Skalin (Hg.): Fact and Fiction in Narrative. An Interdisciplinary Approach. Örebro 2005, S. 227–250.

Prado, Carlos G.: Making Believe. Philosophical Reflections on Fiction. Westport 1984.

Ryan, Marie-Laure: Fiction, Non-Factuals, and the Principle of Minimal Departure. In: Poetics 9 (1980), S. 403–422.

Ryle, Gilbert: Imaginary Objects. In: Proceedings of the Aristotelian Society, Suppl. Vol. XII, 1933, S. 18–43. (Wiederabgedruckt in: G. R. [1971]: Collected Papers 2: Collected Essays 1929–1968. Bristol 1990, S. 63–81.)

Sutrop, Margit: Fiction and Imagination. The Anthropological Function of Literature. Paderborn 2000.

Thomasson, Amie L.: Fiction and Metaphysics. Cambridge 1999.

Walton, Kendall L.: Pictures and Make-Believe. In: The Philosophical Review (1973), S. 283–319.

Walton, Kendall L.: Points of View in Narrative and Depictive Representation. In: Nous 10 (1976), S. 49–61.

Walton, Kendall L.: Fearing Fictions. The Journal of Philosophy 75 (1978), S. 5–27.

Walton, Kendall L.: Fiction, Fiction-Making, and Styles of Fictionality. In: Philosophy and Literature 7 (1983), S. 78–88.

Walton, Kendall L.: Transparent Pictures: On the Nature of Photographic Realism. In: Critical Inquiry 11 (1984), S. 246–277.

Walton, Kendall L.: Mimesis as Make-Believe. On the Foundations of the Representational Arts. Cambridge, London 1990.

Walton, Kendall L.: Marvelous Images: On Values and the Arts: On Values and the Arts. Oxford, New York 2008.

Walton, Kendall L.: Fictionality and Imagination Reconsidered. In: Carola Barbero / Maurizio Ferraris / Alberto Voltolini (Hg.): Fictionalism to Realism: Fictional and Other Social Entities. Cambridge 2013 (in Vorbereitung).

Zipfel, Frank: Fiktion, Fiktivität, Fiktionalität. Analysen zur Fiktion in der Literatur und zum Fiktionsbegriff in der Literaturwissenschaft. Berlin 2001.

EDGAR ONEA

4. Fiktionalität und Sprechakte

1. Einleitung

Dass ein beliebiger Satz *s* in einem fiktionalen Kontext anders interpretiert wird als in einem nichtfiktionalen Kontext, ist evident. Beispielsweise kann dem Sprecher oder Schreiber eines Aussagesatzes *s* in vielen nichtfiktionalen Kontexten vorgeworfen werden, dass er lügt (oder falsch informiert ist), falls *s* falsch ist; einem Autor oder Erzähler in einem fiktionalen Kontext kann aber nicht vorgeworfen werden, dass er lügt, falls *s* eine falsche Aussage ist. Eine der Fragen, die Philosophen, Linguisten und Literaturwissenschaftler (in unterschiedlichem Maße) beschäftigt, ist dementsprechend (Q1):

(Q1) Was ist die Besonderheit eines Satzes *s* in einem fiktionalen Kontext?

Wenn wir uns nun auf Aussagesätze beschränken, dann lässt sich die Frage je nach dem Schwerpunkt des Erkenntnisinteresses unterschiedlich ausbuchstabieren, z. B.:

(Q2) Können Sätze in einem fiktionalen Kontext überhaupt wahr oder falsch sein?

(Q3) Was sind die Wahrheitsbedingungen von *s* in einem fiktionalen Kontext, in Relation zu den Wahrheitsbedingungen von *s* in einem nichtfiktionalen Kontext und was sind die Wahrheitsbedingungen metafiktionaler Sätze?

(Q4) Verhalten sich alle Sätze in einem fiktionalen Kontext gleich im Vergleich zu ihrer Interpretation als nichtfiktional?

(Q5) Was ist der semantisch-pragmatische Unterschied zwischen fiktionsinternen und metafiktionalen Sätzen?

(Q6) Was tut der Sprecher/Schreiber eines fiktionalen Textes anderes im Vergleich zum Handeln eines Sprechers/Schreibers eines nichtfiktionalen Textes?

Je nachdem, von welcher Seite man sich dem Problem nähert, ergibt sich naturgemäß ein ganz unterschiedliches Bild. So liegt beispielsweise nahe, wenn man von (Q3) aus das Problem angeht, den Unterschied in den Wahrheitsbedingungen über eine Funktion abzuleiten, wie etwa dem Fiktionalitätsoperator von David Lewis, der den Geltungsbereich von fiktionalen und metafiktionalen Sätzen auf fiktionale Welten beschränkt.[1] Ein ganz anderes Ergebnis kommt zustande, wenn man das Problem von der Frage (Q6) her beleuchtet. Eine besondere und besonders einflussreiche Theorie dieser Art wird von John Searle vorgestellt.[2] Ziel dieses Aufsatzes ist die Darstellung einiger der Grundideen Searles über Fiktionalität als Vorgeben gewöhnlicher Sprechakte sowie deren kritische Diskussion.

Um diese Aufgabe zu bewältigen, wird zunächst das Grundproblem fiktionalen Diskurses dargestellt, so wie es sich aus einer allgemein pragmatisch-linguistischen Perspektive ergibt. Searles Lösungsvorschlag wird im Anschluss dargestellt. Dabei werden einige seiner Konsequenzen genannt und teilweise über den Originaltext hinaus weiterentwickelt. Schließlich wird auf einige der gängigen Kritikpunkte und Alternativen eingegangen, die sich in der eher literaturwissenschaftlichen Diskussion eingebürgert haben. Hierbei wird hauptsächlich eine defensive Linie vertreten, wonach Searles Vorschlag durchaus als Ansatz für eine umfassende Theorie von Fiktionalität in Frage kommt. Insbesondere wird darauf aufmerksam gemacht, dass viele Aspekte, in denen die Theorie unvollständig ist, in der Theorie weitgehend (und auch explizit) angelegt sind.[3]

2. Das Problem

Um die zentralen Koordinaten des Problems zu verstehen, betrachten wir eine kurze Passage aus Jean Pauls *Titan*:[4]

(E1) […] die funkelnde Berg- und Gletscherkette wand sich fest um seinen Geist und zog ihn empor zu hohen Wesen und hohen Gedanken. – –

---

1 Vgl. Lewis: Truth.
2 Vgl. Searle: Status.
3 Was in diesem Beitrag *nicht* geleistet werden soll, ist u. a. Folgendes: Es gibt keine allgemeine Einführung in die Sprechakttheorie. Es wird nicht darüber nachgedacht, ob die Sprechakttheorie als Werkzeug für die Beschreibung natürlicher Sprache oder der Kommunikation mithilfe natürlicher Sprache überhaupt geeignet ist. Schließlich wird kein Vergleich zu anderen Theorien angestrebt, dies geschieht teils im Rahmen dieses Bandes, teils in der weiteren Forschungsliteratur.
4 Jean Paul: Titan, S. 18.

(E2) Die erste Reise, zumal wenn die Natur nichts als weißen Glanz und Orangeblüten und Kastanienschatten auf die lange Straße wirft, beschert dem Jüngling das, was oft die letzte dem Mann entführt – ein träumendes Herz, Flügel über die Eisspalten des Lebens und weit offne Arme für jede Menschenbrust.

Der Satz (E1) offenbart einen wichtigen Abgrenzungsfall. Es dürfte unstrittig sein, dass der Satz voller Metaphern ist und dass seine Wahrheitsbedingungen daher nicht ganz eindeutig sind. Dies hat jedoch nichts damit zu tun, dass es sich hierbei um einen Satz in einem fiktionalen Kontext handelt. Wäre der Satz in einer Aussage unter Eid (beispielsweise als Teil eines psychologischen Gutachtens), wäre man vielleicht über die stilistischen Details etwas erstaunt. Man würde möglicherweise sogar in der einen oder anderen Hinsicht Erklärungsbedarf anmelden. Gleichwohl würde man den Satz sehr wohl als eine Darstellung des Innenlebens einer Person verstehen und (mit etwas Glück) als wahr oder als falsch bzw. zumindest mehr oder minder plausibel einstufen. Eine ausufernde Verwendung von Metaphern mag ein typisches Merkmal literarischer Texte sein. Die in diesem Aufsatz diskutierte Problematik beschränkt sich aber auf *fiktionale* Texte.

Im Folgenden werden zwei Aspekte der Problematik fiktionaler Texte anhand des obigen Beispiels eingeführt. Davon ist das erste Problem, das sogenannte Festlegungsproblem, der zentrale Diskussionspunkt, wohingegen das zweite, das sogenannte Oberlehrerproblem, eher als zweitrangig einzuschätzen ist und entsprechend kürzer diskutiert wird. Beide Probleme werden zunächst ohne das theoretische Gerüst der Sprechakttheorie diskutiert.

2.1 Das Festlegungsproblem

Vergleichen wir nun die ‚Funktionsweise' des Satzes (E1) in fiktionaler und nicht-fiktionaler Kommunikation. Die Frage, ob der Satz strikt genommen wahr oder falsch ist, ist dabei unerheblich, denn auch in der nicht-fiktionalen Kommunikation gibt es sowohl viele wahre als auch viele falsche Sätze. Worauf es ankommt, ist der zentrale Unterschied zur Situation unter Eid: Als Teil eines fiktionalen Textes verpflichtet der Satz den Autor zu nichts. Er ist nicht verantwortlich (weder rechtlich noch moralisch), falls der Satz falsch ist. Etwas genauer wird dies im Kontrast zwischen den Beobachtungen (B1) und (B2) deutlich.

(B1) In nichtfiktionalen Kontexten legt sich der Sprecher von (E1) auf die Wahrheit von (E1) fest.

(B2) In einem fiktionalen Kontext legt sich der Autor von (E1) nicht auf die Wahrheit von (E1) fest.

4. Fiktionalität und Sprechakte

In einem nichtfiktionalen Kontext gilt: Wenn (E1) wahr ist, dann hat der Sprecher Recht. Wenn (E1) falsch ist, dann ist etwas schiefgelaufen und man kann beispielsweise von einer Lüge oder einer falschen Information sprechen, wobei der Sprecher jeweils gewissermaßen schuldig ist. Beides ist nur dann möglich, wenn der Sprecher sich auf die Wahrheit seiner Aussage festgelegt hat. In einem fiktionalen Kontext kann der Satz (E1) hingegen wahr sein, ohne dass Jean Paul dadurch in irgendeiner Form Recht hätte. Derselbe Satz kann auch falsch sein, ohne dass ihm jemand deshalb einen Vorwurf machen könnte. Eine naheliegende Erklärung hierfür ist (B2), d. h. Jean Paul hat sich durch das Aufschreiben und Publizieren des Textes, der (E1) enthält, nicht auf die Wahrheit von (E1) festgelegt. Diesen Aspekt des Problems nenne ich das *Festlegungsproblem*. Es lässt sich zunächst als die Auflösung des scheinbaren Widerspruchs zwischen (B1) und (B2) verstehen: Wieso kann Jean Paul dadurch, dass er (E1) in einen fiktionalen Diskurs äußert, vermeiden, dass er sich auf die Wahrheit des Satzes festlegt, obwohl er in einem nichtfiktionalen Kontext dies typischerweise nicht vermeiden kann?

Ein möglicher und naheliegender Einwand ist, dass das Problem nicht ein charakteristisches Merkmal von Fiktionalität ist, sprich: (B1) ist einfach falsch. Es gibt auch einige nichtfiktionale Kontexte, in denen sich der Sprecher eines Aussagesatzes nicht auf die Wahrheit festlegt. Solche Kontexte sind beispielsweise *Zitieren* oder *Ironie*. So habe ich weiter oben zwei Sätze von Jean Paul zitiert, und niemand wäre auf die Idee gekommen, mich für deren Wahrheit verantwortlich zu machen. Wenn nun in nicht-fiktionalen Kontexten der Sprecher es vermeiden kann, sich auf die Wahrheit seiner Aussagen festzulegen, dann kann das Festlegungsproblem nicht den Kern der Fiktionalität betreffen.

Eine Antwort auf diesen Einwand wäre, dass Ausnahmen wie Zitieren oder Ironie oft explizit markiert sind und zwar in der jeweiligen Äußerung, beispielsweise durch die Intonation, durch die Verwendung von Anführungsstrichen etc. Diese Antwort ist aber unbefriedigend, denn auch fiktionale Sätze sind als solche markiert, wenn auch meist mit einem gewissen Abstand. So steht beispielsweise unter dem Titel eines Buches das Wort ‚Roman', oder es beginnen mündliche fiktionale Erzählungen so, dass man explizit sagt: „Ich erzähle dir eine Geschichte/ein Märchen". Markiert wird demnach nicht der einzelne Satz, sondern der gesamte fiktionale Diskurs, dies jedoch trifft gewissermaßen auch auf Zitate oder Ironie zu, die sich ebenfalls nicht auf einen einzelnen Satz beschränken müssen (s. den Beitrag *5. Fiktionssignale*). Der Einwand offenbart stattdessen die Notwendigkeit, das Festlegungsproblem weiter zu präzisieren. Die zentrale Beobachtung ist, dass beim Zitieren oder in ironischer Verwendung der jeweilige Sprecher sich zwar nicht auf die *Wahrheit* der jeweiligen Sätze festlegt, aber doch auf etwas, und zwar auf das von der jeweiligen Konvention Vorgeschriebene. So legt sich jemand, der zitiert, darauf fest, dass jemand anders die entsprechende Äußerung gemacht hat, und zwar je nach Zitierweise im Wortlaut oder sinngemäß. Wenn jemand einen Satz ironisch verwendet, so legt er sich normalerweise – gemäß der Konvention der Ironie – auf das Gegenteil von dem fest, was er buchstäblich sagt. Wenn ich jemanden ironisch klug nenne, dann habe ich mich darauf festgelegt, dass er nicht klug ist. Dies trifft auch auf den fiktionalen Diskurs zu: Es ist zwar einerseits so, dass sich der Sprecher durch fiktionale Sätze nicht auf die Wahrheit festlegt, d. h. er hat nicht den Anspruch, dass man seine Sätze glaubt oder für wahr hält. Es ist aber zugleich auch so, dass der Sprecher durchaus eine gewisse Festlegung durch fiktionale Sätze vollzieht. Es ist nicht zufällig oder egal, welche Sätze in einer Fiktion vorkommen; durch die Wahl seiner Sätze gestaltet der Autor die Geschichte, und der Hörer bzw. Leser kann durchaus einen gewissen Anspruch erheben, dass zumindest in der Geschichte besagte Sätze als wahr gelten. Dies ist eines der zentralen Anliegen vieler Theorien der Fiktionalität, so wird das Gestaltungsmoment von Peter Alward unter dem Begriff „word sculpture" treffend festgehalten.[5] Eine Theorie der Fiktionalität muss daher sowohl dafür Sorge tragen, dass der Autor sich nach der Theorie nicht auf die Wahrheit seiner Sätze festlegt, als auch dafür, dass diese zumindest in der Geschichte gelten. Dies wird typischerweise als der Kontrast zwischen den Begriffen ‚wahr' und ‚fiktional wahr' diskutiert (s. den Beitrag *8. Fiktive Tatsachen*).

Die Beobachtung ist also: Der Autor vermeidet zwar, sich auf die Wahrheit seiner Äußerungen festzulegen, aber er legt sich durchaus darauf fest, dass sie in der Geschichte selbst wahr sind. Das Festlegungsproblem kann also als die Frage (Q7) formuliert werden. Diese ist zugleich die endgültige (prätheoretische) Formulierung des Festlegungsproblems.

(Q7) Wie vermeidet der Autor, dass er sich auf die faktische Wahrheit seiner Sätze in einem fiktionalen Kontext festlegt, während er sich durchaus auf die Wahrheit seiner Sätze in der Geschichte festlegt?

Wichtig ist, dass das Festlegungsproblem kein semantisch-sprachliches Problem ist, d. h. der Autor erzielt den oben beschriebenen Effekt nicht durch die Verwendung bestimmter formaler sprachlicher Elemente: Der Satz, als grammatische Einheit, trägt keinerlei sichtbares Zeichen von Fik-

---

5 Alward: Word-Sculpture. Eine bekannte Ausnahme hierbei ist der Fall des nicht zuverlässigen Erzählens (vgl. Stühring: Unreliability), jedoch muss hierbei einschränkend klargestellt werden, dass selbst bei nicht zuverlässigem Erzählen nur bestimmte Aspekte nicht zuverlässig sind und auch diese auf systematische Weise, andernfalls ergibt sich überhaupt keine Fiktion.

tionalität. An (E1) mag der geübte Leser zwar feststellen, dass es sich hierbei um Literatur handelt, nicht aber, dass der Satz in einer Fiktion vorkommt (es hätte genauso gut das Nacherzählen von Tagebucheinträgen sein können). Wenn es also der Sprecher schafft, durch die Verwendung fiktionaler Sätze die Festlegung auf deren Wahrheit zu vermeiden, dann tut er dies eindeutig nicht dadurch, dass er (als Teil der Sätze) signalisiert, dass sie fiktional sind. Eine theoretische Analyse der Fiktionalität kann also nicht eine semantische Analyse sprachlicher Ausdrücke sein.

Bei näherer Betrachtung zeigt sich sogar, dass, wenn irgendeine explizite Operation vollzogen wird, die die übliche Festlegung auf Wahrheit löscht, dies auch im fiktionalen Kontext geschieht. Anders gesagt: Wenn ein Satz in einem nicht-fiktionalen Kontext aufgrund seiner Form bzw. seines Bedeutungsinhalts nicht ernst genommen werden darf, verliert derselbe Satz auch für eine fiktionale Geschichte seine Gültigkeit, deren Teil er sein mag. Dies sehen wir am deutlichsten an Beispielen wie (E3) bis (E5), die als typische (wenn auch nicht sehr häufige) Arten, die Festlegung auf Wahrheit zu vermeiden, aufgefasst werden können.

(E3)   Folgender Satz ist nicht ernst zu nehmen: *s*
(E4)   *s*, aber ich glaube das gar nicht.
(E5)   Möglicherweise, *s*

Würden solche Operationen innerhalb eines fiktionalen Textes explizit vorkommen, wären die entsprechenden Sätze auch innerhalb der Geschichte nicht als Tatsachenbehauptung aufzufassen. Wenn Jean Paul statt (E1) etwa (E6) oder (E7) geschrieben hätte, hätte der entsprechende Satz seine Signifikanz für die Geschichte weitestgehend verloren:

(E6)   Folgender Satz ist nicht ernst zu nehmen: […] die funkelnde Berg- und Gletscherkette wand sich fest um seinen Geist und zog ihn empor zu hohen Wesen und hohen Gedanken. – –
(E7)   […] die funkelnde Berg- und Gletscherkette wand sich möglicherweise fest um seinen Geist und zog ihn möglicherweise empor zu hohen Wesen und hohen Gedanken. – –

2.2 Das Oberlehrerproblem

Der Satz (E2) verdeutlicht einen anderen Aspekt des Problems, das fiktionale Texte aufwerfen. Zwar sind die meisten Aussagen, wie etwa (E1), rein fiktional, d. h. sie haben keine Entsprechung in der realen Welt und sind damit schlichtweg falsch, wenn man sie nicht als fiktionale Aussagen versteht. Andere Aussagen wie (E2) hingegen scheinen Gültigkeit über die Grenzen der fiktionalen Geschichte hinweg zu beanspruchen.

(E1) bringt auf keinen Fall eine Überzeugung Jean Pauls zum Ausdruck. Vielmehr möchte Jean Paul bloß, dass wir uns vorstellen, was der Satz besagt. Es lässt sich aber durchaus darüber streiten, ob man (E2) zu Recht oder zu Unrecht als Überzeugung von Jean Paul bewertet, und zwar ganz und gar unabhängig von der fiktionalen Geschichte, die er erzählt. Viele fiktionale Texte enthalten ähnliche generalisierende Aussagen, die man etwas grob als Lehrmeinung des Autors verstehen kann. Berühmt ist der erste Satz von Tolstois *Anna Karenina*:[6]

(E8)   Alle glücklichen Familien gleichen einander, jede unglückliche Familie ist auf ihre eigene Weise unglücklich.

Als weiteres Beispiel, hier noch eine Stelle aus dem *Titan*:[7]

(E9)   Die Leidenschaft wirft uns, wie die Epilepsie oft ihre Elenden, gerade an gefährliche Stellen des Lebens, an Ufer und Klüfte hin.

Die Beobachtung ist im Kontrast zwischen (B3) und (B4) festgehalten:

(B3)   Der Autor ist nicht auf die Wahrheit der meisten Sätze in einem fiktionalen Kontext festgelegt.
(B4)   Der Autor ist (möglicherweise) auf die Wahrheit einiger allgemeiner Aussagen innerhalb des fiktionalen Diskurses festgelegt.

Dies führt zur Frage (Q8), die ich als das *Oberlehrerproblem* bezeichnen werde.

(Q8)   Wieso kann sich der Autor auf die Wahrheit mancher Sätze innerhalb eines fiktionalen Diskurses festlegen?

Es ist wichtig zu beachten, dass in (B4) davon die Rede ist, dass der Autor sich *möglicherweise* auf die Wahrheit bestimmter Aussagen (außerhalb der Geschichte) festlegt. Oft ist es so, dass man sich nicht sicher sein kann, ob die entsprechende Aussage wirklich die Überzeugung des Autors zum Ausdruck bringt oder nicht. Aber wenn Fiktionalität als Phänomen darin bestünde, dass der Sprecher (der Autor) sich *grundsätzlich* nicht, und damit nie, auf die Wahrheit seiner Sätze festlegt, dann würde sich die Frage gar nicht erst stellen, ob der Autor sich auf irgendeinen Satz in einem fiktionalen Text festlegt oder nicht. Die bloße Möglichkeit, dass der Leser bisweilen darüber nachdenken muss, ob Jean Paul einen Satz wie (E9) tatsächlich ernst meint oder nicht, ist bereits das Problem.

---

6   Tolstoi: Anna Karenina, S. 7.
7   Jean Paul: Titan, S. 437.

4. Fiktionalität und Sprechakte

Das Oberlehrerproblem muss kategorisch von einem anderen Phänomen unterschieden werden. Beim Oberlehrerproblem handelt es sich um einzelne Sätze, bei denen man den Eindruck bekommt, dass diese in irgendeiner Form die Überzeugung des Autors ausdrücken. Ein ganz anderes Phänomen ist, wenn durch die Verwendung von Eigennamen und sonstigen Ausdrücken indirekt Überzeugungen übermittelt werden, die der Autor möglicherweise auch teilt. Wenn es beispielsweise in einem Roman heißt, der Ball sei heruntergefallen, so können wir davon ausgehen, dass der Autor meint, die Schwerkraft gilt, aber diese Art von indirekten Schlüsse fallen nicht unter (Q8).

Ein verwandter, aber in einem entscheidenden Detail fundamental unterschiedlicher Aspekt ist, dass in einem fiktionalen Diskurs nicht alles fiktional sein muss. Wenn eine Geschichte eine Fahrt von Berlin nach Frankfurt am Main mit dem ICE 227 beschreibt, so kann es sehr wohl zur Fiktion gehören, dass bestimmte Personen an einem bestimmten Tag diese Fahrt unternommen haben. Gleichwohl sind wir (bis auf Weiteres) berechtigt anzunehmen, dass der Zug in Braunschweig und Kassel-Wilhelmshöhe gehalten hat, und dass die Fahrt nicht weniger als drei Stunden gedauert hat. Gleichermaßen sind wir berechtigt anzunehmen, dass der ICE 227 in etwa so aussieht wie der ICE 227 in der realen Welt und nicht wie ein Kaktus. Natürlich *kann* in einem fiktionalen Diskurs als Teil der Fiktion festgelegt werden, dass Züge wie Kakteen aussehen, aber intuitiv scheint es einen Unterschied zu geben zwischen Fällen, in denen eine solche Festlegung gemacht wird, und Fällen, in denen durch die Erwähnung von Begriffen und Eigennamen, die aus der realen Welt bekannt sind, der Eindruck entsteht, dass sich die relevanten Eigenschaften, die sich mit den Denotaten solcher Begriffe und Eigennamen verbinden, auch in der Geschichte gelten (s. den Beitrag *8. Fiktive Tatsachen*).

Es ist nicht ohne Weiteres klar, wie man dieses Phänomen zu bewerten hat: Zum einen kann es sich um Referenz auf reale Gegenstände in einem fiktionalen Diskurs handeln, zum anderen könnte man meinen, dass es sich lediglich um die Aktivierung von Wissen handelt, das mit einzelnen realen Gegenständen typischerweise verbunden ist. Dies wäre dann ähnlich wie die Aktivierung rein sprachlichen Wissens durch die Verwendung von Wörtern. Um beim Beispiel zu bleiben, kann der Leser auch bei der Verwendung des schlichten Wortes ‚Zug' in einem Roman davon ausgehen, dass der gemeinte Gegenstand eher so aussieht wie ein Zug in der realen Welt als wie ein Kaktus. Doch selbst in der stärksten Version – wenn man annimmt, dass es tatsächlich reale Gegenstände sind, auf die referiert wird – gilt, dass diese in der Regel Teil der Geschichte sind, d. h. sie haben notwendigerweise fiktionale Eigenschaften. Wenn in einer fiktionalen Geschichte beispielsweise eine fiktive Figur mit dem Namen ‚Karl' mit dem ICE 227 von Berlin nach

Frankfurt fährt, dann hat der ICE 227 die Eigenschaft, Karl von Berlin nach Frankfurt gebracht zu haben, was in der Realität nicht zutrifft. Lehrmeinungen, die als eine Art Kommentar vom Autor festgehalten werden, sind hingegen nicht intrinsisch mit der Handlung der Geschichte verbunden und scheinen auch unabhängig von der Geschichte ihre Geltung zu haben. Einschränkend lässt sich bemerken, dass die Geschichte diese Lehrmeinungen durchaus begründen und belegen kann. Mehr noch, solche Lehrmeinungen können zugleich die Überzeugungen von fiktionalen Figuren darstellen, und damit für die erzählen Handlungen ebenfalls eine Rolle spielen.

3. Das Vorgeben eines Sprechakts

Searles Vorschlag zum logischen Status fiktionalen Diskurses versucht beide Probleme, die oben diskutiert wurden, auf einen Schlag zu lösen. Um den Vorschlag darzustellen, wird im Folgenden zuerst das Festlegungsproblem diskutiert und im Anschluss (in aller Kürze) das Oberlehrerproblem. Vorher allerdings wird zunächst der allgemeine theoretische Rahmen, die Sprechakttheorie, soweit wie nötig umrissen, um einen theoretischen Zugang zum Festlegungsproblem zu bekommen.

3.1 Grundlagen

Der allgemeine Hintergrund von Searles Denken ist die Sprechakttheorie.[8] Searle sieht in der Sprache primär ein Vehikel der Kommunikation. Um das Wesen einer sprachlichen Äußerung zu verstehen, müssen wir demnach verstehen, wie eine Äußerung in der Kommunikation verwendet wird. Nach dieser Theorie lässt sich eine sprachliche Äußerung als Handlung analysieren, die ein Sprecher einem Adressaten gegenüber vollzieht, und zwar auf mehreren Ebenen. Bei der Äußerung eines Satzes s vollzieht der Sprecher/Schreiber folgende Akte:

a) den Akt der Äußerung, den *Äußerungsakt* (entspricht der Produktion der Lautform von s bzw. dem Aufschreiben von s)
b) den Akt, von Individuen Eigenschaften zu prädizieren, den *propositionalen Akt* (entspricht weitestgehend dem informativen Gehalt von s)
c) eine spezifische kommunikative Funktion, die der Sprecher durch die Äußerung von s vollzieht, den *Illokutionsakt*, z. B. behaupten, dass s, erfragen, ob s, befehlen, dass s, versprechen, dass s

---

8 Vgl. Searle: Speech Acts.

4. Fiktionalität und Sprechakte

Zudem werden durch den Vollzug von Sprechakten auch noch Effekte beim Adressaten erzielt, die sogenannten *perlokutionären Akte*. Wenn z. B. der Sprecher *s* im Rahmen einer Behauptung äußert, dann wird dadurch typischerweise erreicht, dass der Adressat den informativen Gehalt von *s* glaubt. Für die Zwecke dieses Aufsatzes brauchen wir uns um die perlokutionäre Komponente nicht zu kümmern. Ebenfalls brauchen wir uns nicht über die Details des Äußerungsaktes und des propositionalen Aktes zu kümmern. Entsprechend wird im Folgenden der Begriff ‚Sprechakt' gleichbedeutend mit ‚Illokutionsakt' verwendet, falls nicht explizit anders vermerkt.

An dieser Stelle werden einige Details über die Natur von Sprechakten erläutert. Es gibt viele unterschiedliche Arten von Sprechakten, z. B. wie oben erwähnt, Behaupten, Fragen, Befehlen, Versprechen, Bitten, Vorschlagen, Taufen, etc. Diese können in der Regel explizit mithilfe von Sprechaktverben bzw. performativen Verben signalisiert werden wie in (E10), aber oft reicht auch der Satzmodus wie in (E11):

(E10) Ich verspreche (hiermit), dass ich komme.
       Ich bitte dich (hiermit), mir das Salz zu geben.
       Ich befehle dir (hiermit), nach Hause zu gehen.
(E11) Geh nach Hause!
       Ist Maria da?

Es gibt theoretische Überlegungen zur Systematik von möglichen Sprechakten, die jedoch für die Zwecke dieses Aufsatzes belanglos sind. Wichtiger ist, dass Searle davon ausgeht, dass Sprechakte sogenannten konstitutiven (im Gegensatz zu regulativen) Regeln unterliegen, d. h. es handelt sich um Regeln, ohne deren Befolgung ein Sprechakt nicht glücken kann: Wie etwa in einem Schachspiel die Bewegung der Dame in L-Form (wie die Springerbewegung) kein geglückter Zug, d. h. nicht Teil des Spieles, sein kann, so missglücken Sprechakte, wenn sie die zugrundeliegenden Regeln nicht befolgen. So glückt ein Versprechen nur dann, wenn die zugrundeliegende Äußerung besagt, dass der Sprecher eine bestimmte Handlung vollziehen wird, wenn der Sprecher diese Handlung vollziehen kann, und wenn er sie zu vollziehen beabsichtigt; des Weiteren, wenn der Sprecher diese Handlung nicht ohnehin ausführen würde (#Ich verspreche dir, dass ich atme), wenn der Adressat in irgendeiner Form wünscht, dass die Handlung vollzogen wird (#Ich verspreche dir, dass ich dich umbringe), wenn der Sprecher und der Adressat beide die Äußerung verstehen (Wenn der Sprecher etwas auf Chinesisch verspricht, der Hörer aber kein Chinesisch spricht, kommt kein Versprechen zustande) etc. Nur wenn all dies der Fall ist, kann von einem vollzogenen Akt des Versprechens die Rede sein.

Für diesen Aufsatz sind nur einige Aspekte des Sprechaktes *Behauptung* von Belang, da sich andere Sprechakte teils analog behandeln lassen, teils aber für die Diskussion der Fiktionalität irrelevant sind. Wenn der Sprecher eine Behauptung vollzieht, so legt er sich auf die Wahrheit seiner Aussage fest. Dies wird im Folgenden etwas genauer dargestellt:

(B5) Regeln für den Sprechakt *Behauptung*:
– Der Sprecher legt sich darauf fest, dass seine Aussage wahr ist.
– Der Sprecher ist in der Lage, seine Aussage zu begründen.
– Die Aussage darf nicht sowohl für den Sprecher als auch für den Hörer trivial sein.
– Der Sprecher legt sich darauf fest, dass er glaubt, dass seine Aussage wahr ist.

Da dies konstitutive Regeln sind, folgt, dass die Verletzung irgendeiner dieser Regeln dazu führt, dass kein Behaupten zustande kommt. Wenn der Sprecher etwas absolut Triviales sagt, so mag man das zwar als Erinnerung oder als Verweis auf irgendeine bekannte Tatsache werten, jedoch kann man nicht sagen, dass der Sprecher dies behaupte. Wenn der Sprecher sich nicht darauf festlegt, dass das, was er sagt, wahr ist, dann hat er ebenso wenig etwas behauptet: Diese Möglichkeit ist etwas schwerer vorstellbar, denn jeder Sprecher des Deutschen weiß, dass man sich automatisch durch das Äußern von Aussagesätzen auf die Wahrheit des Gesagten festlegt. Eine Möglichkeit, diese Festlegung zu blockieren, wäre beispielsweise die in (E3) gebrauchte, oder man kann durch das Nonverbale signalisieren, dass man jetzt nicht ernst spricht.

Keine dieser Regeln besagt, dass der Sprecher glauben muss, was er behauptet. Ebenso besagt keine dieser Regeln, dass das, was der Sprecher sagt, wahr sein muss. Ganz im Gegenteil gilt, dass der Sprecher auch glaubt, was er sagt, als regulative Regel, d. h. es gehört zu den moralischen bzw. gesellschaftlichen Verpflichtungen, nicht zu lügen. Durch das Behaupten allein legt sich der Sprecher zwar darauf fest, dass er das glaubt, was er sagt, dass er also nicht lügt, aber es besteht keine Notwendigkeit, dass er wirklich nicht lügt. Gleichwohl enthält die Lüge immer noch die Festlegung auf die Wahrheit dessen, was man behauptet, d. h. Lügen geht allein durch das Behaupten. Wichtig ist weiterhin festzuhalten, dass die Lautform oder die geschriebene Form eines Satzes s in allen für diesen Aufsatz relevanten Hinsichten die Bedeutung von s bestimmt. Diese werde ich als $I(s)$ abkürzen, und dabei annehmen, dass I eine Funktion ist, die Sätzen ihre Bedeutung zuweist. Ich ignoriere dabei jegliche Form von Polysemie, Unterspezifikation, Vagheit usw., da für die vorliegende Argumentation diese nur unerhebliche Komplikationen mit sich bringen würden. Dies ermöglicht das Formulieren einer Grundannahme von Searle, nämlich dass $I(s)$ den Illokutionsakt bestimmt, den man durch s vollziehen kann. Searle drückt dies wie folgt aus:

(B6) In general the illocutionary act (or acts) performed in the utterance of the sentence is a function of the meaning of the sentence.[9]

3.2 Das Festlegungsproblem

Nach dem Gesagten lässt sich das Grundproblem der Festlegung auf eine etwas technischere Weise formulieren.

(B7) Aufgrund von (B6) bestimmen die linguistische Form und die Bedeutung des Satzes in (E1), dass (E1) im Rahmen des Sprechaktes *Behauptung* geäußert werden muss. D. h. (E1) ist eine Behauptung.

(B8) Aufgrund von (B5) und aufgrund von (B7) muss sich der Sprecher von (E1) auf die Wahrheit von (E1) festlegen, d. h. er muss sich darauf festlegen, dass er glaubt, dass (E1) wahr ist, er muss in der Lage sein zu begründen, weshalb (E1) wahr ist, usw.

(B9) Der Sprecher von (E1) scheint Jean Paul zu sein.

(B10) Also müssen wir annehmen, dass Jean Paul auf die Wahrheit von (E1) festgelegt ist.

(B11) Intuitiv wissen wir, dass Jean Paul sich nicht auf die Wahrheit von (E1) festlegt.

Das Problem der Festlegung betrifft also die Auflösung des Widerspruchs zwischen (B10) und (B11). Wieso kann Jean Paul dadurch, dass er (E1) in einem fiktionalen Diskurs äußert, vermeiden, dass er sich auf seine Wahrheit festlegt? Die folgende Frage verspricht eine einfache Lösung des Problems, die jedoch bei näherer Betrachtung keine ist:

(Q9) Ist es nicht möglich, dass in fiktionalen Kontexten ganz andere Sprechakte vollzogen werden als diejenigen, die aufgrund der linguistischen Form/Bedeutung festgelegt sind?

Konkret heißt dies: Vielleicht vermeidet Jean Paul dadurch, sich auf die Wahrheit von (E1) festzulegen, dass er gar nicht den Sprechakt der Behauptung vollzieht, sondern einen anderen Sprechakt, etwa des Geschichtenerzählens. Dies wird von einer ganzen Reihe von Autoren vorgeschlagen.[10] Searles Antwort darauf ist: Wenn wir nicht annehmen wollen, dass die Worte in (E1) in einem fiktionalen Kontext etwas anderes bedeuten, und wenn wir nicht ablehnen wollen, dass Sprechakte durch die Bedeutung be-

---

9 Searle: Status, S. 324.
10 Vgl. bspw. Currie: Fiction.

stimmt sind, dann ist die Antwort nein.[11] Wichtig ist, unter diesen Umständen die Ernsthaftigkeit des Festlegungsproblems zu begreifen: Nach dem Gesagten führt für Searle kein Weg mehr daran vorbei zu postulieren, dass jeder Satz, der den Sprechakt einer Behauptung erzwingt, nur zum Vollzug des Sprechaktes der Behauptung geeignet ist. Da die Regeln der Behauptung ebenfalls feststehen und wegen der Fiktionalität nicht aufgegeben werden sollen – da ja Fiktionalität angesichts der Gesamtheit des Sprachgebrauchs eher ein Sonderfall als die Regel sein sollte –, scheint die Lage nur noch drei Lösungen zu erlauben: Entweder es ist nicht der Autor, der den Sprechakt vollzieht, oder aber der Autor vollzieht den Sprechakt nicht wirklich, oder die Regeln, die mit dem Sprechakt verbunden sind, sind in einem fiktionalen Kontext anders.

Searle selbst schlägt den zweiten Weg vor und dies wird im nächsten Abschnitt diskutiert. Die anderen beiden werden an dieser Stelle in aller Kürze besprochen: Naheliegend ist, zur Lösung des Problems davon auszugehen, dass der Sprecher von (E1) nicht Jean Paul, sondern vielmehr ein fiktionaler Erzähler ist. Demnach legt sich nur der fiktionale Erzähler, nicht aber Jean Paul auf die Wahrheit dieses Satzes fest. Dies entspricht im Wesentlichen der Analyse von Gregory Currie.[12] Er und andere nehmen an, dass der fiktionale Erzähler in einer Welt lebt, in der das, was er sagt, buchstäblich wahr ist (bzw. zumindest der Fall ist, dass sich der Erzähler darauf festlegt, dass er das, was er erzählt, glaubt). Damit könnte der fiktionale Sprecher nach allen Regeln der Sprechakttheorie seine Geschichte vermittels Behauptungen erzählen. An dieser Stelle wird nicht die Frage aufgeworfen, ob eine solche Position korrekt ist und was für Schwierigkeiten sie an sich hat. Stattdessen ist zu bedenken, ob sie im Rahmen der Sprechakttheorie selbst nicht mehr Schwierigkeiten erzeugt, als sie löst: Zum einen stellt sich die Frage, wie ein fiktionaler Erzähler einen realen Sprechakt vollziehen kann, bzw. wie er reale Adressaten ansprechen kann, schließlich müsste man davon ausgehen, dass der Leser/Hörer einer fiktionalen Geschichte durchaus eine reale Person ist? Zum anderen stellt sich die Frage, was Jean Paul tut, wenn er den Sprechakt nicht vollzieht. Naheliegend scheint zwar die Annahme, dass Jean Paul in dem Fall zitiert, doch wie man die Brücke zwischen der Welt des Erzählenden zur Welt des Zitierenden schlägt, wird wohl für immer rätselhaft bleiben, solange an irgendeiner Stelle irgendein realer Sprechakt vollzogen wird. Anders gesagt: Wenn Jean Paul zitiert, dann

---

11 Die Möglichkeit, dass ein indirekter Sprechakt des Geschichtenerzählens existiert, ist dadurch nicht ausgeräumt, wichtig ist nur: Wenn Geschichtenerzählen bloß ein indirekter Sprechakt wäre, wäre (E1) gleichzeitig auch eine Behauptung, und der Sprecher wäre damit auf die Wahrheit von (E1) festgelegt. Dies wird in Abschnitt 3.4 diskutiert.
12 Vgl. dazu Currie: Nature.

zitiert er jemanden, der irgendwie einen realen Sprechakt vollzogen hat. Da ein fiktionaler Erzähler aber keinen realen Sprechakt vollziehen kann, folgt daraus, dass er auch nicht zitiert werden kann. Übrig bliebe die Option, dass Jean Paul falsch zitiert. Dies würde aber in einer anderen Version das gleiche Problem erzeugen, das dadurch scheinbar gelöst wird. Denn auf der einen Seite muss sich dann Jean Paul nicht auf die Wahrheit der Aussagen festlegen, dafür müsste er sich auf die Korrektheit seines Zitats festlegen. Anders gesagt, wir haben zwar vermieden, dass wir sagen müssen, dass Jean Paul lügt, indem er etwas behauptet, dafür müssen wir aber sagen, dass Jean Paul lügt, indem er falsch zitiert. Dies scheint kein Fortschritt zu sein, denn intuitiv lügt Jean Paul nicht.

Der andere vorgeschlagene Weg ist mit Aloysius P. Martinich verbunden.[13] Hier wird (grob gesagt) angenommen, dass die Institution der Fiktion dafür sorgt, dass die Maxime der Qualität – in der Terminologie von H. P. Grice, wonach man nur solche Behauptungen vollziehen darf, die man für wahr hält –[14] schlichtweg nicht gilt. Dieser Weg führt jedoch zu einer ziemlich offenkundigen Schwierigkeit, die bei der Diskussion des Festlegungsproblems klar geworden ist: Currie scheint Recht zu haben, dass fiktionale Geschichten durchaus jene Anforderungen an Konsistenz haben, die wir normalerweise an die Glaubensinhalte von Personen (Sprechern) stellen.[15] Jede Theorie, die die Maxime der Qualität aufheben möchte, wird Schwierigkeiten haben zu erklären, wieso in fiktionalen Diskursen dennoch eine gewisse Kohärenz entsteht. Anders gesagt: Wenn die Maxime der Qualität nicht gilt, dann entsteht vermutlich keine fiktionale Welt.

3.3 Fiktion als Vorgeben

Searles Lösungsvorschlag ist, dass die Sprechakte, die der Autor eines fiktionalen Diskurses vollzieht, im Kern gar nicht vollzogen werden. Der Autor tut nur so, als würde er die Sprechakte vollziehen, die durch die Bedeutung der Sätze determiniert sind, die er verwendet. Hier wird der Begriff des Vorgebens eines Sprechaktes verwendet (*pretence*), Searle selbst weist aber darauf hin, dass die Begriffswahl ziemlich willkürlich ist. Alternativ wären *imitieren, simulieren, nachmachen* etc. denkbar.

---

13 Vgl. Martinich: Theory.
14 Vgl. Grice: Logic.
15 Vgl. Currie: Nature.

Simulieren eines Sprechaktes

Die Intuition, die diesen Vorschlag am ehesten verdeutlichen kann, ist der Vergleich mit einem Theaterstück: Wenn der Autor eines fiktionalen Diskurses einen Satz *s* äußert, dann tut er nur so, als würde er *s* äußern – ganz ähnlich wie ein Schauspieler, der eine Figur A spielt, nur so tut, als wäre er A. Dass wir als Zuschauer eines Theaterstückes wissen, dass ein Schauspieler a) nicht wirklich A ist, und dass b) er A spielt, ohne uns täuschen zu wollen, hängt auf eine essentielle Weise mit der Institution des Theaters zusammen und unserem Verständnis der Regeln, die die Handlungen der Schauspieler betreffen. Ganz ähnlich funktioniert auch das Vorgeben eines Sprechaktes: Indem der Sprecher von (E1) den Äußerungsakt vollzieht, wird durch die Form bzw. Bedeutung des Satzes bestimmt, dass er den Sprechakt *Behauptung* vollziehen muss. In einem fiktionalen Kontext kommt der Sprechakt der Behauptung gleichwohl nicht zustande, denn es gibt Regeln, die mit der Institution der Fiktion einhergehen, die diese außer Kraft setzen. Sprich, die Institution der Fiktion informiert uns, dass der Sprecher sich auf die durch (E1) ausgedrückte Proposition nicht festlegt, d. h. es kommt kein Behaupten zustande. Der Sprecher deutet eine Behauptung nur an, er vollzieht nur bestimmte Handlungen, die man eben dann vollziehen würde, wenn man behauptet; er simuliert das Behaupten. Die Fiktion, als Institution, blockiert gewissermaßen die regelhafte Verbindung zwischen dem Vollzug des Äußerungsaktes und dem Vollzug des Sprechaktes, bzw. der Illokution. Dies lässt sich, abstrakter, wie folgt festhalten:

(B12) Die Sprechakte in einem fiktionalen Diskurs werden durch das Vollziehen des jeweiligen Äußerungsaktes (Sprechen/Schreiben/Publizieren) nicht wirklich vollzogen, denn die konstitutiven Regeln der Institution der Fiktion blockieren die regelhafte Verbindung zwischen Äußerungsakt und Sprechakt.

Eine gute Analogie zu diesem Blockierungsmechanismus ist aus der Welt der Spiele mit festen konstitutiven Regeln verfügbar. Im Schachspiel beispielsweise vollziehe ich einen Zug, wenn ich an der Reihe bin, indem ich eine Figur nehme und sie von einem bestimmten Feld auf ein anderes Feld bewege. Danach lasse ich die Figur los und der Zug ist vollzogen. Es gibt also eine regelhafte Verbindung zwischen meiner Handbewegung und dem Zug. Die Handbewegung selbst ist zwar nicht der Zug, durch die Handbewegung entsteht aber der Zug. Dass die Handbewegung nicht der Zug ist, lässt sich daran erkennen, dass ich denselben Zug mit zwei unterschiedlichen Händen vollziehen kann. Die Bewegungen sind nicht identisch, der Zug aber schon. Wenn ich nun aber vorher klarstelle, dass ich jetzt nicht ziehe, sondern lediglich meinem Gegner erklären möchte, was passieren würde, wenn ich diesen Zug vollziehe (zum Beispiel im Training), dann kann ich die entsprechende Handbewegung machen, die Figur entsprechend positionieren und sie loslassen, ohne dass dadurch ein wirklicher Zug entsteht. Die Institution des Trainings ist in diesem Fall zwischen die Handbewegung und den gültigen Zug geraten und blockiert deren Verbindung. Die Handbewegung entspricht in dieser Analogie dem Äußerungsakt und der eigentliche Zug entspricht der Illokution, d. h. dem Sprechakt. Wie die Institution des Trainings, so kann man sich auch die Institution der Fiktion vorstellen: Sobald wir in einem fiktionalen Rahmen sind, entstehen einfach keine Sprechakte der Behauptung, obwohl wir die dazugehörigen Äußerungsakte vollziehen.

Dass die Analogie eine wichtige Intuition trifft, zeigt die Möglichkeit der Reaktion auf das Missverständnis. Wenn der Gegenspieler den Trainingszug als echten Zug werten möchte, dann kann man ihm antworten, indem man ihm die Institution des Trainings erklärt. Das Gleiche passiert, wenn jemand eine fiktionale Aussage für eine echte Behauptung nimmt und beispielsweise losziehen möchte, um eine auf einer Pirateninsel vergrabene Schatztruhe zu suchen. Man kann dann darauf antworten, indem man ihm die Institution der Fiktion erklärt.

Eine wichtige Eigenschaft dieser Theorie ist, dass *Fiktion* von *Lügen* unterschieden werden kann. Wie bereits erklärt, sind Lügen Verletzungen regulativer Regeln. Beim Lügen wird behauptet. Fiktion funktioniert ganz anders: Hier legt man sich auf etwas Falsches nicht fest, man legt sich auf gar nichts fest, denn man behauptet nicht, man tut nur so. Ähnlich wäre in einem Schachspiel ein Trainingszug der oben beschriebenen Art von einem schlichtweg schlechten Zug zu unterscheiden: Jemandem, der einem einen möglichen Fehler zeigt, kann man nicht vorwerfen, dass er absichtlich schlecht spielt, denn er hat ja den Zug gar nicht vollzogen. Absichtlich schlecht zu spielen verletzt eine regulative Regel, denn man sollte gewinnen wollen.

Die Idee des Vorgebens eines Sprechaktes wird vielleicht noch deutlicher, wenn man sich klarmacht, dass ein Sprechakt in einer Komplexitätshierarchie höher steht als ein Äußerungsakt. Ein Sprechakt setzt immer einen Äußerungsakt voraus, ob jedoch ein Sprechakt durch einen Äußerungsakt zustande kommt, hängt von den Regeln ab, die der jeweiligen Illokution innewohnen. So zu tun, als würde man einen Sprechakt vollziehen, heißt in diesem Zusammenhang, den niederen Akt, d. h. den Äußerungsakt, zu vollziehen, ohne dass dabei der Sprechakt selbst zustande kommt. Ganz ähnlich funktioniert es, wenn Kinder spielen: Bisweilen gibt es Spielzeugteller, -messer und -gabeln, und Kinder sitzen an einem Tisch und spielen, dass sie zu Mittag essen. Sie bewegen dabei Messer und Gabel so, als würden sie essen, sie bewegen den Mund, sie erzeugen teilweise sogar die Geräusche, die beim Kauen entstehen, möglicherweise Schlucken sie auch, aber dennoch tun sie nur so als würden sie essen – faktisch wird nicht gegessen, der Teller war während des ganzen Spiels leer. Ein wichtiges Element der komplexen Handlung *Essen* fehlt, und zwar die Speise. Die Antwort auf das Festlegungsproblem ist nun ganz trivial: Der Sprecher von (E1) legt sich auf die Wahrheit von (E1) nicht fest, weil er die Behauptung, dass (E1), faktisch nicht vollzieht.

Dieser Vorschlag hat der Idee gegenüber, dass der Sprechakt eigentlich nicht vom Autor, sondern von einem fiktionalen Erzähler vollzogen wird, den Vorzug, dass wir nun wissen, was der Autor eines fiktionalen Textes faktisch tut: Er vollzieht den jeweiligen Äußerungsakt. Dies mag zwar trivial erscheinen, man bedenke aber, dass in jeder Theorie, in der man annimmt, dass die Sprechakte eigentlich von einem fiktionalen Erzähler vollzogen werden, dies eine schwere Frage wird: Wenn derjenige, der erzählt, der fiktionale Erzähler ist, wissen wir nicht, was der Autor tut. In Searles Theorie bekommen wir darauf eine befriedigende Antwort: Der reale Autor vollzieht reale Äußerungsakte (er schreibt/publiziert), schafft es aber dennoch, sich nicht auf die Wahrheit seiner Äußerungen festzulegen, weil er die dazugehörenden Sprechakte nicht wirklich vollzieht, sondern bloß simuliert. Des Weiteren ist es nicht weiter verwunderlich, dass die mangelnde Ernsthaftigkeit des fiktionalen Behauptens nicht zu Beliebigkeit führt, sprich, dass Fiktionen keine zufällige Ansammlung von Sätzen sind, sondern typischerweise so etwas wie eine kohärente Geschichte. Dies ist konsistent damit, dass wir auch von anderen Beispielen des Vorgebens von Handlungen gewohnt sind, dass dies in einer geregelten Form und oft mit einer sehr hohen Ernsthaftigkeit geschieht: Der Sprecher tut so, als ob er etwas behaupten würde, und dieses ‚Spiel' ist, wenn man sich darauf einlässt, genauso wenig beliebig wie Kinderspiele oder Theaterstücke.

Wie beim Simulieren eines Sprechakts aber eine fiktionale Welt – eine Geschichte, fiktionale Entitäten: Personen, Ereignisse, Gegenstände – entstehen kann, ist dadurch noch lange nicht beantwortet. Wichtig ist hier bloß, dass dies nicht unmöglich scheint. Die triviale Antwort ist: so wie sonst beim Vorgeben/Simulieren. Grob gesagt: So wie ein Kind, das im Spiel einen imaginären Kuchen verteilt, und nachher davon ausgehen kann, dass die einzelnen Stücke da sind, wo es sie ‚hingetan' hat, so können wir auch, solange wir uns auf die Simulation der Sprechakte einlassen, davon ausgehen, was da erzählt wird. Und ebenso wie das Kind gleichzeitig weiß, dass die entsprechenden Teller leer sind, so wissen auch Autor und Leser einer fiktionalen Geschichte zugleich, dass nichts davon wahr ist.

4. Fiktionalität und Sprechakte

Vom Simulieren eines Sprechaktes zur simulierten Wirklichkeit

An dieser Stelle wird die oben aufgeworfene Frage besprochen, wie durch das Vorgeben eines Sprechaktes eine Geschichte entstehen kann. Searle bietet hierfür keine ausgereifte Theorie, aber die Idee wird deutlich: Eine Fiktion funktioniert genau dann, wenn der Leser sich auf das Vorgeben des Sprechaktes einlässt. Dies dürfte an folgendem Beispiel deutlich werden. Nehmen wir an, ich habe mit meinem guten Freund Paul ein Bier getrunken und wir marschieren guter Dinge durch die Stadt. Aus irgendeinem Grund tut Paul plötzlich so, als wäre er wegen etwas, das ich gesagt habe, furchtbar beleidigt, und er tut so, als würde er mir einen Aufwärtshaken versetzen. Faktisch vollzieht er in Zeitlupe Bewegungen, die einem Aufwärtshaken ganz ähnlich sind, aber er berührt mein Kinn nicht. Nun habe ich drei Möglichkeiten:

a) ich kann seine Aktion völlig ignorieren oder im Ernst kommentieren, z. B. indem ich erkläre, die Bewegung sei ganz schön professionell oder dergleichen,

b) ich kann so tun, als hätte er mein Kinn getroffen und so tun als würde ich nach hinten taumeln,

c) oder aber ich kann so tun, als hätte er wirklich einen Schlag versucht, als hätte er mich aber nicht getroffen, und im Ernst zurückschlagen.

Wenn ich die Option a) wähle, dann habe ich erkannt, dass er nur so tut, als würde er mich schlagen, aber ich weigere mich, mich auf seinen vorgegebenen Schlag einzulassen. Ich bleibe im Bereich des Ernstes. Wenn ich c) wähle, dann habe ich nicht erkannt, dass er nur so tut als würde er mich schlagen. Wenn ich b) wähle, dann habe ich mich auf seine vorgegebene Handlung eingelassen. Wenn ich b) wähle und mich auf das Vorgeben des Schlages einlasse, dann gebe ich selber vor, dass es einen Schlag gegeben hat und reagiere darauf irgendwie.

Wie nun eine Fiktion durch das Vorgeben von Sprechakten entsteht, dürfte kraft der Analogie klar sein: Indem der Autor vorgibt, sich auf bestimmte Personen und Ereignisse zu beziehen und darüber Behauptungen zu machen, hat der Leser die Möglichkeit, analog zu b) sich auf die vorgebliche Behauptung einzulassen. Dadurch tut der Leser auch so, als gäbe es die Personen und die Handlungen, von denen der Autor Behauptungen zu machen vorgibt. Sprich: Der Hörer gibt vor, ihm zu glauben. Die Institution der Fiktion ist somit ein Spiel, in dem sowohl der Autor als auch der Leser so tun, als würden sie miteinander kommunizieren. Der Autor gibt Behauptungen vor und der Leser gibt vor, dass er sie glaubt, sprich akzeptiert. Wenn der Autor beispielsweise sagt, „John war krank", dann wird der Leser, wenn er sich auf die Fiktion einlässt, so tun, als gäbe es einen John, als wäre er krank, und als würde er, der Leser, die Behauptung des Autors akzeptieren, quasi mit dem Kopf nicken, und auf die nächste Behauptung warten. Wenn ich nun einen Text einfach lese und nicht weiß, ob es sich dabei um eine Fiktion handelt oder nicht, dann kann es mir passieren, dass ich analog zu c) handle. Sprich, ich gehe davon aus, dass der Sprecher einen echten Sprechakt vollzogen hat, dass er sich aber einfach irrt oder lügt. Das Analogon zu Option a) entspricht der metafiktionalen Rede. Wichtig ist, an dieser Stelle Folgendes festzuhalten: Aus dieser Perspektive gibt es eine offenkundige Verbindung zwischen Vorstellen und Fiktion, diese ist aber nicht konstitutiv. Der Leser macht bei der Institution der Fiktion genau dann mit, wenn er vorgibt die vorgegebenen Behauptungen des Autors zu akzeptieren, d. h. vorgibt, dass das, was der Autor sagt, wahr ist. Eines der natürlichen Vehikel, dies zu tun, ist sich vorzustellen, dass das alles wahr ist. Aber so, wie hier Fiktion analysiert wird, ist das nicht notwendig: Wenn ich einen realen Sprechakt der Behauptung wahrnehme, dann kann ich das akzeptieren, ohne mir dabei etwas vorzustellen, ich muss schlichtweg annehmen, dass das Gesagte der Wahrheit entspricht. Wenn also jemand behauptet, 287723 sei eine Primzahl, dann kann ich das akzeptieren, auch wenn ich mir darunter nichts vorstellen kann. Der einzige Unterschied zwischen Fiktionalität und ernstem Behaupten ist, dass in einem fiktionalen Diskurs die Behauptungen nur vorgegeben werden, und ich als Leser das Akzeptieren ebenfalls nur vorgebe. Ob ich mir das vorstelle oder nicht, spielt höchstens aus praktischen Gründen eine Rolle.

3.4 Das Oberlehrerproblem

Nach der Diskussion des Festlegungsproblems im vorigen Abschnitt wird hier auf das zweite Problem eingegangen: das Oberlehrerproblem. Das Oberlehrerproblem bestand darin, dass man einerseits festgestellt hat, dass der Autor sich nicht auf die Wahrheit der Aussagen festlegt, die er vollzieht, dies jedoch im Falle bestimmter generalisierender Aussagen anscheinend anders ist. Nennen wir solche Lehrmeinungen Oberlehrersätze. Nach der Betrachtung des Lösungsvorschlags Searles stellt sich das Oberlehrerproblem umso akuter. Searle argumentiert, dass der Autor fiktionaler Texte die Behauptungen, die er eigentlich kraft der Bedeutung der Sätze, die in fiktionalen Texten stehen, hätte vollziehen müssen, gar nicht vollzieht, sondern nur so tut als ob. Wenn nun ein Oberlehrersatz nicht wirklich behauptet wurde, wie kann sich dann der Sprecher darauf festlegen?

Ein möglicher Umgang mit dem Problem, der sich nach dem oben beschriebenen Ansatz ergibt, besteht in der Annahme, dass Oberlehrersätze zwar nicht wirklich vom Autor assertiert werden, sie aber dennoch eine

Wirkung erzielen können, die ähnlich derjenigen ist, die im Ernst assertierte erzielen. Eine Theorie, die diesen Weg geht, müsste annehmen, dass wir die Oberlehrersätze deswegen ernst nehmen, weil wir keinen anderen Grund finden, weshalb der Autor so getan haben würde, als hätte er sie behauptet, als dass er sie für richtig hält. So kann es sehr wohl sein, dass der Autor Satz *s* durchaus gerne behaupten würde, sich aber aus unterschiedlichen Gründen nicht erlauben kann, ihn ernsthaft zu behaupten, sei es, weil es politisch nicht zu vertreten ist, sei es, weil er keine hinreichenden Argumente hat, um seine Behauptung zu verteidigen. In so einem Fall kann er so tun, als würde er den entsprechenden Satz behaupten, und den Leser damit einladen, so zu tun, als wäre er wahr, und damit über den entsprechenden Satz nachzudenken. So könnte man Tolstois Behauptung (E8) gar nicht als These Tolstois verstehen, sondern eher als seine Einladung, diese Möglichkeit in Betracht zu ziehen.

Obwohl diese Möglichkeit im Rahmen des theoretischen Ansatzes sehr naheliegend ist, geht Searle einen anderen Weg: Er unterscheidet zwischen dem literarischen Text und dem fiktionalen Diskurs. Der literarische Text ist der Text der Geschichte oder des Romans. Der fiktionale Diskurs ist jedoch nur ein Teil des Textes, und zwar derjenige Teil, der eigentlich zur Fiktion gehört. Mit dieser Unterscheidung lässt sich dann sagen, dass ein literarischer Text aus Teilen bestehen kann, in denen ernst geredet wird, und aus Teilen, in denen nur so getan wird, als würde man ernst reden. Die Fiktion selbst wird in Letzterem dargestellt, während Oberlehrersätze nur Teile des literarischen Textes, nicht aber des fiktionalen Diskurses sind, und damit durchaus als ernste Rede zu verstehen sind, d. h. als ernste Behauptungen, auf die sich der Autor entsprechend festlegt.

Ein verwandtes Phänomen ist die ernste Rede über Gegenstände, die in der Fiktion vorkommen, gleichzeitig aber auch real sind. So werden beispielsweise in Romanen oft reale Städte, Gebäude oder Kunstwerke mit allergrößter Sorgfalt geschildert, und als Leser hat man durchaus das Gefühl, dass diese Schilderungen nicht fiktional sind. Thomas Mann zum Beispiel hat durchaus den Anspruch erhoben, die historischen Begebenheiten in seinen *Joseph*-Romanen nach aktuellem wissenschaftlichem Standard geschildert zu haben. Ein solcher Anspruch kann ohne die Unterscheidung zwischen literarischem Text und fiktionalem Diskurs unter den allgemeinen Voraussetzungen einer Theorie von fiktionalem Diskurs als Vorgeben von Sprechakten nicht erklärt werden.

4. Diskussion

In diesem Teil des Aufsatzes konzentriere ich mich auf einige Aspekte der Theorie, die sich als eher problematisch erweisen. Dies heißt nicht, dass im Folgenden alle Kritikpunkte aus der Literatur ausführlich behandelt werden. Einige von ihnen diskutieren Ausnahmefälle und/oder Randphänomene, auf die sich Searles Theorie aus dem schlichten Grund nicht unmittelbar anwenden lässt, weil sie nicht berücksichtigt wurden. Andere beruhen schlichtweg auf Missverständnissen: So wird beispielsweise argumentiert, dass es Fiktion ohne Autor gibt, dass also die Fiktion gar nicht auf den Sprechakten des Autors fußen kann,[16] dass nicht klar ist, was beim Verfassen eines Romans als Sprechakt gilt, dass es strikt historische Fiktion gibt, bei der der Autor eigentlich meint, was er behauptet.[17] Offenkundig stellt sich in diesen Fällen das Problem der Festlegung gar nicht. Andere Argumente, etwa das Problem, dass in einer Theorie wie derjenigen von Searle die Beziehung zwischen Text und Autorintentionen opak bleibe, sind nur dann überhaupt als Probleme erkennbar, wenn man bestimmte Annahmen über die Interpretation fiktionaler Texte macht, die ich keineswegs als notwendig ansehe.[18] Hier werden nur solche Probleme diskutiert, die gleichzeitig einen tieferen Blick in die Theorie Searles ermöglichen.

4.1 Die Rolle der Institution Fiktion

Einer der Kritikpunkte an Sprechakttheorien der Fiktionalität, die annehmen, dass Sprechakte nur scheinbar vollzogen werden im fiktionalen Diskurs, beläuft sich darauf, dass die Relation zwischen dem Vorgeben von Sprechakten und Fiktion eher zufällig scheint: Es gibt oft vorgegebene Sprechakte, die nichts mit Fiktion zu tun haben – wenn jemand, beispielsweise, zitiert, parodiert, spielt etc., kann es sich um vorgegebene Sprechakte handeln, die keine Fiktion erzeugen. Umgekehrt scheint es Fiktion zu geben, die nicht durch das Vorgeben, Sprechakte zu vollziehen, entsteht, solche nämlich, die gar keine Sprechakte enthält, wie etwa Stummfilme. Das Vorgeben, Sprechakte der Behauptung zu vollziehen, kann demnach nicht Wesentlich mit Fiktionalität verbunden sein.[19]

---

16 Vgl. Walton: Mimesis, S. 82.
17 Vgl. Hoffman: Fiction.
18 Dieses konkrete Problem wird ausführlich in García-Carpintero: Fiction-Making, diskutiert.
19 Vgl. Walton: Mimesis, S. 82 f., und García-Carpintero: Fiction-Making.

Diese Kritikpunkte müssen genau untersucht werden. So beschränkt sich etwa Searles Theorie auf Fiktion durch Sprache. Bei einem Stummfilm müsste man wohl analog meinen, dass die Schauspieler vorgeben, bestimmte Handlungen zu vollziehen. So tut beispielsweise ein Schauspieler nur so, als würde er einen anderen umbringen. Es ist nicht ersichtlich, inwiefern dies als Kritik an Searles Theorie aufgeworfen werden kann. Ähnlich müsste man die Frage aufwerfen, ob beim Zitieren tatsächlich die Simulation von Sprechakten stattfindet oder man vielmehr sagen muss, dass Zitieren ein eigener Sprechakt ist. Parodieren ist zwar eindeutig Simulation, aber es ist nicht klar, ob tatsächlich so getan wird, als ob Sprechakte vollzogen werden, oder vielmehr so getan wird, als sei man selber eine andere Person. Ein ganz entscheidender Aspekt von Parodien ist oft, dass man Mimik, Gestik und Stimme des Parodierten zu imitieren versucht. Damit wäre bereits ein klarer Unterschied zwischen Parodie und Fiktion gefunden.

Dennoch scheint klar, dass die Kritik eine Berechtigung hat. So zu tun, als ob man Sprechakte der Behauptung vollziehen würde, kann unmöglich die ganze Geschichte über Fiktion sein. Eine der Möglichkeiten, auf eine solche Kritik zu antworten, ist, dass man festhält, dass Searles Theorie an keiner Stelle besagt, dass das Vorgeben, einen Sprechakt zu vollziehen, an sich Fiktionalität bedeutet. Anders gesagt: Searle löst ein paar Probleme, die sich bei der Analyse von Sprachgebrauch in fiktionalen Kontexten ergeben. Von einer Definition von Fiktionalität ist keine Rede; es ist ganz klar, dass mehr zu Fiktionalität gehört, als das Vorgeben von Sprechakten. Ganz im Gegenteil, in Searles Theorie geht es darum, dass das Vorgeben, einen Sprechakt zu vollziehen, nur gelingen kann, wenn dazu eine bestimmte Menge an konventionellen Regeln vorhanden ist: Dies kann als eine gesellschaftlich-kulturelle Institution angesehen werden. Essentiell dabei ist, dass die Natur dieser Institution bestimmt, was beim Vorgeben, einen Sprechakt zu vollführen, (nach dieser Institution) geschieht (s. den Beitrag *2. Die Institution Fiktionalität*). Wenn ich jemanden dagegen bloß parodiere und mein Gegenüber bemerkt, dass ich die Regeln des Sprechaktes *Behauptung* aufgrund der Institution der Parodie außer Kraft setze, dann wird er nicht nur nicht annehmen, dass ich mich auf die Wahrheit der Sätze festlege, die ich sage, sondern er wird darüber hinaus davon ausgehen, dass es hier nicht um den Inhalt geht, sondern vielleicht um die Tonart, um die Wortwahl etc. Geht es hingegen um den Inhalt, kann man möglicherweise ebenso gut von Fiktion reden.

Dieser Kritikpunkt verdeutlicht, dass die Rolle der Institution der Fiktion in Searles Theorie viel wichtiger ist als gemeinhin angenommen. Es scheint nicht korrekt zu sein, davon auszugehen, dass institutionelle Theorien der Fiktion sich von pragmatischen Theorien (wie diejenige Searles) systematisch abgrenzen lassen: Ganz im Gegenteil, die hier diskutierte

Theorie der Fiktion ist in ihrem Kern eine institutionelle Theorie. Dies wird beispielsweise an folgender Stelle bei Searle klar:

(B13) My third conclusion then is this: the pretended illocutions which constitute a work of fiction are made possible by the existence of a set of conventions which suspend the normal operation of the rules relating illocutionary acts and the world. In this sense, to use Wittgenstein's jargon, telling stories really is a separate language game; to be played it requires a separate set of conventions, though these conventions are not meaning rules; and the language game is not on all fours with illocutionary language games, but is parasitic on them.[20]

4.2 Wer tut so, als ob?

Ein zweiter Punkt, der Searle vorgeworfen wird, ist, dass sich die Theorie nur auf den Sprecher konzentriere. Das Problem ist mit dem vorigen insofern verwandt, als die reine Tatsache, dass der Sprecher ein Sprechakt vorgibt, nicht notwendig zu einer Fiktion führt. Sarah Hoffman argumentiert wie im Folgenden wiedergegeben:

(B14) Pretense is essentially involved in fiction, but it is the pretense of the audiences that matters, and this is the ingredient missing from both Martinich's and Searle's theories.[21]

Die Idee hier ist, dass Fiktion im Wesentlichen nicht dann entsteht, wenn der Sprecher so tut, als würde er Behauptungen machen, sondern wenn der Hörer so tut, als würden diese Behauptungen stimmen bzw. als würde er sie glauben. Etwas einfacher gesagt: Fiktion entsteht, wenn der Hörer sich entscheidet, etwas, das ihm gesagt wird, sich bloß vorzustellen, statt es zu glauben. An dieser Stelle ist wichtig zu sehen, dass die Sprechakttheorie als Ganzes eine Theorie der Kommunikation ist (und nur in zweiter Linie eine Theorie der Sprache). Eine Theorie der Kommunikation ist immer eine Theorie der Relation zwischen Sprecher und Hörer, denn das, was der Sprecher alleine tut, ist ebenso wenig Kommunikation wie das, was der Hörer alleine tut. Ein Sprechakt des Behauptens ist nur aufgrund von Regeln eine Behauptung, die sowohl Sprecher als auch Hörer bekannt sind. Das einfachste Beispiel hierfür ist bereits oben erwähnt: Wenn ich meinem Freund Paul versprechen möchte, dass ich ihn morgen besuche, dies aber in

---

20 Searle: Status, S. 326.
21 Hoffman: Fiction, S. 518.

einer Sprache sage, die er nicht spricht, ist kein Versprechen zustande gekommen, auch wenn ich einen Äußerungsakt vollzogen habe, der typischerweise zu einem Versprechen geführt hätte, wenn der Adressat ebenfalls die Sprache gesprochen hätte.

4.3 Simulieren oder ein neuer Sprechakt?

(B6) hat in der literaturwissenschaftlichen Diskussion über Searles Theorie der Fiktionalität zu gewissen Missverständnissen geführt, die im Folgenden ausgeräumt werden sollen: So argumentiert Currie gegen dieses Prinzip, indem er anmerkt, dass es generell nicht der Fall ist, dass ein Satz immer nur einen Sprechakt ausdrücken kann. So kann beispielsweise der Satz (E12) sowohl eine Behauptung als auch ein Befehl sein. Demnach müsse man Searles Prinzip, wonach die Bedeutung von Sätzen den Sprechakt bestimmt, den man durch ihre Äußerung vollzieht, schlichtweg aufgeben.[22]

(E12) Du darfst gehen.

Hoffman verteidigt Searle gegen Currie auf eine Weise, die das Prinzip unnötig abschwächt. Sie argumentiert, dass Searle gar nicht meint, die Bedeutung von Sätzen bestimme den Sprechakt, den man durch ihre Äußerung vollzieht, sondern er beziehe sich einfach auf das bekannte Ausdrückbarkeitsprinzip, das im Kern besagt, dass man jeden Sprechakt direkt (explizit) ausdrücken kann, was genauer in (B15) formuliert ist.[23] Sie bemerkt korrekt, dass man dieses Ausdrückbarkeitsprinzip im Rahmen einer Theorie indirekter Sprechakte braucht.

(B15) We might express this principle by saying that for any meaning X and any speaker S whenever S means (intends to convey, wishes to communicate in an utterance, etc.) X then it is possible that there is some expression E such that E is an exact expression of or formulation of X.[24]

Im Folgenden wird zunächst dargestellt, wieso man das Ausdrückbarkeitsprinzip für die Behandlung von indirekten Sprechakten braucht, und danach wird gezeigt, wie man auf Curries Angriff antworten kann, ohne (B6) unnötig abzuschwächen.

Ein indirekter Sprechakt liegt laut Searle genau dann vor, wenn ein Sprecher *einen Sprechakt vollzieht, indem er einen anderen Sprechakt vollzieht*. Für (E12)

---

22 Vgl. Currie: Fiction.
23 Vgl. Hoffman: Fiction.
24 Searle: Speech Acts, S. 20.

heißt dies: Der Satz bestimmt durch seine Form und Bedeutung, dass er eine Behauptung sein muss. Der Sprecher vollzieht daher direkt eine Behauptung. Indem er aber eine Behauptung vollzieht, vollzieht er gleichzeitig (indirekt) einen Befehl.

Andere bekannte Beispiele sind solche wie (E13). (E13) ist zwar einerseits eine Frage, andererseits ist sie indirekt auch eine Bitte, und in der Tat wäre man verwundert, wenn jemand auf (E13) einfach mit „Ja" antworten und sich nicht weiter rühren würde. Für die Konventionalität eines solchen Dualismus (zwei Sprechakte gleichzeitig zu sein) spricht, dass man beispielsweise in (E13) den Ausdruck „bitte" einfügen kann, wie in (E14) gezeigt, was für Fragen eher untypisch, für Bitten aber durchaus typisch ist. Entsprechend ist (E15) seltsam.

(E13) Kannst du mir das Salz geben?
(E14) Kannst du mir bitte das Salz geben?
(E15) #Regnet es bitte in Moskau?

Welche Regeln es gibt, die dazu führen, dass es manchmal möglich ist, indirekt andere Sprechakte zu vollziehen als direkt, ist für diesen Aufsatz nicht von Belang.[25] Es ist aber offenkundig, dass man unter der Annahme, dass es indirekte Sprechakte gibt, irgendein Prinzip braucht, das ihre Anzahl begrenzt. Im Normalfall nämlich sind die Sprechakte durch die linguistische Form bzw. die Bedeutung der Sätze bestimmt; sobald wir über diese Regel hinausgehen, müssen wir vermeiden, dass beliebige neue Kategorien für Sprechakte eingeführt werden. Hier ist das Ausdrückbarkeitsprinzip von großer Bedeutung, denn es besagt: Man darf nur solche Sprechakte in der Theorie postulieren, die man auch direkt, also bedingt durch die linguistische Form und Bedeutung, vollziehen kann.

Für unseren Zusammenhang ist von Bedeutung, dass selbst wenn man indirekte Sprechakte annimmt (was keinesfalls zwingend erforderlich ist, da man argumentieren könnte, dass indirekte Sprechakte lediglich Implikaturen sind), trotzdem der Fall ist, dass diejenigen Sprechakte, die durch die linguistische Form und Bedeutung vorausgesagt werden, zumindest ebenfalls vollzogen werden. Es gibt also keinen Weg an dem Sprechakt vorbei, den die linguistische Form/Bedeutung festlegt. Dies wird etwa dadurch deutlich, dass selbst für (E13) oder sogar (E14) „Ja" als Antwort durchaus akzeptabel ist, wenn der Sprecher gleichzeitig auch Anstalten macht, dem Gesprächspartner das Salz zu geben. Für reine Bitten ist das nicht möglich, wie z. B. an (E16) sichtbar ist.

---

25 Ausführlich diskutiert werden sie beispielsweise in Saddock: Whimperatives, und ders.: Theory; immer noch interessant ist die Einführung von Levinson: Pragmatics; weitere aktuelle Überlegungen gibt es beispielsweise in Asher/Lascarides: Speech Acts.

(E16)   A: Ich bitte dich, mir das Salz zu geben.
         B: #Ja.

Ein weiteres, sehr klares Argument ergibt sich bei der Betrachtung von (E17):

(E17)   Es ist kalt hier.

Nehmen wir an, (E17) wird in einem Raum geäußert, der eigentlich beheizt ist, aber aufgrund der offenen Fenster von draußen abgekühlt wird. Nun kann (E17) als Aufforderung oder Bitte verstanden werden, die Fenster zu schließen, oder, je nach sozialen Bedingungen, sogar als Befehl. Wichtig ist jedoch, dass (E17) aufgrund seiner linguistischen Form und Bedeutung eine Behauptung ist. Letzteres zeigt sich daran, dass – völlig gleichgültig ob (E17) als Bitte, als Aufforderung oder als Befehl verstanden wird – der Sprecher von (E17) sich darauf festlegt, dass es am Ort des Sprechens kalt ist, genau so, wie das beim Sprechakt des Behauptens gemeinhin passiert. Ist es nicht kalt, ist der Satz eine Lüge, auch wenn er als Bitte oder Befehl gelingen mag. Dies zeigt, dass die klassischen Bedingungen des Grundsprechaktes *Behauptung* auch im Falle der zusätzlichen Interpretation als Bitte (als indirekten Sprechakt) erfüllt sein müssen. Demnach widerlegt die Möglichkeit von indirekten Sprechakten Searle nicht, ganz im Gegenteil, sie ist ein Teil seiner Theorie. Dies beantwortet Curries Kritik, ohne dass (B6) als Platzhalter für (B15) verstanden würde. Ganz im Gegenteil: Mit (B6) meint Searle (B6). Die Antwort auf Curries Kritik ist, dass uns in Hinblick auf das Festlegungsproblem die Annahme einer neuen Art von Sprechakt, nämlich ‚fiktionales Erzählen', überhaupt nichts bringt. Selbst wenn es so eine Art Sprechakt gäbe, wäre eine Theorie nötig, die erklärt, wieso man beim Sprechakt ‚Behaupten', welcher als direkter Sprechakt sowieso vorliegt, die Festlegung auf Wahrheit vermeiden kann.

Dennoch gibt es Ähnlichkeiten zwischen der Idee Curries und der Idee Searles: Searle zeigt wiederholt und ziemlich ausführlich, dass die Institution der Fiktion (auch wenn er den Begriff selbst nicht verwendet) im Grunde genommen für die Regeln der Interpretation verantwortlich ist. Wo ist nun der Unterschied, ob man sagt, man hat einen neuen Sprechakt, oder ob man sagt, man hat einen Sprechakt, den man nicht wirklich vollzieht, der dann aber nach bestimmten anderen Regeln gehandhabt wird?

Searle legt großen Wert darauf, dass die Regeln der Fiktion als Institution keine semantischen Regeln sind, dass sie extralinguistisch sind, dass sie nicht zur Sprachfähigkeit eines Individuums gehören. Zu wissen, was eine Behauptung ist, ist demnach essentiell mit dem Wissen verbunden, was Kommunikation ist, was Wörter in der Sprache bedeuten, was der Satzmodus bedeutet, und in der Tat ist fiktionales Erzählen nicht so basal.

Aber wenn man sich als anderes Beispiel einen Sprechakt wie das Taufen ansieht oder einen Sprechakt wie Befehlen oder Bitten, ist dies nicht mehr so klar. Das Wissen um die konstitutiven Regeln solcher Sprechakte scheint zwar mit der Bedeutung einzelner Wörter, nicht jedoch fundamental mit semantischem Wissen überhaupt verbunden zu sein. In dem Begriff der Taufe scheint mindestens ebenso viel kulturell-institutionelles Wissen enthalten zu sein wie in dem Begriff der Fiktion.

Zwei Argumente sprechen jedoch dafür, dass Searle Recht hat, sich gegen die Einführung eines neuen Sprechaktes zu währen: Das erste ist, wie bereits oben gezeigt, dass selbst wenn man annehmen würde, dass es den Sprechakt *fiktionales Erzählen* gäbe, das Problem der Festlegung trotzdem nicht gelöst wäre, da dieser Sprechakt in den meisten Fällen nur als *indirekter* in Frage käme und dadurch die Anforderungen des Behauptens immer noch gültig wären. Das zweite Argument, das bisher nicht angesprochen wurde, ist aber, dass Sprechakte ganz fundamental die Relation zwischen der Welt und der Sprache regeln. Kommunikation nämlich, wozu Sprechakte immer dienen, ist immer in gewisser Weise über die Welt. Wünsche werden kommuniziert, weil man möchte, dass sie wahr werden. Ängste werden kommuniziert, weil man möchte, dass sie nicht wahr werden. Befehle bewirken unmittelbar Veränderung in der Welt. Behauptungen teilen mit, wie es sich verhält. So ist folgender zentraler Satz in Searles Text zu verstehen:

(B16)   I find it useful to think of these rules as rules correlating words (or sentences) to the world. Think of them as vertical rules that establish connections between language and reality.[26]

Der fundamentale Unterschied zwischen der Natur von Fiktion und Sprechakten ist also so zu verstehen, dass gerade dies bei der Fiktion fehlt: Fiktion verbindet Sprache nicht mit der Welt und daher sind Fiktionalitätskonventionen etwas ganz anderes als Sprechaktregeln, die genau dies tun. So gesehen, steht eine tiefe Intuition über das Defizitäre von Fiktion im Vergleich zu sonstigen Sprachgebrauchsformen, die die Sprechakttheorie abdeckt, hinter Searles Ansatz. Fiktion verbindet nicht die Sprache und die Welt, Fiktion zerstört bzw. blockiert diese Verbindung. So ist folgender Satz zu verstehen:

(B17)   Think of the conventions of fictional discourse as a set of horizontal conventions that break the connections established by the vertical rules.[27]

---

26 Searle: Status, S. 326.
27 Ebd.

5. Schlussbetrachtung

In diesem Beitrag wurde ein spezifisches Problem des fiktionalen Diskurses diskutiert, und zwar das als Festlegungsproblem bezeichnete Problem, dass sich der Sprecher eines Satzes in einem fiktionalen Kontext nicht auf die Wahrheit eines Satzes festlegt, obwohl er scheinbar einen Sprechakt vollzieht, der ihn dazu verpflichten würde. Als Lösungsansatz dieses Problems wurde die Theorie von Searle dargestellt und in einigen Punkten diskutiert.

In diesem Aufsatz habe ich mich ziemlich stark auf der Seite Searles geschlagen: Wenn man die Grundannahmen der Sprechakttheorie teilt, so ist Searles Ansatz durchaus als konsistent anzusehen. Zugleich sind viele Alternativen vor demselben Hintergrund als inkonsistent zu bewerten. Es bleibt die Frage, ob wir durch diesen Ansatz mehr über die Natur der Fiktion erfahren. Hier scheint die – natürlich schon viel ältere – Idee des Simulierens einschlägig zu sein. Neu bei Searle ist, dass Sprechakte simuliert werden. Ob dies tatsächlich der springende Punkt beim Verständnis von Fiktionalität ist, ist nicht klar. Deshalb schlage ich vor, Searles Ansatz weniger als Theorie über das Wesen von Fiktion zu verstehen, sondern eher als (technischen) Versuch, Fiktion im Rahmen seiner eigenen Sprechakttheorie abzuhandeln.

Bibliographie

Alward, Peter: Word-Sculpture, Speech Acts, and Fictionality. In: The Journal of Aesthetics and Art Criticism 68 (2010), S. 389–399.
Asher, Nicholas / Alex Lascarides: Indirect Speech Acts. In: Synthese 128 (2001), S. 183–228.
Currie, Gregory: What is Fiction? In: The Journal of Aesthetics and Art Criticism 43 (1985), S. 385–392.
Currie, Gregory: The Nature of Fiction. Cambridge 1990.
García-Carpintero, Manuel: Fiction-Making as a Gricean Illocutionary Type. In: The Journal of Aesthetics and Art Criticism 65 (2007), S. 203–216.
Grice, Herbert Paul: Logic and Conversation. In: Syntax and Semantics 3 (1975), S. 41–58.
Hoffman, Sarah: Fiction as Action. In: Philosophia 31 (2004), S. 513–529.
Jean Paul: Titan [1800–1803]. In: J. P.: Sämtliche Werke. 2. Aufl., 1. Abt., Bd. 3: Titan. Komischer Anhang zum Titan. Clavis Fichtiana seu Leibgeberiana. Hg. von Norbert Miller und Wilhelm Schmidt-Biggemann. Frankfurt/M. 1996. S. 10–830.
Levinson, Stephen C.: Pragmatics. Cambridge 1983.
Lewis, David: Truth in fiction. In: American Philosophical Quarterly 15,1 (1978), S. 37–46.
Martinich, Aloysius P.: A Theory of Fiction. In: Philosophy and Literature 25 (2001), S. 96–112.
Sadock, Jerrold M.: Whimperatives. In: J. M. S. / Anthony L. Vanek: Studies presented to Robert B. Lees by his students. Edmonton 1970, S. 223–239.
Sadock, Jerrold M.: Towards a linguistic theory of speech acts. New York 1974.
Searle, John: Speech Acts. An Essay in the Philosophy of Language. Cambridge 1969.

Searle, John: The Logical Status of Fictional Discourse. In: New Literary History 6,2 (1975), S. 319–332.
Stühring, Jan: Unreliability, Deception, and Fictional Facts. In: Journal of Literary Theory 5 (2011), S. 95–108.
Tolstoi, Lew Nikolajewitsch: Anna Karenina [1878]. Übersetzt und kommentiert von Rosemarie Tietze. München 2009.
Walton, Kendall L.: Mimesis as Make-Believe. On the Foundations of the Representational Arts. Cambridge, MA, London 1990.

Frank Zipfel

5. Fiktionssignale

Betrachtet man theoretische Überlegungen zu Fiktionssignalen, so lassen sich darin zwei grundlegende Fragestellungen unterscheiden, die zuweilen explizit, zumeist jedoch nur implizit angesprochen werden: (1) Was ist mit dem Terminus ‚Fiktionssignale' gemeint und was ist der theoretische Status, der Fiktionssignalen zukommt? (2) Welche konkreten Phänomene können als Fiktionssignale angesehen werden und (wie) kann man diese systematisch darstellen? Der erste Fragenkomplex zielt auf eine allgemeine Definition (intensionale Bestimmung) und deren fiktionstheoretische Hintergründe. Versuche, den zweiten Fragenkomplex zu beantworten, führen in der Regel zu mal mehr oder mal weniger begründeten und geordneten Listen von literarischen Phänomenen, die als Fiktionssignale gelten sollen. Eine ganze Reihe von Autoren behandelt den zweiten Fragenkomplex im Sinn einer offenen extensionalen Bestimmung, ohne sich mit dem ersten zu befassen, d. h. während relativ viel darüber geschrieben wurde, welche konkreten Phänomene als Fiktionssignale fungieren oder aufgefasst werden können, gibt es relativ wenig explizite theoretische Bestimmungen und die vorhandenen sind eher wenig differenziert. Im Folgenden soll versucht werden, beide Fragestellungen miteinander zu verbinden, auch wenn die heuristische Trennung beibehalten wird: Die Abschnitte 1 und 2 behandeln vornehmlich den ersten Fragenkomplex, die Abschnitte 3, 4 und 5 den zweiten.

1. Fiktionssignale und ihre Bedeutung in den Fiktionstheorien

Unter Fiktionssignalen[1] werden im Allgemeinen Phänomene verstanden, die auf mehr oder weniger eindeutige Weise anzeigen oder nahe legen, dass

---

1 Es wird u. a. auch von „Symptomen der Fiktionalität" (Hamburger: Logik, S. 60; Bareis: Erzählen, S. 73; Schaeffer: Narration, S. 107), „Fiktionalitätssignalen" (Weinrich: Fiktionssignale, S. 525), „indicateurs de fictionnalité" (Jacquenod: Contribution, S. 84–106), „indices de fictionalité", „indices de fiction" (Genette: Fiction, S. 74 u. S. 89; Colonna:

ein Text fiktional ist.² In der Regel wird zwischen textuellen (textimmanenten) und paratextuellen (extratextuellen) Fiktionssignalen unterschieden. Unter textuellen Signalen versteht man dabei solche, die man allein am Text erkennen kann, unter paratextuellen Signalen solche, die in den Bereich dessen fallen, was Genette unter „Beiwerk" des Textes entfaltet und kategorisiert hat.³ Allerdings werden in der Regel hauptsächlich die wichtigsten Peritexte (Paratexte, welche innerhalb des veröffentlichten Werkes bzw. direkt im Umfeld des Textes publiziert werden) als paratextuelle Signale berücksichtigt, weniger die sogenannten Epitexte (Paratexte, welche außerhalb des Werkes oder des eigentlichen Veröffentlichungszusammenhangs lokalisiert sind).⁴ Entsprechend unterscheidet Jacquenod zwischen „intratextuell" und „extratextuell",⁵ Bareis zwischen „intrinsisch" und „paratextuell",⁶ Köppe zwischen „textimmanent" und „nicht-textimmanent",⁷ Herrmann zwischen „textintern" und „paratextuell".⁸ Die Unterscheidung von Wildekamp, van Montfoort und van Ruiswijk zwischen „syntaktisch-semantisch" und „pragmatisch" scheint ebenfalls diese Einteilung aufzunehmen, liegt jedoch quer zu ihr, da paratextuelle Angaben unter syntaktisch-semantische Indikatoren gezählt werden, während die Unwahrscheinlichkeit der Geschichte und Null-Denotationen zu den pragmatischen gehören.⁹ Dreigliedrige Unterscheidungen finden sich z. B. bei Nickel-Bacon, Groeben und Schreier und bei Colonna. Nickel-Bacon et al. unterteilen „inhaltlich-semantisch", „darstellungsbezogen" und „pragmatisch", wobei die letzte Kategorie die paratextuellen Signale umfasst, während die Unterscheidung „inhaltlich-semantisch" und „darstellungsbezogen" als Ausdifferenzierungen der Kategorie „textuell" aufgefasst werden kann.¹⁰ Colonna unterscheidet zwischen syntaktischen, semantischen und pragmatischen Signalen, wobei „syntaktisch" und „semantisch" den textuellen Bereich etwas anders auffächern als Nickel-Bacon et al., während „pragmatisch" wieder den Paratext meint.¹¹

    Autofiction, S. 200–221), „markers of fictionality" (Ryan: Worlds, S. 22; Walsh: Rhetoric, S. 7), „indicators of fictionality" (Walsh: Rhetoric, S. 34), „index/indices of fictionality" (Riffaterre: Truth, passim) gesprochen.
2 Vgl. Jacquenod: Contribution, S. 84; Zipfel: Fiktion, S. 232.
3 Vgl. Genette: Seuils.
4 Vgl. ebd., S. 10 f.
5 Vgl. Jacquenod: Contribution, S. 84–106.
6 Vgl. Bareis: Erzählen, S. 72–86.
7 Vgl. Köppe: Literatur, S. 39.
8 Vgl. Herrmann: Fiktionalität, S. 8–10.
9 Vgl. Wildekamp/van Montfoort/van Ruiswijk: Fictionality.
10 Vgl. Nickel-Bacon/Groeben/Schreier: Fiktionssignale.
11 Vgl. Colonna: Autofiction, S. 200–221.

5. Fiktionssignale

In mancher Hinsicht sind die Bedeutung und der theoretische Status von Fiktionssignalen innerhalb der Fiktionstheorie umstritten. Gorman begründet dies mit dem angeblich unsicheren Status der Theoriebildung über Fiktion.[12] Bei genauerer Betrachtung jedoch lassen sich einige Zusammenhänge zwischen dem Status, der Fiktionssignalen zugeschrieben wird, und bestimmten Konzeptionen von Fiktion herstellen.

Eine wichtige Rolle spielen Fiktionssignale in linguistisch orientierten Fiktionstheorien, die Teil der in den 1950er, 1960er und 1970er Jahren verbreiteten Versuche sind, literarische bzw. künstlerische Phänomene mit Hilfe von spezifischen, ‚empirisch überprüfbaren' Merkmalen der in Frage stehenden Kunstwerke zu erläutern. Schaeffer bezeichnet diese Versuche als syntaktische Definitionen und nennt K. Hamburgers *Die Logik der Dichtung* und A. Banfields *Unspeakable Sentences* als wichtigste Beispiele.[13] Beide Autorinnen versuchen, das Besondere fiktionalen Erzählens und damit Fiktionalität allgemein mit bestimmten sprachlich-syntaktisch beschreibbaren Textmerkmalen (z. B. eine besondere Verwendung von Deiktika oder von Verben der inneren Vorgänge) zu verknüpfen. Dass diese Versuche einer textimmanenten Bestimmung von Fiktion unzureichend sind, ist inzwischen ausführlich und mehrfach gezeigt worden.[14] Schon die Tatsache, dass beide Theorien nur auf eine bestimmte Art fiktionalen Erzählens (intern oder null-fokalisierte Heterodiegese) zutreffen, zeigt, dass sie keinen Anspruch auf Allgemeingültigkeit erheben können.

Ähnlich problematisch erscheinen in dieser Hinsicht die in der Tradition von Hamburger stehenden Überlegungen von D. Cohn. Wenn Cohn sich zur Aufgabe stellt „textimmanente Zeichen zu finden, die vom Leser erkannt werden können und normalerweise auch erkannt werden, diskursive *characteristica specifica*, die ein Autor obligatorisch einsetzen muss, wenn sein Roman als Fiktion und nicht als historischer oder journalistischer Erzähltext rezipiert werden soll,"[15] dann sind ihre Ausführungen in zweifacher Hinsicht fragwürdig. Zum einen scheint sie implizit die These zu vertreten, dass es keinen fiktionalen Text ohne textimmanente Fiktionssignale geben kann, was offensichtlich falsch ist, da ein fiktionaler Text ohne Weiteres als Simulation faktualen Erzählens, also ausschließlich unter Einhaltung der für faktuale Sachverhaltsdarstellungen üblichen sprachlich-narrativen Darstellungsnormen geschrieben sein kann. Zum anderen ‚bewältigt' sie die selbst gestellte Aufgabe dadurch, dass sie neben der internen Fokalisierung das

---

12 Vgl. Gorman: Fiction, S. 167.
13 Vgl. Schaeffer: Narration, S. 106–108.
14 Vgl. zu Hamburger z. B. die Zusammenfassung der Kritik in Scheffel: Logik; zu Banfield z. B. Zipfel: Fiktion, S. 151, Fn. 137; zu beiden Schaeffer: Narration, S. 107 f.
15 Cohn: Kennzeichen, S. 106.

Fehlen einer Referenzstufe oder die Unterscheidung zwischen Autor und Erzähler anführt, also theoretische Aspekte von Fiktionsbestimmungen, die nicht (immer) unter die Kategorie ‚textimmanente Signale' fallen können.[16]

Während in den linguistisch orientierten Fiktionstheorien Fiktionssignale eine zentrale Stellung einnehmen (unter der Gefahr, dass sie als Fiktionsbestimmungen interpretiert bzw. hypostasiert werden), stehen Fiktionssignale aus theorieimmanenten Gründen in Untersuchungen anderer Provenienz weniger im Zentrum. Produktionsästhetische Ansätze, die Fiktion ausschließlich über die Intention des Autors erklären, interessieren sich allenfalls für die paratextuellen Signale, die die Absicht des Autors anzeigen, und neigen dazu, textuelle Signale zu vernachlässigen oder zu leugnen. Rein rezeptionstheoretische Ansätze, die Fiktion ausschließlich als Verarbeitungsmodus von Texten ansehen, sind an Fiktionssignalen tendenziell wenig interessiert, da nach ihrer Ansicht der Rezipient unabhängig von Signalen entscheiden kann, ob er einen Text als fiktional auffasst oder nicht.

Eine größere Bedeutung gewinnen Fiktionssignale wieder im Rahmen einer institutionellen Theorie der Fiktion,[17] die einen Interaktionszusammenhang zwischen Autor und Leser voraussetzt. In einem solchen Rahmen werden Fiktionssignale als geradezu unabdingbar für das Gelingen dieser Interaktion angesehen.[18] Man kann dies wie folgt erläutern: Fiktionssignale gehören allgemein zu den Rezeptionssignalen; genauer: zu *den* Rezeptionssignalen, die den Status eines Textes anzeigen. Solche Rezeptionssignale werden bei schriftlicher Kommunikation im oder am Text mitgeliefert, da Schriftkommunikation durch Zerdehnung der Kommunikationssituation und Einseitigkeit der Kommunikation gekennzeichnet ist und somit Rückfragen des Rezipienten zu den Kommunikationsabsichten des Produzenten unmöglich sind. Rezeptionssignale sollen also die Vorbedingungen für das Verständnis eines Textes deutlich machen.[19]

Man kann durchaus die These vertreten, dass bei sprachlichen Interaktionen die Faktualität von Darstellungen keiner besonderen Markierung bedarf, weil die Institution ‚Faktualität' eine Art Default-Einstellung bei der Verwendung von Sprache darstellt.[20] Das bedeutet jedoch nicht, dass Texte,

---

16 Die englische Variante von Cohns fiktionstheoretisch durchaus aufschlussreichem Aufsatz ist in ihren expliziten Aussagen weniger angreifbar, allerdings würde man in einem Papier über „Signposts" vielleicht Anderes als vordringlich theoretische Bestimmungen von Fiktion erwarten.
17 Vgl. Lamarque/Olsen: Truth; Zipfel: Fiktion; Gertken/Köppe: Fiktionalität; vgl. auch den Beitrag 2. *Die Institution Fiktionalität.*
18 Vgl. Gertken/Köppe: Fiktionalität, S. 262.
19 Vgl. Wüest: Texte, S. 101; Zipfel: Fiktion, S. 34–38.
20 Vgl. hierzu z. B. die Aussage von Herrmann: „Schon die Fiktionstheorie als solche lässt sich als Indiz dafür lesen, dass faktuales Sprechen den Regelfall darstellt, Fiktion aber als

die zur Darstellung realer Sachverhalte produziert werden, keine Rezeptionssignale aufweisen, denn auch solche Texte sind in der Regel darauf angewiesen, ihren Status oder zumindest ihre Textsorte sozusagen mitzuliefern (gegebenenfalls durch Faktualitätssignale, auf jeden Fall durch Indizierung der intendierten Funktion des Textes).[21] Es erklärt allerdings vielleicht teilweise, warum der Frage nach Rezeptionssignalen im Bereich der Fiktion eine größere Aufmerksamkeit geschenkt wird.

2. Fiktionssignale – Versuch einer theoretischen Bestimmung

Aus den Ausführungen des vorigen Abschnitts wird deutlich, dass die Diskussion um Bedeutung und Relevanz von Fiktionssignalen auch dadurch angeheizt wurde, dass in der Literaturwissenschaft nicht immer sehr vorsichtig mit dem Begriff des Fiktions*signals* umgegangen wurde. Nicht ohne Grund warnt Gorman vor einem unreflektierten Umgang mit Fiktionssignalen und benennt zwei grundlegende Gefahren: Einerseits werden zuweilen Definitionselemente (z. B. „nicht mit Täuschungsabsicht geäußerte Unwahrheit") als Fiktionssignale verstanden und andererseits werden manche Fiktionssignale (z. B. „die Präsenz eines vom Autor verschiedenen Erzählers") als Teil einer theoretischen Bestimmung von Fiktion verwendet.[22] Allerdings sind mehrfach Versuche unternommen worden, diesen Gefahren zu begegnen: Schon Hempfer macht auf den grundlegenden Unterschied zwischen Fiktionssignalen (als Erkennungszeichen) und Fiktionsmerkmalen (als Elemente einer Bestimmung von literarischer Fiktion) aufmerksam,[23] Schaeffer plädiert dafür, Fiktionssignale nicht essentialistisch als Definitionsmerkmale von Fiktion zu interpretieren, sondern sie in ihrer historischen, kulturellen und kognitiven Funktion zu untersuchen,[24] und Köppe sieht Fiktionssignale als „epistemische Kriterien", die helfen (können), die

---

Abweichung gesehen und entsprechend markiert und theoretisiert wird." (Herrmann: Fiktionalität, S. 4.) Auch das Grice'sche Kooperationsprinzip ließe sich wohl als Beleg für eine solche These lesen.
21 Vgl. Herrmann: Fiktionalität, S. 13.
22 Vgl. Gorman: Fiction, S. 167.
23 Für Hempfer sind Fiktionssignale „kommunikativ relevant und damit notwendig historisch variabel, sie garantieren, daß ein Text von den Rezipienten bei adäquater Kenntnis der zeitgenössischen jeweils gültigen Diskurskonventionen als ein fiktionaler verstanden wird. Fiktionsmerkmale sind demgegenüber Komponenten einer Theorie, die ein solches Verständnis zu rekonstruieren versucht, indem sie explizit die Bedingungen formuliert, die vorliegen müssen, um einen Text als – mehr oder weniger – fiktional einzustufen." (Hempfer: Probleme, S. 121.) Vgl. auch Zipfel: Fiktion, S. 245 f.; Bareis: Erzählen, S. 69 f.
24 Vgl. Schaeffer: Narration, S. 107 f.

Einordnung eines Werkes als fiktionales zu begründen, ohne dabei als Definitionskriterien gelten zu müssen.[25]

Die allgemeine Frage, was unter dem Begriff ‚Fiktionssignale' eigentlich verstanden wird, lässt sich u. a. anhand der Frage nach der Bedeutung des zweiten Teils des Kompositums, also des Wortes ‚Signale', diskutieren bzw. anhand der Bedeutungskonnotationen, die mit dem entsprechenden Begriff aufgerufen werden. Versteht man unter Signalen sinnlich wahrnehmbare Zeichen mit festgelegter Bedeutung (wie z. B. Eisenbahnsignale, Schifffahrtsignale), so assoziiert man mit ‚Fiktionssignal' wohl Werk-Eigenschaften,[26] die mehr oder weniger unmittelbar und zuverlässig anzeigen, dass ein Werk als fiktional anzusehen ist. Die Frage nach den Fiktionssignalen wird dann als Frage, woran der Rezipient erkennen kann, dass ein Text fiktional ist, gestellt. Dabei wird ‚erkennen' oft nach dem Modell sinnlicher Wahrnehmung verstanden und Fiktionssignale somit als etwas, woran der Rezipient die Fiktionalität eines Textes quasi unmittelbar und zuverlässig wahrnehmen bzw. ablesen kann – so z. B. wenn Riffaterre von „[s]igns *pointing* to the fictionality of fiction"[27] spricht. Da bei der systematischen Darstellung solcher Fiktionssignale in der Regel deutlich wird, dass manche Werk-Eigenschaften, die auf Fiktionalität hindeuten können, weder als unmittelbare noch als in jedem Kontext zuverlässige Signale angesehen werden können, wird versucht, zwischen Signalen unterschiedlicher Qualität zu unterscheiden. So werden in literaturwissenschaftlichen Arbeiten Fiktionssignale zuweilen in eindeutige und uneindeutige, zuverlässige und weniger zuverlässige eingeteilt.[28] Mit der Bewertung als ‚eindeutig' oder ‚zuverlässig' wird suggeriert, dass bestimmte Fiktionssignale Leserinnen immer und in jedem beliebigen konkreten Fall den Rückschluss auf die Fiktionalität eines Textes erlauben. Diese Suggestion ist in mehrfacher Hinsicht problematisch.

Der Versuch, Fiktionssignale innerhalb einer theoretischen Darstellung in zuverlässige und unzuverlässige zu unterscheiden, beruht letztlich auf einer unzulässigen Ausweitung von systematisch-theoretischen Überlegungen auf an sich nur empirisch untersuchbares und belegbares Verhalten von realen Rezipienten. Zudem wird bei der konkreten Textrezeption die Fiktionalität eines Textes gewöhnlich nicht an *einem* Signal festgemacht, sondern an einem Zusammenspiel verschiedener Signale, und die Einordnung eines Textes als fiktional wird in der Regel auf einer vom Rezipienten mehr oder

---

25 Köppe: Literatur, S. 39.
26 Hier und im Folgenden wird von Werken gesprochen, wenn der Text einschließlich seines mitveröffentlichten Paratextes (Peritext) gemeint ist.
27 Riffaterre: Truth, S. 29 (Hervorhebung F. Z.).
28 Vgl. z. B. Nickel-Bacon / Groeben / Schreier: Fiktionssignale; Jacquenod: Contribution, S. 103 f.; zur Diskussion auch Bareis: Erzählen, S. 79.

weniger reflektiert vorgenommenen Bewertung von verschiedenen textuellen und paratextuellen Phänomenen beruhen.

Die dargestellten Probleme lassen sich dadurch umgehen, dass man den fiktionsspezifischen Signalcharakter von Werk-Eigenschaften differenzierter beschreibt, indem man andere mit dem Konzept des Signals verbundene Bedeutungskonnotationen aktualisiert. Versteht man Rezeptionssignale eher als Indikatoren, Symptome oder Indizien für den Status eines Textes, so liegt die Bestimmung von Fiktionssignalen als epistemische Kriterien nahe. Als Fiktionssignale werden dann alle Werk-Informationen verstanden, mit Hilfe derer man im konkreten Fall die Entscheidung, einen Text als fiktional anzusehen, begründen kann.[29] Bei diesen Werk-Informationen kann es sich um Informationen handeln, die durch das Werk selbst vermittelt werden, also Werk-Eigenschaften, seien sie textueller und peritextueller Art oder um Informationen, die nur indirekt mit dem Werk in Verbindung stehen, also jegliche Art von Epitexten.

Man kann die Differenzierung mit Hilfe der Konnotation der unterschiedlichen Begriffe noch etwas weiter treiben. Spricht man von *Signalen* im engeren Sinn, werden damit sowohl der intentionale wie auch der konventionsbezogene Aspekt von Werk-Informationen hervorgehoben. Der Terminus *Signale* setzt sowohl eine Autorintention voraus (signalisieren bedeutet wohl in diesem Zusammenhang, dass jemand die Aufmerksamkeit eines anderen lenken möchte, also eine Absicht verfolgt) wie auch ein konventionalisiertes Zeichensystem (nur durch konventionalisierte Bedeutungszuschreibungen weiß die Rezipientin, welcher Sachverhalt mit welchem Zeichen signalisiert werden soll). Spricht man hingegen von Symptomen oder Indizien, verschwinden beide Aspekte zugunsten einer irgendwie gearteten Ursache-Folge-Relation und zugunsten von damit verbundenen interpretativen Bemühungen. Das *Symptom* beruht auf einer Ursache-Folge-Relation, wobei nicht immer ganz klar ist, welche Folge welcher Ursache zuzuordnen ist und warum: Ein Symptom ist ein Phänomen, das als Zeichen für eine bestimmte Ursache erst interpretiert werden muss, da es *per definitionem* Zeichen für unterschiedliche Ursachen sein kann. Die Bezeichnung *Indiz* konnotiert ihrerseits den Scharfsinn oder die Erfahrung eines Interpreten, der in der Lage ist, ein bestimmtes Phänomen als Hinweis für einen bestimmten Sachverhalt auszulegen.

Im Hinblick auf eine Erläuterung von Fiktionssignalen als Werk-Informationen, die als Begründung für die Zuordnung eines Werkes zum Bereich der Fiktion dienen können, erscheinen mir sowohl die mit *Signal* wie die mit *Symptom* und *Indiz* verbundenen Aspekte wichtig. Fiktions*signale* sind in der Regel vom Autor beabsichtigt, sowohl in einem engeren Sinne, dass er sie

---

29 Vgl. Köppe: Literatur, S. 39; Gertken/Köppe: Fiktionalität, S. 240.

bewusst als solche setzt, um den Status seines Textes deutlich zu machen, wie auch in einem weiteren Sinne, dass er (bewusst) fiktionspoetische Lizenzen verwendet,[30] auch wenn man oft nicht wissen kann, ob er damit (auch) die Absicht verfolgt, Fiktion zu signalisieren. Des Weiteren beruhen Fiktionssignale wie alle Rezeptionssignale in der Regel auf Kommunikationskonventionen, z. B. auf den geltenden Normen faktualen und fiktionalen Erzählens oder auf den konventionalisierten Bedeutungen von bestimmten Gattungsnamen. Die Suche nach Gründen, um einen Text als fiktional einzustufen, wird u. a. geleitet von den jeweiligen zu einem bestimmten Zeitpunkt gültigen Konventionen im Hinblick auf die zu erwartenden Eigenschaften von fiktionalen und von faktualen Texten. Im Falle der Rezeption nicht zeitgenössischer Texte wird die Begründung der Kategorisierung natürlich die Konventionen des Produktionszeitpunktes berücksichtigen. Der Aspekt der Konventionalität von Fiktionssignalen im Besonderen und Rezeptionssignalen im Allgemeinen ist dafür verantwortlich, dass die Bedeutung spezifischer Arten von Rezeptionssignalen quasi selbstverständlich als historisch variabel anzusehen ist.[31] Die Konnotationen von *Indiz* hingegen deuten darauf hin, dass Werk-Informationen von Rezipientinnen auch unabhängig von der Autorintention und bis zu einem gewissen Grad auch unabhängig von Kommunikationskonventionen innerhalb eines Argumentationszusammenhangs als Begründung für die Zuordnung eines Textes zum Bereich der Fiktion verwendet werden können.

Die dargestellten unterschiedlichen Bedeutungsaspekte von *Signal* und *Indiz* sind übrigens nicht spezifisch für Fiktionssignale, sondern gelten für die allgemein menschliche Praxis des Signalisierens einerseits sowie des Interpretierens von Phänomenen als explizite oder implizite Hinweise andererseits. Insofern erscheint es sinnvoll, bei Überlegungen zu Fiktionssignalen die verschiedenen dargestellten Aspekte zu berücksichtigen und somit den eingebürgerten Terminus ‚Fiktionssignale' in einem weiten Sinne zu verstehen, der die unterschiedlichen Facetten von Signal, Symptom und Indiz umfasst.

Auch unter einer solch weiten Bestimmung von Fiktionssignalen sind diverse Unterscheidungen möglich. Grundsätzlich kann zwischen primären Werk-Informationen und sekundären Werk-Informationen unterschieden

---

30 S. den Abschnitt zu textuellen Fiktionssignalen.
31 Vgl. z. B. zur Antike Schaeffer: Fiction, S. 265, zum Mittelalter Green: Erkennen; vgl. auch den Beitrag *17. Fiktionalität im Mittelalter*. Die Tatsache, dass Fiktionssignale historisch variabel sind, liegt in diesem Fall nicht darin begründet, dass sich die Realität oder das Wirklichkeitskonzept verändert. Die Geschichte von Jules Vernes *De la terre à la lune* ist heute in ihrer Zeit nicht weniger phantastisch als damals. Die Veränderung der Bedeutung von als Rezeptionssignal gedeuteten Werk-Eigenschaften beruht auf der Veränderung der Konventionen.

werden, wobei unter primären Informationen Fiktionssignale im Sinne von Werk-Eigenschaften (also textuelle und peritextuelle Phänomene) verstanden werden und unter sekundären alle epitextuellen Informationen, die nicht unmittelbar mit dem Werk vermittelt werden, sondern in anderen Veröffentlichungszusammenhängen vorhanden sind bzw. aus diesen ermittelt werden können.

Zudem ist die Unterscheidung zwischen Werk-Eigenschaften, die eher unmittelbar als Fiktionssignale wahrnehmbar sind, und solchen, die nur mittelbar z. B. mit Hilfe einer komplexen Interpretationsleistung als Fiktionsindizien ermittelt werden können, möglich. Allerdings sollte man sich bewusst sein, dass es sich dabei um eine im konkreten Fall immer kontextbezogene Unterscheidung handelt und dass das Mehr oder Weniger der Unmittelbarkeit (wie bei allen Wahrnehmungen) von verschiedenen Faktoren abhängt wie z. B. von den Darstellungskonventionen der Zeit und von der Fiktionskompetenz des einzelnen Rezipienten. Nichtsdestotrotz lässt sich aus dieser Unterscheidung vor dem Hintergrund des am Ende von Abschnitt 1 erwähnten *default*-Modus der Faktualität eine Art Bewertungskriterium für Fiktionssignale ableiten, die ich als Differenzqualität bezeichnen möchte. Phänomene in und an fiktionalen Texten können mehr oder weniger stark von der Logik und den Konventionen faktualen Erzählens abweichen und insofern kann man auch von einer höheren oder niedrigeren Differenzqualität sprechen.

Betrachtet man nun Fiktionssignale in der ausgeführten Art und Weise, geht es bei einer Auflistung von Fiktionssignalen darum, Phänomene zu beschreiben, die Autoren einsetzen bzw. einsetzen *können*, um einen Text als fiktionalen kenntlich zu machen, bzw. die Rezipienten dazu veranlassen *können*, einen Text als fiktionalen wahrzunehmen oder mit Hilfe derer sie diese Auffassung gegebenenfalls begründen *können*.[32] Wenn vor diesem Hintergrund von Fiktionssignalen die Rede ist, werden darunter also immer *potentielle* Fiktionssignale verstanden oder genauer Werk-Informationen, die potentiell als Fiktionssignale gedeutet werden können. Potentielle Fiktionssignale sind demnach Werk-Informationen, denen man aufgrund systematisch-theoretischer Überlegungen das Potential zuschreiben kann, von einem (informierten) Rezipienten als Fiktionssignale aufgefasst zu werden – unabhängig davon, ob viele oder wenige reale Leser welchen Hintergrunds auch immer in tatsächlichen Rezeptionsprozessen ihre Entscheidung, ob ein Text fiktional ist oder nicht, mehr oder weniger oft mit diesem oder jenem Fiktionssignal begründen.

---

32 Vgl. Köppe: Literatur, S. 39; Gertken / Köppe: Fiktionalität, S. 240.

In fiktionstheoretischen Arbeiten werden Fiktionssignale entweder als ungeordnete Liste präsentiert,[33] oder es wird versucht, Fiktionssignale mehr oder weniger systematisch zu klassifizieren. Die unterschiedlichen Klassifikationen benutzen zwar teilweise verschiedene Begriffe, vollziehen jedoch in mancher Hinsicht ähnliche Unterscheidungen. Die oberste und am wenigsten umstrittene Ebene der Unterscheidung ist die bereits erwähnte zwischen textuellen und paratextuellen Fiktionssignalen. Diese Unterscheidung wird auch der folgenden Darstellung zugrunde gelegt, allerdings wird zusätzlich innerhalb der Paratexte zwischen Peritexten und Epitexten unterschieden. Natürlich erheben die folgenden Ausführungen nicht den Anspruch, eine vollständige Liste von potentiellen Fiktionssignalen zusammenzustellen. Ein solches Unterfangen wäre schon allein aufgrund der vorgeschlagenen Definition, die keine abgeschlossene Liste zulässt, unsinnig. Präsentiert werden vornehmlich in der Fiktionstheorie oft genannte und diskutierte Phänomene. Ansatzweise wird auch die jeweilige Differenzqualität und damit das fiktionsindizierende Potential der Phänomene diskutiert.

3. Textuelle Fiktionssignale

Textuelle Fiktionssignale werden zuweilen auch als innertextuell, intrinsisch oder textimmanent bezeichnet. Diese Bezeichnungen sind nützlich, um textuelle Signale von paratextuellen abzugrenzen, bedeuten aber letztlich eben nur dies: dass es sich um Signale handelt, die in dem als eigentlicher Text und nicht als Paratext angesehen Teil eines Werkes ausfindig zu machen sind. Die Rede von Innertextlichkeit, Immanenz oder Intrinsität scheint zu suggerieren, dass solche Fiktionssignale unmittelbar am Text abgelesen werden können. Der Zugang zu textuellen Fiktionssignalen ist jedoch insofern immer ein vermittelter, als das Bewerten bestimmter Texteigenschaften als Fiktionssignale nicht nur durch die Betrachtung des Textes allein möglich ist, sondern nur durch einen Abgleich des Textes mit diversen Wissensbeständen (verschiedene Arten von Wissen über die Welt und Wissen über Sprache und ihre Verwendungen), d. h. mit außertextuellen Gegebenheiten. Allerdings ist diese Feststellung insofern ein Allgemeinplatz, als die Aktivierung solcher Wissensbestände eine unhintergehbare Voraussetzung für jedwede Produktion und Rezeption von Texten darstellt.[34]

---

33 Vgl. z. B. Riffaterre: Truth, S. 29 f.; Gorman: Fiction, S. 167.
34 Vgl. zu den für Textproduktion und Textrezeption nötigen Wissensbeständen Zipfel: Fiktion, S. 182 f.

5. Fiktionssignale

In manchen Fiktionstheorien wurde die Existenz von textuellen Fiktionssignalen geleugnet. Fiktionssignale kann es nicht geben, wenn mit Sätzen wie „There is no textual property, syntactical or semantic, that will identify a text as a work of fiction"[35] oder „Viewed simply as verbal artifacts histories and novels are indistinguishable"[36] eine Unterscheidbarkeit zwischen fiktionalen und faktualen Texten an der Textoberfläche geleugnet wird.[37] Dass solche Behauptungen einer genauen Beobachtung der literarischen Praxis nicht standhalten, wurde in der ausführlichen, insbesondere literaturwissenschaftlichen Auseinandersetzung mit Searles einflussreichem Aufsatz deutlich gemacht. So konnte Cohn schon in Searles kurzem literarischem Beispieltext ein Fiktionssignal nachweisen.[38]

Systematisch können textuelle Fiktionssignale als in fiktionalen Texten mögliche Abweichungen von in faktualen Sachverhaltsdarstellungen nicht möglichen oder nicht üblichen Darstellungsgegenständen und Darstellungsarten beschrieben werden. Anders ausgedrückt: Bestimmte textuelle Werk-Eigenschaften können in der Regel deshalb als Begründung für die Zuordnung eines Textes zum Bereich der Fiktion angeführt werden, weil sie von den Normen faktualer Sachverhaltsdarstellung abweichen.

Man kann textuelle Fiktionssignale in unterschiedlicher Weise in verschiedene Kategorien unterteilen. Bedingt durch die Verschiedenartigkeit der möglichen Signale, die wiederum durch die vielfältigen Möglichkeiten fiktionalen und faktualen Geschichtenerzählens bedingt ist, lässt sich wohl von der Sache her kaum eine systematisch zwingende, alle möglichen Signale lückenlos ordnende Kategorisierung finden. So ist es nicht erstaunlich, dass manche Unterteilungen Kategorien wie „sonstige" oder „weitere" Signale aufweisen[39] oder Unterscheidungen bilden, die zu leeren Unterkategorien führen.[40] Da man die paradigmatischen Beispielfälle fiktionaler Texte in der Großgattung ‚Erzählende Texte' situieren kann, wird im Folgenden nach mehr oder weniger klassischen narratologischen Kriterien sortiert. Die oberste Unterteilung ist dabei die heuristische Unterscheidung zwischen Geschichte (was erzählt wird) und Erzählung (wie erzählt wird).

---

35 Searle: Status, S. 327.
36 White: Tropics, S. 122.
37 Searles Äußerung könnte man vielleicht durch eine wohlwollende Interpretation von „identify" retten und ihr einen Sinn geben, der Searle nicht auf eine komplette Leugnung von textuellen Fiktionssignalen festlegt.
38 Vgl. Cohn: Signposts, S. 784 f. Vgl. zur Kritik an Searle allgemein Zipfel: Fiktion, S. 187–195; vgl. auch den Beitrag *4. Fiktionalität und Sprechakte*.
39 Vgl. z. B. Herrmann: Fiktionalität.
40 Nickel-Bacon / Groeben / Schreier z. B. unterscheiden zwischen Produktinhalt und Vermittlungsmodus und innerhalb dieser Kategorien jeweils zwischen Geistes-, Erlebens-, und materialer Welt, wobei allerdings die ersten beiden Unterkategorien für den Vermittlungsmodus leer bleiben (vgl. Fiktionssignale, S. 295).

3.1 Fiktionssignale auf der Ebene der Geschichte

Fiktionssignale auf der Ebene der Geschichte sind solche Ereignisse oder Ereignisketten, die nach der allgemein anerkannten Wirklichkeitskonzeption kaum oder gar nicht hätten passieren können.[41] Der einfachste und recht eindeutige Fall solcher Fiktionssignale sind phantastische Ereignisse in dem Sinne, dass das, was passiert, nicht mit der Wirklichkeit (des Produktionszeitraums bzw. der historischen Epoche, in der die Geschichte spielt) kompatibel sein kann. Man kann versuchen, diese auf der Unmöglichkeit des Dargestellten beruhenden Fiktionssignale weiter auszudifferenzieren. So kann man zwischen materieller Unmöglichkeit (Phantastik der materiellen Welt der Geschichte) und kultureller Unmöglichkeit (Irrealität der gesellschaftlichen, ökonomischen, politischen Aspekte einer fiktiven Welt) unterscheiden[42] oder die Phantastik der Ereignisse in der fiktiven Welt durch die Bestimmungsfaktoren von Ereignissen, nämlich Ort, Zeit und Ereignisträger, weiter auffächern.[43] Aus der Vielfalt des ‚Unmöglichen' (unerreichbare Planeten, Geschichten, die in der Zukunft spielen, sprechende Tiere, Einhörner, Vampire usw.) sei eine besonders herausgegriffen. Als im Hinblick auf die Ereignisträger phantastisch können u. a. alle Erzählungen mit einer Metalepse gerechnet werden, in denen Figuren zwischen der Realität der fiktiven Welt und einer metadiegetisch etablierten fiktiven Welt wechseln können.[44]

Neben schlichtweg unmöglichen Elementen der Geschichte können auch solche Elemente, die zwar möglich sind, die es aber offensichtlich nicht gibt, als Fiktionssignale gelten, auch wenn diese in der Regel nicht unmittelbar wahrgenommen werden können bzw. müssen. Hierzu gehören z. B. Orte, deren geographische Position genau beschrieben ist, die jedoch an der beschriebenen Stelle nicht vorhanden sind (wie z. B. Jerichow in U. Johnsons *Jahrestage*) oder Figuren, die offensichtlich nicht in der vom Text beschriebenen Position in der realen Welt waren, wie z. B. fiktive amerikanische Präsidenten. Im Falle von Johnsons Jerichow könnte man diskutie-

---

41 Nickel-Bacon/Groeben/Schreier würden solche Erzählelemente wohl als „wirklichkeitsferne" Aspekte des Erzählinhalts bezeichnen (vgl. Fiktionssignale, S. 291). Jacquenod spricht in diesem Zusammenhang von Unwahrscheinlichkeiten in der fiktiven Welt (vgl. Jacquenod: Contribution, S. 89–91).
42 Vgl. Colonna: Autofiction, S. 215. Colonna spricht zwar von „invraisemblances", meint aber in diesem Zusammenhang nicht nur das Unwahrscheinliche, sondern eher das Unmögliche.
43 Vgl. Zipfel: Fiktion, S. 109–113.
44 Zur Metalepse als Fiktionssignal vgl. Zipfel: Fiktion, S. 112, und die Ausführungen zu den verschiedenen, die Nachahmung faktualen Erzählens durchbrechenden Formen selbstreflexiven Erzählens auf der Ebene des Erzählten in Scheffel: Formen, S. 64–85; sowie Bareis: Erzählen, S. 77, Fn. 209, und die dort zitierte Literatur.

ren, ob es sich hier um ein Fiktionssignal handelt, da der Rezipient, der Mecklenburg nicht genau kennt, ob der realistischen Schilderung vielleicht gar nicht auf die Idee kommt, dass es Jerichow am beschriebenen Ort nicht gibt, und wenn doch, eine mehr oder weniger umständliche Recherche durchführen muss, um die Fiktivität von Jerichow nachzuprüfen. Andererseits kann man sagen, dass, wenn die Fiktivität des Ortes aus welchen Gründen auch immer dem Rezipienten bekannt geworden ist, diese Fiktivität wohl ein recht gut gegründetes Argument für die Zuordnung des Textes zum Bereich der Fiktion darstellt.

Schließlich können Elemente, die in überdurchschnittlichem Maß unwahrscheinlich sind, als Fiktionssignale fungieren. Hierzu gehören Namen, die ihre Träger in irgendeiner Weise charakterisieren, besonders wenn sie gehäuft auftreten. Neben den ob ihrer Unwahrscheinlichkeit besonders hervorstechenden charakterisierenden Figurennamen können auch Ortsnamen, die auf die Rolle oder Bedeutung des Ortes in der Geschichte Bezug nehmen, als Fiktionssignale gelten. Des Weiteren wären starke Unwahrscheinlichkeiten in der Ereignisabfolge der Geschichte zu nennen, etwa wenn wenigen Figuren in relativ kurzer Zeit mehrere ungewöhnliche Ereignisse zustoßen. Allerdings hängt die Beurteilung von Ereignissen als unwahrscheinlich von vielen Faktoren ab, u. a. von den Konventionen der jeweiligen Gattung: „Ainsi, dans le cas d'un récit ‚réaliste' racontant la vie d'un ou de plusieurs personnages, si ce récit est riche en évènements peu ordinaires, en ‚rebondissments', le récepteur se doutera qu'il s'agit d'un récit fictionelle."[45] Insgesamt ist die Frage, was in welchem Kontext als wahrscheinlich oder unwahrscheinlich angesehen wird, natürlich eine höchst komplizierte und prekäre, dies umso mehr, als auch faktuale Erzählungen in der Regel durch eine gewisse Außergewöhnlichkeit der Geschichte gekennzeichnet sind, da sie sonst das für faktuales Erzählen gültige Kriterium der ‚tellability' nicht erfüllen.[46]

Auch in den Bereich des fiktionsverdächtig Unwahrscheinlichen gehören Geschichten, die offensichtlich nach ästhetischen Kriterien konstruiert sind. Wenn eine Geschichte durch bestimmte Wiederholungsstrukturen gekennzeichnet ist oder wenn in verschiedenen Handlungssträngen strukturelle Parallelen auftauchen oder wenn diese Parallelen sich sogar auf verschiedene Erzählebenen verteilen (bei bestimmten Formen des *mise en abyme*),[47] kann der Rezipient, sofern er diese Strukturen erkennt, auf die Fiktionalität der Erzählung schließen. Ähnliches gilt für das Phänomen der strukturellen

---

45 Jacquenod: Contribution, S. 89 f.
46 Vgl. Pratt: Speech Act, S. 136, und Zipfel: Fiktion, S. 127 f.
47 Vgl. Bareis: Erzählen, S. 212 f.

Intertextualität, da es recht unwahrscheinlich erscheint, dass reale Ereignisse genaue Parallelen zu literarischen Vorlagen ausbilden.[48]

3.2 Fiktionssignale auf der Ebene der Erzählung

Fiktionssignale auf der Ebene der Erzählung sind solche Textelemente, in denen deutlich wird, dass sich die fiktionale Erzählung anders gegenüber ihrer Geschichte ‚verhält', als dies in einer faktualen Erzählung möglich oder üblich wäre, und das eben aus dem Grund, dass die erzählte Geschichte fiktiv ist bzw. dass die Erzählung im Rahmen der Institution Fiktion verhandelt werden soll.[49] Zur Einteilung von Fiktionssignalen auf der Erzählebene werden hier diverse narratologische Kategorien herangezogen.[50]

Erzählzeit vs. erzählte Zeit

Faktuales und fiktionales Erzählen unterscheiden sich nicht grundsätzlich im Hinblick auf die Möglichkeit, die Ordnung des Geschehens in der Erzählung zu verändern (also nicht chronologisch zu erzählen) – es gibt zudem wohl kaum eine faktuale Erzählung, die nicht mit Anachronien arbeitet. Allerdings würde man eine gehäufte Verwendung von Anachronien, die zu einer komplexen zeitlichen Verschachtelung der Erzählung führt, wohl konventionell eher im Bereich der Fiktion erwarten und damit als Fiktionssignal ansehen.[51]

Ähnlich verhält es sich im Hinblick auf die Geschwindigkeit des Erzählens. Die freie Gestaltung des Verhältnisses zwischen erzählter Zeit und Erzählzeit ist grundsätzlich bei faktualen und fiktionalen Texten möglich. Man kann jedoch die These vertreten, dass eine besonders auffällige Diskrepanz zwischen erzählter Zeit und Erzählzeit dergestalt, dass die Erzählung besonders langsam (d. h. detailreich und beschreibungsintensiv) ist, als Fiktionssignal angesehen werden kann.[52] Allerdings wäre bei der Begrün-

---

48 Vgl. Zipfel: Fiktion, S. 238.
49 Vgl. Genette: Fiction, S. 67.
50 Insofern steht die Darstellung in der Tradition Genettes, der versucht hat, diese Art der Fiktionssignale nach seinen eigenen narratologischen Kategorien zu systematisieren (Genette: Fiction). Löschnigg verfolgt ein sehr ähnliches Projekt, das jedoch kaum über Genette hinausgeht (Löschnigg: Categories).
51 Vgl. Zipfel: Fiktion, S. 239.
52 Vgl. z. B. Genette: Fiction, S. 74 (mit einem Verweis auf Hamburger). Vgl. auch Riffaterres „diegetic overkill" (Riffaterre: Truth, S. 30) und die Vermutung von Löschnigg: „At any rate, historical narratives in practice lack the extreme relations between story time and discourse time often resorted in fiction." (Löschnigg: Categories, S. 37).

dung einer solchen These zu berücksichtigen, dass auch faktuales, nicht an bestimmte Funktionen gebundenes Erzählen von der Konversationsregel der Detailökonomie befreit ist und somit auch unwichtige Elemente einer Geschichte mit beliebig vielen Details ausschmücken kann.[53] Des Weiteren lässt sich argumentieren, dass Detailfülle zu einer Art Wirklichkeitsillusion führen kann, die, wenn als solche erkannt, als Fiktionssignal gelten kann, da man sich nur die Mühe machen muss, die Illusion von Wirklichkeitsdarstellung zu erzeugen, wenn nicht tatsächlich Wirklichkeitsdarstellung betrieben wird. Zudem ist die Rede von der ‚Detailfülle' als Begründung für eine Zuordnung an sich schon problematisch, da die Interpretation der Bedeutung der Menge der Details in einem Text immer von der Art der jeweiligen Details abhängt. Wenn der Detailreichtum sich z. B. in der millimetergenauen Angabe von Entfernungen oder Größe von Gegenständen manifestiert, führt das einerseits zu einem Mangel an Anschaulichkeit und zu einer Störung der Wirklichkeitsillusion und damit andererseits zu einer Verfremdung, die wiederum eher im fiktionalen Bereich erwartet wird.[54] Hier zeigt sich, dass die Bewertung der Differenzqualität bestimmter Textmerkmale und damit ihr Potential, als Fiktionssignal angesehen zu werden, sich gegebenenfalls als komplexe Interpretationsleistung erweisen kann und von diversen Kontexten (insbesondere Gattungszugehörigkeit oder Zusammenspiel unterschiedlicher als Fiktionssignale angesehener Merkmale) und der jeweiligen Argumentation abhängig sein kann. In den Bereich des, wenn nicht langsamen, so doch detailgenauen Erzählens fällt auch die oft als Fiktionssignal genannte ‚dramatische Szene', also die ausführliche ‚wörtliche' Wiedergabe von Dialogen.[55]

Im Hinblick auf die Kategorie der Frequenz berücksichtigt Genette ausschließlich das iterative Erzählen (wofür die Kategorie ja wohl auch ursprünglich erfunden wurde) und stellt fest, dass diese Art der Raffung nicht fiktionsspezifisch sei, da sie geradezu paradigmatisch für faktual autobiographisches Schreiben sei. Man könnte jedoch fragen, ob repetitives Erzählen, also die wiederholte Erzählung derselben Ereignisse, häufig in faktualen Texten (außer in Gerichtsprotokollen) vorkommt. Je nach Intensität der Abweichung vom Erwartbaren kann die fiktionsanzeigende Differenzqualität der besprochenen Phänomene sehr unterschiedlich sein.

---

53 Vgl. Zipfel: Fiktion, S. 125–127.
54 Vgl. Kablitz: Erzählung; Wolf: Illusion, S. 134–140; Zipfel: Fiktion, S. 240 f.
55 Vgl. Hamburger: Logik, S. 156–162; Colonna: Autofiction, S. 208–212; Jacquenod: Contribution, S. 93; Schaeffer: Fiction, S. 264.

Fiktionsspezifische Informationsvergabe

Die von der Erzählinstanz über die fiktive Geschichte und ihre Figuren dargebotenen Informationen können in vielerlei Hinsicht die Menge und die Art der für einen realen Erzähler verfügbaren Informationen übersteigen.[56] In fiktionstheoretischen Abhandlungen werden diesbezüglich unterschiedliche Aspekte hervorgehoben, je nachdem, ob man es mit einer hetero- oder homodiegetischen Erzählung zu tun hat. Für die Heterodiegese wird in so ziemlich allen theoretischen Ansätzen der Einblick in die Psyche Dritter thematisiert. Diese Besonderheit des sogenannten Erzählerwissens ist sicherlich das am meisten besprochene Fiktionssignal, wenn auch unter durchaus unterschiedlichen Formulierungen, je nachdem, ob eine eher linguistische Perspektive (Auftauchen von Verben der inneren Vorgänge in Bezug auf Dritte) oder eine eher narratologische Perspektive (interne Fokalisierung, Null-Fokalisierung) eingenommen wird. Thematisiert werden in der Regel die verschiedenen Formen der Gedankenwiedergabe (wie z. B. innerer Monolog oder erlebte Gedankenrede) bzw. die Unterscheidung zwischen interner und Null-Fokalisierung, die jedoch letztlich beide auf denselben fiktionspoetischen Besonderheiten im Hinblick auf die von der Erzählinstanz bereitgestellten Informationen beruhen. Erwähnenswert ist in diesem Zusammenhang jedoch, dass diese ‚übernatürliche' Wissensfülle sich nicht auf die Gedanken der Figuren beziehen muss. Darstellungen davon, was eine Figur allein in einem geschlossenen Zimmer macht, oder Darstellungen von privaten Unterhaltungen durch einen Erzähler, der daran nicht beteiligt ist/war, sind an sich schon transgressiv gegenüber dem, was ein realer Erzähler wissen kann.[57] Interessanterweise sind damit auf Transgressivität des Erzählaktes zurückzuführende Fiktionssignale nicht auf interne oder Null-Fokalisierung beschränkt, sondern sie können auch bei externer Fokalisierung vorkommen. Die rein externe Fokalisierung wird jedoch auch aus anderen Gründen von Genette zum Fiktionssignal erklärt. Er sieht in der Tatsache, dass ein Erzähler sich auf von außen beobachtbare Gesten und Handlungen beschränkt, ohne erklärende Vermutungen über die psychischen Vorgänge oder Motivation der beteiligten Figuren/Personen anzustellen, ebenfalls eine Abweichung von faktualen Erzählungen, in denen solche psychologischen Deutungsversuche durchaus möglich und üblich seien.[58]

Fiktionale homodiegetische Erzählungen wurden zwar zuweilen (fälschlicherweise) grundsätzlich als fingiert-autobiographisches und damit nachge-

---

56 Walsh z. B. spricht davon, dass fiktionale Texte eine „imaginary extension of the scope of knowledge" erlauben (Walsh: Rhetoric, S. 34).
57 Vgl. Zipfel: Fiktion, S. 145–147.
58 Vgl. Genette: Fiction, S. 77.

ahmt-faktuales Erzählen beschrieben.[59] Es gibt jedoch auch in der fiktionalen Homodiegese Abweichungen vom faktualen Erzählen, die als transgressiv im Hinblick auf die Wissensmöglichkeiten des Erzählers gedeutet werden können. So scheint es zu den fiktionspoetischen Lizenzen homodiegetischer Erzähler zu gehören, dass sie sich akribisch genau an beliebig viele Details von weit in der Vergangenheit liegenden Ereignissen erinnern können oder dass sie in der Lage sind, Gespräche auch nach vielen Jahren ‚wortgetreu' wiederzugeben. Vor diesem Hintergrund ist wohl auch Lejeunes Beobachtung zu verstehen, dass die Fokussierung auf das erlebende Ich als Fiktionssignal beim homodiegetischen Erzählen anzusehen sei, da tatsächliche Autobiographien eine stärkere Fokalisierung auf das erzählende Ich aufweisen.[60] Insofern die Erzählperspektive nicht als die einer Menschenmögliches nicht transgredierenden Figur vorgestellt werden kann, ist die Differenzqualität der genannten Merkmale naturgemäß hoch.

Im Zusammenhang mit den Überlegungen zur Informationsvergabe bzw. zum Wissen der Erzählinstanz kann auch die Frage behandelt werden, inwieweit unzuverlässiges Erzählen als Fiktionssignal angesehen werden kann.[61] Unzuverlässiges Erzählen ist unter anderem dadurch gekennzeichnet, dass die Erzählinstanz nicht über akkurates Wissen verfügt oder Informationen bewusst oder unbewusst zurückhält. Allerdings stellt sich die Frage, ob eine Erzählung unzuverlässig im literaturwissenschaftlichen Sinn ist, wohl ohnehin nur, wenn die Erzählung als fiktional eingestuft wird. Dieser Sachverhalt ist u. a. an der Tatsache abzulesen, dass Bestimmungen des literaturwissenschaftlichen Terminus ‚Unzuverlässiges Erzählen' die Fiktionalität der Erzählung in der Regel voraussetzen.[62] So ist auch Bareis, der unzuverlässiges Erzählen als Fiktionssignal aufführt, der Ansicht, dass „die nicht immer einfach durchzuführende Interpretation eines Textes als unzuverlässig ein Vorgehen dar[stellt], dass [sic!] erst nach einer pragmatischen Entscheidung für eine fiktionale Rezeptionsweise geschieht, […]."[63] Betrachtet man unzuverlässiges Erzählen unter dem Gesichtspunkt der Differenzqualität, so lassen sich daraus ebenfalls keine Argumente für unzuverlässiges Erzählen als Fiktionssignal ableiten. Die textuellen Merkmale unzuverlässigen Erzählens unterscheiden sich nicht grundsätzlich von den Merkmalen der entsprechenden Arten von nicht wahrheitsgetreuem bzw.

---

59 Vgl. z. B. Hamburger: Logik, S. 272–278; Cohn: Signposts, S. 794.
60 Vgl. Lejeune: Pacte, S. 25 f.; Genette: Fiction, S. 78.
61 Vgl. Bareis: Erzählen, S. 78 u. S. 187. Ich überspringe die für den vorliegenden Zusammenhang nicht relevante Diskussion, ob unzuverlässiges Erzählen ein Fiktionsmerkmal darstellen kann bzw. nur in fiktionalen Texten möglich ist (vgl. Bareis: Erzählen, S. 172–188; Zipfel: Narration).
62 Vgl. z. B. Köppe / Kindt: Narration.
63 Bareis: Erzählen, S. 188.

‚ideologisch' fehlgeleitetem Erzählen in faktualen Texten, wie die verschiedenen Versuche zeigen, Textmerkmale zusammenzustellen, die den Verdacht der Unzuverlässigkeit in fiktionalen Texten begründen.[64]

Situierung des Erzählaktes, Erzähl-Situation

Unter diesen Punkt fällt einiges, was seit Genette unter der Kategorie *Stimme* thematisiert wird, also das Verhältnis zwischen Erzählinstanz und Erzählung bzw. zwischen Erzählinstanz und Geschichte. Im Verhältnis zwischen Erzählzeitpunkt und Geschichte vermag Genette keine Unterschiede zwischen fiktionalem und faktualem Erzählen zu erkennen: Späteres, gleichzeitiges, früheres (prophetisches) und eingeschobenes Erzählen gebe es sowohl im fiktionalen wie im faktualen Bereich. Cohn hingegen sieht im simultanen Erzählen, d. h. im Erzählen im Präsens, eine fiktionsspezifische Erzählform: „this narration goes on simultaneously with the events narrated, and therefore can have no conceivable analogue in the real world – a world known to be ruled by a law that says: first live, tell later."[65] Man könnte erwidern, dass es auch im faktualen Bereich die Konvention des historischen Präsens gibt, ein Erzählen im Präsens, das nur eine Form der Darstellung von Vergangenem ist. Wenn es allerdings fiktionale Texte gibt, welche tatsächlich die Illusion der Simultaneität von Erleben und Erzählen erzeugen, dann wäre in dem Falle wohl tatsächlich eine in der Realität unmögliche Erzählsituation geschaffen, die somit als Fiktionssignal gelten könnte.[66]

In diesem Zusammenhang kann auch auf das in vielen Listen von Fiktionssignalen genannte und viel diskutierte ‚epische Präteritum' eingegangen werden. Ich verstehe unter ‚epischem Präteritum' hier die von Hamburger aufgestellte These, dass das Präteritum in fiktionalen Texten seine vergangenheitsanzeigende Funktion verliert. Wenn man dieser These zustimmt, könnte der Verlust der Vergangenheitsindizierung durch das Präteritum als Fiktionssignal angesehen werden. Allerdings ist diese These umstritten. Auch für Beispielsätze wie Hamburgers berühmtes „Morgen war Weihnachten" gibt es bekanntlich unterschiedliche Erklärungen im Hinblick darauf, warum sie als Fiktionssignal anzusehen sind. So kann man die Möglichkeit der Kombination von futurischem Zeitadverb und Präteritum auf den Verlust der vergangenheitsanzeigenden Funktion des Verbs zurückführen oder auf eine Interpretation des Satzes als erlebte Gedankenrede, wobei das

---

64 Vgl. auch die als Signale unzuverlässigen Erzählens aufgeführten Aspekte bei Nünning: Narration, oder Kindt: Erzählen. Vgl. auch Zipfel: Narration, S. 118–199.
65 Cohn: Lives, S. 19.
66 Vgl. Zipfel: Fiktion, S. 159–163.

5. Fiktionssignale

"Morgen" die Perspektive der Figur markiert.[67] Insofern hängt es von der fiktionstheoretischen Interpretation der Gegebenheiten ab, wie die Differenzqualität der Zusammenstellung beschrieben wird.

Im Hinblick auf den Aspekt der Ebenen des Erzählens gibt es im Prinzip keine Unterschiede zwischen fiktionalem und faktualem Erzählen. Auch in faktualen Texten können intradiegetische Erzähler vorkommen. Allerdings geht Genette davon aus, dass massiver Gebrauch von Metadiegesen für faktuales Erzählen unüblich sei und insofern ein Fiktionssignal darstellen kann.

Ebenfalls keine grundlegenden Unterschiede vermag Genette in Bezug auf die Erzählperson auszumachen, da homodiegetisches und heterodiegetisches Erzählen sowohl im Bereich des Faktualen wie im Bereich des Fiktionalen vorkommen können. Unberücksichtigt bleibt dabei das sogenannte Erzählen in der zweiten Person. Da das Personalpronomen 'Du' immer den Anschein erweckt, dass ein Gegenüber angesprochen wird, gibt es wohl im Bereich des Faktualen nur eng umgrenzte Möglichkeiten, in denen Erzählen in der zweiten Person vorkommen kann. Insofern kann ein konsequentes Erzählen in der zweiten Person wie in M. Butors *La modification* oder H. Köhlers *Ostersonntag* in der Regel als Fiktionssignal angesehen werden, unabhängig davon, wie man diese Erzählform im einzelnen Fall interpretiert oder naturalisiert – z. B. als Selbstanspreche und damit als eine Art Homodiegese in der zweiten Person.[68]

Im Zusammenhang mit der Erzählsituation kann man auch auf metanarrative bzw. metafiktionale Äußerungen eingehen. Es würde zu weit führen, die komplexe Diskussion über die Bestimmung und Abgrenzung der Begriffe 'Metanarration' und 'Metafiktion' zu thematisieren.[69] Ich benutze hier die Unterscheidung von Neumann/Nünning, da sie für den vorliegenden Zusammenhang am praktikabelsten erscheint. Unter Metanarration wird die Thematisierung des Erzählens während des Erzählens bzw. die Reflexion des Erzählers auf den Akt des Erzählens verstanden, unter Metafiktion die Thematisierung der Fiktionalität des Textes, d. h. der Erfundenheit der Geschichte oder der fiktionsspezifischen Konstruktion der Erzählung.[70] Legt man diese Unterscheidung zugrunde, erscheint es geradezu selbstverständlich, dass eine Thematisierung des Erzählens grundsätzlich auch in faktualen Erzähl-Texten vorkommen kann und insofern an sich kein Fiktionssignal darstellt. Allerdings kann in Fällen, in denen der meta-

---

67 Vgl. auch Löschnigg: Categories, S. 37f.
68 Vgl. Zipfel: Fiktion, S. 164.
69 Vgl. hierzu z. B. Bareis: Erzählen, S. 189–201; Wolf: Metaisierung; Scheffel: Metaisierung; Fludernik: Commentary; Nünning: Metanarration.
70 Vgl. Neumann/Nünning: Metanarration, S. 204.

narrative Kommentar die faktuale Erzähllogik verletzt, ein solcher Kommentar als Fiktionssignal angesehen werden.[71] Ebenso selbstverständlich ist die Tatsache, dass metafiktionale Elemente *per se* ein Fiktionssignal darstellen. Es spielt dabei keine Rolle, ob es sich um explizite Metafiktion (realisiert z. B. durch kurze Äußerungen wie „Ich stelle mir vor"[72] oder in längeren Überlegungen zu den Bedingungen und Möglichkeiten fiktionalen Erzählens[73]) oder um implizite Metafiktion handelt (realisiert z. B. durch die Präsentation verschiedener Varianten einer Geschichte[74]). Auch Formen des *mise en abyme*, bei denen eine Figur der Geschichte den Roman entwirft, der sie enthält, können wohl ohne weiteres als Fiktionssignal gedeutet werden.

Schließlich können unter dem Begriff Erzählsituation solche Fiktionssignale zusammengefasst werden, die auf einer irrealen Sprech- oder Erzählsituation beruhen. Zu denken ist hier an Erzählungen, bei denen die Erzählsituation durch Angaben über Ort, Zeit und Erzähler zwar thematisiert wird, jedoch unvollständig bleibt oder nicht mit realitätskonformen Verhältnissen in Übereinstimmung gebracht werden kann,[75] oder an Erzählungen, deren Erzähler tot sind und somit quasi aus dem Jenseits sprechen,[76] oder auch an autonome innere Monologe, bei denen die Illusion der unmittelbaren Gedankenwiedergabe nicht mit einer realistischen Erzählsituation kompatibel ist. Als ein Beispiel von vielen sei Faulkners „eyewitness point of view" in den ersten drei Kapiteln von *The Sound and the Fury* erwähnt; die Frage wem, wann und warum Benjy, Quentin und Jason ihre jeweilige Geschichte erzählen, bleibt unbeantwortbar; die jeweilige Erzählsituation ist nicht als realistische, in der Wirklichkeit mögliche beschreibbar.[77]

Erzählanfang, Erzählende

Weitere relativ oft aufgeführte Fiktionssignale betreffen den Erzählanfang und (im minderen Maße) das Erzählende.[78] Was den Anfang betrifft, wird

---

71 Vgl. Zipfel: Fiktion, S. 237. Allerdings wäre bei manchen solchen Kommentaren zu überlegen, ob sie nicht eigentlich als ‚metafiktional' bezeichnet werden sollten (vgl. Bareis: Erzählen, S. 77, Fn. 207).
72 Vgl. z. B. M. Frischs *Mein Name sei Gantenbein*.
73 Vgl. z. B. das berühmte 13. Kapitel von J. Fowles' *The French Lieutenants Woman*.
74 Vgl. z. B. die zwei bis drei Enden von J. Fowles' *The French Lieutenants Woman* oder das letzte Kapitel von Ian McEwans *Atonement*.
75 Vgl Zipfel: Fiktion. S. 139 f.
76 Vgl. Lamping: Sterbegeschichte; Bareis: Erzählen, S. 76.
77 Vgl. Scholes/Phelan/Kellogg: Nature, S. 262. Vgl. auch Cohn: Minds, S. 175; Zipfel: Fiktion, S. 155–158.
78 Zur narratologischen Bedeutung von Anfang und Ende einer Erzählung vgl. Krings: Analyse.

zuweilen der Beginn ‚in medias res' als Fiktionssignal angeführt. Einen solchen Anfang könnte man jedoch auch als rhetorischen Kniff ansehen, der dem Text gesteigerte Aufmerksamkeit verschaffen soll. Diese Art von Erzählanfang als Fiktionssignal anzusehen, kann man allenfalls damit begründen, dass bei faktualem Erzählen in der Regel am Beginn der Erzählung eine Art Orientierung geliefert wird, als notwendiges Vorwissen über Personen, Ort und Zeit der Geschichte.[79] Insofern wäre ein Erzählanfang mit einem niedrigen Maß an Expositionalität, d. h. einer, bei dem die Hintergrundinformationen nicht oder nicht am Anfang geliefert werden, eher typisch für Fiktionalität.[80]

Auch andere als fiktionsspezifisch aufgefasste Anfangssequenzen können auf eine Verminderung der in faktualem Erzählen erwartbaren Qualität und Quantität der Informationen zurückgeführt werden. Das gilt z. B. für die Verwendung von Situationsverben in Darstellungen von seit langem Vergangenem, das zeitlich relativ ungenau situiert wird. Prägnant ist Hamburgers Beispiel aus Kellers *Züricher Novellen*: „Gegen Ende der achtzehnhundertzwanziger Jahre [...] erhob sich an einem hellen Sommermorgen [...] ein junger Mensch von seinem Lager [...]." Die ungenauen Zeitangaben scheinen eigentlich nicht mit der relativ konkreten Verrichtung kompatibel zu sein. Hamburger bezieht ihr Argument zwar nicht vordringlich auf Erzählanfänge, hier gewinnt es jedoch besondere Bedeutung.[81] Ähnliches gilt für die Einführung von Figuren mit Hilfe von Personalpronomen (à la Hemingway),[82] und für Formeln wie ‚Es war einmal ...', die konventionell bestimmte fiktionale Gattungen anzeigen, aber auch das Erzählte zeitlich (und in der Regel auch örtlich) nicht klar situieren. Auch die von Weinrich ins Spiel gebrachte Desorientierung durch Negation (z. B. „Ich bin nicht Stiller") kann man letztlich als einen Mangel an orientierender Information am Anfang begreifen.[83] Was das Erzählende betrifft, wird insbesondere die Tatsache, dass das Ende durch ein entsprechendes Wort (eben ‚Ende') markiert wird, als Fiktionssignal angesehen – vielleicht, weil bei faktualen Erzählungen in der Regel die Geschichte so eindeutig zu einem Ende geführt wird, dass eine zusätzlich Markierung nicht notwendig ist.

---

79 Vgl. hierzu auch Labovs Ausführung zu „orientation" als Teil einer Erzählung (Labov: Language, S. 364–366).
80 Zu Expositionalität vgl. Krings: Analyse, S. 168 f.
81 Vgl. Hamburger: Logik, S. 88 f. Vgl. auch Schaeffer: Fiction, S. 263.
82 Vgl. Schaeffer: Fiction, S. 263.
83 Vgl. Weinrich: Fiktionssignale.

4. Peritextuelle Signale

Bei literarischen Erzähl-Texten spielen wie bei allen schriftlichen Texten die Aussagen des Peritextes eine wichtige, oft entscheidende Rolle. Da der nackte Text an sich eine ‚Fiktion' im Sinne eines in der Realität in der Regel nicht anzutreffenden Gedankenexperiments darstellt, ist es offensichtlich, dass die Rezeption eines Textes hauptsächlich und vor allen Dingen durch den Kontext, in den er gestellt wird, konditioniert wird. Besonders relevant für die Rezeption ist der unmittelbare Erscheinungskontext, also bei unselbständigen Texten der Erscheinungsort (z. B. in einer Sammlung, in einer bestimmten Zeitschrift, in einem bestimmten Teil oder unter einer bestimmten Rubrik einer Zeitung) und bei selbständigen Erscheinungen die Buchform. Letztere wird durch die allgemein bekannten von Genette ausführlich dargestellten Peritexte (Verlag, Reihe, Autorname, Titel einschließlich Gattungsangaben, Widmung, Waschzettel/Klappentexte, Motti, Vorworte von Autor oder Verleger) bestimmt.

Im Hinblick auf ihr Potential, als Fiktionssignale zu fungieren, erscheinen aus literaturwissenschaftlicher Perspektive Gattungsbezeichnungen als besonders ergiebig. Bestimmte Gattungsbezeichnungen wie Roman oder Novelle verweisen *qua* Begriff auf Fiktionalität, weil diese Gattungen entsprechend definiert sind. Auch Titel können auf die Fiktionalität des Textes hinweisen, wie Jacquenods Beispiele sinnfällig machen: Unter dem Titel „La céramique française" ist wohl eher ein faktualer Text zu erwarten, unter ‚blumigeren' Titeln wie „A l'ombre des jeunes filles en fleurs" eher ein fiktionaler.[84] Der Autorname kann als Fiktionalitätssignal gedeutet werden, wenn der Autor für fiktionale Werke bekannt ist. Allerdings schreiben auch Romanautoren zuweilen Reportagen oder Autobiographien. Bei homodiegetischen Erzählungen ist die Fiktionalität oft erkennbar an der Nicht-Identität von Autorname und Erzähler-/Figurenname, der entweder im Text oder schon im Titel zu finden ist, so z. B. bei Thomas Manns *Bekenntnisse des Hochstaplers Felix Krull*.[85] Auch dieses Fiktionssignal kann unterlaufen werden, z. B. durch heterodiegetische Autobiographien mit Pseudonym, wie das aktuelle Beispiel von Salman Rushdies *Joseph Anton. A memoir* zeigt, dessen Faktualität jedoch paratextuell am Ende des Buches durch die ho-

---

84 Jacquenod: Contribution, S. 86. Anzumerken wäre vielleicht, dass die Erwartung von Fiktionalität bei solchen Titeln wohl nur für Erzählungen gilt; würde Prousts Titel für einen Gedichtband verwendet, hätte dies wohl weniger Auswirkungen auf die Frage, ob fiktionale oder nicht-fiktionale Gedichte erwartet werden.
85 In diesem Fall scheint allerdings schon der Titel ein potentielles Fiktionssignal zu sein: Welcher reale Felix Krull würde seine Aufzeichnungen wohl unter dem Titel „Bekenntnisse des Hochstaplers Felix Krull" veröffentlichen?

modiegetischen *Acknowledgments* unter dem echten Namen unterstrichen wird.

Vor- und Nachworte, egal ob vom Autor, Verleger oder Herausgeber verfasst, sind selbstredend Orte, an denen Verlässliches über die Fiktionalität oder Faktualität des Textes mitgeteilt werden kann, sofern sie nicht selbst schon Teil des im Rahmen der Institution Fiktion zu rezipierenden Textes sind (wie z. B. Herausgeberfiktionen).[86] Klassisch sind die besonders vom Film bekannten Fiktionalitätserklärungen, die natürlich zudem als rechtliche Rückversicherungen und damit als Haftungsablehnungen gemeint sein können.[87]

Widmungen und Motti sind vielleicht der Bereich des Paratextes, in dem am wenigsten Unterschiede zwischen fiktionalen und faktualen Texten anzutreffen sind. Anmerkungen und Fußnoten hingegen erscheinen in dieser Hinsicht relevanter. Das ergibt sich wohl daraus, dass klassische Fußnoten, die Quellen angeben oder andere Erläuterungen bieten, in der Regel als Faktualitätssignale aufgefasst werden. In ihnen materialisiert sich nach Cohn die Tatsache, dass für faktuale Texte eine Referenzstufe anzusetzen ist.[88] Wenn Fußnoten oder Anmerkungen diese Funktion nicht erfüllen und besonders, wenn das dadurch kenntlich wird, dass sie schon auf der Textebene nicht den wissenschaftlichen Konventionen entsprechen, dann können sie als Fiktionssignale gelesen werden.[89]

5. Epitextuelle Fiktionssignale

Während peritextuelle Aussagen eine, und wohl nicht selten die wichtigste primäre Informationsquelle des Rezipienten bei der Ermittlung des Status eines Textes darstellen, sind epitextuelle Aussagen öffentlicher oder privater Natur wohl eher sekundäre Informationslieferanten. Das liegt natürlich schon allein daran, dass sie nicht mit dem Text zusammen veröffentlicht werden und damit nicht allen Rezipientinnen zugänglich sind – es sei denn, sie werden in einer Ausgabe des Textes mit abgedruckt und damit quasi zu Peritext gemacht. Aber natürlich können auch verlegerische Ankündigungen, Rezensionen oder Autoreninterviews von Rezipienten dazu verwendet werden, zu begründen, warum sie einen Text als fiktionalen oder faktualen ansehen.

---

[86] Vgl. die Ausführungen und Beispiele zu ‚fiktionalen Vorworten' in Montalbetti: Fiction, S. 163–222.
[87] Vgl. hierzu auch die Beispiele zum Spiel mit der Konvention in Genette: Seuils, S. 200–202.
[88] Vgl. Cohn: Kennzeichen.
[89] Vgl. Stang: Einleitung; Benstock: Margins.

6. Schlussbemerkungen

Sowohl die theoretischen Bestimmungen von Fiktionssignalen wie auch die Darstellungen von Werk-Informationen, die üblicherweise (in der Regel nicht zu unrecht) als potentielle Fiktionssignale angeführt werden, zeigen, dass die Ermittlung des Status eines Textes letztlich eine ebenso komplexe Interpretationstätigkeit erfordern kann wie das Verständnis des Textes als solchem. Zudem hängt das Erkennen von potentiellen Fiktionssignalen vom Kenntnisstand und damit von der Differenziertheit der Fiktionskompetenz der einzelnen Rezipienten ab. Insofern ist es nicht verwunderlich, dass in empirischen Studien Gruppen mit unterschiedlichem Hintergrund auf verschiedene Arten von Rezeptions- bzw. Fiktionssignalen unterschiedlich reagieren.[90] So kann eine Darstellung potentieller Fiktionssignale wie die vorliegende solche nur im Hinblick auf ihre fiktionstheoretische Differenzqualität präsentieren, jedoch keine Prognosen darüber abgeben, ob und wie zuverlässig bestimmte Werkeigenschaften als Fiktionalitätssignale erkannt oder gewertet werden. Man kann allenfalls zwischen Fiktionssignalen mit einer hohen Differenzqualität (Phänomene, die in faktualen Erzählungen nicht möglich sind) und solchen mit einer weniger hohen Differenzqualität (Phänomene, die in faktualen Erzählungen unüblich sind) unterscheiden.[91]

Allerdings bedeutet eine solche Unterscheidung nicht, dass erstere immer zuverlässiger sind als letztere, denn Rezeptionssignale können entgegen den mit ihnen verbundenen Intentionen und Funktionen verwendet werden. Tatsachenberichte können mit dem Untertitel ‚Roman' versehen werden; Reportagen in der Tradition des New Journalism bedienen sich der erlebten Rede, Memoiren-Schreiber erzählen temporär aus der Perspektive Dritter. Und fiktionale Texte können ohnehin spielerisch alle möglichen Faktualitätssignale benutzen, d. h. fingieren. Die Herausgeberfiktion ist nur die wegen ihrer langen Tradition bekannteste Form des Versuchs, einen fiktionalen Text als faktualen auszugeben – wobei das Vorgeben von Faktualität nicht selten durch das Werk selbst mehr oder weniger augenzwinkernd entlarvt wird.[92]

---

90 Vgl. Wildekamp / van Montfoort / van Ruiswijk: Fictionality.
91 Vgl. Zipfel: Fiktion, S. 235.
92 Diese Entlarvung kann mehr oder weniger offensichtlich geschehen oder allein dadurch, dass die Faktualitätssignale auf seltsame Weise akkumuliert werden oder mit Nachdruck dargeboten werden. Vgl. die Aussage von Assmann: „Prekär ist dabei […], daß bereits die allzu explizite Wahrheitsbeteuerung zum Signal für Fiktionsverdacht werden kann." (Assmann: Fiktion, S. 254). Vgl. Auch Nickel-Bacon / Groeben / Schreier: Fiktionssignale, S. 268.

5. Fiktionssignale

Die aus der Verwendung von Rezeptionssignalen entgegen ihrer konventionalisierten Funktion ableitbare These, dass alle Rezeptionssignale relativ seien, stimmt allerdings nur bis zu einem gewissen Punkt. Dieser Punkt scheint mir überschritten, wenn z. B. Gorman behauptet, es könne keine Faktualitätssignale geben, weil fiktionale Texte diese immer fingieren können.[93] Dem ist zu entgegnen, dass nicht jede Verwendung eines Rezeptionssignals entgegen seiner konventionalisierten Funktion diese Konvention bereits auflöst. Das wird auch deutlich bei Texten, die mit der Grenze zwischen fiktionalem und faktualem Erzählen spielen, wie z. B. in der Autofiktion.[94] Die (beabsichtigte) Irritation des Rezipienten kommt nur dadurch zustande, dass die verwendeten Fiktionssignale eben Fiktionalität, die verwendeten Faktualitätssignale eben Faktualität anzeigen, dem Rezipienten jedoch keine Handhabe gegeben wird, sich für die eine oder andere Seite zu entscheiden.

Am Ende sei noch erwähnt, dass die Bestimmung von Fiktionssignalen als epistemische Kriterien sowie die in der Folge gemachten Unterscheidungen als in mehrerer Hinsicht ausweitbar und verallgemeinerbar erscheint. So können textbezogene Rezeptionssignale generell als epistemische Kriterien aufgefasst werden, also als Elemente, mit welchen man die Zuordnung eines Textes zu einer bestimmten Textkategorie begründen kann; das gilt z. B. für Faktualitätssignale aber auch für andere Gattungssignale. Grundsätzlich können auch Rezeptionssignale in anderen Medien als epistemische Kriterien aufgefasst werden, das gilt z. B. für Fiktionssignale in nicht (rein) textuellen fiktionalen Werken wie Filmen oder Comics. Auch hier kann man als Fiktionssignale alle Werk-Informationen ansehen, mit Hilfe derer man die Zuordnung eines Werkes zum Bereich der Fiktion begründen kann.

Bibliographie

Assmann, Aleida: Fiktion als Differenz. In: Poetica 21 (1989), S. 239–260.
Banfield, Ann: Unspeakable Sentences. Narration and representation in the language of fiction. Boston 1982.
Bareis, Alexander: Fiktionales Erzählen. Zur Theorie der literarischen Fiktion als Make-Believe. Göteborg 2008.
Benstock, Shari: At the Margins of Discourse: Footnotes in the Fictional Text. In: Publications of the Modern Language Association 98 (1983), S. 204–225.
Cohn, Dorrit: Transparent Minds. Narrative Modes of Presenting Consciousness in Fiction. Princeton 1978.
Cohn, Dorrit: Fictional versus Historical Lives: Borderlines and Borderline Cases. In: Journal of Narrative Technique 19 (1989), S. 3–24.

---

93 Vgl. Gorman: Fiction, S. 167.
94 Vgl. Zipfel: Autofiktion.

Cohn, Dorrit: Signposts of Fictionality. A Narratological Perspective. In: Poetics Today 11 (1990), S. 775–804.
Cohn, Dorrit: Narratologische Kennzeichen der Fiktionalität. In: Sprachkunst 26 (1995), S. 105–112.
Colonna, Vincent: L'autofiction. Essaie sur la fictionalistion de soi en Littérature. Paris 1989.
Fludernik, Monika: Metanarrative and Metafictional Commentary: From Metadiscursivity to Metanarration and Metafiction. In: Poetica 35 (2003), S. 1–39.
Genette, Gérard: Seuils. Paris 1987.
Genette, Gérard: Fiction et diction. Paris 1991.
Gertken, Jan / Tilmann Köppe: Fiktionalität. In: Simone Winko / Fotis Jannidis / Gerhard Lauer (Hg.): Grenzen der Literatur. Zu Begriff und Phänomen des Literarischen. Berlin, New York 2009, S. 228–266.
Gorman, David: Fiction, Theories. In: David Herman / Manfred Jahn / Marie-Laure Ryan (Hg.): Routledge Encyclopedia of Narrative Theory. London 2005, S. 163–167.
Green, Dennis H.: Zu Erkennen und Verkennen von Ironie- und Fiktionssignalen in der höfischen Literatur. In: Dietmar Peil / Michael Schilling / Peter Strohschneider (Hg.): Erkennen und Erinnern in der Literatur. Tübingen 1998, S. 35–56.
Hamburger, Käte: Die Logik der Dichtung. 3. Aufl. Stuttgart 1977.
Hempfer, Klaus W.: Zu einigen Problemen einer Fiktionstheorie. In: Zeitschrift für französische Sprache und Literatur 100 (1990), S. 109–137.
Herrmann, Meike: Fiktionalität gegen den Strich gelesen. Was kann die Fiktionstheorie zu einer Poetik des Sachbuchs beitragen? Berlin, Hildesheim 2005.
Jacquenod, Claudine: Contribution à une étude du concept de fiction. Bern u. a. 1988.
Kablitz, Andreas: Erzählung und Beschreibung. Überlegungen zu einem Merkmal fiktionaler erzählender Texte. In: Romanistisches Jahrbuch 33 (1982), S. 67–84.
Kindt, Tom: Unzuverlässiges Erzählen und literarische Moderne. Eine Untersuchung der Romane von Ernst Weiß. Tübingen 2008.
Köppe, Tilmann: Literatur und Erkenntnis. Studien zur kognitiven Signifikanz fiktionaler literarischer Werke. Paderborn 2008.
Köppe, Tilmann / Tom Kindt: Unreliable Narration With a Narrator and Without. In: Journal of Literary Theory 5 (2011), S. 81–93.
Krings, Constanze: Zur Analyse des Erzählanfangs und des Erzählendes. In: Peter Wenzel (Hg.): Einführung in die Erzähltextanalyse. Kategorien, Modelle, Probleme. Trier 2004, S. 163–178.
Labov, William: Language in the Inner City. Studies in the Black English Vernacular. Philadelphia 1972.
Lamarque, Peter / Stein Haugom Olsen: Truth, Fiction, and Literature. A Philosophical Perspective. Oxford 1994.
Lamping, Dieter: Die fiktionale Sterbegeschichte. In: Dietrich Weber (Hg.): Von der Wachstafel zum Tonbandgerät. Vier Beiträge zur Literatur. Für Jürgen Born zum 60. Geburtstag. Wuppertal 1987, S. 71–99.
Lejeune, Philippe: Le pacte autobiographique (bis). In: P. L.: Moi aussi. Paris 1986, S. 13–35.
Löschnigg, Martin: Narratological Categories and the (Non-)Distinction between Factual and Fictional Narratives. In: John Pier (Hg.): Recent Trends in Narratological Research. Tours 1999, S. 31–48.
Montalbetti, Christine (Hg.): La fiction. Paris 2011.
Neumann, Birgit / Ansgar Nünning: Metanarration and Metafiction. In: Peter Hühn / John Pier / Wolf Schmid / Jörg Schönert (Hg.): Handbook of Narratology. Berlin 2009, S. 204–211.

Nickel-Bacon, Irmgard / Norbert Groeben / Margrit Schreier: Fiktionssignale pragmatisch. Ein medienübergreifendes Modell zur Unterscheidung von Fiktion(en) und Realität(en). In: Poetica 32 (2000), S. 267–299.

Nünning, Ansgar: Unreliable Narration zur Einführung: Grundzüge einer kognitiv-narratologischen Theorie und Analyse unglaubwürdigen Erzählens. In: A. N. (Hg.): Unreliable Narration. Studien zu Theorie und Praxis unglaubwürdigen Erzählens in der englischsprachigen Literatur. Trier 1998, S. 3–39.

Nünning, Ansgar: Metanarration als Lakune der Erzähltheorie: Definition, Typologie und Grundriss einer Funktionsgeschichte metanarrativer Erzähleräußerungen. In: Arbeiten aus Anglistik und Amerikanistik 26 (2001), S. 125–164.

Pratt, Mary Luise: Toward a Speech Act Theory of Literary Discourse. Bloomington, London 1977.

Riffaterre, Michael: Fictional Truth. Baltimore, London 1990.

Ryan, Marie-Laure: Possible Worlds, Artificial Intelligence and Narrative Theory. Bloomington 1991.

Schaeffer, Jean-Marie: Pourquoi la fiction? Paris 1999.

Schaeffer, Jean-Marie: Fictional vs. Factual Narration. In: Peter Hühn / John Pier / Wolf Schmid / Jörg Schönert (Hg.): Handbook of Narratology. Berlin, New York 2009, S. 98–114.

Scheffel, Michael: Formen selbstreflexiven Erzählens. Eine Typologie und sechs exemplarische Analysen. Tübingen 1997.

Scheffel, Michael: Käte Hamburgers Logik der Dichtung – ein ‚Grundbuch' der Fiktionalitäts- und Erzähltheorie. Versuch einer Re-Lektüre. In: Johanna Bossinade / Angelika Schaser (Hg.): Käte Hamburger. Zur Aktualität einer Klassikerin. Göttingen 2003, S. 140–155.

Scheffel, Michael: Metaisierung in der literarischen Narration. Überlegungen zu ihren systematischen Voraussetzungen, ihren Ursprüngen und ihrem historischen Profil. In: Janine Hauthal / Julijana Nadj / Ansgar Nünning / Henning Peters (Hg): Metaisierung in Literatur und anderen Medien. Theoretische Grundlagen – Historische Perspektiven – Metagattungen – Funktionen. Berlin, New York 2007, S. 155–171.

Scholes, Robert / James Phelan / Robert Kellogg: The Nature of Narrative. Oxford 2006.

Searle, John R.: The Logical Status of Fictional Discourse. In: New Literary History 6 (1974–75), S. 319–332.

Stang, Harald: Einleitung – Fußnote – Kommentar. Fingierte Formen wissenschaftlicher Darstellung als Gestaltungselement moderner Erzählkunst. Bielefeld 1992.

Walsh, Richard: The Rhetoric of Fictionality. Narrative Theory and the Idea of Fiction. Columbus 2007.

Weinrich, Harald: Fiktionssignale. In: H. W. (Hg): Positionen der Negativität. München 1975, S. 525 f.

White, Hayden: Tropics of Discourse. Essays in Cultural Criticism. Baltimore, London 1978.

Wildekamp, Ada / Ineke van Montfoort / Willem van Ruiswijk: Fictionality and Convention. In: Poetics 9 (1980), S. 547–567.

Wolf, Werner: Ästhetische Illusion und Illusionsdurchbrechung in der Erzählkunst. Theorie und Geschichte mit Schwerpunkte auf englischem illusionsstörenden Erzählen. Tübingen 1993.

Wolf, Werner: Metaisierung als transgenerisches und transmediales Phänomen: Ein Systematisierungsversuch metareferentieller Formen und Begriffe in Literatur und anderen Medien. In: Janine Hauthal / Julijana Nadj / Ansgar Nünning / Henning Peters (Hg): Metaisierung in Literatur und anderen Medien. Theoretische Grundlagen – Historische Perspektiven – Metagattungen – Funktionen. Berlin, New York 2007, S. 25–64.

Wüest, Jakob: Was Texte zusammenhält. Zu einer Pragmatik des Textverstehens. Tübingen 2011.
Zipfel, Frank: Fiktion, Fiktivität, Fiktionalität. Analysen zur Fiktion in der Literatur und zum Fiktionsbegriff in der Literaturwissenschaft. Berlin 2001.
Zipfel, Frank: Autofiktion. Zwischen den Grenzen von Faktualität, Fiktionalität und Literarität? In: Fotis Jannidis / Gerhard Lauer / Simone Winko (Hg): Grenzen der Literatur. Berlin 2009, S. 285–314.
Zipfel, Frank: Unreliable Narration and Fictional Truth. In: Journal of Literary Theory 5 (2011), S. 109–130.

JAN C. WERNER

6. Fiktion, Wahrheit, Referenz

Die Rede *in* fiktionaler Literatur (fiktionsinterne Rede) und die Rede *über* fiktionale Literatur (metafiktionale Rede) sind vom philosophischen Standpunkt aus betrachtet schwer zu ergründen. Im vorliegenden Beitrag wird ein Aspekt dieses rätselhaften Charakters näher beleuchtet: Gibt es wahre fiktionsinterne und metafiktionale (vor allem interpretative) Aussagen?[1] Diese Frage nach dem alethischen Status fiktionsinterner und metafiktionaler Aussagen bezeichne ich im Folgenden auch als Frage nach der *Logik der Fiktion*.[2]

Im ersten Abschnitt werden die drei grundlegenden theoretischen Optionen eingeführt, die sich als Konzeptionen der Logik der Fiktion vertreten lassen. Im zweiten Abschnitt wird die Untersuchung der Logik der Fiktion motiviert, indem die Relevanz für einige andere fiktionstheoretische Debatten aufgezeigt wird. Im dritten Abschnitt wird die Unterscheidung zwischen fiktionsinternen und metafiktionalen Aussagen präzisiert. Da fiktionsinterne und metafiktionale Aussagen genau dann wahr sind, wenn sie Propositionen ausdrücken und deren Wahrheitsbedingungen erfüllt sind, soll in den Abschnitten 4 bis 6 den Fragen nachgegangen werden, ob fiktionsinterne und metafiktionale Aussagen Wahrheitsbedingungen besitzen und ob diese gegebenenfalls erfüllt sind. Im vierten Abschnitt werden einige Zusammenhänge zwischen der Semantik und Pragmatik der metafiktionalen und fiktionsinternen Verwendung fiktionaler Namen (z. B. ‚Sherlock Holmes‘, ‚Emma Bovary‘ etc.) und der Logik der Fiktion beleuchtet. Im fünften und sechsten Abschnitt werden schließlich einige ausgewählte einflussreiche Po-

---

1 Für ausführlichere Untersuchungen zur Möglichkeit der Wahrheit interpretativer metafiktionaler Aussagen vgl. meine Monographie *Fiktion, Interpretation und Wahrheit. Eine philosophische Untersuchung metafiktionaler interpretativer Rede* (in Vorbereitung).
2 Diese Stipulation dient der terminologischen Vereinfachung und hat zur Folge, dass der Begriff der Logik der Fiktion, der selten klar bestimmt wird, in einer engeren Weise verwendet wird als gemeinhin üblich, da hierunter normalerweise etwa auch Theorien subsumiert werden, die die Semantik fiktionaler Namen, die sogenannten Unbestimmtheitsstellen und Inkonsistenzen fiktiver Welten oder den Status von Begründungen für metafiktionale Behauptungen betreffen.

sitionen der Logik fiktionsinterner und metafiktionaler Aussagen rekonstruiert, die über das Problem der fiktionalen Namen hinausgehen.

1. Die drei grundlegenden Positionen der Logik der Fiktion

Wenn ganz allgemein danach gefragt wird, ob es innerhalb eines bestimmten Diskursbereichs *D* wahre Aussagen gibt, dann stehen drei grundlegende theoretische Optionen zur Verfügung, die sich in Form eines Flussdiagramms darstellen lassen (s. Abb. 1).

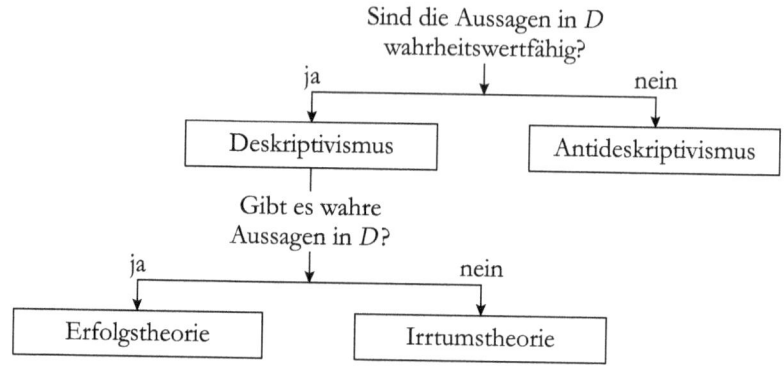

Abb. 1 Drei grundlegende Optionen der Logik der Fiktion

Ich setze voraus, dass *Diskursbereiche* im Hinblick auf ihren alethischen Status einheitlich sind. Da die fiktionsinterne bzw. metafiktionale Rede nicht notwendigerweise einen einheitlichen alethischen Status aufweist, ist es möglich, dass sich die beiden Typen der Rede aus verschiedenen Diskursbereichen zusammensetzen. *Wahrheitswertfähig* sind die Aussagen eines Diskursbereichs genau dann, wenn sie Propositionen ausdrücken und somit Wahrheitsbedingungen besitzen. Auch wenn die Aussagen in *D* Propositionen ausdrücken, garantiert das jedoch nicht, dass es in *D* wahre Aussagen gibt, da die Aussagen auch stets falsch oder weder wahr noch falsch (d. h. wahrheitswertlos oder mit einem nicht-klassischen Wahrheitswert versehen) sein können. Bei den im Flussdiagramm identifizierten Positionen handelt es sich insofern um grundlegende Optionen, als jede der Positionen in verschiedene Richtungen ausbuchstabiert und auf verschiedene Weise begründet werden kann, was die Möglichkeit der Klassifizierung von Unterpositionen mit sich bringt.

2. Relevanz der Logik der Fiktion

Wie lässt sich eine Untersuchung der Logik der Fiktion motivieren? Erstens machen die metafiktionale und fiktionsinterne Rede einen wesentlichen Teil unserer Sprachverwendung aus. Eine adäquate Theorie der natürlichen Sprache sollte daher die Eigenarten dieser Diskursbereiche abdecken und ihre Eigenschaften beschreiben können. Der metafiktionale und fiktionsinterne Diskurs stellen interessante Testinstanzen für gängige Theorien der Sprachverwendung dar. Zweitens bringt die Logik der Fiktion wichtige Implikationen für zahlreiche fiktionstheoretische Debatten mit sich.

– Eine der zentralen Aufgaben der Fiktionalitätstheorie ist die Bestimmung des Wesens der Fiktionalität. Gemäß der Standardkonzeption wird das Wesen durch die Spezifikation notwendiger und hinreichender Bedingungen für den fiktionalen Status eines Werks bestimmt (s. den Beitrag *1. Bausteine einer Theorie der Fiktionalität*). Obgleich es mittlerweile weithin akzeptiert ist, dass sich der Unterschied zwischen fiktionalen und nicht fiktionalen literarischen Werken nicht (allein) im Rekurs auf semantische Eigenschaften der Werke ausbuchstabieren lässt,[3] ist es doch umstritten, ob fiktionale Werke notwendigerweise unwahre Aussagen enthalten müssen. Die Logik der Fiktion kann helfen, die semantischen Eigenschaften der *fiktionsinternen* Rede zu präzisieren.
– In der Kognitivismusdebatte geht es um die Frage, ob fiktionale literarische Werke die Quelle von Wissen über die aktuale Welt sein können (s. den Beitrag *9. Fiktion, Wissen und andere kognitive Güter*). Wenn gezeigt werden kann, dass *fiktionsinterne* Aussagen wahre Propositionen auszudrücken vermögen, ist es naheliegend, davon auszugehen, dass diese wahren Propositionen einen wichtigen Beitrag zur kognitiven Funktion der Werke leisten.
– Bei der Literaturwissenschaft handelt es sich dem Namen und Anspruch nach um eine Wissenschaft. Nun besteht eine der Aufgaben der Wissenschaften darin, unseren Wissenshorizont zu erweitern. Weiterhin gehört das Interpretieren fiktionaler Werke zum Kerngeschäft des Literaturwissenschaftlers. Wenn es sich bei diesem Kerngeschäft um eine wissenschaftliche Unternehmung handeln soll, müsste es daher unseren Wissenshorizont erweitern. Und da Wissen Wahrheit voraussetzt, wird der Wissenschaftlichkeitsanspruch in Zweifel gezogen, wenn davon ausgegangen wird, dass interpretative Aussagen nicht wahr sein können. Die Logik der *metafiktionalen* Rede kann daher einen wichtigen Beitrag zur

---

3 Vgl. etwa Currie: Nature, S. 4–9; Walton: Mimesis, S. 75–77; Lamarque/Olsen: Truth, S. 31 f.; Davies: Aesthetics, S. 34 f.; Gertken/Köppe: Fiktionalität, S. 232 f.

Bewertung der Wissenschaftlichkeit des zentralen Unterfangens der Literaturwissenschaft liefern.
- Für Interpretationshypothesen kann argumentiert werden. Nun führt ein erfolgreiches Argument die Wahrheit der Konklusion auf die Wahrheit von Prämissen zurück, die für weniger problematisch erachtet werden. Falls interpretative Aussagen keine Wahrheitsbedingungen besitzen sollten, müsste ein Alternativmodell der Argumentation für Interpretationen in Anschlag gebracht werden. Dieses Problem ist als Frege-Geach-Problem bekannt.[4] Die Logik *metafiktionaler* Aussagen hat daher unmittelbare Implikationen für die Theorie der Argumentation in der Literaturwissenschaft.
- Offensichtlich sind nicht alle *metafiktionalen* Aussagen miteinander kompatibel, da zwischen einigen Aussagen ein Oppositionsverhältnis besteht. Die Logik metafiktionaler Aussagen hat Implikationen für die Frage, wie sich diese Inkompatibilität verstehen lässt. Nur dann, wenn die Bewertung metafiktionaler Aussagen hinsichtlich der Dimension der Wahrheit und Falschheit prinzipiell sinnvoll ist, lässt sich die Inkompatibilität bestimmter metafiktionaler Aussagen darauf zurückführen, dass sie nicht zugleich wahr sein können.[5]
- Kritische Pluralisten sind der Auffassung, dass es eine Vielfalt akzeptabler umfassender Interpretationen vieler fiktionaler literarischer Werke gibt, die sich nicht zu einer korrekten Interpretation vereinigen lassen. Kritische Monisten hingegen behaupten, es gebe für jedes fiktionale literarische Werk eine einzige umfassende wahre Interpretation.[6] Der kritische Monismus kann nur dann wahr sein, wenn zumindest einige *metafiktionale* interpretative Aussagen wahr sein können.

3. Metafiktionale und fiktionsinterne Aussagen

Aussagen in fiktionalen literarischen Werken können als *fiktionsinterne* Aussagen bezeichnet und von Aussagen außerhalb fiktionaler literarischer Werke oder *fiktionsexternen* Aussagen unterschieden werden.[7] Diese exklusive Un-

---

4 Vgl. etwa Schroeder: Frege.
5 Zur Debatte über inkompatible Interpretationen vgl. etwa Stecker: Interpretations; Feagin: Interpretations; Pettersson: Interpretations; Krausz: Rightness; Krausz: Interpretation.
6 Zu den kritischen Pluralisten zählen etwa Fish: Text; Margolis: Art; Goldman: Art; zu den kritischen Monisten Beardsley: Possibility; Juhl: Interpretation, und Nehamas: Author. Für die Kompatibilität der beiden Positionen argumentiert Stecker: Artworks, Kap. 8.
7 Diese Terminologie wird etwa auch von Azzouni verwendet. Vgl. Azzouni: Nothing.

terscheidung betrifft den ‚Ort der Rede'. Fiktionsinterne Rede wird häufig auch als *fiktionale* Rede bezeichnet. Ob fiktionsinterne Rede mit fiktionaler Rede identifiziert werden kann, hängt jedoch davon ab, welche Konzeption fiktionaler Werke vorausgesetzt wird. Wenn fiktionale Werke als homogene Entitäten verstanden werden, die vollständig aus fiktionalen Aussagen bestehen, dann sind die Begriffe der fiktionsinternen und der fiktionalen Aussage tatsächlich extensional äquivalent. Einer weit verbreiteten Alternativauffassung zufolge handelt es sich jedoch bei vielen fiktionalen literarischen Werken um heterogene Objekte, die neben fiktionalen auch rein faktuale Anteile besitzen. Gemäß dieser Theorie ist demnach zwischen fiktionalen und faktualen fiktionsinternen Aussagen zu unterscheiden. Fiktionale Aussagen bilden dann eine Teilklasse der fiktionsinternen Aussagen und fiktionsinterne Rede kann daher nicht mit fiktionaler Rede identifiziert werden. Im Folgenden wird weiterhin der gegenüber dieser fiktionalitätstheoretischen Debatte neutrale Begriff der fiktionsinternen Aussage verwendet.

Fiktionsinterne und fiktionsexterne Aussagen können nun offensichtlich mannigfaltige Funktionen erfüllen. Bei beiden Ausprägungen der Rede kann die Funktion etwa darin bestehen, Auskunft über die Eigenschaften fiktionaler Werke oder der Objekte, die ihnen entstammen, zu erteilen. In einem ersten Anlauf lassen sich *metafiktionale* Aussagen als jene Aussagen bestimmen, die genau diese Funktion erfüllen. Nach dieser Definition verwenden etwa Literaturwissenschaftler metafiktionale$_{ext}$ Aussagen beim Abfassen wissenschaftlicher Abhandlungen über fiktionale Werke. Mit metafiktionalen$_{int}$ Aussagen haben wir es hingegen beispielsweise zu tun, wenn in Borges' Erzählung *Pierre Menard, Autor des Quijote* Cervantes' Roman *Don Quijote* oder die Werke, die Pierre Menard verfasst hat, beschrieben werden. Ein Sonderfall der metafiktionalen$_{int}$ Aussage liegt vor, wenn eine Aussage innerhalb eines fiktionalen Werks die Eigenschaften eben dieses Werks selbst zum Gegenstand hat, wenn das Werk also selbstreferentiell ist. Dies ist etwa in Aesops Fabeln der Fall, wenn die Moral der Geschichten thematisiert wird. Metafiktional$_{int}$ ist aber auch beispielsweise die in den Holmes-Geschichten vorkommende Aussage, dass Sherlock Holmes ein Pfeifenraucher ist. Da zahlreiche fiktionsinterne Aussagen in dieser Weise Figuren Eigenschaften zuschreiben, zieht die Definition metafiktionaler Rede die Konsequenz nach sich, dass nahezu jede fiktionsinterne Aussage auch metafiktional ist.

Diese vielleicht überraschend wirkende Konsequenz führt die Definition metafiktionaler Rede nicht ad absurdum. Es ist durchaus möglich, die Konsequenz zu ziehen, dass nahezu alle fiktionsinternen Aussagen auch metafiktional im dargelegten Sinn sind. Wenn diese Konsequenz nicht gezogen werden soll, muss der Begriff der metafiktionalen Rede enger bestimmt werden. Eine Möglichkeit, dies zu tun, besteht darin, metafiktionale Aussagen als Aussagen zu definieren, die in der Äußerungswelt die Funktion haben, Auskunft über die Eigenschaften eines fiktionalen Werks oder der Objekte, die ihnen entstammen, zu erteilen. Da in der Welt, die in den Holmes-Geschichten beschrieben wird, Holmes keine Figur, sondern eine Person ist, ist relativ zu dieser Begriffsbestimmung die fiktionsinterne Aussage, dass Holmes ein Pfeifenraucher ist, nicht metafiktional. Demgegenüber ist die fiktionsinterne Beschreibung des *Don Quijote* in Borges' Erzählung weiterhin metafiktional, da der *Don Quijote* auch gemäß der Erzählung ein fiktionales Werk ist. Die fiktionsinternen Beschreibungen der Werke, die Pierre Menard verfasst hat, sind hingegen nur teilweise metafiktional, nämlich dann, wenn seine gemäß der Geschichte fiktionalen Werke beschrieben werden. Da es nach beiden Begriffsbestimmungen der metafiktionalen Rede sowohl fiktionsinterne als auch fiktionsexterne metafiktionale Aussagen gibt, handelt es sich bei der Unterscheidung zwischen metafiktionalen und fiktionsinternen Aussagen nicht um eine exklusive Unterscheidung.[8]

Der philosophische Begriff metafiktionaler Rede, dem bislang nachgegangen wurde, darf nicht mit dem literaturwissenschaftlichen Begriff verwechselt werden. In der Literaturwissenschaft werden (recht vage) unter metafiktionalen Aussagen

> selbstreflexive Aussagen und Elemente einer Erzählung [verstanden], die nicht auf Inhaltliches als scheinbare Wirklichkeit zielen, sondern zur Reflexion veranlassen über Textualität und Fiktionalität – im Sinne von ‚Künstlichkeit, Gemachtheit' oder ‚Erfundenheit' – mitunter auch über eine angebliche Faktualität der Geschichte und über Phänomene, die mit all dem zusammenhängen.[9]

Einige Aussagen sind gemäß dem philosophischen und dem literaturwissenschaftlichen Begriff metafiktional – etwa die Thematisierung der Moral der Geschichte in Aesops Fabeln. Es gibt jedoch auch Aussagen, die nur im philosophischen oder nur im literaturwissenschaftlichen Sinn metafiktional sind. Fiktionsexterne Aussagen können beispielsweise nur im philosophischen Sinn metafiktional sein. Und wenn in einem literarischen Text eine auffällige Häufung von Fiktionssignalen vorliegt, handelt es sich um metafiktionale Aussagen im literaturwissenschaftlichen, aber nicht zwingend im philosophischen Sinn.

---

8 Der Sache nach wird diese These auch von Martinich / Stroll vertreten, vgl. Martinich / Stroll: Nonexistence, S. 8.
9 Nünning: Lexikon, S. 488.

4. Die Logik der Fiktion und fiktionale Eigennamen

Theorien fiktionaler Namen bringen Implikationen für die Logik der Fiktion mit sich, da häufig angenommen wird, dass Aussagen, die Namen enthalten, nur dann wahr sein können, wenn die Namen auf existierende Objekte referieren. Genau diese Referenzfunktion wird im Fall fiktionaler Namen jedoch oft in Zweifel gezogen. Der Name ‚Sherlock Holmes' scheint nichts zu bezeichnen. Daher scheinen Aussagen, die diesen Namen enthalten, auch nicht wahr sein zu können. Diese Überlegung liegt dem folgenden *referenztheoretischen Argument* zugrunde, in dem eine intime Relation zwischen Wahrheit, semantischem Gehalt, Referenz und Sein postuliert wird:

(P1) Aussagen, die den Gehalt <a ist F>[10] ausdrücken, wobei ‚a' für einen Namen und ‚F' für ein Prädikat steht, können nur dann wahr sein, wenn ‚a' auf ein Referenzobjekt O referiert.

(P2) Wenn ‚a' referiert, dann gibt es O.

(K1) Aussagen, die den Gehalt <a ist F> ausdrücken, können nur dann wahr sein, wenn es O gibt und wenn ‚a' auf O referiert. [folgt aus P1 und P2]

(P3) Aussagen, die die Oberflächenstruktur ‚a_f ist F' aufweisen (= def. *einfache f-Aussagen*), wobei ‚a_f' für einen fiktionalen Namen steht,[11] drücken den Gehalt <a_f ist F> aus.

(P4) Fiktive Objekte gibt es nicht.

(P5) Wenn fiktionale Namen referieren, kommen nur fiktive Objekte als Referenzobjekte in Frage.

(K2) Fiktionale Namen referieren nicht. [folgt aus P4 und P5]

(K3) Einfache f-Aussagen können nicht wahr sein. [folgt aus K1, P3, P4 und K2]

(P1) zufolge ist Referenz eine notwendige Bedingung von Wahrheit. (P2) ist ein weithin akzeptiertes Prinzip, das die meisten Metaphysiker als stilistische Variante eines Prinzips ansehen, das von Searle sogar in den Rang eines Axioms der Referenztheorie befördert wurde (das sogenannte ‚Axiom der Existenz')[12]: Wenn ‚a' referiert, dann existiert O. Manche Metaphysiker un-

---

10 ‚<...>' ist ein Operator, der auf Sätze anwendbar ist und singuläre Terme erzeugt, die Propositionen bezeichnen.
11 In der relevanten Forschungsliteratur zur Semantik referentieller Ausdrücke in der metafiktionalen und fiktionsinternen Rede wurden bislang größtenteils fiktionale Namen behandelt, auf die auch ich mich hier beschränke. Interessante Überlegungen zur Semantik von indexikalischen Ausdrücken in der fiktionsbezogenen Rede finden sich etwa in Corazza/Whitsey: Indexicals, und Predelli: Monsters.
12 Vgl. Searle: Speech Acts, S. 77.

terscheiden hingegen zwischen existierenden und nicht existierenden Objekten, wobei von einigen nicht existierenden Objekten gesagt wird, dass es sie gibt oder dass sie ein Sein haben, sodass ein Unterschied zwischen Seins- und Existenzzuschreibungen besteht. Wenn nicht existierende Objekte zugelassen werden, dann ist (P2) schwächer als das Axiom der Existenz, da Existenz Sein impliziert, aber nicht *vice versa*. Anderenfalls sind (P2) und das Axiom der Existenz gleichbedeutend. (K1) ist eine theoretisch aufgeladene Lesart von (P1), die eine Verbindung zwischen der Wahrheit einer Aussage und der Welt herstellt. Gemäß (P3) lässt sich der semantische Gehalt von Aussagen, die aus einem fiktionalen Namen und einem Prädikat bestehen, von der Oberflächenstruktur ablesen. (P4) ist die konstitutive These des *fiktionalen Antirealismus*, dem zufolge es keine fiktiven Objekte gibt. Die Gegenposition ist der *fiktionale Realismus*, dem zufolge es fiktive Objekte gibt, wenngleich es sich nicht um räumlich lokalisierbare Objekte handelt. Und (P5) schränkt die möglichen Referenzobjekte für fiktionale Namen auf fiktive Objekte ein. Wenn das Argument funktioniert, wären die Konklusionen etabliert, dass fiktionale Namen nicht referieren und dass daher weder einfache metafiktionale$_\text{ext}$ noch einfache fiktionsinterne Aussagen wahr sein können. In den folgenden beiden Unterabschnitten soll diesen Thesen nachgegangen werden.

4.1 Einfache metafiktionale$_\text{ext}$ Aussagen

Für Behauptungen über fiktionale Werke scheint (K3) schwer zu akzeptieren zu sein. Intuitiv ist es sehr wohl möglich, mit einfachen metafiktionalen$_\text{ext}$ Aussagen Wahrheiten zum Ausdruck zu bringen. So scheinen etwa die Aussagen

(SHB)   Sherlock Holmes wohnt in der Baker Street 221b

und

(SHF)   Sherlock Holmes ist eine literarische Figur

wahr zu sein, da in (SHB) Sherlock Holmes eine Eigenschaft zugeschrieben wird, die dieser innerhalb der fiktiven Welt aufweist, die in den Holmes-Geschichten entworfen wird (= $_\text{def.}$ *fiktionsinterne Eigenschaft*), während in (SHF) eine Eigenschaft zugeschrieben wird, die Holmes zukommt, obgleich er die Eigenschaft nicht fiktionsintern besitzt (= $_\text{def.}$ *fiktionsexterne Eigenschaft*). In Anbetracht des referenztheoretischen Arguments ist es jedoch nicht leicht, dieser Intuition Rechnung zu tragen. Die Reaktion auf das Argument hängt maßgeblich davon ab, welcher ontologische Status fiktiven Charakteren zugeschrieben wird. Im Folgenden werden einige der Probleme skizziert, mit denen sich fiktionale Antirealisten und Realisten bei der Analyse metafiktionaler$_{ext}$ Aussagen konfrontiert sehen.

Der *fiktionale Antirealismus* ist sowohl mit (K3) als auch mit dessen Negation kompatibel. Einige fiktionale Antirealisten vermeiden den Schluss auf (K3), indem sie (P3) ablehnen und für die Auffassung argumentieren, dass die Oberflächenstruktur von (SHB) und (SHF) keinen unmittelbaren Aufschluss auf das Gesagte gibt. Die typische Strategie im Hinblick auf Aussagen wie (SHB), in denen fiktionsinterne Eigenschaften zugeschrieben werden, besteht dann darin zu behaupten, dass das wörtlich Gesagte nicht die Struktur <a_f ist F>, sondern <F_W(a_f ist F)> aufweist, wobei ‚F_W...' für den Fiktionsoperator ‚es ist fiktional, dass ...' oder ‚einem/dem fiktionalen Werk W zufolge ...' steht. Wenn (K3) falsch sein soll, dann kann das Verhältnis zwischen (SHB) und

(F-SHB) Es ist fiktional, dass Sherlock Holmes in der Baker Street 221b wohnt

auf mindestens zwei Weisen bestimmt werden.

Äquivalenz. (SHB) und (F-SHB) können laut fiktionalem Antirealismus als äquivalent im Hinblick auf die Wahrheitsbedingungen und somit bedeutungsgleich angesehen werden. Da (F-SHB) wahr ist, kann auf diesem Weg für die Wahrheit von (SHB) argumentiert werden. Allem Anschein nach ist es jedoch unplausibel, dass (SHB) und (F-SHB) genau die gleichen Wahrheitsbedingungen besitzen. Dies wäre nur dann möglich, wenn der Fiktionsoperator, von dem in der Paraphrase Gebrauch gemacht wird, keinen Beitrag zur Wahrheitsbedingung der Aussage liefern würde. Weiterhin ist die Äquivalenz im Hinblick auf die Wahrheitsbedingungen eine symmetrische Relation. Es stellt sich daher die Frage, warum es besser sein sollte, von der Wahrheit von (F-SHB) auf die Wahrheit von (SHB) zu schließen, als von der Falschheit von (SHB) auf die Falschheit von (F-SHB). Dies kann als *Symmetrieproblem* bezeichnet werden.

Logische Analyse. Wenn (F-SHB) als logische Analyse von (SHB) angeboten wird, die die Wahrheitsbedingungen aufdeckt, dann wird das Symmetrieproblem vermieden, da die Relation zwischen einem Satz und seiner logischen Analyse asymmetrisch ist. Auf diese Weise kann sichergestellt werden, dass die logische Analyse der Schlüssel zur Aufdeckung der Wahrheitsbedingungen von (SHB) ist und nicht umgekehrt. Die Plausibilität dieser Strategie hängt dann maßgeblich davon ab, was unter einer logischen Analyse verstanden wird.

Auch wenn es dem fiktionalen Antirealisten in der ein oder anderen Weise gelingt zu plausibilisieren, dass <F_W(SHB)> der Gehalt von (SHB) ist, hat er doch notorische Schwierigkeiten damit, auf möglichst einheitliche und transparente Weise logische Analysen für (a) interfiktionale und (b) transfiktionale Aussagen anzubieten[13] sowie für Aussagen, in denen (c) fiktiven Objekten fiktionsexterne Eigenschaften zugeschrieben werden oder in denen (d) über fiktive Objekte quantifiziert wird. Vor allem bei Prädikationen fiktionsexterner Eigenschaften sowie quantifizierenden Aussagen ergibt sich das (womöglich lösbare) Problem, dass im Rahmen der Spezifikation des semantischen Gehalts nicht auf den Fiktionsoperator zurückgegriffen werden kann.

Eine zweite übliche Strategie für den fiktionalen Antirealisten, den Schluss auf (K3) zu vermeiden, besteht darin, (K2) zu leugnen und fiktionale Namen als referierende Namen zu verstehen, obwohl es keine fiktiven Objekte gibt.[14] Dieses Manöver hat zur Folge, dass der enge Zusammenhang von Referenz und Sein, der in (P2) hergestellt wird, und folglich auch (K1) aufgegeben werden müssen. Der fiktionale Antirealist dieses Schlags behauptet demnach, dass die Verwendung eines fiktionalen Namens einen Fall von ontologisch neutraler nicht verpflichtender Referenz darstellt, der mit (P1) kompatibel ist, da mit der dort vorkommenden Rede von Referenzobjekten ebenfalls keine ontologischen Verpflichtungen verbunden sind.

Diese Strategie sieht sich mit mindestens zwei Problemen konfrontiert. Erstens muss eine überzeugende Referenztheorie dargelegt werden, da die meisten Referenztheorien nicht mit der Ablehnung von (P2) kompatibel sind. Martinich und Stroll, zwei prominente Verfechter dieser Strategie, begegnen diesem Problem, indem sie argumentieren, dass ein Sprecher referiert, wenn er den Hörer in die Lage versetzt, das Referenzobjekt durch die Verwendung eines geeigneten Namens oder einer Kennzeichnung mental zu identifizieren. Laut Martinich und Stroll wäre es jedoch eine *petitio principii*, davon auszugehen, dass die Identifikation eines Einzeldings dessen Existenz voraussetzt. In alltäglichen Situationen gelinge die Referenz in der Regel, da es eine linguistische Praxis gebe, die mit dem Namen ‚Sherlock Holmes' verbunden sei. Ein zweites Problem ist mit der Auffassung verbunden, dass die Proposition <Sherlock Holmes wohnt in der Baker Street 221b> ohne weitere Qualifikation (etwa ohne Fiktionsoperator) wahr ist. Wie kann diese Proposition wahr sein, wenn es doch offensichtlich wahr ist, dass kein Sherlock Holmes in der Baker Street 221b wohnt? Martinich und Stroll sagen wenig dazu, wie dieser Widerspruch wegerklärt werden

---

13 Die hier verwendete Terminologie geht auf Künne zurück. Vgl. Künne: Fiktion, und Künne: Gegenstände. In *interfiktionalen* Aussagen werden fiktive Objekte, die verschiedenen fiktionalen Werken entstammen, zueinander in Beziehung gesetzt. Beispielsweise könnte behauptet werden, dass Sherlock Holmes cleverer ist als Philip Marlowe. Und in *transfiktionalen* Aussagen werden fiktive Objekte mit realen Objekten in Beziehung gesetzt. Ein Beispiel ist die Aussage ‚Sherlock Holmes ist cleverer als jeder reale Detektiv'.

14 Dieser Ansatz wird von Margolis: Art; Martinich / Stroll: Nonexistence; und Azzouni: Nothing, vertreten.

kann. Sie behaupten lediglich, dass die fiktionale Wahrheit, dass Sherlock Holmes in der Baker Street 221b wohnt, der Wahrmacher für die metafiktionale$_{ext}$ Aussage sei.

Bislang wurden zwei Strategien rekonstruiert, die der fiktionale Antirealist verfolgen kann, wenn er (K3) ablehnt. Natürlich kann der fiktionale Antirealist das Argument in der präsentierten Form auch akzeptieren und sich auf die Ablehnung der Erfolgstheorie bezüglich einfacher f-Aussagen festlegen.[15] Vertreter dieser Auffassung sehen sich mit dem Problem konfrontiert zu erklären, warum intuitiv zahlreiche einfache metafiktionale$_{ext}$ Aussagen für wahr gehalten werden. Dem fiktionalen Antirealisten bietet sich hier eine Reihe von Möglichkeiten, die sich nicht zwingend gegenseitig ausschließen:

Ersetzung. Es kann zugestanden werden, dass (SHB) wörtlich verstanden falsch ist. Gleichzeitig kann mit (F-SHB) eine wahre Aussage angeboten werden, die in der Lage ist, alle Funktionen zu erfüllen, die (SHB) in einer bestimmten Gesprächssituation erfüllen sollte. Wenn das Verhältnis von (SHB) und (F-SHB) als ein Ersetzungsverhältnis interpretiert wird, wird eine wesentlich lockerere Relation etabliert, als es der Fall ist, wenn von einer Relation der wahrheitskonditionalen Äquivalenz oder der logischen Analyse ausgegangen wird. Gefordert wird lediglich eine funktionale Äquivalenz in einem bestimmten Kontext. Die falsche Intuition, dass mit (SHB) etwas Wahres gesagt wird, kann auf die Verwechselung zweier funktional äquivalenter Aussagen zurückgeführt werden.[16]

Pragmatik. Der fiktionale Antirealist kann auf eine Unterscheidung zwischen semantischem und pragmatischem Gehalt rekurrieren und behaupten, dass das mit der Äußerung von (SHB) wörtlich Gesagte falsch ist, während das pragmatisch Kommunizierte wahr ist. Der Intuition, dass viele einfache metafiktionale$_{ext}$ Aussagen wahr sind, würde dann eine Verwechselung von semantischem und pragmatischem Gehalt zugrunde liegen.

So tun als ob. Viele Fiktionstheoretiker sind der Auffassung, dass Autoren beim Abfassen fiktionaler Werke so tun, als wären bestimmte Dinge der Fall. Einige Philosophen haben diese Sichtweise auf die Interpretation metafiktionaler$_{ext}$ Aussagen übertragen und argumentiert, dass auch die Rede über fiktionale Literatur im Modus des Prätendierens abläuft. Wenn etwa (SHB) geäußert wird, wird demnach so getan, als wäre das, was in den

---

15 Die Akzeptanz des referenztheoretischen Arguments impliziert zwar eine Festlegung auf die Ablehnung der Erfolgstheorie, jedoch nicht auf eine spezifische Variante dieser Ablehnung. Welche Variante vertreten wird, hängt von weiteren sprachphilosophischen Annahmen ab.

16 Die Unterscheidung zwischen den Strategien *Äquivalenz, logische Analyse* und *Ersetzung* geht auf Sainsbury zurück, wobei Sainsbury *Äquivalenz* und *logische Analyse* unter dem Begriff der Paraphrase diskutiert. Vgl. Sainsbury: Fiction, S. 117–122.

Holmes-Geschichten erzählt wird, der Fall. (SHB) ist dann wahr im Modus des Prätendierens.

Relative Wahrheit. Der fiktionale Antirealist kann zwischen absoluter und relativer Wahrheit unterscheiden und geltend machen, dass (SHB) absolut betrachtet falsch ist, hingegen wahr relativ zu der Perspektive, die mit der Fiktion verbunden wird, oder relativ zu der Präsupposition, dass sich die Dinge, die in den Holmes-Geschichten berichtet werden, tatsächlich ereignen. Der Intuition, dass viele einfache metafiktionale$_{ext}$ Aussagen wahr sind, würde dann eine Verwechselung von absoluter und relativer Wahrheit zugrunde liegen.[17]

Bisher wurden drei Strategien rekonstruiert, die der fiktionale Antirealist verfolgen kann, wenn er sich zu dem referenztheoretischen Argument verhalten möchte. Welche Optionen bieten sich nun dem *fiktionalen Realisten*? Fiktionale Realisten leugnen per definitionem (P4) und legen sich darauf fest, dass es fiktive Objekte gibt. Wenn es fiktive Objekte gibt, stehen Referenzobjekte zur Verfügung, sodass metafiktional$_{ext}$ verwendete fiktionale Namen auf diese Objekte referieren können. Fiktionale Realisten können somit (K2) ablehnen. Mit der ontologischen Verpflichtung, die sich der fiktionale Realist aufbürdet, geht keine metaphysische Verpflichtung hinsichtlich der Natur der angenommenen Objekte einher. Fiktive Objekte können als abstrakte Objekte oder als nicht existierende Objekte konzipiert werden.[18] Diese metaphysischen Konzeptionen, deren Vorzüge und Schwächen an dieser Stelle nicht diskutiert werden können, haben unterschiedliche Implikationen für die Frage, welche Eigenschaften fiktiven Objekten zukommen können und daher auch für die Frage, welche Aussagen über fiktive Objekte wahr sein können.

---

[17] Es ist nicht immer leicht, die Autoren den folgenden Positionen zuzuordnen. Bach vertritt explizit sowohl *Ersetzung* als auch *Pragmatik*. Lamarque / Olsen und Taylor sind klare Anhänger von *Pragmatik*. Vermutlich lassen sich auch Currie, Künne, Adams / Fuller / Stecker und Lewis hier einordnen. Currie weist bloß darauf hin, dass wir im Alltag den Fiktionsoperator häufig *auslassen*. Künne zufolge ist (SHB) eine *elliptische* Aussage. Mit (F-SHB) wird buchstäblich das ausgedrückt, was mit (SHB) indirekt kommuniziert wird. Adams / Fuller / Stecker zufolge *behauptet* man im Kontext der Rede über Fiktionen mit (SHB), dass es fiktional ist, dass Sherlock Holmes in der Baker Street wohnt. Und Lewis behauptet, (SHB) sei *ambig*, und der Kontext, der Gehalt und der Common Sense trügen zur Disambiguierung bei. Walton ist der wichtigste Vertreter von *So tun als ob*. Und Kölbel und Sainsbury haben *Relative Wahrheit* verteidigt. Vgl. Bach: Thought; Lamarque / Olsen: Truth; Taylor: Emptiness; Currie: Nature; Künne: Fiktion; Künne: Gegenstände; Adams / Fuller / Stecker: Names; Lewis: Truth; Walton: Mimesis; Kölbel: Truth; Sainsbury: Fiction.

[18] Zur Diskussion dieser realistischen Optionen vgl. Thomasson: Fiction; Sainsbury: Fiction. Thomasson und Sainsbury diskutieren außerdem die These, dass fiktive Objekte mögliche Objekte sind. Da diese These in der Forschungsliteratur meines Wissens nicht vertreten wird, diskutiere ich sie hier jedoch nicht.

Wenn fiktive Objekte als abstrakte Objekte verstanden werden, kann auf zwei verschiedene Konzeptionen zurückgegriffen werden. Der *platonischen* Konzeption zufolge sind Abstrakta notwendig existierende, nicht räumliche, zeitlose und somit unveränderliche Objekte. Eine platonische Konzeption fiktiver Charaktere ist etwa von Wolterstorff entwickelt worden. Dieser Konzeption zufolge handelt es sich bei fiktiven Charakteren um Arten von Personen. Verschiede Arten von Personen unterscheiden sich hinsichtlich der Menge von Eigenschaften, die ihnen zukommen. Und da diese Mengen von Eigenschaften dem Platonismus zufolge unabhängig von fiktionalen Werken existieren, werden fiktive Charaktere nicht in fiktionalen Werken geschaffen, sondern vielmehr ausgewählt. Fiktive Charaktere werden nicht erfunden, sondern eher entdeckt.[19] Gemäß einer Alternativkonzeption handelt es sich mindestens bei einigen abstrakten Objekten um *Artefakte*, d. h. geschaffene Objekte. Da abstrakte Artefakte ihre Existenz Schaffensakten verdanken, können abstrakte Artefakte nicht notwendigerweise existieren, und sie haben einen Anfang (und möglicherweise ein Ende) in der Zeit, sind aber nicht räumlich.[20] Im Folgenden werde ich mich auf diesen zweiten Ansatz beschränken, der den Alltagsintuitionen deutlich näher kommt.

Der fiktionale Realist der zur Diskussion stehenden Spielart kann die Wahrheit von Zuschreibungen fiktionsexterner Eigenschaften leicht erklären. (SHF) etwa ist ohne weitere Qualifikation wahr, weil der fiktionale Name ‚Sherlock Holmes' auf das abstrakte Artefakt Sherlock Holmes referiert, und dieses abstrakte Artefakt ist eine literarische Figur. Der fiktionale Realist, der davon ausgeht, dass fiktive Objekte abstrakte Artefakte sind, hat hingegen Schwierigkeiten mit der Analyse von Zuschreibungen fiktionsinterner Eigenschaften. Einige Eigenschaften, die Sherlock Holmes fiktionsintern zukommen, kann Sherlock Holmes (verstanden als abstraktes Artefakt) im wörtlichen Sinn besitzen. Beispielsweise ist Sherlock Holmes sowohl fiktionsintern als auch fiktionsextern berühmt. Die meisten Eigenschaften, die Sherlock Holmes fiktionsintern zukommen – nämlich die Eigenschaften, die räumlich konnotiert sind –, kann Sherlock Holmes hingegen im wörtlichen Sinn nicht besitzen. (SHB) etwa kann nicht wahrheitsgemäß behauptet werden, wenn Sherlock Holmes ein abstraktes Artefakt ist, da Abstrakta denkbar schlechte Bewohner von Wohnungen sind. Um dieser Schwierigkeit aus dem Weg zu gehen, wird typischerweise geltend gemacht, dass das abstrakte Artefakt Sherlock Holmes zwar nicht

---

19 Vgl. Wolterstorff: Characters.
20 Theorien, denen zufolge fiktive Charaktere abstrakte Artefakte sind, die geschaffen werden, indem fiktionale Werke kreiert werden, sind unter anderem von Thomasson, Schiffer, Salmon und Reicher verteidigt worden. Vgl. Thomasson: Fiction; Schiffer: Language; Salmon: Nonexistence; Reicher: Ontology.

buchstäblich ein Wohnungsbewohner ist, dass er aber in einer Fiktion als Wohnungsbewohner bestimmt ist.[21]

Eine zweite realistische Option besteht darin, fiktive Objekte als nicht existierende Objekte zu konzipieren. Fiktive Objekte haben demnach Sein (es gibt sie), sie existieren jedoch nicht. Dieser Auffassung liegt die Idee zugrunde, dass sich verschiedene *Seinsweisen* unterscheiden lassen, und Existenz ist bloß eine dieser Seinsweisen, die manchen Objekten zukommt, anderen hingegen nicht. Primär ist diese Auffassung, die manchmal als Meinongianismus bezeichnet wird, dadurch motiviert, dass wir uns häufig sprachlich oder gedanklich auf nicht existierende Objekte zu beziehen und ihnen wahrheitsgemäß Eigenschaften zuzuschreiben scheinen – so etwa in der metafiktionalen$_{\text{ext}}$ Rede.

Eine vieldiskutierte Variante dieser Auffassung, die exemplarisch rekonstruiert werden soll, ist von Parsons entwickelt worden. Parsons zufolge sind die Aussagen

(S1)   Sherlock Holmes existiert nicht
(S2)   Sherlock Holmes ist ein Detektiv
(S3)   Sherlock Holmes ist ein fiktiver Charakter

wörtlich zu verstehen und wahr.[22] Parsons geht davon aus, dass keine zwei existierenden Objekte genau die gleichen Eigenschaften haben. Objekte lassen sich daher eindeutig über ihre Eigenschaften individuieren. Es ließe sich eine Liste mit allen existierenden Objekten und den ihnen zukommenden Eigenschaften erstellen. Da in dieser Liste Sherlock Holmes laut Parsons nicht auftauchen würde, ist (S1) wahr. Weiterhin ist Parsons der Auffassung, dass in der Liste noch nicht alle Objekte erfasst wären. Ihm zufolge lassen sich vielmehr weitere Mengen von Eigenschaften bilden, denen nicht existierende Objekte zuzuordnen sind. So entspricht beispielsweise der Eigenschaftsmenge {ist golden, ist ein Berg} genau ein nicht existierender goldener Berg. Bestimmte Eigenschaften, die sogenannten *extranuklearen* Eigenschaften, dürfen im Rahmen der Individuierung nicht existierender Objekte jedoch nicht herangezogen werden. Beispielsweise lässt sich der Eigenschaftsmenge {ist golden, ist ein Berg, existiert} kein existierender goldener Berg zuordnen. Der existierende goldene Berg

---

[21] Vgl. Inwagen: Creatures; Inwagen: Fiction. Verwandte Ansätze sind u. a. von Thomasson und Reicher vorgelegt worden, die Versionen der Artefakttheorie vertreten. Vgl. Thomasson: Fiction; Reicher: Interpretation; und den Beitrag *7. Ontologie fiktiver Gegenstände*. Van Inwagens Theorie lässt sich jedoch nicht ohne Weiteres der Artefakttheorie zuordnen, da er wenig zum metaphysischen Status fiktiver Charaktere sagt. Van Inwagen zufolge handelt es sich bei fiktiven Charakteren um theoretische Entitäten der Literaturwissenschaft. Zur Kritik an dieser Auffassung vgl. auch Beyer: Rede.

[22] Vgl. Parsons: Objects, vor allem die Kapitel 3 und 7.

müsste ja dann die Eigenschaft der Existenz haben. Es existiert aber schlicht kein goldener Berg. Zur Individuierung nicht existierender Objekte dürfen daher nur sogenannte *nukleare* Eigenschaften herangezogen werden. Im Fall von Sherlock Holmes sind das die Eigenschaften, die ihm in der Fiktion zugeschrieben werden. Sherlock Holmes ist demnach das nicht existierende Objekt, das mit der Menge nuklearer Eigenschaften {Detektiv, Pfeifenraucher, Violinspieler, wohnt in der Baker Street 221b…} korreliert.[23] Da Sherlock Holmes diese Eigenschaften zukommen, ist (S2) wahr. Die postulierte Korrelation hat außerdem zur Folge, dass Sherlock Holmes eine unvollständige Entität ist, da es Eigenschaften gibt, die Sherlock Holmes weder hat noch nicht hat. Beispielsweise ist es weder der Fall, dass er die Blutgruppe A hat, noch dass er sie nicht hat. Würden Sherlock Holmes in der Fiktion die Eigenschaften zugeschrieben, Blutgruppe A zu besitzen und nicht zu besitzen, würde es sich gar um ein unmögliches nicht existierendes Objekt handeln, das Parsons Ontologie ebenfalls zulassen würde. Über die nuklearen Eigenschaften hinaus besitzt Sherlock Holmes zudem die extranukleare Eigenschaft, fiktiv zu sein, da Conan Doyle eine entsprechende Fiktion geschaffen hat. Daher ist auch (S3) wahr. Hätte Conan Doyle die Holmes-Geschichten nicht niedergeschrieben, wäre (S3) falsch, es gäbe aber trotzdem ein nicht existierendes Objekt, das mit der Menge von Eigenschaften korrelieren würde, die Holmes *de facto* fiktionsintern zugeschrieben werden.

Der Meinongianismus à la Parsons liefert eine elegante Möglichkeit, einfache Zuschreibungen fiktionsinterner und fiktionsexterner Eigenschaften als wörtlich wahr zu verstehen. Die Eleganz dieser Erklärung wird jedoch teuer erkauft, geht sie doch mit einer zweifelhaften metaphysischen Theorie einher, die sich auf die Unterscheidung verschiedener Seinsweisen und auf unbestimmte oder sogar unmögliche Objekte verpflichtet sieht. Auf die Schwierigkeiten des Meinongianismus als metaphysische Konzeption kann jedoch an dieser Stelle nicht näher eingegangen werden.

Nachdem drei antirealistische und zwei realistische Strategien rekonstruiert wurden, sich zu dem zu Beginn des Abschnitts präsentierten referenztheoretischen Argument zu verhalten, lässt sich zusammenfassend festhalten, dass die Bewertung der These, dass einfache metafiktionale$_{\text{ext}}$ Aussagen nicht wahr sein können, maßgeblich davon abhängt, wie man sich zur Semantik und Pragmatik fiktionaler Namen und metafiktionaler$_{\text{ext}}$

---

23 Diese Bestimmung führt zu einem Problem für Parsons. In der Fiktion existiert Sherlock Holmes, und er ist kein fiktiver Charakter. Diese Eigenschaften stehen mit den extranuklearen Eigenschaften von Holmes im Widerspruch, denenzufolge er nicht existiert und ein fiktiver Charakter ist. Der Widerspruch wird von Parsons aufgelöst, indem er *ad hoc* den nuklearen Eigenschaften einen schwächeren Status zuschreibt (*watered-down*). Vgl. Parsons: Objects, S. 44 und S. 184–186.

Rede, zum Zusammenhang von Referenz und Sein sowie zu der Ontologie und Metaphysik fiktiver Charaktere verhält (s. den Beitrag 7. *Ontologie fiktiver Gegenstände*).

4.2 Einfache fiktionsinterne Aussagen

Auch in fiktionsinterner Rede können fiktionsinterne und fiktionsexterne Eigenschaften zugeschrieben werden. Aus einer *internen Perspektive*, d. h. der Perspektive, in der ausschließlich fiktionsinterne Eigenschaften berücksichtigt werden, ist Sherlock Holmes ein Mensch aus Fleisch und Blut, der Pfeifen raucht, Kriminalfälle löst und in der Baker Street 221b wohnt. Und wenn Dr. Watson etwa behauptet, Sherlock Holmes' Violinkünste seien äußerst bemerkenswert, dann referiert er auf Sherlock Holmes und bringt innerhalb der Holmes-Welt eine Wahrheit zum Ausdruck (s. den Beitrag 8. *Fiktive Tatsachen*). Aus einer *externen Perspektive* hingegen hat Conan Doyle einen kreativen Akt vollzogen und eine Fiktion geschaffen, indem er die fiktionsinterne Sprache verwendet hat. Ein Teil dieses kreativen Akts besteht darin, die Figur Dr. Watson einzuführen und erzählen zu lassen, dass Holmes ein passionierter Pfeifenraucher ist. Mit diesem Akt ist die Absicht verbunden, den Leser einzuladen, sich den Arzt Dr. Watson vorzustellen, der auf seinen Freund Holmes referiert und von diesem wahrheitsgemäß behauptet, er sei ein passionierter Pfeifenraucher. Aus der externen Perspektive sind Dr. Watson und Holmes keine Personen und es ist daher plausibel davon auszugehen, dass sie keine Pfeifen rauchen, Namen verwenden oder Wahrheiten ausdrücken können.[24] Conan Doyle hat jedoch in der aktualen Welt fiktionsinterne Aussagen und fiktionale Namen verwendet und es kann sinnvoll gefragt werden, ob diese Aussagen wahr sein können und ob die verwendeten fiktionalen Namen referieren.

Der *Standardauffassung* zufolge, die sowohl von fiktionalen Antirealisten als auch von fiktionalen Realisten typischerweise akzeptiert wird, tut Conan Doyle ohne jede Täuschungsabsicht bloß so, als würde er auf eine Person referieren, wenn er fiktionsintern den Namen ‚Sherlock Holmes' verwendet, und der Name bezeichnet gar nichts. Conan Doyle quasi-referiert, wie Künne sich ausdrückt.[25] Wenn Conan Doyle die Holmes-Geschichten verfasst, tut er demnach *de dicto* so, als würde ein Mann mit dem Namen ‚Sherlock Holmes' Kriminalfälle lösen und Pfeifen rauchen. Eine interessante *Alternativkonzeption*, die den fiktionalen Realisten zur Verfügung steht,

---

24 Zur Unterscheidung zwischen der internen und externen Perspektive vgl. auch Lamarque: Points, Kap. 1 und 2; Lamarque: Philosophy, S. 197.
25 Vgl. Künne: Fiktion.

hat Salmon entwickelt.²⁶ Salmon zufolge sollte keine nicht referentielle Verwendung fiktionaler Namen postuliert werden. Indem Conan Doyle die Holmes-Geschichten niederschreibt, schafft er vielmehr durch einen kreativen Akt unter anderem die Figuren Dr. Watson und Holmes – Salmon versteht Figuren als abstrakte Artefakte – und tut dann *de re* (also bezüglich dieser Objekte) so, als wären diese Objekte Menschen, die Kriminalfälle lösen und Pfeifen rauchen. Salmon kann somit die werkkonstitutiven Aussagen als Aussagen über diese abstrakten Artefakte verstehen.

Die Vorzüge des einen Ansatzes sind die Nachteile des anderen.²⁷ Salmon versteht den fiktionsinternen Diskurs einheitlich. Beim Prätendieren handelt es sich stets um ein *De-re*-Prätendieren – egal, ob von realen (London, Scotland Yard) oder rein fiktiven Dingen (Sherlock Holmes) die Rede ist. Gerade die These, dass Autoren mit fiktionalen Namen auf abstrakte Artefakte referieren und von diesen vorgeben, dass ihnen Eigenschaften zukommen, die nur räumlich lokalisierten Objekten zukommen können, wirkt jedoch kontraintuitiv. Es ist der wesentliche Vorzug der Standardkonzeption, diese Auffassung zu vermeiden. Vorteilhaft an Salmons Ansatz ist jedoch, dass er ihm als Vertreter des Referentialismus eine einfache Erklärung dafür an die Hand gibt, dass fiktionsinterne Rede bedeutungsvoll ist. Dem *Referentialismus* zufolge besteht die einzige semantische Funktion eines Namens darin, auf den Träger des Namens zu referieren. Sätze, die nicht referierende Namen enthalten, scheinen daher bedeutungslos zu sein.²⁸ Da Salmon zufolge fiktionsintern verwendete Namen jedoch auf abstrakte Artefakte referieren, sind fiktionsinterne Aussagen klarerweise bedeutungsvoll. Dass es sich bei der Erklärung der Bedeutungshaftigkeit der fiktionsinternen Rede um ein ernsthaftes Problem handelt, wenn man den Referentialismus mit der Standardkonzeption der fiktionsinternen Verwendung fiktionaler Namen kombiniert, kann man gut anhand von Curries Fiktionstheorie sehen. Currie ist ein Anhänger der Standardkonzeption und ein Sympathisant des Referentialismus. Um die Bedeutungshaftigkeit der fiktionsinternen Rede zu erklären, sieht er sich jedoch gezwungen, für die fiktionsinterne Verwendung fiktionaler Namen vom Referentialismus abzurücken und eine lokale Referenztheorie anzunehmen. Gemäß Curries Vorschlag bringen fiktionale literarische Werke eine einzige Proposition zum Ausdruck, und fiktionale Namen sind gebundene Variablen innerhalb dieser Proposition, de-

---

26 Vgl. Salmon: Nonexistence. Diese Auffassung wird auch in Werner: Referring, vertreten.
27 Die Standardkonzeption und Salmons Ansatz werden auch in Thomasson: Characters, verglichen.
28 Zur Diskussion des Referentialismus vgl. Braun: Names (1993 und 2005); Salmon: Nonexistence; Adams / Fuller / Stecker: Names; Taylor: Emptiness; Everett: Referentialism; Everett: Names.

ren Bedeutung durch alle Kennzeichnungen innerhalb des Werks determiniert ist.²⁹

Für die Frage nach der Logik der fiktionsinternen Rede haben die Standardkonzeption und Salmons Ansatz unterschiedliche Implikationen. Die Standardkonzeption impliziert ohne Einschränkung die Unwahrheit fiktionsinterner Aussagen, die von fiktionalen Namen Gebrauch machen, und somit die Wahrheit von (K3) im Hinblick auf fiktionsinterne Aussagen. Damit geht noch keine Verpflichtung auf eine bestimmte Form der Ablehnung der Erfolgstheorie einher. Im Rahmen von Salmons Ansatz referieren fiktionsintern verwendete fiktionale Namen hingegen sobald Figuren geschaffen wurden. Die fiktionsinternen Aussagen bringen Propositionen zum Ausdruck, die von Einzeldingen handeln und diese als Konstituenten haben (=$_{def}$ *russellsche Propositionen*), und typischerweise sind diese Propositionen falsch, da abstrakte Artefakte beispielsweise keine Pfeifen rauchen können. Salmon legt sich somit in typischen Fällen fiktionsinterner Rede auf die Wahrheit von (K3) und eine Version der Irrtumstheorie fest. Die Einschränkung, dass die Propositionen bloß typischerweise falsch sind, ist vorzunehmen, da einige wenige Eigenschaften Sherlock Holmes sowohl in der internen als auch in der externen Perspektive zukommen. Zusammenfassend lässt sich somit festhalten, dass einfache fiktionsinterne f-Aussagen von einer kleinen Einschränkung abgesehen selbst dann nicht wahr sein können, wenn fiktionsintern verwendete fiktionale Namen als referierende Namen betrachtet werden. In den Abschnitten 4.1 und 4.2 wurden einige Aspekte der Theorie der metafiktionalen$_{ext}$ und fiktionsinternen Verwendung von Eigennamen beleuchtet. Rückblickend lassen sich nun drei Theorien fiktionaler Namen unterscheiden. (1) Weder metafiktional$_{ext}$ noch fiktionsintern verwendete fiktionale Namen referieren. (2) Metafiktional$_{ext}$ und fiktionsintern verwendete fiktionale Namen referieren. (3) Metafiktional$_{ext}$ verwendete fiktionale Namen referieren, fiktionsintern verwendete nicht.³⁰

---

29 Vgl. Currie: Nature. Zur Kritik an Curries deskriptivistischer Auffassung vgl. Adams / Fuller / Stecker: Names.
30 Russell, Walton und Adams / Fuller / Stecker sind Anhänger des ersten Ansatzes, Salmon und Thomasson vertreten den zweiten, van Inwagen, Schiffer und Kripke den dritten. Vgl. Russell: Introduction; Walton: Mimesis; Adams / Fuller / Stecker: Names; Salmon: Nonexistence; Thomasson: Fiction; Inwagen: Creatures; Inwagen: Fiction; Schiffer: Language; Kripke: Names.

5. Die Logik fiktionsinterner Aussagen und die generelle Ablehnung der Erfolgstheorie

Wenn einfache fiktionsinterne f-Aussagen unwahr sind, folgt daraus natürlich nicht, dass fiktionsinterne Aussagen generell unwahr sind, da fiktionale literarische Werke nicht nur aus einfachen f-Aussagen bestehen. In diesem Abschnitt sollen vier Strategien diskutiert werden, für eine allgemeine Ablehnung der Erfolgstheorie bezüglich der fiktionsinternen Rede zu argumentieren.

Einer verbreiteten fiktionstheoretischen Auffassung zufolge können fiktionsinterne Aussagen generell nicht wahr sein, da in Fiktionen nichts behauptet wird (*no-assertion view*). Wenn diese Auffassung in Argumentform gebracht wird, erhalten wir den folgenden Schluss:

(P6) Nur Behauptungen können wahr sein.
(P7) Fiktionsinterne Aussagen werden nicht verwendet, um etwas zu behaupten.
(K4) Fiktionsinterne Aussagen können nicht wahr sein.[31]

Dieses Argument basiert auf der falschen Annahme (P6). Wenn eine Person etwas behauptet, dann legt sie sich auf die Wahrheit des Gesagten fest, und die Behauptung kann verwendet werden, um etwas Wahres oder Falsches auszudrücken. Insofern besteht ein enger Zusammenhang zwischen Behauptungen und Wahrheit. Erstens ist es jedoch plausibel, davon auszugehen, dass die Eigenschaft, wahr oder falsch zu sein, primär eine Eigenschaft von Propositionen ist.[32] Sofern eine Behauptung wahr ist, verdankt sich dieser Umstand der Tatsache, dass der propositionale Gehalt der Behauptung (das Behauptete) wahr ist. Behauptungen sind in diesem Sinn sekundäre Wahrheitswertträger. Zweitens lässt es sich am Beispiel von Annahmen leicht einsehen, dass Behauptungen nicht die einzigen sekundären Wahrheitswertträger sein können. Annahmen etwa werden *per definitionem* nicht behauptet. Gleichwohl können Annahmen wahr oder falsch sein.

Wenn von Propositionen als primären Wahrheitswertträgern ausgegangen wird, dann ist es auch naheliegend, davon auszugehen, dass (K4) falsch ist. So scheint etwa der Satz

(S4) Die äußeren Formen, in denen das sogenannte glückliche Familienleben sich abzuspielen pflegt, sind überall die gleichen, das unglück-

---

31 Vgl. die Diskussion in Beardsley: Aesthetics, S. 420 f.; Lamarque / Olsen: Truth, S. 58 f.; Currie: Nature, S. 5–7.
32 Zur Verteidigung von Propositionen als primären Wahrheitswertträgern vgl. Cartwright: Propositions; Alston: Conception; Bealer: Propositions; Horwich: Truth; Hill: Thought; Künne: Conceptions.

liche dagegen verläuft in jedem Falle auf eine besondere und einmalige Art.

dieselbe (wahre oder falsche) Proposition auszudrücken, unabhängig davon, ob er in einem fiktionsexternen faktualen Diskurs über glückliches oder unglückliches Familienleben verwendet wird oder als erster Satz in Leo Tolstois *Anna Karenina*. Dabei ist es egal, ob die fiktionsinterne Verwendung von (S4) als fiktionale oder faktuale Rede, als Behauptung oder als Hypothese klassifiziert wird. In der gleichen Weise hat Currie argumentiert, dass die fiktionsinterne Verwendung von

(S5)   In der Nacht des 1. Januar 1895 regnete es in London.

in Conan Doyles Detektiv-Geschichten eine wahre oder falsche Proposition ausdrückt.[33] (S5) kann sowohl fiktionsextern als historische Aussage als auch fiktionsintern als Teil des Aktes des Geschichtenerzählens verwendet werden. Dieser Satz drückt die Proposition aus, dass es zur fraglichen Zeit in London regnete, und der Wahrheitswert dieser Proposition hängt davon ab, wie es in der Nacht des 1. Januar 1895 in London um das Wetter bestellt war. Ob die Aussage fiktional wahr ist, hängt hingegen natürlich nicht davon ab, ob es im realen London regnete, sondern ob es gemäß der Geschichte in London regnete. Wenn diese Argumentation funktioniert, dann können fiktionsinterne Aussagen wahr sein – und diese Konklusion wäre ganz unabhängig davon etabliert, wie man sich zu der in ihrer Allgemeinheit zweifelhaften Prämisse (P7) verhält.

Sofern von Propositionen als Wahrheitswertträgern ausgegangen wird, kann dieser erfolgstheoretischen Schlussfolgerung nur auf zwei Weisen widersprochen werden. Eine Möglichkeit besteht darin, auf einen *globalen Wahrheitsskeptizismus* zu rekurrieren. Wenn fiktionsexterne Aussagen generell nicht wahr sein können, dann können auch ihre fiktionsinternen Gegenstücke nicht wahr sein. Ein solcher globaler Wahrheitsskeptizismus ist jedoch völlig unplausibel und wurde wohl auch niemals ernsthaft vertreten. Eine zweite Möglichkeit besteht darin, die Annahme aufzugeben, dass Aussagen unabhängig davon, ob sie in einer Fiktion oder außerhalb verwendet werden, eine konstante Bedeutung haben. Wenn eine generelle *semantische Differenz* zwischen fiktionsinternen Aussagen und ihren fiktionsexternen Gegenstücken postuliert wird, dann kann im Prinzip im Rückgriff auf diese Differenz erklärt werden, warum fiktionsexterne Aussagen wahr sein können, ihre fiktionsinternen Gegenstücke hingegen nicht. Solange nicht angegeben wird, worin diese Differenz bestehen soll, ist diese These kaum bewertbar. Ohne jede Einschränkung ist die semantische Differenzthese

---

33 Vgl. Currie: Nature, S. 6.

6. Fiktion, Wahrheit, Referenz

jedoch nicht haltbar. Wer den fiktionsextern verwendeten Satz (S4) versteht, der versteht auch den fiktionsintern verwendeten Satz und umgekehrt. Da wir keine neue Sprache lernen müssen, um die fiktionsinterne Rede zu verstehen, können fiktionsinterne Sätze nicht generell eine andere Bedeutung haben als fiktionsexterne.[34]

Eine vierte Strategie, der fiktionsinternen Rede generell die Wahrheitsfähigkeit abzusprechen, wird von Azzouni verfolgt. Azzouni begründet seine Ablehnung der Erfolgstheorie damit, dass die Bewertung fiktionsinterner Aussagen hinsichtlich Wahrheit und Falschheit aufgrund des spezifischen Sprechakts, den Autoren vollziehen, wenn sie Geschichten erzählen, generell irrelevant und unangemessen ist.[35] Erstens ist jedoch unklar, warum aus dieser *Irrelevanzthese* die Falschheit der Erfolgstheorie folgen sollte. Selbst wenn es generell irrelevant sein sollte, ausgedrückte Gehalte hinsichtlich Wahrheit und Falschheit zu bewerten, könnten fiktionsinterne Aussagen nichtsdestotrotz Wahrheitswerte tragen.[36] Zweitens ist die Irrelevanzthese in ihrer uneingeschränkten Formulierung zweifelhaft. Azzouni begründet die Irrelevanzthese in erster Linie damit, dass die fiktionsinternen Sprechakte, die eine Einladung zu So-tun-als-ob-Spielen (*make-believe*) darstellen, erfolgreich sein können – das heißt hier wohl, dass sie einen erfolgreichen Beitrag zum Erzählen der Geschichte leisten –, ohne Wahrheiten zum Ausdruck zu bringen. Selbst wenn alle fiktionsinternen Aussagen Einladungen zu So-tun-als-ob-Spielen sind, ist damit jedoch nicht die Möglichkeit ausgeschlossen, dass einige fiktionsinterne Aussagen eine Doppelfunktion erfüllen und zudem dazu dienen, etwas zu behaupten.[37] Eine solche Situation liegt etwa vor, wenn sich Autoren zu allgemeinen Reflexionen hinreißen lassen, die beispielsweise die Natur des Menschen oder dessen Stellung in der Welt betreffen. Wenn die fiktionsinterne Rede bisweilen eine solche Doppelfunktion erfüllt, läge es für diese Teile der fiktionsinternen Rede nicht nur nahe, eine Bewertung hinsichtlich Wahrheit und Falschheit vorzu-

---

34 Vgl. Searle: Status, S. 324; Currie: Nature, S. 7.
35 Vgl. Azzouni: Nothing, S. 112 f. Frege gibt sich ebenfalls als Vertreter der Irrelevanzthese zu erkennen, wenn er behauptet, dass in der Dichtkunst generell bloß „Scheingedanken" ausgedrückt werden, die gar nicht ernst genommen werden sollen. Und Frege scheint ebenfalls hieraus abzuleiten, dass fiktionsintern ausgedrückte Gedanken nicht wahrheitsfähig sind, wenn er Scheingedanken den eigentlichen Gedanken gegenüberstellt, die entweder wahr oder falsch sind. Vgl. Frege: Logik, S. 141 f.
36 Vgl. Lamarque/Olsen: Truth, S. 59 f.
37 Reicher zufolge ist die fiktionsinterne Rede etwa insofern homogen, als Autoren mit fiktionsinternen Aussagen stets den illokutionären Akt vollziehen, eine fiktive Welt zu entwerfen. Das schließt jedoch nicht aus, dass für einige fiktionsinterne Aussagen die Standardregeln für Behauptungen intakt sind. Vgl. Reicher: Knowledge. Vgl. auch Mikkonen: Truth.

nehmen, sondern auch den Erfolg des vollzogenen Sprechakts davon abhängig zu machen, ob eine Wahrheit ausgedrückt wird.

Zusammenfassend lässt sich sagen, dass es keiner der vier Strategien gelingt, die These zu etablieren, dass fiktionsinterne Aussagen generell unwahr sind.

6. Die Logik interpretativer Aussagen: Die Semantik und Metaphysik der Interpretation

In der Literaturwissenschaft ist eine Binnendifferenzierung metafiktionaler$_{\text{ext}}$ Aussagen etabliert: die Unterscheidung zwischen deskriptiven, interpretativen und evaluativen Aussagen.[38] Im evaluativen Urteil wird die ästhetische Qualität eines literarischen Werks bewertet. Typische deskriptive Aussagen betreffen hingegen etwa die Syntax des literarischen Werks, das verwendete Vokabular, den Stil oder bei Gedichten das Metrum, die Reimstruktur und die verwendeten rhetorischen Figuren. Der Umstand, dass sich paradigmatische Beispiele für deskriptive und evaluative Aussagen angeben lassen, bedeutet natürlich nicht, dass auch Klarheit über die Prinzipien herrschen würde, die der Abgrenzung gegenüber interpretativen Aussagen zugrunde liegen. In der Forschungsliteratur ist insbesondere das Verhältnis von deskriptiven und interpretativen Aussagen untersucht worden. Zur Abgrenzung von deskriptiven und interpretativen Aussagen gibt es mindestens fünf verschiedene Ansätze. Beardsley sieht einen Unterschied im propositionalen Gehalt: Interpretationen sind im Gegensatz zu Beschreibungen immer Bedeutungszuschreibungen. Margolis hält Interpretationen im Gegensatz zu Deskriptionen für performativ und kreativ. Reichert und Goldman betonen, dass beschriebene Eigenschaften direkt wahrnehmbar sind, während Eigenschaften, die Gegenstand von Interpretationen sind, erschlossen werden müssen. Matthews und Barnes halten den Unterschied für einen epistemischen. Und Kindt und Müller zufolge sind Deskriptionen im Gegensatz zu Interpretationen wesentlich unabhängig davon akzeptabel, welche Interpretationstheorie vertreten wird.[39] Ohne die verschiedenen Abgrenzungsvorschläge im Einzelnen untersuchen zu können, scheint sich

---

38 Dass diese Unterscheidung etabliert ist, heißt nicht, dass auch die Legitimität all dieser Redeformen in literaturwissenschaftlichen Zusammenhängen allgemein anerkannt wäre. Vgl. etwa zu interpretationskritischen Positionen Spree: Kritik.

39 Vgl. Beardsley: Aesthetics, S. 9 f.; Margolis: Art, S. 107–144; Reichert: Description; Goldman: Art; Matthews: Work; Barnes: Interpretation; Kindt / Müller: Interpretation.

doch eine minimale notwendige Bedingung für Interpretationen abzuzeichnen, die nahezu universelle Akzeptanz genießt:[40]

(MinInt) Wenn eine Person P zu einem Zeitpunkt t dem Objekt W die Eigenschaft E zuschreibt, dann kann es sich für P nur dann um eine Interpretation handeln, wenn es für P nicht offensichtlich ist, dass W E aufweist.

Der zentrale Begriff dieser minimalen Bedingung ist der der Offensichtlichkeit. Interpretieren hat stets den Charakter des Rätsellösens, und rätselhaft können Aspekte eines Objekts nur dann sein, wenn diese Aspekte nicht offensichtlich sind.[41] (MinInt) ist kompatibel mit der Auffassung, dass es auch Beschreibungen gibt, die nicht offensichtliche Eigenschaften betreffen. Zumindest paradigmatische Beschreibungen lassen sich jedoch leicht verifizieren oder sind zumindest prinzipiell verifizierbar. Daher ist die Frage nach der Logik der Fiktion bloß für interpretative und evaluative Aussagen drängend – und zwar vor allem deshalb, weil die Objektivität der entsprechenden Urteile fraglich ist. Auf das interessante Problem der Logik ästhetischer Werturteile kann an dieser Stelle nicht eingegangen werden. Im Folgenden sollen einige Grundzüge der Debatte über die Logik *ambitionierter Interpretationshypothesen* skizziert werden.

Ob ambitionierte Interpretationshypothesen wahr sind, hängt davon ab, ob Propositionen ausgedrückt werden und somit Wahrheitsbedingungen vorliegen, wie die Wahrheitsbedingungen gegebenenfalls bestimmt werden und ob die Wahrheitsbedingungen erfüllt sind.

Dass interpretative Aussagen Propositionen ausdrücken, ist eine notwendige Bedingung dafür, dass sie wahr sein können. *Deskriptivisten* zufolge ist diese notwendige Bedingung erfüllt. Der Deskriptivismus wird in mindestens drei Spielarten vertreten. Um die Unterschiede der Ansätze zu verdeutlichen, kann in Anlehnung an Shusterman von der Formel ‚W ist I' ausgegangen werden, die typische interpretative Aussagen repräsentieren soll, wobei die Werte der Variable ‚W' literarische Kunstwerke und die der Variable ‚I' interpretative Prädikate sind.[42] Die unterschiedlichen Ansätze unterscheiden sich nun in den Analysen dieser Formel. Der *starke Deskriptivist* nimmt die Oberflächenstruktur ‚W ist I' für bare Münze und macht geltend, dass eine Proposition von der Struktur <W ist I> ausgedrückt wird. Interpretative Aussagen beziehen sich ihm zufolge tatsächlich auf Kunstwerke

---

40 Da Beardsley jede Bedeutungszuschreibung für interpretativ hält, und da es auch offensichtliche Bedeutungszuschreibungen gibt, kann Beardsley (MinInt) nicht akzeptieren.
41 Vgl. hierzu Barnes: Interpretation, Kap. 1, 2 und 8; Lamarque: Philosophy, S. 148; Novitz: Realism, S. 173; Stecker: Interpretation, S. 20 ff.
42 Vgl. Shusterman: Logic.

und schreiben ihnen Eigenschaften zu. Der *Subjektivist* interpretiert hingegen interpretative Aussagen als Aussagen, die Propositionen des Typs <W ist für mich I> ausdrücken. Wahre interpretative Aussagen teilen uns somit etwas über den Interpreten mit, nicht über intrinsische Eigenschaften von Kunstwerken. Der *schwache Deskriptivist* legt sich auf den propositionalen Gehalt <W ist I ist (hochgradig) plausibel/am plausibelsten> fest.[43]

Antideskriptivisten leugnen, dass interpretative Aussagen Propositionen ausdrücken. Auch der Antideskriptivismus lässt verschiedene Varianten zu. Es lassen sich etwa präskriptivistische und expressivistische Konzeptionen unterscheiden.[44] Dem *Präskriptivismus* zufolge drücken interpretative Aussagen Empfehlungen oder Aufforderungen aus, ein Kunstwerk in einer bestimmten Weise zu sehen. Der Präskriptivist meint, ‚W ist I' sei zu analysieren als ‚Siehe W als I!'. In der Analyse interpretativer Aussagen wird somit ein imperativer Charakter hervorgehoben. Dem *Expressivismus* zufolge dienen interpretative Aussagen dem Ausdruck wertender Einstellungen. Indem ein Interpret ‚W ist I' äußert, bringt er eine positive wertende Einstellung in Bezug auf eine bestimmte Sichtweise eines Kunstwerks zum Ausdruck. Stehe ‚H!' für einen Satzoperator (Hurra-Operator), durch den eine positive wertende Einstellung in Bezug auf eine Repräsentation eingenommen werden kann, dann läuft die Analyse einer interpretativen Aussage dem Expressivisten zufolge auf ‚H! (W ist I)' hinaus. Eine Aussage der Form ‚W ist nicht I' wird analysiert als ‚B! (W ist I)', wobei ‚B!' als Buh-Operator fungiert und für eine negative wertende Einstellung steht. Bezüglich derartiger Sprechakte ist es prinzipiell unangemessen danach zu fragen, ob sie wahr oder falsch sind. Eine Aufforderung bzw. der Ausdruck einer Einstellung können zwar mehr oder minder angemessen sein, nicht jedoch wahr oder falsch.

Der starke Deskriptivismus ist eine natürliche Ergänzung für alle *faktualistischen* Theorien der Interpretation. Solchen faktualistischen Theorien zufolge besitzen literarische Werke tatsächlich die Arten von Eigenschaften, die wir ihnen in Interpretationen zuschreiben. Kunstwerke haben somit mannigfaltige Arten von Eigenschaften, da die Zwecke interpretativer Aussagen anscheinend etwa darin bestehen können, die linguistische Bedeutung unklarer Worte oder dunkler Passagen anzugeben, verhandelte Themen, vertretene Thesen oder fiktionale Wahrheiten zu identifizieren, die spezifi-

---

43 Eine Auffassung, die als Variante des schwachen Deskriptivismus verstanden werden kann, vertritt Davies. Davies ist der Auffassung, eine interpretative Aussage der Form ‚W ist I' weise den propositionalen Gehalt <W kann als I gelesen werden> auf. Vgl. Davies: Relativism.

44 Die Unterscheidung zwischen den verschiedenen Varianten des Deskriptivismus ist von Shusterman übernommen. Vgl. Shusterman: Logic. Auf antideskriptivistischer unterscheidet er den Präskriptivismus und eine Position, die er als Performativismus bezeichnet, in meinen Augen jedoch fälschlicherweise als Antideskriptivismus klassifiziert.

sche Beschaffenheit des Textes oder etwa Handlungen der Figuren zu erklären, Anspielungen auszumachen, Symbole oder Metaphern zu dechiffrieren, expressive Qualitäten aufzudecken, das Werk im Lichte großer Theorien zu betrachten (etwa Marxismus, Feminismus, Psychoanalyse), Relationen zu anderen Werken aufzuzeigen, die Bedeutsamkeit (Signifikanz) des Werks für bestimmte Personen zu demonstrieren und manches mehr.[45] Wenn davon ausgegangen wird, dass literarischen Werken tatsächlich diese Arten von Eigenschaften zukommen, dann spricht nichts dagegen, interpretative Aussagen als Beschreibungen dieser Eigenschaften zu verstehen, die wahr sein können und es häufig sind. Das schließt freilich nicht aus, dass diese Beschreibungen gleichzeitig dazu verwendet werden können, indirekte präskriptive oder expressive Sprechakte zu vollziehen. Indem gesagt wird, dass in Umberto Ecos *Der Name der Rose* Kritik an italienischen Regierungsverhältnissen geübt wird, kann beispielsweise der direkte Sprechakt vollzogen werden, diese Eigenschaft zu beschreiben, der einen wahren oder falschen propositionalen Gehalt besitzt, um damit den indirekten Sprechakt zu vollziehen, den Adressaten der Interpretation zu empfehlen, sich dieser Interpretation anzuschließen.[46]

Faktualistischen Interpretationstheorien liegt typischerweise das sogenannte *semantische Paradigma* zugrunde.[47] Dem semantischen Paradigma zufolge zielen Interpretationen eines literarischen Werks darauf ab, dessen Bedeutung(en) zu erfassen. Da Bedeutung eine linguistische Kategorie ist, sind Theorien des Verstehens von Bedeutungen die angemessenen Theorien, um die Eigenschaften von Kunstwerken zu modellieren. Faktualistische Theorien unterscheiden sich im Hinblick auf die Frage, wie sich die Eigenschaften literarischer Werke erklären lassen. Aufgrund welcher Faktoren haben Kunstwerke ihre Eigenschaften? Wodurch sind die Eigenschaften determiniert? Schematisch können im faktualistischen Lager intentionalistische, konventionalistische und konstruktivistische Theorien unterschieden werden.[48]

---

45 Zur Debatte über legitime Interpretationsziele vgl. etwa Hampshire: Types; Stout: Meaning; Hermerén: Interpretation; Barnes: Interpretation; Strube: Philosophie; Goldman: Art; Gaut: Arts; Bühler: Vielfalt; Bühler: Interpretieren; Lamarque: Work, Kap. 8; Stecker: Interpretation; Levinson: Notions; Carlshamre / Pettersson: Types.
46 Zu indirekten Sprechakten vgl. Searle: Indirect.
47 Den Begriff des semantischen Paradigmas übernehme ich von Gaut: Arts.
48 Der aktuale Intentionalismus wird u. a. verteidigt von Hirsch: Validity; Knapp / Michaels: Theory; Stecker: Interpretation; Livingston: Art; Carroll: Intention; Juhl: Interpretation; Iseminger: Demonstration. Zu den prominentesten Vertretern des hypothetischen Intentionalismus zählen Tolhurst: Text; Levinson: Intention; Levinson: Intentionalism; Currie: Interpretation. Zum Konventionalismus vgl. Beardsley: Possibility. Zum Konstruktivismus vgl. Margolis: Art; Krausz: Rightness. Zur Diskussion des Konstruktivismus vgl. Stecker: Dilemma; Percival: Dilemma; Lamarque: Work, Kap. 8; Lamarque: Philosophy, S. 158–160; Novitz: Pluralism.

Intentionalistischen Theorien zufolge lassen sich die Eigenschaften von Kunstwerken (zumindest teilweise) auf semantische Absichten des Autors zurückführen. Der aktuale Intentionalismus macht die aktualen Absichten des realen Autors für die Eigenschaften des Werks verantwortlich. Dem hypothetischen Intentionalisten zufolge determinieren hingegen nicht aktuale Autorintentionen, sondern hypothetische Intentionen die Eigenschaften literarischer Werke. Unter hypothetischen Intentionen werden jene Intentionen verstanden, die die vom Autor intendierte Leserschaft oder eine ideale Leserschaft auf der Grundlage der textuellen Evidenzen und bestimmter Hintergrundannahmen, die etwa den Äußerungskontext betreffen, dem Autor gerechtfertigt unterstellen kann. *Konventionalisten* sind hingegen der Auffassung, dass die Eigenschaften literarischer Werke ausschließlich durch linguistische und kulturelle Konventionen determiniert sind. Dem *Konstruktivismus* (imputationalism) zufolge handelt es sich bei literarischen Werken nicht um autonome praxisunabhängige Objekte, sondern um Objekte, die zumindest teilweise durch die Zuschreibung von Eigenschaften in Interpretationen oder Klassen von Interpretationen konstituiert werden. Indem Kunstwerken Eigenschaften zugeschrieben werden, können diese Eigenschaften demnach zu einem intrinsischen Teil der Kunstwerke werden. Interpretative Aussagen werden somit als deklarative Sprechakte verstanden, die ähnlich wie Taufakte das Potential besitzen sollen, die Eigenschaften von Kunstwerken zu verändern. Gleichwohl kann der Konstruktivismus als Deskriptivismus verstanden werden, da es sich nicht ausschließt, dass eine interpretative Aussage zugleich eine Proposition ausdrückt und die illokutionäre Funktion besitzt, Eigenschaften des Interpretandums zu verändern, auf das sich die Proposition bezieht. Die zentrale Schwierigkeit des Konstruktivismus besteht darin zu erklären, wie interpretative Aussagen die Eigenschaften von Werken verändern können.

Typischerweise liegt faktualistischen Interpretationstheorien die Annahme zugrunde, dass sich eine homogene Erklärung für das Vorliegen der Eigenschaften eines Kunstwerks geben lässt. Es wird also angenommen, dass es sich beim Intentionalismus, Konventionalismus und Konstruktivismus um einander ausschließende Theorien handelt, von denen nur eine Theorie eine richtige Erklärung der Eigenschaften literarischer Werke liefern kann. In Anbetracht des heterogenen Charakters der Eigenschaften, die literarischen Werken zugeschrieben werden, ist es jedoch nicht ausgemacht, dass eine homogene Erklärung möglich ist. In seiner sogenannten *Patchwork Theory of Art* hat Gaut für die Auffassung plädiert, dass die unterschiedlichen Arten von Eigenschaften, die Kunstwerke besitzen, auf unterschiedliche Weise erklärt werden müssen.[49]

---

49 Vgl. Gaut: Arts.

Der starke Deskriptivismus ist ebenfalls mit non-faktualistischen Theorien kompatibel. Der Non-Faktualismus leugnet, dass Kunstwerken die Eigenschaften, die wir ihnen zuzuschreiben pflegen, tatsächlich zukommen. Motiviert sind non-faktualistische Ansätze in der Regel durch die Überzeugung, dass es keine interpretativen Konsense oder Konvergenzen gibt, dass das Spiel der Interpretation unabschließbar ist, dass in Interpretationen über das objektiv Gegebene hinausgegangen wird, dass im Bereich der Interpretation einander ausschließende Interpretationen toleriert und als nicht überwindungsbedürftig betrachtet werden (*faultless disagreements*) oder dass es keine klare Grenze gibt zwischen Eigenschaften, die ‚in dem Werk' sind, und solchen, die es nicht sind. Die Kombination des Non-Faktualismus und starken Deskriptivismus führt zu einer irrtumstheoretischen Konzeption. Matthews etwa setzt eine deskriptivistische Semantik voraus und argumentiert, dass interpretative Aussagen generell weder wahr noch falsch sind, da sie stets durch alle möglichen Evidenzen unterbestimmt sind.[50] Damit ist Matthews ebenso ein klarer Vertreter der Irrtumstheorie wie etwa Margolis, Dutton, Pettersson, Stern, Lind, Strube und Freundlieb, denen (trotz aller Unterschiede) die Auffassung gemeinsam ist, dass Interpretationen nicht als wahr oder falsch zu bewerten sind, sondern in epistemischen Begriffen der Plausibilität, Relevanz, Angemessenheit, Interessantheit usw.[51] Solche irrtumstheoretischen Konzeptionen sehen sich mit der Schwierigkeit konfrontiert zu erklären, inwiefern interpretative Aussagen plausibel oder angemessen sein können, wenn sie niemals wahr sind. Darüber hinaus muss erklärt werden, warum es vernünftig ist, mit der interpretativen Praxis fortzufahren, wenn Wahrheit unerreichbar ist.

Non-faktualistische Skrupel können auch die zentrale Motivation dafür sein, vom starken Deskriptivismus abzuweichen. Eine Möglichkeit, dies zu tun, besteht darin, Zuflucht zum Subjektivismus oder schwachen Deskriptivismus zu nehmen. Beim Subjektivismus und schwachen Deskriptivismus handelt es sich um Varianten eines *semantischen Revisionismus*.[52] Dem Revisionismus zufolge bringen interpretative Aussagen zwar propositionale Gehalte zum Ausdruck, jedoch nicht die, die sie auszudrücken scheinen. Die

---

50 Vgl. Matthews: Work. Zur Kritik an Matthews' wenig überzeugender Argumentation vgl. Barnes: Interpretation, S. 76 f.; Stecker: Artworks, S. 145 f.
51 Vgl. Margolis: Relativism; Margolis: Art, Kap. 7; Dutton: Plausibility; Pettersson: Interpretations; Stern: Interpreting; Lind: Critic; Strube: Philosophie, S. 128–130; Freundlieb: Meanings. Genau genommen können Margolis zufolge interpretative Aussagen zwar falsch sein, nicht jedoch wahr. Typischerweise sind Margolis zufolge interpretativen Aussagen jedoch Quasi-Wahrheitswerte zuzuschreiben, die er epistemisch interpretiert. Interpretative Aussagen sind also mehr oder minder plausibel.
52 Den Begriff des semantischen Revisionismus übernehme ich von Kölbel. Zur Kritik am semantischen Revisionismus vgl. Kölbel: Truth, Kap. 3.

Zuschreibung eines nicht offensichtlichen propositionalen Gehalts gestattet es dem Revisionisten, auf einfache Weise die Intuition zu erklären, dass interpretative Aussagen wahr sein können, ohne damit zweifelhafte metaphysische Verpflichtungen einzugehen: Interpretative Aussagen können wahr sein, da sie von den mentalen Zuständen des Interpreten oder von der Plausibilität einer Interpretation handeln. Diese Erklärungsstrategie geht jedoch auf Kosten der Intuition, dass in Interpretationen über Kunstwerke gesprochen wird. Der Subjektivist hat ebenfalls keine Probleme damit zu erklären, warum Interpretationen, die einander auszuschließen scheinen, in der Interpretationspraxis toleriert und nicht als überwindungsbedürftiges Übel betrachtet werden. Die interpretativen Aussagen ‚W ist I' und ‚W ist nicht I' schließen einander eben nur scheinbar aus. Wenn mit den Aussagen tatsächlich gesagt wird, dass W für mich I und für eine andere Person nicht I ist, können beide Aussagen wahr sein. Der Preis für diese Strategie besteht darin, dass interpretative Konflikte nicht möglich zu sein scheinen. Ob der schwache Deskriptivist echte Interpretationskonflikte einräumen kann oder nicht, hängt davon ab, wie er den semantischen Gehalt genau bestimmt. Während <W ist I ist plausibel> und <W ist nicht I ist plausibel> zugleich wahr sein können, ist das bei <W ist I ist am plausibelsten> und <W ist nicht I ist am plausibelsten> nicht der Fall.

Eine alternative Strategie, unter non-faktualistischem Vorzeichen vom starken Deskriptivismus abzuweichen, besteht darin, die deskriptivistische Voraussetzung, dass interpretative Aussagen Propositionen ausdrücken, komplett aufzugeben und Zuflucht zum *Antideskriptivismus* zu nehmen. Wenn interpretative Aussagen prinzipiell nicht wahr sein können, da es keine Wahrmacher für diese Aussagen gibt, dann, so meinen Antideskriptivisten, sollte die Bedeutung interpretativer Aussagen auch nicht über einen propositionalen Gehalt ausbuchstabiert werden, der prinzipiell hinsichtlich Wahrheit und Falschheit bewertet werden kann. Es ist somit nach einer alternativen Konzeption der Bedeutung interpretativer Aussagen zu suchen. Eine Möglichkeit für Expressivisten und Präskriptivisten, dieser Herausforderung zu begegnen, besteht darin, illokutionäre Akte anzugeben, für deren Vollzug interpretative Aussagen geeignet sind.

Der *Expressivismus*, der gegenwärtig vor allem in der Metaethik (allerdings nicht nur dort) ausführlich diskutiert wird, scheint vor allem dann eine attraktive Option zu sein, wenn die sogenannte Wertmaximierungstheorie (*value-maximization theory*) akzeptiert wird. Der Wertmaximierungstheorie zufolge besteht der Zweck der Interpretation darin, das Interpretandum ästhetisch möglichst wertvoll erscheinen zu lassen.[53] Im Rahmen der Wertmaximierungstheorie ist es daher legitim, eine Interpretation im Rekurs

---

53 Vgl. etwa Davies: Author.

auf ästhetische Werturteile zu begründen. Wenn ein derart enger Zusammenhang zwischen interpretativen und evaluativen Aussagen hergestellt wird, ist es naheliegend davon auszugehen, dass interpretative Aussagen selbst dem Ausdruck wertender Einstellungen dienen. Gleichwohl ist mir nicht bekannt, dass eine derartige Theorie bislang in der interpretationsphilosophischen Debatte systematisch ausbuchstabiert worden wäre.

Der *Präskriptivismus* ist hingegen von Stevenson mit einiger Gründlichkeit ausgearbeitet worden.[54] Stevenson geht davon aus, dass sich die Suche nach möglichen Lesarten eines literarischen Werks rein wissenschaftlich rekonstruieren lässt. Das Geschäft der Interpretation besteht jedoch darin, zwischen den möglichen Lesarten eine Auswahl zu treffen. Diese Auswahl wird von Stevenson als eine unaufhebbar normative nicht wissenschaftliche Entscheidung für eine Interpretation verstanden. Um eine wesentlich normative Entscheidung handelt es sich, da erstens das Ziel der interpretativen Entscheidung nicht Wissen über das zu interpretierende Kunstwerk, sondern eine gesteigerte ästhetische Sensibilität ist. Zweitens ist die interpretative Entscheidung zwar kausal durch Gründe (etwa kulturgeschichtliche, philologische, psychologische oder biographische Überzeugungen) beeinflusst, die Akzeptanz einer Menge von Gründen determiniert jedoch nicht logisch eine bestimmte Interpretation. Es bleibt stets Raum für individuelle Schwerpunktsetzungen. Stevenson gesteht nun zu, dass Interpretationen häufig mit einem Anspruch auf Objektivität verbunden zu sein scheinen. In Anbetracht der Normativität interpretativer Entscheidungen schlägt er jedoch vor, interpretative Aussagen als Empfehlungen oder Aufforderungen zu begreifen, Kunstwerke in einer bestimmten Weise zu betrachten.

Der zentrale Einwand, mit dem sich antideskriptivistische Ansätze generell konfrontiert sehen, ist das sogenannte Frege-Geach-Problem.[55] Interpretative Aussagen kommen nicht nur als für sich stehende Konstituenten in interpretativen Texten vor, sondern auch eingebettet in komplexere syntaktische Strukturen. Interpretative Aussagen können beispielsweise als Vordersätze in Konditionalen verwendet werden. Das Frege-Geach-Problem besteht grob gesagt darin, dass Antideskriptivisten die Bedeutungsanalysen, die sie für frei stehende interpretative Aussagen in Anschlag bringen, nicht ohne Weiteres auf eingebettete Vorkommnisse der Aussagen übertragen können. Auch wenn beispielsweise die Aussage, dass in Ecos *Der Name der Rose* Kritik an italienischen Regierungsverhältnissen geübt wird, dazu dient, einen präskriptiven Sprechakt zu vollziehen, dann lässt sich diese Bedeutungsanalyse trotzdem nicht ohne Weiteres auch zur Analyse des Vordersatzes der Aussage ‚Wenn in Ecos *Der Name der Rose* Kritik an italienischen

---

54 Vgl. Stevenson: Interpretation.
55 Zum Frege-Geach-Problem vgl. z. B. Schroeder: Frege.

Regierungsverhältnissen geübt wird, dann handelt es sich um eine subtile Form der Kritik' heranziehen, da der Vordersatz offenbar nicht dem Vollzug eines präskriptiven Sprechakts dient. Das Frege-Geach-Problem läuft auf eine Herausforderung für den Antideskriptivisten hinaus, eine allgemeine und systematische Theorie der Bedeutung interpretativer Aussagen zu entwickeln.

Zusammenfassend lässt sich festhalten, dass die Logik der Interpretation untrennbar verbunden ist mit der Semantik und Metaphysik der Interpretation. Die Semantik der Interpretation untersucht die Bedeutung interpretativer Aussagen. Drücken interpretative Aussagen Propositionen aus, und wie lassen sich gegebenenfalls die propositionalen Gehalte bestimmen? Für den Vollzug welcher illokutionären Akte sind interpretative Aussagen geeignet? Die Metaphysik der Interpretation untersucht, welche Arten von Eigenschaften literarische Kunstwerke aufweisen und worauf sich das Vorkommen bestimmter Eigenschaften zurückführen lässt. Erschwert wird die Ausarbeitung einer Metaphysik der Eigenschaften literarischer Werke durch die Heterogenität und Vielfalt der Eigenschaften, die in interpretativen Aussagen zugeschrieben werden. Wenn die Frage nach der Logik der Interpretation beantwortet werden soll, müssen diese verschiedenen Eigenschaften Detailanalysen unterzogen und die Semantik und Metaphysik der Interpretation in ein rationales Überlegungsgleichgewicht gebracht werden, das die Phänomene der Literaturinterpretation rettet.

Bibliographie

Adams, Fred / Gary Fuller / Robert Stecker: The Semantics of Fictional Names. In: Pacific Philosophical Quarterly 78,2 (1997), S. 128–148.
Alston, William P.: A Realist Conception of Truth. Ithaca, London 1996.
Azzouni, Jody: Talking About Nothing: Numbers, Hallucinations, and Fictions. Oxford u. a. 2010.
Bach, Kent: Thought and Reference. Oxford 1987.
Barnes, Annette: On Interpretation. Oxford 1988.
Bealer, George: Propositions. In: Mind 107,425 (1998), S. 1–32.
Beardsley, Monroe C.: The Possibility of Criticism. Detroit 1970.
Beardsley, Monroe C.: Aesthetics. Problems in the Philosophy of Criticism [1958]. 2., umgearb. Aufl. Indianapolis, Cambridge 1981.
Beyer, Christian: Fiktionale Rede. In: Mark Siebel / Mark Textor (Hg.): Semantik und Ontologie. Heusenstamm u. a. 2004, S. 169–184.
Braun, David: Empty Names. In: Noûs 27,4 (1993), S. 449–469.
Braun, David: Empty Names, Fictional Names, Mythical Names. In: Noûs 39,4 (2005), S. 596–631.
Bühler, Axel: Die Vielfalt des Interpretierens. In: Analyse & Kritik 21 (1999), S. 117–137.

Bühler, Axel: Interpretieren – Vielfalt oder Einheit? In: Fotis Jannidis / Gerhard Lauer / Matías Martínez / Simone Winko (Hg.): Regeln der Bedeutung. Zur Theorie der Bedeutung literarischer Texte. Berlin 2003, S. 169–181.

Carlshamre, Staffan / Anders Pettersson: Types of Interpretation in the Aesthetic Disciplines. Montreal 2003.

Carroll, Noël: Intention and Interpretation. The Debate Between Hypothetical and Actual Intentionalism. In: Joseph Margolis / Tom Rockmore (Hg.): The Philosophy of Interpretation. Malden u. a. 1999, S. 75–95.

Cartwright, R.: Propositions. In: R. J. Butler (Hg.): Analytical Philosophy. Oxford 1962, S. 81–103.

Corazza, Eros / Mark Whitsey: Indexicals, Fictions, and Ficta. In: Dialectica 57,2 (2003), S. 121–136.

Currie, Gregory: The Nature of Fiction. Cambridge, New York 1990.

Currie, Gregory: Interpretation and Objectivity. In: Mind 102,407 (1993), S. 413–428.

Davies, David: Aesthetics and Literature. London, New York 2007.

Davies, Stephen: Relativism in Interpretation. In: The Journal of Aesthetics and Art Criticism 53,1 (1995), S. 8–13.

Davies, Stephen: Author's Intentions, Literary Interpretation, and Literary Value. In: British Journal of Aesthetics 46,3 (2006), S. 223–247.

Dutton, Denis: Plausibility and Aesthetic Interpretation. In: Canadian Journal of Philosophy 7,2 (1977), S. 327–340.

Everett, Anthony: Referentialism and Empty Names. In: A. E. / Thomas Hofweber (Hg.): Empty Names, Fiction and the Puzzles of Non-Existence. Stanford 2000, S. 37–60.

Everett, Anthony: Empty Names and ‚Gappy' Proposition. In: Philosophical Studies 116 (2003), S. 1–36.

Feagin, Susan L.: Incompatible Interpretations of Art. In: Philosophy and Literature 6,1/2 (1982), S. 133–146.

Fish, Stanley: Is There a Text in This Class? The Authority of Interpretive Communities. Cambridge, London 1980.

Frege, Gottlob: Logik. In: F. G.: Nachgelassene Schriften und Wissenschaftlicher Briefwechsel, Bd 1. Hg. von Hans Hermes, Friedrich Kambartel und Friedrich Kaulbach. Hamburg 1983, S. 137–163.

Freundlieb, Dieter: Can Meanings Be Objects of Knowledge? In: Poetics 12 (1983), S. 259–275.

Gaut, Berys: Interpreting the Arts: The Patchwork Theory. In: The Journal of Aesthetics and Art Criticism 51,4 (1993), S. 597–609.

Gertken, Jan / Tilmann Köppe: Fiktionalität. In: Simone Winko / Fotis Jannidis / Gerhard Lauer (Hg.): Grenzen der Literatur: Zu Begriff und Phänomen des Literarischen. Berlin 2009, S. 228–266.

Goldman, Alan H.: Interpreting Art and Literature. In: The Journal of Aesthetics and Art Criticism 48,3 (1990), S. 205–214.

Hampshire, Stuart: Types of Interpretation. In: William Kennick (Hg.): Art and Philosophy. New York 1979, S. 200–205.

Hermerén, Göran: Interpretation: Types and Criteria. In: Grazer Philosophische Studien 19 (1983), S. 131–161.

Hill, Christopher: Thought and World. An Austere Portrayal of Truth, Reference, and Semantic Correspondence. Cambridge 2002.

Hirsch, Eric Donald: Validity in Interpretation. New Haven, London 1967.

Horwich, Paul: Truth. Oxford u. a. 1998.

Inwagen, Peter van: Creatures of Fiction. In: American Philosophical Quarterly 14,4 (1977), S. 299–308.
Inwagen, Peter van: Fiction and Metaphysics. In: Philosophy and Literature 7,1 (1983), S. 67–77.
Iseminger, Gary: An Intentional Demonstration? In: G. I. (Hg.): Intention and Interpretation. Philadelphia 1992, S. 76–96.
Juhl, Peter D.: Interpretation. An Essay in the Philosophy of Literary Criticism. Princeton 1980.
Kindt, Tom / Hans-Harald Müller: Wieviel Interpretation enthalten Beschreibungen? Überlegungen zu einer umstrittenen Unterscheidung am Beispiel der Narratologie. In: Fotis Jannidis / Gerhard Lauer / Matías Martínez / Simone Winko (Hg.): Regeln der Bedeutung. Zur Theorie der Bedeutung literarischer Texte. Berlin, New York 2003, S. 286–304.
Knapp, Steven / Walter Benn Michaels: Against Theory. In: Critical Inquiry 8,4 (1982), S. 723–742.
Kölbel, Max: Truth without Objectivity. London, New York 2002.
Krausz, Michael: Rightness and Reasons. Interpretation in Cultural Practices. Ithaca, London 1993.
Krausz, Michael: Interpretation and its Objects. In: M. K. (Hg.): Is there a Single Right Interpretation? Pennsylvania 2002, S. 122–144.
Kripke, Saul: Vacuous Names and Fictional Entities. In: S. K. (Hg.): Philosophical Troubles. Collected Papers Bd. 1. Oxford u. a. 2011, S. 52–74.
Künne, Wolfgang: Fiktion ohne fiktive Gegenstände: Prolegomenon zu einer Fregeanischen Theorie der Fiktion. In: Johannes L. Brandl / Alexander Hieke / Peter M. Simons (Hg.): Metaphysik. Neue Zugänge zu alten Fragen. Sankt Augustin 1995, S. 141–162.
Künne, Wolfgang: Conceptions of Truth. Oxford u. a. 2003.
Künne, Wolfgang: Abstrakte Gegenstände. Semantik und Ontologie [1983]. 2., erw. Aufl. Frankfurt/M. 2007.
Lamarque, Peter: Fictional Points of View. Ithaca, London 1996.
Lamarque, Peter: The Philosophy of Literature. Malden u. a. 2009.
Lamarque, Peter: Work & Object: Explorations in the Metaphysics of Art. Oxford u. a. 2010.
Lamarque, Peter / Stein Haugom Olsen: Truth, Fiction and Literature. Oxford u. a. 1994.
Levinson, Jerrold: Intention and Interpretation in Literature. In: J. L.: The Pleasures of Aesthetics. Philosophical Essays. Ithaca 1996, S. 175–213.
Levinson, Jerrold: Hypothetical Intentionalism. Statement, Objections, and Replies. In: Michael Krausz (Hg.): Is There a Single Right Interpretation? Pennsylvania 2002, S. 309–318.
Levinson, Jerrold: Two Notions of Interpretation. In: J. L.: Contemplating Art. Essays in Aesthetics. Oxford u. a. 2006, S. 275–287.
Lewis, David: Truth in Fiction. In: Philosophical Papers, Bd. 1. New York 1983, S. 261–275.
Lind, Richard W.: Must the Critic Be Correct? In: The Journal of Aesthetics and Art Criticism 35,4 (1977), S. 445–456.
Livingston, Paisley: Art and Intention. A Philosophical Study. Oxford u. a. 2005.
Margolis, Joseph: Robust Relativism. In: The Journal of Aesthetics and Art Criticism 35,1 (1976), S. 37–46.
Margolis, Joseph: Art and Philosophy. Brighton 1980.
Martinich, Aloysius P. / Avrum Stroll: Much Ado About Nonexistence. Fiction and Reference. Lanham 2007.
Matthews, Robert J.: Describing and Interpreting a Work of Art. In: The Journal of Aesthetics and Art Criticism 36,1 (1977), S. 5–14.

Mikkonen, Jukka: Truth-Claiming in Fiction. Towards a Poetics of Literary Assertion. In: The Nordic Journal of Aesthetics 38 (2009), S. 18–34.
Nehamas, Alexander: The Postulated Author. Critical Monism as a Regulative Ideal. In: Critical Inquiry 8,1 (1981), S. 133–149.
Novitz, David: Towards a Robust Realism. In: The Journal of Aesthetics and Art Criticism 41,2 (1982), S. 171–185.
Novitz, David: Against Critical Pluralism. In: Michael Krausz (Hg.): Is There a Single Right Interpretation? Pennsylvania 2002, S. 101–121.
Nünning, Ansgar (Hg.): Metzler Lexikon Literatur- und Kulturtheorie. Ansätze – Personen – Grundbegriffe. Stuttgart 2008.
Parsons, Terence: Nonexistent Objects. New Haven, London 1980.
Percival, Philip: Stecker's Dilemma: A Constructive Response. In: The Journal of Aesthetics and Art Criticism 58,1 (2000), S. 51–60.
Pettersson, Torsten: Incompatible Interpretations of Literature. In: The Journal of Aesthetics and Art Criticism 45,2 (1986), S. 147–161.
Predelli, Stefano: Modal Monsters and Talk About Fiction. In: Journal of Philosophical Logic 37 (2008), S. 277–297.
Reicher, Maria E.: Two Interpretation of ‚According to a Story'. In: Andrea Bottani / Richard Davies (Hg.): Modes of Existence. Papers in Ontology and Philosophical Logic. Heusenstamm 2006, S. 153–172.
Reicher, Maria E.: The Ontology of Fictional Characters. In: Jens Eder / Fotis Jannidis / Ralf Schneider (Hg.): Characters in Fictional Worlds. Understanding Imaginary Beings in Literature, Film, and Other Media. Berlin 2010, S. 111–133.
Reicher, Maria E.: Knowledge from Fiction. In: Jürgen Daiber / Eva-Maria Konrad / Thomas Petraschka / Hans Rott (Hg.): Understanding Fiction. Knowledge and Meaning in Literature. Paderborn 2012, S. 114–134.
Reichert John F.: Description and Interpretation in Literary Criticism. In: The Journal of Aesthetics and Art Criticism 27,3 (1969), S. 281–292.
Russell, Bertrand: Introduction to Mathematical Philosophy. London 1919.
Sainsbury, Richard Mark: Fiction and Fictionalism. London, New York 2010.
Salmon, Nathan: Nonexistence. In: Noûs 32,3 (1998), S. 277–319.
Schiffer, Stephen: Language-Created Language-Independent Objects. In: Philosophical Topics 24,1 (1996), S. 149–167.
Schroeder, Mark: What Is the Frege-Geach Problem? In: Philosophy Compass 3,4 (2008), S. 703–720.
Searle, John: Speech Acts. Cambridge 1969.
Searle, John: The Logical Status of Fictional Discourse. In: New Literary History 6,2 (1975), S. 319–332.
Searle, John R.: Indirect Speech Acts. In: J. R. S. (Hg.): Expression and Meaning. Studies in the Theory of Speech Acts. Cambridge u. a. 1979, S. 30–57.
Shusterman, Richard: The Logic of Interpretation. In: The Philosophical Quarterly 28,113 (1978), S. 310–324.
Spree, Axel: Kritik der Interpretation. Analytische Untersuchungen zu interpretationskritischen Literaturtheorien. Paderborn 1995.
Stecker, Robert: Incompatible Interpretations. In: The Journal of Aesthetics and Art Criticism 50,4 (1992), S. 291–298.
Stecker, Robert: Artworks. Definition, Meaning, Value. Pennsylvania 1997.
Stecker, Robert: The Constructivist's Dilemma. In: The Journal of Aesthetics and Art Criticism 55,1 (1997), S. 43–52.

Stecker, Robert: Interpretation and Construction. Art, Speech, and the Law. Malden u.a 2003.

Stern, Laurent: On Interpreting. In: The Journal of Aesthetics and Art Criticism 39,2 (1980), S. 119–129.

Stevenson, Charles L.: Interpretation and Evaluation in Aesthetics. In: Max Black (Hg.): Philosophical Analysis. Englewood Cliffs 1950, S. 319–358.

Stout, Jeffrey: What is the Meaning of a Text? In: New Literary History 14,1 (1982), S. 1–12.

Strube, Werner: Analytische Philosophie der Literaturwissenschaft. Definition, Klassifikation, Bewertung. Paderborn u. a. 1993.

Taylor, Kenneth A.: Emptiness without Compromise. In: Anthony Everett / Thomas Hofweber (Hg.): Empty Names, Fiction and the Puzzles of Non-Existence. Stanford 2000, S. 17–36.

Thomasson, Amie L.: Fiction and Metaphysics. Cambridge u. a. 1999.

Thomasson, Amie L.: Speaking of Fictional Characters. In: Dialectica 57,2 (2003), S. 205–223.

Tolhurst, William E.: On What a Text Is and How It Means. In: British Journal of Aesthetics 19,1 (1979), S. 3–14.

Walton, Kendall: Mimesis as Make-Believe. On the Foundations of the Representational Arts. Cambridge, London 1990.

Werner, Christiana: On Referring to Ferraris – The Act of Reference and Predication in Fictional Discourse. In: Jürgen Daiber / Eva-Maria Konrad / Thomas Petraschka / Hans Rott (Hg.): Understanding Fiction. Knowledge and Meaning in Literature. Paderborn 2012, S. 204–219.

Wolterstorff, Nicholas: Characters and their Names. In: Poetics 8,1–2 (1979), S. 101–127.

MARIA ELISABETH REICHER

7. Ontologie fiktiver Gegenstände

1. Einleitung

In dem vorliegenden Beitrag wird zunächst erläutert, worin das ontologische Problem fiktiver Gegenstände besteht. Dies geschieht, indem zwei Typen von Paradoxien vorgestellt werden. In Abschnitt 2 werden die wichtigsten antirealistischen Theorien fiktiver Gegenstände übersichtlich dargestellt, und es wird erläutert, auf welche Weise Vertreter dieser Theorien die eingangs entwickelten Paradoxien aufzulösen versuchen. In Abschnitt 3 werden Einwände gegen diese antirealistischen Theorien formuliert. In Abschnitt 4 werden die wichtigsten realistischen Theorien fiktiver Gegenstände übersichtlich dargestellt, und es wird gezeigt, wie man mit Hilfe dieser Theorien die Paradoxien auflösen kann. In Abschnitt 5 werden Einwände gegen realistische Theorien fiktiver Gegenstände vorgebracht. Im sechsten und letzten Abschnitt wird für eine bestimmte realistische Theorie argumentiert; im Zuge dieser Argumentation werden Entgegnungen auf die in Abschnitt 5 dargestellten Einwände vorgebracht.

Die Ontologie ist jene philosophische Disziplin, die sich mit der Frage beschäftigt, welche Arten von Gegenständen es gibt, wovon deren Existenz abhängt und welche allgemeinen Eigenschaften verschiedene Arten von Gegenständen auszeichnen. Überlegungen zur Ontologie fiktiver Gegenstände nehmen häufig von Paradoxien ihren Ausgang, die einem der beiden folgenden (oder ähnlichen) Schemata entsprechen:

Schema I
1) a_f ist F.
2) Also: a_f existiert. (1)
3) a_f ist ein fiktiver Gegenstand.
4) Fiktive Gegenstände existieren nicht.
5) Also: a_f existiert nicht. (3,4)
6) Also: a_f existiert und a_f existiert nicht. (2,5)

Schema II
1) a_f ist *F*.
2) Also: Es gibt etwas, das *F* ist. (1)
3) Es ist nicht der Fall, dass es etwas gibt, das *F* ist.
4) Also: Es gibt etwas, das *F* ist, und es ist nicht der Fall, dass es etwas gibt, das *F* ist. (2,3)

In beiden Schemata steht ‚a_f' für einen beliebigen fiktionalen Namen (z. B. ‚Sherlock Holmes', ‚Pegasus', ‚Homer Simpson'), und ‚*F*' steht für einen beliebigen Prädikatausdruck (z. B. ‚ein Detektiv', ‚ein Flügelpferd', ‚übergewichtig'). Ausgangspunkt beider Arten von Paradoxien ist also ein Satz, in dem ein fiktionaler Name mit einem Prädikat verbunden ist, zum Beispiel:

(1)   Pegasus ist ein Flügelpferd.

An dieser Stelle ist auf eine wichtige Unterscheidung hinzuweisen: Man kann zunächst zwei Arten von Äußerungen der Form ‚a_f ist *F*' unterscheiden. Es gibt einerseits die Äußerungen der Autoren bzw. Erzähler im Zuge des Erzählens der fiktionalen Geschichte. Diese bezeichne ich als *fiktionale Äußerungen* bzw. *fiktionale Sätze*. Davon zu unterscheiden sind die Äußerungen von Lesern, Kritikern, Literaturwissenschaftlern etc., die *über* die fiktionalen Geschichten und ihre Figuren sprechen. Diese Äußerungen bezeichne ich als *Äußerungen bzw. Sätze über Fiktionen*.[1]

Sehr einflussreich wurde John Searles Analyse fiktionaler Äußerungen. Searle behauptet, dass in fiktionaler Rede keine echten Sprechakte (z. B. Behauptungen) vollzogen würden. Vielmehr würden die Sprecher im fiktionalen Modus nur *vorgeben*, Sprechakte zu vollziehen. Wenn also in fiktionaler Rede Sätze geäußert werden, die der äußeren Form nach Behauptungen sind, so würde in Wahrheit durch das Äußern dieser Sätze nichts behauptet, sondern die Sprecher würden nur vorgeben, etwas zu behaupten. Überdies würde durch die Verwendung singulärer Terme in fiktionaler Rede keine Bezugnahme vollzogen. Die gewöhnlich für das Behaupten geltenden Regeln (wie etwa die Überzeugung des Sprechers, dass das Behauptete der Wahrheit entspricht, und die Fähigkeit, die Behauptung epistemisch zu rechtfertigen) wären im Modus der fiktionalen Rede außer Kraft gesetzt.[2]

Wenn man also die illokutionäre Kraft einer Äußerung als zur Bedeutung der Äußerung gehörig ansieht, dann sind Äußerungen der Form ‚a_f ist *F*' systematisch mehrdeutig. Im Modus fiktionaler Rede ist eine solche Äußerung keine Behauptung und der singuläre Term ‚a_f' wird nicht zur Bezugnahme auf etwas verwendet; die üblichen Regeln für Bezugnahme und Be-

---
1 Vgl. den Beitrag *6. Fiktion, Wahrheit, Referenz*.
2 Siehe Searle: Status.

hauptung sind außer Kraft gesetzt. Im Modus der Rede über Fiktionen jedoch ist eine gleich lautende Äußerung eine vollwertige Behauptung; es gelten die üblichen Regeln für Bezugnahme und Behauptung.

Wenn in diesem Aufsatz von Äußerungen der Form ‚a_f ist F' die Rede ist, dann sind damit (sofern nicht ausdrücklich das Gegenteil gesagt wird) stets Äußerungen im Modus der Rede über Fiktionen gemeint. Was die Äußerungen im Modus der fiktionalen Rede betrifft, so wird hier ohne weitere Argumentation davon ausgegangen, dass diese keine realistischen Festlegungen nach sich ziehen, weil mit ihnen von vorne herein kein Wahrheitsanspruch verbunden wird. Daher sind für die oben formulierten ontologischen Paradoxien ausschließlich die Äußerungen im Modus der Rede über Fiktionen relevant.

Am Beispiel von Satz (1) (‚Pegasus ist ein Flügelpferd') kann die Entstehung der beiden Paradoxien wie folgt erläutert werden: Aus (1) folgt

(2)   Pegasus existiert.

Aus

(3)   Pegasus ist eine fiktive/mythologische Figur

und

(4)   Fiktive/mythologische Figuren existieren nicht

folgt

(5)   Also: Pegasus existiert nicht.

Dass Pegasus eine fiktive bzw. mythologische Figur ist, ist offenbar eine empirische Wahrheit. Dass fiktive bzw. mythologische Figuren nicht existieren, ist nach Auffassung vieler eine analytische Wahrheit, also ein Satz, dessen Wahrheit sich allein aus der Bedeutung der Ausdrücke ‚fiktiv' bzw. ‚mythologisch' einerseits und ‚existieren' andererseits ergibt.

Aus

(1)   Pegasus ist ein Flügelpferd

folgt aber nicht nur, dass Pegasus existiert, sondern es folgt außerdem:

(6)   Es gibt etwas, das ein Flügelpferd ist.

Es scheint aber eine empirische Tatsache zu sein, dass es keine Flügelpferde gibt.

Es gibt eine ganze Reihe von Möglichkeiten, diese Paradoxien aufzulösen. Bevor diese Möglichkeiten im Detail dargestellt und diskutiert werden, sollen sie zunächst in eine systematische Übersicht gebracht werden.

Betrachten wir zunächst jenes Paradoxon, das sich aus Schema I ergibt. Grundsätzlich ließe sich das Paradoxon entweder durch Aufgabe mindestens einer Prämisse oder durch die Blockierung mindestens einer der durchgeführten Schlussfolgerungen, die schließlich zu den Widersprüchen führen, auflösen. Insbesondere könnte einem Paradoxon vom Typ I durch einen der folgenden Züge zu Leibe gerückt werden:

1) Man könnte leugnen, dass Sätze der Form ‚a_f ist F' jemals wahr sind.
2) Man könnte – entgegen der ursprünglichen Annahme – behaupten, dass fiktive Gegenstände existieren.
3) Man könnte die Gültigkeit des Schlusses von ‚a_f ist F' auf ‚a_f existiert' leugnen.

Der dritte der hier erwähnten Wege läuft *entweder* auf eine spezielle Interpretation von ‚existieren' *oder* auf eine Modifikation fundamentaler logischer Prinzipien *oder* auf eine spezielle Interpretation der Quantifikation hinaus. Die beiden zuletzt genannten Möglichkeiten sollen hier nicht weiter verfolgt werden, weil sie den Rahmen dieses Aufsatzes sprengen und von der genuin ontologischen Fragestellung etwas zu weit weg führen würden.[3]

Die Frage nach der Interpretation von ‚existieren' gehört jedoch zur Ontologie und soll daher auch hier behandelt werden. Ich bin bisher in diesem Aufsatz stillschweigend davon ausgegangen, dass Sätze der Form ‚a existiert' synonym sind mit Sätzen der Form ‚Es gibt a'. Aber diese Voraussetzung wird nicht von allen akzeptiert. Diejenigen, die hier einen Bedeutungsunterschied sehen, nehmen in der Regel an, dass ‚a existiert' impliziert, dass es a gibt, nicht aber umgekehrt. In dieser Hinsicht wäre, nach dieser Auffassung, ‚Es gibt a' schwächer als ‚a existiert'. Weiterhin nehmen die Vertreter dieser Auffassung in der Regel an, dass aus ‚a ist F' nur das schwächere ‚Es gibt a' logisch folgt, nicht aber ‚a existiert'. Daher würde, gemäß dieser Auffassung, aus ‚Pegasus ist ein Flügelpferd' nicht folgen, dass Pegasus *existiert*, sondern nur, dass es Pegasus *gibt*. Auf diese Weise wäre der Widerspruch in Paradoxien des Typs I vermieden.

Häufig betrachten Vertreter dieser Auffassung Existenz als eine ‚Seinsweise' unter anderen. Von einem Gegenstand zu sagen, dass es ihn gibt, würde demnach nur ausdrücken, dass der besagte Gegenstand *irgendeine* Seinsweise hat, aber nicht zwangsläufig Existenz.

---

3 Zur ersten Option siehe z. B. Hintikka: Presuppositions; Lambert: Meinong; Leblanc / Hailperin: Terms. Zur zweiten Option siehe Marcus: Interpreting Quantification, und Marcus: Quantification and Ontology. Marcus plädiert dort für die so genannte ‚substitutionale' Deutung der Quantifikation. Eine solche schlägt in jüngerer Zeit auch Yagisawa im Zusammenhang mit fiktiven Gegenständen vor. Siehe Yagisawa: Creationism.

Grundsätzlich lassen sich die ontologischen Theorien fiktiver Gegenstände in zwei Grundkategorien einteilen: *realistische* und *antirealistische*. Eine realistische Ontologie fiktiver Gegenstände besagt, dass fiktive Gegenstände existieren bzw. zumindest, dass es fiktive Gegenstände gibt. Eine antirealistische Ontologie fiktiver Gegenstände *leugnet*, dass es fiktive Gegenstände in irgendeinem Sinne gibt.

Die Zurückweisung der Prämisse, dass fiktive Gegenstände nicht existieren, läuft also auf das Akzeptieren einer realistischen Ontologie fiktiver Gegenstände hinaus. Die Auffassung, dass es fiktive Gegenstände gibt, wenngleich diese nicht existieren, zählt nach dieser Taxonomie zu den *realistischen* Ontologien.

Der erste der drei genannten Wege zur Auflösung von Paradoxien des Typs I (die Auffassung nämlich, dass Sätze der Form ‚a_f ist F' niemals wahr sein können) impliziert an sich keine Festlegung auf irgendeine ontologische Theorie, weder auf eine realistische noch auf eine antirealistische. Aber in der Regel findet man diese Auffassung mit einer antirealistischen Ontologie fiktiver Gegenstände verknüpft vor. Der Grund dafür ist leicht einzusehen: Der Wunsch, eine ontologische Festlegung auf fiktive Gegenstände zu vermeiden, ist eines der stärksten Motive dafür, die Wahrheit von Sätzen der genannten Art zu leugnen.

Nehmen wir uns nun die Paradoxien des zweiten Typs vor. Hier gibt es zwei sich anbietende alternative Lösungsmöglichkeiten:

1) Man könnte auch hier leugnen, dass Sätze der Form ‚a_f ist F' jemals wahr sein können.
2) Man könnte leugnen, dass aus ‚a_f ist F' folgt, dass es etwas gibt, das F ist.

Der zweite Weg soll hier nicht weiter verfolgt werden. Was den ersten Weg betrifft, so gilt auch hier (wie schon oben, in Zusammenhang mit Paradoxien des Typs I, gesagt), dass die Zurückweisung des Wahrheitsanspruchs für Sätze der genannten Art in der Regel mit einer antirealistischen Ontologie fiktiver Gegenstände einhergeht.

2. Antirealistische Theorien fiktiver Gegenstände

Vertreter antirealistischer Theorien fiktiver Gegenstände halten an der ursprünglichen Prämisse fest, dass fiktive Gegenstände nicht existieren, bzw. dass es fiktive Gegenstände nicht gibt.

Die Herausforderung für Vertreter antirealistischer Theorien besteht darin, eine plausible Erklärung für die Tatsache zu finden, dass es Sätze der Form ‚a_f ist F' gibt, die *anscheinend* wahr sind.

Im ersten Abschnitt dieses Aufsatzes wurde festgehalten, dass eine mögliche Strategie zur Vermeidung der Paradoxien darin besteht, zu leugnen, dass Sätze der Form ‚a_f ist F' jemals wahr sein können. Das ist zwar richtig, aber vereinfacht ausgedrückt. Denn es gibt viele Sätze der Form ‚a_f ist F', die *prima facie* den Eindruck der Wahrheit erwecken. Auf die Frage ‚Wer oder was ist Pegasus?' gibt es eine Vielzahl möglicher Antworten, und einige davon werden allgemein – und mit *prima facie* guten Gründen – als wahr anerkannt, zum Beispiel ‚Pegasus ist ein Flügelpferd' oder ‚Pegasus ist eine Figur aus der griechischen Mythologie'.

Der Anschein der Wahrheit dieser Aussagen tritt noch stärker hervor, wenn man sie eindeutig falschen Aussagen wie den folgenden gegenüberstellt: ‚Pegasus ist ein geflügelter Elch' oder ‚Pegasus ist eine Figur aus der germanischen Mythologie'.

Vertreter antirealistischer Theorien müssen nicht anerkennen, dass manche Sätze der Form ‚a_f ist F' wahr sind, aber sie müssen, damit ihre Theorien überzeugend sind, plausibel erklären, warum wir *prima facie* diese Sätze für wahr halten bzw. (jedenfalls in gewissen Kontexten) als wahr akzeptieren. Im Folgenden werden vier verschiedene Erklärungen dafür dargestellt.

2.1 So-Tun-als-ob-Theorien

Bereits in der Einleitung wurde darauf hingewiesen, dass (gemäß einer weithin akzeptierten Theorie) die fiktionalen Sätze einen besonderen sprechakttheoretischen Status haben: Sie seien keine echten Behauptungen, würden ohne Wahrheitsanspruch geäußert, und daher würden für diese Sätze auch die üblichen Regeln der behauptenden Rede nicht gelten. Autoren fiktionaler Texte würden vielmehr nur *so tun, als ob* sie gewöhnliche behauptende Sätze äußerten. Manche vertreten eine analoge Auffassung auch in Bezug auf Sätze der Form ‚a_f ist F', die im Modus der Rede über Fiktionen geäußert werden. Auch diese seien – entgegen dem äußeren Anschein – keine echten Behauptungen. Vielmehr würden auch Sprecher, die über Fiktionen sprechen, nur *so tun, als ob* sie etwas behaupteten. Sprecher, die solche Sätze äußern, nehmen also an einem besonderen Sprachspiel teil; und im Rahmen dieses Sprachspiels tun sie so, als ob sie diese Sätze für wahr halten würden. Im Rahmen dieses Sprachspiels – aber eben *nur* im Rahmen dieses Sprachspiels – sind die Sprecher daher auf die Existenz jener Gegenstände, auf die sie vorgeblich referieren und von denen sie vorgeblich etwas behaupten, festgelegt.[4]

---

4 Siehe z.B. Bach: Reference; Everett: Realism; Walton: Furcht. Vgl. auch den Beitrag *3. Fiktionen als* Make-Believe.

2.2 Paraphrasierungsstrategien

Andere meinen, dass wir mit Sätzen der Form ‚a_f ist F' zwar in der Tat etwas behaupten – allerdings nicht das, was diese Sätze, oberflächlich betrachtet, auszudrücken scheinen (nämlich dass ein bestimmter fiktiver Gegenstand eine bestimmte Eigenschaft hat), sondern etwas anderes, das uns nicht auf die Existenz eines fiktiven Gegenstandes festlegt.

Der Grundgedanke dieses Lösungsansatzes ist, dass das Problem der fiktiven Gegenstände ein typischer Fall von Verhexung des Denkens und die Entstehung philosophischer Scheinprobleme durch unpräzises Sprechen ist: Das Problem verschwindet, gemäß dieser Auffassung, wenn wir die problematischen Sätze ersetzen durch andere Sätze, in denen wir das, was wir eigentlich sagen wollen, exakt und vollständig ausdrücken. Betrachten wir zur Illustration einen Satz, der nicht aus dem Gebiet der Fiktion kommt (jedenfalls nicht aus dem Gebiet der Fiktion im herkömmlichen Sinn): ‚Die durchschnittliche deutsche Frau bringt im Laufe ihres Lebens 1,37 Kinder zur Welt.'

Wörtlich genommen wirft dieser Satz die Frage auf, wie man ein 37%-Kind zur Welt bringen kann. Das Problem verschwindet aber, wenn man diesen Satz etwa durch Folgendes ersetzt: ‚Dividiert man die Anzahl der Kinder, die alle deutschen Frauen zur Welt bringen, durch die Anzahl aller deutschen Frauen, dann beträgt der Quotient 1,37.'

Der zweite Satz ist eine *Paraphrasierung* des ersten. Der Sinn einer Paraphrasierung ist, etwas, das in einer uneigentlichen, potentiell irreführenden, streng genommen falschen Redeweise ausgedrückt ist, in einer richtigen, genauen und vollständigen Redeweise auszudrücken und dadurch Probleme zu vermeiden, die durch die ursprüngliche Redeweise entstehen können. In dem Beispielfall scheint dies geglückt.[5]

Vertreter von Paraphrasierungsstrategien stehen vor der Aufgabe, für anscheinend wahre Sätze der Form ‚a_f ist F' plausible Paraphrasierungen bzw. eine oder mehrere Methoden zur Paraphrasierung solcher Sätze anzugeben.

Manche sind der Meinung, dass Sätze der Form ‚a_f ist F' nicht wirklich Sätze über fiktive Gegenstände sind, sondern Sätze über Werke, Texte oder Bücher, oder Sätze über fiktionale Namen, oder Sätze über die Äußerungen der Autoren, die diese Bücher geschrieben haben, oder Sätze über das, was

---

[5] Man beachte, dass die Paraphrasierung und der ursprüngliche Satz *nicht bedeutungsgleich* sind. Wäre dies der Fall, dann würde nämlich das zweistellige Prädikat ‚ist eine Paraphrasierung von' eine symmetrische Relation ausdrücken, und man könnte der Paraphrasierung keinerlei Priorität gegenüber dem ursprünglichen Satz zubilligen. Dann wäre aber durch eine Paraphrasierung für die Sache des Antirealisten nichts gewonnen. Für eine ausführliche Diskussion dieses Problems siehe Reicher: Referenz, Kap. I.1.

die Leser denken.⁶ So meint zum Beispiel Ryle, der Satz ‚Mr. Pickwick ist ein imaginäres Wesen' wäre zu verstehen als ‚Der Name „Mr. Pickwick" bezeichnet nichts'.⁷ Und Braithwaite interpretiert den Satz ‚Mr. Pickwick besuchte Bath' als ‚Der Text des Werkes *Pickwick Papers* erlaubt bzw. rechtfertigt uns, auf „Pickwick besuchte Bath" zu schließen'.⁸

Ein systematischerer Ansatz zur Paraphrasierung von Sätzen der Form ‚a_f ist F' ist die Strategie der *Geschichtenoperatoren*.⁹ Es gibt bestimmte und unbestimmte Geschichtenoperatoren. Der unbestimmte Geschichtenoperator lautet ‚Gemäß einer Geschichte gilt' bzw. ‚In einer Geschichte gilt' oder ähnlich. Ein bestimmter Geschichtenoperator hat die Form ‚Gemäß der Geschichte G gilt' oder ‚In der Geschichte G gilt' oder ähnlich, wobei für ‚G' der Name einer fiktionalen Geschichte einzusetzen ist. Geschichtenoperatoren sind *Satzoperatoren*, das heißt, sie werden ganzen Sätzen vorangestellt. Ein Geschichtenoperator verändert somit die Bedeutung des ganzen Satzes und daher zuweilen auch dessen Wahrheitswert und die logischen Implikationen des ursprünglichen Satzes. Zum Beispiel erhalten wir aus ‚Pegasus ist ein Flügelpferd' durch Voranstellen eines Geschichtenoperators etwa ‚Gemäß einer Geschichte gilt: Pegasus ist ein Flügelpferd'.

Aus dem zweiten Satz folgt nun aber nicht mehr, dass Pegasus existiert, und es folgt auch nicht, dass es Flügelpferde gibt. Allenfalls folgt daraus, dass gemäß einer Geschichte gilt, dass Pegasus existiert, und dass gemäß einer Geschichte gilt, dass es Flügelpferde gibt. Die letzteren Folgerungen sind aber unproblematisch; sie widersprechen nicht den empirischen Wahrheiten, dass Pegasus nicht existiert und dass es Flügelpferde nicht gibt. Die Paradoxien werden also vermieden.

2.3 Referenz und Wahrheit ohne ontologische Festlegung?

Es gibt aber auch Antirealisten in Bezug auf fiktive Gegenstände, die weder eine Paraphrasierungsstrategie noch eine So-tun-als-ob-Theorie vertreten. Im ersten Abschnitt dieses Aufsatzes wurde darauf hingewiesen, dass die Paradoxien fiktiver Gegenstände auch durch eine Modifikation bestimmter fundamentaler logischer Prinzipien vermieden werden können. Wie schon gesagt, soll diese Option hier nicht weiter verfolgt werden. Im gegenwärtigen Abschnitt geht es um Antirealisten, die keine expliziten Vorschläge zur Modifikation logischer Prinzipien machen, deren Theorien aber anschei-

---

6 Siehe z. B. Blocker: Truth; Braithwaite: Symposium; Ryle: Symposium.
7 Ryle: Symposium, S. 28.
8 Braithwaite: Symposium, S. 50 f.
9 Siehe z. B. Adams: Nothings; Bertolet: Reference; Künne: Fiktion.

nend darauf hinauslaufen, zumindest in Bezug auf Sätze der Form ‚a_f ist F' (bzw. auch in Bezug auf Sätze der Form ‚Fiktive Gegenstände sind F') die Verbindung zwischen Referenz und Wahrheit auf der einen Seite und Existenz bzw. ontologischer Festlegung auf der anderen Seite zu leugnen. Zwei prominente Theoretiker dieses Typs sind Charles Crittenden und Joseph Margolis. Gemäß Crittendens Auffassung kann man auf fiktive Gegenstände referieren, es gibt für sie Identitätskriterien, sie werden geschaffen, sie sind öffentlich, sie sind zählbar, sie sind ‚grammatikalische Gegenstände' bzw. ‚linguistische Entitäten', aber sie existieren nicht und haben auch sonst kein Sein.[10] Auch Margolis behauptet, dass man auf fiktive Gegenstände Bezug nehmen könne, spricht den fiktiven Gegenständen aber zugleich Existenz ab (offenbar ohne ersatzweise irgendeine schwächere Weise des Seins anzunehmen).[11]

2.4 Noneismus

In der viel diskutierten Monographie *Towards Non-Being. The Logic and Metaphysics of Intentionality* entwickelt Graham Priest eine Variation einer auf Richard Routley zurückgehenden Position namens ‚Noneismus'. Noneismus ist die Auffassung, dass ausschließlich konkrete Gegenstände existieren. Es wird nicht zwischen Existenz und anderen Seinsweisen unterschieden; Quantifikation wird als ontologisch neutral interpretiert. Nichtexistierende Gegenstände haben also keinerlei Sein. Nichtsdestotrotz haben sie Eigenschaften.

Fiktive Gegenstände werden von Priest als paradigmatische nichtexistierende Gegenstände aufgefasst. Sie sollen die ihnen in ihren Geschichten zugeschriebenen Eigenschaften aber nicht in der aktualen Welt haben, sondern in nichtaktualen (bloß möglichen oder auch unmöglichen) Welten. Diese nichtaktualen Welten sind ihrerseits nichtexistierende Gegenstände.

3. Kritik antirealistischer Theorien fiktiver Gegenstände

3.1 Einwände gegen Theorien des So-Tuns-als-ob

In der Tat erscheint, wie schon gesagt, die Theorie des So-Tuns-als-ob für *fiktionale* Äußerungen *prima facie* plausibel. In irgendeinem Sinn kann man wohl sagen, dass die Erzähler fiktionaler Geschichten so tun, als ob sie über

---

10 Crittenden: Unreality, S. 68.
11 Margolis: Language.

tatsächliche Geschehnisse berichten. Sie ahmen die Sprechakte des Behauptens nach, ohne sie wirklich zu vollziehen, ähnlich wie ein Schauspieler auf der Bühne so tut, als ob er ewige Liebe oder grausame Vergeltung schwören würde, ohne das wirklich zu tun.

Bei den Sätzen *über* Fiktionen ist die Situation jedoch grundlegend anders. Autoren, die Inhaltsangaben für Literaturlexika oder Opernführer schreiben, Kritiker und Literaturwissenschaftler geben in der Regel nicht vor, über reale Geschehnisse zu berichten, die in Wahrheit niemals stattgefunden haben. Vielmehr stellen sie ernsthafte Behauptungen über fiktionale Figuren und Ereignisse auf. Sie erheben für ihre Äußerungen Wahrheitsanspruch, und wir dürfen erwarten, dass sie ihre Behauptungen epistemisch begründen können. Es gelten die üblichen Regeln des ernsthaften Behauptens.

Um diesen Sachverhalt zu verdeutlichen, ist es nützlich, zwei Arten von Sätzen über Fiktionen zu unterscheiden: *interne und externe Sätze über fiktive Gegenstände*. Interne Sätze über fiktive Gegenstände sind Sätze, mit denen fiktiven Gegenständen Eigenschaften zugeschrieben werden, die diese ‚in' ihren Geschichten haben, zum Beispiel: ‚Pegasus ist ein Flügelpferd'; ‚Sherlock Holmes ist ein Detektiv' etc. Mit externen Sätzen über fiktive Gegenstände sprechen wir fiktiven Gegenständen Eigenschaften zu, die diese (in der Regel) nicht in ihren Geschichten, sondern sozusagen ‚außerhalb' der Geschichten haben. Dies können etwa Sätze über die Entstehungsgeschichte einer Figur sein (z. B. ‚Sherlock Holmes wurde von Arthur Conan Doyle erfunden') oder über deren ontologischen Status (z. B. ‚Pegasus ist eine fiktive Figur') oder über intentionale Beziehungseigenschaften (z. B. ‚Sherlock Holmes ist die berühmteste Detektivfigur der Literaturgeschichte').[12] Besonders für die externen Sätze über fiktive Gegenstände entbehrt die Theorie des So-Tuns-als-ob jeglicher Plausibilität. Was soll daran unernsthaft sein, wenn in einem Lexikon der Populärkultur steht, dass Sherlock Holmes von Conan Doyle erfunden wurde und die berühmteste Detektivfigur der Literaturgeschichte ist? Die Behauptung könnte freilich falsch sein; es könnte sein, dass es Detektivfiguren gibt, die mehr Menschen bekannt sind als Sherlock Holmes. Aber das ist nur ein weiteres Indiz dafür, dass wir es hier mit einer ernsthaften Behauptung zu tun haben.

---

12 Die Unterscheidung zwischen internen und externen Sätzen impliziert nicht, dass jedes Prädikat entweder als internes oder als externes klassifiziert werden kann. Vielmehr können zumindest manche Prädikate sowohl in internen als auch in externen Sätzen vorkommen. Das gilt zum Beispiel für das Prädikat ‚ist berühmt'. Berühmtheit könnte einem fiktiven Gegenstand sowohl intern als auch extern zukommen. Siehe dazu auch Abschnitt 6.1 unten.

3.2 Einwände gegen Paraphrasierungsstrategien

Die Strategie, Sätze der Form ‚a_f ist F' als Sätze über irgendetwas anderes (Werke, Texte, Bücher, Namen, Gedanken von Autoren oder Lesern u. a.) zu interpretieren, wurde bisher von niemandem systematisch entwickelt. Eine systematische Ausarbeitung dieser Strategie müsste zumindest für die wichtigsten Kategorien von Sätzen dieser Form eine Methode für deren Paraphrasierung angeben. Man findet jedoch nur stückwerkhafte *ad hoc*-Vorschläge für einzelne Beispielfälle, die sich nur schwer oder gar nicht auf Beispielsätze anderer Kategorien übertragen lassen. Nehmen wir, um des Arguments willen, an, der Satz ‚Mr. Pickwick ist ein imaginäres Wesen' wäre wirklich adäquat zu paraphrasieren als ‚Der Name „Mr. Pickwick" bezeichnet nichts'.[13] Selbst wenn man dazu bereit ist, wird man kaum dieselbe Paraphrasierung zum Beispiel für ‚Mr. Pickwick besuchte Bath' oder ‚Mr. Pickwick ist eine Figur von Dickens' akzeptieren können. Und Braithwaites Paraphrasierung von ‚Mr. Pickwick besuchte Bath' als ‚Der Text des Werkes *Pickwick Papers* erlaubt bzw. rechtfertigt uns, auf „Pickwick besuchte Bath" zu schließen' ist offensichtlich völlig unbrauchbar für externe Sätze über fiktive Gegenstände. Der Text des Werkes *Pickwick Papers* erlaubt uns womöglich nicht, auf ‚Pickwick ist eine Figur von Charles Dickens' zu schließen; und ganz sicher erlauben uns die Texte der Sherlock-Holmes-Geschichten von Conan Doyle nicht, darauf zu schließen, dass Holmes der berühmteste aller Romandetektive ist.

Generell wirkt die Strategie, Sätze der Form ‚a_f ist F' als Sätze über etwas anderes als fiktive Gegenstände zu interpretieren, wie ein unbeholfener Notbehelf mit dem Ziel, um jeden Preis die ontologische Festlegung auf fiktive Gegenstände zu vermeiden. Wenn eine Paraphrasierung genau dann adäquat ist, wenn sie das, was der Sprecher eigentlich ausdrücken möchte, genauer und weniger missverständlich wiedergibt, dann ist diese Strategie von vorne herein zum Scheitern verurteilt. Denn diese Strategie wäre nur dann erfolgreich, wenn alle Äußerungen von Sätzen der Form ‚a_f ist F' eigentlich als Sätze über etwas anderes als fiktive Gegenstände gemeint wären – und das ist einfach nicht der Fall. Wenn ich beispielsweise sage, dass die Figur des Lieutenant Columbo meine liebste Detektivfigur ist, dass sie von dem Autorenduo Levinson und Link geschaffen und von Peter Falk verkörpert wurde, dann meine ich genau das, was ich sage: Ich nehme (unter anderem) auf eine fiktive Figur Bezug und spreche dieser einige (in diesem Fall relationale) Eigenschaften zu.

Die Strategie der Geschichtenoperatoren ist – jedenfalls auf den ersten Blick – wesentlich aussichtsreicher. Man kann ihr nicht vorwerfen, dass sie

---

13 Siehe Ryle: Symposium, S. 28.

ad hoc und unsystematisch ist. Sie gibt uns jedenfalls für eine große und wichtige Klasse von Sätzen der Form ‚*a* ist *F*' eine Methode zur Paraphrasierung an die Hand, und die so entstehenden Paraphrasierungen scheinen das vorhin formulierte Adäquatheitskriterium zu erfüllen: ‚Gemäß einer Geschichte gilt: Pegasus ist ein Flügelpferd' scheint tatsächlich eine präzisere Ausdrucksweise zu sein für das, was Sprecher für gewöhnlich mit ‚Pegasus ist ein Flügelpferd' ausdrücken wollen.

Die Strategie der Geschichtenoperatoren funktioniert tatsächlich sehr gut für *interne* Sätze. Sie scheitert jedoch an externen Sätzen über fiktive Gegenstände. In vielen Fällen wird aus einem wahren externen Satz über einen fiktiven Gegenstand durch Voranstellen eines Geschichtenoperators ein falscher Satz. In den Sherlock-Holmes-Geschichten gilt eben *nicht*, dass Sherlock Holmes eine fiktive Figur ist, die von Arthur Conan Doyle erfunden wurde usw.

Als Reaktion auf diesen Einwand wurde eine andere Paraphrasierungsstrategie vorgeschlagen, die sich ebenfalls eines Satzoperators bedient. Dieser Operator lautet nun aber nicht ‚Gemäß einer Geschichte gilt', sondern ‚Gemäß der realistischen Hypothese gilt'.[14] Aus ‚Sherlock Holmes ist eine fiktive Figur, die von Arthur Conan Doyle erfunden wurde' wird somit: ‚Gemäß der realistischen Hypothese gilt: Sherlock Holmes ist eine fiktive Figur, die von Arthur Conan Doyle erfunden wurde.'

Auf diese Weise bleibt der Wahrheitswert der ursprünglichen Sätze erhalten. Dennoch vermag auch diese Paraphrasierungsstrategie nicht zu überzeugen. Wenn ich sage, dass meine Lieblings-Detektivfigur von Peter Falk verkörpert wurde, dann will ich genau das sagen, was ich sage, und nicht, dass gemäß irgendeiner metaphysischen Hypothese gilt, dass meine Lieblings-Detektivfigur von Peter Falk verkörpert wurde. Die vorgeschlagene Paraphrase mag Anti-Realisten adäquat erscheinen, aber aus realistischer Sicht ist sie sicher kein Ersatz für den paraphrasierten Satz. Nur wenige würden analog behaupten, dass das, was der Satz ‚Die Erde dreht sich um die Sonne' ausdrückt, vollständig und richtig wiederzugeben sei durch ‚Gemäß der heliozentrischen Hypothese dreht sich die Erde um die Sonne'.

3.3 Referenz und Wahrheit nicht ohne ontologische Festlegung!

Auffassungen wie die von Charles Crittenden wirken auf den ersten Blick inkonsistent. Wie kann man behaupten, dass fiktive Gegenstände geschaffen werden und öffentlich zugänglich sind, und ihnen im selben Atemzug

---

14 Siehe Brock: Fictionalism.

jegliches Sein absprechen? Heißt denn nicht einen Gegenstand zu schaffen so viel wie einen Gegenstand zur Existenz bringen (oder, wenn man Existenz nur als eine Seinsweise unter anderen auffasst, einem Gegenstand Sein zu verleihen)? Impliziert denn ‚a ist öffentlich zugänglich' nicht ‚Es gibt a'?

Eine Möglichkeit, Auffassungen wie die von Charles Crittenden widerspruchsfrei zu machen, besteht darin, etwas zu akzeptieren, das ich als die ‚These der ontologischen Neutralität' bezeichne. Diese These besagt, dass ontologische Festlegungen in einem Diskursbereich stattfinden, der von allen anderen Diskursbereichen völlig isoliert ist. Gemäß dieser These würde man sich nur durch explizit ontologische Behauptungen ontologisch festlegen, also etwa durch Aussagen der Form ‚a existiert' oder ‚a hat irgendeine Art von Sein' oder ‚Es gibt Dinge, die F sind'; und – das ist der springende Punkt dabei – solche explizit ontologischen Festlegungen würden niemals von ausschließlich nichtontologischen Aussagen impliziert. Im Lichte dieser Auffassung könnte man also von fiktiven Gegenständen viele Dinge aussagen (dass sie von Autoren geschaffen werden, dass sie öffentlich zugänglich sind, dass es für sie Identitätskriterien gibt etc.), ohne darauf festgelegt zu sein, dass es diese Gegenstände in irgendeinem Sinn gibt.[15]

Die These der ontologischen Neutralität spiegelt jedoch ein grundfalsches Verständnis von Ontologie wider. Die Frage, was es gibt, ist nicht isoliert von der Frage zu beantworten, wie die Welt insgesamt beschaffen ist, welche Eigenschaften also die Dinge haben, in welchen Beziehungen sie zueinander stehen, und welche Ereignisse sich zutragen. Wenn es wahr ist, dass gestern Nacht ein Wolf eines von Bauer Müllers Schafen gerissen hat, dann gibt (oder gab) es mindestens einen Wolf, mindestens ein Schaf und einen Bauer namens Müller, der gestern noch mindestens ein Schaf besaß. Wenn es wahr ist, dass Hans gerade seine Tochter Anna zur Schule begleitet, dann gibt es einen Mann, der eine Tochter hat, und ein Mädchen, das von seinem Vater zur Schule begleitet wird, und so weiter. Es ist dann weiterhin wahr, dass es Wölfe, Schafe, Männer und Mädchen gibt (bzw. gab), und so weiter. Man mag sich dieser ontologischen Festlegungen bewusst sein oder nicht; man mag sie akzeptieren oder ablehnen; aber es ist unmöglich, über die Welt zu sprechen, ohne sich ontologisch festzulegen.

Vielleicht würden ja manche diesen Zusammenhang zwischen explizit ontologischen und anderen Äußerungen in Bezug auf Wölfe, Schafe und dergleichen akzeptieren, zugleich aber in Bezug auf fiktive Gegenstände

---

15 In diese Richtung geht etwa Frank Jackson in Jackson: Commitment. Jackson spricht von der ontologischen Neutralität der *Objektsprache* (im Gegensatz zur *Metasprache*, in der die Wahrheitsbedingungen für die Sätze der Objektsprache formuliert werden). Weder Crittenden noch Margolis formulieren so etwas wie die These von der ontologischen Neutralität explizit, aber ich halte es für wahrscheinlich, dass sie ihr zustimmen würden. Für eine Diskussion von Jacksons Auffassung siehe Reicher: Referenz, Kap. II.3.

ablehnen. Aber eine solche Ungleichbehandlung müsste eigens begründet werden. *Prima facie* gibt es keinen Grund, Sätze der Form ‚a_f ist F' in dieser Hinsicht anders zu behandeln als andere Sätze der Form ‚a ist F'.

3.4 Einwände gegen Priests Noneismus

Grundsätzlich lässt sich gegen Priests Noneismus derselbe Einwand erheben wie gegen die im vorigen Abschnitt diskutierten Auffassungen: Priest leugnet schlicht, dass aus ‚a ist F' folgt, dass a irgendeine Art von Sein haben müsse. Damit ignoriert er eine fundamentale Verbindung zwischen dem ‚Sosein' und dem ‚Sein' eines Gegenstandes.[16]

Doch Priests Theorie wirft darüber hinaus spezielle Schwierigkeiten auf. So räumt Priest ein, dass gewisse Eigenschaften sehr wohl Existenz implizieren, zum Beispiel ‚... tritt ...', ‚... hält ...', ‚... läuft ... nach ...'.[17] Priest sagt es nicht ausdrücklich, aber man muss wohl davon ausgehen, dass fiktive Gegenstände in der Regel Eigenschaften haben, die (laut Priest) Existenz implizieren – wenn auch nur in gewissen nichtaktualen Welten. So gilt etwa, dass ‚Holmes has the properties he is characterized as having not at this world, but at those worlds that realize the way I represent the world to be when I read the Holmes stories.'[18] Da einige derjenigen Eigenschaften, durch die Holmes charakterisiert ist, Existenz implizieren, existiert Holmes in manchen nichtaktualen Welten. Da nun aber laut Priest nichtaktuale Welten ihrerseits nicht existieren, läuft diese Theorie darauf hinaus, dass fiktive Gegenstände in nichtexistierenden Welten existieren (dort aber wirklich jene Eigenschaften haben, die ihnen in ihren Geschichten zugeschrieben werden). Das ist an sich schon schwer zu verstehen. Erschwerend kommt aber noch hinzu, dass diese existierenden fiktiven Gegenstände anderer Welten identisch sein sollen mit nichtexistierenden Gegenständen der aktualen Welt. Das wirft die Frage auf, welche Kriterien für Identität über Welten hinweg gelten. Es ist klar, dass (gemäß Priests Theorie) der nichtexistierende Holmes der aktualen Welt völlig andere Eigenschaften hat als ein existierender Sherlock Holmes in einer jener nichtaktualen Welten, die den Beschreibungen der relevanten fiktionalen Geschichten entsprechen. Wodurch ist diese Identität dann aber konstituiert? Priest antwortet auf diese Frage im

---

16 Diese Terminologie (‚Sosein' versus ‚Sein') geht auf Alexius Meinong zurück. In der Tat hat Meinong das viel zitierte ‚Prinzip der Unabhängigkeit des Soseins vom Sein' vertreten. (Siehe Meinong: Gegenstandstheorie.) Allerdings hat Meinong selbst jenen Gegenständen, die nach seiner Theorie ‚nichtseiend' sind, immerhin den Status des ‚Außerseienden' zugesprochen.
17 Priest: Non-Being, S. 59.
18 Ebd., S. 84.

Wesentlichen mit einem achselzuckenden ‚that's just the way things are'.[19] Das ist aber wohl eher Ausdruck der Ignoranz gegenüber dem Problem als eine Lösung desselben.

4. Realistische Theorien fiktiver Gegenstände

Vertreter realistischer Theorien fiktiver Gegenstände behaupten, dass fiktive Gegenstände existieren bzw. (falls sie zwischen Existenz und anderen Weisen des Seins unterscheiden) dass es fiktive Gegenstände jedenfalls in irgendeinem Sinn gibt. Vertreter realistischer Theorien fiktiver Gegenstände würden also z. B. bestreiten, dass es Pegasus nicht gibt. Sie vermeiden auf diese Weise die Entstehung des ersten Paradoxons. Um das zweite Paradoxon zu vermeiden, müssen sie überdies bestreiten, dass es Flügelpferde nicht gibt.[20] Aber sind es nicht empirische Tatsachen, dass Flügelpferde im Allgemeinen nicht existieren und dass im Besonderen Pegasus nicht existiert?

Vertreter realistischer Theorien fiktiver Gegenstände wollen keine offenkundigen empirischen Tatsachen leugnen. Wie können sie aber ihre realistische Theorie der fiktiven Gegenstände mit solchen Tatsachen in Einklang bringen? Im Folgenden sollen mögliche Lösungen für dieses Problem übersichtlich dargestellt werden.

4.1 Fiktive Gegenstände als nichtexistierendes Seiendes

Wenn man Existenz nur als eine Weise des Seins unter anderen auffasst, dann lassen sich die Paradoxien der fiktiven Gegenstände auf elegante Weise auflösen. Man kann dann nämlich an der Prämisse festhalten, dass fiktive Gegenstände nicht existieren, zugleich aber geltend machen, dass fiktive Gegenstände eine andere Weise des Seins haben. Paradoxien des Typs I

---

19 Ebd., S. 90: „[I]n the semantics we have, objects are just objects; they are not ‚at one world' or ‚at another'. They have various properties at different worlds, but they are just themselves. […] But, it may be replied, they may have different identities […] at different worlds. What makes the different identities pertain to the same object? One can, in fact, ask exactly the same question about any aspect of an object. A (concrete) object has different colours (or heights, or weights) at different worlds. What makes the different colours (or heights, or weights) pertain to the same object? Well, that's just the way things are at that world: at that world, that object has that colour (or height, or weight). Same for identity. That an object has a certain identity is just how things are at that world."
20 Genauer: Sie müssen den Sätzen ‚Es gibt Pegasus' und ‚Es gibt Flügelpferde' eine Deutung geben, in der diese wahr sind. Näheres dazu siehe unten.

sind dann nach dieser Auffassung dadurch zu vermeiden, dass der Schluss von ‚a_f ist F' auf ‚a_f existiert' als ungültig verworfen wird. Aus ‚a_f ist F' folgt nämlich (nach dieser Auffassung) nicht, dass a_f existiert. Es folgt daraus nur das schwächere ‚Es gibt a_f' (das heißt, a_f hat irgendeine Weise des Seins). Dies ist aber, da Existenz (gemäß Annahme) nur eine Weise des Seins unter anderen ist, nicht in Widerspruch zu der Zwischenkonklusion, dass a_f nicht existiert. Somit ist die Entstehung der Paradoxie des Typs I verhindert.

Paradoxien des Typs II können vermieden werden, indem die zweite Prämisse (‚Es ist nicht der Fall, dass es etwas gibt, das F ist') als falsch zurückgewiesen wird. Es wird also zum Beispiel bestritten, dass es keine Flügelpferde gibt. Hingegen wird sehr wohl akzeptiert, dass Flügelpferde nicht *existieren*. Aus ‚Pegasus ist ein Flügelpferd' wird also gefolgert, dass es etwas gibt, das ein Flügelpferd ist. Da (gemäß Annahme) Existenz nur eine Weise des Seins unter anderen ist, steht das nicht in Widerspruch zu der empirischen Tatsachenbehauptung, dass Flügelpferde nicht existieren.[21]

4.2 Fiktive Gegenstände als Bewohner nichtaktualer Welten

Ein gänzlich anderer Lösungsweg besteht darin, zusätzlich zu unserer (der ‚aktualen') Welt andere nicht aktualisierte, bloß mögliche (und zusätzlich vielleicht auch noch unmögliche) Welten anzunehmen. Diese Strategie erlaubt es zu sagen, dass fiktive Gegenstände zwar nicht in der aktualen Welt existieren, aber in anderen, nichtaktualen fiktiven Welten.[22]

Dabei wird in der Regel angenommen, dass es unendlich viele solcher nichtaktualen Welten gibt – mindestens alle, die *möglich* sind.

Vertreter dieser Auffassung können Prämisse 4 der Paradoxien des ersten Typs zurückweisen (also die Prämisse ‚Fiktive Gegenstände existieren nicht'), denn gemäß dieser Auffassung gilt lediglich das schwächere ‚Fiktive Gegenstände existieren nicht in der aktualen Welt'. Der Widerspruch wird vermieden, weil aus ‚a_f ist F' nicht folgt ‚a_f existiert in der aktualen Welt', sondern nur ‚a_f existiert in *irgendeiner* Welt'. Aus ‚Pegasus ist ein Flügelpferd' folgt also ‚Pegasus existiert (in irgendeiner Welt)'. Aus ‚Pegasus ist ein fikti-

---

21 Interessanterweise konnte ich keinen Autor finden, der diese Lösung des Problems in ihrer Reinform vertritt. Zwar gibt es eine Reihe von Autoren, die fiktive Gegenstände zu den nichtexistierenden Gegenständen zählen und zugleich über nichtexistierende Gegenstände quantifizieren, z. B. Hector-Neri Castañeda, Dale Jacquette und Terence Parsons. Aber diese Autoren nehmen zugleich an, dass fiktive Gegenstände abstrakte Gegenstände sind. (Siehe Abschnitt 4.3 unten.)

22 Für die Auffassung, dass fiktive Gegenstände in nichtaktualen Welten existieren bzw. dass sie ‚bloß mögliche' Gegenstände sind, siehe z. B. Heintz: Reference; Howell: Objects; Lewis: Truth.

ver Gegenstand' und ‚Fiktive Gegenstände existieren nicht in der aktualen Welt' folgt ‚Pegasus existiert nicht in der aktualen Welt'. Das ist kein Widerspruch, wenn es nichtaktuale Welten gibt.

Aus analogen Gründen weisen Realisten dieses Typs die Prämisse ‚Es gibt keine Flügelpferde' zurück. Akzeptiert wird lediglich: ‚Es gibt keine Flügelpferde in der aktualen Welt'. Aus ‚Pegasus ist ein Flügelpferd' folgt lediglich ‚Es gibt Flügelpferde (in irgendeiner Welt)'. Das ist kein Widerspruch; somit ist die Paradoxie vermieden.

4.3 Fiktive Gegenstände als abstrakte Gegenstände

Eine dritte Möglichkeit besteht darin, fiktive Gegenstände als abstrakte Entitäten aufzufassen. Vertreter der Abstraktheitsauffassung können Paradoxien des Typs I vermeiden, indem sie die Prämisse 4 (‚Fiktive Gegenstände existieren nicht') etwa ersetzen durch ‚Fiktive Gegenstände sind keine realen (d. h. materiellen oder mentalen) Gegenstände'. Aus ‚Pegasus ist ein fiktiver Gegenstand' folgt demnach also nicht, dass Pegasus nicht existiert, sondern nur, dass Pegasus kein realer Gegenstand ist. Da (gemäß Annahme) auch nichtreale (also abstrakte) Gegenstände existieren, können Vertreter der Abstraktheitsauffassung daran festhalten, dass aus ‚Pegasus ist ein Flügelpferd' folgt ‚Pegasus existiert', ohne sich in einen Widerspruch zu verwickeln.

Analog werden Paradoxien des Typs II vermieden. Vertreter der Abstraktheitsauffassung leugnen, dass es nichts gibt, das ein Flügelpferd ist. Sie akzeptieren nur, dass es nichts *Reales* gibt, das ein Flügelpferd ist. Daher kann die Folgerung ‚Es gibt etwas, das ein Flügelpferd ist' aus ‚Pegasus ist ein Flügelpferd' akzeptiert werden, ohne dass ein Widerspruch entstünde.

Mit der These, dass fiktive Gegenstände abstrakte Entitäten sind, ist noch nichts darüber gesagt, ob fiktive Gegenstände notwendigerweise und ewig bzw. unzeitlich existieren oder ob sie kontingente und zeitliche Gegenstände sind.[23] Tatsächlich finden sich unter den Vertretern der Abstraktheitstheorie Anhänger beider Auffassungen. Vertreter des einen Lagers sehen fiktive Gegenstände als Bewohner eines platonischen Reichs abstrakter Gegenstände, die keinen Anfang in der Zeit haben und unabhängig von kontingenten Vorgängen und Handlungen sind.[24] Nach dieser Auffassung können fiktive Gegenstände daher auch nicht im eigentlichen Sinne von den

---

[23] Dass ein Gegenstand zeitlich ist, soll hier heißen, dass der Gegenstand einen Anfang in der Zeit hat, m. a. W.: dass es einen Zeitpunkt gibt, vor dem der Gegenstand nicht existiert hat und nach dem der Gegenstand existiert. Zur Frage, ob fiktive Gegenstände notwendig oder kontingent sind, siehe Abschnitt 6.3 unten.
[24] Siehe z. B. Parsons: Objects; Wolterstorff: Works; Zalta: Objects.

Autoren *geschaffen* werden. Vielmehr werden sie, nach dieser Auffassung, aus einer unendlichen Anzahl von vorhandenen Gegenständen ausgewählt bzw. entdeckt. Vertreter des anderen Lagers meinen hingegen, dass fiktive Gegenstände zur Kategorie der abstrakten Artefakte gehören. Nach dieser Auffassung werden fiktive Gegenstände im wörtlichen Sinne geschaffen (also zur Existenz gebracht). Ihre Entstehung ist daher von kontingenten Vorgängen bzw. Handlungen abhängig (zum Beispiel davon, dass jemand eine Geschichte erzählt oder ein Bild malt).[25]

5. Einwände gegen realistische Theorien fiktiver Gegenstände

Gegner realistischer Theorien werfen den fiktionalen Realisten gelegentlich einfach mangelnden Realitätssinn vor. Oft steckt hinter der Ablehnung des fiktionalen Realismus auch ein grundsätzliches Bekenntnis zu ontologischer Sparsamkeit bzw. eine nominalistische oder materialistische Grundhaltung.

Solcherlei Gründe gegen realistische Theorien fiktiver Gegenstände mögen für diejenigen, die sie teilen, großes Gewicht haben; sie sind aber kaum geeignet, Andersdenkende zu überzeugen. Den Vorwurf des mangelnden Realitätssinns können fiktionale Realisten umdrehen: Während die Antirealisten ihnen, den Realisten, vorwerfen, sie würden sich die Existenz von Gegenständen einreden, die es in Wirklichkeit nicht gibt, können die Realisten ihrerseits den Antirealisten vorwerfen, sie hätten ein beschränktes Verständnis der Wirklichkeit und würden nur einen Ausschnitt derselben zur Kenntnis nehmen.

Wer sich auf das Prinzip der ontologischen Sparsamkeit beruft, möge dabei im Auge behalten, dass dieses nicht die Annahme bestimmter Arten kategorisch verbietet; vielmehr besagt es (in seiner wohl bekanntesten Formulierung), man solle nicht mehr Entitäten annehmen *als nötig*. Dies lässt aber durchaus die Möglichkeit offen, dass ontologische Festlegungen akzeptiert werden, die nominalistischen bzw. materialistischen Haltungen zuwiderlaufen – sofern diese ontologischen Festlegungen innerhalb bewährter Theorien eine Funktion haben, die nicht offensichtlich von anderen Gegenständen übernommen werden kann. Vertreter realistischer Theorien behaupten aber genau das: dass die Annahme fiktiver Gegenstände das beste Mittel sei, die Wahrheit (eventuell sogar die Sinnhaftigkeit) zahlreicher Aussagen und Gedanken zu erklären bzw. Paradoxien wie die zu Beginn dieses Aufsatzes dargestellten zu vermeiden.

---

25 Siehe z. B. Castañeda: Fiction; Eder: Figuren; Fine: Review; Ingarden: Kunstwerk; Reicher: Ontology; Salmon: Nonexistence; Thomasson: Fiction; van Inwagen: Geschöpfe; Voltolini: Ficta.

Um die Diskussion voranzutreiben, ist es erforderlich, im Detail zu untersuchen, welche Konsequenzen die jeweiligen realistischen und antirealistischen Theorien nach sich ziehen. Für antirealistische Theorien wurde das oben bereits im Ansatz gemacht. Im Folgenden sollen einige wichtige Einwände gegen die hier skizzierten realistischen Theorien vorgebracht werden.

Häufig wird argumentiert, dass fiktive Gegenstände eine Reihe von speziellen Problemen aufwerfen, namentlich Probleme mit fundamentalen logischen Prinzipien, wie dem Prinzip des ausgeschlossenen Widerspruchs und dem Prinzip des ausgeschlossenen Dritten.

Es leuchtet zunächst intuitiv ein, dass die Identität eines fiktiven Gegenstandes durch diejenigen Eigenschaften konstituiert wird, die ihm in seiner Geschichte zugeschrieben werden.[26] Aus dieser auf den ersten Blick plausiblen Annahme erwächst jedoch folgende Schwierigkeit: In den meisten (wenn nicht in allen) Fällen sind die Figuren und anderen Gegenstände in den Geschichten nur unvollständig beschrieben. Unter der Voraussetzung, dass ein Satz der Form ‚a_f ist F' genau dann wahr ist, wenn dem Gegenstand a_f in der relevanten Geschichte F zugeschrieben wird, gilt, dass es Sätze der Form ‚a_f ist F' gibt, so dass weder ‚a_f ist F' noch ‚a_f ist nicht F' wahr ist. Dies könnte zum Beispiel für den Satz ‚Sherlock Holmes hat ein Muttermal am Rücken' gelten, vorausgesetzt, dass nirgends in den Sherlock-Holmes-Geschichten explizit gesagt oder negiert wird, dass Sherlock Holmes ein Muttermal am Rücken hat.

Es ist wichtig zu verstehen, dass dies kein *epistemisches* Problem ist: Es ist nicht einfach so, dass wir nicht *wissen*, ob Sherlock Holmes ein Muttermal am Rücken hat oder nicht. Vielmehr scheint es, dass selbst ein allwissendes Wesen die Frage, ob Sherlock Holmes ein Muttermal am Rücken hat, nicht beantworten könnte, weil es nämlich keine Tatsache in der Welt gibt, die entweder den Satz ‚Holmes hat ein Muttermal am Rücken' oder den Satz ‚Holmes hat kein Muttermal am Rücken' wahr machen könnte. In der Terminologie Roman Ingardens ausgedrückt: Fiktive Gegenstände weisen *Unbestimmtheitsstellen* auf, oder, um einen heute sehr viel verwendeten Terminus Alexius Meinongs zu gebrauchen: Fiktive Gegenstände sind *unvollständig bestimmt*.[27] Nun verlangt aber das Prinzip vom ausgeschlossenen Dritten, dass für jeden Aussagesatz p gilt: Entweder p oder die Negation von p, non-p, ist

---
26 Bei näherer Betrachtung erweist sich dieses Prinzip freilich seinerseits als problematisch: Vieles, das in der Geschichte nicht explizit behauptet wird, würden wir dennoch ohne Weiteres als wahr in der Geschichte akzeptieren; umgekehrt akzeptieren wir nicht alles, was in einer Geschichte explizit behauptet wird, als wahr, wenn wir Gründe für die Annahme haben, dass der Erzähler unzuverlässig ist. Aber von diesen Komplikationen soll hier abgesehen werden.
27 Siehe Ingarden: Kunstwerk: § 38; Meinong: Möglichkeit, §§ 24 und 25.

wahr. Mithin verletzen fiktive Gegenstände anscheinend das Prinzip vom ausgeschlossenen Dritten.

Weiterhin gibt es Fälle, in denen einem fiktiven Gegenstand in seiner Geschichte einander ausschließende Eigenschaften zugeschrieben werden, so dass, gemäß dem oben formulierten Prinzip, in manchen Fällen gelten müsste: Sowohl ‚a_f ist F' als auch ‚a_f ist non-F' ist wahr. Das widerspricht nun aber anscheinend dem Prinzip des ausgeschlossenen Widerspruchs, wonach niemals ein Satz p und seine Negation, non-p, zugleich wahr sein können.

So grundlegende logische Prinzipien wie das Prinzip vom ausgeschlossenen Widerspruch und das Prinzip vom ausgeschlossenen Dritten wird man nur mit sehr guten Gründen aufgeben. Daher hat der Einwand, dass die Annahme fiktiver Gegenstände mit diesen Prinzipien unverträglich ist, großes Gewicht.

5.1 Einwände gegen die Nichtexistenz-Theorie

Die Auffassung, dass fiktive Gegenstände nicht existieren, aber eine andere Weise des Seins haben (in welchem Sinn von ‚Sein' auch immer) setzt offensichtlich voraus, dass Existenz nur eine Weise des Seins unter mehreren ist. Diese Voraussetzung kann jedoch mit guten Gründen bezweifelt werden. Vieles spricht dafür, dass vermeintliche ‚Seinsweisenunterscheidungen' vollständig reduzierbar sind auf kategoriale Unterscheidungen, also auf die Unterscheidung verschiedener Arten von Gegenständen. Dieser Verdacht gründet sich auf die Art und Weise, wie angebliche ‚Seinsweisenunterscheidungen' von ihren Vertretern üblicherweise eingeführt und erklärt werden. Man findet beispielsweise die Erklärung, dass Existenz die Seinsweise realer Gegenstände ist, während Subsistenz die Seinsweise abstrakter Gegenstände ist.[28] Weitere Erklärungen der Unterschiede zwischen Existenz und Subsistenz (oder wie die verschiedenen ‚Seinsweisen' auch immer bezeichnet werden) laufen üblicherweise einfach auf kategoriale Unterschiede der jeweiligen Gegenstände hinaus. Das erweckt den Eindruck, dass hier nicht wirklich ein Unterschied des Seins vorliegt, sondern nur Unterschiede in den jeweils seienden Gegenständen. Nun kann man freilich übereinkommen, das Adjektiv ‚existierend' nur auf Gegenstände bestimmter Kategorien anzuwenden (etwa auf alle Gegenstände außer die Abstrakta); aber eine solche terminologische Konvention wäre dann metaphysisch folgenlos. ‚Es gibt a, aber a existiert nicht' wäre dann etwa äquivalent mit ‚Es gibt a, und a ist ein abstrakter Gegenstand'. Die Theorie der fiktiven Gegenstände als

---

28 Siehe Russell: Probleme, Kap. 9.

nichtexistierende Gegenstände würde in diesem Fall zusammenfallen mit der Theorie der fiktiven Gegenstände als Abstrakta; sie wäre kein eigenständiger Lösungsansatz.[29]

Davon abgesehen spricht gegen diese Lösung die Intuition, dass fiktionale Namen und Beschreibungen nicht mit gewöhnlichen nichtreferierenden (bzw. auf nichts Existierendes referierenden) Namen und Beschreibungen in einen Topf zu werfen sind. So scheint zum Beispiel folgender Satz grundsätzlich wahrheitsfähig zu sein: ‚Es gibt fiktive geflügelte Pferde, aber es gibt keine fiktiven geflügelten Kühe.' Ob der Satz wahr ist oder nicht, hängt intuitiv einfach nur davon ab, ob es eine literarische oder sonstige Fiktion gibt, in der mindestens eine geflügelte Kuh vorkommt. Wenn das nicht der Fall ist, dann besteht hier intuitiv ein Unterschied zwischen dem Realitätsbezug der beiden Beschreibungen ‚geflügeltes Pferd' und ‚geflügelte Kuh'. Dieser Unterschied wird verwischt, wenn man einfach sagt, dass beide Beschreibungen nichtexistierende Gegenstände bezeichnen.

5.2 Einwände gegen die Theorie nichtaktualer Welten

Der zuletzt formulierte Einwand gegen die Nichtexistenz-Theorie lässt sich, mit entsprechenden Anpassungen, auch gegen die Theorie der nichtaktualen Welten vorbringen: Wenn man eine Ontologie nichtaktualer Welten akzeptiert, dann wird man sicherlich auch akzeptieren, dass in manchen dieser Welten geflügelte Kühe existieren, ebenso wie in manchen nichtaktualen Welten geflügelte Pferde existieren. Geflügelte Kühe und geflügelte Pferde wären demnach ontologisch auf einer Ebene. Aber das widerspricht der Intuition, dass die Beschreibung ‚geflügeltes Pferd' einen anderen Realitätsbezug hat als die Beschreibung ‚geflügelte Kuh'. Intuitiv besteht dieser Unterschied darin, dass es *in der aktualen Welt* fiktive geflügelte Pferde gibt, nicht aber fiktive geflügelte Kühe.

Überdies scheinen reale geflügelte Pferde in anderen Welten nicht geeignet zu sein als ‚Wahrmacher' des Satzes ‚Es gibt fiktive geflügelte Pferde, aber keine fiktiven geflügelten Kühe'. Die Existenz realer geflügelter Pferde in anderen Welten ist irrelevant für den Wahrheitswert dieses Satzes. Relevant ist vielmehr die Existenz *fiktiver* geflügelter Pferde (und die Nichtexistenz fiktiver geflügelter Kühe) in der aktualen Welt.

Die beiden hier formulierten Einwände gegen die Theorie der fiktiven Gegenstände als Bewohner nichtaktualer Welten sind unabhängig von der

---

29 Für eine detaillierte Darlegung dieses Arguments siehe Reicher: Referenz, Kap. II.4. Dem Geiste nach verwandt ist Quines berühmte Kritik an Seinsweisenunterscheidungen in Quine: Was es gibt.

Frage, ob man nichtaktuale Welten grundsätzlich annehmen soll oder nicht. Es ist klar, dass diese Frage nicht allein mit Rücksicht auf das Problem der fiktiven Gegenstände beantwortet werden kann. Fiktive Gegenstände (darüber herrscht weitgehend Konsens) sind in irgendeiner Weise von kontingenten Vorgängen und Gegenständen abhängig,[30] und ihre Zahl ist endlich. Wenn es alleine darum ginge, die Paradoxien der fiktiven Gegenstände zu vermeiden, würde die Annahme unendlich vieler nichtaktualer Welten weit über das Ziel hinausschießen. Tatsächlich soll jedenfalls die Annahme möglicher Welten (wenn es nach den Vertretern dieser Annahme geht) mehr leisten – etwa die Ermöglichung einer Semantik für Modalsätze; die Lösung des Problems der fiktiven Gegenstände ist kaum mehr als ein Nebenprodukt einer Ontologie nichtaktualer Welten. Es versteht sich aber von selbst, dass die Annahme einer solchen Ontologie nichtaktualer Welten ihrerseits eine Reihe von schwierigen Fragen aufwirft und entsprechend umstritten ist.

5.3 Einwände gegen die Abstraktheitstheorie

An dieser Stelle sollen nicht grundsätzliche Einwände gegen die Annahme abstrakter Gegenstände im Allgemeinen diskutiert werden, sondern lediglich Einwände gegen die These, dass fiktive Gegenstände als abstrakte Gegenstände aufzufassen sind.[31]

Der wohl wichtigste Einwand gegen die Abstraktheitsthese lautet wie folgt: Die hauptsächliche Motivation für realistische Theorien fiktiver Gegenstände besteht, wie dargelegt, darin, die Wahrheit von Sätzen über fiktive Gegenstände zu erklären. Nun enthalten aber zahlreiche dieser Sätze Prädikate, die offenbar nicht nur Existenz, sondern Raum-Zeitlichkeit implizieren. Wenn etwas zum Beispiel ein Flügelpferd ist, dann ist es körperlich und mithin nicht abstrakt. Fast allen fiktiven Gegenständen sprechen wir unter anderem Prädikate zu, die allem Anschein nach Abstraktheit ausschließen. Die Abstraktheitsthese scheint also mit vielen anscheinenden Wahrheiten über fiktive Gegenstände nicht verträglich zu sein.

---

30 Entweder werden sie durch kontingente Vorgänge *geschaffen*, oder sie erhalten zumindest ihren Status *als fiktive Gegenstände* durch diese Vorgänge. (Vgl. Abschnitt 4.3 oben und Abschnitt 6.3 unten.)

31 Für grundsätzliche Einwände gegen die Annahme von abstrakten Gegenständen, insbesondere das Argument der ontologischen Sparsamkeit, vergleiche den Anfang von Abschnitt 5 oben.

6. Verteidigung realistischer Theorien fiktiver Gegenstände

Wie inzwischen klar sein sollte, gibt es in großer Zahl Sätze der Form ‚a_f ist F' (und zwar als *externe* Sätze verstanden), die *prima facie* wahr sind. Ich plädiere dafür, dies als ein Datum zu nehmen, das nicht wegzuerklären ist. Die vorhandenen antirealistischen Alternativen erscheinen mir, aus den oben angeführten Gründen, allesamt nicht überzeugend. Eine realistische Theorie fiktiver Gegenstände sollte allerdings danach streben, das Prinzip vom ausgeschlossenen Dritten sowie das Prinzip vom ausgeschlossenen Widerspruch zu erhalten.

Ich werde hier für eine Variante der Abstraktheitstheorie plädieren, und zwar für die Theorie der fiktiven Gegenstände als kontingenter Abstrakta. Meine Verteidigung dieser Theorie gegen jene Einwände, die gegen realistische Theorien im Allgemeinen vorgebracht wurden, ließe sich freilich auch zur Verteidigung anderer realistischer Theorien verwenden. Ich sehe aber keine überzeugenden Entgegnungen auf die Einwände, die speziell gegen die Nichtexistenz-Theorie und gegen die Theorie der nichtaktualen Welten vorgebracht wurden; hingegen denke ich, dass sich der speziell gegen die Abstraktheitstheorie vorgebrachte Einwand entkräften lässt. Am Ende dieses Abschnitts werde ich begründen, warum die Theorie der kontingenten Abstrakta der platonistischen Abstraktheitstheorie vorzuziehen ist.

6.1 Wie kann etwas Abstraktes ein Flügelpferd sein?

Die Lösung dieses Problems liegt in einer Unterscheidung zweier *Arten von Prädikaten*, die fiktiven Gegenständen zugesprochen werden können. Ich bezeichne diese als *interne und externe Prädikate*. Ein internes Prädikat kommt einem fiktiven Gegenstand ‚in der Geschichte' zu. Ein externes Prädikat kommt einem fiktiven Gegenstand direkt zu, ohne die Modifikation ‚in der Geschichte' oder Ähnliches. Das Prädikat ‚ist ein Flügelpferd' ist also ein internes Prädikat von Pegasus; extern wäre hingegen zum Beispiel ‚ist eine Figur aus der griechischen Mythologie'. In manchen Fällen kann ein Prädikat einem fiktiven Gegenstand sowohl im internen als auch im externen Modus wahrheitsgemäß zugesprochen werden. So trifft das Prädikat ‚ist berühmt' auf Sherlock Holmes vermutlich sowohl im internen als auch im externen Sinn zu.

Um interne und externe Prädikate voneinander zu unterscheiden, bediene ich mich folgender terminologischer Konvention: Wenn wir es mit einer externen Prädikation zu tun haben, dann sage ich – wie bisher – einfach ‚a_f ist F'. Wenn die Prädikation hingegen intern sein soll, dann sage ich ‚a_f *ist bestimmt als* F'. Pegasus *ist* also ein Figur aus der griechischen Mythologie, ein fiktiver Gegenstand, ein abstrakter Gegenstand etc.; zugleich ist Pegasus *bestimmt als* ein geflügeltes Pferd, das an der Quelle der Peirene getrunken hat, das von Bellerophon geritten wurde etc.[32]

Prädikate, die Raum-Zeitlichkeit implizieren, können einem fiktiven Gegenstand niemals im externen Modus zukommen, sondern immer nur im Bestimmt-als-Modus. Es ist also wörtlich genommen falsch, dass Pegasus ein Flügelpferd ist, dass Sherlock Holmes ein Detektiv ist, dass Inspector Columbo einen alten Peugeot fährt etc. Wahr ist vielmehr, dass Pegasus bestimmt ist als ein Flügelpferd, dass Sherlock Holmes bestimmt ist als ein Detektiv und dass Inspector Columbo bestimmt ist als stolzer Besitzer eines alten Peugeot. In diesem Sinne löst die Abstraktheitstheorie die Paradoxien des Typs II durch eine Art von Paraphrasierungsstrategie. Sätze wie ‚Pegasus ist ein Flügelpferd' werden als wörtlich genommen falsch zurückgewiesen und ersetzt durch ‚Pegasus ist bestimmt als ein Flügelpferd'. Daraus folgt: ‚Es gibt etwas, das bestimmt ist als ein Flügelpferd.' Das aber steht nicht im Widerspruch zu der empirischen Wahrheit, dass es nichts gibt, das ein Flügelpferd *ist*. Auf diese Weise ist die Paradoxie aufgelöst.

Gelegentlich wird der Verdacht ausgesprochen, dass durch die Unterscheidung zwischen internen und externen Prädikaten die in Abschnitt 3.2 kritisierten ‚Geschichtenoperatoren' durch die Hintertür wieder eingeführt werden. Dieser Verdacht könnte genährt werden durch die Beobachtung, dass die Wendung ‚ist bestimmt als' ersetzt werden kann durch ‚ist gemäß einer fiktionalen Geschichte'.[33] Anstelle von ‚Pegasus ist bestimmt als ein Flügelpferd' könnte man auch sagen ‚Pegasus ist gemäß der griechischen Mythologie ein Flügelpferd'. Trotzdem ist das nicht die Wiederkehr des Geschichtenoperators im Sinne der oben diskutierten Geschichtenoperatorentheorie. Der Geschichtenoperator (‚Gemäß einer fiktionalen Geschichte gilt' oder Ähnliches) ist nämlich ein *Satzoperator*, syntaktisch auf einer Ebene mit ‚Es ist möglich, dass', ‚Es ist notwendig, dass', ‚S glaubt, dass'. Das heißt, dass sich im Skopus eines Geschichtenoperators jeweils ein vollständiger Satz befindet (also, im einfachsten Fall, Subjekt und Prädikat), nicht

---

32 Die meisten Abstraktheitstheorien fiktiver Gegenstände (sowohl platonistische als auch artefaktuelle) enthalten eine Prädikationsweisenunterscheidung, wenn auch mit unterschiedlichen Terminologien, zum Beispiel: *ist* F versus *hat* die Eigenschaft F-zu-sein *normativ in sich* (Wolterstorff: Works); *exemplifiziert* F-zu-sein versus *enkodiert* F-zu-sein (Zalta: Objects); *enthält* F *immanent in sich* versus *bekam* F *zugewiesen* (Ingarden: Kunstwerk); *exemplifiziert* F-zu-sein versus *bekam* F-zu-sein *zugeschrieben* (van Inwagen: Geschöpfe). Die Unterscheidung lässt sich nicht nur auf fiktive Gegenstände anwenden, sondern auf typenartige abstrakte Gegenstände im Allgemeinen. Die älteste Quelle dieser Unterscheidung findet sich bei dem Meinong-Schüler Ernst Mally; er spricht von *erfüllen* versus *determiniert sein* (Mally: Grundlagen).

33 Siehe dazu auch Reicher: Interpretations.

nur ein Satzbestandteil. Daher muss der Geschichtenoperator korrekterweise dem Satz *vorangestellt* werden. Das ‚ist bestimmt als' ist hingegen ein Prädikatoperator, das heißt: er wird nicht dem ganzen Satz vorangestellt, sondern ist Bestandteil des Prädikats und modifiziert den Satz als Ganzes nur insofern er das Prädikat modifiziert. Der Subjektausdruck befindet sich nicht in seinem Skopus. Ein Satz wie ‚Pegasus ist gemäß einer fiktionalen Geschichte ein Flügelpferd' ist daher systematisch mehrdeutig. Die Wendung ‚gemäß einer fiktionalen Geschichte' könnte als Satzoperator gelesen werden (‚Gemäß einer fiktionalen Geschichte gilt: Pegasus ist ein Flügelpferd') oder als Prädikatmodifikator im Sinne von ‚Pegasus ist bestimmt als ein Flügelpferd'. Die beiden Sätze haben ganz unterschiedliche Implikationen. Der zweite Satz, nicht aber der erste, impliziert etwa ‚Es gibt etwas, das mit Pegasus identisch ist'.[34]

Im Gegensatz zur Geschichtenoperatorentheorie hat die Abstraktheitstheorie kein Problem mit externen Wahrheiten der Art ‚Pegasus ist eine Figur aus der griechischen Mythologie', ‚Sherlock Holmes wurde von Arthur Conan Doyle erfunden' und ‚Inspector Columbo ist eine der Lieblingsfiguren von Maria Reicher'. Denn diese Sätze werden als wörtlich genommen wahr anerkannt.

6.2 Unvollständigkeit und Widersprüchlichkeit

Die Unterscheidung zweier Arten von Prädikaten ist auch der Schlüssel zur Klärung der vermeintlichen Probleme mit dem Satz vom ausgeschlossenen Dritten und dem Satz vom ausgeschlossenen Widerspruch.

Der Satz ‚Sherlock Holmes hat ein Muttermal am Rücken' ist falsch. Die Negation dieses Satzes – also ‚Es ist nicht der Fall, dass Sherlock Holmes ein Muttermal am Rücken hat' ist wahr. Der Satz ‚Sherlock Holmes ist bestimmt als ein Muttermal am Rücken habend' ist falsch. Die Negation dieses Satzes – also ‚Es ist nicht der Fall, dass Sherlock Holmes bestimmt ist als ein Muttermal am Rücken habend' – ist wahr. Das Prinzip vom ausgeschlossenen Dritten behält also seine volle Gültigkeit. Der gegenteilige Ein-

---

34 Allerdings sieht es so aus, als würde Wolfgang Künne (der die bisher wohl am besten ausgearbeitete Geschichtenoperatorentheorie vorgelegt hat) seine Geschichtenoperatoren zwar als Satzoperatoren einführen, später aber, bei der Analyse der besonders kniffligen interfiktionalen Sätze, stillschweigend zum Gebrauch von Prädikatoperatoren übergehen. (Vgl. Künne: Fiktion.) Das zeigt aber natürlich nicht, dass die Unterscheidung von Satz- und Prädikatoperatoren hinfällig oder überflüssig ist. Man könnte eher umgekehrt argumentieren: Künne zeigt uns eindrücklich, dass Geschichtenoperatoren (im ursprünglichen Sinn, also als Satzoperatoren) für die Analyse zahlreicher fiktionaler Sätze nicht tauglich sind.

druck entsteht lediglich aus der Tatsache, dass die folgenden beiden Sätze gleichermaßen falsch sind: ‚Sherlock Holmes ist bestimmt als ein Muttermal am Rücken habend' und ‚Sherlock Holmes ist bestimmt als kein Muttermal am Rücken habend'. Aber da der zweite Satz nicht die Negation des ersten ist,[35] wird dadurch nicht der Satz vom ausgeschlossenen Dritten verletzt.

Auch die Tatsache, dass fiktiven Gegenständen in ihren Geschichten einander ausschließende Eigenschaften zugesprochen werden können, erweist sich im Lichte der Unterscheidung verschiedener Modi der Prädikation als harmlos. In so einem Fall würde für irgendein F gelten: ‚a_f ist bestimmt als F' und zugleich ‚a_f ist bestimmt als non-F'. Aber der zweite Satz ist nicht die Negation des ersten. Die Negation des ersten Satzes würde vielmehr lauten: ‚Es ist nicht der Fall, dass a_f bestimmt ist als F'. Letzteres ist aber falsch. Daher behält auch das Prinzip vom ausgeschlossenen Widerspruch seine Gültigkeit.

Anthony Everett hat zwei Einwände formuliert, die Verschärfungen des hier diskutierten Unbestimmtheits- und Widersprüchlichkeits-Einwands sind und die sich nicht auf die hier aufgezeigte Weise aus der Welt schaffen lassen. Der erste Einwand ist der Unbestimmtheits-Einwand. Everett unterscheidet zwei Fälle. Im ersten Fall ist es *innerhalb einer fiktionalen Geschichte* unbestimmt, ob eine bestimmte Figur *a* identisch ist mit einer Figur *b* in derselben Geschichte oder ob es sich um *zwei* Figuren handelt. Im zweiten Fall ist es *innerhalb einer fiktionalen Geschichte* unbestimmt, ob eine bestimmte Figur *a* überhaupt existiert oder etwa nur eine Einbildung einer in der Geschichte existierenden Figur ist. Everett behauptet, dass in diesen Fällen die Unbestimmtheit innerhalb der Fiktion gewissermaßen aus der Fiktion in die Realität ‚exportiert' werde. Das läuft darauf hinaus, dass in diesen Fällen die externen Sätze ‚a_f existiert' und ‚a_f ist identisch mit b_f' weder wahr noch falsch sind. Dies ist aber auf jeden Fall eine problematische Konsequenz. Everett ist der Meinung, dass fiktionale Realisten dieser Konsequenz allenfalls durch *ad hoc*-Postulate entgehen könnten.[36]

Everetts zweiter Einwand lautet, dass fiktionale Realisten gezwungen sind, logisch inkohärente fiktive Gegenstände anzunehmen. Auch hier argumentiert Everett, dass die Inkohärenz sich nicht auf den Bereich der Geschichte beschränkt, sondern gewissermaßen in die Realität hinüberschwappt. Er erzählt eine Geschichte, in der eine Figur *a* mit einer Figur *b* identisch ist und zugleich *a* nicht mit *b* identisch ist. Everett argumentiert, dass der fiktionale Realist gezwungen ist zu sagen, dass die fiktive Figur *a*

---

35 Genauer gesagt: Die beiden Sätze verhalten sich nicht wie *p* und non-*p* zueinander – und das ist die Art der Negation, die für das Prinzip vom ausgeschlossenen Dritten relevant ist.
36 Vgl. Everett: Realism, S. 628–633.

mit der fiktiven Figur *b* identisch ist und zugleich die fiktive Figur *a* nicht mit der fiktiven Figur *b* identisch ist.[37]

Etliche Autoren haben sich inzwischen mit Everetts Einwänden auseinandergesetzt und auf unterschiedliche Weisen versucht zu zeigen, dass der von Everett behauptete ‚Export' der internen Unbestimmtheit bzw. Widersprüchlichkeit in die Realität außerhalb der Fiktion nicht stattfindet.[38]

Schnieder und von Solodkoff machen zu Recht darauf aufmerksam, dass die Wendung ‚es ist unbestimmt in der Geschichte G, ob *p*' zweideutig ist. Sie kann einerseits bedeuten, dass die fiktionale Welt der Geschichte ontologisch unbestimmt ist; sie kann aber auch bloß ausdrücken, dass die Geschichte *es offen lässt*, ob *p*. Schnieder und von Solodkoff plädieren für die letztere Interpretation, und das ist der Keil, den sie in Everetts Argumentation schlagen. Denn es ist keineswegs klar, dass aus der Tatsache, dass eine Geschichte es beispielsweise offen lässt, ob eine Figur *a* identisch ist mit einer Figur *b*, gefolgert werden muss, dass es (im externen Sinn) unbestimmt ist, ob die Figur *a* identisch ist mit der Figur *b*.[39] Das wäre etwa dann nicht zu folgern, wenn man folgendes Identitätsprinzip für fiktive Gegenstände akzeptiert: Wenn *a* und *b* Figuren sind, die in derselben Geschichte G ihren Ursprung haben, dann ist Figur *a* identisch mit Figur *b* genau dann, wenn gemäß G *a* identisch ist mit *b*.[40] Gemäß diesem Prinzip würde gelten: Wenn die Geschichte es offen lässt, ob *a* mit *b* identisch ist, dann ist (im externen Sinn) die Figur *a* nicht identisch mit der Figur *b*. Dies ist auch durchaus intuitiv plausibel. Allerdings lässt sich dieser Lösungsweg nicht anwenden auf Fälle, in denen Unbestimmtheit *in der Geschichte* vorliegt.

Alberto Voltolini versucht zu zeigen, dass sich Everetts Einwände durch die üblichen Instrumentarien des fiktionalen Realismus, nämlich einerseits eine Prädikationsweisen-Unterscheidung und andererseits die Unterscheidung zwischen Satz- und Prädikatnegation, entkräften lassen.[41]

David Milne macht unter anderem folgenden Vorschlag zur Lösung des von Everett aufgeworfenen Unbestimmtheitsproblems: Wenn die Geschichte es offen lässt, ob *a* mit *b* identisch ist, dann gibt es (im externen Sinn) weder die Figur *a* noch die Figur *b*, sondern der im externen Sinn existierende fiktive Gegenstand ist eine *Gruppe a-b*, deren Mitgliederanzahl unbestimmt ist.[42]

Eine detaillierte Darstellung und Bewertung der Diskussion um Everetts Angriffe gegen den fiktionalen Realismus würde den Rahmen dieses Bei-

---
37 Vgl. ebd., S. 633–638.
38 Schnieder / von Solodkoff: Defence; Voltolini: Realism; Milne: Dilemma.
39 Schnieder / von Solodkoff: Defence, S. 140–142.
40 Vgl. Schnieder / von Solodkoff: Defence, S. 143.
41 Vgl. Voltolini: Realism.
42 Vgl. Milne: Dilemma.

trags sprengen. Zusammenfassend kann festgehalten werden: Everetts Einwände sind gegenwärtig die größte Herausforderung für den fiktionalen Realismus. Es gibt inzwischen eine Reihe von interessanten Entgegnungen, von denen zumindest einige Everetts Argumente wesentlich schwächen. Das letzte Wort dürfte aber in dieser Angelegenheit noch nicht gesprochen sein.

6.3 Platonistische versus artefaktuelle Theorien fiktiver Gegenstände

In Abschnitt 4.3 wurde bereits darauf hingewiesen, dass es zwei Arten von Abstraktheitstheorien fiktiver Gegenstände gibt. Das bisher zur Verteidigung von Abstraktheitstheorien fiktiver Gegenstände Vorgebrachte trifft sowohl auf platonistische als auch auf artefaktuelle Theorien fiktiver Gegenstände zu. Mit ‚platonistischen Theorien fiktiver Gegenstände' ist hier die Auffassung gemeint, dass fiktive Gegenstände ewig oder unzeitlich und notwendigerweise existieren, dass ihre Existenz also nicht von kontingenten Vorgängen abhängt, namentlich nicht von Schaffensakten bzw. Schaffensprozessen von Autoren. Solche Theorien werden manchmal auch als ‚meinongianische' Theorien fiktiver Gegenstände bezeichnet, benannt nach Alexius Meinong.[43] Die Grundidee solcher Theorien ist, dass es zu jeder Eigenschaftsmenge[44] ein (abstraktes) gegenständliches Korrelat gibt, genauer: einen Gegenstand, der durch die Eigenschaften, die Elemente der betreffenden Eigenschaftsmenge sind, bestimmt ist. Diese abstrakten gegenständlichen Korrelate von Eigenschaftsmengen werden oft als ‚meinongianische Gegenstände' bezeichnet. Der ontologische Status meinongianischer Gegenstände entspricht in wesentlichen Hinsichten dem platonischer Ideen: Sie existieren notwendigerweise und unabhängig von menschlichen Handlungen, Gedanken und Vorstellungen. Vertreter platonistischer Theo-

---

43 Allerdings ist diese Bezeichnung potentiell irreführend, weil sie fälschlicherweise suggeriert, dass diese Theorie von Alexius Meinong vertreten wurde. In Wirklichkeit handelt es sich um eine spezielle Interpretation von Meinongs Theorie, von der unsicher ist, ob Meinong sie jemals vertreten hat, und um eine Anwendung, die bei Meinong so nicht vorkommt.

44 Das ist eine Vereinfachung. Manche beschränken den Bereich der sozusagen ‚gegenstandskonstitutiven' Eigenschaften, indem sie gewisse Kategorien von Eigenschaften ausschließen, zum Beispiel ‚ontologische' Eigenschaften (wie zu existieren oder Sein zu haben) oder intentionale Eigenschaften (wie Gegenstand einer Vorstellung oder eines Gedankens zu sein). Die gegenstandskonstitutiven Eigenschaften werden oft als ‚nukleare' Eigenschaften bezeichnet, im Gegensatz zu den ‚extranuklearen' Eigenschaften, die nicht gegenstandskonstitutiv sind. (Siehe z. B. Parsons: Objects.) Allerdings ist die Unterscheidung aus verschiedenen Gründen problematisch und wird nicht von allen ‚Meinongianern' akzeptiert.

rien fiktiver Gegenstände betrachten die Menge der fiktiven Gegenstände als eine Teilmenge der Menge der meinongianischen Gegenstände. Fiktive Gegenstände sind nach dieser Auffassung jene meinongianischen Gegenstände, die in fiktionalen Geschichten vorkommen. Sie werden von den Autoren gewissermaßen aus der unendlichen Vielfalt der meinongianischen Gegenstände ausgewählt, aber nicht *geschaffen*.

Vertreter artefaktueller Theorien fiktiver Gegenstände beharren hingegen darauf, dass fiktive Gegenstände von Autoren *geschaffen* werden. Fiktive Gegenstände verdanken demnach ihre Existenz Schaffensakten bzw. -prozessen und sind daher kontingente und zeitliche Gegenstände.

Zugunsten artefaktueller Theorien sprechen zumindest zwei Überlegungen: Erstens werden artefaktuelle Theorien der Commonsense-Überzeugung gerecht, dass fiktive Gegenstände (ebenso wie die Werke, zu denen sie gehören) Menschenwerk sind. Zweitens sind artefaktuelle Theorien fiktiver Gegenstände ontologisch sparsamer als platonistische. Für eine Semantik der Rede über Fiktionen ist es nicht erforderlich, ein gegenständliches Korrelat jeder beliebigen Eigenschaftsmenge anzunehmen.

Bibliographie

Adams, Fred: Sweet Nothings: The Semantics, Pragmatics, and Ontology of Fiction. In: Franck Lihoreau (Hg.): Truth in Fiction. Heusenstamm 2011, S. 119–135.
Bach, Kent: Failed Reference and Feigned Reference: Much Ado about Nothing. In: Grazer Philosophische Studien 25/26 (1985/86), S. 359–374.
Bertolet, Rod: Reference, Fiction, and Fictions. In: Synthese 60 (1984), S. 413–437.
Blocker, H. Gene: The Truth about Fictional Entities. In: Philosophical Quarterly 24 (1974), S. 27–36.
Braithwaite, R. B.: Symposium: Imaginary Objects. In: Proceedings of the Aristotelian Society, Supp. vol. XII (1933), S. 44–54.
Brock, Stuart: Fictionalism about Fictional Characters. In: Noûs 36, 1 (2002), S. 1–21.
Castañeda, Hector-Neri: Fiction and Reality: Their Fundamental Connections. In: Poetics 8 (1979), S. 31–62.
Crittenden, Charles: Unreality. The Metaphysics of Fictional Objects. Ithaca 1991.
Eder, Jens: Was sind Figuren? Ein Beitrag zur interdisziplinären Fiktionstheorie. Paderborn 2008.
Everett, Anthony: Against Fictional Realism. In: Journal of Philosophy 102 (2005), S. 624–649.
Fine, Kit: Critical Review of Parsons' *Nonexistent Objects*. Philosophical Studies 45 (1984), S. 94–142.
Heintz, John: Reference and Inference in Fiction. In: Poetics 8 (1979), S. 85–99.
Hintikka, Jaakko: Existential Presuppositions and Existential Commitments. In: Journal of Philosophy 56 (1959), S. 125–137.
Howell, Robert: Fictional Objects: How They Are and How They Aren't. In: Poetics 8 (1979), S. 129–177.
Ingarden, Roman: Das literarische Kunstwerk. 2., verb. und erw. Aufl. Tübingen 1960.

Jackson, Frank: Ontological Commitment and Paraphrase. In: Philosophy 55 (1980), S. 303–315.
Künne, Wolfgang: Fiktion ohne fiktive Gegenstände: Prolegomenon zu einer Fregeanischen Theorie der Fiktion. In: Maria E. Reicher (Hg.): Fiktion, Wahrheit, Wirklichkeit. Philosophische Grundlagen der Literaturtheorie. Paderborn 2007, S. 54–72.
Lambert, Karel: Meinong and the Principle of Independence. Its Place in Meinong's Theory of Objects and Its Significance in Contemporary Philosophical Logic. Cambridge 1983.
Leblanc, H. / T. Hailperin: Nondesignating Singular Terms. In: The Philosophical Review 68 (1959), S. 239–243.
Lewis, David: Truth in Fiction. In: American Philosophical Quarterly 15 (1978), S. 37–46.
Mally, Ernst: Gegenstandstheoretische Grundlagen der Logik und Logistik. Leipzig 1912.
Marcus, Ruth Barcan: Interpreting Quantification. In: Inquiry 5 (1962), S. 252–259.
Marcus, Ruth Barcan: Quantification and Ontology. In: Noûs 6 (1972), S. 240–250.
Margolis, Joseph: The Language of Art and Art Criticism. Detroit 1965.
Meinong, Alexius: Über Gegenstandstheorie. In: Alexius Meinong Gesamtausgabe, hg. von Rudolf Haller und Rudolf Kindinger, gemeinsam mit Roderick Chisholm, Bd. II: Abhandlungen zur Erkenntnistheorie und Gegenstandstheorie. Graz 1971, S. 481–535.
Meinong, Alexius: Über Möglichkeit und Wahrscheinlichkeit. Beiträge zur Gegenstandstheorie und Erkenntnistheorie. Alexius Meinong Gesamtausgabe, Bd. VI, hg. von Rudolf Haller und Rudolf Kindinger. Graz 1972.
Milne, David: Everett's Dilemma: How Fictional Realists Can Cope with Ontic Vagueness. In: Grazer Philosophische Studien 88 (2013), S. 33–54.
Parsons, Terence: Nonexistent Objects. New Haven 1980.
Priest, Graham: Towards Non-Being. The Logic and Metaphysics of Intentionality. Oxford 2005.
Quine, Willard Van Orman: Was es gibt. In: Von einem logischen Standpunkt. Neun logisch-philosophische Essays. Frankfurt/M. 1979, S. 9–25. (Original: On What There Is. In: Review of Metaphysics (1948), wiederabgedruckt in: From a Logical Point of View. Cambridge, MA 1953.)
Reicher, Maria Elisabeth: Referenz, Quantifikation und ontologische Festlegung. Heusenstamm 2005.
Reicher, Maria Elisabeth: Two Interpretations of ‚According to a Story'. In: Andrea Bottani / Richard Davies (Hg.): Modes of Existence. Papers in Ontology and Philosophical Logic. Heusenstamm 2006, S. 153–172.
Reicher, Maria Elisabeth: The Ontology of Fictional Characters. In: Jens Eder / Fotis Jannidis / Ralf Schneider (Hg.): Characters in Fictional Worlds. Berlin 2010, S. 111–133.
Russell, Bertrand: Probleme der Philosophie. Frankfurt/M. 1967.
Ryle, Gilbert: Symposium: Imaginary Objects. In: Proceedings of the Aristotelian Society, Supp. vol. XII (1933), S. 18–43.
Salmon, Nathan: Nonexistence. In: Noûs 32 (1998), S. 277–319.
Schnieder, Benjamin / Tatjana von Solodkoff: In Defence of Fictional Realism. In: The Philosophical Quarterly 59 (2008), S. 138–149.
Searle, John R.: Der logische Status fiktionaler Rede. In: Maria E. Reicher (Hg.): Fiktion, Wahrheit, Wirklichkeit. Philosophische Grundlagen der Literaturtheorie. Paderborn 2007, S. 21–36.
Thomasson, Amie L.: Fiction and Metaphysics. Cambridge 1999.
van Inwagen, Peter: Fiktionale Geschöpfe. In: Maria E. Reicher (Hg.): Fiktion, Wahrheit, Wirklichkeit. Philosophische Grundlagen der Literaturtheorie. Paderborn 2007, S. 73–93.
Voltolini, Alberto: How Ficta Follow Fiction. A Syncretistic Account of Fictional Entities. Dordrecht 2006.

Voltolini, Alberto: Against Against Fictional Realism. In: Grazer Philosophische Studien 80 (2010), S. 47–63.
Walton, Kendall L.: Furcht vor Fiktionen. In: Maria E. Reicher (Hg.): Fiktion, Wahrheit, Wirklichkeit. Philosophische Grundlagen der Literaturtheorie. Paderborn 2007, S. 94–119.
Wolterstorff, Nicholas: Works and Worlds of Art. Oxford 1980.
Yagisawa, Takashi: Against Creationism in Fiction. In: Philosophical Perspectives 15 (2001), S. 153–172.
Zalta, Edward N.: Abstract Objects. An Introduction to Axiomatic Metaphysics. Dordrecht 1983.

TILMANN KÖPPE

8. Fiktive Tatsachen

1. Das Problem

Wenn sich Leser von Melvilles ‚Bartleby the Scrivener' fragen, welche Motive Bartleby für sein merkwürdiges Verhalten hat und weshalb es seinem Chef nicht gelingen will, ihn zu feuern, so fragen sie sich, was in der fiktiven Welt der Erzählung eigentlich der Fall ist. Sie versuchen mit anderen Worten herauszubekommen, ob bestimmte fiktive Tatsachen bestehen oder nicht. Zur Beschreibung dieser Tätigkeit bietet es sich an, eine in der Philosophie verbreitete Terminologie zu übernehmen: Sachverhalte können bestehen oder nicht, bestehende Sachverhalte sind Tatsachen und Tatsachen werden durch wahre Sätze zum Ausdruck gebracht.[1] In Bezug auf fiktive Welten können wir analog sagen: Fiktive Sachverhalte können bestehen oder nicht (Bartleby kann ein Schreibgehilfe sein oder nicht), bestehende fiktive Sachverhalte sind fiktive Tatsachen (Bartleby ist ein Schreibgehilfe), und fiktive Tatsachen werden durch fiktional wahre Sätze (oder kurz: fiktionale Wahrheiten) zum Ausdruck gebracht („Bartleby ist ein Schreibgehilfe" ist wahr in Melvilles ‚Bartleby the Scrivener'). Die Übertragung der philosophischen Terminologie auf fiktive Welten ist intuitiv einleuchtend: Was in einer fiktiven Welt der Fall ist, ist (in der fiktiven Welt) *wirklich* der Fall, also eine Tatsache in der fiktiven Welt; man kann sich über die Konturen fiktiver Welten mit wahren oder falschen Sätzen äußern; und nicht jeder denkbare fiktive Sachverhalt besteht (in der fiktiven Welt) tatsächlich (s. den Beitrag *11. Fiktion und Modallogik*). Literaturwissenschaftler sprechen meist nicht von ‚fiktiven Tatsachen' sondern etwa von den Konturen der einer fiktionalen Erzählung zugrunde liegenden Geschichte, von der Handlungsebene einer fiktionalen Geschichte oder vom Geschehen in der Erzählwelt. Gemeint ist aber dasselbe.

Die Auseinandersetzung mit fiktiven Tatsachen ist für die Interpretation fiktionaler Literatur – und natürlich auch anderer fiktionaler Medien – zen-

---

1 Vgl. Patzig: Satz, S. 11.

tral. Einen fiktionalen Text zu lesen und zu verstehen bedeutet zunächst und vor allem, dass man sich klarmacht, wovon er handelt. Und auch weitergehende Interpretationen beruhen auf der Feststellung fiktiver Tatsachen:

> Ascertaining a work's fictional truths is only one part of the critic's job, but it is fundamental. Overall themes, ‚meanings', morals, what a work says to us about our lives, depend to a considerable extent on the fictional truths it generates [...].[2]

Wenn Walton an dieser Stelle darauf hinweist, dass die Bestimmung fiktionaler Wahrheiten einen *fundamentalen* Aspekt vieler Interpretationen darstellt, so ist das durchaus wörtlich zu verstehen: Welche thematischen Gehalte oder ‚Bedeutungen' einem Werk zugesprochen werden können, lässt sich in aller Regel nicht ohne die Feststellung relevanter fiktiver Tatsachen klären. Um beispielsweise die Frage zu beantworten, ob Hawthorne in „Rappaccini's Daughter" ein wissenschaftskritisches Weltbild propagiert, muss man zunächst klären, wie die Wissenschaft in der Erzählung dargestellt wird; und dasselbe gilt für die – für ‚Normalleser' vielleicht interessantere – Frage, ob die Figuren Rappaccini oder Baglioni als Vorbilder taugen oder nicht; auch hier muss man erst klären, was genau Rappaccini und Baglioni tun und was für einen Charakter sie eigentlich haben.[3]

Die fiktionalitätstheoretische Diskussion um fiktive Tatsachen hat sich auf die Frage konzentriert, genau welche fiktiven Tatsachen in der fiktiven Welt eines Werkes bestehen. Beantworten lässt sich diese Frage mit einer *Definition* des Ausdrucks ‚fiktional wahr', denn die Definition gibt an, was genau dann der Fall ist, wenn ein Satz der Form ‚p ist fiktional wahr' (bzw. ausführlicher: ‚In der fiktionalen Geschichte *G* ist der Fall, dass *p*') wahr ist.

Eine Definition von ‚fiktional wahr' sollte aber letztlich nicht nur angeben, was der Ausdruck ‚fiktional wahr' bedeutet. Sie sollte außerdem zumindest Anhaltspunkte zur Beantwortung der *epistemischen* Frage geben, woher wir wissen bzw. wie wir herausbekommen, was in einer bestimmten fiktiven Welt der Fall ist. In den meisten Diskussionen fiktionaler Wahrheit gehen definitorische und epistemische Fragen Hand in Hand. Keine Antwort will die Diskussion fiktionaler Wahrheit dagegen auf *ontologische* Fragen (etwa nach dem ontologischen Status fiktiver Tatsachen, nach ihrer Individuierung oder Zählbarkeit usw.) geben (s. den Beitrag *7. Ontologie fiktiver Gegenstände*).

Während zu Eingang betont wurde, dass der Umgang mit fiktionalen Wahrheiten in der *Praxis* der Lektüre und Interpretation eine wichtige Rolle spielt, wird nun auch der Stellenwert einer *Theorie* fiktionaler Wahrheiten im Rahmen von Fiktionalitätstheorien deutlich: So ist beispielsweise ein Kern-

---

2 Walton: Mimesis, S. 184; vgl. Currie: Interpreting, S. 97.
3 Vgl. etwa Brenzo: Beatrice.

bestandteil institutioneller Theorien der Fiktionalität, dass Leser fiktionaler Texte eingeladen werden, dem Text gegenüber eine ‚fiktionstypische Rezeptionshaltung' einzunehmen; ein wesentlicher Teil dieser Rezeptionshaltung wiederum ist, dass man anhand des Textes fiktionale Wahrheiten erschließt (s. den Beitrag *2. Die Institution Fiktionalität*). Andere Theorien berufen sich an zentraler Stelle auf das Konzept fiktiver Welten, die ihrerseits als Bündel fiktiver Tatsachen (resp. fiktionaler Wahrheiten) verstanden werden.[4] So oder so: Die Theorie fiktionaler Wahrheiten leistet einen wichtigen Beitrag zur Präzisierung dieser Theorien.

Auf den ersten Blick scheint die Frage, was in der fiktiven Welt eines fiktionalen Textes der Fall ist, einfach zu beantworten zu sein: Entscheidend ist, was im Text steht. Diese Antwort ist jedoch unzureichend. Denn tatsächlich ist für das Bestehen eines fiktiven Sachverhaltes p in einer fiktiven Welt weder notwendig noch hinreichend, dass ein Satz „p" im fiktionalen Text steht.[5] Das ist leicht einzusehen:

Erstens scheint es auch fiktive Tatsachen zu geben, die vom Text nicht explizit ausgesagt sondern vielmehr lediglich angedeutet oder nahegelegt werden. Wenn in Raabes Roman *Die Akten des Vogelsangs* Oberregierungsrat Dr. jur. K. Krumhardt einen Brief öffnet, so dürfen Leser davon ausgehen, dass der Brief sein Haus auf üblichem Wege erreicht hat, obwohl nichts davon im Roman steht. Es besteht in diesem Fall also eine fiktive Tatsache, die lediglich nicht benannt wird (und im Übrigen auch nicht benannt werden muss).[6] Um das Problem etwas genauer zu formulieren, ist eine weitere terminologische Festlegung nützlich: *Explizite fiktionale Wahrheiten* sind Sätze eines fiktionalen Textes, die fiktive Tatsachen identifizieren, und *implizite fiktionale Wahrheiten* sind Sätze, die fiktive Tatsachen identifizieren, jedoch nicht im Text des fiktionalen Werkes stehen.

Zweitens zeigt das Beispiel des unzuverlässigen Erzählens, dass in einem fiktionalen Erzähltext Sätze stehen können, denen keine fiktive Tatsache entspricht. Ernst Weiß' Roman *Die Feuerprobe* beginnt mit den Sätzen „Dies ist Wirklichkeit, kein Traum. Heute morgen zwischen drei und vier Uhr, zwischen Nacht und Dämmerung wurde auf einem Platz in Berlin ein Mann aufgefunden."[7] Einer plausiblen Interpretation des Romans zufolge

---

4 Vgl. Wolterstorff: Works, S. 115 ff.; Alward: Truth, S. 357, Anm. 19.
5 Vgl. Stühring: Unreliability, S. 99.
6 Das ist zumindest eine plausible Annahme, wenngleich sie nicht unumstritten ist. Einige Theoretiker gehen davon aus, dass fiktive Welten ‚unvollständig' sind, d. h. dass nicht von jedem fiktiven Sachverhalt festgelegt ist, ob er besteht oder nicht (s. den Beitrag *7. Ontologie fiktiver Gegenstände*). S. auch Abschnitt 3 unten.
7 Weiß: Feuerprobe, S. 7.

sind aber beide Sätze fiktional falsch: Das Gesagte ist (in der fiktiven Welt) der Inhalt eines Tagtraums und es hat nie stattgefunden.[8]

Die Sätze des fiktionalen Textes geben also (unverzichtbare) Anhaltspunkte für die Erschließung fiktiver Tatsachen, aber sie allein genügen nicht. Im folgenden Abschnitt werden nun einige differenziertere Vorschläge zur Definition von ‚fiktionale Wahrheit' vorgestellt und diskutiert.

2. Definitionen fiktionaler Wahrheit

2.1 Kendall Walton: Vorstellungsvorschriften und ihre Befolgung

Kendall Walton hat eine umfassende Fiktionalitätstheorie vorgelegt, in der fiktionale Wahrheiten eine zentrale Rolle spielen (s. den Beitrag *3. Fiktionen als* Make-Believe). Dass ein fiktionales Kunstwerk von etwas handelt oder etwas darstellt, bedeutet dieser Theorie zufolge, dass das Kunstwerk zu der Vorstellung auffordert, etwas sei der Fall. Die Frage nach (expliziten und impliziten) fiktionalen Wahrheiten ist daher in Waltons Theorie die Frage danach, welche Vorstellungen ein Kunstwerk vorschreibt: „Propositions whose imaginings are mandated are fictional, and the fact that a given proposition is fictional is a fictional truth."[9] Bezogen auf fiktionale Texte lässt sich Waltons Theorie fiktionaler Wahrheit demnach etwa wie folgt zusammenfassen:

Ein Satz ‚*p*' einer fiktionalen Geschichte ist genau dann fiktional wahr, wenn die Geschichte die Vorstellung vorschreibt, dass *p*.

Diese Definition legt nahe, dass ein besseres Verständnis fiktionaler Wahrheit über den Begriff der Vorstellungs-Vorschrift führt. Walton zufolge gibt es in der Kunstinstitution die ‚Meta-Regel', dass darstellende Kunstwerke („representational arts") zur Ausbildung von Vorstellungen einladen, und jedes einzelne Werk schafft ein eigenes Regelwerk, das ein eigenes (individuelles) Vorstellungsset vorschreibt. In Bezug auf jedes fiktionale Werk müssen wir uns also fragen, welche Regeln (bzw. Vorstellungs-Vorschriften bzw. fiktionalen Wahrheiten bzw. fiktiven Tatsachen bzw. welche fiktive Welt) es schafft – und wie es das tut.

Diese Rahmentheorie kann man, Walton zufolge, unterschiedlich füllen. Manche Regeln zur Generierung fiktiver Tatsachen werden *ad hoc* gebildet (etwa wenn ich meinen Wanderkameraden spontan auffordere, sich vorzustellen, eine Konfiguration von Astlöchern stelle ein Gesicht

---

[8] Vgl. zu dieser Interpretation etwa Kindt: Erzählen, S. 171 ff. u.ö.
[9] Walton: Mimesis, S. 69; vgl. auch ebd., S. 185.

dar),[10] andere Regeln beruhen auf einer längeren und komplizierteren institutionellen Geschichte. Manchmal gibt es Streit in Bezug auf einzelne Regeln oder Regelsets. Literaturwissenschaftler streiten beispielsweise über die Rolle, die die Intentionen des Autors eines Textes bei der Etablierung fiktiver Tatsachen spielen (dies kann man wiederum als Streit um eine Meta-Regel auffassen),[11] oder in Bezug auf die Konturen konkreter fiktiver Welten, die einem bestimmten Kunstwerk zugeordnet werden. Ein notorisches Beispiel ist etwa die Frage, ob es in der fiktiven Welt von Henry James' „The Turn of the Screw" Geister gibt oder nicht.[12] Ein einheitliches Prinzip, anhand dessen wir entscheiden könnten, was in einer bestimmten fiktiven Welt der Fall ist, gibt es Walton zufolge nicht. Dafür sind die Weisen, auf die Kunstwerke Vorstellungsregeln (Walton spricht auch von „principles of generation" fiktionaler Wahrheiten) aufstellen können, zu vielfältig. Das ändert aber nichts an der ‚einheitlichen' Definition fiktionaler Wahrheit:

> Fictionality is not *defined* by the principles of generation; it consists rather in prescriptions to imagine. The variety lies in the means by which such prescriptions are established. Although fictional truths are generated in very different ways, the result is the same in every case: propositions that are to be imagined.[13]

Von einigen der „principles of generation", die Walton hier im Auge hat, wird gleich noch die Rede sein.

2.2 David Lewis: Fiktionale Wahrheit und mögliche Welten

Ein ganz anderer Vorschlag stammt von David Lewis.[14] Lewis' Grundidee ist, dass sich die von fiktionalen Geschichten identifizierten ‚Welten' als Mengen von möglichen Welten verstehen lassen: jene Welten nämlich, in denen die Ereignisse der Geschichte stattfinden. Die Frage, was in einer bestimmten Geschichte fiktional wahr ist, lässt sich damit als Frage nach einem Prinzip der Identifikation genau der möglichen Welten formulieren, in denen die Ereignisse der Geschichte stattfinden. Lewis diskutiert nun eine Reihe solcher Prinzipien. Der erste Vorschlag besagt, dass die fraglichen möglichen Welten genau jene sind, in denen die fragliche Geschichte als

---

10 Für eine Kritik an Waltons Regelbegriff vgl. Martinich / Stroll: Fiction, S. 51 f.; zu Waltons weiter Verwendung des Fiktionalitätsbegriffs s. den Beitrag *20. Fiktionalität in den Kunst- und Bildwissenschaften*.
11 Vgl. Walton: Mimesis, S. 91 f.
12 Vgl. Goldman: Value, S. 104 f.; Currie: Interpreting.
13 Walton: Mimesis, S. 185.
14 Lewis: Truth. Für eine Zusammenfassung und Erläuterung vgl. etwa Currie: Nature, S. 62–70.

Tatsachenbericht erzählt wird. ‚Fiktionale Wahrheit' lässt sich diesem Vorschlag gemäß definieren wie folgt:

(1) Ein Satz ‚p' einer fiktionalen Geschichte ist genau dann fiktional wahr, wenn gilt: ‚p' ist in allen möglichen Welten der Fall, in denen die fragliche Geschichte als Tatsachenbericht erzählt wird.[15]

Für explizite fiktionale Wahrheiten funktioniert das Prinzip – sieht man vom Problem unzuverlässigen Erzählens ab – gut.[16] Schwierigkeiten bereiten implizite fiktionale Wahrheiten: Angenommen, Conan Doyles *Sherlock Holmes*-Geschichten machen keine Aussage darüber, ob Holmes Londoner Wohnort, die Baker Street, näher am Bahnhof Paddington oder am Bahnhof Waterloo liegt. In einigen möglichen Welten, in denen die Holmes-Geschichten als Tatsachenbericht erzählt werden, ist das eine der Fall und in anderen das andere. Gemäß Prinzip (1) ist folglich *weder* das eine *noch* das andere fiktional wahr, denn (1) besagt, dass eine fiktionale Wahrheit von der Wahrheit eines bestimmten Satzes in *allen* möglichen Welten abhängt, in denen die Geschichte als Tatsachenbericht erzählt wird. Definition (1) wird von Lewis daher als unzureichend zurückgewiesen. Um zu plausiblen Ergebnissen zu kommen, muss die relevante Menge möglicher Welten näher eingegrenzt werden. Das Beispiel von Holmes' Wohnort legt eine solche Eingrenzung bereits nahe: Bei der Suche nach impliziten fiktionalen Wahrheiten orientieren sich Leser nämlich offensichtlich nicht nur an expliziten fiktionalen Wahrheiten, sondern auch an ihrem Weltwissen. Da die Baker Street in London näher am Bahnhof Paddington liegt, sollte dies (obwohl nicht explizit gesagt) auch in den *Holmes*-Geschichten der Fall sein. Lewis' Vorschlag ist, dass wir jene möglichen Welten, in denen die fiktionale Geschichte als Tatsachenbericht erzählt wird, danach unterscheiden können, wie ‚nahe' sie an der Wirklichkeit sind. Gesucht sind, etwas genauer gesagt, genau die möglichen Welten, in denen die fragliche Geschichte als Tatsachenbericht geäußert wird *und* in denen außerdem (und soweit es die Geschichte zulässt) der Fall ist, was auch in unserer Welt der Fall ist. ‚Fiktionale Wahrheit' lässt sich diesem erweiterten Vorschlag gemäß definieren wie folgt:

(2) Ein Satz ‚p' einer fiktionalen Geschichte ist genau dann fiktional wahr, wenn gilt: p ist in allen möglichen Welten der Fall, in denen erstens die fragliche Geschichte als Tatsachenbericht erzählt wird und die zweitens alles in allem näher an der Wirklichkeit sind als

---

15 Vgl. Lewis: Truth, S. 268.
16 Vgl. ebd., S. 266; Alward: Truth, S. 349 f.

jede andere mögliche Welt, in der die fragliche Geschichte als Tatsachenbericht erzählt wird und in der ‚p' nicht wahr ist.¹⁷

Auf die Details dieses Vorschlags (und einige von Lewis berücksichtigte Komplikationen) soll hier nicht näher eingegangen werden.¹⁸ Er führt jedenfalls in Bezug auf das Wohnortproblem zu einem plausiblen Ergebnis: Jene möglichen Welten, in denen die Baker Street näher am Bahnhof Paddington liegt (und in denen die *Holmes*-Geschichten als Tatsachenberichte erzählt werden) sind näher an der Wirklichkeit als alle anderen möglichen Welten, in denen die Baker Street *nicht* näher am Bahnhof Paddington liegt (und in denen die *Holmes*-Geschichten als Tatsachenberichte erzählt werden). Also ist der Satz ‚Die Baker Street liegt näher am Bahnhof Paddington' fiktional wahr in den *Holmes*-Geschichten.

Lewis zufolge kann diese Definition nicht das letzte Wort sein. Bevor seine Einwände und eine Alternative zur Sprache kommen, sei kurz auf Anwendungsmöglichkeiten der Definition hingewiesen: Auf der Suche nach impliziten fiktionalen Wahrheiten müssen wir uns fragen, was *in unserer Welt* der Fall wäre, wenn die expliziten fiktionalen Wahrheiten der Geschichte ebenfalls wahr wären. Wenn, so Lewis' Beispiel, uns eine Person namens Watson von den Taten eines mit ihm bekannten Meisterdetektivs namens Holmes berichtete, so würden wir nicht annehmen, dass Holmes drei Nasenlöcher hat und violette Gnome jagt, denn so etwas gibt es schließlich nicht. Vernünftiger ist es, die Tatsachen, über die Watsons Bericht uns Aufschluss gibt, in unser sonstiges Weltwissen über Detektive, ihre Aufgaben und so weiter einzuordnen. Anders gesagt: Wir halten die Menge sonstiger Tatsachen soweit es geht konstant und nehmen nur so viele Modifikationen vor wie angesichts des Tatsachenberichts nötig.

Die Idee, dass wir uns bei der Beurteilung impliziter fiktionaler Wahrheiten an den Tatsachen orientieren, hat unter dem Namen *Reality Principle* Eingang in die Forschung gefunden. Es handelt sich, wiederum in Waltons Terminologie, um eine Kunstwerk-übergreifende ‚Meta-Regel' zur ‚Generierung' fiktionaler Wahrheiten. In einer Formulierung von Kendall Walton:

Sind $p_1, ..., p_n$ die von einer Repräsentation direkt generierten fiktionalen Wahrheiten, so handelt es sich bei q genau dann ebenfalls um eine fiktionale Wahrheit, wenn die Wahrheit von $p_1, ..., p_n$ die Wahrheit von q impliziert.¹⁹

---

17 Vgl. Lewis: Truth, S. 270.
18 Der Vorschlag beruht auf Lewis' Analyse der Wahrheitsbedingungen kontrafaktischer Konditionale in Lewis: Counterfactuals; dort finden sich insbesondere auch Erläuterungen zum Begriff der möglichen Welt und zum Konzept der ‚Nähe' bzw. ‚Ähnlichkeit' möglicher Welten; vgl. insbes. ebd., S. 84–95.
19 Walton: Mimesis, S. 145 (Übersetzung T. K.; Waltons ‚direkt' generierte fiktionale Wahr-

Das *Reality Principle* besagt (in dieser Formulierung), dass in fiktiven Welten dieselben Implikationsverhältnisse gelten wie in der Wirklichkeit: Wenn zwei wahre Sätze ‚p_1' und ‚p_2' einen dritten Satz ‚q' implizieren, so besteht auch die von ‚q' bezeichnete Tatsache; und zwei fiktional wahre Sätze ‚p_1' und ‚p_2' implizieren genau dann einen dritten Satz ‚q', wenn das Implikationsverhältnis in Bezug auf die wahren Sätze besteht.

Leser folgen dem *Reality Principle* oft unbewusst oder zumindest ohne explizit auszuweisen, dass sie ihm folgen. Im Nachwort zu seiner Übersetzung von Mark Twains *Tom Sawyer* argumentiert Andreas Nohl in dieser Weise gegen die These, der Roman sei eine „bloße Idylle":

> Gegen die bloße Idylle spricht allein die Komplexität von Toms Familiensituation. Er lebt mit seinem Halbbruder Sid und seiner Cousine Mary bei Tante Polly. Mary ist aber keineswegs eine Tochter von Polly, sondern ebenfalls nur ihre Nichte. [...] Alles deutet darauf hin, dass Toms Vater, nachdem Toms Mutter früh verstarb, neu geheiratet und Sid gezeugt hat, bevor dann auch diese neue Frau und ihr Vater ums Leben kamen. Sids Überangepasstheit an Tante Pollys Regiment resultiert daraus, dass seine beiden Eltern mit Polly nicht verwandt waren, sondern Toms Mutter ihre Schwester war. So befindet sich Sid in einer familiär besonders unsicheren Lage, was sowohl seine Bravheit als auch sein manipulatives Verhalten erklärt.[20]

Mit der Formulierung „Alles deutet darauf hin" gibt der Autor der Interpretation zu verstehen, dass die im Roman beschriebenen Verhältnisse in der Wirklichkeit zu den genannten Schlussfolgerungen berechtigen würden – und gemäß dem *Reality Principle* lassen sich diese Schlussfolgerungen auf die fiktive Welt des Romans übertragen.

Ein dem *Reality Principle* folgendes Schlussverfahren würde allerdings in manchen Fällen zu wenig plausiblen Annahmen über implizite fiktionale Wahrheiten führen. Lewis diskutiert das Beispiel der *Holmes*-Geschichte *The Adventure of the Speckled Band*, in der Holmes' (geniale) Lösung des Falles unter anderem darauf beruht, dass es einer Kettenviper gelingt, ein senkrecht gespanntes Seil empor zu klettern. Da es jedoch eine Tatsache ist, dass eine Schlange der fraglichen Art dieses Kunststück nicht vollbringen kann, wären wir gemäß dem *Reality Principle* (und gemäß der Tatsache, dass keine explizite fiktionale Wahrheit das Gegenteil etabliert) auf die Annahme festgelegt, dass dies auch in der fiktiven Welt des Romans nicht angeht. Das ist leicht einzusehen, wenn man im zitierten Schema des *Reality Principle* für p die Proposition „Die Kettenviper versucht, das Seil empor zu klettern" und für q „Der Kettenviper gelingt es nicht, das Seil empor zu klettern" einsetzt. Da es eine Tatsache ist, dass q der Fall ist, wenn p der Fall ist, handelt es sich bei q um eine fiktive Tatsache, wenn p eine fiktive Tatsache ist. – Holmes

---

heit entspricht dem, was hier ‚explizite' fiktionale Wahrheit genannt wird); vgl. auch Wolterstorff: Works, S. 120 f.; Ryan: Fiction.
20 Nohl: Nachwort, S. 663.

hätte also den Fall gar nicht gelöst (oder er hätte doch nicht, wie üblich, in allen Punkten richtig gelegen).

Lewis bietet daher eine zweite, alternative Definition fiktionaler Wahrheit an. Gemäß dieser Definition orientieren wir uns bei der Generierung impliziter fiktionaler Tatsachen nicht an den Tatsachen, sondern vielmehr an zur Entstehungszeit des fiktionalen Textes geläufigen *Annahmen* über Tatsachen. Wenn also zur Entstehungszeit von *The Adventure of the Speckled Band* im Allgemeinen davon ausgegangen wurde, dass Kettenvipern ein senkrecht gespanntes Seil hinaufklettern können, dann ist dies in der fiktiven Welt des Romans auch der Fall. Außerdem verhindert die Orientierung an Annahmen über Tatsachen, dass ‚esoterische' Fakten, von deren Bestehen zur Entstehungszeit des Textes niemand etwas ahnt, Teil der fiktiven Welt werden. Entsprechend lautet Lewis' alternative Definition:

(3) Ein Satz ‚p' einer fiktionalen Geschichte ist genau dann fiktional wahr, wenn gilt: p ist in allen möglichen Welten der Fall, in denen erstens die fragliche Geschichte als Tatsachenbericht erzählt wird und die zweitens alles in allem näher an der möglichen Welt W sind als jede andere mögliche Welt, in der die fragliche Geschichte als Tatsachenbericht erzählt wird und in der ‚p' nicht wahr ist, wobei W eine der Welten der zur Entstehungszeit der Geschichte allgemein geteilten Annahmen ist.[21]

Ein entsprechendes Prinzip zur Generierung fiktionaler Wahrheiten ist in der Forschung als *Mutual Belief Principle* diskutiert worden. Wiederum in einer Formulierung von Kendall Walton:

Sind $p_1, ..., p_n$ die von einer Repräsentation direkt generierten fiktionalen Wahrheiten, so handelt es sich bei q genau dann ebenfalls um eine fiktionale Wahrheit, wenn zum Zeitpunkt der Entstehung des Kunstwerks im Allgemeinen davon ausgegangen wurde, dass die Wahrheit von $p_1, ..., p_n$ die Wahrheit von q impliziert.[22]

Auch dieses Prinzip gestattet jedoch noch keine umfassende Bestimmung fiktionaler Wahrheit. Manche fiktionalen Wahrheiten verdanken sich weder den Tatsachen noch jemandes Annahmen über Tatsachen, sondern vielmehr anderen fiktiven Tatsachen derselben oder einer anderen fiktionalen Geschichte.[23] Walton führt das Beispiel der Darstellung einer Frau mit schwarzem Umhang, kegelförmigem Hut und langer Nase an: Diese Attribute genügen offenbar zur Etablierung der fiktionalen Wahrheit, dass wir es mit einer Hexe zu tun haben, aber weder das *Reality Principle* noch das *Mutual Belief Principle* können diesen Sachverhalt erklären. Denn Tatsache

---

21 Vgl. Lewis: Truth, S. 273, für eine umfassendere und genauere Formulierung.
22 Walton: Mimesis, S. 151 (Übersetzung T. K.); vgl. Wolterstorff: Works, S. 123 f.
23 Vgl. die Diskussion in Lewis: Truth, S. 274 f.

8. Fiktive Tatsachen

ist, dass eine so aussehende Person wahrscheinlich lediglich als Hexe verkleidet ist – und das wird in unserer Gesellschaft auch allgemein geglaubt.[24]

Die Diskussion der zwei Prinzipien ist in der Nachfolge von Lewis im Wesentlichen in zwei Richtungen gegangen:

Eine erste Gruppe von Einwänden richtet sich gegen Lewis' These, dass fiktive Welten nach dem Muster möglicher Welten verstanden werden können (oder mögliche Welten sind). Die Einwände besagen insbesondere, dass fiktive Welten im Unterschied zu möglichen Welten unvollständig oder inkonsistent sein können.[25] Diese Kritik ist insofern bemerkenswert, als Lewis zwar der Auffassung ist, dass mögliche Welten vollständig und konsistent sind, jedoch an keiner Stelle behauptet, dass eine fiktive Welt mit einer möglichen Welt identisch ist; vielmehr ist Lewis der Auffassung, dass fiktive Welten Sets möglicher Welten sind, und er bietet darauf aufbauende Strategien des Umgangs mit inkonsistenten fiktiven Welten an.[26] Weiterhin wird geltend gemacht, dass fiktive Welten im Unterschied zu möglichen Welten erschaffen werden; oder dass die Werke unterschiedlicher Autoren dieselben möglichen Welten hervorbringen können, was mit der Intuition unvereinbar ist, dass es sich um unterschiedliche fiktive Welten handelt.[27] Diese Einwände sollen hier nicht diskutiert werden.[28]

Eine zweite Gruppe von Einwänden richtet sich gegen die (von Lewis übrigens nicht geteilte) Annahme, dass *Reality Principle* und *Mutual Belief Principle* hinreichende Prinzipien zur Generierung impliziter fiktionaler Wahrheiten formulieren. Wiederholt werden meist Einwände, die der Sache nach schon bei Lewis stehen, dass nämlich einerseits das *Reality Principle* zu viele fiktionale Wahrheiten erlaubt, während *Reality Principle* und *Mutual Belief Principle* andererseits zu wenig fiktionale Wahrheiten erlauben.[29] Man kann beispielsweise das Gefühl haben, dass das *Reality Principle* zu viele fiktive Tatsachen schafft, da in der Wirklichkeit viele Dinge der Fall sind, die sich der Autor von *Anna Karenina* nicht erträumen konnte.[30] Das oben ange-

---

24 Vgl. Walton: Mimesis, S. 161.
25 Vgl. Pavel: Worlds, S. 49 u. 105–113; Lamarque/Olsen: Truth, S. 91 f.; Wolterstorff: Characters, S. 101 f.; Zipfel: Fiktion, S. 84; Walton: Mimesis, S. 64; Currie: Nature, S. 68 f.; Proudfoot: Worlds; Alward: Truth.
26 Vgl. Lewis: Postscripts.
27 Vgl. Walton: Mimesis, S. 66.
28 Für Strategien zur Verteidigung von Lewis' Theorie vgl. Hanley: Truth; Klauk/Köppe: Literatur (s. den Beitrag *11. Fiktion und Modallogik*).
29 Vgl. Lewis: Truth, S. 272 u. 274, sowie auch Walton: Mimesis, S. 161–169; New: Philosophy, S. 110–114; Zipfel: Fiktion, S. 84–88; Bareis: Erzählen, S. 36–40; Zipfel: Narration, S. 110–113.
30 Vgl. ähnlich bereits Beardsley: Aesthetics, S. 245 f.

führte Beispiel der fiktiven Hexe lässt sich dagegen durch die Anwendung weder des *Reality Principle* noch des *Mutual Belief Principle* erklären.[31]

Ganz abgesehen davon kann das offensichtliche Problem auftauchen, dass *Reality Principle* und *Mutual Belief Principle* miteinander unverträgliche fiktionale Wahrheiten generieren können: Das ist immer dann der Fall, wenn die Tatsachen nicht den in der relevanten Gesellschaft geteilten Überzeugungen entsprechen (ein Beispiel sind die Kletterkünste der Kettenviper). Solche Fälle erfordern offenbar eine *Entscheidung* zwischen den Prinzipien, und es stellt sich die Frage, ob diese Entscheidung wiederum prinzipiengeleitet vorgenommen werden kann. Ein Vorschlag, dem viele Teilnehmer an der Diskussion zumindest implizit zuzustimmen scheinen, beläuft sich darauf, dass hierbei *ästhetische* Kriterien eine Rolle spielen, wie sie in der Interpretationstheorie diskutiert werden. Vorzuziehen ist demnach ein Kriterium zur Generierung fiktionaler Wahrheiten, das eine ästhetisch anspruchsvollere Lektüre des Textes erlaubt.[32]

2.3 Gregory Currie: Das Überzeugungssystem des fiktiven Autors

Einen wiederum anderen Vorschlag zur Generierung impliziter fiktionaler Wahrheiten hat Gregory Currie unterbreitet.[33] Grundlage dieses Vorschlags ist eine Fiktionalitätstheorie, der zufolge Autoren fiktionaler Texte ihre Leser einladen, auf der Basis des Textes Vorstellungwelten zu konstruieren. Teil dieser Vorstellungswelt ist, dass jemand die Geschichte nicht-fiktional erzählt. Das heißt: Wenn wir eine fiktionale Geschichte lesen, so sollen wir uns vorstellen, eine nicht fiktionale Geschichte erzählt zu bekommen. Den vorgestellten Erzähler dieser Geschichte nennt Currie „fiktiven Autor" („fictional author"). Die Feststellung fiktiver Tatsachen entspricht nun der Feststellung des Überzeugungssystems des fiktiven Autors:

> The fictional author [...] is that fictional character constructed within our make-believe whom we take to be telling us the story as known fact. Our reading is thus an exploration of the fictional author's belief structure. As we read we learn more about his beliefs, and we may come to change earlier hypotheses about what his beliefs are. Understanding the fictional author is thus like understanding a real person; it's a matter of making the best overall sense we can of his behavior (and here we are limited to speech behavior alone). The *belief set* of the fictional author – the set of propositions he believes – is the set of propositions that go make up the story.[34]

---

31 Für eine Reihe nochmals anders gelagerter Einwände vgl. Lamarque: Logic.
32 Vgl. Goldman: Value, S. 94–107.
33 Currie: Nature, insbes. S. 70–92.
34 Ebd., S. 76, Hervorhebung im Original.

Currie untermauert diese Annahmen unter anderem mit der Beobachtung, dass Überzeugungssysteme einerseits und fiktionale Wahrheit andererseits offenbar viel gemeinsam haben: So sind beispielsweise Personen manchmal von widersprüchlichen Propositionen überzeugt (ohne von den Propositionen überzeugt zu sein, die der Widerspruch impliziert);[35] ihr Überzeugungssystem kann indeterminiert sein (d. h. aus der Tatsache dass jemand ‚p oder q' glaubt, folgt nicht, dass er ‚p' glaubt oder ‚q' glaubt); Personen sind nicht von allen Propositionen oder deren Gegenteil überzeugt; und sie glauben nicht alles, was aus ihren Überzeugungen folgt. All dies gilt Currie zufolge auch für fiktionale Wahrheiten: In einer fiktiven Welt kann es Widersprüche geben (ohne dass deshalb alles oder nichts fiktional wahr ist), es gibt ‚Wahrheitswertlücken' in fiktiven Welten, und fiktionale Wahrheiten sind nicht deduktiv geschlossen.[36] Weiterhin nimmt Currie an, dass der Prozess des Erschließens fiktionaler Wahrheiten dem Erschließen des Überzeugungssystems einer Person gleicht: Wir beginnen mit ihren Äußerungen und erschließen sodann weitere Überzeugungen anhand kontextueller Informationen über die Person und ihre Umwelt. Im Falle fiktionaler Wahrheiten beginnen wir mit dem fiktionalen Text und erschließen dann weitere Überzeugungen des fiktiven Autors. Die Grundfrage dabei lautet (in etwa): ‚Über welche Überzeugungen verfügt jemand, der diese Geschichte aufrichtig erzählt?' Neben dem Text muss man zur Beantwortung dieser Frage auch bestimmte Hintergrundannahmen hinzuziehen. Meist, so Currie, stellt sich heraus, dass der fiktive Autor ein fiktives Überzeugungssystem hat, das dem (realen) Überzeugungssystem des (realen) Autors in vielen Punkten ähnelt; die Holmes-Geschichten geben beispielsweise Grund zu der Annahme, dass sie von einem fiktiven Autor erzählt werden, dessen Überzeugungssystem – wie dasjenige Conan Doyles – spätviktorianische Züge trägt. Entsprechend muss man sich vorstellen, dass der fiktive Autor ebenfalls im Großen und Ganzen ein ‚spätviktorianisches' Überzeugungssystem hat, und diese Annahme zur Grundlage von Schlüssen auf fiktionale Wahrheiten nehmen. (Curries Analyse nimmt also eine Einsicht des *Mutual Belief Principle* auf, s. o.) Genauer: Ein „informierter Leser" („informed reader") fiktionaler Texte hat eine einigermaßen zutreffende Vorstellung von den Konturen des Überzeugungssystems einer Person aus der fraglichen Kultur und kann dies als Hintergrund nehmen, um mithilfe rationaler Schlussverfahren weitere Überzeugungen des fiktiven Autors (und also weitere fiktive Tatsachen) zu erschließen.

---

35 Gemäß klassischer Logik folgt aus einem Widerspruch $p \,\&\, \neg p$ jede beliebige Proposition q.
36 Vgl. Currie: Nature, S. 74 ff.

Zusammengefasst definiert Currie die Wahrheitsbedingungen von Aussagen der Form „In der fiktionalen Geschichte S ist der Fall, dass p" (abgekürzt als „$F_S(P)$") wie folgt:

> „$F_S(P)$" ist genau dann wahr, wenn es für einen informierten Leser vernünftig ist zu schließen, dass der fiktive Autor von S überzeugt ist, dass P.[37]

Der fiktive Autor ist nicht mit einer fiktiven Erzählerfigur (etwa Dr. Watson in den Holmes-Romanen) zu verwechseln. Eine solche fiktive Erzählerfigur kann es geben oder nicht, und sie kann mehr oder weniger zuverlässig sein. Currie ist der Auffassung, dass man auch dann, wenn es einen fiktiven Erzähler gibt, einen (zusätzlichen) fiktiven Autor annehmen muss. Leser stellen sich in diesem Fall vor, dass der fiktive Autor *als jemand anders* (nämlich als die fiktive Erzählerfigur, beispielsweise als Dr. Watson) spricht, und sie können sich in Bezug auf jede dieser Äußerungen fragen, ob sie den Überzeugungen des fiktiven Autors entspricht oder nicht. Ist dies nicht der Fall, ist der fiktive Erzähler unzuverlässig; andernfalls ist er zuverlässig und seinen Worten entsprechen fiktive Tatsachen.[38]

Der springende Punkt an Curries Analyse fiktionaler Wahrheiten ist die Instanz des fiktiven Autors.[39] Ein recht nahe liegender Einwand (der deswegen noch nicht gut sein muss) besagt, dass Curries Analyse phänomenal inadäquat ist: Leser haben demnach normalerweise nicht den Eindruck, dass sie das Überzeugungssystem eines fiktiven Autors interpretieren, wenn sie einen fiktionalen Text interpretieren, und wenn sie einen fiktionalen Text mit einem Icherzähler lesen, so haben sie nicht den Eindruck, hier spreche jemand als jemand anders.

2.4 Jan Stühring: Fiktionale Wahrheit und Interpretation

Jan Stühring zufolge zeigen Unbestimmtheitsstellen und unzuverlässiges Erzählen, dass fiktionale Wahrheiten nicht allein durch die Sätze des fiktionalen Textes bestimmt sind. Möchten wir wissen, was in einer fiktiven Welt der Fall ist, so müssen wir den fiktionalen Text interpretieren. Es scheint zunächst offensichtlich, dass ein Satz fiktional wahr ist, wenn eine korrekte Interpretation sagt, dass dieser Satz fiktional wahr ist.[40] Ziel von Stührings

---

37 Ebd., S. 80 (Übersetzung: T. K.).
38 Vgl. ebd., S. 123–126.
39 Für Argumente für diese Instanz, die vom Problem fiktionaler Wahrheiten unabhängig sind, vgl. ebd., S. 155–158; zur Kritik an der Instanz vgl. Byrne: Truth; Matravers: Beliefs; Davies: Truth; Alward: Truth, S. 351–353.
40 Vgl. zum Folgenden Stühring: Unreliability. Meine Darstellung ist – wie schon im Falle von Walton, Lewis und Currie – stark vereinfacht.

Überlegungen ist es aufzuzeigen, in genau welcher Weise die Behauptungen einer Interpretation darüber, was in einer fiktiven Welt der Fall ist, damit zusammenhängen, was in der fiktiven Welt der Fall ist.

In einem ersten Schritt argumentiert Stühring, dass die von Lesern faktisch vorgelegten Interpretationen, da sie grundsätzlich fehlbar sind, nicht mit fiktionalen Wahrheiten identifiziert werden sollten. Fiktionale Wahrheiten hängen nicht von den zufälligen Fehlern von Lesern ab, sondern von der *bestmöglichen* Interpretation, die ein Text erlaubt. Daher gilt:

(1) Wenn die bestmögliche Interpretation eines fiktionalen Textes zu dem Schluss kommt, dass ‚p‘ fiktional wahr ist, dann ist ‚p‘ fiktional wahr.[41]

Allerdings benennt dieses Konditional lediglich eine *hinreichende* Bedingung für fiktionale Wahrheit. Manche fiktiven Tatsachen können auch von der bestmöglichen Interpretation nicht bestimmt werden. Ein Beispiel wäre das Geburtsdatum von Sherlock Holmes: Die bestmögliche Interpretation der Romane sagt uns zwar, dass Holmes an einem bestimmten Tag geboren wurde, aber sie gibt uns nicht das Datum. Wir dürfen also nicht annehmen, dass für die fiktive Tatsache p notwendig ist, dass die bestmögliche Interpretation zu dem Schluss kommt, dass ‚p‘ fiktional wahr ist.

Es lässt sich jedoch eine bedeutend schwächere notwendige Bedingung für ‚p ist fiktional wahr‘ angeben. Diese Bedingung besagt, dass p durch die bestmögliche Interpretation zumindest nicht ausgeschlossen wird:

(2) Wenn in der fiktiven Welt p der Fall ist, so ist nicht der Fall, dass die beste mögliche Interpretation besagt, dass p nicht der Fall ist.[42]

Ein Problem des bisher Gesagten liegt nun aber darin, dass wir nicht davon ausgehen können, dass es für jede Fiktion eine beste Interpretation gibt. In vielen Fällen scheint es mehrere Interpretationen gleicher Güte zu geben, für die gilt, dass es keine bessere Interpretation gibt. Mit Gregory Currie nennt Stühring eine Interpretationen ‚optimal‘, wenn es keine bessere gibt. Für eine ‚beste‘ Interpretation gilt dagegen, dass sie besser als jede andere ist. Gibt es mehrere optimale Interpretationen, so handelt es sich folglich um optimale-aber-nicht-beste Interpretationen.

Nun ist es möglich, dass zwei optimale Interpretationen desselben Werkes widersprüchliche Aussagen darüber machen, was fiktional wahr ist. Wir können daher nicht sagen, dass es für die fiktionale Wahrheit von ‚p‘ hinreichend ist, wenn *eine* optimale-aber-nicht-beste mögliche Interpretation zu

---

41 Stühring: Unreliability, S. 100 (hier und im Folgenden: Übersetzung T. K.).
42 Ebd., S. 104.

dem Schluss kommt, dass ‚p' fiktional wahr ist.[43] Denn dies hätte im Falle zweier optimaler, einander widersprechender möglicher Interpretationen zur Folge, dass in der fiktiven Welt ein Widerspruch wahr ist. (Stühring setzt voraus, dass das nicht möglich ist.) Es scheint jedoch klar zu sein, dass ein Satz fiktional wahr ist, wenn *alle* optimalen möglichen Interpretationen sagen, dass dieser Satz fiktional wahr ist. Entsprechend können wir, so argumentiert Stühring, in Abwandlung von (1) sagen, dass es für die fiktionale Wahrheit von ‚p' hinreichend ist, wenn alle möglichen optimalen Interpretationen zu dem Schluss kommen, dass ‚p' fiktional wahr ist.

Wie auch schon im Falle bester möglicher Interpretationen stellt sich die Formulierung einer notwendigen Bedingung für die fiktionale Wahrheit eines Satzes als schwieriger heraus. Es kann für die fiktionale Wahrheit von ‚p' nicht notwendig sein, dass alle oder auch nur eine optimale mögliche Interpretation sagt, dass ‚p' fiktional wahr ist. Denn Sherlock Holmes wurde zu einem bestimmten Zeitpunkt geboren, obwohl keine optimale mögliche Interpretation diesen Zeitpunkt benennen kann. Allerdings lässt sich wieder eine schwächere notwendige Bedingung formulieren: Notwendig für die fiktionale Wahrheit von ‚p' ist, dass nicht alle optimalen möglichen Interpretationen sagen, dass ‚p' nicht fiktional wahr ist. Ergebnis des zweiten Schritts der Argumentation sind also folgende drei Prinzipien:

(3) Es ist nicht hinreichend für die fiktionale Wahrheit von ‚p', dass eine optimale-aber-nicht-beste mögliche Interpretation sagt, dass ‚p' fiktional wahr ist.

(4) Es ist hinreichend für die fiktionale Wahrheit von ‚p', dass alle optimalen möglichen Interpretationen sagen, dass ‚p' fiktional wahr ist.

(5) Es ist notwendig, dass nicht alle optimalen möglichen Interpretationen sagen, dass ‚p' nicht fiktional wahr ist.

Im dritten Schritt weist Stühring darauf hin, dass die Prinzipien (1) und (2) durch Prinzipien (3) bis (5) abgedeckt werden. Wenn die beste mögliche Interpretation sagt, dass ‚p' fiktional wahr ist, dann sagen alle optimalen möglichen Interpretationen, dass ‚p' fiktional wahr ist. Und wenn die beste mögliche Interpretation nicht sagt, dass ‚p' nicht fiktional wahr ist, dann sagt keine optimale mögliche Interpretation, dass ‚p' nicht fiktional wahr ist.

---

43 Vgl. ebd., S. 102–104.

3. Konsens, Kontroversen, Konsequenzen

Die vorgestellten Diskussionen von Definitionen fiktionaler Wahrheit gehen nicht nur unterschiedliche Wege, sie kommen auch zu unterschiedlichen Ergebnissen: Anhand von Waltons Ausführungen lässt sich eine Definition rekonstruieren, Lewis schlägt mehrere verschiedene Definitionen vor, ohne einer davon den Vorzug zu geben; Currie unterbreitet einen abschließenden Vorschlag; Stühring bietet keine notwendigen und zusammen hinreichenden Bedingungen für fiktionale Wahrheit und damit keine Definition. Ein gründlicher Vergleich der Vorschläge und ihrer Voraussetzungen sowie insbesondere eine Beantwortung der Frage, inwiefern sie miteinander kompatibel sind, stehen einstweilen noch aus.[44]

Wie oben angedeutet, leisten Definitionen fiktionaler Wahrheit nicht zuletzt einen Beitrag zum Verständnis der Rede von ‚fiktiven Welten', denn fiktive Welten bestehen einer landläufigen Auffassung zufolge aus fiktiven Tatsachen bzw. fiktionalen Wahrheiten. Walton bestimmt fiktive Welten als Bündel vorgeschriebener Vorstellungen, Lewis' Analyse liegt die Annahme zugrunde, dass fiktive Welten Mengen möglicher Welten sind; Currie geht davon aus, dass fiktive Welten autorisierte Vorstellungswelten sind, die über das (invariante) Element eines nicht-fiktional erzählenden Autors verfügen; bei Stühring gibt es keine Festlegung dieser Art.

Alle Autoren scheinen sich einig zu sein, dass wir Annahmen über manche fiktionale Wahrheiten nicht rechtfertigen können. Der Diskussion bedarf die weitergehende Frage, ob fiktive Welten deshalb ‚unvollständig' sind. Die vorgestellten Ansätze scheinen jedenfalls über Ressourcen zu verfügen, die erklären können, was es mit dem Phänomen der Unvollständigkeit auf sich hat: Waltons Theorie legt nahe, dass es sich um fiktive Sachverhalte handelt, in Bezug auf die es keine Vorstellungs-Vorschriften gibt. Als Beispiel wählt er Kafkas „Die Verwandlung":

> It is not fictional in *Metamorphosis* that Gregor's great-grandfather was a locksmith, nor is it *Metamorphosis*-fictional that this is not the case. The story neither says nor implies anything about his great-grandfather's occupation. Its world is *indeterminate* or *incomplete* in this respect.[45]

In Lewis' Theorie handelt es sich um Klassen möglicher Welten, die sich in der fraglichen Hinsicht unterscheiden (so dass ‚p' in einigen der mit einem Text verbundenen möglichen Welten wahr ist und in anderen nicht);[46] in Curries Theorie handelt es sich um fehlende Überzeugungen des fiktiven

---

44 Weitere Vorschläge finden sich in Byrne: Truth, und Alward: Truth.
45 Walton: Mimesis, S. 66.
46 Vgl. Lewis: Truth, S. 270, Anm. 11; Lewis: Postcripts.

Autors; Stührings Analyse legt nahe, als ‚Leerstellen' jene Propositionen aufzufassen, die sich gar nicht interpretativ rechtfertigen lassen.

Einigkeit besteht darüber, dass es Standards der Zuweisung von fiktiven Welten zu fiktionalen Werken gibt. Walton unterscheidet zwischen „work worlds", die aus fiktiven Tatsachen bzw. ‚autorisierten' Vorstellungen bestehen, und „game worlds", in denen Rezipienten ihrer Fantasie freien Lauf lassen. Vorstellungen, die sich Aufforderungen verdanken, bilden so etwas wie den Kern der zuweilen eigenwilligen Vorstellungswelten, die Leser anhand eines Werkes konstruieren mögen: Leser bilden vielleicht nicht alle Vorstellungen aus, zu denen sie das Werk einlädt oder auffordert (sie können entsprechende Einladungen z. B. missachten oder falsch verstehen) und sie stellen sich typischerweise auch Dinge vor, die das Werk nicht ausdrücklich vorschreibt.[47] Lewis' Definitionen fiktionaler Wahrheit sind Prinzipien der Selektion oder Hierarchisierung mit einem Text verbundener möglicher Welten; Currie unterscheidet mehr oder weniger gelungene Rekonstruktionen des Überzeugungssystems des fiktiven Autors; und Stühring unterscheidet die Güte der Rechtfertigung interpretativer Aussagen über fiktive Tatsachen.[48]

Offensichtlich ist weiterhin, dass die vorgestellten Definitionen fiktionaler Wahrheit in konkreten Interpretationen (oder Interpretationskonflikten) von begrenztem Wert sind. Wenn man weiß, unter welchen Bedingungen ein bestimmter Satz („Bartleby ist faul.") wahr ist, dann weiß man noch nicht, *ob* er wahr ist. Die Definitionen weisen einer Beantwortung der letztgenannten Frage den Weg, aber sie sind noch keine Antworten. An dieser Stelle geht die Theorie fiktiver Tatsachen in die Interpretationstheorie über, die Antworten auf die Frage gibt, wann eine Interpretationshypothese gerechtfertigt ist.[49] Ausweisen sollte eine solche Rechtfertigung vermutlich nicht nur die Wahrscheinlichkeit der Wahrheit der Hypothese, sondern auch ihre Relevanz; angesprochen wird damit das Problem, dass nicht alle Annahmen über fiktive Tatsachen gleichermaßen interessant oder wichtig sind.[50]

---

[47] Vgl. Walton: Mimesis, S. 60; vgl. auch Bareis: Erzählen, S. 42–46.
[48] In diese Reihe gehört auch Ingardens Unterscheidung mehr oder minder gelungener „Konkretisationen", vgl. Ingarden: Kunstwerk, S. 363.
[49] Vgl. Köppe: Prinzipien; Alward: Truth.
[50] Vgl. Walton: Mimesis, S. 148 f.; vgl. auch Zipfel: Narration, S. 114; Lamarque: Logic.

Bibliographie

Alward, Peter: That's The Fictional Truth, Ruth. In: Acta Analytica 25 (2010), S. 347–363.
Bareis, J. Alexander: Fiktionales Erzählen. Zur Theorie der literarischen Fiktion als Make-Believe. Göteborg 2008.
Beardsley, Monroe C.: Aesthetics. Problems in the Philosophy of Criticism. 2. Aufl. Indianapolis, Cambridge 1981.
Brenzo, Richard: Beatrice Rappaccini: A Victim of Male Love and Horror. In: American Literature 48 (1977), S. 152–164.
Byrne, Alex: Truth in Fiction: The Story Continued. In: Australasian Journal of Philosophy 71 (1993), S. 24–35.
Currie, Gregory: The Nature of Fiction. Cambridge 1990.
Currie, Gregory: Interpreting Fictions. In: Richard Freadman / Lloyd Reinhardt (Hg.): On Literary Theory and Philosophy. Basingstoke, London 1991, S. 96–112.
Davies, David: Fictional Truth and Fictional Authors. In: British Journal of Aesthetics 36 (1996), S. 43–55.
Goldman, Alan H.: Aesthetic Value. Boulder, Oxford 1995.
Hanley, Richard: As Good As It Gets: Lewis on Truth in Fiction. In: Australasian Journal of Philosophy 82 (2004), S. 112–128.
Ingarden, Roman: Das literarische Kunstwerk [1931]. 4. Aufl. Tübingen 1972.
Kindt, Tom: Unzuverlässiges Erzählen und literarische Moderne. Eine Untersuchung der Romane von Ernst Weiß. Tübingen 2008.
Klauk, Tobias / Tilmann Köppe: Literatur und Möglichkeiten. In: Scientia Poetica 14 (2010), S. 163–204.
Köppe, Tilmann: Prinzipien der Interpretation – Prinzipien der Rationalität. Oder: Wie erkundet man fiktionale Welten? In: Scientia Poetica 9 (2005), S. 310–329.
Lamarque, Peter: Logic and Criticism. In: P. L.: Fictional Points of View. Ithaca, London 1996, S. 55–70.
Lamarque, Peter / Stein Haugom Olsen: Truth, Fiction, and Literature. A Philosophical Perspective. Oxford 1994.
Lewis, David: Counterfactuals. Malden u. a. 1973.
Lewis, David: Truth in Fiction. In: D. L.: Philosophical Papers. Vol. 1. New York, Oxford 1983, S. 261–275.
Lewis, David: Postscripts to „Truth in Fiction". In: D. L.: Philosophical Papers. Vol. 1. New York, Oxford 1983, S. 276–280.
Martinich, A. P. / Avrum Stroll: Much Ado About Nonexistence. Fiction and Reference. Lanham u. a. 2007.
Matravers, Derek: Beliefs and Fictional Narrators. In: Analysis 55 (1995), S. 121–122.
New, Christopher: Philosophy of Literature. An Introduction. London, New York 1999.
Nohl, Andreas: Nachwort. In: Mark Twain: ‚Tom Sawyer & Huckleberry Finn'. Hg. und übersetzt von A. N. München 2010, S. 659–684.
Patzig, Günther: Satz und Tatsache. In: G. P.: Tatsachen, Normen, Sätze. Stuttgart 1988, S. 8–44.
Pavel, Thomas G.: Fictional Worlds. Cambridge, London 1986.
Proudfoot, Diane: Possible Worlds Semantics and Fiction. In: Journal of Philosophical Logic 35 (2006), S. 9–40.
Ryan, Marie-Laure: Fiction, Non-Factuals, and the Principle of Minimal Departure. In: Poetics 9 (1980), S. 403–422.

Stühring, Jan: Unreliability, Deception, and Fictional Facts. In: Journal of Literary Theory 5 (2011), S. 95–108.
Walton, Kendall L.: Mimesis as Make-Believe. On the Foundations of the Representational Arts. Cambridge, London 1990.
Weiß, Ernst: Die Feuerprobe [1929]. In: E. W.: Gesammelte Werke. Hg. von Peter Engel und Volker Michels, Bd. 6. Frankfurt/M. 1982.
Wolterstorff, Nicholas: Characters and their Names. In: Poetics 8 (1979), S. 101–127.
Wolterstorff, Nicholas: Works and Worlds of Art. Oxford 1980.
Zipfel, Frank: Fiktion, Fiktivität, Fiktionalität. Analysen zur Fiktion in der Literatur und zum Fiktionsbegriff in der Literaturwissenschaft. Berlin 2001.
Zipfel, Frank: Unreliable Narration and Fictional Truth. In: Journal of Literary Theory 5 (2011), S. 109–130.

Oliver R. Scholz

9. Fiktionen, Wissen und andere kognitive Güter

1. Grundlagen

1.1 Fragen und Aufgaben

Können wir aus fiktionalen Werken etwas lernen? Können Fiktionen eine Quelle von Wissen oder anderen kognitiven Gütern sein? Ist es möglich, dass uns fiktionale Werke in kognitiver Hinsicht verändern? Im gegenwärtigen Kapitel soll es darum gehen, diese Fragen zu klären und ausgewählte Antworten auf sie vorzustellen und zu erörtern.

Trotz guter Ansätze in zahlreichen Einzelfragen (siehe Bibliographie, bes. Wolterstorff 1980, Walton 1990, Lamarque / Olsen 1994, Köppe 2008) fehlt an einer vollständigen Theorie des kognitiven Wertes fiktionaler Literatur noch viel. Das ist leicht zu erklären. Die Fragen, die eine solche Theorie zu beantworten hätte, führen ins Zentrum der Kunst- und Literaturtheorie und darüber hinaus in Grundlagendebatten der Logik, Erkenntnistheorie und Metaphysik. Ihre Klärung und Beantwortung erfordert im Großen wie im Kleinen noch eine Menge interdisziplinärer Forschung: Was sind fiktionale Texte und Werke? Wie sind sie zu interpretieren? Wie können fiktionale Texte und Werke kognitive Gehalte ausdrücken? Welche kognitiven Gehalte *enthalten* sie, welche Gehalte *implizieren* sie? Aufgrund welcher Schlussregeln? Wie hängen Werkgattungen und Folgerungsrelationen zusammen? Welche kognitiven Güter gibt es? Welche sind die höchsten kognitiven Güter? Welche Erkenntnisquellen gibt es? Aus welchen dieser Quellen schöpfen die Autoren und die Rezipienten fiktionaler Werke? Können fiktionale Werke Annahmen bestätigen oder Überzeugungen rechtfertigen? Wie verhalten sich ästhetische und kognitive Werte zueinander? Wie hängen imaginative, emotionale und kognitive Wirkungen von fiktionalen Werken zusammen? Auf alle diese und vermutlich noch andere Fragen müssten wir klare und gutbegründete Antworten haben; davon sind wir aber leider noch weit entfernt.

Ich kann in diesem Rahmen nur einen kleinen Teil der skizzierten Aufgaben in Angriff nehmen. Nach allgemeinen Vorbemerkungen und einer schematischen Übersicht über kognitivistische und anti-kognitivistische Thesen stelle ich Bausteine zu einer Theorie kognitiver Güter zusammen, die für eine Theorie des kognitiven Wertes fiktionaler Literatur von Nutzen sein mögen.

1.2 Fiktionen

Die Beurteilung des kognitiven Status und Wertes von Fiktionen ist sicher nicht ganz unabhängig von dem zugrundegelegten Verständnis von Fiktionalität. Da ich hier nicht die unterschiedlichen Fiktionstheorien darstellen und ihre Vor- und Nachteile abwägen kann (dafür muss ich auf die einschlägigen Artikel dieses Handbuchs verweisen), beschränke ich mich auf minimale Annahmen, die möglichst neutral sein sollen.

‚Fiktion' leitet sich von dem Verb *fingere* her, das eine Tätigkeit bezeichnet, die in nahezu allen Lebensbereichen vorkommt: im Alltag, im Recht, in der Wirtschaft, in der Mathematik, in den empirischen Wissenschaften und in den Künsten.[1] In aller Regel handelt es sich darum, dass jemand so tut, als sei die Welt in bestimmten Hinsichten anders, als sie es tatsächlich ist, bzw. als gebe es in ihr Dinge, die es in Wirklichkeit nicht gibt. (Zumindest muss der Urheber der Fiktion dies glauben.)[2] In unserem Rahmen geht es um Fiktionen in den Künsten, insbesondere in der Literatur. Der Autor eines Romans oder einer Erzählung tut typischerweise so, als nähme er auf Personen, Orte und andere Dinge Bezug und berichte Ereignisse, die sich mit ihnen zugetragen haben, oft auch als sei er selbst eine andere Person, die auf bestimmte Personen, Orte und Dinge Bezug nimmt und über deren Geschicke berichtet. Auf diese und ähnliche Weisen arbeiten die meisten Künstler mit Fiktionen.[3] Neben fiktionalen Werken der Literatur gibt es fiktionale Gemälde, Skulpturen und manches andere.[4] In diesem Beitrag konzentriere ich mich, wie gesagt, auf künstlerische Fiktionen und darunter insbesondere auf Werke fiktionaler Literatur.

---

1 Vgl. Vaihinger: Philosophie.
2 Vgl. Scholz: Verstehen, S. 13; Mercolli: Analyse, S. 19.
3 Vgl. Scholz: Verstehen, S. 13–15.
4 Vgl. Goodman: Languages, S. 21–26; Scholz: Bild I, S. 25–31; ders.: Bild II, S. 30–37.

1.3 Fragen und Explananda

Können wir aus Romanen, Dramen und anderen fiktionalen Werken etwas lernen? Die meisten Schriftsteller beanspruchen dies;[5] und die meisten Leser (einschließlich der professionellen Kritiker und Literaturwissenschaftler) erwarten es – und zwar im doppelten Sinne: sie fordern es (Erwartung im normativen Sinne) und sie vermuten, dass es dazu kommt (Erwartung im deskriptiven Sinne). Die Kenntnis und Tradierung der großen Werke der Literatur zählt zum Kern des humanistischen Bildungsideals. Nun sind die meisten dieser Werke bekanntlich fiktionaler Natur. Es gehört also zum Kern der ‚humanistischen Intuition',[6] dass fiktionale Werke wesentlich zur Bildung und Vervollkommnung des Menschen beitragen; und diese Vervollkommnung soll wesentlich eine kognitive Seite besitzen. So weit der Anspruch, die Erwartung, die Hoffnung. Sind der genannte Anspruch und die entsprechende Erwartung aber auch berechtigt oder erwarten wir vielleicht zu viel von fiktionaler Literatur? Ist die Vorstellung von einem Erkenntniswert fiktionaler Literatur womöglich nur eine erbauliche Ideologie für Schöngeister?

Man sieht schon, dass Thesen zum kognitiven Wert von Kunst und insbesondere von fiktionalen Kunstwerken nicht im luftleeren Raum diskutiert zu werden brauchen. Sie geben Antworten auf drängende Fragen, die unser kulturelles Selbstverständnis in seinem Kern berühren. Zumeist dienen die Thesen zum kognitiven Wert von fiktionalen Kunstwerken denn auch dazu, weitere Phänomene zu erklären; und die Erklärungskraft der vorgeschlagenen Hypothese kann zu ihrer Rechtfertigung beitragen.[7] Erklärungen versuchen Antworten auf Fragen der Art ‚Warum p?' oder ‚Wie ist p möglich angesichts q?' zu geben.[8] So fragt etwa Frank B. Farrell schon im Titel seines Buches: „*Why does literature matter?*" Und John R. Searle spitzt die Frage am Ende seines einflussreichen Beitrages auf fiktionale Texte zu: „[...] why bother? That is, why do we attach such importance and effort to texts which contain largely pretended speech acts?"[9] Enthusiasten versuchen erklärungssuchende Fragen wie ‚Warum bringen wir Kunstwerken große Wertschätzung entgegen?' oder ‚Warum ziehen wir bestimmte Kunstwerke anderen vor?' unter Rückgriff auf kognitive Güter und Werte zu beantworten.[10] Skeptiker wie Jerome Stolnitz wollen stattdessen andere Dinge

---
5 Vgl. Köppe: Erkenntnis, S. 10.
6 Vgl. Gibson: Truth, S. 224; ders.: Fiction, S. 2; Cebik: Narrative, S. 3 f.; dazu Köppe: Kunstfunktionen, S. 43 f.
7 Vgl. Graham: Learning, S. 28.
8 Vgl. Nozick: Explanations; Scholz: Philosophie.
9 Searle: Status, S. 74.
10 Vgl. Scholz: Kunst.

erklären, etwa: „Why do we hear so little of artistic knowledge?"[11] oder auch, „why art's influence on social structure and historical change has been fairly inconsequential."[12]

1.4 Kognition und kognitive Güter

Es wird vermutlich nicht überraschen, dass keine Einigkeit darüber besteht, ob, und wenn ja, was, in welchem Maße und auf welche Weise wir aus fiktionalen Kunstwerken lernen können. Die Unübersichtlichkeit der Diskussionslandschaft erhöht sich dadurch, dass die zur Formulierung und Erörterung der Thesen benutzte Terminologie nicht einheitlich verwendet wird. Nicht nur werden von den jeweiligen Theoretikern unterschiedliche Wörter aus dem Sinnbezirk der Kognition herausgegriffen (Lernen, Begreifen, Wissen, Erkenntnis, Welterschließung, Orientierung, Aufklärung, Einsicht, Verstehen, Existenzerhellung, Weisheit); auch die Gliederung dieses semantischen Feldes und die inhaltliche Besetzung der einzelnen Elemente fallen unterschiedlich aus. Und schließlich werden auch Oberbegriffe wie ‚kognitiv' mit unterschiedlichen Umfängen und Inhalten verwendet.[13]

Aus Gründen, die im Folgenden deutlich werden, orientiere ich mich an einem weiten Begriff des Kognitiven, innerhalb dessen man dann zwischen unterschiedlich anspruchsvollen kognitiven Fähigkeiten und Leistungen weiter differenzieren kann.[14] Ich verwende den Begriff des kognitiven Gutes als Sammelbegriff für all die Dinge, die wir im kognitiven und epistemischen Bereich anstreben, Dinge wie: wahre Überzeugungen zu haben, Irrtümer und Vorurteile zu vermeiden, gerechtfertigte Überzeugungen und Wissen zu besitzen, Zusammenhänge zu verstehen bis hin zum Besitz von theoreti-

---

11 Stolnitz: Cognitive Triviality, S. 193 und S. 198.
12 Ebd., S. 191; vgl. ders.: Historical Triviality.
13 Vgl. Köppe: Erkenntnis, S. 21 f.; ders.: Kunstfunktionen, S. 44 f.
14 Ich knüpfe damit an das kognitivistische Forschungsprogramm ‚Project Zero' an, das Nelson Goodman im Jahre 1967 an der Harvard-Universität inauguriert hat. Meine Ausführungen in diesem Kapitel bauen auf Vorarbeiten in Scholz: Welten, ders.: Literaturwissenschaft, und besonders ders.: Kunst, auf. Zu dem dabei zugrunde gelegten weiten Begriff der Kognition vgl. Goodman: Mind, S. 84: „Under ‚cognitive' I include all aspects of knowing and understanding, from perceptual discrimination through pattern recognition and emotive insight to logical inference." Goodman und Elgin sprechen zusammenfassend gerne von einer Verbesserung des Verstehens („advancement of the understanding"; vgl. Goodman: Ways, S. 102; Goodman / Elgin: Reconceptions, S. 4 und S. 161–164; Elgin: Art). Zum ‚Project Zero' vgl. Leondar / Perkins: Arts; Goodman: Mind, Teil V; sowie Scholz: Memoriam, S. 13 f.; und ders.: Life, S. 7 f. Andere Kognitivisten knüpfen an andere Vorbilder an, beispielsweise an die Arbeiten von Stanley Cavell (so z. B. Gibson: Truth; ders.: Fiction).

scher und praktischer Weisheit. Die Diskussionen über den kognitiven Wert literarischer Fiktionen haben sich traditionell auf Wahrheit und Wissen konzentriert; hier müssen wenige Bemerkungen zu diesen kognitiven Zielen und Gütern genügen.

Wahr oder falsch können Aussagen sein und die Gedanken, die sie ausdrücken. Eine Aussage ist genau dann wahr, wenn es sich so verhält, wie die Aussage sagt. In der Kunstphilosophie und Literaturtheorie haben Versuche, eine ‚Wahrheit der Kunst' oder ‚Wahrheit der Dichtung' als Wahrheiten *sui generis* einzuführen, eine lange Tradition. Meiner Einschätzung nach hat es nicht zur Klärung beigetragen, Sonderbedeutungen von ‚Wahrheit' einzuführen; ich verwende daher im Folgenden den gewöhnlichen Begriff der Wahrheit von Aussagen.

Der Wissensbegriff wird bereits im Alltag unterschiedlich verwendet. In der Erkenntnistheorie hat man sich primär für (a) *propositionales Wissen*, d. h.: Wissen-dass-etwas-der-Fall-ist, interessiert (z. B.: Wissen, dass sich die Erde um die Sonne dreht). Darüber hinaus sprechen wir aber auch von (b) Wissen-wie oder praktischem Wissen. Unterscheiden wir genauer (b.1) *technisch-praktisches Wissen* im Sinne eines Wissens-wie-man-etwas-tut (z. B.: Wissen, wie man Autos repariert), und (b.2) *moralisch-praktisches Wissen*, d. h. Wissen, was man (im moralischen Sinne) tun soll, bzw. allgemeiner: *ethisch-praktisches Wissen*, d. h. Wissen, was ein gutes Leben ist und wie man es führt. Schließlich ist auch die Rede von einem (c) *phänomenalen Wissen*, einem Wissen-wie-es-ist (genauer: Wissen-wie-es-ist-etwas-zu-erleben). Ich weiß z. B., wie Champagner schmeckt; aber ich kann nicht wissen, wie es ist, eine Fledermaus zu sein.[15]

Der Mainstream der Erkenntnistheorie hat sich auf propositionales Wissen und seine Bedingungen konzentriert. Nach traditioneller Auffassung ist propositionales Wissen gerechtfertigte wahre Überzeugung. Zu den notwendigen Bedingungen für das Wissen eines Subjekts S, dass ein Sachverhalt p besteht, gehören zunächst einmal: (1) S glaubt, dass p; (2) ‚p' ist wahr. Klar war seit jeher, dass diese beiden Bedingungen zusammen nicht hinreichend für das Vorliegen von Wissen sind. Wahre Meinungen etwa, die aus unzuverlässigen Quellen stammen oder bloß aufgrund glücklicher Zufälle wahr sind, stellen kein Wissen dar. Ein beträchtlicher Teil der erkenntnistheoretischen Bemühungen war denn auch der Aufgabe gewidmet, eine geeignete dritte Bedingung anzugeben. Die Meinung muss einen besonderen epistemischen Status haben; sie muss in geeigneter Weise gerechtfertigt bzw. auf die richtige (verlässliche) Weise zustande gekommen sein – so lauten prominente Vorschläge, die natürlich ausbuchstabiert werden müssen.[16] Dass

---

15 Vgl. Nagel: Questions, S. 166 und S. 168 f.
16 Vgl. z. B. Williams: Problems.

sich die Klärung des Wissensbegriffs für sich allein genommen bereits als so schwierig erwies, mag ein Grund dafür gewesen sein, dass andere Begriffe für kognitive Fähigkeiten und Leistungen vernachlässigt wurden.

Trotz vieldiskutierter Einwände[17] kann die klassische Analyse im Kern beibehalten werden; allerdings müssen wir in dem Begriff der Rechtfertigung eine wichtige Differenzierung vornehmen. Für die zum Wissen zureichende Rechtfertigung genügt es nicht, dass das Subjekt sich epistemisch verantwortlich verhalten hat (persönliche Rechtfertigung), die Überzeugung muss darüber hinaus auf objektiv adäquaten Gründen beruhen (objektives Gerechtfertigtsein). Auf eine Formel gebracht: S weiß, dass p, genau dann, wenn gilt: (1) S ist überzeugt, dass p; (2) ‚p' ist wahr; (3.a) S ist subjektiv darin gerechtfertigt, überzeugt zu sein, dass p; (3.b) S's Überzeugung, dass p, beruht auf adäquaten Gründen.[18]

Man sieht rasch, dass es bei fiktionalen Werken besondere Schwierigkeiten gibt, die Bedingungen für Wissen zu erfüllen. Was die Bedingung der Wahrheit angeht, so führen die leeren singulären Termini (‚Emma Bovary'; etc.) und generellen Termini (‚Einhorn'; etc.) dazu, dass die sie enthaltenden Sätze, je nach semantischer Theorie, entweder falsch oder ohne Wahrheitswert sind.[19]

Auch die Überzeugungsbedingung wirft Probleme auf. Übernehmen wir wirklich, was wir in einem fiktionalen Werk lesen, in unser Überzeugungssystem? Viele Autoren bevorzugen schwächere Ausdrücke: Wir ziehen die in dem Werk ausgedrückten Gedanken in Erwägung; manche nehmen wir vorläufig an;[20] wir lassen uns auf andere Sichtweisen und Auffassungen ein;[21] etc. Es erscheint fraglich, ob damit der für Wissen erforderliche Grad von Überzeugtheit erreicht wird.

Die größten Schwierigkeiten gibt es aber wohl mit der Rechtfertigungsbedingung. Zu den Standardargumenten der Skeptiker gehört denn auch das sog. ‚No-evidence argument'.[22] In diesem Zusammenhang liegt ein Vergleich mit der Erkenntnisquelle des Zeugnis anderer nahe.[23] Gewöhnlich sind wir berechtigt, dem Zeugnis einer anderen Person, dass p, zu glauben, wenn wir entweder gute Gründe haben zu glauben, dass die Person bezüglich p kompetent und aufrichtig ist, oder zumindest keinen Grund haben, an ihrer Kompetenz und Aufrichtigkeit zu zweifeln. Die größten Schwierigkei-

---

17 Vgl. bes. Gettier: Belief; dazu Shope: Analysis.
18 Vgl. Williams: Problems, S. 23; ähnlich Fogelin: Reflections, S. 27 f.
19 Vgl. Köppe: Erkenntnis, S. 90 f., S. 97 und S. 105 f.
20 Vgl. Green: Fiction, S. 358 ff.
21 Vgl. Stecker: Literature.
22 S. dazu Carroll: Wheel, S. 5.
23 Vgl. Köppe: Erkenntnis, S. 110–114 und S. 128–130; Green: Fiction; Reicher: Knowledge, S. 122 ff.

ten gibt es im Falle fiktionaler Werke mit der Bedingung der subjektiven oder persönlichen Rechtfertigung (3.a). Da Autoren durchaus *de facto* verlässliche Informanten sein können (sie haben z. B. sorgfältige historische Recherchen durchgeführt, die sie aufrichtig weitergeben), mag die Wissensbedingung (3.b) in vielen Fällen erfüllt sein. Aber ist ein Leser nicht hoffnungslos leichtgläubig (Folge: Verletzung von Bedingung 3.a), wenn er glaubt, was ihm der Autor eines fiktionalen Werkes oder sein Medium der Erzähler ‚berichten‘?

1.5 Kognitivistische und anti-kognitivistische Thesen

Man könnte sich damit begnügen, im Sinne eines polar-konträren Gegensatzes zwischen ‚Kognitivisten‘ und ‚Skeptikern‘[24] oder ‚Enthusiasten‘ und ‚Skeptikern‘[25] zu unterscheiden. Ich versuche, zunächst einmal einen Überblick über das gesamte Spektrum möglicher Positionen zum kognitiven Wert fiktionaler Kunstwerke zu gewinnen. Danach werde ich mir die Freiheit nehmen, wo es für den jeweiligen Untersuchungszweck genügt, mit dem groben Kontrast von Enthusiasten und Skeptikern zu arbeiten.

Ich beginne die Übersicht mit kognitivistischen und anti-kognitivistischen Thesen zur Kunst und arbeite dann die engeren Thesen zur fiktionalen Literatur aus. Die extremste Form des Non- bzw. Anti-Kognitivismus bzgl. Kunst würde darauf hinaus laufen, Kunstwerken jeglichen kognitiven Wert abzusprechen. In Form einer These:

(K-Anti-Kog) Kunstwerke sind kognitiv völlig wertlos; sie können keine Quelle irgendwelcher kognitiver Güter sein.

In dieser Schärfe ist der Anti-Kognitivismus wohl nur selten vertreten worden. Auch Platons berühmte Kritik der nachahmenden Künste geht nicht so weit. Verbreitet sind dagegen verschiedene Formen eines moderaten Anti-Kognitivismus.[26] Halten wir vier verbreitete Varianten fest:

(K-Anti-Kog-mod 1) Kunstwerke können keine exklusive Quelle kognitiver Güter sein; was man aus ihnen lernen kann, kann man genauso gut auch aus anderen Quellen lernen.
(K-Anti-Kog-mod 2) Kunstwerke können keine Quelle kognitiver Güter von nennenswerter Bedeutung sein; was sie vermitteln können, ist bestenfalls banal.[27]

---

24 Stolnitz: Cognitive Triviality, S. 191.
25 John: Art, S. 417.
26 Vgl. z. B. Stolnitz: Cognitive Triviality; Diffey: Art.
27 Vgl. u. a. Stolnitz: Cognitive Triviality, S. 195 u. ö.

Begründungen dieser These werden in der gegenwärtigen Debatte als Banalitätsargument diskutiert.[28]

(K-Anti-Kog-mod 3) Kunstwerke können keine Quelle propositionalen Wissens sein.

(K-Anti-Kog-mod 4) Kunstwerke können keine Quelle von Wahrheiten sein.

Soweit der kurze Überblick über anti-kognitivistische Thesen. Noch ein Hinweis: Die Anti-Kognitivisten brauchen keineswegs Kunst- oder Literaturverächter zu sein. Einige versuchen, die obengenannte ‚humanistische Intuition' ohne einen Kognitivismus zu verteidigen; andere lehnen den Kognitivismus ab, weil sie durch ihn eine Beschränkung der Autonomie der Kunst[29] bzw. eine Reduktion des Wertes der Kunst auf kognitive Werte befürchten[30] oder auch eine Unterordnung der Literatur unter die Philosophie.[31]

Wenden wir uns nun den Spielarten des Kunst-Kognitivismus zu. Die generelle These lässt sich so formulieren:

(K-Q-KogG) Kunstwerke können eine Quelle von kognitiven Gütern sein.

Mit ‚können' mag hier zunächst nur gemeint sein, dass es nicht unmöglich ist. In dieser schwachen Form wird die These radikalen Skeptikern entgegengehalten, die rundweg jede Möglichkeit eines kognitiven Wertes von Kunstwerken bestreiten. Meistens beanspruchen Vertreter von (K-Q-KogG) aber darüber hinaus, dass zumindest einige Kunstwerke auch tatsächlich eine Quelle kognitiver Güter sind. Sobald man der Kunst einen kognitiven Wert zubilligt, tritt sie in Konkurrenz mit anderen kognitiven Unternehmungen: zunächst mit der alltäglichen Suche nach Wissen und Orientierung, dann aber auch mit der Philosophie, den empirischen Wissenschaften, der Geschichtsschreibung und der Religion.[32] Der Streit zwischen Dichtkunst und Philosophie ist sehr alt, wie Platon bereits im *Staat* anmerkte (*Politeia* 607b). Heutzutage vergleichen Enthusiasten wie Skeptiker die kognitiven Früchte der Künste auch mit Ergebnissen der Soziologie oder der Psychologie.

Die generelle These des Kunst-Kognitivismus kann mit einem unterschiedlichen Akzent versehen werden:

---

28 Vgl. Kivy: Philosophies; Carroll: Wheel, S. 4 und S. 19; Köppe: Erkenntnis, S. 154 f.
29 Dazu kritisch Köppe: Erkenntnis, Kap. 5.
30 Vgl. Morgan: Art; dazu Graham: Learning.
31 Lamarque / Olsen: Truth, S. 397; dazu kritisch John: Fiction, und Carroll: Wheel.
32 Vgl. Stolnitz: Cognitive Triviality; Stecker: Literature.

(K-Q-KogG-1) Kunstwerke können *trotz ihres Kunstcharakters* eine Quelle kognitiver Güter sein.

D. h.: Ihr Kunstcharakter steht ihrer möglichen kognitiven Funktion jedenfalls nicht entgegen. Eine wesentlich ambitioniertere Version lautet:

(K-Q-KogG-2) Kunstwerke können *aufgrund ihres Kunstcharakters* eine Quelle kognitiver Güter sein.

D. h.: Gerade ihr Kunstcharakter ermöglicht überhaupt erst ihre kognitive Funktion. Damit sind wir aber immer noch nicht bei der stärksten Fassung von (K-Q-KogG) angelangt. Ihr nähern wir uns mit:

(K-Q-KogG-max) Kunstwerke können eine *exklusive* Quelle kognitiver Güter sein.

Das bedeutet, dass bestimmte kognitive Güter *nur* durch Kunstwerke erlangt werden können. Wieder unterscheiden wir zwei Fassungen:

(K-Q-KogG-max-1) Kunstwerke können *trotz ihres Kunstcharakters* eine *exklusive* Quelle kognitiver Güter sein.

(K-Q-KogG-max-2) Kunstwerke können *aufgrund ihres Kunstcharakters* eine *exklusive* Quelle kognitiver Güter sein.

Soweit sich die kognitiven Güter in eine hierarchische Ordnung bringen lassen, können wir die wohl stärkste Form des Kognitivismus wie folgt formulieren:

(K-Q-KogG-max-3) Kunstwerke können *aufgrund ihres Kunstcharakters* eine *exklusive* Quelle der *höchsten* kognitiven Güter sein.

Nur wenige Enthusiasten gehen bis zu diesem Maximum. Aber alle Kognitivisten verteidigen mit unterschiedlichem Nachdruck die allgemeine These, dass jede angemessene Antwort auf die Fragen ‚Warum bringen wir Kunstwerken große Wertschätzung entgegen?' und ‚Warum ziehen wir bestimmte Kunstwerke anderen vor?' die epistemischen und kognitiven Seiten und Beiträge der Kunstwerke berücksichtigen muss: Wir schätzen Kunstwerke wesentlich deshalb, weil sie unsere kognitiven Fähigkeiten verfeinern, weil sie Erkenntnisse und Einsichten vermitteln (traditionell: *docere*), weil sie unser Verstehen der Wirklichkeiten erweitern und vertiefen, in denen wir leben und die wir gestalten wollen. Und wir ziehen manche Werke anderen vor, weil wir glauben oder zumindest hoffen, dass sie epistemisch oder kognitiv wertvoller sind als andere. Damit ist keineswegs geleugnet, dass Kunstwerke auch deshalb geschätzt werden, weil sie uns bewegen und erfreuen (traditionell: *movere* und *delectare*), weil sie Gefühle und Emotionen, Werterlebnisse und Phantasien auslösen; aber diese Vorzüge sind in der ästhetischen Erfahrung aufs engste mit den kognitiven Funktionen verknüpft.[33] Die Künste, so die These der Kunstkognitivisten, tragen maßgeblich zu unserem Erkennen, Verstehen und Selbstverstehen bei. Der Kunstphilosophie und der Literaturtheorie fällt die Aufgabe zu, zu beschreiben und zu erklären, wie sie das tun. Ein solcher produktions- und rezeptionsästhetischer Kognitivismus[34] ist oft vertreten worden; es gibt aber auch ernstzunehmende anti-kognitivistische Einwände, mit denen sich die Enthusiasten auseinandersetzen müssen.[35]

Betrachten wir nun die Spezialisierung der Thesen auf fiktionale Werke, insbesondere fiktionale Literatur. Wir beginnen mit der generellen Idee:

(F-Q-KogG) Literarische Fiktionen können eine Quelle kognitiver Güter sein.

Mit ‚können' mag hier wiederum nur gemeint sein, dass es nicht unmöglich ist. In der Regel beanspruchen Vertreter von (F-Q-KogG) aber darüber hinaus, dass zumindest einige literarische Fiktionen auch tatsächlich eine Quelle kognitiver Güter sind. Auch hier unterscheiden wir zwei Fassungen:

(F-Q-KogG-1) Literarische Fiktionen können *trotz ihrer Fiktionalität* eine Quelle kognitiver Güter sein.

Viele Vertreter von (F-Q-KogG) begnügen sich damit, dafür zu argumentieren, dass literarische Fiktionen eine Quelle von kognitiven Gütern sein können, obwohl sie fiktional sind. Eine enthusiastischere Version von (F-Q-KogG) ist:

(F-Q-KogG-2) Literarische Fiktionen können *aufgrund ihrer Fiktionalität* eine Quelle kognitiver Güter sein.

D. h. die Fiktionalität ist ein unentbehrliches Mittel oder sogar eine konstitutive Bedingung dafür, dass bestimmte Werke eine Quelle kognitiver Güter sind. Die Fiktionalität eröffnet eigene kognitive Möglichkeiten. So versteht etwa Mitchell Green unter ‚literarischem Kognitivismus' die These: „Literary fiction can be a source of knowledge in a way that depends crucially on its being fictional."[36]

Damit sind wir aber immer noch nicht bei der stärksten Fassung von (F-Q-KogG) angelangt. Sie lautet analog zu der stärksten kunstkognitivistischen These:

---

33 Vgl. Goodman: Languages, Kap. VI.
34 Sie sind nicht zu verwechseln mit einer kognitivistischen Auffassung ästhetischer Werturteile, der zufolge solche Urteile wahr oder falsch sein können (vgl. Jäger: Kunst, S. 10 und S. 27–33).
35 Vgl. u. a. Morgan: Art; Sirridge: Truth; Stolnitz: Cognitive Triviality; Diffey: Art.
36 Green: Fiction, S. 352.

(F-Q-KogG-max) Literarische Fiktionen können *aufgrund ihrer Fiktionalität* eine *exklusive* Quelle der *höchsten* kognitiven Güter sein.

Soweit die Übersicht über das Spektrum anti-kognitivistischer und kognitivistischer Thesen. Im vorliegenden Rahmen kann ich diese Thesen nicht umfassend diskutieren und abschließend bewerten.[37] Dazu wäre ein dickes Buch erforderlich. Nach weiteren Vorbemerkungen skizziere ich eine Theorie kognitiver Güter, die bei den angedeuteten Aufgaben hilfreich sein kann.

1.6 Perspektiven

In der Frage der Beurteilung des kognitiven Wertes von Fiktionen können unterschiedliche Perspektiven eingenommen werden. Ich möchte drei hervorheben: (a) die Ansprüche der Autoren, (b) die Erwartungen der Leser und (c) die Urteile ‚unparteiischer Beobachter' (z. B. Literaturtheoretiker, Erkenntnistheoretiker, Kognitionspsychologen). Da die Verdikte aus (a) und (b) begreiflicherweise dem Verdacht ausgesetzt sind, interessiert und tendenziell überschwänglich auszufallen, ist es ratsam, mit den Urteilen ‚unparteiischer Beobachter' (c) ein Gegengewicht zu schaffen. Ich werde dabei zumeist die Rolle des Erkenntnistheoretikers einnehmen.

1.7 Plädoyer für eine Erweiterung der Erkenntnistheorie

Entscheidend für die folgenden Überlegungen ist die Diagnose, dass die überkommenen Erkenntnistheorien in jedem Fall zu eng konzipiert waren, um ihren Aufgaben gerecht zu werden. Ein Plädoyer für eine Erweiterung der Erkenntnistheorie könnte in unserem Zusammenhang einen Verdacht erregen, den ich gleich ausräumen möchte: Zuerst, so könnte man argwöhnen, wird die Erkenntnistheorie ausgeweitet; und dann wartet man mit der Botschaft auf, dass die Künste in einer so erweiterten Disziplin einen bequemen Platz finden. Ein solches Manöver würde zu Recht als *ad hoc* kritisiert. Tatsächlich läuft die Argumentation jedoch anders. In einem ersten Schritt kann gezeigt werden, dass die überkommenen Erkenntnistheorien in jedem Falle zu eng und zu einseitig sind, um den kognitiven Leistungen, die im alltäglichen Leben, in den Wissenschaften und in der Philosophie zu finden sind, in ihrer Gesamtheit gerecht zu werden. In einem zweiten Schritt kann

---

37 Ausführliche Diskussionen der prominentesten anti-kognitivistischen Thesen und Argumente finden sich bei Kivy: Philosophies; ders.: Banality; Carroll: Wheel und besonders Köppe: Erkenntnis. Für eine gründliche Kritik an Diffey: Art, vergleiche Reicher: Knowledge.

dann dafür argumentiert werden, dass eine Theorie, welche die Erkenntnis- und Verstehensformen der Alltagspraxis, der Wissenschaften und der Philosophie in angemessener Weise würdigt, allen Grund hat, die kognitiven Seiten von Kunstwerken anzuerkennen und im Vergleich mit anderen kognitiven Praxen zu untersuchen. Die Erkenntnistheorie muss also in der Tat neu konzipiert werden; nur erfolgt diese Revision keineswegs *ad hoc* im Hinblick auf unser Beweisziel, sondern sie ist aus unabhängigen Gründen gerechtfertigt.

Erinnern wir uns an die Konzeption kognitiver Ziele, wie sie in der Erkenntnistheorie verbreitet war und ist. Der Mainstream der traditionellen, aber auch der analytischen Erkenntnistheorie hat sich auf den Begriff des propositionalen Wissens konzentriert. Definitionen und Explikationen dieses Begriffs wurden vorgeschlagen. Darüber hinaus sollten Natur, Ursprung, Umfang und Gewissheit des menschlichen Wissens bestimmt werden; und gegen die radikalen Skeptiker sollte die prinzipielle Möglichkeit von Erkenntnis und Rechtfertigung verteidigt werden. Die damit angedeuteten Fragen der Erkenntnistheorie können hier nicht weiter verfolgt werden; ich beschränke mich darauf, einige für unsere Thematik bedeutsame Punkte zu beleuchten:

(a) *Propositionales Wissen ist bei weitem nicht das einzige Ziel unserer kognitiven Bemühungen*. Die Erkenntnistheorie sollte sich deshalb nicht in einer Theorie des propositionalen Wissens erschöpfen, sondern alle kognitiven Ziele, Fähigkeiten und Leistungen berücksichtigen.[38] Weder in den Wissenschaften noch in der Philosophie geht es uns allein um die Vermehrung propositionalen Wissens im Sinne wahrer gerechtfertigter Überzeugungen. So ist die bloße Akkumulation von Wahrheiten weder notwendig noch hinreichend für das, was wir innerhalb und außerhalb der Wissenschaften kognitiv anstreben. Hinreichend ist sie sicher nicht. Ginge es nur um die Quantität wahrer und gesicherter Überzeugungen, so wäre es das Beste, unser Leben mit der Verlängerung von Multiplikationstabellen oder dem Sammeln von banalen empirischen Wahrheiten zuzubringen. Eine einzelne Wahrheit, aber auch bloße Aggregate einzelner Wahrheiten sind für sich genommen nicht hinreichend für die kognitiven Ziele, die in den Wissenschaften und in der Philosophie anvisiert werden. So müssen wissenschaftliche Hypothesen erhellende Antworten auf relevante Fragen darstellen. Wissenschaftler suchen nach Systematisierungen, nach Erklärungen und vor allem nach umfassenden Theorien, welche Erklärungen liefern, die zu wissenschaftlichem Verstehen führen.[39] Philosophen streben nach der Klärung von Problemen, nach dialektischer Übersicht, nach Orientierung in begrifflichen Fragen,

---

38 Vgl. Scholz: Kunst; Alston: Justification.
39 Vgl. Schurz: Wissenschaft.

kurz: nach philosophischem Verstehen, das mehr gemein hat mit einem Sichzurechtfinden in einem Labyrinth als mit dem Sammeln wahrer gerechtfertigter Überzeugungen.[40] Anhäufungen von wahren Sätzen reichen, selbst wenn diese Wissen ausdrücken, für beide Ziele: wissenschaftliches und philosophisches Verstehen, sicher nicht aus. Die strikte Wahrheit einer Hypothese ist auch nicht notwendig für das, was in den Wissenschaften angestrebt wird. So sind Gesetzeshypothesen selten im strengen Sinne wahr. Zugunsten anderer Vorzüge wie Einfachheit, Kohärenz mit anderen Hypothesen etc. werden kleine Abweichungen von den Daten großzügig ignoriert.[41] Wissenschaftliche Theorien liefern in aller Regel Approximationen. Idealisierende und methodische Fiktionen, bei denen Abweichungen von der Wahrheit bewusst in Kauf genommen werden, sind in den Wissenschaften weit verbreitet und akzeptiert.

(b) *Der Begriff des propositionalen Wissens ist zu eng für eine allgemeine Theorie kognitiver Güter.* Wie erinnerlich, erfordert er den Glauben an eine Proposition, deren Wahrheit und bestimmte Formen von Rechtfertigung oder Verlässlichkeit. Als Grundbegriff für die Erkenntnistheorie ist er zu eng, weil er viele kognitive Fähigkeiten, Leistungen und Verstehensformen von vornherein ausschließt. Vor dem Hintergrund solcher Einsichten ist vorgeschlagen worden, ‚Verstehen' als Nachfolgebegriff von ‚Wissen' ins Zentrum der Erkenntnistheorie zu rücken. Manchen Formulierungen zufolge soll der Verstehensbegriff vollständig an die Stelle des zu engen Wissensbegriffs treten.[42] Nun ist ‚verstehen' fraglos weiter und flexibler anwendbar; wir verstehen Zeichen, Sätze, Texte, Bilder, Karten, Diagramme, Beweise, Handlungen, Personen und manches andere. Es scheint aber fraglich, ob dieser Terminus in allen Kontexten die Aufgaben des Wissensbegriffs in verbesserter Form erfüllen kann. Es wäre wohl besser, die Bedeutung des Wissensbegriffes dahingehend neu zu bestimmen, dass er nicht mehr der einzige Leitbegriff der Erkenntnistheorie ist. Wissen ist demnach in einem weitläufigen und differenzierten Netz von Begriffen für kognitive Fähigkeiten und Leistungen zu verorten.

Was wir anstreben, ist also die Ausbildung, Entwicklung und Vervollkommnung von kognitiven Fähigkeiten und Fertigkeiten in allen Bereichen und Dimensionen. Auf einer unteren Ebene gehören dazu zunächst die elementaren sensorischen Unterscheidungsfähigkeiten, sodann Fähigkeiten der Mustererkennung und Gestaltwahrnehmung. Auf höheren Ebenen sind Fähigkeiten zu expliziten Klassifikationen, zur Bildung, Festigung und Rechtfertigung von Überzeugungen und Überzeugungssystemen sowie zu

---

40 Vgl. Scholz: Philosophie.
41 Goodman: Problems, S. 337 f. und S. 345 f.; ders.: Languages, S. 262.
42 Vgl. Goodman / Elgin: Reconceptions, S. 161 f.

höheren Formen des Verstehens von Zusammenhängen bis hin zur theoretischen und praktischen Weisheit angesiedelt. Ebenso vielfältig sind die Fehler, die wir im kognitiven Bereich vermeiden wollen: Trugwahrnehmungen, Schlussfehler, Phantasielosigkeit, Vorurteile und andere Voreingenommenheiten. Die Erkenntnistheorie muss sich auch mit diesen negativen Seiten befassen; und die Künste spielen, wie die Enthusiasten gerne betonen, gerade bei der Überwindung solcher Beschränkungen eine wichtige Rolle.

2. Künste, Fiktionen und die kognitiven Güter

2.1 Allgemeine Belebung der Erkenntniskräfte

Kunstwerke fordern unsere kognitiven Fähigkeiten. Ein Bild zu betrachten, einen Roman oder ein Drama zu lesen, verlangt eine erhöhte Aufmerksamkeit und Konzentration sowie ein gutes Gedächtnis. Die Werke und ihre Bedeutungs- und Ausdrucksgehalte sind in vielfältigen Hinsichten unterbestimmt; der Betrachter und der Leser müssen ständig Lücken füllen, Dinge in der Vorstellung ergänzen, Schlussfolgerungen ziehen, Geschichten und Gedanken weiterspinnen etc. So tragen sie zur allseitigen „Belebung der Erkenntniskräfte" bei, wie Kant es im § 12 seiner *Kritik der Urteilskraft* treffend ausdrückt. Moderne Autoren sprechen von „cognitive stimulation".[43]

Zu beachten ist, dass ein großer Teil des kognitiven Wertes von Kunst und Literatur nicht auf einem sicheren Schatz beruht, der in den Werken bereits fertig enthalten ist, sondern auf dem, was sie im Geist der Betrachter, Hörer und Leser auslösen. Während der Lektüre muss der Leser ständig Ergänzungsleistungen vollbringen; und vor allem enden die kognitiven Prozesse nicht, wenn das Buch zwischendurch oder am Ende zugeschlagen wird. Zur literarischen Erfahrung gehört wesentlich ein reiches Nachleben der Lektüre im eigenen Weiterdenken oder auch in der Diskussion mit anderen Lesern.[44]

2.2 Sensorische Unterscheidungsfähigkeiten und Aufmerksamkeit

Eine grundlegende kognitive Fähigkeit ist die Gabe, etwas von anderem unterscheiden zu können. Fasst man die Begriffe weit genug, so ließe sich vielleicht jede Form von Erkenntnis als Unterscheidungs- oder Diskrimina-

---

43 Vgl. John: Art, S. 419–421.
44 Vgl. Kivy: Philosophies, S. 121–139; ders.: Banality, S. 23.

tionsfähigkeit auffassen.⁴⁵ Beginnen wir mit den basalen Unterscheidungsfähigkeiten, die mit dem Differenzierungsvermögen unserer Sinne zu tun haben. Wir können rote von grünen Dingen, heiße von kalten Flüssigkeiten, laute von leisen Geräuschen, saure von süßen Speisen, raue von glatten Oberflächen und unzählige andere Dinge und Aspekte unterscheiden. Welche dieser Unterscheidungsleistungen bereits das Verfügen über Begriffe voraussetzen, ist umstritten. Entscheidend für unsere Fragestellung ist jedoch die unbestreitbare Tatsache, dass viele der angesprochenen Fähigkeiten verbessert, ausgeweitet und verfeinert, werden können. Gerade in diesem Punkt leisten die Künste Beträchtliches. Personen und Gegenstände, Ereignisse und Situationen besitzen eine unübersehbare Mannigfaltigkeit von Beschaffenheiten und Aspekten. Der heroische Versuch, alle Eigenschaften einer Person oder Sache anzugeben, käme niemals an ein grundsätzliches Ende.

In der Regel registrieren wir nur sehr wenige dieser Eigenschaften. Dafür gibt es mehrere Gründe: Zahlreiche Dinge dienen standardisierten Zwecken; für diese Verwendung spielen nur wenige Eigenschaften eine Rolle, die übrigen bleiben im Hintergrund. Viele Gegenstände, Orte und Personen nehmen wir so häufig und so regelmäßig wahr, dass wir überhaupt nicht mehr auf irgendwelche Eigenschaften Acht haben. Der Umgang mit diesen Dingen ist so eingeschliffen, dass er keine besondere Aufmerksamkeit mehr erfordert. Es findet bloß noch ein routinemäßiges Wiedererkennen statt; auffallen würde höchstens dann etwas, wenn eine relevante Veränderung einträte.

Kunstwerke und Darstellungsweisen eröffnen epistemische Zugänge zu Eigenschaften und Zügen von Gegenständen, Personen und Situationen, die uns normalerweise entgehen.⁴⁶ So trifft jede Malweise eine Auswahl aus den Eigenschaften der Dinge, die sie darstellt;⁴⁷ durch Betonung und Abschwächung, durch Übertreibung und Untertreibung, Hinzufügen und Weglassen, Verformen und Verfremden machen uns Bilder auf Züge von Personen und Dingen aufmerksam, die uns sonst entgangen wären. Paul Klees pointiertes Diktum: „Kunst gibt nicht das Sichtbare wieder, sondern macht sichtbar"⁴⁸ beinhaltet somit durchaus keine Übertreibung. Die Malerei macht prinzipiell sichtbare Eigenschaften, die unsichtbar zu bleiben oder zu werden drohen, erstmalig oder wieder sichtbar; und sie macht Aspekte von Personen und Dingen, die nicht ohne weiteres sichtbar sind, dadurch sichtbar, dass sie überzeugende visuelle Formeln und Schemata für sie

---

45 Vgl. Goldman: Discrimination; McGinn: Concept.
46 Vgl. Elgin: Art, S. 17.
47 Goodman: Problems, S. 28.
48 Klee: Konfession, S. 28.

schafft. Für den Bereich der Literatur hat Frank B. Farrell dasselbe geltend gemacht: „that in a straightforward manner literature can make visible significant patterns of how the world is arranged", und er fügt sogar eine Exklusivitätsbehauptung hinzu: „that cannot be had by other means."[49] Der russische Formalist Viktor Sklovskij hat ausgehend von der Diagnose einer Automatisierung der Wahrnehmung und des Sprechens eine umfassende Kunst- und Literaturauffassung entwickelt:

> Um für uns die Wahrnehmung des Lebens wiederherzustellen, die Dinge fühlbar, den Stein steinig zu machen, gibt es das, was wir Kunst nennen. Das Ziel der Kunst ist, uns ein Empfinden für das Ding zu geben, ein Empfinden, das Sehen und nicht nur Wiedererkennen ist. Dabei benutzt die Kunst zwei Kunstgriffe: die Verfremdung der Dinge und die Komplizierung der Form, um die Wahrnehmung zu erschweren und ihre Dauer zu verlängern. Denn in der Kunst ist der Wahrnehmungsprozess ein Ziel in sich und muss verlängert werden.[50]

Ähnlich wie Gemälde und Skulpturen die Wahrnehmung erschweren und verlangsamen, komplizieren und verlängern literarische Werke das Lesen, Verstehen und Nachvollziehen.

2.3 Begriffliche Fähigkeiten, Denotation und Exemplifikation

Wo genau die Grenze zwischen Vorbegrifflichem und Begrifflichem auch verlaufen mag, klar ist jedenfalls, dass schon bei elementaren Unterscheidungen begriffsartige Strukturen oder Schemata ins Spiel kommen. Dabei treten Zeichen, Repräsentationen und Zeichensysteme auf den Plan. Als Zeichen oder Symbol (in diesem weiten Sinne) wird hier alles betrachtet, mit dem auf etwas Bezug genommen wird. Die beiden grundlegenden Formen der Bezugnahme sind die Denotation und die Exemplifikation.[51] Bei der *Denotation* handelt es sich um eine zweistellige Beziehung zwischen einem Zeichen und den Gegenständen oder Ereignissen, auf die es (korrekterweise) angewendet wird. Die Richtung der Bezugnahme verläuft bei der Denotation vom Zeichen zu den bezeichneten Gegenständen oder Ereignissen. Zu den Aufgaben der allgemeinen Semiotik gehört es zu bestimmen, auf welche Phänomene ein solcher Denotationsbegriff sinnvoll angewendet werden kann und welche Unterscheidungen, die mit diesem Begriff verknüpft sind, bei einem gegebenen Zeichentyp in Frage kommen.

Unstrittig ist wohl der Begriff der verbalen Denotation. Dabei können wir drei Fälle unterscheiden: die singuläre und die multiple Denotation so-

---

49 Farrell: Literature, S. 11.
50 Sklovskij: Theorie, S. 14.
51 Goodman: Languages; Elgin: Reference; Goodman: Mind, Kap. III.

wie die leere oder Nulldenotation. Einige verbale Symbole, namentlich Eigennamen, Kennzeichnungen und andere singuläre Termini, denotieren singulär, d. h., sie bezeichnen genau einen einzelnen Gegenstand. Andere verbale Zeichen, insbesondere Prädikate („Mensch', ‚Pferd', ‚Tisch' etc.), denotieren in genereller oder multipler Weise; sie beziehen sich unterschiedslos auf jedes einzelne von vielen Dingen, die unter den Ausdruck fallen. Ausdrücke mit multipler Denotation erfüllen charakterisierende Funktionen; zusammen mit anderen Prädikaten klassifizieren und ordnen sie die Dinge in einem Bereich und unterscheiden sie von anderen Dingen.[52] Schließlich sind manche Zeichen im Sachbezug leer. Diese Symbole haben, wie man auch sagt, Nulldenotation. Fiktionale Namen und Prädikate gehören in diese Gruppe.

Goodman und andere haben dafür plädiert, den Begriff der Denotation nicht auf wortsprachliches Benennen, Prädizieren und Beschreiben zu beschränken. Tatsächlich spricht vieles dafür, von Denotationsbeziehungen auch bei zahlreichen nichtverbalen Zeichen zu sprechen. So denotiert etwa ein Porträt von Papst Innozenz X. diesen Kirchenfürsten. Ein Papageienbild in einem Lexikon denotiert multipel Papageien. Und schließlich gibt es natürlich auch im Sachbezug leere Bilder: Pickwick-Bilder, Einhorn-Bilder etc.

Neben wörtlicher Denotation kennen wir Formen *metaphorischer Denotation*. Symbole können metaphorisch etwas denotieren, das sie wörtlich nicht denotieren. Dabei wird ein Symbol im Rahmen eines Schemas, d. h. einer Familie alternativer Klassifikatoren, auf einen fremden Bereich übertragen, um in diesem eine Reklassifikation zu bewirken. Die früheren wörtlichen Verwendungen steuern hierbei die metaphorischen in gewissem Maße; darin unterscheidet sich die Neuanwendung eines Prädikats in der Form einer Metapher von der Einführung einer schlichten Mehrdeutigkeit, bei der die disparaten Anwendungen nicht in dieser Weise voneinander abhängen.[53] Gelungene Metaphern in den Wissenschaften und Künsten ermöglichen fruchtbare Reklassifizierungen und dadurch erhellende Neuordnungen eines Gegenstandsbereichs.

Literarische Werke stellen nicht selten neue Begriffe und damit ganz neue Klassifikationsmöglichkeiten zur Verfügung, von denen wir in Aussagen über unsere Wirklichkeit Gebrauch machen können. Inzwischen geht ein beträchtlicher Teil unseres alltags- und bildungssprachlichen Begriffsrepertoires auf Dichtungen zurück. Viele Eigennamen, die fiktive Gestalten bezeichnen, in deren einzelnen Charakteren sich etwas Allgemeines zeigt,

---

52 Goodman: Languages, S. 21–26, S. 31–33, S. 40 f. und S. 68–71; Tugendhat: Vorlesungen, S. 176–196.
53 Vgl. Goodman: Languages, S. 68–85.

sind zu Begriffswörtern umgemünzt worden, die uns bei der Sortierung unserer Mitmenschen gute Dienste leisten: Wir wissen alle, was ein Don Quijote ist und was ein Don Juan, wir kennen Falstaffs, Aschenputtel, Abderiten und Schildbürger. Natürlich ist die Bereicherung unseres Begriffssystems keineswegs auf solche Fälle beschränkt. Wer Literatur liest, vervollkommnet beständig seine Fähigkeiten, differenziert zu beschreiben und seine Erfahrungen und Erlebnisse genauer zu artikulieren.

Eine gerade für die Charakterisierung von Kunstwerken überaus zentrale Form der Bezugnahme ist die *Exemplifikation*. Ein Gegenstand fungiert als exemplifizierendes Symbol, als Muster (im Sinne von ‚sample'), wenn er auf einen Teil der Prädikate, die er instantiiert, zudem verweist.[54] Er instantiiert also nicht nur die jeweiligen Prädikate, sondern nimmt zugleich auf sie Bezug und kehrt damit die Richtung der denotativen Bezugnahme um. Derlei ist im Alltag, im Handel und in den Wissenschaften weit verbreitet. So exemplifiziert ein Stoffmuster im Musterbuch eines Schneiders Züge wie die Stoffqualität, die Färbung und Musterung, die Textur, aber nicht die Größe und Form. Indem ein Gegenstand gewisse seiner Züge exemplifiziert, kann er einen epistemischen Zugang zu diesen Zügen eröffnen – und dadurch zu anderen Dingen, die ebenfalls diesen Zug besitzen. Die Eigenschaften, die etwas exemplifizieren, sind oft keineswegs von vornherein offensichtlich.[55] Kunstwerke, auch solche, die etwas denotieren, exemplifizieren darüber hinaus anderes. James McNeill Whistlers Gemälde *Arrangement in Black and Grey* (1871, Louvre, Paris), das die Mutter des Künstlers darstellt, exemplifiziert gedämpfte Schattierungen von Grau. Der Titel deutet an, dass es dem Maler mehr auf die Exemplifikation ankam als auf die denotative Funktion.

Wissenschaftliche Experimente fungieren als Beispielfälle im Rahmen der Überprüfung von Theorien; sie exemplifizieren Prädikate, die einschlägig für die Theorie sind, die getestet werden soll.[56] Diese Beispielfälle und ihre verbindende Struktur der Exemplifikation sollten uns dazu anregen, nach weiteren Analogien zwischen Experimenten und Gedankenexperimenten in den Wissenschaften, den Künsten und der Philosophie Ausschau zu halten.[57] Die Parallelen treten besonders deutlich hervor, wenn man Reihen von Experimenten und Serien von Kunstwerken eines Künstlers oder einer künstlerischen Richtung miteinander vergleicht.

---

54 Vgl. Ebd., S. 52–57; Elgin: Reference, Kap. V.
55 Vgl. Elgin: Art, S. 17; dies.: Aesthetics, S. 173.
56 Vgl. Elgin: Reference, S. 89f. und S. 124.
57 Vgl. Carroll: Wheel; Swirski: Literature; Green: Fiction.

2.4 Moralisches und ethisches Lernen

Bislang haben wir theoretische kognitive Fähigkeiten betrachtet. Beträchtliche kognitive Potentiale von Kunstwerken liegen aber gerade im moralisch-praktischen bzw. ethisch-praktischen Bereich.[58] In vielen Dramen, Romanen und Filmen stehen Menschen mit ihren inneren und äußeren Konflikten im Mittelpunkt.

Ein Teil der dargestellten Probleme, Dilemmata und Aporien ist eng an historische Konstellationen und Gesellschaftsformen gebunden. Andere mögen nahezu universal und perennierend sein, da sie Elemente der *condition humaine* bilden: Tod und Vergänglichkeit, Freiheit und Determiniertheit, Schuld und Verantwortung, Liebe und Hass, Konflikte zwischen Individuum und Gemeinschaft. Es handelt sich – mit Thomas Nagels hintersinnigem Ausdruck – um „mortal questions"; sie betreffen: „mortal life: how to understand it and how to live it."[59] Peter Lamarque und Stein Haugom Olsen sprechen in diesem Zusammenhang von „perennial themes".[60]

Die genannten Themen sind Gegenstand der Moralphilosophie und -psychologie. In Romanen, Dramen und Kinofilmen werden sie in großer Schärfe, aber auch in ihrer Komplexität zur Darstellung gebracht. Dies wird durch die Freiheiten der Künstler ermöglicht, Irrelevantes beiseite zu lassen, das Relevante zuzuspitzen oder auch: die Problemkonstellation aus mehreren Perspektiven zu erzählen. Es ist sicher kein Zufall, dass Moralphilosophen oft und gerne auf Beispiele aus der antiken Tragödie, den Dramen Shakespeares oder dem modernen Roman zurückgreifen, um praktische Konflikte und moralische Dilemmata zu untersuchen.

Literarische Werke bieten selten definitive moralische Lehren oder Lösungen moralischer Konflikte. Häufiger zeigen sie, dass eine moralische Entscheidung komplizierter und schwieriger ist, als man zuvor glauben wollte. Wir werden zu Fragen gedrängt wie: Was sollte die Person in dieser oder jener Situation tun? War, was sie tat, richtig oder falsch? Hatte sie überhaupt eine Wahl? Was hätte ich in einer solchen Situation getan?

Ein Drama, Roman oder Film mag uns in unseren moralischen Urteilen, Maximen und Einstellungen erschüttern, zur Revision alter und zum Erwerb neuer Urteile und Einstellungen bewegen. Kunst, die das vermag, ist von unschätzbarem Wert für das praktische Räsonieren, für die Verfeinerung der moralischen Phantasie und die Differenzierung des moralischen Urteils. Der amerikanische Philosoph Hilary Putnam beschreibt die Leistung der Literatur in diesem Sinne:

---

58 Vgl. Köppe: Erkenntnis, Kap. 4.
59 Nagel: Questions, S. IX.
60 Lamarque/Olsen: Truth, S. 406.

> What especially the novel does is aid us in the imaginative recreation of moral perplexities, in the widest sense. [...] I want to suggest that if moral reasoning, at the reflective level, is the conscious criticism of ways of life, then the sensitive appreciation in the imagination of predicaments and perplexities must be essential to sensitive moral reasoning. Novels and plays do not set moral knowledge before us, that is true. But they do (frequently) do something for us that must be done for us if we are to gain any moral knowledge.[61]

Ein typischer Kunstgriff besteht darin, dem Leser oder Betrachter ein Tableau unterschiedlicher Charaktere vorzuführen, die bestimmte Tugenden oder Laster in verschiedenen Gradabstufungen verkörpern. Diese Struktur, die Noël Carroll als „wheel of virtue" oder „virtue tableau" bezeichnet,[62] fordert uns zu Vergleichen und Gegenüberstellungen auf; sie lässt uns darüber nachdenken, welche Verbindung oder Mischung der vorgeführten Eigenschaften zu einem guten Leben führen könnte. Meisterhaft geschieht dies etwa in Henry Fieldings großem Roman *The History of Tom Jones, A Foundling* (1749).

2.5 Emotionales Lernen: Lernen über Gefühle und Lernen durch Gefühle

Literarische Werke, Filme, Gemälde und Musik ermöglichen es uns, Gefühle und Stimmungen zu durchleben, die uns vorher fremd waren oder deren Durchleben im wirklichen Leben mit Risiken und Nachteilen behaftet ist, die wir nicht zu tragen bereit sind. Dorothy Walsh bezeichnet diese gefühlsbezogene Erkenntnisform treffend als „knowing by vicarious living through". Obgleich eine solche Erkenntnis, wie sie einräumt, symbolisch vermittelt sei, handelt es sich ihrer Meinung nach doch um eine Form von „knowledge by acquaintance", nämlich um „knowing what an experience is like".[63]

Trotz der Berechtigung der Grundidee ist Vorsicht geboten, will man die These nicht überziehen. Übertrieben wäre sicher die Erwartung, das, was wir fühlen, wenn wir die Taten und Leiden eines fiktiven Charakters mit Anteilnahme verfolgen, gliche in allen Hinsichten und Intensitäten dem, was ein Mensch empfindet, der tatsächlich tut und erleidet, wovon wir gelesen haben.[64] Gleichwohl können wir anhand von Romanen und Dramen vieles über die imaginierten Gefühle und über unsere Reaktionen auf Gefühle

---

61 Putnam: Literature, S. 87; vgl. die ausführlichen Untersuchungen in Palmer: Literature; Lamarque / Olsen: Truth, S. 386–397; Cunningham: Heart; und Köppe: Erkenntnis, Kap. 4; sowie die detailreichen Beispieldiskussionen in Nussbaum: Love.
62 Carroll: Wheel, S. 12.
63 Walsh: Literature, S. 129.
64 Vgl. Köppe: Erkenntnis, S. 200; ders.: Experiences, S. 91.

dieses Typs lernen. Dies kann wesentlich zur Selbsterkenntnis und zum besseren Verstehen anderer Personen beitragen.

Kunstwerke können uns nicht nur neue Gefühle oder Neues über unsere alten Gefühle lehren. Gefühle dienen darüber hinaus als Instrumente, um Züge, die ein Kunstwerk besitzt oder ausdrückt, zu erkennen. Emotionale Sensitivität setzt uns in den Stand, feine, aber bedeutsame Unterschiede an Werken zu erfassen. Emotionale Taubheit oder Blindheit wäre deshalb genauso hinderlich für ein adäquates Verstehen von Kunstwerken wie buchstäbliche Taubheit oder Blindheit.[65]

2.6 Wissen und Wahrheit

Wenngleich besonders zu betonen war, dass es neben Wissen und Wahrheit noch viele andere verfolgenswerte epistemische und kognitive Ziele gibt, wollen wir noch kurz beleuchten, wie es mit den klassischen Erkenntniszielen Wissen und Wahrheit in der Kunst und in der Literatur bestellt ist.

Da der Wahrheitsbegriff auf musikalische Werke und Werke der bildenden Kunst nicht im wörtlichen Sinne anwendbar ist, kommen primär die literarischen Werke als Wahrheitsträger und -vermittler in Betracht. Obschon literarische Texte aus Sätzen, und zu einem erheblichen Teil der Form nach aus Aussagesätzen, bestehen und insofern durchaus Wahrheiten enthalten könnten, hat es mit dem Wahrheitsgehalt der Dichtung, wie oben bereits angedeutet, seine eigenen Schwierigkeiten. Einem alten Topos der Dichterkritik zufolge lügen die Dichter sogar. Dieser Vorwurf ist freilich leicht zu entkräften; alles, was dazu nötig ist, ist eine Klärung des Begriffs der Lüge. Bereits Augustinus hat diesen Begriff so weit expliziert, dass der Vorwurf zurückgewiesen werden kann: Eine Lüge ist danach eine Aussage, die einer macht, der Falsches aussagen will, um zu täuschen.[66] Da bei den Dichtern keine Täuschungsabsichten vorzuliegen brauchen und in der Regel auch nicht vorliegen, kann man von ihnen auch nicht zu Recht sagen, dass sie lügen. Literarische Werke, mögen sie auch keine Geflechte von Lügen sein, sind in aller Regel fiktionaler Natur. Fiktionale Werke enthalten Zeichen, die im Sachbezug leer sind. Nun sind Äußerungen von Sätzen, die fiktionale Termini enthalten, falsch oder – einer anderen Analyse zufolge – ohne Wahrheitswert: weder wahr noch falsch. In keinem Fall sind sie also wahr (vgl. ausführlich den Beitrag *6. Fiktion, Wahrheit, Referenz*).

Ein fiktionales Werk, so ein Lösungsvorschlag, braucht jedoch nicht vollständig aus fiktionaler Rede, aus lauter fiktionalen Sätzen oder Sprech-

---

65 Goodman: Languages, S. 248.
66 Vgl. Augustinus: De mendacio §§ 1–5; vgl. dazu Künne: Wahrheit, S. 119.

akten zu bestehen.[67] In Romanen können sich etwa sentenzen- oder auch essayartige Betrachtungen finden. Die Leserschaft fühlt sich hier oft berechtigt, gewisse Aussagen nicht nur als wahr in der Fiktion und bloß zum Schein behauptet, sondern als behauptet und wahr simpliciter aufzufassen.[68] Insbesondere gilt dies für die Sätze, die in Bezug auf allgemeine Verhältnisse psychologischer oder moralischer Natur in der Fiktion wahr sind. Ein fiktionaler Text, der solche Aussagen und Sätze enthält, kann *allgemeine Wahrheiten* vermitteln. (In Schlüsselromanen, historischen Romanen, dokumentarischer Literatur etc. können auch Wahrheiten über einzelne Personen und Geschehnisse übermittelt werden.)

Namen, Kennzeichnungen und Begriffe, die, wörtlich verstanden, im Sachbezug leer sind, können metaphorisch durchaus auf etwas zutreffen. Die entsprechenden Sätze, die wörtlich falsch oder ohne Wahrheitswert sind, können metaphorisch verstanden wahr sein. Fiktionale Werke können so *metaphorische Wahrheiten* zum Ausdruck bringen.[69]

Eine fiktionale Darstellung kann ferner verdeutlichen, dass bestimmte Dinge möglich sind. Ob etwas möglich oder doch unmöglich ist, ist häufig nicht offensichtlich. Eine sorgfältige Ausmalung kann klarmachen, dass die Möglichkeit wirklich besteht. Auf diese Weise kann Literatur wertvolle *modale Wahrheiten* vermitteln.[70]

Literarische Texte helfen uns schließlich, mehr von dem Gehalt unserer Erfahrungen auszuschöpfen. Wir lernen zumeist nicht alles aus ihnen, was wir lernen könnten. Für vieles verfügen wir bereits über Anhaltspunkte in unserer Erfahrung oder unserem Hintergrundwissen. Wir brauchen nur noch mit einer Formulierung der Proposition konfrontiert zu werden – und schon können wir ihre Wahrheit erkennen.[71]

2.7 Weisheit

Einige Enthusiasten gehen soweit, den kognitiven Wert fiktionaler Literatur in ihrem Potential zu sehen, uns zur Weisheit zu führen. Seit der Antike galt Weisheit als das höchste kognitive Gut. Danach wurde sie oft belächelt und vernachlässigt; erst in neuester Zeit beginnt sich auch die Erkenntnistheorie wieder für Weisheit zu interessieren.[72] Aber was ist eigentlich Weisheit, worin besteht sie? Theoretische Weisheit hat mit einem vertieften Verstehen zu

---

67 Vgl. die Diskussion in Köppe: Erkenntnis, S. 93–99; Reicher: Knowledge, S. 118–122.
68 Lewis: Truth, S. 278.
69 Vgl. Goodman: Languages, S. 68–70; ders.: Ways, S. 103 f.
70 Lewis: Truth, S. 278; Stecker: Literature, S. 22 f.
71 Lewis: Truth, S. 278 f.; Köppe: Erkenntnis, S. 121 f.
72 Vgl. Whitcomb: Wisdom; zur Begriffs- und Problemgeschichte Speer: Weisheit.

tun, das über die stückwerkartige Kenntnis isolierter Einzelfakten hinausgeht. Wenn ein reicher Bestand von Wissen-dass um ein Verstehen von grundlegenden Zusammenhängen, einschließlich einem Wissen um letzte Gründe und Ursachen, bereichert wird, nähern wir uns theoretischer Weisheit. Während wir für theoretische Weisheit wohl eher auf Wissenschaft und Philosophie hoffen, erwarten wir uns von Literatur zumeist praktische Weisheit, also Einsicht in Fragen wie: was ein gutes Leben ist und wie man es führt. (In diesem Punkt konkurriert die Literatur mit der Religion und – wiederum – der Philosophie.)

Gerade die großen Bildungsromane konfrontieren uns immer wieder mit der Frage, worauf es im Leben ankommt und woran ein Mensch scheitern kann. Die Weisheit, die in solchen Werken oder im ‚Nachleben' der Lektüre zu finden ist, lässt sich nur selten auf eine kurze Formel bringen. Auch soll man sich unter praktischer Weisheit keine tiefen Geheimnisse oder narrensichere Glücksrezepte erwarten. Nicht selten läuft Weisheit auf ein Sichklarwerden über Grenzen hinaus. In Voltaires *Candide ou l'optimisme* (1759) geraten die drei Protagonisten auf ihren Irrfahrten durch die halbe Welt von einem furchtbaren Unglück in das andere. Teils am eigenen Leibe, teils durch die Erzählungen ihrer wechselnden Weggefährten lernen sie das ganze Verzeichnis physischer und moralischer Übel kennen: Stürme, Erdbeben und Überschwemmungen, Pest und Syphilis; Mord, Folter, Vergewaltigung und Sklaverei, politische Unterdrückung und religiöse Intoleranz. Während der Optimist Pangloss und sein Gegenbild, der Skeptiker und Manichäer Martin, bis zum Ende an ihren metaphysischen Vorurteilen festhalten, reifen in Candide nach und nach Zweifel daran, dass wir in der besten aller möglichen Welten leben. Sein Bildungsgang führt ihn von einem unkritisch nachgeplapperten Optimismus zu einer bescheidenen praktischen Weisheit, die er am Ende in die Worte fassen kann: „il faut cultiver notre jardin" – in Kants erläuternder Übersetzung: „Lasst uns unser Glück besorgen, in den Garten gehen, und arbeiten."

3. Zusammenfassung und Ausblick

Wir lernen also unterschiedliche Dinge aus Kunstwerken einschließlich fiktionalen Werken und das auf vielerlei Weisen: Sie können unsere Erkenntniskräfte beleben, unsere sensorischen Unterscheidungsfähigkeiten erweitern und kultivieren; sie erschließen uns Züge an Dingen und Personen, die uns sonst verborgen blieben; sie bieten neue Schemata zur Kategorisierung und Ordnung von Wirklichkeiten an; sie schulen die moralische Vorstellungskraft und das moralische Urteilsvermögen; sie bereichern und differenzieren unsere emotionale Sensitivität und unsere Selbsterkenntnis;

schließlich können sie uns grundsätzlich sogar zu wahren Überzeugungen und zu Wissen verhelfen; und das eine oder andere von ihnen bringen uns vielleicht sogar der Weisheit ein Stück näher.

Eine Erkenntnistheorie, die sich nur für propositionales Wissen interessierte, wäre zu borniert, um die kognitiven Potentiale der Künste in ihrer gesamten Reichweite zu würdigen. Sie wäre, wie wir gesehen haben, aber auch zu beschränkt, um dem wissenschaftlichen und philosophischen Verstehen gerecht zu werden. Eine umfassendere Untersuchung unserer kognitiven Ziele, Fähigkeiten und Leistungen bietet einen Rahmen für die Künste, die Wissenschaften und die Philosophie und für Vergleiche zwischen diesen kulturellen Praxen – Vergleiche, die uns einstmals vielleicht über die gängigen Klischees bezüglich ihrer Unterschiede hinaushelfen werden.

Bibliographie

Alston, William P.: Beyond Justification. Dimensions of Epistemic Evaluation. Ithaca, London 2005.
Aristoteles: Poetik (Werke in deutscher Übersetzung, Bd. V). Hg. und übersetzt von Arbogast Schmitt. Berlin 2011.
Carroll, Noël: The Wheel of Virtue: Art, Literature, and Moral Knowledge. In: The Journal of Aesthetics and Art Criticism 60 (2002), S. 3–26.
Cebik, L. B.: Fictional Narrative and Truth. An Epistemic Analysis. Lanham, MD, London 1984.
Cunningham, Anthony: The Heart of What Matters. The Role for Literature in Moral Philosophy. Berkeley u. a. 2001.
Diffey, T. J.: What Can We Learn from Art? In: Australasian Journal of Philosophy 73 (1995), S. 204–211.
Elgin, Catherine Z.: With Reference to Reference. Indianapolis 1983.
Elgin, Catherine Z.: Relocating Aesthetics. Goodman's Epistemic Turn. In: Revue Internationale de Philosophie 47 (1993), S. 171–186.
Elgin, Catherine Z.: Understanding: Art and Science. In: Synthese 95 (1993), S. 13–28.
Farrell, Frank B.: Why Does Literature Matter? Ithaca, London 2004.
Fogelin, Robert: Pyrrhonian Reflections on Knowledge and Justification. Oxford 1994.
Gettier, Edmund: Is Justified True Belief Knowledge? In: Analysis 23 (1963), S. 121–123.
Gibson, John: Between Truth and Triviality. In: British Journal of Aesthetics 43 (2003), S. 224–237.
Gibson, John: Fiction and the Weave of Life. Oxford 2007.
Goodman, Nelson: Languages of Art. Indianapolis, IN 1968, 2. Aufl. 1976.
Goodman, Nelson: Problems and Projects. Indianapolis, IN 1972.
Goldman, Alvin I.: Discrimination and Perceptual Knowledge. In: The Journal of Philosophy 73 (1976), S. 771–791.
Goodman, Nelson: Ways of Worldmaking. Hassocks 1978.
Goodman, Nelson: Of Mind and Other Matters. Cambridge, MA 1984.
Goodman, Nelson / Catherine Z. Elgin: Reconceptions in Philosophy and Other Arts and Sciences. London 1988.
Graham, Gordon: Learning from Art. In: British Journal of Aesthetics 35 (1995), S. 26–37.

Green, Mitchell S.: How and What We Can Learn from Fiction. In: Garry L. Hagberg / Walter Jost (Hg.): A Companion to the Philosophy of Literature. Chichester 2010, S. 350–366.
Jäger, Christoph: Kunst, Kontext und Erkenntnis. Eine Einführung. In: C. J. / Georg Meggle (Hg.): Kunst und Erkenntnis. Paderborn 2005, S. 9–39.
John, Eileen: Reading Fiction and Conceptual Knowledge. Philosophical Thought in Literary Context. In: The Journal of Aesthetics and Art Criticism 56 (1998), S. 331–348.
John, Eileen: Art and Knowledge. In: Berys Gaut / Dominic McIver Lopes (Hg.): The Routledge Companion to Aesthetics. 2. Aufl. London 2001, S. 417–429.
Kivy, Peter: Philosophies of Art: An Essay in Differences. Cambridge, New York 1997.
Kivy, Peter: On the Banality of Literary Truths. In: Philosophical Exchange 28 (1997/98), S. 17–27.
Klee, Paul: [ohne Titel]. In: Schöpferische Konfession (Tribüne der Kunst und Zeit. Eine Schriftensammlung). Hg. von Kasimir Edschmid, Bd. 13. 2. Aufl. Berlin 1920, S. 28–40.
Köppe, Tilmann: Literatur und Erkenntnis. Studien zur kognitiven Signifikanz fiktionaler literarischer Werke. Paderborn 2008.
Köppe, Tilmann: Was sind kognitive Kunstfunktionen? In: Daniel Martin Feige / T. K. / Gesa zur Nieden (Hg.): Funktionen von Kunst. Bern u. a. 2009, S. 43–52.
Köppe, Tilmann: On Making and Understanding Imaginative Experiences in our Engagement with Fictional Narratives. In: Jürgen Daiber / Eva-Maria Konrad / Thomas Petraschka / Hans Rott (Hg.): Understanding Fiction. Knowledge and Meaning in Literature. Münster 2012, S. 81–95.
Künne, Wolfgang: Wahrheit. In: Ekkehard Martens / Herbert Schnädelbach (Hg.): Philosophie. Ein Grundkurs. Bd. 1. Reinbek 1985, S. 116–171.
Lamarque, Peter / Stein Haugom Olsen: Truth, Fiction, and Literature: A Philosophical Perspective. Oxford 1994.
Leondar, Barbara / David Perkins (Hg.): The Arts and Cognition. Baltimore 1977.
Lewis, David: Truth in Fiction. In: American Philosophical Quarterly 15 (1978), S. 37–46. (Wiederabgedruckt mit einem Postskriptum in: D. L.: Philosophical Papers, Bd I. Oxford 1983, S. 261–280.)
McGinn, Colin: The Concept of Knowledge. In: Midwest Studies in Philosophy 9 (1984), S. 529–554.
Mercolli, Laura: So tun, als ob. Analyse und Systematik eines ungewöhnlichen Begriffs mit einer Anwendung auf Theorien der Fiktionalität. Münster 2012.
Morgan, Douglas: Must Art Tell the Truth? In: The Journal of Aesthetics and Art Criticism 26 (1967), S. 17–27.
Nagel, Thomas: Mortal Questions. Cambridge 1979.
Nozick, Robert: Philosophical Explanations. Oxford 1981.
Nussbaum, Martha: Love's Knowledge. Oxford 1990.
Palmer, Frank: Literature and Moral Understanding. Oxford 1992.
Putnam, Hilary: Literature, Science and Reflection. In: H. P.: Meaning and the Moral Sciences. Boston, London, Henley 1978, S. 83–94.
Reicher, Maria E.: Knowledge from Fiction. In: Jürgen Daiber / Eva-Maria Konrad / Thomas Petraschka / Hans Rott (Hg.): Understanding Fiction. Knowledge and Meaning in Literature. Münster 2012, S. 114–132.
Scholz, Oliver R.: Fiktionale Welten, mögliche Welten und Wege der Referenz. In: Peter Finke / Siegfried J. Schmidt (Hg.): Analytische Literaturwissenschaft. Braunschweig 1984, S. 70–89.
Scholz, Oliver R.: Literaturwissenschaft und Fiktionstheorie (unv. Magisterarbeit). Universität Bielefeld 1985.

Scholz, Oliver R.: Zum Verstehen fiktionaler Repräsentationen. In: János S. Petöfi / Terry Olivi (Hg.): Von der verbalen Konstitution zur symbolischen Bedeutung – From verbal constitution to symbolic meaning. Hamburg 1988, S. 1–27.
Scholz, Oliver R.: Bild, Darstellung, Zeichen: Philosophische Theorien bildhafter Darstellung. Freiburg, München 1991.
Scholz, Oliver R.: Was heißt: etwas in der Philosophie verstehen? In: Richard Raatzsch (Hg.): Philosophieren über Philosophie. Leipzig 1999, S. 75–95.
Scholz, Oliver R.: Kunst, Erkenntnis und Verstehen. Eine Verteidigung einer kognitivistischen Ästhetik. In: Bernd Kleimann / Reinold Schmücker (Hg.): Wozu Kunst? Die Frage nach ihrer Funktion. Darmstadt 2001, S. 34–48.
Scholz, Oliver R.: Bild, Darstellung, Zeichen: Philosophische Theorien bildlicher Darstellung, 2., vollst. überarb. Aufl. Frankfurt/M. 2004.
Scholz, Oliver R.: In memoriam Nelson Goodman. In: Jakob Steinbrenner / O. R. S. / Gerhard Ernst (Hg.): Symbole, Systeme, Welten. Studien zur Philosophie Nelson Goodmans. Heidelberg 2005, S. 9–32.
Scholz, Oliver R.: The Life and Opinions of Nelson Goodman. In: Gerhard Ernst / Jakob Steinbrenner / O. R. S. (Hg.): From Logic to Art. Themes from Nelson Goodman. Heusenstamm 2009, S. 1–32.
Schurz, Gerhard (Hg.): Erklären und Verstehen in der Wissenschaft. München 1988.
Searle, John R.: The Logical Status of Fictional Discourse. In: J. R. S.: Expression and Meaning. Studies in the Theory of Speech Acts. Cambridge 1979, S. 58–75.
Shope, Robert K.: The Analysis of Knowing. Princeton, NJ 1983.
Sirridge, Mary: Truth from Fiction? In: Philosophy and Phenomenological Research 35 (1975), S. 453–471.
Sklovskij, Viktor: Theorie der Prosa. Hg. und übersetzt von Gisela Drohla. Frankfurt/M. 1966.
Speer, Andreas: Weisheit. In: Joachim Ritter u. a. (Hg.): Historisches Wörterbuch der Philosophie. Bd. 12: W-Z. Basel 2004, S. 371–397.
Stecker, Robert: Literature as Thought. In: Jürgen Daiber / Eva-Maria Konrad / Thomas Petraschka / Hans Rott (Hg.): Understanding Fiction. Knowledge and Meaning in Literature. Münster 2012, S. 11–25.
Stolnitz, Jerome: On the Historical Triviality of Art. In: British Journal of Aesthetics 31 (1991), S. 195–202.
Stolnitz, Jerome: On the Cognitive Triviality of Art. In: British Journal of Aesthetics 32 (1992), S. 191–200.
Swirski, Peter: Of Literature and Knowledge: Explorations in Narrative Thought Experiments, Evolution and Game Theory. London, New York 2007.
Tugendhat, Ernst: Vorlesungen zur Einführung in die sprachanalytische Philosophie. Frankfurt/M. 1976.
Vaihinger, Hans: Die Philosophie des Als Ob. 2. Aufl. Berlin 1913.
Walsh, Dorothy: Literature and Knowledge. Middletown, CT 1969.
Walton, Kendall L.: Mimesis as Make-Believe. On the Foundations of the Representational Arts. Cambridge, MA, London 1990.
Whitcomb, Dennis: Wisdom. In: Sven Bernecker / Duncan Pritchard (Hg.): The Routledge Companion to Epistemology. London, New York 2011, S. 95–105.
Williams, Michael: Problems of Knowledge. Oxford, New York 2001.
Wolterstorff, Nicholas: Works and Worlds of Art. London 1980.

Eva-Maria Konrad

10. Panfiktionalismus

Der Panfiktionalismus lässt sich als eine Theorie definieren, die alle Texte für gleichermaßen fiktional hält. Der vorliegende Beitrag wird sich auf die Behandlung der so formulierten Kernthese konzentrieren, im Zuge einiger Erläuterungen zur Entstehung des Begriffs wird einleitend aber auch auf divergierende Verwendungsweisen hingewiesen (1). Daran schließt sich eine Darstellung und Kritik verschiedener theoretischer Grundlagen des Panfiktionalismus an (2): Dies betrifft zum einen ganz zentral die entweder linguistisch oder durch skeptische Argumente motivierte Negierung unterschiedlicher Referenzwelten für fiktionale und faktuale Texte (2.1). Zum anderen wird Überlegungen nachgegangen, die als Begründung auf deren gleichermaßen narrative Strukturen abheben (2.2). Dabei werden jeweils auch verschiedene in der Forschung benannte Vertreter des Panfiktionalismus zur Debatte stehen. Einige weniger intensiv diskutierte Argumente und verwandte Ansätze werden zuletzt kurz zur Sprache kommen (2.3). Schließlich wird sich der Artikel um eine abschließende Bewertung der panfiktionalistischen Theorie bemühen (3).

1. Begriffsentstehung und Verwendungsweisen

Zu größerer Bekanntschaft gelangt der Begriff „Panfiktionalismus" zum ersten Mal durch Marie-Laure Ryans wegweisenden Aufsatz „Postmodernism and the Doctrine of Panfictionality" aus dem Jahre 1997. Dennoch gibt es einige Studien, die sich dieses Begriffs schon früher bedienten: In der englischsprachigen Debatte ist dies 1994 v. a. Charles Crittenden mit seinem Buch *Unreality*,[1] im deutschsprachigen Raum lässt sich mit Wolfgang Isers Aufsatz „Die Doppelungsstruktur des literarisch Fiktiven" aus dem Jahr

---

1 Vgl. Crittenden: Unreality, S. 164. Im selben Jahr behandeln auch Peter Lamarque und Stein Haugom Olsen die panfiktionalistischen Thesen, allerdings – ohne dies als terminologische Festlegung zu begreifen – unter dem Begriff „ubiquity of fiction" (Lamarque/Olsen: Truth, S. 191).

1983 aber sogar ein Text finden, der den Begriff „Panfiktionalismus" schon mehr als ein Jahrzehnt früher verwendete.[2] Diesem ersten, noch sehr vereinzelten Gebrauch folgt dann spätestens mit der Jahrtausendwende eine ganze Reihe von Texten, die mit diesem Begriff operieren.[3]

Auffällig ist allerdings, dass damit zum Teil recht unterschiedliche Kernthesen bezeichnet werden – eine Tatsache, die dazu geführt hat, dass der Begriff „Panfiktionalismus" nach wie vor nicht vollkommen etabliert ist. Entgegen der hier favorisierten Ansicht verstehen einige der Studien den Panfiktionalismus v. a. nicht als genuin literaturwissenschaftliche bzw. fiktionalitätstheoretische Position. Einerseits wird der Begriff insbesondere in früheren Untersuchungen deutlich weiter gefasst und eher als Synonym für den „Fiktionalismus" verstanden.[4] Andererseits wird der Panfiktionalismus von einer ganzen Reihe von Forschern aber auch als epistemologische Theorie begriffen.[5]

Erwähnenswert ist, dass der Panfiktionalismus zudem mehrfach als Teil einer Trias mit den Theorien des Kompositionalismus und Autonomismus aufgefasst wurde:[6] Während der Panfiktionalismus die Grenze zwischen Fiktionalem und Faktualem aufhebt, verficht der Autonomismus eine

---

2 Vgl. Iser: Doppelungsstruktur, S. 500 und 510.
3 Vgl. z. B. Blume: Fiktion; Eibl: Fiktionalität; Ernst: Ästhetik; Gibson: Threat; Gibson: Introduction; Klausnitzer: Literatur; Klein / Martínez: Wirklichkeitserzählungen; Konrad: Panfictionalism; Ryan: Avatars; Schulenberg: Disappearance; Willems: Sackgasse. Vgl. bereits 1998 auch Gabriel: Fact.
4 Vgl. Eklund: Fictionalism, und den Beitrag *21. Fiktionalität in der Philosophie*. Vgl. zu einem Panfiktionalismus in diesem Sinne v. a. Gabriel: Fact; und Lamarque / Olsen: Truth.
5 Blume hält die „Nivellierung des Unterschieds zwischen fiktionalen und nichtfiktionalen Texten [...] [für] eine nur allzu zwingende *Konsequenz* aus dem epistemologischen Fehlschluß panfiktionalistischer Theorien" (Blume: Fiktion, S. 15; eigene Hervorhebung, E. K.). Vgl. auch Gibson: Threat, S. 40, der die literaturwissenschaftliche These unter dem Namen ‚*no-difference thesis*' behandelt und diese ausdrücklich als eine *Implikation* des Panfiktionalismus ausweist. Auch Ryan legt sich fest: „Panfictionality is an epistemological issue" (Ryan: Avatars, S. 51). Eine Tendenz zur epistemologischen Interpretation scheint darüber hinaus u. a. bei Eibl: Fiktionalität, und Ernst: Ästhetik, vorhanden zu sein. Für eine Lesart, die sich zwar im weitesten Sinne auch als eine epistemologische verstehen lässt, insgesamt durch ihre Ausrichtung auf den Buddhismus aber deutlich von den bekannten Mustern abweicht, vgl. z. B. Crittenden: Unreality, S. 164. Vgl. dagegen die literaturwissenschaftliche Verwendungsweise z. B. bei Gertken / Köppe: Fiktionalität; Klein / Martínez: Wirklichkeitserzählungen; Konrad: Panfictionalism; Müller: Kompromisse; Ryan: Postmodernism; Willems: Sackgasse; und teilweise auch Gibson: Introduction. Darauf, dass Ryan und Gibson also offenbar zwischen verschiedenen Thesen wechseln, kann hier nicht eingegangen werden.
6 Vgl. Blume: Fiktion, S. 11–34; Klausnitzer: Literatur, S. 218 f.; Konrad: Panfictionalism, S. 99 f. Eine ausführliche Auseinandersetzung mit allen drei Positionen findet sich bei Konrad: Dimensionen.

strenge Trennung der beiden Bereiche. Der Kompositionalismus vertritt dagegen eine Art Mittelposition, indem er zwar eine Grenze verteidigt, gleichzeitig aber behauptet, fiktionale Texte bestünden aus einer Mischung von fiktionalen und faktualen Textpassagen.[7]

2. Theoretische Grundlagen des Panfiktionalismus

Dass der Panfiktionalismus zwar u. a. auf einer epistemologischen Annahme beruht, dass diese aber nicht seine Kernthese darstellt, zeigt sich unmittelbar bei der Beschäftigung mit den theoretischen Grundlagen dieser Theorie. Die zentrale Frage lautet also: Wie kommt der Panfiktionalist zu seinem allumfassenden Fiktionalitätsbegriff und damit zu der Behauptung, es gäbe keinen Unterschied zwischen fiktionalen und faktualen Texten? Darauf lassen sich mehrere mögliche Antworten finden, die in der Forschung in unterschiedlichem Maße Erwähnung gefunden haben.

2.1 Negation einer Referenz auf unterschiedliche Welten

Die prominenteste dieser Begründungen besteht darin, die für die Unterscheidung zwischen fiktionalen und faktualen Texten fundamentale Referenz auf unterschiedliche Welten zu negieren – dadurch nämlich, dass eine Referenz auf die Wirklichkeit für grundsätzlich unmöglich erklärt wird. Wenn sich faktuale Texte ebenso wenig auf die reale Welt beziehen wie fiktionale, löst sich der Unterschied auf. Das Argument ließe sich schematisch also wie folgt darstellen:[8]

Prämisse 1: Der Unterschied zwischen fiktionalen und faktualen Texten basiert auf ihren unterschiedlichen Referenzwelten: Fiktionale Texte beziehen sich auf verschiedene fiktive Welten, faktuale Texte auf die reale Welt, die Wirklichkeit.

Prämisse 2: Eine Bezugnahme auf die reale Welt ist unmöglich, jegliche Art von Referenz ist fiktional.

Ergo: Es gibt keine Grundlage für die Unterscheidung zwischen fiktionalen und faktualen Texten.

---

7 Grundsätzlich denkbar schiene auch ein Panfiktionalismus in Bezug auf andere Künste oder Medien. Die Kernthese müsste dann allgemeiner formuliert sein und könnte etwa lauten, dass alle *Darstellungen* ihrer Natur nach fiktional seien; vgl. den Beitrag 20. *Fiktionalität in Kunst- und Bildwissenschaften*.
8 Vgl. Lamarque / Olsen: Truth, S. 174.

Doch wie lässt sich die entscheidende Prämisse (2) rechtfertigen? Dafür scheint es zwei verschiedene Möglichkeiten zu geben:[9] Während das eine Lager davon ausgeht, dass der Panfiktionalismus auf bestimmten philosophisch-epistemologischen bzw. skeptischen Annahmen basiert, die ihren Ausgang v. a. von Friedrich Nietzsche nehmen,[10] konstatiert das andere Lager eine linguistisch-semiologische Grundlage v. a. in der Nachfolge Ferdinand de Saussures.[11]

Das epistemologische Argument

Das epistemologische Argument lässt sich folgendermaßen rekonstruieren: Als Ausgangspunkt dienen Überlegungen zum grundlegenden erkenntnistheoretischen Verhältnis von Mensch und Wirklichkeit, die darauf abheben, dass die Wirklichkeit für den Menschen nie als gegebene vorhanden sei, sondern durch ihn selbst erst geschaffen werde. So geht schon Nietzsche davon aus, dass der Mensch der Schöpfer seiner eigenen, nicht mit der Wirklichkeit selbst korrespondierenden Welt ist: „Es gibt für uns keine ‚Wirklichkeit‘"; „Wir erst haben die Welt, *die den Menschen etwas angeht*, geschaffen!"[12] Die Wirklichkeit ist für den Menschen also nicht direkt zugänglich, sie existiert immer nur als eine durch seine eigenen Perzeptionen ‚eingefärbte' bzw. ‚gefilterte'. So nehmen wir in all unseren Behauptungen und Erkenntnissen über die Welt nicht auf die objektive Wirklichkeit Bezug, sondern lediglich auf das, was wir subjektiv als ‚unsere Wirklichkeit' wahrnehmen. Aus diesen grundlegenden philosophischen Überlegungen kann der Panfiktionalist dann die literaturwissenschaftliche Schlussfolgerung ziehen: Wenn auch faktuale Texte nicht auf die Wirklichkeit referieren, sondern lediglich auf unsere eigenen Konstrukte, die wir gewohnt sind, ‚Wirklichkeit' zu nennen, referieren sie wie fiktionale Texte auf Erfundenes, auf Fiktionen. Die Basis für die Unterscheidung löst sich damit auf.

---

9 Lamarque und Olsen nennen diese zwei unterschiedlichen Argumentationslinien „epistemological scepticism" und „semantic anti-realism" (ebd., S. 171).
10 Vgl. Blume: Fiktion, S. 12 ff.; Klausnitzer: Literatur, S. 219; Gabriel: Fact, S. 36 ff.; Willems: Sackgasse, S. 237; Zipfel: Fiktion, S. 69 ff.
11 Vgl. Gibson: Introduction, S. 3; und Gibson: Threat; S. 40; Ryan: Avatars, S. 46 ff.; und Ryan: Postmodernism, S. 174 ff., Schulenberg: Disappearance, und – in einem ähnlichen Kontext – Zipfel: Fiktion, S. 50 ff., der neben de Saussure auch Charles Sanders Peirce als Ausgangspunkt nennt.
12 Nietzsche: Wissenschaft, Zweites Buch, 57, S. 351, und Viertes Buch, 301, S. 451, Hervorhebung im Original.

Das semiologische Argument

Das semiologische Argument baut dagegen grundlegend auf den Überlegungen de Saussures zum sprachlichen Zeichen auf. Entscheidend ist dabei v. a., dass Sprache de Saussure zufolge weniger ein weltabbildendes als ein weltbildendes System ist, das seine eigenen Normen setzt: „Qu'on prenne le signifié ou le signifiant, la langue ne comporte ni des idées ni des sons qui préexisteraient au système linguistique, mais seulement des différences conceptuelles et des différences phoniques issues de ce système."[13] Deshalb gibt es keine ‚naturgegebene' Bedeutung, keine festgelegte oder bereits vorhandene Relation zwischen Signifikant und Signifikat, sondern nur eine durch das Sprachsystem selbst geregelte: „Le lien unissant le signifiant au signifié est arbitraire [...]; nous voulons dire qu'il est *immotivé*, c'est-à-dire arbitraire par rapport au signifié, avec lequel il n'a aucune attache naturelle dans la réalité."[14] Aus der Arbitrarität der Relation und dem fehlenden natürlichen Wirklichkeitsbezug schließt der Panfiktionalist dann auf die Fiktionalität jeglicher Art von Referenz, wodurch sich eine Unterscheidung zwischen fiktionalen und faktualen Texten nicht mehr aufrechterhalten lasse.

Für die Unmöglichkeit einer Bezugnahme auf die Wirklichkeit, wie sie Prämisse (2) formuliert, lässt sich also sowohl aus philosophischer wie aus linguistischer Sicht argumentieren. Allein diese Tatsache legt aber bereits nahe, dass der panfiktionalistische Kerngedanke weder in der epistemologisch noch in der semiologisch begründeten These der Unmöglichkeit einer Referenz auf die Wirklichkeit zu sehen ist, sondern in der literaturwissenschaftlichen Schlussfolgerung aus diesen Überlegungen. Unklar wäre ansonsten auch, wie mit dem im nachfolgenden Abschnitt (2.2) dargestellten narratologischen Argument umzugehen wäre, in dem weder das Thema der Erkenntnis noch Fragen der Referenz eine Rolle spielen. Zudem ergibt auch die Gruppierung mit den rivalisierenden Theorien des Kompositionalismus und Autonomismus nur dann Sinn, wenn die Auflösung des Unterschieds zwischen fiktionalen und faktualen Texten als panfiktionalistische Kernthese ausgewiesen wird. Denn das *tertium comparationis* dieser drei Ansätze ist nicht etwa ein epistemologisches oder semiologisches Problem, sondern die Grenzziehung zwischen fiktionalen und faktualen Texten.

---

13 De Saussure: Cours, S. 166.
14 Ebd., S. 100 f., Hervorhebung im Original. Darüber hinaus versteht de Saussure das sprachliche Zeichen auch nicht als eine Verbindung zwischen einem physikalischen Objekt und einem es bezeichnenden Namen, sondern zwischen einem Laut und einer Vorstellung.

Befürworter der panfiktionalistischen These

Die uneinheitliche Gemengelage hinsichtlich der theoretischen Ausprägung des Panfiktionalismus hat dazu geführt, dass in der Forschung auch in Bezug auf die Befürworter dieser Theorie sehr unterschiedliche Vorschläge gemacht wurden. Insbesondere wurde konsequenterweise eine Reihe von Wissenschaftlern genannt, die lediglich die zugrunde liegenden epistemologischen bzw. semiologischen Thesen vertreten. Dies gilt z. B. für Befürworter des Radikalen Konstruktivismus wie Siegfried J. Schmidt, den Blume wiederholt anführt.[15] Natürlich finden sich bei Schmidt als Radikalem Konstruktivisten die beschriebenen erkenntnistheoretischen (und teilweise auch die semiologischen) Thesen.[16] Nach der Behauptung einer unterschiedslosen Fiktionalität aller Texte hält man in seinen Untersuchungen aber vergeblich Ausschau. Er konstatiert stattdessen:

> Whether a statement in a certain situation and in the framework of a certain type of discourse will be experienced as real or fictitious does not primarily depend on the linguistic processes of producing and receiving this statement, but on the conventionalized decision whether this statement will be considered acceptable or unacceptable within the framework of the discourse type and in relation to the speaker/hearer's ortho-world-model.[17]

Klar ersichtlich ist, dass bei Schmidt also keine panfiktionalistische Einebnung des Unterschiedes zwischen fiktionalen und faktualen Texten stattfindet – ein Muster, das sich auch bei anderen Vertretern des Radikalen Konstruktivismus bestätigt findet.[18]

Gleiches gilt für Wissenschaftler, die eine weniger radikale konstruktivistische These befürworten, wie z. B. Nelson Goodman, den Gibson als Vertreter des Panfiktionalismus nennt.[19] Goodman spricht sich zwar vehement gegen eine korrespondenztheoretische Konzeption von Wahrheit aus[20] und er vertritt auch die These einer „fabrication of facts"[21] mit der Begründung, dass „there is […] no such thing as the real world, no unique, ready-made, absolute reality apart from and independent of all versions and visions".[22]

---

15 Vgl. Blume: Fiktion, S. 12 f.
16 Vgl. z. B. Schmidt: Fiction, S. 256 ff., und Schmidt: Texttheorie.
17 Schmidt: Fiction, S. 263. An dieser Stelle kann nicht auf die Fragwürdigkeit der Rede von realen und fingierten (und nicht faktualen und fiktionalen) Behauptungen eingegangen werden.
18 Vgl. z. B. von Glasersfeld: Einführung, und Glasersfeld: Facts.
19 Vgl. Gibson: Threat, S. 37.
20 Vgl. z. B. Goodman: Worldmaking, S. 17 und 94.
21 Ebd., Kap. VI (S. 91–107).
22 Goodman: Realism, S. 269. Für diese These lassen sich sowohl epistemologische wie linguistische Argumente finden, vgl. z. B. Goodman: Worldmaking, S. 6 und 22. Letzteres führt dazu, dass Eibl Goodman einen „Panlinguismus" zuschreibt (Eibl: Fiktionali-

Allerdings lässt sich die literaturwissenschaftliche Konklusion auch bei Goodman nicht finden. Stattdessen behauptet er:

> Of course, we must distinguish falsehood and fiction from truth and fact; but we cannot, I am sure, do it on the ground that fiction is fabricated and fact found.[23]
> Of course, we want to distinguish between versions that do and those that do not refer, and to talk about the things and worlds, if any, referred to.[24]

Die Unterscheidung zwischen wahr und falsch, zwischen Fakt und Fiktion bleibt also erhalten, nur die ursprüngliche Grundlage dieser Differenzierungen verändert sich. Ernst stellt deshalb völlig zu Recht fest:

> Goodman unterscheidet tatsächlich zwischen bloßen Versionen und wirklichen Welten. Aber das Unterscheidungskriterium ist nicht, daß wirkliche Welten real sind und bloße Versionen nicht, sondern daß wirkliche Welten *richtige* Versionen und falsche (bloße) Versionen nicht wirklich sind. Goodman wird so zum Gegner eines Panfiktionalismus.[25]

Ähnlich liegen die Dinge auch bei Stanley Fish, der von Gibson sogar als „one of the most noticeable proponents of panfictionalism"[26] eingeführt wird. Natürlich vertritt Fish die dem Panfiktionalismus zugrunde liegende These der Unzugänglichkeit der Wirklichkeit, da er für eine lediglich durch sprachliche Konventionen als Realität bestimmte „Wirklichkeit" argumentiert. Das, was wir für die Tatsachen halten, seien keine mit der Wirklichkeit übereinstimmenden Fakten, sondern nur „facts as the conventions of serious discourse stipulate them to be."[27] Was Fish verfolgt, ist die Aufhebung eines Unterschieds „between language that is true to some extra-institutional reality and language that is not".[28] Daraus folgt aber auch für ihn keinesfalls die Einebnung von fiktionalem und faktualem Diskurs. Ganz im Gegenteil hält er ausdrücklich an der Möglichkeit einer Differenzierung fest: „This is not, however, to deny that a standard of truth exists and that by invoking it we can distinguish between different kinds of discourse: it is just that the standard is not brute, but institutional, not natural, but made."[29] Somit ließen sich faktuale Texte zwar nicht mehr aufgrund ihres Bezugs auf die „extra-institutional reality" von den fiktionalen unterscheiden (denn darauf können wir seiner Meinung nach ohnehin nie referieren), aber sehr wohl aufgrund ihres Bezugs auf das eine, konventionalisierte Wirklichkeits-

---

tät, S. 273). Dies mag richtig sein, ist aber streng von einem Panfiktionalismus zu unterscheiden, was bei Eibl nicht vollständig klar gemacht wird.
23 Goodman: Worldmaking, S. 91.
24 Ebd., S. 96.
25 Ernst: Ästhetik, S. 335, Hervorhebung im Original.
26 Gibson: Threat, S. 43.
27 Fish: Speech-Act Theory, S. 237.
28 Ebd., S. 243.
29 Ebd.

modell (sozusagen die ‚intra-institutional reality'). Von der Befürwortung eines Panfiktionalismus kann hier also keine Rede sein.[30]

Insgesamt scheint es nur eine Denkschule zu geben, die den Panfiktionalismus tatsächlich vertritt: den Poststrukturalismus. Nur hier wird aus den unterschiedlichen Prämissen auch die literaturwissenschaftliche Konklusion der unterschiedslosen Fiktionalität aller Texte gezogen. Nicht umsonst werden deshalb verschiedene Vertreter des Poststrukturalismus auch in vielen Abhandlungen über den Panfiktionalismus als Befürworter genannt: Gibson spricht von einem Panfiktionalismus „as we find it in French and North American poststructuralism and postmodernism",[31] und auch Doležel, Eibl, Klein und Martínez, Ryan, Foley und Habermas stellen den entsprechenden Zusammenhang her.[32]

Ohne auf jeden einzelnen der zahlreichen dabei genannten Denker eingehen zu können, lässt sich doch zeigen, dass die Verbindung zwischen Poststrukturalismus und Panfiktionalismus tatsächlich nahe liegt: Es steht nicht nur außer Frage, dass die Ideengeber für das epistemologische und das semiologische Argument – Nietzsche und de Saussure – großen Einfluss auf den Poststrukturalismus ausgeübt haben,[33] sondern auch, dass die Poststrukturalisten eine systematische Auflösung der Referenz auf eine außersprachliche Wirklichkeit betreiben. Die übliche Unterscheidung zwischen Signifikat und Signifikant grundsätzlich in Frage stellend, kommt Derrida zu dem berühmten Schluss: „[E]lle [la lecture] ne peut légitimement transgresser le texte vers autre chose que lui, vers un référent [...] ou vers un signifié hors texte dont le contenu pourrait avoir lieu, ou aurait pu avoir lieu hors de la langue [...]. *Il n'y a pas de hors-texte.*"[34] Dementsprechend bezeichnet Derrida die Opposition zwischen Fiktion und Wirklichkeit auch als „hierarchical axiology [presupposing] an origin or [...] a ‚priority' held to be simple, intact, normal, pure, standard, self-identical"[35] – Voraussetzun-

---

30 Vgl. dazu auch ebd., S. 239. Vgl. zur Diskussion um Fish und den Panfiktionalismus ausführlicher Konrad: Panfictionalism.
31 Gibson: Threat, S. 43.
32 Vgl. Doležel: Narratives, S. 167; Eibl: Fiktionalität, S. 272; Klein / Martínez: Wirklichkeitserzählungen, S. 1; Ryan: Postmodernism, S. 175 ff.; und Ryan: Avatars, S. 46 ff.; Foley: Novel; und Habermas: Exkurs, verwenden zwar nicht den Begriff „Panfiktionalismus", beschreiben aber das vorliegende Phänomen im Rahmen einer Diskussion poststrukturalistischer Denker.
33 Vgl. in diesem Sinne z. B. Foley: Novel, S. 399; Gabriel: Fact, S. 36; Rusterholz: Hermeneutik, S. 167; Ryan: Avatars, S. 46; Scholes: Tlön, S. 179 f.; und Zipfel: Fiktion, S. 51.
34 Derrida: Grammatologie, S. 227, Hervorhebung im Original.
35 Derrida: Limited Inc., S. 93. Vgl. Habermas: Exkurs, S. 229 ff., zu weiteren Überlegungen Derridas, die „zeigen sollen, daß die geläufige Unterscheidung zwischen ernster und simulierter, wörtlicher und metaphorischer, alltäglicher und fiktiver [hier: faktualer und fiktionaler], gewöhnlicher und parasitärer Redeweise zusammenbrechen" (ebd., S. 229).

gen, die seiner Meinung nach allesamt nicht gegeben sind. Wenn aber alles Text ist und die Möglichkeit einer Referenz auf eine außersprachliche Wirklichkeit grundsätzlich negiert wird, bricht die Trennung zwischen fiktiver und realer Welt – und damit die Basis für die Unterscheidung zwischen fiktionalen und faktualen Texten – in sich zusammen.[36]

In konzentrierter Form lässt sich diese Argumentation auch bei Barthes nachlesen, der seine zunächst gestellte Frage „cette narration [la narration des événements passés] diffère-t-elle vraiment, par quelque trait spécifique, par une pertinence indubitable, de la narration imaginaire?"[37] zuletzt folgendermaßen beantwortet:

> On arrive ainsi à ce paradoxe qui règle toute la pertinence du discours historique (par rapport à d'autres types de discours): le fait n'a jamais qu'une existence linguistique (comme terme d'un discours), et cependant tout se passe comme si cette existence n'était que la ,copie' pure et simple d'une autre existence, située dans un champ extra-structural, le ,réel'.[38]

Wie hier in aller Knappheit dargestellt, ist das Entscheidende für die Poststrukturalisten also „nicht die Differenz, sondern die Indifferenz zwischen Fiktion und Realität",[39] die schließlich zu einer panfiktionalistischen Einebnung der Referenzwelten fiktionaler und faktualer Texte führt.

Einwände und Kritik

Eine kritische Einschätzung des Panfiktionalismus muss zunächst die unbestreitbare Attraktivität dieser Theorie anerkennen. Diese liegt zum einen darin begründet, dass der Panfiktionalismus eine „allgemeine Tendenz des Misstrauens gegen die einfache Vorfindlichkeit der Realität"[40] theoretisch untermauern kann. Er reflektiert nicht nur die Tatsache, dass Sprache und Wahrnehmung einen ganz wesentlichen Beitrag zu unserem Bild von der Wirklichkeit leisten, sondern reagiert auch auf die in der Moderne zunehmenden Probleme, zwischen „echter" und (v. a. medial) aufbereiteter Wirklichkeit zu unterscheiden. Zum anderen lassen sich auch hybride, v. a. postmoderne Texte und Textsorten theoretisch auffangen, die eine eindeutige

---

36 Vgl. in diesem Sinne die Einschätzung von Zipfel: Fiktion, S. 53: „Nähme man diese [die erstzitierte] Aussage wörtlich und ernst, so wäre jeglicher Untersuchung der Beziehung zwischen Texten und dem, worauf sie Bezug nehmen, zwischen sprachlichen Ausdrücken und ihrer Referenz, der Boden entzogen. Es bliebe offensichtlich auch kein Raum für die Untersuchung der (zum Teil jedenfalls) auf diesen Beziehungen aufbauenden Unterscheidung von Fiktion und Nicht-Fiktion."
37 Barthes: Discours, S. 13.
38 Ebd., S. 20. Vgl. auch Barthes: Camera, S. 86.
39 Assmann: Fiktion, S. 239.
40 Weidacher: Texte, S. 33.

Kennzeichnung als fiktionaler oder faktualer Text kaum mehr zulassen.[41] Der Panfiktionalist hat damit keine Schwierigkeiten, da er ohnehin nicht in diesen Dichotomien denkt.

Allerdings muss auch nachdrücklich betont werden, dass sich die Plausibilität eines Panfiktionalismus, der auf der Negierung einer Referenz auf unterschiedliche Welten basiert, an verschiedenen Stellen in Zweifel ziehen lässt. So kann gegen Prämisse (1) – und damit gegen die Behauptung, dass der Unterschied zwischen fiktionalen und faktualen Texten auf deren unterschiedlichem Weltbezug beruht – ins Feld geführt werden, dass das entscheidende Differenzkriterium damit überhaupt nicht benannt sei. Wer z. B. wie Lamarque und Olsen davon ausgeht, dass „neither truth-value nor reference determine fictionality"[42] (sondern z. B. bestimmte Konventionen im Umgang mit den Texten), kann Prämisse (1) nicht akzeptieren. Als Einwand gegen die Gültigkeit des vorgestellten Arguments würde aber sogar schon die schwächere These genügen, der Unterschied zwischen fiktionalen und faktualen Texten sei zwar *auch* von der unterschiedlichen Referenzwelt abhängig, aber ebenso von anderen Kriterien. So argumentiert beispielsweise Gibson dafür, dass

> there may be any number of interesting respects in which it is possible to collapse the fact/fiction distinction, [but] *within* the practice of *reading* various texts it makes all the difference whether we read something as fiction or nonfiction. [...] The question is social, a matter of what sort of attitude is called on by the practice, cultural at root, of appreciating a work *as a work of fiction*.[43]

Die panfiktionalistische Argumentation gelingt also nur dann, wenn das Referenzkriterium in Prämisse (1) als hinreichend *und* notwendig für Fiktionalität erachtet wird. Ansonsten hätte die Negation der Möglichkeit eines Bezugs auf die Wirklichkeit in Prämisse (2) überhaupt nicht zur Folge, dass sich die zwei Textarten nicht unterscheiden.

Doch auch diese Prämisse (2) ist nicht unstrittig. Kritisiert werden kann vor allem, dass sie weder aus der epistemologischen noch aus der semiologischen Begründung folge.[44] Denn selbst ein Philosoph wie Thomas Nagel, dem „a pervasive skepticism [...] [as] suitable in light of our evident limitations"[45] erscheint, gesteht zu: „Some of what we believe must be true in order for us to be able to think at all [...]. Thought and language have to

---

41 Vgl. Klein/Martínez: Wirklichkeitserzählungen, S. 4f., und Ryan: Postmodernism, S. 168 ff.
42 Lamarque/Olsen: Truth, S. 31; vgl. ebd. S. 41.
43 Gibson: Threat, S. 40.
44 Vgl. z. B. Lamarque/Olsen: Truth, S. 23.
45 Nagel: View, S. 69.

latch onto the world, but they don't have to latch onto it directly at every point."⁴⁶

Weder die Ablehnung eines korrespondenztheoretischen Wahrheitsbegriffs noch die Einnahme eines skeptischen Standpunktes führt also notwendig zu der Annahme, dass uns jeglicher Zugriff auf die Welt verwehrt ist. Dasselbe gilt auch für das semiologische Argument, gegen das zusätzlich eingewandt werden könnte, dass die Referenz auf Außersprachliches bei de Saussure selbst überhaupt nicht negiert wird. Die Verbindung zwischen Signifikant und Signifikat gilt ihm zwar als arbiträr, aber als vorhanden und durch Konventionen geregelt. Die Behauptungen der Poststrukturalisten stellen dagegen eine deutliche Radikalisierung dieser Thesen dar.⁴⁷

Doch selbst wenn all die bisher genannten Einwände außer Acht gelassen und stattdessen zugegeben würde, dass die kritisierten Annahmen wohlbegründet sind, ließe sich die panfiktionalistische Schlussfolgerung doch nur unter der in Prämisse (1) zusätzlich formulierten Voraussetzung ziehen, dass der Bezugspunkt für faktuale Texte die eine, reale Welt, die Wirklichkeit selbst sein muss. Diese Zusatzannahme lässt sich bei genauerer Betrachtung aber nicht halten: Wenn wir *for the sake of the argument* annehmen, dass die Wirklichkeit für uns (epistemisch und sprachlich) unzugänglich ist und dass wir weder auf sie zugreifen noch auf sie referieren können, wären zwar tatsächlich all unsere alltagssprachlichen Äußerungen nicht mehr faktual (im Sinne von: auf die Wirklichkeit selbst bezogen), sondern fiktional (im Sinne von: auf die Fiktion bezogen, die wir gewohnt sind, ‚Wirklichkeit' zu nennen). Doch nur weil der ursprünglich als faktual begriffene alltagssprachliche Diskurs sich als fiktional erweist, bedeutet dies noch lange nicht, dass damit auch jede Art von literarischem Diskurs *in gleicher Weise* fiktional sein muss. Selbst wenn ein Bezug auf die Wirklichkeit selbst nicht möglich ist, lässt sich für fiktionale und faktuale Texte doch nach wie vor eine Referenz auf unterschiedliche Welten behaupten: entweder auf eine durch Konventionen etc. als ‚real' ausgezeichnete Welt oder auf andere, diesen Konventionen nicht entsprechende Welten. Die fiktiven Welten bzw. Konstrukte, auf die sich literarische Texte beziehen, sind also nicht alle in gleicher Weise fiktiv, erfunden oder ‚gemacht',⁴⁸ denn nur eine dieser Welten

---

46 Ebd., S. 73. Vgl. auch Bremer: Wahrheit, S. 36 und 30, Fn. 1; von Glasersfeld: Facts, S. 440; und Scholes: Tlön, S. 182.
47 Vgl. dazu Pavel: Worlds, z. B. S. 3; Rusterholz: Hermeneutik, S. 161; Lamarque / Olsen: Truth, S. 230 f.; Zipfel: Fiktion, S. 51 ff. Vgl. zu einer grundlegenden Kritik an der Unmöglichkeit einer außersprachlichen Referenz der Sprache auch Currie: Fiction, S. 4: „[A] general skepticism about semantics according to which no text ever succeeds in making extralinguistic reference [...] strikes me as one of the great absurdities of the contemporary cultural scene".
48 Vgl. Breuer: Rückbezüglichkeit, S. 139; Gabriel: Facts, S. 41; Gibson: Threat, S. 41 f.;

ist diejenige, die wir gewohnt sind, ‚Wirklichkeit' zu nennen. Aufgrund der Aufrechterhaltung dieser Möglichkeit einer unterschiedlichen Referenz spricht nichts dagegen, nach wie vor zwischen faktualen Texten (mit Bezug auf die konventionalisierte fiktive Welt) und fiktionalen Texten (mit Bezug auf andere, nicht-konventionalisierte fiktive Welten) zu differenzieren. Die Unterscheidung verlegt sich also lediglich auf eine andere Ebene.

Mag der Panfiktionalist diese Verschiebung der Unterscheidung nicht zugestehen und stattdessen an der Universalisierung des Fiktionalen festhalten, sähe er sich mit dem Problem konfrontiert, dass unter diesen Umständen dann schlichtweg alles als fiktional zu bezeichnen wäre: nicht nur alle literarischen Texte, sondern auch jegliche menschliche Kommunikation und Sprache bis hin zu den Gedanken – bezögen sich diese doch allesamt nicht auf die Wirklichkeit selbst, sondern nur auf eine fiktive, konventionalisierte ‚Wirklichkeit'. Wenn aber alles fiktional ist und ein Kontrast zum Faktualen nicht mehr existiert, verliert der Fiktionalitätsbegriff jede Bedeutung. Wenn alles fiktional ist, ist nichts fiktional.[49]

Falls der Panfiktionalist diesem kruden Bild zustimmen möchte, wäre seine Position natürlich schlüssig. Nahe liegend ist aber doch viel mehr, dass eine so formulierte panfiktionalistische Theorie keinen Bestand hat:

> Even if philosophical anti-realism is true, in epistemology and semantics, even if we accept constructivist theories of knowledge or pragmatist or coherentist theories of truth, we still need to retain some conception of an objective world, some distinction between a fictional invention and a real object, some distinction between different ends of discourse.[50]

2.2 Behauptung identischer narrativer Strukturen

Neben der Negierung der Möglichkeit einer unterschiedlichen Referenzwelt für fiktionale und faktuale Texte gibt es noch eine weitere These, die in der Forschung mehrfach als mögliche Begründung für die Auflösung der Unterscheidung zwischen fiktionalen und faktualen Texten angeführt wurde: die Behauptung, in beiden Textsorten würden identische narrative Strukturen angewandt.[51]

Konrad: Panfictionalism, S. 108 ff.; Lamarque / Olsen: Truth, S. 15, 41 und 221; Mooij: Realities, S. 89; Walton: Mimesis, S. 100 ff.; Weidacher: Texte, v. a. S. 35; und Zipfel: Fiktion, S. 73 f.
49 Vgl. Blume: Fiktion, S. 15; Crittenden: Unreality, S. 159 f.; Doležel: Heterocosmica, S. x; und Ryan: Postmodernism, S. 179. Unter diesen Umständen könnte dann ebenso gut ein Panrealismus vertreten werden.
50 Lamarque / Olsen: Truth, S. 190 f. Vgl. lakonisch auch Willems: Sackgasse, S. 237 f.
51 Lamarque und Olsen führen dieses Argument unter der Bezeichnung „ubiquity of narra-

Das narratologische Argument

Auch wenn sich als theoretischer Ausgangspunkt des narratologischen Arguments erneut Nietzsches epistemologische und de Saussures semiologische Überlegungen anbieten,[52] stechen in diesem Fall doch vielmehr konkret realisierte, hybride Textformen ins Auge, die u. a. im Zuge des New Journalism entwickelt wurden.[53] Die Konfrontation mit diesen neuartigen Texten führte zur Erkenntnis einer Ähnlichkeit zwischen fiktionalen und faktualen Texten in bisher ungeahntem Ausmaß. Dies betrifft nicht nur die in gleicher Weise subjektive Komponente in der Textkomposition und Darstellung, sondern auch Phänomene der ästhetischen Überformung wie z. B. „tropes, [a] narrative point of view and modes of emplotment".[54] Narrative Strukturen, wie wir sie aus fiktionalen Texten kennen, treten offenbar also ebenso in faktualen Texten auf. Die Argumentation lässt sich damit in aller Kürze folgendermaßen darstellen:

Prämisse 1: In faktualen Texten kommen narrative Strategien zur Anwendung.
Prämisse 2: Narrative Strategien sind Kennzeichen fiktionaler Texte.
Ergo: Der Unterschied zwischen fiktionalen und faktualen Texten löst sich auf.

Erwähnt sei allerdings, dass das narratologische Argument in einer radikaleren Lesart auch als weitere Begründung für die Unmöglichkeit einer Referenz auf die Wirklichkeit – und damit für Prämisse (2) des ersten Schemas – geltend gemacht werden kann.[55] Notwendig ist dazu die zusätzliche Annahme, dass narrative Strukturen nicht nur fiktionale und faktuale Texte, sondern auch unser gesamtes Denken und Wahrnehmen prägen. Dieses Anordnen von Ereignissen „into causal chains and their interpretation as

---

tion" (Lamarque/Olsen: Truth, S. 222), Ryan nennt es dagegen im Sinne des von ihr ausgemachten Hauptvertreters Hayden White, der sich auf die Unterscheidung zwischen Fiktion und Geschichtsschreibung konzentriert, „the historical argument" (Ryan: Postmodernism, S. 277). Vgl. auch Gibson: Introduction, S. 3. Auch Blume behandelt neben einem „philosophisch-epistemologischen" Argument ein als „historisch[]" bezeichnetes (Blume: Fiktion, S. 15), allerdings ist damit etwas völlig anderes gemeint (vgl. dazu unten, Abschnitt 2.3).

52 Vgl. dazu Lamarque/Olsen: Truth, S. 230; Ryan: Avatars, S. 46. Vgl. zu noch früheren Vordenkern Burke: Geschichtsfakten, S. 47 ff.; Carroll: Aesthetics, S. 134; Jaeger: Erzählen; Klausnitzer: Literatur, S. 295 ff.; Müller: Kompromisse, S. 37 ff.
53 Vgl. Ryan: Postmodernism, S. 168 ff.; Ryan: Avatars, S. 42; und Doležel: Narratives, S. 168.
54 Ryan: Postmodernism, S. 177.
55 Die grundsätzlichen Einwände, die bereits gegen einen auf dieser Prämisse beruhenden Panfiktionalismus vorgebracht wurden, gelten dann auch an dieser Stelle.

actions performed by agents"[56] wird als etwas Künstliches, der Wirklichkeit selbst nicht Inhärentes angesehen – und damit nicht nur als Akt der Interpretation, sondern der Fiktionalisierung.[57]

Befürworter und Kritik

Einer der wenigen Wissenschaftler, der nahezu in allen Arbeiten zum Panfiktionalismus übereinstimmend als Vertreter dieser Position angegeben wird, ist Hayden White.[58] Er nähert sich in seinen Überlegungen über den Spezialfall der Geschichtsschreibung der narratologischen Argumentation. Historiographische Texte sind seiner Meinung nach „verbal fictions, the contents of which are as much *invented* as *found* and the forms of which have more in common with their counterparts in literature than they have with those in the sciences."[59] Unter Betonung des „continued use by historians of a narrative mode of representation"[60] scheint White für die Fiktionalität dieses faktualen Diskurses zu plädieren: „Historians may not like to think of their works as translation of fact into fictions; but this is one of the effects of their works."[61]

Allerdings deutet sich bereits in den wenigen hier zitierten Äußerungen an, dass White – trotz der einhelligen Meinung vieler Forscher – streng genommen keinen Panfiktionalismus vertritt und insofern eine Ausnahme unter den postmodernen Denkern darstellt. Dies liegt zunächst daran, dass durchaus fraglich ist, inwieweit er das Verhältnis zwischen Fiktion und Historiographie als prototypisch für die generelle Unterscheidung zwischen fiktionalen und faktualen Texten versteht. Denn wenn er – wie oben zitiert – festhält, die Formen historiographischer Texte hätten „more in common with their counterparts in literature than they have with those in the sciences",[62] ist klar zu sehen, dass zwischen Literatur und „the sciences" nach

---

56 Ryan: Avatars, S. 49 f. Vgl. auch Lamarque / Olsen: Truth, S. 223.
57 Dies gilt im Übrigen auch dann, wenn anstelle der gemeinsamen narrativen Strukturen und Techniken die in gleicher Weise angewandte Imaginationskraft ins Zentrum der Überlegung gestellt würde (vgl. Lamarque / Olsen: Truth, S. 251 und 248).
58 Vgl. z. B. Blume: Fiktion, S. 15; Carroll: Aesthetics, S. 134; Gibson: Threat, S. 42; Klausnitzer: Literatur, S. 219; Klein / Martínez: Wirklichkeitserzählungen, S. 7; Lamarque / Olsen: Truth, S. 224; Müller: Kompromisse, S. 167; und Ryan: Postmodernism, S. 177 ff., bzw. Avatars, S. 46. Vgl. zu weiteren Vertretern dieser Position Doležel: Narratives; Jäger: Erzählen, S. 115 ff.; Nagl-Docekal: Geschichtsphilosophie; und Nünning: Fictions, S. 352.
59 White: Tropics, S. 82, Hervorhebung im Original.
60 White: Content, S. 26.
61 White: Tropics, S. 92.
62 Ebd., S. 82.

10. Panfiktionalismus

wie vor ein Unterschied besteht. Ohne diese Dichotomie wäre Whites These schlichtweg sinnlos.

Doch nicht einmal den Unterschied zwischen historiographischen und fiktionalen Texten ebnet White vollkommen ein – auch wenn dies v. a. in seinen früheren Arbeiten nicht immer vollkommen klar ist.[63] Selbst Ryan muss letztlich zugestehen: „White does not deny all differences between fiction and history".[64] Stattdessen beschränkt er die Parallelisierung ganz ausdrücklich auf bestimmte Aspekte: „[W]hat distinguishes ‚historical' from ‚fictional' stories is first and foremost their content, rather than their form."[65] Solange White aber einen Unterschied zwischen fiktionalen und faktualen Texten aufrechterhält, kann er kaum als Panfiktionalist bezeichnet werden.

Natürlich stellt allein die Tatsache, dass White sich nicht als Panfiktionalist im Sinne des narratologischen Arguments erwiesen hat, noch keinen grundsätzlichen Einwand gegen diese Begründung dar.[66] Doch auch wenn gegen Prämisse (1) wenig vorzubringen ist – es scheint schlicht den Tatsachen zu entsprechen, dass narrative Strukturen und Techniken auch in faktualen Texten Anwendung finden –, zeigt sich schnell, dass White gut daran tut, aus seinen Überlegungen nicht die panfiktionalistische Schlussfolgerung zu ziehen. Gegen die Gültigkeit des narratologischen Arguments lassen sich nämlich erhebliche Einwände vorbringen: Kritisieren lässt sich nicht nur die vorschnelle Parallelisierung von Narration und Fiktion, die Prämisse (2) zugrunde liegt,[67] sondern auch, dass die Konklusion – ähnlich wie in Abschnitt 2.1 – ausschließlich dann korrekt ist, wenn das Vorhandensein von narrativen Strukturen als einziges Kriterium für die Unterscheidung zwischen fiktionalen und faktualen Texten angesehen wird. Eine derartige Behauptung ließe sich allerdings kaum halten. Anstatt die panfik-

---

63 Vgl. Müller: Kompromisse, S. 38.
64 Ryan: Postmodernism, S. 177. Vgl. auch Ryan: Avatars, S. 50.
65 White: Content, S. 27.
66 Lediglich Ryan verweist hier auf das „damaging [...] argument that Lubomír Doležel calls ‚taking the Holocaust test.' How could a theory that regards historiography as fiction justify the rejection of texts that deny the existence of the Holocaust?" (Ryan: Avatars, S. 50, Bezug nehmend auf Doležel: Narrative, S. 251) Da die Unmöglichkeit dieser Unterscheidung von einem moralischen bzw. ethischen Standpunkt aus natürlich verheerend ist, zwingt dieser Test White zwar tatsächlich zu erheblichen Korrekturen (vgl. dazu zusammenfassend Ryan: Avatars, S. 50), ein grundsätzlicher theoretischer Einwand gegen die Negation einer Unterscheidungsmöglichkeit liegt damit aber nicht vor.
67 Vgl. Carroll: Aesthetics, S. 144 ff. und 410; Doležel: Narrative, S. 167; Jaeger: Erzählen, S. 117, Fn. 31; Lamarque / Olsen: Truth, S. 224 ff.; Nünning: Fictions, S. 365 ff.; Ryan: Postmodernism, S. 177; und Zipfel: Fiktion, S. 175 ff. Dieser Einwand würde natürlich ebenso für die radikalere Interpretation dieses Arguments gelten. Vgl. dazu Martínez / Scheffel: Narratology, S. 232; und Lamarque / Olsen: Truth, S. 235 und 239 f.

tionalistische Kernthese zu stützen, weisen hybride Textgebilde deshalb vielmehr darauf hin, dass erstens nicht immer eindeutig entschieden werden kann, ob ein bestimmter Text als fiktional oder faktual zu begreifen ist, und dass zweitens faktuale Texte ebenso mit Mitteln und Techniken operieren, die für fiktionale Texte typisch sind, wie dies andersherum geschieht – ohne die Unterscheidung zwischen Fiktionalem und Faktualem dadurch grundsätzlich zu gefährden.

2.3 Weitere Fiktionalisierungen

Obwohl mit der Negierung der Möglichkeit unterschiedlicher Referenzwelten und der Behauptung identischer narrativer Strukturen die zwei maßgeblichen und meist diskutierten theoretischen Grundlagen für die Behauptung der panfiktionalistischen Kernthese genannt sind, gibt es noch einige weitere, weniger prominente Argumente und Ansichten, die der Vollständigkeit halber in aller Kürze angesprochen werden müssen. Dies wäre zum einen das bereits erwähnte „historische[] Argument"[68] Blumes: Anders als bei Ryan bezieht sich diese Bezeichnung nicht auf eine Gegenüberstellung von historischem und fiktionalem Diskurs, sondern vielmehr auf die historisch neue Ununterscheidbarkeit von Realität und Fiktion in der modernen Welt (bzw. in der Welt der modernen Medien). So hält Blume in Anlehnung an Thesen Odo Marquards fest:

> Demnach wäre nicht etwa davon auszugehen, daß die Dichotomie von Fiktion und Wirklichkeit grundsätzlich auf falschen Voraussetzungen beruht, sondern davon, daß sie für einen langen Abschnitt der abendländischen Kulturgeschichte durchaus Gültigkeit beanspruchen kann, jedoch mit dem Aufkommen der Massenmedien im 20. Jahrhundert zunehmend an Berechtigung verliert.[69]

Dieses Argument lässt sich aber, wie Blume anschließend selbst zeigt,[70] recht schnell widerlegen: Selbst wenn die modernen Medien eine zentrale Rolle in der Erschaffung unseres Weltbildes spielen, folgt daraus weder die völlige Unterschiedslosigkeit von Fiktionen und Fakten noch diejenige von fiktionalen und faktualen Texten. Darüber hinaus ist dieses Argument auch insofern unüblich, als es den Panfiktionalisten gewöhnlich ja gerade um eine *umfassende* und *grundsätzliche* Einebnung des Unterschiedes zwischen fiktionaler und faktualer Darstellung geht, und nicht um die Beschränkung dieser These auf eine bestimmte Zeit wie die Moderne.[71]

---

68 Blume: Fiktion, S. 15.
69 Ebd.
70 Vgl. ebd., S. 15 f.
71 Da Marquard die panfiktionalistische Schlussfolgerung darüber hinaus gar nicht zieht, ist

Erwähnenswert ist darüber hinaus, dass Ryan, obwohl sie lediglich auf das linguistische Argument (nach de Saussure) und das historische Argument (nach White) eingeht, neben dem Strukturalismus und der Dekonstruktion noch eine ganz Reihe von Ansätzen auflistet, die ihrer Meinung nach zum Panfiktionalismus führen (ohne dies genauer zu erörtern). Darunter fielen „new historicism, anti-logocentrism, anti-realism, anti-foundationalism, and pragmaticism".[72] Auch wenn diese Theorien nur zum Teil den bereits behandelten entsprechen, können diese Zusammenhänge hier nicht weiter verfolgt werden.

Zuletzt sei noch angesprochen, dass v. a. Lamarque und Olsen unter dem Überbegriff der „ubiquity of fiction" eine Fülle von weiteren Fiktionalisierungen behandeln. Dazu gehören nicht nur die „Logical fictions" und „Non-entities" im Sinne Benthams, sondern ebenso die „Notional objects" im Sinne Dennetts und die „Fictions of convenience" im Sinne Vaihingers.[73] All diese stehen dem Panfiktionalismus zwar durch eine Art von Universalisierung des Fiktionsbegriffes gedanklich nahe, die panfiktionalistische Kernthese einer Fiktionalität aller Textformen wird dabei aber weder behauptet noch impliziert.[74]

3. Abschließende Bewertung

Insgesamt hat sich damit keines der Argumente, die eine Auflösung der Grenze zwischen fiktionalen und faktualen Texten zugunsten einer umfassenden Fiktionalität beweisen sollen, als gültig erwiesen. Für eine komplette Unterschiedslosigkeit zwischen fiktionalen und faktualen Texten scheint sich also nicht sinnvoll argumentieren zu lassen. Bei aller Kritik muss dem Panfiktionalismus aber doch zugute gehalten werden, dass seine ungewöhnlichen Überlegungen zu einer notwendigen, kritischen Neubewertung der Kategorien des Fiktionalen und Faktualen Anstoß gegeben haben.[75] Daraus

---

Blumes Einschätzung damit insgesamt fragwürdig. Passendere Überlegungen ließen sich an dieser Stelle wohl eher bei Baudrillard finden (vgl. z. B. Echange und Simulacres).
72 Ryan: Postmodernism, S. 173.
73 Vgl. in dieser Reihenfolge Lamarque / Olsen: Truth, S. 175–180, S. 188–190, S. 183–186, S. 186–188. Vgl. auch Gibson: Threat, S. 41 f. Ähnliches gilt auch für alle anderen Theorien wie z. B. diejenige Waltons, die den Begriff des Fiktionalen über den üblichen Bereich hinaus erweitern, vgl. den Beitrag *3. Fiktionen als Make-Believe.*
74 Zu einer detaillierteren Darstellung der verschiedenen panfiktionalistischen Argumentationslinien vgl. Konrad: Dimensionen.
75 Vgl. Ryan: Postmodernism, S. 179.

resultiert zum einen die Einsicht, dass auch faktuale Texte wie Historiographien für „textual or semiotic forms of investigation"[76] aufschlussreich sind, da auch sie den Ereignissen, von denen sie sprechen, erst Struktur verleihen. Zum anderen ist aber auch die Tendenz zu begrüßen, das Fiktionale als eine ernstzunehmende und nicht nur spielerische Diskursform zu etablieren: „This motivation to restore the dignity of literature in the face of the charge that its fictionality makes it frivolous is admirable, a desire we should take to heart."[77]

Bibliographie

Assmann, Aleida: Fiktion als Differenz. In: Poetica 21 (1989), S. 239–260.
Barthes, Roland: Camera Lucida. Reflections on Photography. New York 1981.
Barthes, Roland: Le discours de l'histoire [1967]. In: Poétique 13 (1982), S. 13–21.
Baudrillard, Jean: L'échange symbolique et la mort. Gallimard 1976.
Baudrillard, Jean: Simulacres et simulation. Paris 1981.
Blume, Peter: Fiktion und Weltwissen. Der Beitrag nichtfiktionaler Konzepte zur Sinnkonstitution fiktionaler Erzählliteratur. Berlin 2004.
Bremer, Manuel: Wahrheit im internen Realismus. In: Philosophisches Jahrbuch 107 (2000), S. 30–46.
Breuer, Rolf: Rückbezüglichkeit der Literatur. In: Paul Watzlawick (Hg.): Die erfundene Wirklichkeit. Wie wissen wir, was wir zu wissen glauben? Beiträge zum Konstruktivismus. 16. Aufl. München 2003, S. 138–158.
Burke, Peter: Geschichtsfakten und Geschichtsfiktionen. In: Freibeuter 62 (1994), S. 47–68.
Carroll, Noël: Beyond Aesthetics. Philosophical Essays. Cambridge 2001.
Crittenden, Charles: Unreality. The Metaphysics of Fictional Objects. Ithaca, London 1991.
Currie, Gregory: The Nature of Fiction. Cambridge 1990.
Derrida, Jacques: De la grammatologie. Paris 1967.
Derrida, Jacques: Limited Inc. abc… [1978]. In: J. D.: Limited Inc. Evanston 1988.
Doležel, Lubomír: Fictional and Historical Narrative: Meeting the Postmodernist Challenge. In: David Herman (Hg.): Narratologies: New Perspectives on Narrative Analysis. Ohio 1999, S. 247–273.
Doležel, Lubomír: Heterocosmica. Fiction and Possible Worlds. Baltimore, London 1998.
Doležel, Lubomír: Postmodern narratives of the past. In: John Gibson / Wolfgang Huemer / Luca Pocci (Hg.): A Sense of the World. Essays on fiction, narrative, and knowledge. New York 2007, S. 167–188.
Eibl, Karl: Fiktionalität – bioanthropologisch. In: Simone Winko / Fotis Jannidis / Gerhard Lauer (Hg.): Grenzen der Literatur. Zu Begriff und Phänomen des Literarischen. Berlin, New York 2009, S. 267–284.
Eklund, Matti: Fictionalism. In: Edward N. Zalta (Hg.): The Stanford Encyclopedia of Philosophy (Fall 2011 Edition). <http://plato.stanford.edu/archives/fall2011/entries/fictionalism/> (11.04.2013)

---

76 Ebd., S. 180, bzw. Ryan: Avatars, S. 52.
77 Gibson: Threat, S. 43.

Ernst, Gerhard: Ästhetik als Teil der Erkenntnistheorie bei Nelson Goodman. In: Philosophisches Jahrbuch 107 (2000), S. 316–340.
Fish, Stanley: How to do things with Austin and Searle: Speech-Act Theory and Literary Criticism [1976]. In: S. F.: Is There a Text in This Class? The Authority of Interpretive Communities. 10. Aufl. Cambridge, London 1998, S. 197–245.
Foley, Barbara: The Documentary Novel and the Problem of Borders. In: Michael J. Hoffman / Patrick D. Murphy (Hg.): Essentials of the Theory of Fiction. Durham 1996, S. 392–408.
Gabriel, Gottfried: Fact, Fiction and Fictionalism. Erich Auerbach's ‚Mimesis' in Perspective. In: Bernhard F. Scholz (Hg.): Mimesis. Studien zur literarischen Repräsentation. Tübingen 1998, S. 33–43.
Gertken, Jan / Tilmann Köppe: Fiktionalität. In: Simone Winko / Fotis Jannidis / Gerhard Lauer (Hg.): Grenzen der Literatur. Zu Begriff und Phänomen des Literarischen. Berlin, New York 2009, S. 228–266.
Gibson, John: Introduction. The prospects of literary cognitivism. In: J. G. / Wolfgang Huemer / Luca Pocci (Hg.): A Sense of the World. Essays on fiction, narrative, and knowledge. New York 2007, S. 1–9.
Gibson, John: The Threat of Panfictionalism. In: Symposium 6,1 (2002), S. 37–44.
Glasersfeld, Ernst von: Einführung in den radikalen Konstruktivismus. In: Paul Watzlawick (Hg.): Die erfundene Wirklichkeit. Wie wissen wir, was wir zu wissen glauben? Beiträge zum Konstruktivismus. 16. Aufl. München 2003, S. 16–38.
Glasersfeld, Ernst von: Facts and the Self from a Constructivist Point of View. In: Poetics 18 (1989), S. 435–448.
Goodman, Nelson: Realism, Relativism, and Reality. In: New Literary History 14 (1983), S. 269–272.
Goodman, Nelson: Ways of Worldmaking. Hassocks 1978.
Habermas, Jürgen: Exkurs zur Einebnung des Gattungsunterschiedes zwischen Philosophie und Literatur. In: J. H.: Der philosophische Diskurs der Moderne. Zwölf Vorlesungen. Frankfurt/M. 1988, S. 219–247.
Iser, Wolfgang: Die Doppelungsstruktur des literarisch Fiktiven. In: Dieter Henrich / W. I. (Hg.): Funktionen des Fiktiven. München 1983, S. 497–510.
Jaeger, Stephan: Erzählen im historiographischen Diskurs. In: Christian Klein / Matías Martínez (Hg.): Wirklichkeitserzählungen. Felder, Formen und Funktionen nicht-literarischen Erzählens. Stuttgart, Weimar 2009, S. 110–135.
Klausnitzer, Ralf: Literatur und Wissen. Zugänge – Modelle – Analysen. Berlin 2008.
Klein, Christian / Matías Martínez: Wirklichkeitserzählungen. Felder, Formen und Funktionen nicht-literarischen Erzählens. In: C. K. / M. M. (Hg.): Wirklichkeitserzählungen. Felder, Formen und Funktionen nicht-literarischen Erzählens. Stuttgart, Weimar 2009, S. 1–13.
Konrad, Eva-Maria: Dimensionen der Fiktionalität. Zur Wissensvermittlung durch Literatur (in Vorbereitung).
Konrad, Eva-Maria: Why No One's Afraid of Stanley Fish – On Panfictionalism and Knowledge. In: Jürgen Daiber / E.-M. K. / Thomas Petraschka / Hans Rott (Hg.): Understanding Fiction. Knowledge and Meaning in Literature. Paderborn 2012, S. 96–113.
Lamarque, Peter / Stein Haugom Olsen: Truth, Fiction, and Literature. A Philosophical Perspective [1994]. Oxford 1996.
Martínez, Matías / Michael Scheffel: Narratology and Theory of Fiction: Remarks on a Complex Relationship. In: Tom Kindt / Hans-Harald Müller (Hg.): What Is Narratology? Questions and Answers Regarding the Status of a Theory. Berlin 2003, S. 221–237.

Mooij, J. J. A.: Fictional realities. The uses of literary imagination. Amsterdam, Philadelphia 1993.
Müller, Jan-Dirk: Höfische Kompromisse. Acht Kapitel zur höfischen Epik. Tübingen 2007.
Nagel, Thomas: The view from nowhere. Oxford 1986.
Nagl-Docekal, Herta: Ist Geschichtsphilosophie heute noch möglich? In: H. N.-D. (Hg.): Der Sinn des Historischen. Geschichtsphilosophische Debatten. Frankfurt/M. 1996, S. 7–63.
Nietzsche, Friedrich: Die fröhliche Wissenschaft („la gaya scienza'). In: F. N.: Werke II. Hg. von Karl Schlechta. München 1972, S. 281–548.
Nünning, Ansgar: „Verbal Fictions?" Kritische Überlegungen und narratologische Alternativen zu Hayden Whites Einebnung des Gegensatzes zwischen Historiographie und Literatur. In: Literaturwissenschaftliches Jahrbuch 40 (1999), S. 351–380.
Pavel, Thomas G.: Fictional Worlds. Cambridge 1986.
Rusterholz, Peter: Zum Verhältnis von Hermeneutik und neueren antihermeneutischen Strömungen. In: Heinz Ludwig Arnold / Heinrich Detering (Hg.): Grundzüge der Literaturwissenschaft. München 1996, S. 157–177.
Ryan, Marie-Laure: Avatars of Story. Minneapolis, London 2006.
Ryan, Marie-Laure: Postmodernism and the Doctrine of Panfictionality. In: Narrative 5,2 (1997), S. 165–187.
Saussure, Ferdinand de: Cours de linguistique générale. Paris 1967.
Schmidt, Siegfried J.: Texttheorie. 2. Aufl. München 1976.
Schmidt, Siegfried J.: The fiction is that reality exists. In: Poetics Today 5 (1984), S. 253–274.
Scholes, Robert: Tlön and Truth: Reflections on Literary Theory and Philosophy. In: George Levine (Hg.): Realism and representation. Essays on the problem of realism in relation to science, literature, and culture. Madison 1993, S. 169–185.
Schulenberg, Ulf: Narrating the Disappearance of Reality – From Textualized Spatiality to Glamorous Panfictionality in Postmodern American Fiction. In: Zeitschrift für Anglistik und Amerikanistik 50 (2002), S. 32–53.
Walton, Kendall L.: Mimesis as Make-Believe. On the Foundations of the Representational Arts. London 1990.
Weidacher, Georg: Fiktionale Texte – Fiktive Welten. Fiktionalität aus textlinguistischer Sicht. Tübingen 2007.
Willems, Gottfried: Der Weg ins Offene als Sackgasse. Zur jüngsten Kanon-Debatte und zur Lage der Literaturwissenschaft. In: Gerhard R. Kaiser / Stefan Matuschek (Hg.): Begründungen und Funktionen des Kanons. Beiträge aus der Literatur- und Kunstwissenschaft, Philosophie und Theologie. Heidelberg 2001, S. 217–267.
White, Hayden: The Content of the Form: Narrative Discourse and Historical Representation [1987]. Baltimore, London 1990.
White, Hayden: Tropics of Discourse: Essays in Cultural Criticism. Baltimore, London 1978.
Zipfel, Frank: Fiktion, Fiktivität, Fiktionalität. Analysen zur Fiktion in der Literatur und zum Fiktionsbegriff in der Literaturwissenschaft. Berlin 2001.

TOBIAS KLAUK

11. Fiktion und Modallogik

1. Einleitung

Die Idee, dass Fiktionen oder auch Literatur in irgendeinem Sinne etwas mit Möglichkeit zu tun haben könnten, geht zurück auf eine Bemerkung in der Poetik des Aristoteles, Aufgabe des Dichters sei es nicht „mitzuteilen, was wirklich geschehen ist, sondern vielmehr, was geschehen könnte, d. h. das nach den Regeln der Wahrscheinlichkeit oder Notwendigkeit Mögliche."[1] Ausgehend von dieser Bemerkung ist im Laufe der Jahrhunderte Fiktionalität immer wieder mit Möglichkeit in Verbindung gebracht worden. Vor allem zwei Ideen sind dabei in der Moderne einflussreich gewesen: Zum einen, dass sich aus Fiktionen höchstens (oder besonders gut) modales Wissen erwerben lässt. Aus Fiktionen, so die Idee, können wir nicht lernen, wie es sich in der Welt verhält, schließlich sind Autoren fiktionaler Werke frei, beliebige Sachverhalte zu erfinden. Aber Fiktionen können uns Alternativen zu bestehenden Gesellschaftssystemen, Verhaltensweisen, aber auch naturgesetzlichen Zusammenhängen und historischen Fakten vor Augen führen. Zum anderen war die Idee einflussreich, dass die Modallogik für die theoretische Beschreibung von Fiktionen nützlich sein könnte.[2]

Für den Zusammenhang von Fiktion und Wissen siehe den Beitrag *9. Fiktion, Wissen und andere kognitive Güter*. Hier soll es um die Ressourcen gehen, welche die Modallogik für die wissenschaftliche Beschäftigung mit Fiktionen bereitstellt. Es versteht sich, dass dies nicht das Projekt des Aristoteles ist. Eine ausführliche Erklärung, was Aristoteles mit seiner im Laufe der Jahrhunderte zum Bonmot verkommenen Bemerkung gemeint haben könnte, findet sich in Beitrag *16. Fiktionalität in der Antike*.

Es fällt, wenn es um die Ressourcen der Modallogik für die wissenschaftliche Beschäftigung mit Fiktionen geht, auch sofort ins Auge, dass in der Literaturwissenschaft keine Modallogik betrieben wird. Vielmehr wird

---
1 Aristoteles: Poetik, 1451a.
2 Vgl. Klauk / Köppe: Literatur.

typischerweise ausgehend von einer modallogischen Weltensemantik versucht, den Weltenbegriff auf fiktionale Kontexte zu übertragen. Je nach Ausprägung bleibt man dabei näher an oder entfernt sich deutlich von der ursprünglichen Bedeutung des Weltenbegriffs in der Modallogik. Ruth Ronen etwa behauptet explizit, dass der in der Fiktionstheorie benutzte Weltenbegriff zwar von der Welten-Semantik der Modallogik inspiriert, faktisch aber ein neuer Begriff ist.[3] In diesem Beitrag soll es ausdrücklich um Welten im Sinne einer modallogischen Semantik gehen.

Es kann nicht schaden, den Ursprung des Begriffes zu kennen, wenn man entscheiden möchte, wie gelungen seine Anwendung ist. Teil 2 beschreibt dementsprechend die Idee einer modallogischen Welten-Semantik. Kenner der Materie können diesen Teil getrost überspringen. Teil 3 untersucht historisch bedeutende Versuche der Anwendung des modallogischen Weltenbegriffs auf fiktionale Kontexte, während Teil 4 grundlegende technische Probleme einer Anwendung des Weltenbegriffs auf fiktionale Kontexte diskutiert.

2. Modallogische Semantik

Die Rede von möglichen Welten lässt sich in einem ersten Schritt an unserer normalen modalen Redeweise verdeutlichen. Die Dinge könnten anders stehen, als sie es tatsächlich gerade tun. Sie könnten gerade einen anderen Beitrag des Handbuches lesen als diesen, die Farbe des Einbandes könnte eine andere sein, England könnte über eine Landbrücke mit dem Kontinent verbunden sein. Anstelle dieser alltäglichen Redeweise kann man auch so reden: Es gibt eine mögliche Welt, in der Sie gerade (tatsächlich) einen anderen Beitrag des Handbuches lesen, eine mögliche Welt, in der die Farbe des Einbandes (tatsächlich) eine andere ist und eine mögliche Welt, in der England (tatsächlich) über eine Landbrücke mit dem Kontinent verbunden ist. Was immer wir als möglich bezeichnen, ist in einer möglichen Welt wirklich der Fall.

Dieser einfache Trick, all unsere modalen Aussagen in Aussagen zu verwandeln, in denen der Ausdruck ‚mögliche Welt' vorkommt, macht die intuitive Attraktivität der Redeweise von möglichen Welten auch für modallogische Laien aus. Es ist aber wichtig, von vornherein zu verstehen, dass zwar historisch der Wunsch, unsere modale Redeweise logisch modellieren zu können, ein wichtiger Anschub für die Modallogik war, unsere Rede von Möglichkeiten bei weitem aber nicht der einzige Anwendungsbereich der Modallogik ist. Dieser Umstand wird in der Diskussion später wichtig werden, weil es möglich ist, den modallogischen Weltbegriff zu benutzen, ohne

---

3 Ronen: Possible Worlds, S. 48.

damit die Rede von Möglichkeiten modellieren zu wollen. Zeit, moralische Gebote, Wissen, Veränderung – und vielleicht auch fiktionale Kontexte können mit Hilfe der Modallogik modelliert werden.

Etwas technischer, aber immer noch weit entfernt von einer formal sauberen Einführung, lässt sich Folgendes sagen: Zur Prädikaten- oder Aussagenlogik erster Stufe, deren Kenntnis vorausgesetzt wird, kommen zwei Operatoren, ‚□‘ und ‚◊‘ (lies: Box und Raute). Beide gehorchen bestimmten Regeln für den Aufbau wohlgeformter Formeln und bestimmten Regeln für das Ableiten von Formeln aus anderen Formeln. Diese brauchen uns zunächst nicht zu interessieren. Welten kommen ins Spiel, sobald man eine Semantik für die logische Sprache geben will. Dies geschieht im Fall der Prädikatenlogik, indem eine Interpretationsfunktion und eine Bewertungsfunktion angegeben werden. Die erste ordnet jedem singulären Ausdruck einen Gegenstand und jedem Prädikat eine Menge von Gegenständen zu. Die zweite legt fest, welchen Wahrheitswert komplexere Formeln bei einer gegebenen Interpretation haben. So ist z. B., in einer zweiwertigen Logik unter der üblichen Verwendung des Negationszeichens ‚¬‘, ¬A wahr, wenn A falsch ist und falsch, wenn A wahr ist.

Für eine modallogische Semantik wird ebenfalls eine Interpretations- und eine Bewertungsfunktion angegeben. Allerdings sind die Angaben der Interpretationsfunktion nun relativ zu Welten. Wir benötigen also, bei konstantem Gegenstandsbereich, das geordnete Quadrupel <D, W, R, ν>. D ist der nicht leere Gegenstandbereich, die Menge der Gegenstände, über der quantifiziert wird. W ist die Menge aller Welten, R eine zweistellige Relation zwischen solchen Welten, die meist Sichtbarkeits- oder Zugänglichkeitsrelation genannt wird. Und ν ist eine Funktion, die jedem singulären Ausdruck ein Element aus D zuordnet und jedem Paar aus einem Prädikat und einer Welt, Mengen von Elementen aus D. Kurz, die Interpretationsfunktion gibt an, für welchen Gegenstand ein singulärer Ausdruck steht und welche Extension ein Prädikat in einer bestimmten Welt hat. So ist zum Beispiel das Paar <Elisabeth die Zweite, England> in unserer Welt Teil der Extension des Prädikates ‚… ist Königin von …‘. In einer anderen möglichen Welt, in der Elisabeth nicht Königin von England ist, gälte dies nicht.

Die Bewertungsfunktion wird ebenfalls auf mögliche Welten relativiert. Am Beispiel einstelliger Prädikate: a hat die Eigenschaft P in Welt w, wenn der Gegenstand, auf den a Bezug nimmt, in Welt w in der Extension von P ist. Die Bewertungsfunktion für Sätze mit Konnektoren funktioniert entsprechend. Am Beispiel des ‚¬‘: Die Bewertung von ¬A in Welt w ist = wahr, wenn die Interpretation von A in w = falsch ist und falsch, wenn die Interpretation von A in w = wahr ist. Schließlich gibt die Bewertungsfunktion auch Wahrheitsbedingungen für Formeln mit □ und ◊ an. □A ist wahr in Welt w, wenn in *allen* w', für die wRw' gilt, die Interpretation von A =

wahr ist. In allen anderen Fällen ist □A falsch. ◊A ist wahr in Welt w, wenn es *mindestens eine* Welt w' gibt, für die wRw' gilt und in der die Interpretation von A = wahr ist.

Was hat es mit der Sichtbarkeitsrelation R auf sich? Man stelle sich die Elemente von W (informell: die möglichen Welten) als Personen vor, die kreuz und quer über einen Raum verteilt auf Stühlen sitzen. Manche Leute können den ganzen Raum überblicken, andere sehen nur einige andere Personen, nur sich selbst oder gar nur die Wand. Jede dieser Personen hat ein dickes Buch vor sich, in dem sämtliche Aussagen stehen und dahinter jeweils ein „wahr" oder „falsch". Nun sehen wir uns Peter auf seinem Stuhl an. Peter kann Anna, Paul und sich selbst sehen. Wenn man nun wissen will, ob □p in der möglichen Welt wahr ist, die Peter repräsentiert, so schlägt man in den Büchern der drei nach. In allen muss hinter dem Satz p ein „wahr" stehen. Es ist dagegen nicht nötig, dass bei allen Leuten im Raum in ihren Büchern ein „wahr" hinter Satz p steht. Wichtig sind nur die Leute, die Peter sehen kann.

Man kann nun beginnen, Bedingungen aufzustellen, denen die Sichtbarkeitsrelation R genügen muss. Z. B. kann man fordern, dass jede Welt sich selbst zugänglich ist, dass die Relation symmetrisch oder transitiv ist. Verschiedene modallogische Systeme unterscheiden sich über die Bedingungen, die man an R stellt. Und man kann sich fragen, welches von diesen Systemen unsere alltagssprachliche Verwendung von „möglich" und „notwendig" am besten einfängt, mit welchem man am besten Wissen, moralisches Sollen und Erlaubt sein und eben auch Fiktionalität modellieren kann. Die verschiedenen Modallogiken sind extrem mächtige Instrumente, um verschiedenste Phänomene zu modellieren.

Dabei bietet der Formalismus viele Variationsmöglichkeiten zu den impliziten Annahmen, welche die gerade gegebene Skizze aufweist. Man kann mehr als zwei Wahrheitswerte zulassen, man kann die Menge der Gegenstände, über die quantifiziert wird, von Welt zu Welt konstant halten oder einen variablen Gegenstandsbereich wählen, man kann verschiedene Schlussregeln zulassen und die Sichtbarkeitsrelation verändern. So kann man z. B. festlegen, ob ($□p → p$) gelten soll. Für eine Modellierung unseres natürlichsprachlichen Redens über Möglichkeit und Notwendigkeit ist dies angebracht (was immer notwendig gilt, ist auch tatsächlich der Fall), für andere Zwecke mag es unangebracht sein.

Bei der Weltensemantik der Modallogik handelt es sich also um eine formale Semantik, deren Mechanismus zunächst unabhängig von ihren Anwendungen auf verschiedene Diskurse ist. Es ist nicht die einzige Semantik, die für eine Modallogik gegeben werden kann,[4] und sie ist in ihrer konkreten Ausgestaltung sehr flexibel.

---

4 Vgl. z. B. Segerberg: Essay.

3. Anwendungen

Zu einem gewissen Zeitpunkt Mitte der 70er Jahre des letzten Jahrhunderts lag die Idee, fiktionale Kontexte mit Hilfe der Modallogik zu modellieren, in der Luft. Meines Wissens ist Pavels „‚Possible Worlds‘ in Literary Semantics" der erste explizite Versuch dieser Art,[5] doch eine ganze Reihe von Autoren haben ähnliche Ansätze vertreten.[6] Die Grundidee ist einfach: Die Fiktionen der Literatur sind (Mengen von) mögliche Welten oder lassen sich zumindest als mögliche Welten beschreiben. Beginnt man einmal von Welten zu reden, so kann nichts natürlicher erscheinen: Fiktionale Werke erschaffen in gewissem Sinne fiktive Welten. Die Modallogik scheint nun dieser etwas vagen Redeweise einen sehr konkreten Sinn zu geben: Fiktive Welten sind mögliche Welten und deren Eigenschaften sind, wie wir gesehen haben, präzise festgelegt.

Hier soll es zunächst um konkrete historische Anwendungen der Modallogik auf fiktionale Kontexte gehen. Es lassen sich grob fünf Typen von Anwendungen unterscheiden, für die jeweils die Hoffnung bestand, klassische Probleme fiktionaler Kontexte besser zu verstehen oder gar zu lösen: Zu bestimmen, unter welchen Bedingungen ein Werk fiktional oder nicht fiktional ist, den ontologischen Status fiktiver Gegenstände zu klären, zu modellieren, wie wir aus fiktionalen Werken Wissen erwerben können, allgemein anzugeben, was in einer Fiktion der Fall ist und schließlich Ebenen von Fiktionen zu unterscheiden und Vergleiche zwischen Fiktionen anstellen zu können.

3.1 Begriffsdefinition und Textsortenunterscheidung

Man kann die Hoffnung hegen, dass mit der These, dass fiktive Welten mögliche Welten sind, auch eine Bestimmung des Fiktionalitätsbegriffes einhergeht. Fiktionale Texte, so die Idee, sind eben solche, die fiktive Welten beschreiben. Und diese lassen sich wiederum als mögliche Welten verstehen. Pavel und Doležel z. B. vertreten mehr oder minder explizit eine solche Auffassung: „The relegation of formal and pragmatic approaches to an auxiliary status in a unified theory of fictionality means that we have to

---

5 Pavel: Possible Worlds. Pavel führt seine Ansichten ausführlicher aus in Pavel: Fictional Worlds.
6 Neben Pavel sind dies vor allem Doležel, Eco, Ryan, Ronen und Lewis. Eine ausführliche Besprechung der Unterschiede zwischen diesen Autorinnen und Autoren würde den Rahmen dieses Beitrags sprengen.

return to semantics but put it on a radically different footing, replacing the one-world with a multiple-world frame."[7]

Doležel ist also der Überzeugung, Fiktionalität sei ein rein semantisches Phänomen. Die Einführung möglicher Welten (bzw. von deren Äquivalent, den fiktiven Welten) ist dementsprechend in erster Linie durch semantische Überlegungen zur Referenz von Eigennamen bestimmt. Bisherige Theorien, so Doležel, seien zu stark auf den mimetischen Aspekt von Fiktion fixiert. Sie ließen nur solche Objekte zu, die es tatsächlich gebe. In fiktionalen Kontexten werde aber auch über Dinge gesprochen, die es nicht gebe, wie z. B. Sherlock Holmes.[8] Eine Modallogik mit variablem Gegenstandsbereich kann dieses Problem lösen: In fiktionalen Kontexten wird über mögliche Welten gesprochen, in denen es Gegenstände gibt, die es tatsächlich nicht gibt:[9] „If fiction creates possible worlds, literature is not confined to imitating the actual world."[10] Tatsächlich möchte Doležel nicht über ganze mögliche Welten, sondern lediglich über Teilmengen dieser Welten oder „kleine Welten" sprechen, um auf diese Weise der Unvollständigkeit von Fiktionen gerecht zu werden.[11] Für die hier angestellten Überlegungen macht diese Einschränkung jedoch zunächst keinen Unterschied. Zentral für Doležels Überlegungen zum Begriff der Fiktionalität ist die Idee, dass es in anderen möglichen Welten Gegenstände gibt, die es bei uns nicht gibt.

Diese semantische Motivation ist aus gleich drei Gründen fragwürdig. Erstens sollte die These, dass Fiktionen mimetisch sind, sinnvollerweise nicht als die These verstanden werden, dass nur auf tatsächlich existierende Gegenstände Bezug genommen werden kann. Eine solche Theorie ist ein reiner Strohmann – niemand vertritt sie ernsthaft. Zweitens kann man angesichts von ausgereiften Überlegungen zu Sprechakten, Vorstellungsaufforderungen und institutionellen Aspekten der Fiktionalität mit guten Gründen bezweifeln, dass Fiktionalität ein rein semantisches Phänomen ist, siehe die Beiträge *2. Die Institution Fiktionalität*, *3. Fiktionen als Make-Believe* und *4. Fiktionalität und Sprechakte*. Und drittens löst ein einheitlicher Gegenstandsbereich, zu dem auch Possibilia gehören, das Scheinproblem der Bezugnahme auf Nichtaktuales ebenso gut wie eine modallogische Semantik mit variablem Gegenstandbereich.

---

7 Doležel: Heterocosmica, S. 12. Vgl. auch Doležel: Narrative Modalities und Narrative Worlds. Pavels Ansichten weichen in gewisser Hinsicht stark von Doležels ab. Ich diskutiere Pavels Grundidee(n) in Abschnitt 3.3.
8 Siehe Doležel: Heterocosmica, S. 2–12.
9 Typischerweise gehen diese Überlegungen mit Betrachtungen zum ontologischen Status fiktiver Gegenstände einher. Siehe Abschnitt 3.2.
10 Doležel: Heterocosmica, S. 19.
11 Ebd., S. 15. Doležel übernimmt die Idee von Kripke: Naming, S. 15–21. Vgl. den Abschnitt 4. (Grundsätzliche Hindernisse).

Lässt man Doležels konkrete *Motivation* für seine Theorie einmal außen vor, so stellt sich die Frage, ob er eine *angemessene Bestimmung* des Fiktionalitätsbegriffes gegeben hat. Dass dem nicht so ist, kann man sich leicht klar machen: Sicherlich sind nicht alle möglichen Welten fiktive Welten. Für eine gelungene Bestimmung des Fiktionalitätsbegriffes sollte man also angeben, welche möglichen Welten auch fiktive Welten sind. Doležels Antwort ist: Jene Welten, die durch fiktionale Texte erzeugt werden: „Possible worlds of fiction are artifacts produced by aesthetic activities–poetry and music composition, mythology and storytelling, painting and sculpting, theater and dance, cinema and television, and so on."[12] Aber diese Bestimmung ist entweder zirkulär, weil der Begriff der Fiktionalität schon vorausgesetzt wird, oder aber lediglich eine Schablone, die noch mit der eigentlichen Fiktionalitätstheorie gefüllt werden muss. Modallogische Überlegungen oder der Begriff einer möglichen Welt spielen dabei dann aber keine Rolle mehr. Pavels auf die Rezeption fixierte Theorie läuft auf die zweite Option hinaus. Er entwirft immer neue Bestimmungen, deren (nicht vorhandene) Ausarbeitung in Richtung einer Walton'schen Fiktionalitätstheorie deuten könnte.[13]

Dasselbe Argument funktioniert gegen Doležels Überlegungen, die eher auf fiktive Gegenstände abheben: Nicht alle nichtexistenten Gegenstände sind auch fiktive Gegenstände und eine Bestimmung, welche nichtexistenten Gegenstände fiktive Gegenstände sind, muss entweder den Begriff der Fiktionalität voraussetzen oder auf externe Ressourcen zurückgreifen. In jedem Fall ist der Versuch, den Begriff der Fiktionalität allein über die Bezugnahme auf fiktive Gegenstände oder mögliche Welten zu bestimmen, gescheitert.[14] Historisch sind Pavels und Doležels Überlegungen dennoch bedeutsam. Sie stellen einen entscheidenden Schritt dar fort von Theorien, die versuchen, Fiktionalität an einzelne Textmerkmale zu knüpfen. Es fehlt ihnen die Erkenntnis, dass Fiktionalität wesentlich auch ein pragmatisches Phänomen ist.[15]

3.2 Ontologie fiktiver Gegenstände

Von Anfang an begleitet die Anwendung des Begriffs möglicher Welten auf fiktionale Kontexte die Idee, dass man mit dieser Anwendung die Ontologie

---

12 Doležel: Heterocosmica, S. 14–15.
13 Vgl. Pavel: Fictional Worlds.
14 Der Zirkularitätsvorwurf wird überzeugend ausgeführt in Gertken / Köppe: Fiktionalität, S. 236 f.
15 Vgl. Ronen: Possible Worlds, S. 9. Ronen selbst versucht unter anderem, pragmatische Einsichten zu berücksichtigen.

fiktiver Gegenstände geschenkt bekommt:[16] „While Hamlet is not an actual man, he is a possible individual inhabiting the fictional world of Shakespeare's play. [...] fictional particulars are interpreted as non-actualized possibles."[17] Tatsächlich hängen diese Überlegungen eng mit den oben diskutierten Ansichten Pavels und Doležels zu einer Theorie der Fiktionalität zusammen, die an mancher Stelle so klingen, als seien fiktionale Texte eben jene, die auch auf fiktive Figuren Bezug nehmen.

Doch diese Idee ist problematisch. Ich diskutiere hier nicht die Frage, ob es eine gute Idee ist, fiktive Gegenstände als nichtaktualisierte reale Gegenstände zu verstehen. Schlagende Argumente gegen eine solche Position finden sich im Beitrag 7. *Ontologie fiktiver Gegenstände*. Vielmehr möchte ich darauf hinweisen, dass diese ontologische Position überhaupt nur unter sehr speziellen Bedingungen aus einer Anwendung einer modallogischen Semantik auf fiktionale Kontexte folgt.

Erstens muss man der Überzeugung sein, dass eine fiktive Welt genau eine mögliche Welt oder zumindest Teilmenge von genau einer möglichen Welt ist. Sobald man lediglich annimmt, dass sich fiktive Szenarien mit Hilfe von modallogischen Welten modellieren lassen, lernt man nichts über den ontologischen Status fiktiver Gegenstände. (Nur weil ich die Flugbahn eines Balles mathematisch beschreiben kann, erfahre ich nichts über den ontologischen Status dieser Flugbahn.) Und nimmt man an, dass einer fiktiven Welt viele mögliche Welten entsprechen, so erhält man nicht eine nichtaktuale Person Hamlet sondern die Menge der Hamlet-Personen in allen Welten, die der fiktiven Welt des Stückes entsprechen. Das ist typischerweise nicht die einfache und intuitive Lösung des ontologischen Problems, die Vertretern dieser Position vorschwebt.

Zweitens, auch wenn man annimmt, dass eine fiktive Welt eine modallogische Welt ist, so ist man nicht gezwungen anzunehmen, dass die Elemente des Gegenstandsbereichs dieser Welt existieren. Zwar wird man zugeben müssen, dass über diesem Gegenstandsbereich quantifiziert werden kann, doch es steht einem im Prinzip frei, nichtexistente Gegenstände zuzulassen, wie etwa Graham Priest vorschlägt.[18]

Drittens, selbst wenn man zugestände, dass alle fiktiven Gegenstände auch mögliche Gegenstände sind, reichte diese These nicht aus, um den ontologischen Status fiktiver Gegenstände zu bestimmen. Denn es stellt sich ein analoges Problem zu der oben diskutierten Bestimmung des Fiktionalitätsbegriffes: Nicht alle möglichen Gegenstände sind auch fiktive Ge-

---

16 Vgl. den Beitrag 7. *Ontologie fiktiver Gegenstände*.
17 Doležel: Mimesis, S. 482.
18 Priest: Non-Being. Aber siehe z. B. Reichers strikte Ablehnung dieser Möglichkeit in Beitrag 7. *Ontologie fiktiver Gegenstände*.

genstände. Der Stuhl, den ich zu schreinern plane, ist etwa ein möglicher Gegenstand, nicht aber ein fiktiver. Was also unterscheidet ihn von fiktiven Gegenständen wie Yoricks Schädel? Es genügt nicht, dass Yoricks Schädel in einem fiktionalen Werk erwähnt wird, mein Stuhl aber nicht. Denn in fiktionalen Werken wird genauso auf reale Gegenstände (wie z. B. den Nanga Parbat) und Possibilia (z. B. den drohenden 3. Weltkrieg) Bezug genommen, ohne dass diese dadurch zwingend fiktive Gegenstände wären. Wie immer die richtige Antwort aussehen mag, sie wird auf die Pragmatik des fiktionalen Diskurses eingehen müssen. Von der Idee, dass die Rede von möglichen Welten im Zusammenhang mit Fiktionen den ontologischen Status fiktiver Gegenstände erklärt, ist damit nichts übrig geblieben.

3.3 Epistemologie der Fiktion

Dass Pinguine und Eisbären sich in freier Wildbahn begegnen, ist, gegeben ihre natürlichen Habitate und Verhaltensweisen, unmöglich. Für Paul, der nicht weiß, dass Pinguine auf der Südhalbkugel, Eisbären aber auf der Nordhalbkugel leben, kann es aber sehr wohl epistemisch möglich sein, dass Pinguine und Eisbären sich in freier Wildbahn begegnen. Es ist möglich gegeben Pauls Wissen.

Thomas Pavel geht es in „,Possible Worlds' in Literary Semantics" unter anderem um solche epistemischen Möglichkeiten:

> In a realist perspective the criterion of the truth and falsity of a literary work and of its details is based upon the notion of possibility with respect to the actual world. [...] The actual world is different for the authors of medieval miracle plays than for the author of some modern mystery novel.[19]

Uns interessieren hier nicht Wahrheit und Falschheit eines ganzen Werkes, was immer das genau sein mag, sondern die Wahrheit oder Falschheit der Details des literarischen Werks: Leserinnen und Autorinnen entscheiden, ob Aussage p die fiktive Welt korrekt beschreibt, anhand der Frage, ob sie p für möglich halten, gegeben, was sie sonst über die aktuale Welt wissen. Diese Überlegung, dass Fiktionen zumindest zum Teil darüber bestimmt sind, was für Leserinnen und Autorinnen epistemisch möglich ist, also möglich, gegeben ihr Wissen, fügen sich sehr gut in Pavels generelle Art, über Fiktionalität nachzudenken. Er möchte nämlich eine Theorie der Fiktionalität geben, die ohne Vergleich zu Nichtfiktionalem auskommt und zentral das Verstehen fiktionaler Texte durch Leserinnen thematisiert:

---

19 Pavel: Possible Worlds, S. 167. Pavel lehnt die „realist perspective" im Anschluss ab, ohne die epistemologische Ausrichtung seiner Überlegungen aufzugeben.

> In the previous chapter I distinguished between an external approach to fiction, which aims at gauging it against the nonfictional world, and an internal approach whose purpose is to propose models representing the user's understanding of fiction.[20]

Nun ist es allerdings wichtig, zu verstehen, dass Pavel schon im Laufe seines frühen Aufsatzes „‚Possible Worlds' in Literary Semantics" zwei Fragen unterscheidet, die im ersten Zitat noch zusammengehen: Es ist eine Sache zu fragen, was in der fiktiven Welt der Fall ist. Hier deutet Pavel eine Position an, gemäß der jedes Werk selbst eigene Regeln mitbringt, was als wahr gemäß der Fiktion dieses Werkes zu gelten hat, weicht also von der im ersten Zitat skizzierten These klar ab.[21] Relevant für die Evaluation von Wahrheitswerten von Sätzen über die fiktive Welt sind nicht der Wissenshintergrund von Autorinnen oder Leserinnen, sondern die Regeln des Werkes.

Es ist eine andere Sache zu fragen, wie Leser aus fiktionalen Werken lernen können. In dieser Hinsicht hält Pavel – mit kleinen Modifikationen, die für Kompatibilität mit einer überzeugenden Theorie der Referenz singulärer Termini sorgen sollen – an der im Zitat skizzierten Idee fest: Leser integrieren Aussagen in fiktionalen Werken in ihr Weltbild, wenn diese Aussagen mit ihrem Weltbild kompatibel sind (wenn sie, gegeben das Weltbild, möglich sind) und die Quelle vertrauenswürdig erscheint. Wie genau diese Integration geschieht, lässt Pavel mit Blick auf verschiedene Schulen literarischer Interpretation absichtlich offen.[22] Die Semantik möglicher Welten soll also ausgenutzt werden, um zu modellieren, wie wir aus fiktionalen Werken Wissen erwerben können.

Es ist allerdings bemerkenswert, dass der vorige Abschnitt Pavels Idee darstellen kann, ohne mögliche Welten auch nur einmal zu erwähnen. Zentral für Pavel ist die Erkenntnis, dass die Übernahme von Wissen in irgendeiner Form damit zu tun hat, was Leser für möglich halten. Die Rede von möglichen Welten braucht es dafür nicht, auch wenn Pavel selbst sie ausführlich nutzt.

Das eigentliche Problem von Pavels Überlegungen aber ist ihre Skizzenhaftigkeit. Es ist durchaus interessant, sich zu fragen, ob das Lesen fiktionaler Texte mit einer spezifischen Rezeptionshaltung einhergeht.[23] Es ist ebenso interessant zu fragen, wie wir aus fiktionalen Texten lernen können.[24] Pavels einfache Modellierung wird diesen komplexen Phänomenen aber nicht gerecht, wie er selbst bemerkt. Es ist bemerkenswert, dass Pavels

---

20 Pavel: Fictional Worlds, S. 43.
21 Vgl. ebd., S. 173–175. Dieser Teil der Theorie ist mit den in Abschnitt 3.1 im Zusammenhang mit Doležel besprochenen Problemen behaftet.
22 Vgl. ebd., S. 172 f.
23 Siehe den Beitrag *3. Fiktionen als* Make-Believe.
24 Siehe den Beitrag *9. Fiktion, Wissen und andere kognitive Güter.*

spätere Ausführungen, je spezifischer sie auf einzelne Probleme eingehen, desto weniger die Ressourcen der modallogischen Semantik nutzen. Die Welten-Begrifflichkeit wird weiter verwendet, sie leistet aber eigentlich keine philosophische Arbeit mehr.

3.4 Fiktive Tatsachen: Allgemein angeben, wann etwas der Fall ist in einer Fiktion.

David Lewis analysiert in seinem berühmten Aufsatz „Truth in Fiction" Sätze der Art ‚Sherlock Holmes lebt in der Baker Street'. Er versteht sie (in der für uns einschlägigen Lesart) als Abkürzungen für Sätze der Art ‚In den Sherlock Holmes-Geschichten gilt: Sherlock Holmes lebt in der Baker Street.' Dieser Fiktionalitätsoperator ‚In der Geschichte …' ist intensional und Lewis versteht ihn als Beschränkung der möglichen Welten, in denen der Originalsatz (ohne Operator) wahr ist: „In fiction f, Φ' is true (or, as we shall also say, Φ is true in the fiction f) iff Φ is true at every possible world in a certain set, this set being somehow determined by the fiction f."[25] Man beachte, dass Lewis sich mit dieser Überlegung (die Funktionsweise des Operators lässt sich im Prinzip über Klassen von möglichen Welten bestimmen) auf keine der bislang diskutierten Thesen festlegt. Weder gibt er eine Bestimmung des Fiktionalitätsbegriffes, noch macht er eine Aussage zur Ontologie fiktiver Gegenstände, schon gar nicht spricht er über die Epistemologie von Fiktionen.

Im langen zweiten Teil des Aufsatzes versucht Lewis nun näher die Menge der möglichen Welten zu bestimmen, in denen Φ genau dann wahr ist, wenn der Satz ‚In Fiktion f, Φ' wahr ist. Die Feinheiten dieser Suche werden in Beitrag *8. Fiktive Tatsachen* nachvollzogen.[26] Hier können wir uns darauf beschränken, dass Lewis' Versuch, allgemein zu sagen, wann ein fiktionaler Satz Φ wahr ist, angesichts der immensen Probleme wohl zum Scheitern verurteilt ist. Das gilt zumindest für die Detailliertheit, die Lewis anstrebt. Das obige Zitat von Lewis stellt ja bereits eine Analyse des Fiktionsoperators mit Hilfe modallogischer Mittel dar, die lediglich sehr offen lässt, welche Welten relevant sind. Dabei kann ich kein handfestes Argument vorweisen, warum Lewis' Analyse nicht zum Ziel kommen kann, sondern lediglich drei begründete Verdachtsmomente, die dieses Ergebnis nahe legen:

---

25 Lewis: Truth, S. 264.
26 Zu aktuellen Hoffnungen und Problemen, die sich mit Lewis Theorie verbinden, siehe auch Proudfoot: Semantics.

Das erste Verdachtsmoment entspricht einem Einwand, den wir schon im Zusammenhang mit Doležels und Pavels Ansichten kennengelernt haben. Wenn man sich fragt, *wie* die Fiktion *f* festlegt, welche Welten relevant sind, um die Wahrheit oder Falschheit von Φ zu bestimmen, so fragt man im Grunde nach einer ganzen Fiktionalitätstheorie. Eine befriedigende Antwort wird wahrscheinlich auf Vorstellungsvorschriften, institutionelle Zusammenhänge, etc. eingehen. Es ist dementsprechend unwahrscheinlich, dass es möglich ist, die relevante Klasse an Welten anzugeben, ohne diese Zusammenhänge im Blick zu haben. Der Verdacht liegt nahe, dass die philosophische Arbeit nicht von der modallogischen Semantik geleistet wird, sondern von all jenen Überlegungen, die zusätzlich herangezogen werden müssen.

Zweitens gibt es nicht nur allgemeine, für alle fiktionalen Kontexte gültige Regeln, sondern einzelne Werke können die Regeln festlegen, nach denen sich bestimmt, was in den von ihnen beschriebenen Fiktionen der Fall ist.

> It's hard to believe that the inferential processes appropriate to determining what this story said could be captured in some formula that would apply as well to other stories. [...] The point is not just that there's room for well-informed disagreement about how things are in a story, but that the relevant considerations are of highly diverse kinds, and require sophisticated sensibility and literary skill to exploit properly.[27]

Wenn das korrekt ist, so ist die Suche nach einer Formel, die auf allgemeinste Weise angibt, was in einer Fiktion der Fall ist, hoffnungslos.

Der Verdacht erhärtet sich, wenn man bedenkt, dass, drittens, seit Lewis' genialem Versuch das Projekt, für alle fiktionalen Kontexte möglichst genau zu bestimmen, welche Welten zur Bestimmung der Wahrheit von Φ einschlägig sind, nicht ernsthaft wieder aufgenommen worden ist. Lewis' Analysen werden in der Literaturwissenschaft als bloße Faustregeln verwendet.[28]

3.5 Ebenen von Fiktionen und Fiktionsvergleiche

Akzeptiert man einmal die Idee, dass Fiktionen als modallogische Welten analysierbar sind, ohne sich damit auf eines der bisher genannten problema-

---

27 Sainsbury: Fiction, S. 82. Dieselbe Idee ist uns bereits bei Pavel begegnet. Vgl. Pavel: Possible Worlds, S. 173–175.
28 Allerdings gibt es Versuche, die Eigenschaften des Fiktionsoperators näher zu bestimmen (siehe z. B. Sainsbury: Fiction, Kapitel 6) und die Frage nach der allgemeinen Bestimmung fiktiver Tatsachen möglichst präzise zu beantworten, siehe den Beitrag *8. Fiktive Tatsachen*.

tischen Projekte festzulegen, so ergeben sich vielfältige Möglichkeiten, die Weltenanalyse anzuwenden. Zum Beispiel kann man fragen, welche Möglichkeiten relativ zur Fiktion bestehen, indem man fragt, welche Welten von der Welt der Fiktion aus sichtbar sind. Erzählebenen können mit Hilfe der Weltenrede unterschieden werden – heterodiegetische Erzähler erzählen nicht über ihre eigene Welt, sondern über eine andere. Ein Vorteil dieser Redeweise ist, dass gewisse narratologische Rätsel gar nicht auftreten. Wie kann eine Erzählerin wahrheitsgemäß sagen, dass niemand von einem Ereignis wusste? Muss sie nicht selbst von dem Ereignis wissen, um davon berichten zu können? Die Weltenrede zeigt, dass dies ein Scheinproblem ist. Der Quantor ist restringiert auf die von der Erzählerin erzählte Welt. Gemeint ist also: Niemand in der von der Erzählerin erzählten Welt wusste davon. Man beachte allerdings, dass die Lösung des Problems mittels restringierter Quantoren in keiner Weise von der Weltenrede abhängt. Die Weltenrede legt diese Lösung des narratologischen Rätsels nahe, aber die Lösung ist auch ohne die Weltenrede erhältlich.

Weitere Möglichkeiten der Weltenrede: Das Wissen von Figuren kann analysiert werden als Welten, deren Sätze das Wissen der Figur aufzählen und die verschieden sein können von der fiktiven Welt (Figuren können falsche Meinungen haben). Am weitesten vorangetrieben hat ein solches Projekt Marie-Laure Ryan. Sie möchte neben den genannten Aspekten überdies auch Wünsche, Verpflichtungen, Pläne, Träume etc. als eigene Welten analysieren.[29] Über die Verhältnisse zwischen diesen Welten soll dann die Entwicklung in Geschichten, der Plot, eingefangen werden. Ryans extrem ambitioniertes Projekt gipfelt in der Ankündigung eines Algorithmus, der die kognitive Verarbeitung des narrativen Diskurses einfangen soll.[30]

Nun kann man sicherlich versuchen, Modallogiken, die für die Modellierung von Wissen, temporaler Zusammenhänge oder deontischer Aussagen gedacht waren, einzusetzen, um Ereignisfolgen in Fiktionen, das Wissen und die moralischen Verpflichtungen von Figuren zu modellieren. Ein solches Unterfangen ist nicht von vornherein sinnlos. Ryans Umsetzung beschränkt sich aber zumeist darauf, die Möglichkeit des Projektes zu beschwören und exemplarisch Übersetzungen zwischen der Weltenrede und unserer üblichen Rede anzudeuten:

> Classical examples of conflict between the worlds of a character's domain include: incompatibility between W-world and either O-world or M-world (the realization of the

---

29 Ryan: Structure. Siehe auch: Ryan: Possible Worlds; Ryan: Artificial Intelligence; und Ryan: Universes. Auch Pavel, Doležel, Eco, Ronen und andere sind von genau diesen Analysemöglichkeiten des modallogischen Apparates beeindruckt.
30 Ryan: Structure, S. 750 f.

character's wishes requires some forbidden or morally wrong action, as in *Crime and Punishment*); incompatibilities between M-world and O-world (the character's conscience rejects the actions required by the group, as in Sartre's *Les Mains sales*); and incompatibility between K-world and W-world (the satisfaction of the character's desires is only made possible by his ignorance of facts, as in *Oedipus Rex*).[31]

Auf der einen Seite also bleiben die Analysen mit Hilfe des modallogischen Apparates bloße Ankündigung. Werden sie ausgeführt, so zeigt sich dagegen, dass lediglich bekannte narrative und anderweitige Strukturen mit neuen Namen belegt werden. Das ist in Ordnung, um die neue Redeweise (von Welten) einzuführen, wenn diese danach neue Erkenntnisse ermöglicht, eine präzisere Ausdrucksweise erlaubt, eine bessere Ordnung der Theorie ermöglicht oder dergleichen Vorteile mit sich bringt. Solche Verbesserungen in der Folge der Rede über Welten sind aber im Zusammenhang mit fiktionalen Kontexten bis heute minimal. Und ohne solche Verbesserungen ist nicht zu sehen, welchen Vorteil die Rede von Ödipus' K-Welt und W-Welt gegenüber der schlichten Aussage haben soll, dass Ödipus nur aufgrund seines Unwissens seinem Verlangen nachgibt, jene Frau zu ehelichen.[32] Diese Diagnose beschränkt sich nicht auf Ryan, sondern betrifft weite Teile der Weltenrede in der Narratologie. Das Problem ist nicht, dass die Analyse narrativer Strukturen mit Hilfe modallogischer Semantik sinnlos oder (mit geeigneten Modifikationen, siehe Abschnitt 4) technisch unmöglich wäre. Das Problem ist, dass typischerweise die Analyse bloße Ankündigung bleibt, sich in fruchtlosen Reproduktionen bekannter Ergebnisse erschöpft oder die Weltenrede gleich eine *Façon de parler* bleibt.

Es gibt einzelne Beispiele, in denen es durchaus nahe liegt, Fiktionen als modallogische Welten zu beschreiben. Ein solches Vorhaben ist die Untersuchung von Transfiktionalität, also der Übernahme von Elementen wie Plot oder Figuren von einem Werk in ein anderes. Die Rede von Welten und ihren Ähnlichkeiten drängt sich in diesem Zusammenhang geradezu auf.[33] Auch wer, wie Doreen Maitre, Fiktionen nach dem Kriterium sortieren möchte, in welchem Sinne sie möglich oder unmöglich sind, wird gerne zu einer Welten-Beschreibung dieser Fiktionen greifen wollen.[34] Genauso sind modallogische Welten für die Beschreibung literarischer Texte, die ihrerseits die Idee mehrerer Welten explizit aufnehmen, geeignet.[35] Ob die

---

31 Ryan: Structure, S. 734 f.
32 Für eine Liste von Anwendungen, die diesen Punkt unfreiwillig vor Augen führt, siehe Ryan: Possible Worlds, und Suhrkamp: Narratologie.
33 Siehe z. B. Saint-Gelais: Transfictionality, und Doležel: Heterocosmica, S. 199–226.
34 Vgl. Maitre: Literature.
35 So nutzt etwa Ryan ihren Ansatz, um in Ryan: Universes solche Geschichten anzusprechen.

Weltenrede dann jeweils philosophische Arbeit verrichtet, oder ob sie im Grunde verzichtbar ist, muss sich im Einzelfall erweisen.

4. Grundsätzliche Hindernisse

Bis hierher ist vorausgesetzt worden, dass eine modallogische Modellierung fiktionaler Kontexte im Prinzip technisch sauber geleistet werden kann. Dazu scheint es zwei grundlegende Möglichkeiten zu geben. Die erste besteht darin, ein modallogisches System zu übernehmen. Zum Beispiel gehen die meisten der oben besprochenen Anwendungen davon aus, dass „□p" für „Es ist notwendig, dass p" und „◊p" für „Es ist möglich, dass p" stehen sollen und die Modallogik so gewählt ist, dass sie möglichst gut unserer Rede über Notwendigkeit und Möglichkeit entspricht.[36] Fiktionen werden dann als (Mengen von möglichen) Welten ausgezeichnet.

Die zweite Möglichkeit bestände darin, gar nicht den Umweg über Möglichkeiten zu gehen, sondern eine Interpretation von „□" und „◊" zu geben, die direkt unsere Rede über fiktionale Kontexte einfangen soll. So könnte „◊p" stehen für „Es gibt mindestens eine fiktive Welt, in p der Fall ist" und „□p" für „p ist in allen fiktiven Welten der Fall". Interessanterweise würde man eine ganz andere Modallogik wählen: Während es für die Modellierung unserer Rede von Möglichkeiten durchaus plausibel ist anzunehmen, dass die Sichtbarkeitsrelation reflexiv und symmetrisch ist, gelten diese Annahmen für fiktionale Kontexte nicht. Von Sherlock Holmes' Welt aus ist Holmes' Welt nicht fiktiv. Wenn Scheherezade die Geschichte von Ali Baba und den 40 Räubern erzählt, so ist diese von ihrer Welt aus fiktiv, umgekehrt ist aber Scheherezades Welt nicht unbedingt auch von der Ali Baba-Welt aus fiktiv. Beide Ansätze sollten die folgenden vier klassischen Probleme lösen können:

Problem eins: Welten sind vollständig. Für jeden Satz p ist festgelegt, welchen Wahrheitswert er in Welt ω hat. Für fiktionale Kontexte ist jedoch charakteristisch, dass es die Fiktion beschreibende Sätze gibt, die keinen Wahrheitswert zu haben scheinen. Ein Typus solcher Sätze betrifft thematisch Irrelevantes. Es ist seltsam zu fragen, ob im Märchen von Rotkäppchen und dem bösen Wolf der Vietnamkrieg stattgefunden hat oder nicht. Ein zweiter Typus betrifft Fragen, die grundsätzlich niemals entschieden werden können: An welchem Wochentag wurde Sherlock Holmes geboren? Wie viele Personen begleiten Winnie Puh, wenn der Text davon spricht, dass Kaninchens Verwandte und Bekannte alle mitkommen?

---

36 S5 ist z. B. ein häufig genanntes System, wenn es um dieses Ziel geht.

Es gibt eine ganze Reihe von technisch einwandfreien Möglichkeiten mit diesen Fällen umzugehen. Die erste Option besteht darin, so zu reden, dass zwar fiktive Welten vollständig sind, wir aber nicht wissen, welche fiktive Welt genau von einem Text ausgewählt wird. Fiktive Welten entsprechen Mengen von möglichen Welten.[37] Die Holmes-Welten enthalten ebenso Welten, in denen Holmes an einem Dienstag, wie Welten, in denen Holmes an einem anderen Wochentag geboren wurde. Festgelegt ist eine fiktive Tatsache dann z. B., wenn sie in allen Holmes-Welten der Fall ist.[38] Eine zweite Option besteht darin, anzunehmen, dass in fiktionalen Texten immer nur Teile von Welten beschrieben werden. Alternativ kann man von Situationen oder kleinen Welten reden. Die Wahrheitswerte von Sätzen über den Wochentag von Holmes' Geburt wären dann zwar Teil der möglichen Welt, nicht aber des Teils, der vom fiktionalen Text festgelegt wird. Schließlich, und dies ist die dritte Option, kann man zwischen thematisch einschlägigen Teilen von Welten und dem Rest unterscheiden. Gemäß dieser Option hat der Vietnamkrieg im Rotkäppchenmärchen zwar stattgefunden oder nicht. Der Satz „Der Vietnamkireg hat stattgefunden" hat also einen Wahrheitswert in der Rotkäppchenwelt. Der Krieg ist allerdings nicht thematisch, was bedeutet, dass man sich gerade keine Gedanken um ihn machen soll.[39]

Problem zwei: Mögliche Welten, so ist oft gegen die Verwendung des Weltenbegriffs eingewandt worden, sind immer konsistent, Fiktionen aber können logisch inkonsistent sein.[40] In Fiktionen, so die Idee, geht alles, mögliche Welten aber sind darauf festgelegt, dass nicht gleichzeitig p und $\neg p$ gilt.

Auch für die Behandlung dieses Problems gibt es mehrere Strategien. Welche man wählen möchte, hängt sowohl von der Wahl des konkreten Problemfalles als auch von den Hintergrundannahmen ab, die man sonst bereit ist, zu treffen. Die erste Strategie gibt das Problem einfach zu: Wir wissen schon, dass wir über die Rede von Welten allein keine vernünftige Fiktionstheorie erhalten. Warum also nicht zugeben, dass der Anwendungsbereich des Begriffs einer möglichen Welt beschränkt ist? Ja, inkonsistente Fiktionen können mit Hilfe möglicher Welten nicht analysiert werden. Aber nur weil ein Werkzeug nicht auf jede Schraube passt, heißt das nicht, dass wir es wegwerfen müssen. In den Fällen konsistenter Fiktionen kann die Modellierung als mögliche Welten trotzdem nützlich sein. Die zweite Strategie versucht, das Problem zu umgehen, indem nicht die ganze inkonsistente Fiktion, sondern maximal konsistente Fragmente betrachtet werden. Dies

---

37 Dies ist Lewis Ansatz in „Truth in Fiction".
38 Dies ist Lewis' *Method of Intersection,* siehe unten für Anmerkungen.
39 Aber vgl. Proudfoot: Semantics, S. 21–26, die diesen Ausweg für ungangbar hält.
40 Ein sehr robustes Beispiel findet sich z. B. in Priest: Sylvan's Box.

ist Lewis' Vorschlag.⁴¹ Er bietet zwei Methoden an, um den Wahrheitswert einer Aussage in der ganzen Fiktion festzustellen. Entweder Φ ist wahr, wenn Φ für jedes Fragment wahr ist. Dies ist die *Method of Intersection*. Oder Φ ist wahr, wenn Φ in mindestens einem Fragment wahr ist. Dies ist die *Method of Union*. Für beide Methoden lassen sich Gegenbeispiele finden, Lewis ist aber der Ansicht, dass die eine oder die andere jeweils funktioniert.⁴² Die dritte Strategie arbeitet mit einer mehrwertigen Logik, die den Wahrheitswert „wahr und falsch" enthält.⁴³ Welten, in denen Sätze diesen Wahrheitswert haben, sind dann unmögliche Welten. Diese kann man benutzen, um inkonsistente Fiktionen zu modellieren. Die vierte Strategie schließlich besteht darin, zu bezweifeln, dass überhaupt eine Inkonsistenz vorliegt. In den allermeisten Fällen lässt sich die scheinbare Inkonsistenz nämlich forterklären.⁴⁴

Problem drei: Kendall Walton hat argumentiert, modallogische Welten seien Mengen von Propositionen. Diese existierten notwendig. Fiktionen dagegen existierten nur kontingent, sie seien erschaffen, und also könnten Fiktionen nicht modallogische Welten sein.⁴⁵ Das Argument ist jedoch nicht zwingend, auch wenn man seine Prämissen zugibt. Denn das Erschaffen einer Fiktion kann anstatt als Schaffen einer Menge von Propositionen als das Auswählen einer bestimmten Menge von Propositionen verstanden werden. Dieses Auswählen ist ein kontingenter Akt, das lässt die Notwendigkeit der einzelnen Propositionen aber ganz unberührt.

Problem vier: Walton äußert ebenfalls Bedenken, was den Fall zweier Werke angeht, die genau dieselben fiktiven Wahrheiten generieren:

> [T]wo different works might generate exactly the same fictional truths. Two authors working in ignorance of each other might write novels that happen to make exactly the same propositions fictional. [...] In such a case we should still, I believe, regard each work as having its own distinct world even though the same propositions are fictional in each.⁴⁶

Ob man das Argument überzeugend findet, hängt allein daran, ob man Waltons Intuition teilt. Walton bleibt eine Begründung schuldig, warum die beiden Werke tatsächlich verschiedene Fiktionen erzeugen sollten. Auch so

---

41 Lewis: Truth, S. 275–277.
42 „Not that we need to choose once and for all – we can have both methods, distinguishing two senses of truth in inconsistent fiction." Lewis: Truth, S. 277. Aber siehe Proudfoot: Semantics, für Einwände gegen diese optimistische Haltung.
43 Einfache Beispiele sind LP und RM₃. Vgl. Priest: Introduction, S. 124 f. Wenn Greg Restall Recht hat und unmögliche Welten sich als Mengen von möglichen Welten analysieren lassen, so kollabiert die dritte Strategie in die zweite. Vgl. Restall: Ways.
44 Vgl. Klauk: Fictions.
45 Walton: Mimesis, S. 66. Ein ähnliches Argument findet sich bei Howell: Objects, S. 139.
46 Walton: Mimesis, S. 66.

wirft sein Beispiel allerdings schwierige Fragen auf bezüglich der Identität fiktionaler Werke und fiktiver Welten. Wenn es tatsächlich möglich sein sollte, verschiedene fiktive Welten zu haben, die in allen Sätzen, die in diesen Welten wahr sind, übereinstimmen, so hätte man tatsächlich ein Argument gegen die These, dass fiktive Welten mögliche Welten *sind*. Doch wie sich gezeigt hat, ist es gar nicht diese These, die am Ende den Gewinn des Weltenbegriffs für die Fiktionstheorie ausmachen könnte. Die interessante These, gegen die Waltons Argument nichts ausrichtet, lautet, dass Fiktionen mit Hilfe des Weltenbegriffs auf interessante Weise analysiert werden können.

5. Fazit

Die großen Hoffnungen, die mit der Übernahme des modallogischen Weltenbegriffs in die Fiktionstheorie und Narratologie verbunden waren, haben sich nicht erfüllt. Eine Bestimmung des Fiktionsbegriffes benötigt viel reichhaltigere Ressourcen als nur modallogische Modellierung, Theorien zur Ontologie fiktiver Gegenstände haben sich in andere Richtungen entwickelt, das Projekt, mittels möglicher Welten ganz allgemein anzugeben, wann ein Satz in einer Fiktion wahr ist, hat sich als nicht praktikabel herausgestellt. Die narratologische Rede von (möglichen) Welten hat oft nichts mehr mit ihrem modallogischen Ursprung gemein und verliert so ihren eigentlichen Biss.

Die Modellierung fiktionaler Kontexte mit Mitteln der Modallogik wie auch schon eine beschreibende Redeweise, die sich des Weltenvokabulars bedient, kann durchaus lohnend sein, wenn dadurch neue Erkenntnisse gewonnen, alte Missverständnisse ausgeräumt oder schlicht eine einfachere, verständlichere Beschreibung gegeben werden kann. Viel zu oft werden diese Standards verfehlt.

Bibliographie

Aristoteles: Die Poetik. Hg. und übersetzt von Manfred Fuhrmann. Stuttgart 1994.
Doležel, Lubomír: Narrative Modalities. In: Journal of Literary Semantics 5 (1976), S. 193–212.
Doležel, Lubomír: Extensional and Intensional Narrative Worlds. In: Poetics 8 (1979), S. 193–211.
Doležel, Lubomír: Mimesis and Possible Worlds. In: Poetics Today 9 (1988), S. 475–496.
Doležel, Lubomír: Heterocosmica. Fiction and Possible Worlds. Baltimore 1998.
Eco, Umberto: Die Grenzen der Interpretation. München 1992.

Gertken, Jan / Tilmann Köppe: Fiktionalität. In: Simone Winko / Fotis Jannidis / Gerhard Lauer (Hg.): Grenzen der Literatur. Zu Begriff und Phänomen des Literarischen. Berlin 2009, S. 228–266.
Howell, Robert: Fictional Objects. How They Are and How They Aren't. In: Poetics 8 (1979), S. 129–177.
Klauk, Tobias / Tilmann Köppe: Literatur und Möglichkeiten. In: Scientia Poetica 14 (2010), S. 163–204.
Klauk, Tobias: Inconsistent Fictions. Manuskript.
Kripke, Saul A.: Naming and Necessity. 2. Aufl. Oxford 1980.
Lewis, David: Truth in Fiction. In: D. L.: Philosophical Papers, Bd. 1. New York, Oxford 1983, S. 261–280.
Maitre, Doreen: Literature and Possible Worlds. London 1983.
Pavel, Thomas G.: ‚Possible Worlds' in Literary Semantics. In: Journal of Aesthetics and Art Criticism 34 (1975), S. 165–176.
Pavel, Thomas G.: Fictional Worlds. Cambridge, MA 1986.
Priest, Graham: Sylvan's Box: A Short Story and Ten Morals. In: Notre Dame Journal of Formal Logic 38 (1997), S. 573–582.
Priest, Graham: Towards Non-Being. The Logic and Metaphysics of Intentionality. Oxford 2005.
Priest, Graham: An Introduction to Non-Classical Logic. 2. Aufl. Cambridge 2008.
Proudfoot, Diane: Possible Worlds Semantics and Fiction. In: Journal of Philosophical Logic 35 (2006), S. 9–40.
Restall, Greg: Ways Things Can't Be. In: Notre Dame Journal of Formal Logic 38 (1997), S. 583–596.
Ronen, Ruth: Possible Worlds in Literary Theory. Cambridge 1994.
Ryan, Marie-Laure: The Modal Structure of Narrative Universes. In: Poetics Today 6 (1985), S. 717–755.
Ryan, Marie-Laure: Possible Worlds, Artificial Intelligence, and Narrative Theory. Bloomington, Indianapolis 1991.
Ryan, Marie-Laure: From Parallel Universes to Possible Worlds: Ontological Pluralism in Physics, Narratology and Narrative. In: Poetics Today 27 (2006), S. 633–674.
Ryan, Marie-Laure: Possible Worlds. In: Peter Hühn u. a. (Hg.): The Living Handbook of Narratology. Hamburg. (2. März 2012). <http://www.lhn.uni-hamburg.de/article/possible-worlds> (03.06.2013).
Sainsbury, Richard M.: Fiction and Fictionalism. New York 2010.
Saint-Gelais, Richard: Transfictionality. In: David Herman / Manfred Jahn / Marie-Laure Ryan (Hg.): The Routledge Encyclopedia of Narrative Theory. London 2005, S. 612 f.
Segerberg, Krister: An Essay in Classical Modal Logic. Uppsala 1971.
Surkamp, Carola: Narratologie und Possible-Worlds Theory: Narrative Texte als alternative Welten. In: Ansgar Nünning / Vera Nünning (Hg.): Neue Ansätze in der Erzähltheorie. Trier 2002, S. 152–183.
Walton, Kendall L.: Mimesis as Make-Believe. On the Foundations of the Representational Arts. Cambridge, London 1990.

II. Psychologie der Fiktionalität

RÜDIGER ZYMNER

12. Evolutionäre Psychologie der Fiktionalität

Der Beitrag erläutert zunächst (1) tragende Konzepte der Evolutionären Psychologie. Danach (2) wird die Theorie der Imagination in der Evolutionären Psychologie dargestellt. In einem dritten Schritt (3) skizziere ich die literatur- und medienwissenschaftliche Rezeption der evolutionspsychologischen Imaginationstheorie. Abschließend (4) gebe ich weitere Erläuterungen und kritische Hinweise zur evolutionspsychologisch informierten Fiktionalitätstheorie und (5) formuliere einige zusammenfassende bzw. weiterführende Sätze.

1. Konzepte der Evolutionären Psychologie

Das Erkenntnisinteresse der Evolutionären Psychologie richtet sich vor allem auf die Mechanismen des menschlichen Geistes und genauer auf psychische Mechanismen als evolvierte Programme des Gehirns.[1] Diese Forschungsrichtung knüpft an die Evolutionstheorie seit Charles Darwins *On the Origins of Species* (1859) an und zählt evolutionstheoretisch informierte psychologische Ansätze (u. a. William James, William McDougall), ethologische Forschungen (u. a. Tinbergen, K. Lorenz, von Frisch), soziobiologische Ansätze (u. a. I. DeVore, E. O. Wilson) oder auch naturalisierende linguistische Theorien (u. a. K. Lenneberg, N. Chomsky) zu ihren Vorläufern. Sie orientiert sich an Theoremen der Biologie (insbesondere zur Rolle von Selektion und Adaptation in der Evolution, wie sie z.B. George Williams in *Adaptation and Natural Selection: A Critique of some Current Evolutionary Thought*, 1966, vorgelegt hat) und an Erkenntnissen der formalen Logik und der Informationstheorie:

---

1 Ich folge hier Tooby/Cosmides: Conceptual Foundations; siehe auch Cosmides/Tooby/Barkow: Introduction; Tooby/Cosmides: Psychological Foundations; Cosmides/Tooby: Evolutionary Psychology.

Boole (1848) and Frege (1879) formalized logic in such a way that it became possible to see how logical operations could be carried out mechanically, automatically, and hence through purely physical causation, without the need for an animate interpretive intelligence to carry out the steps. This raised the irresistible theoretical possibility that not only logic but other mental phenomena such as goals and learning also consisted of formal relationships embodied nonvitalistically in physical processes (Weiner, 1948).[2] With the rise of information theory, the development of first computers, and advances in neuroscience, it became widely understood that mental events consisted of transformations of structured informational relationships embodied as aspects of organized physical systems in the brain. This spreading appreciation constituted the cognitive revolution. The mental world was no longer a mysterious, indefinable realm, but locatable in the physical world in terms of precisely describable, highly organized causal relations.[3]

Die Evolutionäre Psychologie arbeitet mit einer Reihe von grundlegenden Annahmen,[4] nämlich:

a) Das Gehirn ist ein System, das dazu dient, Informationen aus seiner Umwelt zu verarbeiten und sie dazu zu nutzen, Verhalten hervorzubringen und physiologische Vorgänge zu regulieren, die für das Überleben der Art von Belang sind. Es prozessiert Informationen (als ein – feuchter – ‚Computer'), und seine Programme haben sich durch natürliche Selektion entwickelt, also durch einen Vorgang, der darauf beruht, wie gut diese Programme adaptive Probleme in vergangenen (pleistozänen oder holozänen Jäger-und-Sammler-) Umwelten gelöst haben. Dabei wird die sogenannte EEA (Environment of Evolutionary Adaptedness) allerdings nicht etwa als raumzeitlich konkrete, genau zu bestimmende historische Umwelt konzipiert, sondern als ein hypothetisches Modell – eine ‚rechnerische' oder statistische Größe, für die ein spezifischer adaptiver und damit auch selektionsfördernder Druck angenommen werden kann, der systematisch und fortgesetzt für eine Speicherung der Adaptation (des Programms) in den Genen gesorgt hat.[5]

b) Individuelles Verhalten wird durch den evolvierten Computer ‚Gehirn' als Antwort auf Informationen hervorgebracht, welche es aus der inneren oder äußeren Umwelt (einschließlich der sozialen Umwelt) bezieht: „To understand an individual's behavior, therefore, you need to know both the information that the person registered and the structure of the programs that generated his or her behavior."[6]

c) Die Programme des Gehirns sind über einen *langen evolutionären* Zeitraum entstanden und wurden durch die urweltlichen Umwelten unserer

---

2 Verwiesen wird auf Norbert Wiener: Cybernetics or control and communication in the animal and the machine, Cambridge 1948.
3 Tooby / Cosmides: Conceptual Foundations, S. 9 f.
4 Ebd., S. 16 ff.
5 Ebd., S. 22.
6 Ebd., S. 17.

12. Evolutionäre Psychologie der Fiktionalität

Vorfahren und durch den Druck der Selektion geformt. Jedes evolvierte Programm existiert, weil es das Überleben und die Fortpflanzung unserer Vorfahren begünstigt oder ermöglicht hat.

d) Während die evolvierten Programme für unsere Vorfahren adaptiv waren, müssen sie es nicht auch in modernen Umwelten sein. Grundsätzlich ist unser ‚modernes' Gehirn jedoch ein ‚Computer' mit steinzeitlichen (in pleistozänen/holozänen EEAs evolvierten) Programmen.

e) Das Gehirn ‚prozessiert' viele unterschiedliche Programme (es ist ein ‚Computer' mit zahlreichen unterschiedlichen ‚Modulen' oder ‚Schaltkreisen'), von denen alle oder wenigstens viele auf die Lösung eigener, bereichsspezifischer adaptiver Probleme spezialisiert sind (wie z.B. das der Regulierung des Herzschlages, das des Schlafes, das der Gesichtserkennung, das der Raumwahrnehmung, das der Partnerwahl, das der Nachwuchsaufzucht, das des Lebens in Gruppen, das von Ernährungspräferenzen, das der Reaktion auf Gefahren). Die einzelnen Mikroprogramme können jedoch in Konflikt miteinander geraten, sodass es übergeordneter Programme bedarf, die Mikroprogramme miteinander zu koordinieren. Solche übergeordneten Programme können beispielsweise die Emotionen sein: „emotions are adaptations that have arisen in response to the adaptive problem of mechanism orchestration."[7]

f) Die Untersuchung und Beschreibung der evolvierten kognitiven Programme erlaubt es, kulturelle und soziale Phänomene zu verstehen und zu erklären:

> The mind is not like a video camera, passively recording the world but imparting no content of its own. Domain-specific programs organize our experiences, create our inferences, inject certain recurrent concepts and motivations into our mental life, give us our passions, and provide cross-culturally universal frames of meaning that allow us to understand the actions and intentions of others. They invite us to think certain kinds of thoughts; they make certain ideas, feelings, and reactions seem reasonable, interesting, and memorable. Consequently, they play a key role in determining which ideas and customs will easily spread from mind to mind and which will not [...] That is, they play a crucial role in shaping human culture.[8]

Dabei tragen die evolvierten kognitiven Programme Merkmale von Instinkten: Sie sind spezialisiert auf die Lösung adaptiver Probleme; sie entwickeln sich normalerweise verlässlich bei allen gesunden Menschen, und zwar ohne eine formale Anleitung oder Belehrung; sie funktionieren ohne ein Bewusstsein über ihren Mechanismus, sozusagen automatisch, und sie unterscheiden sich von allgemeinen Fähigkeiten zur Informationsverarbeitung oder zu intelligentem Verhalten, sodass etwa Pinker im Hinblick auf die Sprache

---

7 Ebd., S. 52.
8 Ebd., S. 18.

von einem „language instinct" sprechen kann[9] und Tooby und Cosmides von „learning instincts", von „reasoning instincts", von „motivational instincts" und auch von „decision instincts" sprechen, Dutton und andere schließlich vom „art instinct".[10]

Aus der Perspektive der Evolutionären Psychologie werden Organismen allgemein als selbstreproduktive ‚Maschinen' konzipiert, zu deren evolutionär funktionalem Design es gehört, dass Adaptationen von einer Generation auf die nächste weitergegeben werden. Dies geschieht durch die genetischen Informationen der Organismen. Allerdings sind nicht alle Eigenschaften von Organismen auch als Adaptationen (also als gezielte Lösungen für selektionsrelevante Probleme) zu betrachten, vielmehr unterscheidet man zwischen Adaptationen, hiervon abgeleiteten Nebenprodukten der Adaptation sowie bloßem ‚Geräusch'/Rauschen, das durch stochastische Elemente der Evolution hervorgebracht wird. So wären die neuronalen Programme, die es Menschen erlauben, zu sprechen und gesprochene Sprache zu verstehen, Adaptationen, die mit dem Sprechen und Hören zusammenhängenden Fähigkeiten zu lesen und zu schreiben hingegen Nebenprodukte der Adaptation, und bestimmte Störungen wie z. B. die Dyslexie ein evolutionäres Rauschen.[11]

Besonders die Unterscheidung zwischen Adaptationen und Nebenprodukten von Adaptationen (und damit also die Unterscheidung zwischen den grundlegenden ‚Programmen' und ‚Nichtprogrammen') spielt in der evolutionspsychologisch angeleiteten Kunst- und Literaturwissenschaft eine Rolle. Hier ist es nämlich umstritten, ob ‚Kunst' (und darin inbegriffen auch die ‚Dichtkunst') eine Adaptation oder lediglich ein Nebenprodukt von Adaptationen ist.[12]

2. Die evolutionspsychologische Theorie der Imagination

Die Fähigkeit zur Imagination ist nach Tooby und Cosmides ein komplexes adaptives ‚Design', das auf einem simpleren aufbaut.[13] Mit dem Stichwort ‚Imagination' wird dabei zunächst einmal alles erfasst, was eben ‚nur' vorgestellt oder erdacht ist, was also lediglich kognitiv repräsentiert wird und nicht zugleich als Wahrnehmungssachverhalt (Dinge, Lebewesen, Geräusche, Gerüche etc.) tatsächlich physisch/physikalisch präsent ist. Das kön-

---

9 Pinker: Instinct.
10 Dutton: Instinct; siehe auch Carroll: Nature, S. 61 ff.
11 Siehe Tooby / Cosmides: Conceptual Foundations, S. 26.
12 Siehe hierzu Pinker: Mind; Dissanayake: Art; siehe außerdem Hagen: Issues; Carroll: Nature, S. 20 ff.
13 Siehe Tooby / Cosmides: Conceptual Foundations, S. 60 f.

nen Phantasien, Träume, Wunschvorstellungen, Erinnerungen ebenso wie Halluzinationen oder auch Wahnvorstellungen sein; es können Hypothesen, Theorien und Pläne aller Art sein; es können natürlich auch erfundene Geschichten, vorgestellte Musik oder auch gedachte Gemälde usw. sein. ‚Imagination' umfasst also so etwas wie ein Spektrum unterschiedlicher und im Prinzip voneinander unterscheidbarer Imaginationen. Grundsätzlich betreffen Imaginationen sowohl tatsächliche als auch lediglich ge- oder erdachte Wahrnehmungssachverhalte, Faktisches und Fiktives – entscheidend ist jeweils, dass es sich bei Imaginationen um eigenständige kognitive Repräsentationen ohne eine physische/physikalische Präsenz der Imaginationssachverhalte als Wahrnehmungssachverhalte im Moment der kognitiven Repräsentation handelt. Imaginationen sind also nicht notwendigerweise bloße oder reine ‚Als-ob'-Gedanken, sozusagen Vorstellungen/Phantasien ohne Anspruch auf Erfülltheit oder Referenzialisierbarkeit, vielmehr kann man offenkundig Abstufungen des Wirklichkeitsbezuges von Imaginationen feststellen (von der Imagination tatsächlicher Sachverhalte oder Vorgänge bis hin zur ‚freien' Phantasie), die jedoch in der evolutionspsychologischen Literatur in der Regel nicht weiter diskutiert werden.[14]

Modellhaft werden Imaginationen hier als Transformationen primärer kognitiver Repräsentationen betrachtet.[15] Primäre kognitive Repräsentationen sind solche von präsenten Wahrnehmungssachverhalten, bei denen ein ‚Wahrheitsverhältnis' („more or less truthful relationship"[16]) zwischen präsentem Sachverhalt und kognitiver Repräsentation gegeben ist. Von diesen primären kognitiven Repräsentationen werden, so das Modell, in einem nächsten Schritt kognitive Kopien erstellt, sekundäre kognitive Repräsentationen,[17] welche das Gehirn sozusagen weiter bearbeiten kann. Es können nun tertiäre kognitive Repräsentationen entwickelt werden, indem einzelne Züge der sekundären Repräsentationen beispielsweise durch Hinzufügung oder Weglassen von Einzelelementen oder durch Vermischung mit anderen sekundären Repräsentationen verändert werden. Also ungefähr so: Ich sehe eine Frau, d.h. mein Gehirn konstituiert vermittelt über das Auge eine kognitive Repräsentation dieser Frau; sodann macht mein Gehirn eine kog-

---

14 Eine wichtige Ausnahme bildet Cosmides / Tooby: Source.
15 In evolutionspsychologischen Arbeiten folgt man dem Modell von Alan M. Leslie: Pretense and Representation; siehe aber auch Carter: Limits, S. 129: „Yet perception is itself largely imagination. Our close consensus about what's ‚out there' obscures the fact that what each of us sees is not ‚given' but individually constructed. […] The reason that the external world appears similar to us all is not because there is only one way to see it, but because the assembly lines in our brains are so alike that we all manufacture it in a similar way."
16 Baron-Cohen: Biology, S. 103; siehe auch Belsey: Biology; Carter: Limits.
17 Siehe hierzu auch Sperber: Metarepresentations.

nitive Kopie dieser Repräsentation, die es weiter bearbeiten kann, z. B. mit der sekundären kognitiven Repräsentation eines Fisches vermischen, so dass die tertiäre kognitive Repräsentation, die Phantasie einer Fischfrau entsteht. Dies geht auch für sprachlich vermitteltes Wissen, etwa so: Ich kann sagen, dass es Frauen gibt und wie sie aussehen, und ich kann sagen, dass es Fische gibt und wie sie aussehen, und ich stelle mir einmal vor, wie eine Frau mit einem Fischschwanz anstelle ihrer Beine wohl aussähe.

Man nimmt an, dass für die sekundären und tertiären Repräsentationen andere adaptiv funktionale neuronale ‚Schaltkreise' zuständig sind als für die primären kognitiven Repräsentationen. Zudem sind die Grenzen der kognitiven Metarepräsentationen durch die adaptiv funktionalen und möglicherweise auch kulturell flexibilisierten Kategorisierungen des Menschen bestimmt:

> When human imagination is scrutinized, however, its limitations become apparent. Our flights of fancy are slotted into existing conceptual templates – notions of time, space and embodiment – which are physically encoded in our bodies. These force us to see both the ‚real' world, and the worlds we dream up, in a particular way. If our bodies (and particularly our brains) are structured normally we will never imagine anything that we could not, in theory at least, experience in reality.[18]

Die kognitiven Metarepräsentationen werden als die eigentlichen ‚Imaginationen' betrachtet, sie stehen in einem ‚geschwächten' oder in überhaupt keinem ‚Wahrheitsverhältnis' mehr zur ‚äußeren' Welt (d. h.: es gibt die kognitiv repräsentierten Sachverhalte schlicht und ergreifend nicht oder sie sind zumindest nicht als unmittelbar wahrnehmbar präsent – das Stichwort ‚Wahrheitsverhältnis' ist hier etwas irreführend). Darin aber ist gerade der evolutionspsychologisch relevante Clou an der Sache zu sehen:

> The human brain is there as an evolved organ to represent what is going on in the outside world veridically. [...] But the human brain can be ratcheted up to do more than just represent the outside world veridically, and modifying second-order representations opens up a world of new possibilities. It allows the brain to think about the possible, the hypothetical, about currently untrue states of affairs.[19]

Die Fähigkeit zur kognitiven Metarepräsentation bildet nach Leslie die Grundlage für ‚So-tun-als-ob'-Spiele, wie sie schon bei kleinen Kindern und in allen Kulturen zu beobachten sind, ebenso wie für die menschliche Fähigkeit, kognitive Vorgänge in anderen Menschen zu ‚lesen', also eine ‚theory of mind' zu entwickeln bzw. zu nutzen. Anderseits gehen bestimmte Störungen wie z. B. Autismus mit der Unfähigkeit zu ‚So-tun-als-

---

[18] Carter: Limits, S. 128; zum Verhältnis von Imaginationsfähigkeit und kulturellem Einfluss siehe auch Baron-Cohen: Biology; zur Rolle der Imaginationsfähigkeit bei ‚normalen'/gesunden Menschen siehe z. B. Baron-Cohen: Mindblindness.
[19] Baron-Cohen: Biology, S. 105.

ob'-Spielen und dem Fehlen einer ‚theory of mind' einher.[20] Universalität und das Fehlen bei psychischen Deviationen werden zusammengenommen als Hinweis darauf verstanden, dass es sich bei der Fähigkeit zur Imagination um eine Adaptation handelt.[21]

Imaginationen sind in mehrfachem Sinn ‚entkoppelte' kognitive Repräsentationen – ‚entkoppelt' von einem direkten Bezug auf präsente Wahrnehmungssachverhalte und ‚entkoppelt' auch von unmittelbaren, pragmatischen Konsequenzen, Verhaltensoptionen und Reaktionen. Sie stehen sozusagen in Anführungszeichen oder, mit einer anderen Metapher, die in diesem Zusammenhang gern verwendet wird, ‚unter Quarantäne'; ihre Informationen unterliegen einer bereichsspezifischen „scope syntax",[22] die dafür sorgt, dass Informationen kognitiv als Repräsentationen tatsächlicher Sachverhalte (unmittelbar verhaltens- bzw. handlungsrelevant) oder aber als Imaginationen behandelt und Typen von Informationen voneinander getrennt werden können:

> By a scope syntax, we mean a system of procedures, operators, relationships, and data-handling formats that regulate the migration of information among subcomponents of the human cognitive architecture [...] information is treated by an architecture as true when it is allowed to migrate (or be reproduced) in an unrestricted or scope-free fashion throughout an architecture, interacting with any other data in the system with which it is capable of interacting.[23]

Die im Vergleich zu bloßer Wahrnehmung und kognitiver Repräsentation evolutionär jüngere und komplexere Möglichkeit der Imagination erlaube es u. a., Auslösereize für psychische Programme vom Ablauf dieser Programme zu trennen, sodass nun die Programmabläufe selbst bzw. die Reaktionen auf Auslösereize reflektiert oder analysiert werden können

> as part of planning and other motivational and recalibrational functions. [...] Re-creating cues through imagery in a decoupled, offline mode triggers the same emotion programs (minus their behavioral manifestations) and allows the planning function to evaluate imagined solutions by using the same circuits that evaluate real situations.[24]

Für eine evolutionspsychologische Theoretisierung der Fähigkeit zur Imagination (die die ‚imaginativen Künste' bzw. die durch Kunst/Künste ausgelösten Imaginationen mit einschließt) sind vor allem vier Feststellungen leitend:

---

20 Leslie: Pretense; Leslie: Theory; Leslie / Happé: Autism; Frith: Autism; Baron-Cohen: Mindblindness.
21 Vgl. z. B. Cosmides / Tooby: Source.
22 Vgl. dazu Tooby / Cosmides: Past; Tooby / Cosmides: Beauty; Tooby / Cosmides: Schönheit; Cosmides / Tooby: Source; Cosmides / Tooby: Psychology.
23 Cosmides / Tooby: Source, S. 60 f.
24 Tooby / Cosmides: Conceptual Foundations, S. 60.

1) involvement in fictional, imagined worlds appears to be a cross-culturally universal, species-typical phenomenon;
2) involvement in the imaginative arts appears to be an intrinsically rewarding activity, without apparent utilitarian payoff;
3) although fiction seems to be processed as surrogate experience, some psychological subsystems reliably react as if it were real, while others reliably do not. In particular, fictional worlds engage emotion systems while disengaging action systems (like dreams do);
4) it appears, as if humans have evolved specialized cognitive machinery that allows us to enter in imagined worlds, including pretense [...] and fiction.[25]

Auf die Frage, wie und warum die Fähigkeit zur Imagination zur kognitiven Ausstattung des Menschen gehören, ließe sich aus evolutionärer Perspektive antworten, dass es sich eben um Adaptationen handelt, die zum Überleben und zur Reproduktion unserer Vorfahren in ihrer pleistozänen EEA beigetragen haben; oder aber, dass es sich um keine Adaptationen, sondern um Nebenprodukte von Adaptationen handelt, die mit einer evolvierten Fähigkeit zur Imagination nichts zu tun haben; oder schließlich, dass es sich um evolutionäre ‚Geräusche' handelt, um Verhaltensweisen auf der Basis von Genen, die sich durch Zufall im Laufe der Evolution verbreitet haben. Etwas als Adaptationen zu interpretieren bedeutet dabei, es aufzuwerten bzw. besonders ‚stark' zu machen, indem es als anthropologisch universales, zur Ausstattung des Menschen als biologisches Wesen gehörendes und in einer EEA verankertes kognitives Programm aufgefasst werden kann.

Tooby und Cosmides lenken nun in *Does the beauty build adapted minds?* die Fragestellung von dem Problem der Imagination im Allgemeinen ein wenig ab und behandeln sie als Frage nach der evolutionspsychologischen Erklärung für ästhetisches Verhalten und Kunst im Allgemeinen. Sie vertreten die Position, dass ästhetische Verhaltensweisen und das Vermögen zu Imaginationen der Kunst (besonders exemplifiziert durch solche der Literatur) Adaptationen seien, die im ‚Organisationsmodus' arbeiten (statt im ‚Funktionsmodus', in dem die evolvierte Funktion erfüllt werde). Der Organisationsmodus sei dazu bestimmt, Adaptationen aufzubauen, sie mit den korrekten Einstellungen, Informationen und Repräsentationen zu versehen und insgesamt eine bessere Organisation zur Ausführung ihrer Funktion zu entwickeln:

Der Organisationsmodus jeder Adaptation, so darf man erwarten, hat seine eigene ästhetische Komponente. Und diese motivationalen Anleitungssysteme sind notwendige Bestandteile der Entfaltungsadaptationen, denn sie helfen bei der Herstellung der adaptiven Gehirnschaltkreise und dabei, sie mit jenen Informationen, Verfahrensweisen und Repräsentationen auszustatten, die sie im Bedarfsfall zu adaptivem Verhalten befähigen.[26]

---

25 Tooby / Cosmides: Beauty, S. 6 ff.
26 Tooby / Cosmides: Schönheit, S. 230 f.

Kurz: Imaginationen im Allgemeinen und künstlerische bzw. ‚ästhetische' Imaginationen im Besonderen dienen aus dieser Perspektive der physischen und informationellen Organisation des Gehirns bzw. des Geistes, ihr Ziel ist eine adaptive Formung der inneren Welt des Menschen durch gewissermaßen übende Aktivitäten, ohne dass der Preis hierfür zu hoch ausfiele. Tooby und Cosmides bewegen sich in *Does the beauty build adapted minds?* also bereits im Bereich des ästhetischen Verhaltens, mit dem sich evolutionspsychologisch informierte Literatur- und Medienwissenschaftler ganz besonders befassen, wenn sie sich u. a. mit dem Problem der Fiktionalität beschäftigen.

3. Die literatur- und medienwissenschaftliche Rezeption der evolutionspsychologischen Imaginationstheorie

Fiktionalität als Aspekt mündlicher oder schriftlicher Rede, besonders bei storyvermittelnden (‚epischen' oder auch ‚dramatischen') Texten in Dichtung und Literatur, und Fiktionalität als Aspekt von unmittelbar vor Augen Gestelltem vor allem in Filmen und im Theater wird in der evolutionspsychologischen Forschung entweder als Typus oder Spielart der Imagination im Allgemeinen betrachtet oder aber als ein Effekt der menschlichen Fähigkeit zur Imagination angesehen:[27] Fiktionalität wird den durch Texte, Theaterspiele oder Filme hervorgerufenen kognitiven Metarepräsentationen zugeschrieben, nicht jedoch den Texten, Theaterspielen oder Filmen selbst.

Dabei wird Fiktionalität in erster Linie als ein rezeptionsseitiges Phänomen behandelt, das Vermögen, fiktive Welten zu erfinden, gerät seltener in den Blick und wird eher pauschal zusammen mit dem rezeptionsseitigen Vermögen abgehandelt. Die evolutionspsychologisch orientierte Literatur- und Medienwissenschaft konzentriert sich in ihrer Beschäftigung mit dem Aspekt der Fiktionalität auf drei Problembereiche,[28] nämlich den der literarischen/dichterischen Erzählung, den des Theaterspiels und des Films und

---

27 Belsey: Biology, S. 117.
28 Neben theoretisch akzentuierten Arbeiten, die Formen und Verfahren der Kunst bzw. der Literatur/Dichtung im Allgemeinen sowie die Funktion von Kunst und Literatur im Allgemeinen aus evolutionärer Perspektive erklären wollen, gibt es auch zahlreiche Arbeiten, die einzelne literarische Texte oder auch Filme im Licht evolutionärpsychologischer Konzepte interpretieren (‚darwinist reading') und sie als Repräsentationen biologischen ‚Wissens' verstehen – siehe etwa Carroll: Evolution; Carroll: Darwinism; Cooke: Nature; Machann: Masculinity; Wells: Shakespeare's Humanism; Nordlund: Shakespeare; Saunders: Edith Wharton; Barash/Barash: Madame Bovary's Ovaries; Gottschall: Rape; Gottschall: Literature; Salmon/Donal: Warrior Lovers; Love: Ecocriticism; Hoeg/Larsen: Essays.

den der Emotionalisierung durch Fiktionen in Erzählungen, Filmen oder anderen künstlerischen Formatierungen wie insbesondere der Lyrik.

In der film- und medienwissenschaftlichen Fiktionalitätstheorie dient häufig die Beobachtung als Ausgangspunkt der Argumentation,[29] dass ‚wir' körperlich auf z. B. filmische Darstellungen ähnlich oder sogar genauso reagieren, als wären es tatsächliche präsente Sachverhalte und nicht nur präsente Darstellungen von Sachverhalten:

> Central is [...] that the experience of film, literature, music, art, or culture in general consists of processes within living organisms, embodied brains. When we watch a film, our heart rhythms change, we sweat and our muscles alternately tense and relax throughout. [...] [A]s I show in my account of the PECMA flow (perception, emotion, cognition, and motor action), key aesthetic phenomena in our experience of film can be understood only in relation to the brain's way of processing information from the screen.[30]

In film- und medienwissenschaftlichen Fiktionalitätstheorien spielt nun die Theorie audiovisueller Wahrnehmung eine besondere Rolle. Mit der Konzentration auf die Mechanismen audiovisueller Wahrnehmung verschiebt sich nämlich das Fiktionalitätsproblem von der fiktionstheoretisch ‚klassischen' Frage der ‚Veridikalität'/des tatsächlichen Gegebenseins des jeweils zu Sehenden und zu Hörenden (also der Frage nach der Existenz des Phänomens, nach seinem ontologischen Status, nach der Referenz der Zeichen) auf den Aspekt der medial spezifischen Darstellung von Sachverhalten, die ‚tatsächlich' sein können oder auch nicht. Es ist nun zunächst einmal die filmische Vermittlung selbst, die als ‚Simulation' begriffen bzw. konzeptualisiert wird. So betont beispielsweise Grodal in deutlicher Nähe zu Waltons Make-Believe-Theorie zwar:

> The experience of audiovisual fiction consists in being exposed to acoustic and visual simulations of events in more or less realistic hypothetical worlds.[31]

Andererseits macht er jedoch deutlich, dass Fiktionalität als besonderer Typus der Simulation schon durch die medial vermittelte Darstellung und nicht erst durch den fehlenden ‚Wahrheits'- oder ‚Existenzstatus' des Dargestellten begründet wird. ‚Erfundene' Spielfilme sind demnach ebenso als mediale Simulationen zu betrachten wie beispielsweise Nachrichtensendungen, Reportagen oder Filmdokumentationen:

---

29 Vgl. Anderson: Reality; Boyd / Carroll / Gottschall: Evolution; siehe auch Poppe: Emotionen; Coe: Ancestress Hypothesis.
30 Grodal: Visions, S. 4; ähnlich Anderson: Reality, S. 29.
31 Grodal: Visions, S. 11.

> Similarly, viewers participate in media simulations when they watch the evening news or watch the film; however, they do not imagine what they see. In respect to their viewing process, they are online, although they are offline with respect to action and tactility.[32]

Grodal modelliert das kognitive Informationsmanagement als einen zweistufigen Prozess, bei dem zwischen präsentem ‚Echtphänomen' und medialer Simulation sowie zwischen realitätsbasierter Simulation und erfindungsbasierter Simulation unterschieden und wiederholt der ‚Realitätsstatus' des Dargestellten eingeschätzt wird:

> The audiovisual data that activate our eyes and ears are positive exterior facts that trigger our brain. These data and their (preliminary) representation in the brain may have a real and true foundation in some extern reality or they may not, and these data may be mediated or unmediated. [...] thus, our total brain processing of audiovisual data in real worlds as well as in relation to audiovisual media consists in different processes: the processing of the visual data to find what they represent and the higher order cognitive evaluations of their reality status in frontal parts of the brain. Are they physically present, are they an audiovisual simulation, are they a documentary, a fantasy event, an animation, are people sincere, or are they pretending.[33]

Schon die Einschätzung, dass es sich um eine mediale Simulation und nicht um ein präsentes ‚Echtphänomen' handelt, führt also gewissermaßen in einer kognitiven Evaluation zur Fiktionalisierung, indem der Realitätsstatus herabgesetzt wird. Es sind demnach audiovisuelle Daten an und für sich, unabhängig davon, ob sie medialen Simulationen entstammen oder nicht, und unabhängig davon, ob es sich um realitätsbasierte mediale Simulationen handelt oder nicht, die als Auslöseimpulse für bestimmte neurophysiologische Verlaufsprogramme dienen, und es ist die evaluative Herabsetzung des Realitätsstatus, die die Verbindung zwischen Auslöseimpuls und Verlaufsprogramm unterbricht, die also dafür sorgt, dass der Zuseher ‚offline' ist, obwohl er ‚online' ist. Für die Bewertung des Realitätsstatus sind nach Grodal kognitive ‚top-down'-Programme zuständig,[34] die den Basismechanismus „Sehen=Glauben" modifizieren:

> Contrary to the common credo that fiction demands a suspension of disbelief, it actually demands a modification of belief or a suspension of belief so that film viewing does not produce full-scale illusions. Our brains were not constructed for film viewing, for a world in which it is possible to be exposed to very salient and complex moving images; thus even as we watch fictional films it remains true seeing is believing, because to believe incoming information is, as previously mentioned, the default mode and to disbelieve demands a special effort. [...] The general principle behind reality status evaluation is that it serves those decision-making mechanisms that give a green light for

---

32 Ebd., S. 184.
33 Ebd., S. 184 f.
34 Ebd., S. 152 ff.

action. [...] film and other types of fiction do not merely simulate the different types of reality; they also enhance our understanding of these different types.[35]

Für die Erklärung von Imagination und Fiktionalität spielen in der film- und medienwissenschaftlichen Theorie die universalen ‚So-tun-als-ob-Spiele' (*pretense plays*) ebenso wie die Entwicklung einer ‚theory of mind' eine so grundlegende Rolle wie in literaturwissenschaftlichen Theorien, die sich mit dichterischen/literarischen epischen Fiktionen befassen – sei es nun als Indikatoren dafür, dass es sich bei der Fähigkeit zur Imagination um Adaptationen handelt, sei es als Aspekte, die die Funktionsweise von Imaginationen oder Fiktionalisierungen zeigen oder gar an ihr partizipieren. Vermeule etwa greift eine topische Figur auf, wenn er sagt: „Decoupling is deemed to be an ordinary human capacity, one that appears on a predictable schedule as children develop and that first expresses as ‚reality-oriented-play' (Leslie 1987, 412)",[36] und zudem betont: „Theory of mind also helps to explain our capacity to enter into scenarios that we know to be fictional."[37] Die rezipientenseitigen Prozesse des Informationsmanagements von Fiktionen erklärt Vermeule folgendermaßen:

> Here's what's special or different about fiction. It imposes two stiff tariffs at the outset – two cognitive entry costs, if you will. First, it asks us to suspend our disbelief. Second, it asks to give it the valuable gift of our attention. In exchange for these tariffs, fiction pays us back with large doses of really juicy social information, information that it would be too costly, dangerous, and difficult for us to extract from the world on our own. [...] Fiction makes its two demands – suspend for a moment your worry about being duped, and give me your attention – and once the reader agrees, she is rewarded with the most intense cognitive stimulation imaginable. What kind of cognitive stimulation? Social information. The deep truth about people's intentions – including, perhaps, one's own.[38]

Lässt Vermeule es zunächst in der Schwebe, ob Fiktionalität eine Texteigenschaft sei, vertreten andere Autoren wie Swirski ohne Zögern die Auffassung, dass dies nicht so sei:

> Does fictionality reside in the text? The answer, going back to Aristotle, is negative since the text of a chronicle and that of a historical novel can be identical.[39]

Demnach ‚ist' weder der Text ‚fiktional' noch die in ihm geschilderte ‚Welt' fiktiv, sondern wir bekommen es stets mit einer rezipientenseitigen Bewertung der hervorgerufenen Imaginationen zu tun, die zu den evolvierten Möglichkeiten der kognitiven Informationsverwaltung zählt. Und auch Vermeule kommt schließlich zu der Auffassung:

---

35 Ebd., S. 154.
36 Vermeule: Literary Characters, S. 18, unter Bezugnahme auf Leslie: Pretense.
37 Ebd., S. 38; ähnlich Swirsky: Literature; Boyd: Origin.
38 Vermeule: Literary Characters, S. 14.
39 Swirski: Literature, S. 81.

> Indeed, I now think that the meaningful distinction between fictional and nonfictional characters is not ontological but technological. Our social brains are just as capable of being stimulated by fiction as our sexual selves are capable of being stimulated by pornography. We mostly overlook the fact that something is a representation unless the representation is a spur to greater stimulation. [...] To describe it in rather technical language, our inference systems can run even when they are „decoupled" from „actual external input from the environment or external output in behaviour" (Boyer 2001, 149).[40] In fact, we run our massive inference systems in a decoupled mode all the time: when we consider what we would do in a hypothetical situation, when we entertain counterfactuals, when we have relationship with imaginary people.[41]

Diese Einschätzung der ‚Natur' der Fiktionalität epischer Texte hängt auch mit der Einsicht zusammen, dass *jeder* Text, unabhängig davon, ob es sich um Literatur oder Nicht-Literatur, Fiktion oder Darstellung von faktualen Sachverhalten handelt, zur Konstruktion von rezipientenseitigen ‚Simulationen' bzw. Imaginationen führe (so etwa Boyd im Anschluss an Barsalou):

> As people comprehend a text, they construct simulations to represent its perceptual, motor and affective content. Simulations appear central to the representation of meaning.[42]

Demnach gilt also auch im Hinblick auf fiktionale ebenso wie auf faktuale Texte, dass schon die verbale Darstellung von Geschichten oder Geschehen (gleichgültig, ob wahr oder erfunden) zu kognitiven Metarepräsentationen oder Imaginationen führt, die als solche einen eingeschränkten, herabgesetzten oder ‚ausgesetzten' Realitätsstatus haben und den neurophysiologischen Mechanismen der Fiktionalisierung unterliegen. Textualität (und allgemein Medialität) allein können hier also als Imaginationstrigger aufgefasst werden, wobei diese Imaginationen dann weiter hinsichtlich ihres Imaginationsstatus bewertet werden, hinsichtlich des Problems also, ob die repräsentierten Informationen realitätsbasiert bzw. von pragmatischer Relevanz sind oder aber nicht.

Die Argumentationen der evolutionär informierten Literaturwissenschaft konzentrieren sich dann allerdings eher auf eine evolutionäre Erklärung des allgemeinen (anthropologisch universalen) Interesses an der Vermittlung fiktiver Geschichten oder fiktiver Geschehnisse, wie sie eben Märchen, Romane und andere dichterische/literarische Epik konstituieren. Dutten nennt beispielsweise drei adaptive Vorteile des Geschichten-Erzählens, die so oder so ähnlich auch von anderen Autoren genannt werden:

---

40 Verwiesen wird hier auf Pascal Boyer: Religion Explained. The Evolutionary Origins of Religious Thought. New York 2001.
41 Vermeule: Literary Characters, S. 17.
42 Barsalou: Cognition, S. 633; Boyd: Origin, S. 157.

> 1) Stories provide low-cost, low-risk surrogate experience. They satisfy a need to experiment with answers to „what if?" questions that focus on the problems, threats, opportunities life might have thrown before our ancestors, or might throw before us, both as individuals and as collectives. Fictions are preparations for life and its surprises.
>
> 2) Stories – whether overtly fictional, mythological, or representing real events – can be richly instructive sources of factual (or putatively factual) information. The didactic purpose of story-telling is diminished in literate cultures, but by providing a vivid and memorable way of communicating information, it likely had actual survival benefits in Pleistocene.
>
> 3) Stories encourage us to explore the points of view, beliefs, motivations, and values of other human minds, inculcating potentially adaptive interpersonal and social capacities. They extend mind-reading capabilities that begin in infancy and come into full flower in adult sociality. Stories provide regulation for social behaviour.[43]

Auch evolutionär informierte literaturwissenschaftliche Arbeiten, die sich mit der Frage der Emotionalisierung durch Literatur befassen, übernehmen die Modellierungen, wie wir sie vor allem bei und seit Tooby und Cosmides antreffen.[44] Mellmann unterbreitet in diesem Zusammenhang insbesondere einen Vorschlag zur Lösung des Fiktionsparadoxons,[45] indem sie zunächst fiktionale Literatur und später auch fiktionale Filme, genauer: die durch Sprache oder filmische Zeichen hervorgerufenen Vorstellungen als ‚Attrappen' konzeptualisiert.[46] Demnach lösen literarische Texte ebenso wie Filmfiktionen, genauer: die durch sie hervorgerufenen kognitiven Repräsentationen ‚echte' (und nicht nur fiktive) Emotionen aus, auf die unser emotionaler Apparat ohne explizites Wissen oder sogar wider explizites Wissen, verlässlich und automatisch, reagiere; es sei nicht nötig, dass ‚wir' auch an die künstlich repräsentierten Reize glauben; ebenso wenig wisse aber andererseits das jeweils ausgelöste Emotionsprogramm, dass es sich bei dem jeweiligen Auslösereiz um Fiktion und nicht um ‚Wirklichkeit' handele (auch wenn ‚wir' natürlich wissen, dass wir es mit fiktiven Charakteren und Situationen zu tun haben):[47]

> Das Schicksal literarischer Figuren bewegt uns deshalb, weil unsere emotionalen Dispositionen auf die Vorstellungen, die der Text in unserem Geist hervorruft, genauso reagiert wie auf kindchenschemagerechte Handydesigns, überhängende Felswände oder andere künstliche oder natürliche ‚Attrappen'. […] Die Situationsdetektoren sowohl unserer angeborenen als auch unserer kulturell erworbenen Emotionsprogramme werden in der durch den Text erzeugten Vorstellung fündig; wir fühlen gewisse körperliche Reaktionen [..], die unseren Körper auf eine entwicklungsgeschichtlich bewährte Verhal-

---

43 Dutton: Instinct, S. 110.
44 Siehe hier vor allem Mellmann: Emotionalisierung; Mellmann: Literatur; Mellmann: Schemakongruenz; siehe auch Eibl: Poeta, S. 278 ff.; Eibl: Fiktionalität.
45 Vgl. den Beitrag *14. Das Paradoxon der Fiktion*.
46 Siehe dgg. Zipfel: Emotion.
47 Mellmann: Schemakongruenz, S. 112; siehe hierzu Köppe: Psychology.

tensreaktion vorbereiten, und richten unbewußt unsere kognitiven Raster nach den spezifischen Regeln des Emotionsprogramms aus. Mit der Initialisierung des Verlaufsprogramms jedoch tritt die Möglichkeit einer je situationsabhängigen und individuell bedingten Verhaltensabstimmung hinzu.[48]

4. Erläuterungen und Hinweise zur evolutionspsychologischen Fiktionalitätstheorie

Die tragenden Theoriebausteine ‚Metarepräsentation‘, ‚scope syntax‘, ‚decoupling‘, und ‚Organisationsmodus‘ könnte man nun in einer vorläufigen Definition von ‚Fiktionalität‘ aus evolutionspsychologischer Sicht zusammenführen. Demnach wäre ‚Fiktionalität‘ ein komplexes kognitives Programm und als graduell variable Geltungsbewertung von kognitiven (durch literarische/ästhetische Texte oder durch filmische Zeichen oder durch theatrale Zeichen hervorgerufene) Metarepräsentationen zu bestimmen, die es erlaubt, die gegebenen Informationen teilweise oder ganz im Organisationsmodus zu prozessieren. ‚Fiktionalität‘ wird damit einem Typus der Imagination zugeschrieben, der sich im Grunde von anderen Imaginationsformen (wie Traum, Erinnerung, Halluzination usw.) vor allem durch seine tendenziell starke Geltungsaufhebung und durch seine besonderen Imaginationstrigger unterscheidet: storyvermittelnde/erzählende Rede bzw. Texte oder filmisch/theatral vor Augen Gestelltes, die zumindest in westlichen kulturellen Kontexten als ‚literarisch‘, als ‚ästhetisch‘ oder auch als ‚Kunst‘ betrachtet werden. Diese sprachlichen und/oder performativen besonderen Imaginationstrigger selbst werden etwa von Cosmides und Tooby leicht irreführend als ‚Fiktionen‘ bezeichnet: „If [general imaginative simulations] are written down or shared, we call them fiction".[49]

Die Rekonstruktion von ‚Fiktionalität‘ als komplexes kognitives Programm begegnet traditionellen Problemen der Fiktionalitätstheorie, wie demjenigen der Referenzbeziehung zwischen Darstellung und Dargestelltem, dem der Existenz fiktionaler Gegenstände, dem des ontologischen Status von Fiktionen oder auch dem Paradox der Fiktion, indem es den Theoriefokus von den Darstellungen zum kognitiven Management der hervorgerufenen Imaginationen verschiebt und die traditionellen Probleme der Fiktionalitätstheorie letztendlich als Scheinprobleme, die mit der Vergegenständlichungsfunktion der Sprache zusammenhängen, zurückweist.[50]

Die evolutionspsychologische Fiktionalitätstheorie erlaubt im Hinblick auf die Darstellungen (die ‚Fiktionen‘) keine prinzipielle und trennscharfe

---

48 Mellmann: Literatur, S. 159 f.
49 Cosmides / Tooby: Source, S. 89.
50 Siehe hierzu Eibl: Fiktionalität.

Unterscheidung zwischen ‚*faktualen* und *fiktionalen Darstellungen*‘, ‚realitätsbasierte‘ und ‚realitätsenthobene‘ Darstellungen können gleichermaßen als Imaginationstrigger fungieren und eine gleitende Beschränkung des ‚Führwahrhaltens‘ bis zu der Einschätzung auslösen, es mit vollkommener Fiktionalität zu tun zu bekommen.

Wenn sich evolutionspsychologisch informierte Arbeiten immer wieder auf notorisch ‚fiktionale Objektbereiche‘ (um die vor dem evolutionspsychologischen Hintergrund metonymisch schiefe Formulierung zu verwenden) wie den Roman, das Märchen, die Novelle oder allgemein die Erzählung und das Erzählen fokussieren, so ist das eher einer akademischen Zuständigkeitsverteilung als einer Notwendigkeit in der Sache selbst geschuldet. Zudem könnte man mit Zipfels Unterscheidungen sagen, dass sich die Beschäftigung mit dem Problem der Fiktionalität mit Blick auf die Untersuchungsobjekte eher pauschal auf Fiktives und Fiktivität im Zusammenhang von Geschichten richtet und Fiktionalität als Fiktion im Zusammenhang des Erzählens bzw. der medial spezifischen Vermittlung nicht in den Blick kommt.[51] Es wäre also kritisch einzuwenden, dass die evolutionspsychologische Fiktionalitätstheorie im Hinblick auf die Artefaktbeschreibung pauschal bzw. zu undifferenziert verfährt und überdies Unterschiede zwischen Darstellungsmedien eher verwischt als analytisch fruchtbar macht. Außerdem müsste im Zusammenhang der evolutionspsychologischen Fiktionalitätstheorie deutlicher herausgearbeitet werden, wie die ‚Verdrahtung‘ zwischen Imaginationstrigger und Metarepräsentation im Detail funktioniert. Sodann wäre das Verhältnis bzw. die Beziehung zwischen Fiktionalität als komplexes kognitives Programm und dem Bewusstsein der Fiktionalität, also zwischen Fiktionalität als Verhaltens- oder Reaktionsmodus und Fiktionalität als explizite Zuschreibung genauer zu erläutern.

Zu fragen wäre überdies aber auch grundsätzlicher, ob es so etwas wie kognitiv unbearbeitete Repräsentationen (primäre Repräsentationen) tatsächlich gibt und wann bzw. wo genau die primäre Repräsentation endet und die Metarepräsentation beginnt. Außerdem müsste der Typus der Imagination, der mit dem Stichwort ‚Fiktionalität‘ bezeichnet wird, von anderen Formen der Imagination schärfer bzw. deutlich unterschieden und das Verhältnis zwischen Formen der Imagination und der Imagination als ‚Grundvorgang‘ geklärt werden.

Als überaus problematisch wird man nicht zuletzt die Konzeptualisierung des Gehirns als ‚Computer‘ und die Modellierung kognitiver Vorgänge mithilfe einer Metaphorik bewerten müssen, die der Computertechnologie entstammt. Das Gehirn ist nun einmal kein Computer, es gibt hier tatsäch-

---

51 Siehe hierzu Zipfel: Fiktion.

lich keine ‚Verdrahtungen' und auch keine ‚Programme', die irgendwie ‚ablaufen'. Zu den problematischen Aspekten der Computermetaphorik und der Reduktion des Menschen auf sein (computergleiches) Gehirn gehört auch das, was andernorts als mereologischer Fehlschluss kritisiert worden ist. Er wird z. B. dort erkennbar, wo davon die Rede ist, dass das Gehirn etwas wisse, tue, auslöse usw.[52]

5. Sätze

Vor dem Hintergrund und auf der Basis der Imaginations- bzw. Fiktionalitätstheorie in Evolutionärer Psychologie und evolutionspsychologisch informierter Literaturwissenschaft sollen abschließend folgende – teils zusammenfassende, teils weiterführende, aber selbst nicht weiter erläuterte – Sätze (als Ausgangspunkte für weitere prüfende Diskussionen) formuliert werden:

1) ‚Faktualität' und ‚Fiktionalität' verhalten sich nicht konträr oder kontradiktorisch zueinander.
2) Faktualität kann allein primär und direkt wahrgenommenen, (unmittelbar präsenten) Sachverhalten zugesprochen werden. Faktualität ist eine Eigenschaft von Sachverhalten, Täuschungen sind keine Fiktionen.
3) ‚Fiktionalität' kann einem Typus von Imaginationen zugesprochen werden, der sich als kognitive Metarepräsentation aber nicht prinzipiell von anderen Typen der Imagination (wie Erinnerung, Traum, Wahnvorstellung etc.) unterscheidet.
4) Imaginationen lassen sich auf einer Skala zwischen faktenbasierter Erinnerung und freier Erfindung einordnen. Sie unterscheiden sich durch den Grad ihrer epistemischen Verankerung voneinander.
5) ‚Fiktionen' sind Imaginationstrigger in oder zu bestimmten kulturellen Bereichen (Literatur, Theater, Film). Den hier ausgelösten Imaginationen wird Fiktionalität zugesprochen.
6) An oder in einem Text ist grundsätzlich nichts fiktional, Texte sind immer faktual (unmittelbar präsente und primär wahrnehmbare Schriftkonfigurationen).
7) So-tun-als-ob-Spiele (bis hin zu theatralen Inszenierungen) sind nicht fiktional, das vor Augen gestellte Spiel ist immer faktual.
8) Texte können Fiktionalität (die Imagination des Autors) verkörpern/vergegenständlichen und Fiktionalität (die Imagination des Rezipienten) induzieren.

---

52 Siehe hierzu Bennett / Hacker: Grundlagen.

9) So-tun-als-ob-Spiele können Fiktionalität (die Imagination des Autors) verkörpern/vergegenständlichen und Fiktionalität (die Imagination des Rezipienten) induzieren.
10) Die sogenannten Fiktionssignale basieren auf kulturellen Konventionen und erleichtern die kognitive Einordnung von Imaginationen auf der neurophysiologischen Imaginationsskala.
11) Eine Geschichte der Fiktionalität ist denkbar als Geschichte der Fiktionssignale, als Geschichte der theoretischen Konzepte unterschiedlicher Imaginationstypen oder auch als Geschichte der Praktiken der Fiktionalisierung (hören, sehen, lesen).
12) Keine Gattung (als historisch-soziale Norm der Kommunikation, die durch einzelne Gegenstände/Sachverhalte exemplifiziert wird) ist fiktional; jede Gattung (als abstrakte Sammelkategorie) ist fiktional.

Bibliographie

Anderson, Joseph: The Reality of Illusion: An Ecological Approach to Cognitive Film Theory. Carbondale, Edwardsville 1996.
Austin, Michael: Useful Fictions: Evolution, Anxiety, and the Origins of Literature. Lincoln 2010.
Barash, David P./Nanelle Barash: Madame Bovary's Ovaries. A Darwinian Look at Literature. New York 2005.
Baron-Cohen, Simon: Mindblindness. An Essay on Autism and Theory of Mind. Cambridge, MA, London 1995.
Baron-Cohen, Simon: The biology of the imagination: how the brain can both play with truth and survive predators. In: Robin Headlam Wells/Johnjoe McFadden (Hg.): Human Nature: Fact and Fiction. London 2006, S. 103–110.
Barsalou, Lawrence W.: Grounded cognition. In: Annual Review of Psychology 59 (2008), S. 617–645.
Belsey, Catherine: Biology and imagination: the role of culture. In: Robin Headlam Wells/Johnjoe McFadden (Hg.): Human Nature: Fact and Fiction. London 2006, S. 111–127.
Bennett, Maxwell R./Peter M. S. Hacker: Die philosophischen Grundlagen der Neurowissenschaften. Übersetzt von Axel Walter. Darmstadt 2010.
Bordwell, David: Poetics of Cinema. New York, London 2008.
Boyd, Brian: On the Origin of Stories. Evolution, Cognition, Fiction. Cambridge, MA, London 2009.
Boyd, Brian/Joseph Carroll/Jonathan Gottschall (Hg.): Evolution, Literature, and Film: A Reader. New York 2010.
Buss, David M. (Hg.): The Handbook of Evolutionary Psychology. Hoboken, NJ 2005.
Buss, David M.: Evolutionary Psychology: The New Science of the Mind. Boston 2007.
Carroll, Joseph: Evolution and Literary Theory. Columbia, London 1995.
Carroll, Joseph: Literary Darwinism: Evolution, Human Nature, and Literature. New York, London 2004.
Carroll, Joseph: Reading Human Nature: Literary Darwinism in Theory and Practice. New York 2011.

Carter, Rita: The limits of imagination. In: Robin Headlam Wells / Johnjoe McFadden (Hg.): Human Nature: Fact and Fiction. London 2006, S. 128–143.
Coe, Kathryn: The Ancestress Hypothesis. Visual Art as Adaptation. New Brunswick u. a. 2003.
Cooke, Brett: Human Nature in Utopia: Zamyatin's „We". Evanston 2002.
Cooke, Brett / Frederick Turner (Hg.): Biopoetics: Evolutionary Explorations in the Arts. Lexington 1999.
Cosmides, Leda / John Tooby / Jerome H. Barkow: Introduction: Evolutionary Psychology and Conceptual Integration. In: J. H. B. / L. C. / J. T. (Hg.): The Adapted Mind. Evolutionary Psychology and the Generation of Culture. New York, Oxford 1992, S. 3–18.
Cosmides, Leda / John Tooby: Consider the Source. The Evolution of Adaptations for Decoupling and Metarepresentation. In: Dan Sperber (Hg.): Metarepresentations. A multidisciplinary perspective. New York 2000, S. 53–115.
Cosmides, Leda / John Tooby: Evolutionary Psychology. A Primer. 13.01.1997. <http://www.psych.uscb.edu/research/cep/primer,html> (12.04.2012).
Cosmides, Leda / John Tooby: The evolutionary psychology of the emotion and their relationship to internal regulatory variables. In: Michael Lewis / Jeannette M. Havilland-Jones / Lisa Feldman Barrett (Hg.): Handbook of Emotions. 3. Aufl. New York, London 2008, S. 114–137.
Crawford, Charles / Denis L. Krebs (Hg.): Handbook of Evolutionary Psychology. Ideas, Issues, and Applications. Mahwah, NJ, London 1998.
Dissanayake, Ellen: What Is Art For? Seattle, London 1990.
Dissanayake, Ellen: Homo Aestheticus. Seattle, London 1995.
Dissanayake, Ellen: Art and Intimacy: How the Arts Began. Seattle, London 2000.
Dunbar, Robin I. M. / Louise Barrett (Hg.): Oxford Handbook of Evolutionary Psychology. Oxford 2007.
Dutton, Denis: The Art Instinct: Beauty, Pleasure, and Human Evolution. Oxford 2009.
Eibl, Karl: Animal poeta. Bausteine der biologischen Kultur- und Literaturtheorie. Paderborn 2004.
Eibl, Karl: Fiktionalität – bioanthropologisch. In: Fotis Jannidis / Gerhard Lauer / Simone Winko (Hg.): Grenzen der Literatur. Berlin, New York 2009, S. 268–283.
Eibl, Karl: Literaturwissenschaft. In: Philipp Sarasin / Marianne Sommer / Thomas P. Weber (Hg.): Evolution. Ein interdisziplinäres Handbuch, Stuttgart, Weimar 2010, S. 257–267.
Fodor, Jerry A.: The Modularity of Mind. Cambridge 1983.
Frith, Uta: Autism. Explaining the Enigma. Oxford 1989.
Fromm, Harold: The Nature of Being Human: From Environmentalism to Consciousness. Baltimore 2009.
Gertken, Jan / Tilmann Köppe: Fiktionalität. In: Simone Winko / Fotis Jannidis / Gerhard Lauer (Hg.): Grenzen der Literatur. Zu Begriff und Phänomen des Literarischen. Berlin, New York 2009, S. 228–266.
Gottschall, Jonathan: Literature, Science, and the New Humanities. New York 2008.
Gottschall, Jonathan: The Rape of Troy: Evolution, Violence, and the World of Homer. Cambridge 2008.
Gottschall, Jonathan / David Sloan Wilson (Hg.): The Literary Animal: Evolution and the Nature of Narrative. Evanston 2005.
Grodal, Torben: Embodied Visions. Evolution, Emotion, Culture, and Film. Oxford 2009.
Hagen, Edward H.: Controversial issues in evolutionary psychology. In: David M. Buss (Hg.): The Handbook of Evolutionary Psychology. Hoboken, NJ 2005, S. 145–174.

Hoeg, Jerry / Kevin S. Larsen (Hg.): Interdisciplinary Essays on Darwinism in Hispanic Literature and Film: The Intersection of Science and the Humanities. Lewinston u. a. 2009.
Köppe, Tilmann: Evolutionary psychology and the paradox of fiction. In: Studies in the Literary Imagination 42,2 (2009), S. 121–151.
Leslie, Alan M: Pretense and Representation. The Origins of „Theory of Mind". In: Psychological Review 94 (1987), S. 412–26.
Leslie, Alan M.: The theory of mind impairment in autism. Evidence for a modular mechanism of development? In: Andrew Whiten (Hg.): Natural theories of mind. Evolution, development and simulation of everyday mindreading. Oxford 1991, S. 63–78.
Leslie, Alan M. / Francesca Happé: Autism and ostensive communication. The relevance of metarepresentation. In: Development and Psychopathologie 1 (1989), S. 205–212.
Love, Glen: A Practical Ecocriticism: Literature, Biology, and the Environment. Charlottesville, London 2003.
Machann, Clinton: Masculinity in Four Victorian Epics. A Darwinist Reading. Farnham 2010.
Martindale, Colin / Paul Locher / Vladimir M. Petrov (Hg.): Evolutionary and Neurocognitive Approaches to Aesthetics, Creativity, and the Arts. Amityville, NY 2007.
Mellmann, Katja: Emotionalisierung. Von der Nebenstundenpoesie zum Buch als Freund. Eine emotionspsychologische Analyse der Literatur der Aufklärungsepoche. Paderborn 2006.
Mellmann, Katja: Literatur als emotionale Attrappe. Eine emotionspsychologische Lösung des „paradox of fiction". In: Uta Klein / K. M. / Steffanie Metzger (Hg.): Heuristiken der Literaturwissenschaft. Disziplinexterne Perspektiven auf Literatur. Paderborn 2006, S. 145–166.
Mellmann, Katja: Evolutionary psychology as a heuristic in literary studies. In: Simon James J. / Nicholas Saul (Hg.): The Evolution of Literature. Legacies of Darwin in European Cultures. Amsterdam 2011, S. 299–317.
Mellmann, Katja: Schemakongruenz. Zur emotionalen Auslöserqualität filmischer und literarischer Attrappen. In: Sandra Poppe (Hg.): Emotionen in Literatur und Film. Würzburg 2012, S. 109–126.
Miall, David S.: Feeling from the Perspective of the Empirical Study of Literature. In: Journal of Literary Theory 1 (2007), S. 377–393.
Mithen, Steven: The Prehistory of the Mind: The Cognitive Origins of Art and Science. London 1996.
Nordlund, Marcus: Shakespeare and the Nature of Love: Literature, Culture, Evolution. Evanston 2007.
Pinker, Steven: The Language Instinct. New York 1994.
Pinker, Steven: How the Mind Works. New York 1997.
Poppe; Sandra (Hg.): Emotionen in Literatur und Film. Würzburg 2012.
Salmon, Catherine / Donal Symons: Warrior Lovers: Erotic Fiction, Evolution, and Female Sexuality. London 2001.
Saunders, Judith: Reading Edith Wharton through A Darwinian Lens. Evolutionary Biological Issues in Her Fiction. Jefferson, London 2009.
Scherer, Klaus: Emotion serves to decouple stimulus and response. In: Paul Ekman / Richard J. Davidson (Hg.): The Nature of Emotion. Fundamental Questions. New York, Oxford 1994, S. 127–130.
Sperber, Dan (Hg.): Metarepresentations. A multidisciplinary perspective. New York 2000.
Sterelny, Kim: The Adapted Mind. In: Biology and Philosophy 10 (1995), S. 365–380.

Sterelny, Kim: Thought in a Hostile World: The Evolution of Human Cognition. Oxford 2003.
Storey, Robert: Mimesis and the Human Animal: On the Biogenetic Foundations of Literary Representation. Evanston 1996.
Swirski, Peter: Of Literature and Knowledge: Explorations in Narrative Thought Experiments, Evolution, and Game Theory. London 2007.
Swirski, Peter: Literature, Analytically Speaking: Explorations in the Theory of Interpretation, Analytic Aesthetics, and Evolution. Austin 2010.
Tooby, John / Leda Cosmides: The past explains the present. Emotional adaptations and the structure of ancestral environments. In: Ethology and Sociobiology 11 (1990), S. 375–424.
Tooby, John / Leda Cosmides: The Psychological Foundations of Culture. In: Jerome H. Barkow / L. C. / J. T. (Hg.): The Adapted Mind. New York 1995, S. 19–136.
Tooby, John / Leda Cosmides: Does beauty build adapted minds? Toward an evolutionary theory of aesthetics, fiction and the arts. In: SubStance 94/95,1 (2001), S. 6–27.
Tooby, John / Leda Cosmides: Conceptual Foundations of Evolutionary Psychology. In: David M. Buss (Hg.): The Handbook of Evolutionary Psychology. Hoboken, NJ 2005, S. 5–67.
Tooby, John / Leda Cosmides: Schönheit und mentale Fitness. Auf dem Weg zu einer evolutionären Ästhetik. In: Uta Klein / Katja Mellmann / Steffanie Metzger (Hg.): Heuristiken der Literaturwissenschaft. Disziplinexterne Perspektiven auf Literatur. Paderborn 2006, S. 217–244.
Vermeule, Blakey: Why Do We Care about Literary Characters? Baltimore 2010.
Wells, Robin Headlam: Shakespeare's Humanism. Cambridge 2005.
Wells, Robin Headlam / Johnjoe McFadden (Hg.): Human Nature: Fact and Fiction. Cambridge, MA, London 2006.
Zipfel, Frank: Fiktion, Fiktivität, Fiktionalität. Analysen zur Fiktion in der Literatur und zum Fiktionsbegriff der Literaturwissenschaft. Berlin 2001.
Zipfel, Frank: Emotion und Fiktion. Zur Relevanz des Fiktions-Paradoxes für eine Theorie der Emotionalisierung in Literatur und Film. In: Sandra Poppe (Hg.): Emotionen in Literatur und Film. Würzburg 2012, 127–153.

TILMANN KÖPPE

13. Theoretische Rezeptionspsychologie der Fiktionalität

1. Einleitung

Die meisten Theorien der Fiktionalität messen der Rezeption fiktionaler Texte, also dem Lektüreverhalten von Leserinnen und Lesern, besondere Bedeutung zu. In einigen Fällen hat die Beschreibung dieses Verhaltens sogar in Definitionen des Fiktionalitätsbegriffs Eingang gefunden (s. die Beiträge *3. Fiktionen als Make-Believe* und *2. Die Institution Fiktionalität*). Die theoretische Rezeptionspsychologie bemüht sich um die Klärung dieses Rezeptionsverhaltens. Von ‚Psychologie' ist die Rede, weil es um die Beschreibung dessen geht, was Personen mit oder anhand des Textes tun; dabei spielen mentale oder psychische Einstellungen – beispielsweise Überzeugungen, Vorstellungen, Emotionen oder auch die Schlüsse, die Rezipienten ziehen oder nicht ziehen – eine besonders wichtige Rolle. Die theoretische Rezeptionspsychologie unterscheidet sich von der empirischen in erster Linie dadurch, dass sie sich zur Überprüfung ihrer Aussagen nicht der Methoden der empirischen Wissenschaften bedient; insbesondere führt sie keine Experimente durch (s. den Beitrag *15. Empirische Rezeptionspsychologie der Fiktionalität*). Positiv lässt sich die Aufgabe der theoretischen Rezeptionspsychologie als die Klärung begrifflicher und konzeptueller Fragen bestimmen. Einige der Aussagen, die dabei getroffen werden, haben einen empirischen Gehalt und bedürfen der empirischen Bestätigung – so etwa die Aussage, dass fiktionale Literatur bei Rezipienten Emotionen hervorruft. Ob diese Aussage stimmt oder nicht, lässt sich grundsätzlich experimentell überprüfen. Das Beispiel ist aber auch geeignet, das Auftauchen nicht-empirischer, begrifflicher Probleme zu veranschaulichen. So ist nämlich argumentiert worden, dass es gute Gründe gibt, die auf fiktive Gegenstände gerichteten affektiven Einstellungen von Lesern nicht als Emotionen im Wortsinne zu bezeichnen, weil ihnen zentrale Merkmale echter Emotionen fehlen. Diese Diskussion dreht sich letztlich um die Frage, unter welchen Bedingungen es gerechtfertigt ist, Emotionsprädikate zuzusprechen.¹ Entscheiden kann man dies nur durch Argumente, die zum Gegenstand haben, wie die Prädikate vernünftigerweise verwendet werden sollten – es handelt sich um eine Form der semantischen Analyse von Emotionsprädikaten, nicht um die experimentelle Überprüfung empirischer Hypothesen. Im Rahmen semantischer (oder allgemein: theoretischer) Überlegungen kann man sicherstellen, dass das Bild, dass man von den rezeptionspsychologischen Vorgängen hat, stimmig ist. Ob dieses Bild dann auch der Wirklichkeit entspricht, kann anschließend (experimentell) geprüft werden, nicht jedoch vorher: „[I]t takes real ingenuity, not just semantic analysis, to devise effective ways of testing theories: the more so in the case of interesting or innovative theories. Any such inquiry would be misplaced if the theory itself had been imperfectly grasped."²

Im Folgenden sollen einige Kernprobleme der theoretischen Rezeptionspsychologie vorgestellt werden. Der Schwerpunkt liegt dabei auf der Rezeption fiktionaler Texte. Ein besonders wichtiges Merkmal dieser Rezeption beruht auf der ‚Doppelnatur' von Fiktionen: Einerseits haben wir es mit Texten zu tun, andererseits mit den fiktiven Welten, von denen diese Texte handeln. Fiktive Welten sind uns nur im Medium der Vorstellung gegeben. Erläuterungen des Vorstellungsbegriffs sowie verwandter Begriffe gehören daher zu den zentralen Aufgaben der theoretischen Rezeptionspsychologie. Am Schluss des Beitrags werden weitere Forschungsprobleme und offene Fragen benannt.

2. Externe und interne Perspektive auf fiktionale Texte

Fiktionale Literatur begegnet uns meist in Textform, und Texte werden gelesen oder (als vorgelesene) gehört. Während eines solchen Rezeptionsaktes kann sich die Aufmerksamkeit von Lesern verschiedenen Aspekten des Textes zuwenden. Nützlich ist etwa die Unterscheidung zwischen (1) dem Text als Artefakt, also einer geschriebenen oder gesprochenen Kette von Wörtern, Sätzen usw.; (2) dem, wovon diese Sätze des Textes handeln, also fiktiven Gegenständen, Sachverhalten oder, summarisch gesprochen, fiktiven ‚Welten'; (3) symbolischen Qualitäten des Textes, also etwa abstrahierbaren Themen, Thesen, Bedeutungen oder Botschaften; und (4) ‚symptomatischen' Qualitäten des Textes, also kausalen Beziehungen zu Entstehungs- oder Wirkungskontexten.³ Je nachdem, wie umfassend die Auseinandersetzung des Lesers mit dem Text ausfällt und wo seine Interes-

---
1 Vgl. Carroll: Philosophy, S. 7–13.
2 Wollheim: Mind, S. 80.
3 Vgl. zu diesen Unterscheidungen Eder: Figur.

sen oder Kompetenzen liegen, können einzelne dieser Aspekte in konkreten Rezeptionsakten besondere Berücksichtigung finden. Typisch dürfte ein mehr oder minder unwillkürliches Hin- und Hergehen zwischen verschiedenen Aspekten sein. Seinen Grund hat das nicht zuletzt in verschiedenen Abhängigkeiten der Aspekte untereinander. Wer beispielsweise klären will, was in der fiktiven Welt eines fiktionalen Textes der Fall ist, muss zunächst den Text (als Artefakt) konsultieren; wer die Frage beantworten will, was die Moral von Kleists *Das Erdbeben in Chili* sein mag, muss zunächst die Konturen der fiktiven Welt bestimmen; und bei der Bestimmung dieser Konturen kann die Beantwortung der Frage nach den Entstehungskontexten des Werkes und insbesondere nach den Intentionen des Autors helfen (s. den Beitrag *8. Fiktive Tatsachen*). Neben diesen epistemischen Zusammenhängen – also Zusammenhängen, die durch die Vermutungen, die Wissbegier oder das Wissen von Lesern gestiftet werden – gibt es natürlich noch weitere logische oder ontologische Zusammenhänge zwischen den Artefakt-, Fiktivitäts-, Symbol- und Symptom-Qualitäten eines fiktionalen literarischen Textes (s. den Beitrag *7. Ontologie fiktiver Gegenstände*).

Während Artefakt-, Symbol- und Symptom-Qualitäten allen Texten ungeachtet ihres Fiktionalitätsstatus zukommen, ist die Auseinandersetzung mit fiktiven Welten eine Eigenheit der fiktionalen Texten gegenüber typischerweise an den Tag gelegten Rezeptionshaltung. Sie ist auch insofern zentral, als an ihr ein beträchtlicher Teil des leserseitigen Interesses und Vergnügens festzumachen sein dürfte.[4] Um es etwas plakativ zu sagen: ‚Normalleser' interessieren sich wohl eher für Hans Castorp, den Protagonisten von Thomas Manns *Der Zauberberg*, als für die Kapitelstruktur des Romans. Hans Castorp ist eine fiktive Person und als solche Bewohnerin einer fiktiven Welt. Auch wenn von den Wirkungen fiktionaler Literatur die Rede ist – also beispielsweise davon, dass sie Lesern Erkenntnisse vermitteln oder zur Nachahmung anregen könne –, so ist vom Einfluss der Auseinandersetzung mit fiktiven Welten die Rede. Die schwerpunktmäßige Untersuchung von Artefakt-, Symbol- und Symptom-Aspekten stellt demgegenüber wohl eher einen Sonderweg der *literaturwissenschaftlichen* Auseinandersetzung mit fiktionaler Literatur dar.

Wie lässt sich die Auseinandersetzung mit fiktiven Welten näher charakterisieren? Bei Roman Ingarden findet sich die summarische Bemerkung, dass die Sätze eines fiktionalen Textes die „Illusion der Realität" hervorrufen könnten: „Sie führen mit anderen Worten eine suggestive Kraft mit sich, die uns bei der Lektüre erlaubt, uns in die fingierte Welt hineinzuver-

---

4 Vgl. Green / Brock / Kaufman: Understanding.

senken und wie in einer eigenen, eigentümlich nicht-wirklichen und doch wirklich scheinenden Welt zu leben."⁵ Und bei Kendall Walton liest man:

> We don't just observe fictional worlds from without. We live in them [...], together with Anna Karenina and Emma Bovary and Robinson Crusoe and the others, sharing their joys and sorrows, rejoicing and commiserating with them, admiring and detesting them. True, these worlds are merely fictional, and we are well aware that they are. But *from inside* they seem actual – what fictionally is the case is, fictionally, *really* the case – and our presence in them [...] gives us a sense of intimacy with characters and their other contents.⁶

Aus diesen Zitaten geht erstens hervor, dass die Auseinandersetzung mit fiktiven Welten nicht auf die Auseinandersetzung mit dem Gehalt fiktionaler Sätze reduziert werden kann. Was immer es heißt, einen fiktionalen Satz zu verstehen – die Auseinandersetzung mit fiktiven Sachverhalten ist noch mehr und anderes. Zweitens betonen sowohl Ingarden als auch Walton die Komplexität oder Vielschichtigkeit dieser Auseinandersetzung; nicht zuletzt aus diesem Grund haben sie wohl die Formulierung gewählt, Rezipienten ‚lebten' vorübergehend in fiktiven Welten. Damit verbunden ist drittens, dass diese Auseinandersetzung ein beträchtliches Ausmaß und eine beträchtliche Intensität (und übrigens auch Ernsthaftigkeit) annehmen kann. Viertens wird der ‚Scheincharakter' fiktiver Welten deutlich: Leser wissen, dass es diese Welten nicht (wirklich) gibt, es scheint sie nur zu geben. Fünftens hat auch die leserseitige Auseinandersetzung mit diesen Welten einen gewissen Schein- oder ‚als ob'-Charakter.⁷ Denn wenn die zitierten Autoren sagen, dass Leser in fiktiven Welten „leben", so handelt es sich natürlich um uneigentliche Rede: Gemeint ist, dass wir vorübergehend in fiktiven Welten ‚leben' und den *Eindruck* („sense") der Bekanntschaft mit deren Bewohnern gewinnen können. Sechstens macht insbesondere Walton deutlich, dass der internen Perspektive („*from inside*") auf fiktive Welten eine externe Perspektive („from without") korrespondiert: Nehmen wir die interne Perspektive ein, so sind die Welten wirklich; aus der externen Perspektive sind sie fiktiv.⁸

Eine Möglichkeit, diese verschiedenen Aspekte der Auseinandersetzung mit fiktiven Welten in einer Rahmentheorie zu vereinen und näher zu erläutern, bietet der Begriff der Vorstellung bzw. des Vorstellens. Unsere Vorstellungen können u. a. durch sprachliche Artefakte angeleitet werden und komplex, vielschichtig und intensiv sein, sie sind kompatibel mit dem Wissen um die Falschheit der (semantischen) Vorstellungsgehalte, sie können

---

5 Ingarden: Kunstwerk, S. 182.
6 Walton: Mimesis, S. 273 (Kursivierung im Original).
7 Vgl. etwa Hamburger, Logik, S. 59 f. Ein früher und einflussreicher Systematisierungsversuch ist Vaihinger: Philosophie.
8 Vgl. zum Zusammenspiel von ‚interner' und ‚externer' Perspektive Giovanelli: Dynamics.

sich auf uns selbst und unterschiedlichste Aspekte unseres Verhaltens erstrecken und sie unterstehen weitgehend unserem Willen. – Im nächsten Abschnitt werden diese Überlegungen etwas näher ausgeführt.

3. Der Vorstellungsbegriff in Philosophie und Rezeptionspsychologie

Der Untersuchung des Vorstellungsbegriffs haben sich in der Geschichte u. a. Aristoteles, Hobbes, Descartes, Locke, Hume und Kant gewidmet.[9] Besonders wichtige Anregungen hat die Diskussion im 20. Jahrhundert durch phänomenologische Beiträge u. a. von Sartre sowie durch Wittgenstein und die analytische Philosophie erhalten.[10]

Systematische Untersuchungen des Vorstellungsbegriffs sind durch den offensichtlichen Umstand behindert, dass man den Gegenstand der Untersuchung nicht sehen kann und dass Berichte über Introspektion nicht im herkömmlichen Sinne überprüfbar sind. Man kann sich aber mit der Annahme behelfen, dass die Verwendungsregeln einschlägiger Ausdrücke (‚vorstellen‘, ‚imaginieren‘, ‚annehmen‘, ‚vermuten‘ usw.) einigermaßen stabil sind und dass sich in diesen Regeln zentrale Funktionsweisen und Wirkungen unserer mentalen Vermögen niedergeschlagen haben. Diese Verwendungsregeln sind intersubjektiv zugänglich, und man kann der Natur von Vorstellungen zumindest auf die Spur kommen, indem man sich ansieht, wie einschlägige Ausdrücke verwendet werden. Dabei geht es letztlich darum, Zusammenhänge und Unterschiede zwischen den Begriffen aufzuzeigen: Man beantwortet also Fragen wie: Was haben Vorstellungen und Wahrheit miteinander zu tun? Was unterscheidet sie von Überzeugungen? Usw.[11]

Auffällig ist zunächst die Bandbreite einschlägiger Verwendungsweisen des Vorstellungsbegriffs. Man kann sich u. a. vorstellen, dass etwas der Fall ist (‚Ich stelle mir vor, dass es regnet‘); man kann sich Gegenstände vorstellen (‚Ich stelle mir einen Elefanten vor‘); man kann sich vorstellen, etwas zu tun (‚Ich stelle mir vor, durchs Martinstor in Freiburg zu gehen‘); man kann sich vorstellen, wie es ist, eine bestimmte Erfahrung zu machen (‚Ich stelle mir vor, wie es ist, den Berliner Hauptbahnhof zu sehen‘; ‚Ich stelle mir vor, wie es für Tom Sawyer ist, sich vor Indianer Joe zu fürchten‘); man kann sich vorstellen, etwas oder jemand zu sein (‚Ich stelle mir vor, Tom Sawyer zu sein‘).[12] Versuche, genauer zu bestimmen, was Vorstellungen ge-

---

9 Vgl. Brann: World; White: Language, Part I.
10 Vgl. Sartre: L'imagination; zu Wittgenstein vgl. Budd: Philosophy; Ryle: Concept.
11 Vgl. umfassend Mercolli: Analyse.
12 Für viele weitere Verwendungsweisen vgl. White: Language, S. 83 f.; Stevenson: Conceptions.

meinsam ist, kranken oft daran, dass eine dieser Verwendungsweisen zum zentralen (oder sogar zum einzigen) Fall erklärt wird. Entsprechende Vorsicht muss man bei Generalisierungen der folgenden Merkmale walten lassen:

Veridizität und *ontologische Festlegung*: Wer sich vorstellt, dass etwas der Fall ist, legt sich damit nicht auf die Annahme fest, dass das Vorgestellte wirklich der Fall ist; wer sich einen Gegenstand vorstellt, legt sich damit nicht auf die Annahme fest, dass es diesen Gegenstand wirklich gibt; und wer sich vorstellt, etwas zu tun oder eine Erfahrung zu machen, legt sich nicht darauf fest, dass irgendjemand eine solche Handlung tatsächlich ausführen oder Erfahrung tatsächlich machen kann. Allgemein gesprochen, sind Vorstellungen in Bezug auf Wahrheits-, Existenz- oder Möglichkeitsannahmen neutral. (Strittig ist allerdings die Frage des Zusammenhangs zwischen Vorstellungen und logischer Möglichkeit.) In dieser Hinsicht unterscheiden sich Vorstellungen beispielsweise von Überzeugungen oder Erinnerungen oder sinnlichen Wahrnehmungen: Überzeugungen sind Überzeugungen, dass etwas der Fall ist, und Erinnerungen sind Erinnerungen an ein tatsächlich vergangenes Geschehen; auch die mit sinnlichen Wahrnehmungen verbundenen mentalen Repräsentationen beruhen darauf, dass es etwas gibt, das man sieht.[13] Aus ähnlichen Gründen sind Vorstellungen auch von Irrtümern, Täuschungen oder Illusionen zu unterscheiden, bei denen es zwar kein wirkliches Korrelat der mentalen Repräsentation gibt, wohl aber eine Überzeugung des Irrenden, es gäbe ein solches Korrelat.[14]

Kontrolle: Was wir uns vorstellen, unterliegt weitgehend unserer Kontrolle. Man kann sich normalerweise entscheiden, sich etwas vorzustellen, und man kann die Vorstellungsaktivität unterbrechen oder beenden, wenn man dies wünscht.[15] Außerdem kann man sich dazu entscheiden, die eigene Vorstellungstätigkeit anleiten zu lassen, etwa indem man einen Roman liest. Die Sätze des Romans bestimmen dann, was man sich vorstellt, während man selbst u. a. bestimmt, dass man liest und welche weiteren Gedanken man sich über das Gelesene macht. Ebenfalls unter unserer Kontrolle sind normalerweise bestimmte Folgen unserer Vorstellungen: Während die sinnliche Wahrnehmung eines sich nähernden Tigers oder die Überzeugung, dass ein Tiger sich nähert, ein Fluchtverhalten motivieren dürfte, hat eine

---

13 Vgl. zu den letztgenannten Punkten Audi: Epistemology, Kap. 1 u. 2; zu Überzeugungen vgl. Williams: Deciding. Überzeugungen beinhalten nicht nur Festlegungen, sondern sie *berechtigen* auch zu Behauptungen; vgl. Williamsson: Knowing.
14 In der Literaturwissenschaft wird der Ausdruck ‚Illusion' (insbesondere in der Wendung ‚ästhetische Illusion') allerdings öfter ohne den Beiklang der Täuschung verwendet; vgl. etwa Wolf: Illusion (Aesthetic).
15 Vgl. Scruton: Art, S. 94 f.

entsprechende Vorstellung normalerweise keine solchen (unmittelbaren) motivationalen Effekte.[16]

Inferenzielle Eigenschaften: Unser Vorstellungsvermögen ist von vielen sonstigen mentalen Vermögen nicht isoliert sondern interagiert vielmehr mit ihnen. Wenn ich mir beispielsweise vorstelle, durch das Martinstor in Freiburg zu gehen, so geht in diese Vorstellung meine Erinnerung an den Weg durch das Martinstor in offensichtlicher Weise ein. Aus der Vorstellung, dass Sherlock Holmes ein Detektiv ist, und der Überzeugung, dass alle Detektive Menschen sind, kann ich schließen, dass Holmes ein Mensch ist.[17] Schlussbeziehungen zwischen den Gehalten von Überzeugungen und Vorstellungen sind für die Rezeptionspsychologie der Fiktionalität besonders wichtig. Wenn wir uns vorstellen, dass von den Sätzen eines fiktionalen Textes eine fiktive Welt (und nicht lediglich wenige, gleichsam isolierte fiktive Sachverhalte) beschrieben wird, so liegt das im Wesentlichen daran, dass wir das im Text Beschriebene anhand unseres Weltwissens ergänzen. Die so entstehenden Vorstellungswelten haben ihren Ursprung einerseits im fiktionalen Text und andererseits in sonstigen Überzeugungen, Erinnerungen und Annahmen der Leser.

Phänomenale Qualität: Vorstellungen sind bewusste mentale Vorgänge, d. h. sie werden vom Vorstellenden erlebt. Folglich können Vorstellungen eine phänomenale Qualität (oder auch: Erlebnisqualität) haben. Zur Beschreibung solcher Erlebnisqualitäten liegt die Verwendung von Emotionsprädikaten besonders nahe: Die Vorstellung von etwas Fürchterlichem kann uns Furcht einjagen und wir können die Handlung eines Romans im Zuge der Lektüre als spannungsvoll oder langweilig erleben (s. den Beitrag *14. Das Paradoxon der Fiktion*).

Bildlichkeit: Nicht alle Vorstellungen haben einen visuellen (oder allgemeiner: sinnlichen) Charakter. Man kann sich beispielsweise nicht nur vorstellen, wie eine bestimmte Vase aussieht (oder sich vorstellen, die Vase zu sehen, oder sich sichtbare Eigenschaften der Vase vorstellen), sondern auch, wie viel sie kostet oder wem sie gehört. Ähnliches gilt für weitere Sinne wie das Gehör oder den Geruchssinn. In Bezug auf nicht sinnlich wahrnehmbare Gegenstände ist es daher sinnvoll, Vorstellungen als eine Form des Denkens anzusehen: „To imagine something is to *think of* it as possibly being so."[18] Auf diese Weise lässt sich auch der Unterschied zwischen der Vorstellung, dass auf einem Platz 1000 Menschen stehen, und der Vorstel-

---

16 Vgl. Currie: Image, S. 147–150.
17 Vgl. Currie/Ravenscroft: Minds, S. 13 f.; Meskin/Weinberg: Imagination, insbes. S. 240–242; vgl. aber Lewis: Truth, insbes. S. 263 f. u. 269.
18 White: Language, S. 184; vgl. Bennett/Hacker: Foundations, S. 182; vgl. dagegen Scruton: Philosophy, S. 343 f.

lung, dass 1001 Menschen auf dem Platz stehen, verständlich machen: Wir können den Unterschied vermutlich nicht visuell repräsentieren, obwohl der gedankliche Gehalt der Vorstellungen eindeutig unterschiedlich ist.[19] Umgekehrt sind auch nicht alle quasi-sinnlichen mentalen Repräsentationen Vorstellungen. Auch die Erinnerungen an mein erstes Fahrrad kann von mentalen Bildern begleitet werden, ohne dass die Erinnerung dadurch zu einer Vorstellung werden würde. In der Geschichte des philosophischen und psychologischen Nachdenkens sind Vorstellungen gleichwohl immer wieder mit mentalen Bildern in Verbindung gebracht worden, etwa in dem Sinne, dass Vorstellungen nichts anderes sind als mentale Bilder, oder in dem Sinne, dass eine Vorstellung zu haben bedeutet, ein mentales Bild zu sehen. Gegen die Richtigkeit solcher Annahmen sprechen, wie bereits angedeutet, gute Gründe.[20] Bei genauerem Hinsehen offenbart sich eine Reihe von Gemeinsamkeiten und Unterschieden zwischen sinnlichen Wahrnehmungen einerseits und quasi-sinnlichen Vorstellungen, dem Visualisieren von etwas oder mentalen Bildern andererseits. Gemeinsam sind beiden etwa der Prozesscharakter sowie die Möglichkeit der Beschreibung mithilfe bestimmter Terme, zu denen insbesondere Farbprädikate gehören. Zu den Unterschieden gehört, dass der Gehalt quasi-sinnlicher Vorstellungen im Unterschied zu sinnlichen Wahrnehmungen von unserem Willen abhängt und daher auch nicht informativ ist (wir können in unseren quasi-sinnlichen Vorstellungen keine Entdeckungen machen), ferner ist der Gehalt quasi-sinnlicher Vorstellungen nicht durch die Besonderheiten unseres Gesichtsfelds (u. a. die Unterscheidung von Zentrum und Peripherie sowie Vorder- und Hintergrund) und perspektivische Einschränkungen (u. a. eine genau definierte Entfernung zum Beobachtenden) bestimmt.[21] Unbestritten ist allerdings auch, dass mit dem Ausdruck ‚Vorstellung' *häufig* quasi-sinnliche Vorstellungen (also die Vorstellung sinnlich wahrnehmbarer Eigenschaften von etwas oder die vorgestellte sinnliche Wahrnehmung von etwas) gemeint sind.

Anhand der genannten Merkmale von Vorstellungen lassen sich eine Reihe für die Rezeption fiktionaler Literatur (und anderer Medien) typischer Phänomene genauer beschreiben. Die Vorstellungen eigentümliche Neutralität gegenüber der Wahrheit der Vorstellungsgehalte erklärt beispielsweise, weshalb wir uns Dinge vorstellen können, von denen wir zugleich wissen, dass sie falsch sind. Zugleich wird deutlich, in welcher Weise unsere Wissensbestände, Überzeugungen, Erinnerungen usw. das Lektüreerleben beeinflussen: Unsere Vorstellungen sind in Einstellungen diesen Typs inferenziell eingebettet; auf diese Weise lässt sich verständlich machen, wie Leser

---

19 Vgl. Klauk: Gedankenexperimente, S. 64–69.
20 Vgl. White: Language, insbes. S. 86–100.
21 Vgl. McGinn: Mindsight, S. 12–41.

die in fiktionalen Texten üblichen ‚Leerstellen' ausfüllen.²² Auch die mentalen Bilder, die unsere Vorstellungen begleiten können, dürften ihren kausalen Ursprung in den Dingen haben, die wir einmal gesehen haben, und sich insofern unseren visuellen Erinnerungen verdanken. Schließlich kann man auch die Rede von ‚fiktiven Welten', die von fiktionalen Texten ‚beschrieben' werden, auf unser Vorstellungsvermögen zurückführen: Fiktive Welten sind Vorstellungswelten, d. h. Welten, die es nur in unserer Vorstellung gibt. Die Aussage, dass ein fiktionales Werk einen fiktiven Sachverhalt *beschreibt*, lässt sich so verstehen, dass der fiktionale Text zu der Vorstellung des Sachverhalts auffordert oder einlädt. Fiktive Sachverhalte sind demnach vorzustellende Sachverhalte.²³

Die bisherigen Ausführungen zu den Merkmalen unseres Vorstellungsvermögens sind weiterhin geeignet, das u. a. von Ingarden und Walton angesprochene Phänomen der psychischen Anteilnahme an fiktiven Gegenständen näher zu beschreiben (s. die Zitate in Abschnitt 2). In unserer Vorstellung können wir zumindest einen Teil der psychischen Einstellungen oder Verhaltensweisen reproduzieren, über die wir tatsächlich verfügen. So können wir beispielsweise unser Sehvermögen auch in der Vorstellung ausüben und uns vorstellen, etwas zu sehen.²⁴ Explizit findet sich die Aufforderung, der Leser möge sich das Beschriebene in diesem Sinne vorstellen, in einem poetologischen Kommentar in Charlotte Brontës Roman *Jane Eyre*:

> A new chapter in a novel is something like a new scene in a play; and when I draw up the curtain this time, reader, you must fancy you see a room in the George Inn at Millcote, with such large-figured papering on the walls as inn rooms have: such a carpet, such furniture, such ornaments on the mantel-piece, such prints; including a portrait of George the Third, and another of the Prince of Wales, and a representation of the death of Wolfe. All this is visible to you by the light of an oil-lamp hanging from the ceiling, and by that of an excellent fire, near which I sit in my cloak and bonnet; [...].²⁵

Vorgestellte Wahrnehmungen wie diejenigen, zu denen Leser von *Jane Eyre* hier eingeladen werden, können vielleicht zumindest zum Teil erklären, was es mit der Anteilnahme oder auch Intimität auf sich hat, die fiktive Personen und Leser zu verbinden scheint: Es handelt sich um eine vorgestellte Anteilnahme oder vorgestellte Intimität, d. h. die Simulation psychischer Einstellungen, deren reale Pendants für Intimität sorgen. Daneben und darüber hinaus sind natürlich noch andere Erklärungen möglich. So kann uns

---

22 S. den Beitrag *8. Fiktive Tatsachen*. Popularisiert hat das Leerstellenkonzept Wolfgang Iser, vgl. Iser: Akt, insbes. S. 267–270 u. 284–287.
23 Vgl. Walton: Mimesis (s. die Beiträge *3. Fiktionen als* Make-Believe und *2. Die Institution Fiktionalität*).
24 Insbesondere visuelle Medien wie Spielfilme beuten dieses Vermögen aus; vgl. Currie: Image; für Einschränkungen in Bezug auf fiktionale Literatur vgl. ebd., S. 184.
25 Brontë: Jane, S. 93.

etwa die schiere *Menge* von Informationen, die wir über eine Person bekommen, das Gefühl geben, mit der Person vertraut zu sein. ‚Anteilnahme' kann weiterhin auch als Sympathie verstanden werden; in diesem Sinne bedeutet, an den Geschicken einer fiktiven Person Anteil zu nehmen, diese Geschicke in geeigneter Weise positiv zu bewerten.

Strittig ist allerdings, in welchem Umfang auf fiktive Gegenstände gerichtete mentale Einstellungen als *vorgestellte* konzipiert werden können oder müssen. Ist beispielsweise das, was man Jane Eyre gegenüber empfinden mag, vorgestelltes Mitleid? Handelt es sich bei dem Wunsch, dass Jane Eyre im „George Inn" gut aufgenommen werden möge, um einen vorgestellten Wunsch? Stellen wir uns vor, Jane Eyre am Feuer zu sehen (oder stellen wir uns vielmehr *sichtbare Eigenschaften der Szenerie* vor, oder auch, *dass die Szenerie sichtbar ist*)?[26] Der Klärung bedarf also, ob lediglich der Gehalt der fraglichen psychischen Einstellungen oder aber die gesamte Einstellung als vorgestellt konzipiert werden sollten.[27]

Auch die metaphorische Aussage, dass ein Leser vorübergehend in einer fiktiven Welt ‚leben' könne, lässt sich entsprechend aufklären: In Rede steht eine sogenannte Vorstellung *de se*, d.h. eine Vorstellung, die der Leser *über sich selbst* unterhält. Kendall Walton zufolge haben alle Vorstellungen (und insbesondere alle vorgestellten Erfahrungen) eine solche Struktur:

> I am inclined to think that imagining is essentially self-referential in a certain way, as intending is. [...] There are significantly different ways in which imaginings may have the imaginer as an object. Sometimes a self-imaginer imagines himself *as himself*, we might say; sometimes not. Sometimes one imagines oneself *in a first-person manner*, or *from the inside*; sometimes not.[28]

Die Beispiele, die Walton für ‚imagining from the inside' vor Augen hat, sind etwa die Vorstellung, im Lotto zu gewinnen, nach Frankreich zu ziehen oder die Sonne auf dem Rücken zu spüren, wobei Teil der Vorstellungen das Gefühl ist, wie es ist, die fraglichen Dinge zu tun oder Erfahrungen zu machen. (Man kann sich auch aus der Perspektive der dritten Person etwas über sich selbst vorstellen: Das ist etwa dann der Fall, wenn man sich von der Gestalt auf einem Foto etwas vorstellt, ohne zu wissen, dass man selbst auf dem Foto ist.) Dass Leser in fiktiven Welten ‚leben', lässt sich mithin als summarische Bezeichnung dafür verstehen, dass Leser in ihrer Vorstellung viele verschiedene Dinge tun und erfahren.

---

26 Vgl. zu diesen Unterscheidungen Currie: Imagery, insbes. S. 29 f. Marie-Laure Ryans Bemerkung: „Narrative involves the construction of the mental image of a world populated with individual agents (characters) and objects (spatial dimension)." (Ryan: Foundations, S. 4) ebnet diese Unteschiede dagegen nicht nur ein; es handelt sich *contra* Ryan auch gewiss nicht um ein definitorisches Merkmal des Terms ‚Erzählung'.
27 Vgl. Currie / Ravenscroft: Minds, insbes. S. 189–204; Nichols: Introduction, insbes. S. 9 f.
28 Walton: Mimesis, S. 28 (Kursivierung im Original).

Insbesondere die These, dass allen Vorstellungen ein *de se* Element innewohnt, ist allerdings umstritten.[29] Ein naheliegender Einwand beruft sich darauf, dass der These eine einseitige Beispieldiät zugrunde liegt: Dass Vorstellungen ein *de se* Element innewohnt, mag für die Teilklasse vorgestellter Erfahrungen plausibel sein, nicht jedoch für die Teilklasse von Vorstellungen, dass etwas der Fall ist.[30] Wer die These verteidigen möchte, eine solche Vorstellung verfüge über ein *de se* Element (etwa die Vorstellung, dass Tom Sawyer ein eher schlechter Schüler ist), könnte allerdings argumentieren, dass eigentlich eine vorgestellte Überzeugung in Rede steht: die Vorstellung nämlich, überzeugt zu sein, dass Tom Sawyer ein eher schlechter Schüler ist. Von vorgestellten Überzeugungen anzunehmen, dass sie ein *de se* Element beinhalten, ist zumindest plausibler.

Unter anderem in der Literaturtheorie (insbesondere in der Narratologie), in den *film studies* und der empirischen Rezeptionsforschung wird die psychologische Anteilnahme von Leserinnen und Lesern unter den Bezeichnungen ‚Immersion' oder auch ‚Transportation' beschrieben.[31] Dabei steht zu vermuten, dass jeweils eine vorgestellte Immersion oder ein vorgestellter ‚Transport' in fiktiven Welten in Rede steht. So lässt sich erklären, dass Leser berichten, im Zuge der Lektüre alles andere (etwa ihre tatsächliche Umgebung) vergessen zu haben oder sich selbst in der vom Text beschriebenen Situation ‚sehen' können.[32] Gemeint ist, dass Leser vorübergehend nicht an ihre Umgebung denken, sondern vielmehr mit den Gehalten ihrer Vorstellung befasst sind, und dass sie sich *de se* vorstellen, Teil der fiktiven Welt zu sein. Unplausibel ist dagegen die Annahme, dass Leser ihre Umgebung tatsächlich vergessen, d. h. dass sie sich nicht auf ihre Umgebung besinnen können; andernfalls wäre kaum zu erklären, dass Leser den *Lesevorgang* fortsetzen (und kein Verhalten an den Tag legen, dass der imaginierten Situation entsprechen würde).[33]

Schließlich lässt sich die am Begriff der Vorstellung orientierte theoretische Rezeptionspsychologie gut mit weiteren Theorien zum Vorstellungs-

---

29 Vgl. Alward: Engagement.
30 Vgl. White: Language, Kap. 13; vgl. auch Noordhof: Objects.
31 Vgl. u. a. Voss: Immersion; Gerrig: Worlds; Green/Brock/Kaufman: Understanding; Zwaan: Models (s. den Beitrag *15. Empirische Rezeptionspsychologie der Fiktionalität*); weitere Literatur findet sich in Wolf: Asthetic Illusion, insbes. S. 103 f.
32 Vgl. Gerrig/Rapp: Processes, S. 267 u. 270. ‚Transportation' wird auch beschrieben als ein mentaler Prozess, „where all mental systems and capacities become focused on events occurring in the narrative" (Green/Brock: Role, S. 701). Das ist recht ungenau; offen bleibt etwa, ob diese Fokussierung nur in unserer Vorstellung vor sich geht und ob sie sich auch auf das Wissen oder die Überzeugungen von Lesern erstreckt; auch ist offensichtlich, dass das Vorstellungsvermögen vom motivationalen System entkoppelt ist (s. auch unten).
33 Vgl. zum Zusammenhang auch Suits: Believing.

vermögen in Verbindungen bringen. Das gilt insbesondere etwa für die Rolle von Vorstellungen in Planungsprozessen, im Personenverstehen (insbesondere Empathie), in der Einschätzung von Modalitäten oder auch in der Moralpsychologie. Thesen, die in diesen Bereichen entwickelt werden, sind grundsätzlich geeignet, entsprechende Thesen zu den Funktionen fiktionaler Literatur zu untermauern.[34]

4. Einige offene Fragen

Inwieweit lässt sich das Ausgeführte auf andere fiktionale Medien übertragen? Auch fiktionale Spielfilme, Comics, Hörspiele usw. entwerfen fiktive Welten, die sich als Vorstellungswelten verstehen lassen. Allerdings sind die Input-Bedingungen bei diesen Medien von fiktionalen Texten verschieden. Zuschauer eines Spielfilmes etwa sehen keine bedruckten Seiten eines Buches. Aber was *sieht* der Zuschauer eines *James Bond*-Films, wenn die Titelfigur auftritt? Kandidaten sind u. a.: eine beleuchtete Leinwand, der Schauspieler Roger Moore oder der Geheimagent im Dienste seiner Majestät. Lässt sich letzteres beschreiben, indem man sagt, Zuschauer *stellten sich vor, den Geheimagenten im Dienste seiner Majestät zu sehen*, während sie *tatsächlich* eine filmische Reproduktion des Schauspielers sehen? Und wie unterscheidet sich dieses vorgestellte Sehen von jenem, zu dem fiktionale Literatur einlädt? Diese Fragen beschäftigen u. a. die gegenwärtige Filmtheorie.[35]

Klärungsbedürftig ist auch die oben verschiedentlich aufgeworfene Frage, welche Reichweite die Vorstellungen von Lesern im Rezeptionsprozess typischerweise haben. Beinhalten sie (überhaupt, immer oder meist) ein *de se*-Element? Haben Vorstellungen immer ein Wahrnehmungselement, das (in welcher Weise auch immer) einen Wahrnehmenden impliziert? Die Beantwortung dieser Fragen ist auch von Interesse für die Diskussion um den *implied spectator view* (grob gesagt: die These, dass Zuschauer sich vorstellen, Teil der dargestellten Szenerie zu sein) sowie psychologische Interpretationen des ‚impliziten Lesers' oder narratologischer Kommunikationsmodelle, die von einer (fiktiven) Adressaten-Rolle in fiktionalen Erzähltexten ausgehen.[36]

Bereits auf David Hume wird die Beobachtung zurückgeführt, dass Leser sich typischerweise nicht alles vorstellen wollen oder können, was in einem fiktionalen Text steht. Insbesondere moralisch (extrem) anstößige Ansichten scheinen in dieser Hinsicht gewissen Beschränkungen zu unter-

---

34 Vgl. u. a. Currie: Psychology; Sutrop: Fiction; Singer / Singer: Attitude.
35 Vgl. Wilson: Imagier.
36 Vgl. u. a. Levinson: Seeing; Currie: Desire, insbes. S. 191–194; Giovannelli: Dynamics.

liegen: Während viele Leser bereit oder in der Lage sind, sich vorzustellen, dass eine Figur beispielsweise rassistische Auffassungen hat, sind sie nicht bereit sich vorzustellen, dass diese Auffassungen in der fiktiven Welt *tatsächlich zutreffend* sind. Etwas genauer, kann man hier mindestens zwei Probleme unterscheiden: das psychologische Problem der Unfähigkeit oder des Unwillens, sich etwas Bestimmtes vorzustellen, und das fiktionstheoretische Problem der Generierung bestimmter fiktiver Tatsachen.[37] Das letztgenannte Problem beruht auf der Annahme, dass fiktive Tatsachen nichts anderes sind als vorzustellende Tatsachen (s. den Beitrag *8. Fiktive Tatsachen*).

Schließlich ist noch einmal hervorzuheben, dass viele der empirischen Aussagen, die im Rahmen der theoretischen Rezeptionspsychologie getroffen wurden, der empirischen Bestätigung harren.

Bibliographie

Alward, Peter: Leave Me Out of It: *De Re*, But Not *De Se*, Imaginative Engagement with Fiction. In: The Journal of Aesthetics and Art Criticism 64 (2006), S. 451–459.
Audi, Robert: Epistemology. A Contemporary Introduction to the Theory of Knowledge. London, New York 1998.
Bennett, Maxwell R. / Peter M. S. Hacker: Philosophical Foundations of Neuroscience. Malden u. a. 2003.
Brann, Eva T. H.: The World of the Imagination. Sum and Substance. Lanham 1991.
Brontë, Charlotte: Jane Eyre [1847]. Hg. von Margaret Smith. Oxford 2000.
Budd, Malcolm: Wittgenstein's Philosophy of Psychology. London 1989.
Carroll, Noël: Philosophy of Art. A Contemporary Introduction. London, New York 1999.
Currie, Gregory: Image and Mind. Film, Philosophy, and Cognitive Science. Cambridge 1995.
Currie, Gregory: The Moral Psychology of Fiction. In: Australasian Journal of Philosophy 73 (1995), S. 250–259.
Currie, Gregory: Visual Imagery as the Simulation of Vision. In: Mind & Language 10 (1995), S. 25–44.
Currie, Gregory: Narrative Desire. In: Carl Plantinga / Greg M. Smith (Hg.): Passionate Views. Film, Cognition, and Emotion. Baltimore, London, S. 183–199.
Currie, Gregory / Ian Ravenscroft: Recreative Minds. Imagination in Philosophy and Psychology. Oxford 2002.
Eder, Jens: Die Figur im Film. Grundlagen der Figurenanalyse. Marburg 2008.
Gerrig, Richard J.: Experiencing Narrative Worlds. New Haven 1993.
Gerrig, Richard J. / David N. Rapp: Psychological Processes Underlying Literary Impact. In: Poetics Today 25 (2004), S. 265–281.
Giovannelli, Alessandro: In and Out: The Dynamics of Imagination in the Engagement with Narratives. In: The Journal of Aesthetics and Art Criticism 66 (2008), S. 11–24.

---

37 Vgl. Walton: Puzzle.

Green, Melanie C./Timothy C. Brock: The Role of Transportation in the Persuasiveness of Public Narratives. In: Journal of Personality and Social Psychology 79 (2000), S. 701–721.
Green, Melanie C./Timothy C. Brock/Geoff F. Kaufman: Understanding Media Enjoyment. The Role of Transportation Into Narrative Worlds. In: Communication Theory 14 (2004), S. 311–327.
Hamburger, Käte: Die Logik der Dichtung [1958]. München 1987.
Ingarden, Roman: Das literarische Kunstwerk [1931]. 4. Aufl. Tübingen 1972.
Iser, Wolfgang: Der Akt des Lesens. Theorie ästhetischer Wirkung. 4. Aufl. München 1994.
Klauk, Tobias: Gedankenexperimente. Eine Familie philosophischer Verfahren. Göttingen 2008. <http://webdoc.sub.gwdg.de/diss/2008/klauk/klauk.pdf> (17.12.2012).
Levinson, Jerrold: Seeing, Imaginarily, at the Movies. In: The Philosophical Quarterly 43 (1993), S. 70–78.
Lewis, David: Truth in Fiction. In: D. L.: Philosophical Papers. Vol. 1. New York, Oxford 1983, S. 261–275.
McGinn, Colin: Mindsight. Image, Dream, Meaning. Cambridge, London 2004.
Mercolli, Laura: So tun, als ob. Analyse eines ungewöhnlichen Begriffs mit einer Anwendung auf Theorien der Fiktionalität. Münster 2012.
Meskin, Aaron/Jonathan M. Weinberg: Imagination Unblocked. In: Elisabeth Schellekens/Peter Goldie (Hg.): The Aesthetic Mind. Philosophy and Psychology. Oxford 2011, S. 239–253.
Nichols, Shaun: Introduction. In: S. N. (Hg.): The Architecture of the Imagination. New Essays on Pretence, Possibility, and Fiction. Oxford 2006, S. 1–16.
Noordhof, Paul: Imagining Objects and Imagining Experiences. In: Mind & Language 17 (2002), S. 426–455.
Ryan, Marie-Laure: On the Theoretical Foundations of Transmedial Narratology. In: Jan Christoph Meister/Tom Kindt/Wilhelm Schernus (Hg.): Narratology Beyond Literary Criticism. Mediality and Disciplinarity. Berlin, New York 2005, S. 1–23.
Ryle, Gilbert: The Concept of Mind [1949]. Chicago 2000.
Sartre, Jean-Paul: L'imagination. 4. Aufl. Paris 1950.
Scruton, Roger: Modern Philosophy. A Survey. London 1994.
Scruton, Roger: Art and Imagination. A Study in the Philosophy of Mind. South Bend 1998.
Singer, Dorothy G./Jerome L. Singer: An Attitude Towards the Possible: The Contribution of Pretend Play to Later Adult Consciousness. In: Elisabeth Schellekens/Peter Goldie (Hg.): The Aesthetic Mind. Philosophy and Psychology. Oxford 2011, S. 254–267.
Stevenson, Leslie: Twelve Conceptions of Imagination. In: British Journal of Aesthetics 43 (2003), S. 238–259.
Suits, David B.: Really Believing in Fiction. In: Pacific Philosophical Quarterly 87 (2006), S. 369–386.
Sutrop, Margit: Fiction and Imagination. The Anthropological Function of Literature. Paderborn 2000.
Vaihinger, Hans: Die Philosophie des Als Ob. 7. Aufl. Leipzig 1922.
Voss, Christiane: Fiktionale Immersion. In: Gertrud Koch/C. V. (Hg.): „Es ist, als ob". Fiktionalität in Philosophie, Film- und Medienwissenschaft. München 2009, S. 127–138.
Walton, Kendall L.: Mimesis as Make-Believe. On the Foundations of the Representational Arts. Cambridge, London 1990.
Walton, Kendall L: On the (So-called) Puzzle of Imaginative Resistance. In: Shaun Nichols (Hg.): The Architecture of the Imagination. New Essays on Pretence, Possibility, and Fiction. Oxford 2006, S. 137–148.
White, Allan R.: The Language of Imagination. Oxford 1990.

Williams, Bernard: Deciding to Believe. In: B. W.: Problems of the Self. Cambridge 1973, S. 136–151.

Williamson, Timothy: Knowing and Asserting. In: The Philosophical Review 105 (1996), S. 489–523.

Wilson, George M.: „Le Grand Imagier" Steps Out. The Primitive Basis of Film Narration. In: Noël Carroll / Jinhee Choi (Hg.): Philosophy of Film and Motion Pictures. Malden u. a. 2006, S. 185–199.

Wolf, Werner: Is Aesthetic Illusion ‚illusion référentielle'? ‚Immersion' in (Narrative) Representations and Its Relationship to Fictionality and Factuality. In: Journal of Literary Theory 2 (2008), S. 101–128.

Wolf, Werner: Illusion (Aesthetic). In: Peter Hühn / John Pier / Wolf Schmid / Jörg Schönert (Hg.): Handbook of Narratology. Berlin, New York 2009, S. 144–160.

Wollheim, Richard: The Mind and Its Depths. Cambridge, London 1993.

Zwaan, Rolf A.: Situation Models: The Mental Leap Into Imagined Worlds. In: Barbara A. Spellman / Daniel T. Willingham (Hg.): Current Directions in Cognitive Science. Upper Saddle River 2005, S. 146–151.

Íngrid Vendrell Ferran

14. Das Paradoxon der Fiktion

Das ‚Paradoxon der Fiktion' steht im Kontext der Frage, warum Fiktionsrezipienten emotional auf Fiktionen reagieren. Das Paradoxon wurde in den Blütezeiten streng kognitivistischer Gefühlstheorien formuliert, denen zufolge Gefühle entweder in Überzeugungen gründen oder selbst eine Art Überzeugung sind. Im Rahmen dieses Paradigmas sind Gefühle, die sich auf Fiktionen beziehen, eine Herausforderung der Rationalität. Wenn auch die heutige Gefühlsforschung streng kognitivistische Gefühlstheorien (*narrow cognitivism*) zugunsten eines Kognitivismus im weiten Sinne (*broad cognitivism*) ablehnt, hat die im ‚Paradoxon der Fiktion' formulierte Frage ihre Anziehungskraft nicht verloren und erweist sich als hoch produktiv. Die Fruchtbarkeit dieser Debatte zeigt sich, wenn es darum geht, die Rolle der Imagination bei unserer Beschäftigung mit Fiktionen zu erklären, oder darum, unsere emotionalen Reaktionen auf Fiktionen besser zu verstehen.

Dieser Aufsatz gliedert sich in fünf Teile. Nach einer Formulierung des Paradoxons der Fiktion und seiner Prämissen (1) werden die wichtigsten Lösungsvorschläge im Rahmen jener streng kognitivistischen Gefühlsmodelle dargestellt, die in der Gefühlsforschung bis zur letzten Jahrhundertwende die Debatte dominiert haben (2). Daraus folgt eine Darstellung des Paradoxons im Kontext des heutigen Kognitivismus in weitem Sinne (3). Im vierten Abschnitt wird die Frage nach der praktischen Rationalität behandelt (4); schließlich wird die Frage nach der Zukunft des Paradoxons gestellt und auf den aktuellen Forschungsbedarf hingewiesen (5).

1. Das Paradoxon der emotionalen Reaktionen auf Fiktionen

Eine der Hauptfragen der Ästhetik, die eine Kontinuität in der Geschichte der Philosophie von der Aristotelischen *Poetik* bis zur heutigen Zeit darstellt, betrifft das Verhältnis zwischen Fiktion und Gefühl. Wie sind unsere emotionalen Reaktionen auf Fiktionen zu verstehen? Diese Frage wird heute intensiv im Rahmen der angelsächsischen analytischen Ästhetik unter der

Rubrik ‚Das Paradoxon der Fiktion' diskutiert, wenngleich auch weder die Fragestellung noch viele der heutigen Positionen neu sind. So wurde die Frage etwa im 19. Jahrhundert im Rahmen der deutschsprachigen Ästhetik ausführlich behandelt. Ästhetiker wie Groos, Psychologen und Experimentalpsychologen wie Lipps und Külpe, Phänomenologen wie Geiger und ganz besonders die Autoren der Grazer Schule Meinong und Witasek haben sich mit der Frage nach der Struktur und Funktion unserer emotionalen Reaktionen auf Fiktionen beschäftigt.[1] Dass die Frage nach dem Verhältnis zwischen Fiktion und Gefühl eine so große Aufmerksamkeit erhalten hat, sollte nicht verwunderlich sein, denn Gefühle spielen beim Erschaffen und Darstellen wie auch beim Rezipieren von Fiktionen eine bedeutende Rolle.[2]

Die gegenwärtige Debatte um das ‚Paradoxon der Fiktion', auf welche dieser Beitrag fokussiert, sucht die Frage nach unserer emotionalen Beschäftigung mit Fiktionen mit Hilfe der heutigen analytischen Philosophie des Geistes zu beantworten. In diesem Rahmen wurde das ‚Paradoxon' zum ersten Mal 1975 in einem Aufsatz von Colin Radford explizit formuliert. Einen guten Ausgangspunkt, um die Debatte darzustellen, finden wir in einem Beispiel Radfords. Nehmen wir an, dass jemand uns eine grauenvolle Geschichte über seine Schwester erzählt und wir erschüttert sind. Nachdem unser Gesprächspartner unsere Reaktion gesehen hat, eröffnet er uns, dass er keine Schwester hat und die Geschichte erfunden ist. Mit Sicherheit wird unsere Erschütterung dann verschwinden, denn die Möglichkeit erschüttert zu werden, ist davon abhängig, dass wir daran glauben, dass jemand in eine grauenvolle Situation verwickelt ist.[3] Wie genau ist dieses Beispiel in Bezug auf Fiktionen anzuwenden? Die Idee ist, dass zwischen der Geschichte von der Schwester und einer Fiktion kein großer Unterschied besteht; in beiden Fällen, so die Annahme, sei es notwendig, dass wir zumindest an die Existenz eines Gegenstandes glauben, um uns emotional davon bewegen zu lassen.

Genauer formuliert besteht das Paradoxon aus drei Prämissen:[4]

1. Fiktionsrezipienten empfinden oft Gefühle in Bezug auf Situationen und Figuren, von denen sie wissen, dass sie fiktiv sind. Tolstois Leser empfindet Trauer angesichts des Schicksals Anna Kareninas.

---

[1] Meinong: Annahmen; Witasek: Grundzüge. Vgl. für einen Überblick über die verschiedenen Positionen Vendrell Ferran: Erfahrung.
[2] Diese Frage nach der Beschäftigung mit Fiktionen hat Frank Zipfel zutreffend als „Emotionalisierung durch Fiktion" bezeichnet. Vgl. Zipfel: Emotion, S. 128.
[3] Radford: Fate, S. 68.
[4] Vgl. Boruah: Fiction; Yanal: Paradoxes, S. 11; Levinson: Emotion, S. 22; Nichols: Introduction, S. 4.

2. Gefühle setzen die Überzeugung von der Existenz des Objektes und seiner Eigenschaften voraus.⁵ Wie Radfords Beispiel der Schwester zeigt, scheint die Überzeugung von der Existenz und bestimmten Eigenschaften des Gefühlsobjekts notwendig für das Gefühl zu sein.
3. Wenn wir wissen, dass das Gefühlsobjekt eine Fiktion ist, sind wir von seiner Existenz und seinen Eigenschaften nicht überzeugt. Der Leser von *Anna Karenina* glaubt nicht daran, dass er von dem Leben einer realen Person erfährt.

Jede dieser drei Prämissen ist *prima facie* plausibel, aber zusammengenommen bilden sie einen Widerspruch. Laut der zweiten und dritten Prämisse können wir nicht, wie in der ersten Prämisse behauptet, emotional auf Fiktionen reagieren; allerdings bestätigt unsere Alltagserfahrung die erste Prämisse, sodass sich ein doxastischer Widerspruch zeigt. Damit verbunden ist eine weitere Rätselhaftigkeit auf der praktischen Ebene.⁶ Denn wenn wir die erste Prämisse für wahr halten, müssen wir erläutern, warum emotionale Reaktionen auf Fiktionen nicht zum Handeln motivieren.

Neben dieser Frage nach der *doxastischen und praktischen Rationalität* unserer emotionalen Reaktionen in Bezug auf Fiktionen liegt in der Formulierung des Paradoxons noch eine zweite Frage in Bezug auf die *Realität* unserer Gefühle bei Fiktionen, d.h. die Frage, inwiefern unsere Gefühle in Bezug auf Fiktionen wegen aller ihrer Besonderheiten überhaupt noch die Bezeichnung ‚echter' Gefühle verdienen oder ob es besser wäre, von ‚Quasi-Gefühlen' zu sprechen. Aus diesem Grund sprechen einige Autoren wie Berys Gaut von zwei unterschiedlichen Problemen, die im Paradoxon der Fiktion behandelt werden: dem Problem der Rationalität und dem Problem der Realität.⁷ In diesem Aufsatz werde ich die Aufmerksamkeit besonders auf die Rationalitätsfrage richten, und dies sowohl in doxastischer als auch in praktischer Hinsicht, und die Frage nach der Realität in der Behandlung der Thematik der ‚Quasi-Gefühle' nur streifen.

Die ganze Debatte um das Paradoxon wurde zunächst von einer streng kognitivistischen Auffassung der Gefühle geprägt, welche die zweite Prämisse des Paradoxons als unantastbar betrachtete. Die neueste Entwicklung der Gefühlsforschung und die Beiträge anderer Disziplinen wie der Neuro-

---

5 In diesem Aufsatz werde ich die Termini ‚Überzeugung' und ‚Urteil' entsprechend der Brentano'schen Tradition synonym verwenden.
6 Ich werde aus analytischen Gründen doxastische von praktischer Rationalität trennen, wenn auch beide voneinander abhängig sind; vgl. Joyce: Fear, S. 209.
7 Vgl. Gaut: Art, S. 208. Im Anschluss daran habe ich dieselbe These vertreten; vgl. Vendrell Ferran: Emotion, S. 20. In einer ähnlichen Hinsicht spricht Tilmann Köppe von zwei Problemen des Paradoxons: „the problem of (rationality-based) evaluation" und „the problem of conceptual designation". Vgl. Köppe: Psychology, S. 126.

wissenschaften haben der Debatte allerdings neue Impulse gegeben: Die zweite Prämisse wurde widerlegt und die streng kognitivistischen Gefühlsmodelle wurden verworfen; in der Folge hat sich der Schwerpunkt der Debatte auf neue Thematiken verlagert. Die Widerlegung der zweiten Prämisse hat dazu geführt, dass einige Autoren anstatt von einem Paradoxon der Fiktion von einer Fiktion des Paradoxons sprechen. Dies hat den Eindruck erweckt, als handele es sich lediglich um ein Scheinproblem der Philosophie. Auch wenn ich in diesem Aufsatz eine Position vertrete, welche streng kognitivistische Gefühlsauffassungen ablehnt und somit die zweite Prämisse als falsch betrachtet, so heißt dies nicht, dass die ganze Debatte um das Paradoxon der Fiktion leer läuft. Vielmehr sollte die Diskussion um das Paradoxon als ein heuristisches Mittel verstanden werden, die Frage nach unserer Beschäftigung mit Fiktionen aus einem konkreten Blickwinkel zu behandeln und verschiedene Antworten auf diese Frage zu sortieren.

Es soll darüber hinaus hier angedeutet werden, dass der Blickwinkel, aus dem diese Debatte sich heute gestaltet, ein Ergebnis dreier Reduktionen ist, insbesondere wenn man dagegen die Behandlung der Frage nach dem Verhältnis zwischen Fiktion und Gefühl in anderen historischen Kontexten und Denktraditionen betrachtet, wie etwa die Debatte über die ‚Scheingefühle' im 19. Jahrhundert. Die analytische Debatte ist durch einen monolithischen Gefühls- und Fiktionsbegriff[8] sowie durch eine einseitige Perspektive charakterisiert, die sich auf die Fiktionsrezeption beschränkt. (a) Die Gefühlsreaktionen, die im Mittelpunkt stehen, sind in der Tat die direkten Emotionen des Fiktionsrezipienten wie etwa Trauer und Mitleid angesichts einer fiktionalen Figur. Komplexere affektive Reaktionen oder Stimmungen gehören nicht direkt zu den Hauptfragen der einschlägigen Debatte. (b) Die medienspezifischen Unterschiede der für diese Debatte paradigmatischen Fiktionstypen – wie Literatur, Theater und Film – werden systematisch übersehen. (c) Darüber hinaus widmet sich die Diskussion ausschließlich dem Fiktionsrezipienten[9] und lässt die Frage nach den Gefühlen des Autors und eventuell des Schauspielers unerörtert.

2. Herausforderungen der doxastischen Rationalität durch streng kognitivistische Gefühlsauffassungen

Die Formulierung des Paradoxons der Fiktion wird durch ein streng kognitivistisches Gefühlsmodell motiviert, dem zufolge entweder Gefühle auf

---

8 Vgl. für eine ähnliche Bewertung Neill: Empathy, S. 175.
9 In der angelsächsischen Debatte wird oft auch vom ‚Fiktionskonsumenten' gesprochen. Ich ziehe hier eher die Bezeichnung „Rezipient" vor.

Überzeugungen gründen oder – in einer reduktionistischen Version – Gefühle selbst eine Art von Überzeugung oder eine Kombination von Überzeugungen und anderen Phänomenen sind. Seit ihren Ursprüngen in den 1960er Jahren hat die analytische Philosophie der Gefühle einen Hang zu dieser Auffassung, die bis zur Jahrhundertwende unhinterfragt blieb. Die These, dass Gefühle auf Überzeugungen fußen, ist schon bei der Veröffentlichung von Anthony Kennys Buch *Action, Emotion and Will* im Jahr 1963 präsent und gilt als Grundbaustein der späteren analytischen Diskussion über Gefühle.[10] Reduktionistische Versionen der kognitivistischen Auffassung haben sich meist im Laufe der 1980er Jahre entwickelt. Hier sind die Theorien Robert Solomons und Martha Nussbaums zu erwähnen, denen zufolge Emotionen Urteile und Werturteile sind.[11] Joel Marks und Harvey Green haben Emotionen als Kombinationen von Überzeugungen und Wünschen aufgefasst (*Belief-Desire Theory*).[12] Andere Autoren wie Aaron Ben-ze'ev haben Emotionen als ein Kompositum aus verschiedenen Elementen wie Urteilen, Kognitionen, Motivationen und Empfindungen betrachtet.[13]

Solange es zum Mainstream in der analytischen Philosophie der Gefühle gehörte, dass Gefühle innig mit Überzeugungen verbunden sind, schien es rätselhaft zu sein, warum wir emotional auf Objekte reagieren können, von denen wir wissen, dass sie als solche nicht existieren. Während der ersten Phase der Debatte wurde die zweite Prämisse des Paradoxons als unantastbar betrachtet. Der Kern des Paradoxons liegt in einer Spannung zwischen inkompatiblen Überzeugungen. Die These, dass wir nur dann Gefühle haben, wenn wir von der Existenz des Objektes und der Realität seiner Eigenschaften überzeugt sind, ist inkompatibel mit der These, dass wir an die Existenz fiktiver Objekte nicht glauben, und der Erfahrung, dass wir in der Tat emotional auf Fiktionen reagieren. Um zu erklären, wie Fiktionsrezipienten emotional auf Fiktives reagieren können, haben zeitgenössische Autoren verschiedene Erklärungsmodelle vorgeschlagen. Auf welche Art und Weise diese verschiedenen Modelle den offenkundigen Spannungen entkommen, werde ich im Folgenden zeigen. Die Modelle werden nach der jeweiligen Rolle der Überzeugungen bei Gefühlen in Bezug auf Fiktionen dargestellt.

---

10 Kenny: Action.
11 Solomon: Passions; Nussbaum: Upheavals.
12 Marks: Theory; Green: Emotions.
13 Ben-ze'ev: Subtlety.

2.1 Die Illusionstheorie: Willentliche Aufhebung des Fiktionalitätsurteils

In der Debatte über das Paradoxon der Fiktion wird oft ein bestimmter Lösungsansatz erwähnt und kritisiert, ohne dass ein solcher innerhalb der analytischen Philosophie von einem der Autoren vertreten würde. Besonders in der Filmtheorie wird die Ansicht vertreten, dass das Fiktionalitätsurteil bei der Fiktionsrezeption aufgehoben wird: Wenn wir uns mit Fiktionen beschäftigen, verlieren wir zeitweise den Bezug zur Realität und fallen – bewusst oder unbewusst – in eine Art Illusion. Der Illusionstheoretiker löst die Spannung zwischen den Überzeugungen, indem er die dritte Prämisse des Paradoxons für den Fall der Fiktionsrezeption aufhebt. Diese These der willentlichen Aufhebung des Fiktionalitätsurteils oder der ‚willentlichen Aufgabe der Ungläubigkeit' (*willing suspension of disbelief*) wird oft Samuel Taylor Coleridge zugeschrieben, der sie 1817 in der *Biographia Literaria* zum ersten Mal in einem Satz erwähnte. Die gegenwärtigen Autoren, die diese Position vertreten, sind stark von dem Filmtheoretiker Christian Metz beeinflusst, der die filmische Illusion anhand psychoanalytischer Begriffe Freuds und Lacans erläutert hat.[14]

Gegen die Illusionstheorie sind folgende Einwände formuliert worden: Erstens widerspricht diese Theorie unserer Erfahrung der Fiktion. Tatsächlich sind die Momente, in denen wir nicht daran denken, dass es sich um eine Fiktion handelt, sehr selten oder kurz.[15] Es ist darüber hinaus in logischer Hinsicht problematisch, gleichzeitig zwei widersprüchliche Überzeugungen zu haben: dass es sich um eine Fiktion handelt und dass die Situation wie Realität sei. Außerdem würden wir, wenn wir wirklich das Fiktionalitätsurteil aufgehoben hätten, auf Fiktionen reagieren wie auf Wirkliches, was nicht der Fall ist.[16] Problematisch ist auch die Tatsache, dass unsere Überzeugungen nicht leicht oder direkt willentlich zu manipulieren sind. Dies wird an Fällen deutlich, in denen die Fiktionsstruktur sehr komplex oder die Sprache sehr künstlich ist, so dass der Fiktionsrezipient dauerhaft daran erinnert wird, dass es sich um Kunst und Fiktion handelt und nicht um eine reale Situation.

---

14 Vgl. Metz: Semiologie.
15 Vgl. Harris: Work, S. 60.
16 In diesem Zusammenhang haben einige Filmtheoretiker das Konzept der Immersion entwickelt. Die Immersion könnte graduell sein und dann würden wir auf Fiktionen graduell genauso reagieren (z. B. auch somatisch) wie auf die Wirklichkeit. (Ich bin Norbert Richter zu Dank verpflichtet für diese Bemerkung.) Vgl. für das Phänomen der fiktionalen Immersion Voss: Immersion, S. 127.

2.2 Der Irrationalismus: Widersprüchliche Überzeugungen und mangelnde Motivation zum Handeln

Der radikalste Umgang mit dem Paradoxon, von dem die ganze Debatte ihren Ausgang nahm, wurde von Colin Radford in dem bereits zitierten Aufsatz „How Can We Be Moved by the Fate of Anna Karenina?" entwickelt. Diesem Beitrag zufolge ist es irrational, auf Fiktionen mit Gefühlen zu reagieren: „[O]ur being moved in certain ways by works of art, though very ‚natural' to us and in that way only too intelligible, involves us in inconsistency and so incoherence."[17] Radford argumentiert, dass die Irrationalität unserer Gefühlsantworten auf Fiktionen sowohl doxastisch als auch praktisch ist. Die doxastische Irrationalität besteht darin, dass wir zwei widersprüchliche Überzeugungen gleichzeitig haben. Einerseits setzen unsere emotionalen Reaktionen laut Radford voraus, dass wir an die Existenz des Gefühlsobjekts glauben; andererseits wissen wir eben von fiktiven Gegenständen genau, dass sie nicht existieren. Damit wird eine Unterscheidung zwischen ‚rationalen Emotionen' wie Mitleid angesichts des Todes eines Menschen und ‚irrationalen Emotionen' wie Mitleid mit Mercutio (Romeos Freund in Shakespeares *Romeo und Julia*) eingeführt. Die praktische Irrationalität besteht darin, dass irrationale Emotionen – so Radford – im Unterschied zu Emotionen über Reales nicht zum Handeln veranlassen.

Von den vielen Einwänden gegen Radford werde ich im Folgenden zwei hervorheben. Zunächst ist Radfords Ergebnis wenig intuitiv. Wir sind im Allgemeinen nicht der Meinung, dass Gefühlsantworten auf Fiktionen – die einen guten Teil der menschlichen Affektivität bilden – schlecht begründet und daher irrational sind. Darüber hinaus arbeitet er als Anhänger eines streng kognitivistischen Gefühlsmodells mit einem sehr engen Emotionsbegriff. Wenn Gefühle stets auf Überzeugungen gründen sollen, dann bleiben diejenigen Gefühle unerklärt, die anstelle von Überzeugungen Wahrnehmungen oder Phantasien als Basis haben.

2.3 Die Gedanken-Theorie: Tatsachen und Gedanken anstelle von Überzeugungen

Schon während der Blütezeit jener streng kognitivistischen Ansätze der Gefühlstheorie, die die Formulierung des Paradoxons der Fiktion motiviert hatten, plädierten einige Autoren für einen Lösungsansatz, der darauf hinausläuft, ein alternatives Modell der Gefühle zu entwerfen. Die alternative

---

17 Radford: Fate, S. 78. Im selben Sinne auch ders.: Philosophers, S. 261; ders.: Fiction, S. 71. Radford ist bislang der einzige Vertreter dieser Ansicht.

Gefühlsauffassung, die gegen den damaligen Mainstream der analytischen Philosophie des Geistes entworfen wurde, besteht darin, anstelle von Überzeugungen Gedanken (‚thoughts') – in einem weiten Sinne verstanden als Wahrnehmung, Phantasie oder Annahme – als Basis von Gefühlen anzunehmen. Im Folgenden seien fünf Theorien dieser Gruppe kritisch dargestellt. Der erste Beitrag wurde von Michael Weston unter dem Titel „How can we be moved by the fate of Anna Karenina? (II)" als Replik auf Radfords Aufsatz vorgelegt. Weston zufolge hat Radford übersehen, dass wir hauptsächlich auf Kunstwerke emotional reagieren, in denen ein wichtiger Aspekt des Lebens dargestellt wird und die uns auf diese Weise zu einer Reflexion einladen:

> [W]e can be moved, not merely by what has occurred or what is probable, but also by ideas. I can be saddened not only by the death of my child or the breakdown of your marriage, but also by the thought that even the most intimate and intense relationships must end. Such feelings are not responses to particular events, but express, I think, a certain conception of life and are the product of reflection on it.[18]

Objekt des Gefühls ist in diesem Fall eine Situation, die in der Fiktion dargestellt wird und die im realen Leben vorkommen kann.[19] Gefühle angesichts von Fiktionen bringen einen bestimmten Blick auf die Welt zum Ausdruck.

An diesem Lösungsansatz sind im Wesentlichen drei Probleme zu bemerken: Auch wenn es sich um eine Fiktion handelt, ist das Gefühlsobjekt nicht eine allgemeine Tatsache des Lebens, sondern ein konkreter fiktiver Gegenstand. Um im Beispiel zu bleiben, ist meine Trauer über Mercutios Tod keine Trauer über die allgemeine Tatsache, dass Menschen sterben, sondern über den konkreten Tod dieser fiktiven Figur. Verbunden damit ist es auch klärungsbedürftig, wie der Fiktionsrezipient von einem konkreten und spezifischen fiktionalen Inhalt zu einem allgemeinen Gedanken kommt und warum solche allgemeinen Gedanken anstelle der konkreten fiktionalen Figur Gefühle bei ihm auslösen sollten. Das zweite Problem betrifft den Umstand, dass es nicht immer eine Parallele zwischen der fiktiven Situation und einer Situation des Alltags gibt. Die Angst vor dem Ende der Welt, vor der Auferstehung von Zombies oder davor, von Dracula gebissen zu werden, hat kein Analogon in der realen Welt, sodass schwierig zu sehen ist, welche Tatsachen des Lebens in der Fiktion angesprochen werden. Darüber hinaus verwechselt Weston in seinem Beitrag das Gefühlsobjekt mit der Gefühlsursache. Die Trauer angesichts einer fiktiven Figur kann sich zwar auf einen Gedanken gründen, aber nicht dieser Gedanke ist

---

18 Weston: Fate, S. 85 f.
19 Eine ähnliche Version wurde von Paskins entwickelt, vgl. Paskins: Anna Karenina, S. 344–347.

das Objekt des Gefühls, sondern der tatsächliche Sachverhalt (z. B. ‚dass Menschen sterben').

Gemäß Lamarque in „How Can We Fear and Pity Fictions?" sind die wirklichen Objekte der Gefühle Gedanken. Als Gedanke gilt alles, was man als einen mentalen Inhalt betrachten kann, etwa mentale Bilder, Phantasien und Annahmen.[20] In Lamarques Theorie spielt die Lebendigkeit eines Gedankens eine große Rolle: Je lebendiger ein Gedanke ist, desto wahrscheinlicher werden wir emotional auf ihn reagieren.

Der Gedankenbegriff, mit dem Lamarque in dieser Theorie arbeitet, ist allerdings zu allgemein und vage. Darüber hinaus findet sich hier eine Verwechslung des Gefühlsobjekts mit der kognitiven Basis des Gefühls. Gedanken können nicht Objekte von Gefühlen sein, sie sind eher ihre Grundlage, weil sie als kognitive Basis – und hier wird Kognition im weiten Sinne verstanden und nicht auf Urteile reduziert – fungieren. Ein weiterer Einwand gegen Lamarques Auffassung ist der, dass nicht alle lebendigen Gedanken Gefühle hervorrufen.

In derselben Linie wie Weston und Lamarque entwickelt Robert Yanal einen interessanten Ansatz, demzufolge wir, wenn wir emotional auf Fiktionen reagieren, so stark in lebendige und detaillierte Gedanken involviert sind, dass das Urteil, dass es sich um Fiktionen handelt, *mehr oder weniger deaktiviert* bleibt. Diese Deaktivierung erlaubt es, emotional auf Fiktionen zu reagieren, als ob es sich um Reales handeln würde.[21] Das Wissen, dass es sich um Fiktion handelt, ist durchaus vorhanden, aber es rückt beim Fiktionskonsum in den Hintergrund. Dank der Deaktivierung reagieren wir auf Fiktionen mit Gefühlen, und da die Überzeugung, dass es sich um eine Fiktion handelt, nicht ganz aufgehoben ist, verfallen wir in keine Illusion und Täuschung.

Dieser Lösungsansatz teilt viele der Probleme der Beiträge von Weston und Lamarque. Zwei weitere Einwände beziehen sich auf spezifische Probleme, die aufgrund der Deaktivierungsthese auftreten. Erstens sind die Momente, in denen wir das Urteil ‚deaktivieren', dass es sich um eine Fiktion handelt, zu kurz, um von einer tatsächlichen Deaktivierung zu sprechen. Zweitens: Wenn wir das Wissen um die Fiktionalität des Gegenstandes wirklich deaktivieren würden, dann wäre es völlig unverständlich, dass wir bei Fiktionen auch Genuss an negativen Emotionen wie Trauer oder Mitleid haben.

Eine alternative Auffassung stellt Roger Scruton in *Art and Imagination* zur Diskussion. Laut Scruton gründen die fiktionsbezogenen Gefühle auf

---

20 Vgl. Lamarque: Fictions, S. 293.
21 Vgl. Yanal: Paradoxes, S. 102.

Imagination und nicht auf Überzeugungen.[22] Imagination und Urteilsvermögen werden hier als entgegengesetzte Fähigkeiten präsentiert. Emotionen lassen sich Scruton zufolge im Allgemeinen als Komplexe aus Urteilen und Wünschen verstehen, sodass er mit einer Überzeugung-Wunsch-(*Belief-Desire*)Theorie der Gefühle arbeitet.[23] Habe ich etwa Angst vor einem realen Objekt, so besteht diese Angst einerseits aus der Überzeugung, dass es sich um etwas Gefährliches handelt, und andererseits dem Wunsch, zu fliehen oder mich in Sicherheit zu bringen. Ganz anders läuft es ab, wenn ich Angst vor einem fiktiven Objekt habe. Hier habe ich keine Überzeugung, und der Wunsch zu fliehen – so Scruton – ist wie ausgeschaltet. Emotionen, die von Fiktionen ausgelöst werden, bestünden dann aus dem bloßen Imaginieren des Objektes – einem Phantasieren, das die typischen Symptome der Angst hervorriefe, wenn auch in geringerer Intensität und ohne dass dadurch eine Handlungsneigung hervorgerufen würde.

Problematisch ist bei diesem Ansatz sowohl die Auffassung von realitätsbezogenen als auch die von fiktionsbezogenen Gefühlen. Die Beschreibung von realitätsbezogenen Gefühlen als Komplexen von Überzeugungen und Wünschen ist in der Hinsicht problematisch, als es viele realitätsbezogene Gefühle gibt, die auf keinerlei Überzeugungen gründen – etwa die Angst vor einer hypothetischen Situation –, und auch in der Hinsicht, als viele realitätsbezogene Gefühle nicht zusammen mit Wünschen auftreten. Es gäbe also in dieser Hinsicht keinen Unterschied zwischen realitäts- und fiktionsbezogenen Gefühlen. Die These, dass diese letzteren Gefühle von geringerer Intensität sind und nicht zum Handeln veranlassen, wird von der Erfahrung der Fiktion selbst widerlegt.

Ein weiterer Vertreter der Gedanken-Theorie ist Noël Carroll. In „Art, Narrative and Emotion" vertritt er die These, dass Leser fiktionaler Texte zwar bestimmte mentale Gehalte repräsentieren, dass dafür aber keine Überzeugung nötig ist (*entertain a proposition*). Er lehnt die streng kognitivistische These ab zugunsten eines „Kognitivismus im weiten Sinne", dem zufolge Gefühle eine kognitive Komponente wie etwa einen Gedanken oder ein Aufmerksamkeitsmuster (*pattern of attention*) benötigen. Carroll schreibt: „[T]he form that is most relevant to understanding our emotional responses to fictional narratives is thought, not belief."[24] Gedanken in Carrolls Sinne sind in Bezug auf ihre Wahrheit oder Falschheit indifferent. Sie sind wie Suppositionen, bei denen die Wahrheit des imaginierten Sachverhaltes gleichgültig ist:

---

22 Scruton spricht über ästhetische Emotionen.
23 Vgl. Scruton: Art, S. 129.
24 Carroll: Art, S. 209.

It is to entertain a thought-content, to entertain a proposition as unasserted, to understand the meaning of the proposition (to grasp its propositional content), but to refrain from taking it as an assertion, and, therefore, to be neutral about its truth value.[25]

Den Gedankenbegriff versteht Carroll im Sinne eines propositionalen Inhalts. Dies hat zur Folge, dass diejenigen fiktionsbezogenen Gefühle, die nicht in propositionalen Strukturen gründen, sondern in bloßen Phantasiebildern oder Wahrnehmungen, ohne Erklärung bleiben. Wertvoll an diesem Beitrag ist, dass eine Auffassung der Gefühle vertreten wird, die zwar eine kognitive Basis für Gefühle anerkennt, diese aber nicht auf Überzeugungen reduziert. Dieser Beitrag hat, ebenso wie die zuvor genannten Beiträge aus dem Spektrum der Gedanken-Theorien, der Gefühlsforschung neue Impulse gegeben, sich in die Richtung eines Paradigmenwechsels zugunsten eines ‚Kognitivismus im weiten Sinne' zu entwickeln. Bevor wir uns diesen neueren Ansätzen zuwenden, sollen noch zwei weitere Theorievarianten analysiert werden, die im Rahmen des strengen Kognitivismus verbleiben bzw. in seiner Tradition stehen.

2.4 Der Fiktionalismus: Urteile zweiter Ordnung, Make-Believe und Simulation

Fiktionalistische Theorien behaupten, dass emotionale Reaktionen auf Fiktionen auf Urteilen zweiter Ordnung beruhen. Urteile zweiter Ordnung sind ihrer Natur nach anders als Urteile über die Realität, und dieser Unterschied bedingt auch die Natur der Gefühlsreaktionen, die in diesen Urteilen zweiter Ordnung gründen.

Der erste Ansatz in dieser Debatte, der die Idee der Urteile zweiter Ordnung auf die Fiktion anwendet, wurde 1978 von Eva Schaper in „Fiction and the suspension of disbelief" entwickelt. Schaper führt zwei Thesen ein, die in der Debatte als sehr innovativ in Erscheinung treten. Die erste These besagt, dass nicht alle Urteile existentielle Urteile sind. Ein Urteil zu fällen, setzt nicht voraus, dass wir von der Existenz des Objektes überzeugt sind.[26] Wenn wir unbedingt an die Existenz des Objektes glauben müssten, um ein Urteil zu fällen, dann wären alle Urteile über nicht-existente Dinge wie etwa Urteile über zukünftige oder hypothetische Fälle als solche schon problematisch. Die zweite These lautet, dass Urteile erster Ordnung über die Realität und Urteile zweiter Ordnung über die Fiktion sich nicht widersprechen. Ein Urteil erster Ordnung ist etwa das Urteil, dass wir es mit einer Fiktion zu tun haben, wenn wir einen Roman lesen oder uns einen Film anschauen. Ein Urteil zweiter

---

25 Ebd.
26 Vgl. Schaper: Fiction, S. 41.

Ordnung gründet immer auf einem Urteil erster Ordnung und betrifft den Inhalt der Fiktion, etwa, dass Anna Karenina unglücklich verheiratet ist. Fiktion und Realität sind zwei verschiedene ontologische Bereiche und die entsprechenden Urteile sind von unterschiedlicher Natur. Es ist daher kein Widerspruch, wenn man das Urteil erster Ordnung trifft, dass es sich um eine Fiktion handelt, und gleichzeitig das Urteil zweiter Ordnung trifft, dass die fiktive Situation eine bestimmte emotionale Reaktion von uns erfordert. Schaper will damit gegen den Vorwurf der Irrationalität der Gefühle in Bezug auf Fiktionen plädieren. Ein weiterer Beitrag wurde im Rahmen einer umfangreichen Theorie der Kunst von Kendall Walton in *Mimesis as Make-Believe* (1990) entwickelt. Die Bezeichnung ‚Make-Believe' deutet darauf hin, dass fiktionale Texte den Leser nicht dazu auffordern, das Gesagte für wahr zu halten, sondern dazu, sich vorzustellen, dass es geschehen ist (*to make-believe*). Bei den *Make-Believe*-Gefühlen, die Walton auch als Quasi-Emotionen bezeichnet, sind wir von der Realität der Ereignisse nicht überzeugt, sondern wir tun bloß so, als ob wir es wären, und dementsprechend veranlassen uns diese Gefühle nicht zum Handeln. Die Gefühlsantworten auf Reales dagegen gründen in Überzeugungen und motivieren zum Handeln.

Zwei Beispiele sind von besonderer Bedeutung für die Illustration von Waltons Theorie. In dem ersten, häufig zitierten Beispiel fragt sich der Autor, ob der Kinobesucher Charles Angst vor dem Filmmonster hat. Walton zufolge empfindet Charles keine Angst, wenn er auch alle für die Angst typischen phänomenalen Zustände hat. Zwar sind die Angst über etwas Reales und Charles' Angst im Kino als Phänomene ähnlich, aber Charles' Angst gründet nicht in einer Überzeugung[27] und motiviert zu nichts, wenn auch diese Angst sich wie Angst gegenüber Realem anfühlt. Von den drei Komponenten der Gefühle hat also, Walton zufolge, die Angst im Kino nur eine: die phänomenale Qualität, nicht aber die Basis der Überzeugung und die motivationale Kraft. Aus diesem Grund spricht Walton in diesem Fall von einer Quasi-Emotion oder einer *Make-Believe*-Emotion. So verbindet Walton die Frage nach der doxastischen und praktischen Rationalität unserer Emotionen in Bezug auf Fiktionen mit der Frage nach ihrer Realität bzw. Echtheit.

Im zweiten Beispiel wird die Analogie zwischen Quasi-Emotionen und den Emotionen erläutert, die bei Kinderspielen auftreten. Genauso wie Kinder beim Kuchenbacken im Sandkasten so tun, als ob es sich um echten Kuchen handelte, tun Erwachsene, wenn sie sich mit einem Kunstwerk beschäftigen, so, als ob es sich um Reales handelte. In derselben Weise wie die Gegenstände des Kinderspiels die Regeln des Spiels bestimmen, dienen Kunstwerke als Requisiten (*props*) in dem *Make-Believe*-Spiel der Kunst. Diese Requisiten bestimmen, was zu imaginieren ist.

---

27 Vgl. Walton: Mimesis, S. 196 und 271.

14. Das Paradoxon der Fiktion

Waltons Theorie hat ebenso viel Kritik wie Faszination hervorgerufen. Ich will drei Einwände hervorheben: Zunächst ist die Analogie zwischen Kinderspiel und Fiktion, die Waltons These als Grundbaustein dient, sehr problematisch. Denn während beim Spiel die Situation von den Spielenden mitgestaltet wird, haben Fiktionsrezipienten in der Regel nicht dieselbe Möglichkeit, die Fiktion aktiv zu gestalten. Die zweite Schwierigkeit betrifft Waltons Gefühlsauffassung. Sowohl die streng kognitivistische These, dass Gefühle unbedingt in Urteilen – welcher Art auch immer – gründen müssen, als auch die These, dass sie stets zum Handeln motivieren, werden von der heutigen Gefühlsforschung abgelehnt. Walton hingegen vertritt in seinem Beitrag die These, dass, wenn auch Gefühle und Quasi-Gefühle dieselbe Phänomenologie haben, die ersteren in Urteilen gründen und handlungsleitend sind, die letzteren aber nicht. Dieses Konzept der Gefühle ist eben für die dritte Schwierigkeit des Ansatzes verantwortlich: die These, dass Gefühle, die sich auf Fiktionen beziehen, Quasi-Gefühle sind. Waltons Kritiker haben in diesem Terminus eine Verbannung der affektiven Reaktionen auf Kunst, auf Imaginiertes und auf Fiktionen aus dem Reich der echten Gefühle gesehen.

Die These der Quasi-Gefühle behandelt die Realitätsfrage implizit in der Debatte des Fiktionsparadoxons und verbindet diese Frage mit dem Rationalitätsaspekt. Dabei wird auf die Bezeichnung ‚Gefühl' nicht verzichtet, weil die phänomenale Qualität der Furcht, der Freude usw. vorhanden ist; allerdings verdienen diese Gefühlsregungen nicht uneingeschränkt den Namen des Gefühls, weil ihnen zwei Aspekte fehlen, die in diesen, einem strengen Kognitivismus verhafteten, Theorien wesentlich für Gefühle sind: eine Überzeugung als Basis und die Motivation zum Handeln.

Walton fühlte sich, was die These der Quasi-Emotionen anbelangt, von seinen Kritikern missverstanden und in „Spelunking, Simulation, and Slime" versucht er seine Position zu erläutern. In diesem Aufsatz vertritt er die Ansicht, dass Emotionen über Fiktionen zwar echt, real und genuin, gleichwohl aber von anderer Art als Emotionen über die Realität sind. Ihre Andersartigkeit – so Walton – besteht darin, dass sie in einem „*Off-line*"-Modus entstehen. Dank des Mechanismus der Simulation und der Kraft der Imagination werden Quasi-Gefühle wie Gefühlsantworten auf Reales ausgelöst,[28] aber da sie ‚*off-line*' sind, bleiben die für Emotionen sonst typischen Handlungsneigungen aus. Gefühle dieser Art werden nur in der Imagination empfunden: „I stand by my contention that it is *only* in imagination that Charles fears the Slime, and that appreciators do not literally pity Willy Loman, grieve for Anna Karenina, and admire Superman [...]."[29]

---

28 Walton: Spelunking, S. 38.
29 Ebd., S. 43.

Die Idee, dass Gefühlsreaktionen auf Fiktionen durch Simulation entstehen, wurde auch von anderen Autoren entwickelt. Susan Feagin plädiert außerhalb des streng kognitivistischen Paradigmas der Gefühle für die These, dass *art emotions* erst dann entstehen, wenn wir uns in fiktionale Figuren einfühlen. Die Einfühlung erklärt Feagin in der Weise, dass wir uns vorstellen, Gefühle zu haben.[30] Über dieses Imaginieren eines Gefühls behauptet die Autorin:

> Imagining an emotion is not a matter of having a mental representation of some fact about the world, in this case, a fact about a type of human psychological state. It is instead a matter of simulating by the pattern of concrete imaginings what we identify as being in that state.[31]

Gefühle dieser Art entstehen also durch Simulation des Zustandes, in dem wir wären, falls wir eine bestimmte Emotion erfahren würden.

Gregory Currie vertritt in *The Nature of Fiction* innerhalb eines streng kognitivistischen Modells der Gefühle eine These, die in die Richtung von Waltons Quasi-Gefühlen geht. Fiktionsbezogene Gefühle seien von anderer Art als genuine Emotionen und entstünden durch Simulation. Currie zufolge spielt der Leser ein *Make-Believe*-Spiel und nimmt gegenüber den Aussagen der Geschichte eine Als-ob-Einstellung ein. Er tut so, als ob er einen wahren Beitrag über verschiedene Ereignisse lesen würde. Dieses „Make-Believe" interagiert mit seinen „Make-Desires", und diese Interaktion ruft Gefühle bestimmter Art hervor.[32] Später in *Recreative Minds* lehnt Currie zusammen mit Ian Ravenscroft diese These und die streng kognitivistische Gefühlsauffassung ab und betrachtet durch Fiktionen ausgelöste Gefühle als echte Gefühle.[33]

2.5 Der Realismus: Die Überzeugung, dass die Fiktion Realität sei

Gleichsam ein Opfer der streng kognitivistischen Gefühlsauffassung ist auch die Position, die Suits 2006 in „Really Believing in Fiction" entwickelt. Suits' These ist die, dass Fiktionsrezipienten wirklich an die Fiktion glauben und sich nur wegen des Kontextes anders verhalten als sonst. Suits fragt sich, warum wir daran zweifeln sollten, dass wir von den Fiktionen überzeugt sind, und formuliert in diesem Zusammenhang seine These wie folgt: „My thesis is that we react emotionally to stories because we *do* believe what

---

30 Feagin: Emotions, S. 56.
31 Ebd., S. 59.
32 Currie: Nature, S. 205.
33 Currie / Ravenscroft: Minds, S. 96, S. 159 und Kapitel 9. Für eine Diskussion dieses Sinneswandels vgl. Gaut: Art, S. 208, Fußnote 8.

stories tell us – not fictionally-believe, not make-believe, but believe in the ordinary way in which we believe anything at all."[34]

Diese ‚realistische' These stützt sich hauptsächlich auf zwei Argumente. Das erste Argument betont die Bedeutung des Kontexts bei der Fiktionsrezeption. Der Kontext bestimmt, worauf die Aufmerksamkeit gerichtet wird, denn – so Suits – wenn wir in eine fiktionale Geschichte verstrickt sind, machen wir keine Unterscheidung zwischen Fiktion und Fakten.

Suits arbeitet zweitens mit einem bestimmten Überzeugungsbegriff. Überzeugungen werden als Neigung zum Handeln – und dabei auch zum Denken – verstanden: „tendency to act (including to think, including to have other beliefs)".[35] Da es sich um eine Neigung handelt, kommen Überzeugungen in Graden vor – man kann mehr oder weniger von etwas überzeugt sein. Dieses Verständnis des Überzeugungsbegriffs erlaubt es, dass zwei Überzeugungen, die als entgegengesetzt erscheinen, gleichwohl in bestimmter Weise kompatibel sind. Damit stellt Suits die Ideologie der ‚doxastischen Exklusivität' in Frage, die auf der bivalenten Logik und dem Prinzip der Nicht-Kontradiktion aufbaut. Dieser Ideologie zufolge können wir, wenn wir p für wahr halten, nicht zugleich nicht-p für wahr halten. Ein gutes Beispiel für diese Ideologie findet sich in der üblichen Kritik an der Illusionstheorie, wenn man behauptet, dass es unmöglich sei, an die Fiktion zu glauben und gleichzeitig den Bezug zur Realität aufrechtzuerhalten. Suits zufolge ist es aber möglich, an die Fiktion in einer schwachen Form zu glauben und gleichzeitig nicht den Bezug zur Realität zu verlieren.

Mithilfe dieser Auffassung untersucht er dann Waltons Beispiele. In Bezug auf den Kinozuschauer Charles behauptet er: „I claim that believing that what he is watching is real is carried on simultaneously with believing that what he is watching is fictional."[36] Über das Beispiel des Kuchenbackens im Sandkasten behauptet Suits, dass es sich für die Kinder um Kuchen handele, setze nicht voraus, dass die Kinder gleichzeitig nicht davon überzeugt seien, dass sie mit Sand spielen. Es sei möglich, von beidem überzeugt zu sein. Die genaue Unterscheidung zwischen Sand und Kuchen wird erst dann gemacht, wenn es um praktische Konsequenzen geht. Dieser Ansatz lässt allerdings das streng kognitivistische Paradigma der Gefühle unhinterfragt, und dies obwohl 2006 die Blütezeit des strengen Kognitivismus in der Gefühlsforschung schon vorbei war. Es erstaunt in diesem Zusammenhang, dass der Autor einerseits fest an dieses Paradigma glaubt und andererseits für eine Schwächung des Überzeugungsbegriffs plädiert.

---

34 Suits: Believing, S. 376.
35 Ebd., S. 380.
36 Ebd., S. 380, auch Fußnote 22 und S. 386.

3. Wechsel des Gefühlsparadigmas und die Fiktion des Paradoxons der Fiktion

3.1 Kognitivismus im weiten Sinne: Philosophie, Ästhetik und Neurowissenschaften

Die streng kognitivistischen Gefühlsauffassungen, die das Paradoxon motiviert haben, beruhen auf der These, dass Gefühle entweder auf Überzeugungen gründen oder als eine Art von Überzeugung zu verstehen sind. Innerhalb dieses Gefühlsparadigmas ist die doxastische Spannung nicht zu lösen. Die Spannungen, die bei den bisher beschriebenen Ansätzen festzustellen waren, sowie die Ansätze zu einem Paradigmenwechsel, die sich bei den Gedanken-Theorien beobachten ließen, wiesen bereits auf die Notwendigkeit eines neuen theoretischen Modells der Gefühle voraus, das eher in der Lage wäre, Gefühlsreaktionen auf Fiktionen angemessen zu beschreiben.

In den letzten Jahrzehnten hat in der Gefühlsforschung eine Entwicklung hin zu einem neuen Modell der Gefühle stattgefunden. In diesem neuen Paradigma werden Gefühle als *leibliche Intentionen, gefühlte Evaluationen, affektive Wahrnehmungen* oder *affektive Intentionalität* verstanden.[37] Gefühle werden demnach durch drei Merkmale gekennzeichnet: Sie sind leibliche Erfahrung, sie gründen auf Kognitionen – und diese kognitive Grundlage soll im weiten Sinne verstanden werden – und sie haben eine informative bzw. kognitive Funktion mit Blick auf die Umgebung. Diesem neuen Paradigma zufolge können Wahrnehmungen, Phantasien, Annahmen, Erinnerungen und Ähnliches – und nicht nur Überzeugungen – als kognitive Basis von Gefühlen fungieren. Autoren wie Jon Elster oder Peter Goldie haben gezeigt, dass die kognitiven Grundlagen der Emotionen sich keinesfalls auf Überzeugungen reduzieren lassen.[38] So gründet etwa der Ekel auf einer Wahrnehmung und nicht auf einem Urteil, und bestimmte Formen der Angst wie etwa die Angst vor phantasierten Objekten benötigen ebenfalls kein Urteil als Basis. Auch bloße Wahrnehmungen, Phantasien, Erinnerungen, Annahmen usw. können als kognitive Basis von Emotionen in Erscheinung treten. In diesem neuen Paradigma erscheinen Gefühle, die sich auf Fiktionen beziehen, nicht mehr problematisch, denn ein Gefühl gründet nicht mehr notwendigerweise in einer Überzeugung. Darüber hinaus gehören auch die leiblichen Aspekte eines Gefühls mit zu den definitorischen

---

37 So bspw. Döring: Philosophie; Demmerling / Landweer: Philosophie; Engelen: Gefühle; Goldie: Emotions; Hartmann: Gefühle; Slaby: Gefühl; Vendrell Ferran: Emotionen.
38 Vgl. Elster: Alchemies, S. 250; Goldie: Emotions, S. 145.

Aspekten. Auch die Phänomenologie des Gefühls ist ernst zu nehmen, wenn es darum geht, ein Gefühl als solches zu charakterisieren.

Der große Vorzug dieses neuen Paradigmas drückt sich in zwei Richtungen aus. Zum einen ist es hier wichtig, dass Gefühle in Bezug auf Fiktionen nicht mehr paradox und rätselhaft sind, was ihre kognitive Basis anbelangt. Denn auch diejenigen Gefühle, die nicht in Überzeugungen gründen, passen zum Paradigma der Rationalität. Zum anderen werden Gefühle als leiblich verstanden. Wenn auch diese zwei Aspekte der Rationalitäts- und der Realitätsfrage in dem neuen Paradigma nicht mehr als problematisch erscheinen, bleibt noch zu klären, was die Struktur und die Natur unserer emotionalen Reaktionen auf Fiktionen sind. In genau diese Richtung gehen neuere Forschungen zu diesem Thema.

Innerhalb der Ästhetik haben einige Theoretiker diesen Paradigmenwechsel auf das Paradoxon der Fiktion angewandt. In diesem Zusammenhang haben Gendler und Kovakovich behauptet, dass emotionale Reaktionen auf Fiktionen rational und echt sind und dass sie nicht unbedingt in einer Überzeugung gründen müssen. Emotionen folgen bestimmten Reaktionsmustern und diese Muster können nicht leicht verändert werden. So kann ein Mensch etwa Angst empfinden, auch wenn er weiß, dass die Glasplattform unter seinen Füßen sicher ist. Eine ähnliche Reaktion findet statt, wenn man emotional auf Fiktionen reagiert: Wir reagieren auf die Fiktion, auch wenn wir wissen, dass es sich nur um eine Fiktion handelt.[39] Auch Matravers vertritt einen Kognitivismus im weiten Sinne: „[B]road cognitive theory agrees that emotions involve some cognitive component, but allows such a component to be a state other than a belief."[40] Matravers zeigt, dass emotionale Reaktionen auf Fiktionen rational sind, obwohl sie nicht auf Überzeugungen gründen. Berys Gaut plädiert gegen das Überzeugungsmodell der Gefühle zugunsten eines Ansatzes, in dem der Imagination und der Wahrnehmung eine große Bedeutung zugeschrieben wird.[41] Auch Gregory Currie und Ian Ravenscroft vertreten eine ähnliche These über die „recreative imagination". Diese wird als eine Form der Imagination verstanden, die wie folgt zu charakterisieren ist: „the having of states that are not beliefs, desires, or perceptions but are like them in various ways".[42]

Dieser Paradigmenwechsel in der Philosophie der Gefühle und der Ästhetik wird von aktuellen neurowissenschaftlichen Forschungen gestützt. Im Folgenden seien nur zwei wichtige Beiträge erwähnt, die im Rahmen dieser Debatte eine Rolle gespielt haben. Beide vertreten aus neurophilosophischer

---

39 Gendler / Kovakovich: Emotions, S. 241–254.
40 Matravers: Challenge, S. 254.
41 Gaut: Art, S. 208. Das Überzeugungsmodell nennt er „judgementalism".
42 Currie / Ravenscroft: Minds, S. 2.

Perspektive eine philosophische Ansicht, die schon im 19. Jahrhundert ihren Platz im Rahmen der deutschsprachigen Ästhetik hatte, die Idee nämlich, dass Gefühle nicht unbedingt auf Überzeugungen gründen. Schroeder und Matheson haben anhand neurowissenschaftlicher Studien die ‚DCA'-These (*Different Cognitive Attitude*) aufgestellt, derzufolge die kognitive Basis der Gefühlsreaktionen auf Fiktionen nicht Überzeugungen sind, sondern eine „andere kognitive Einstellung". Gefühle angesichts von Fiktionen gründen in einer Einstellung, die Überzeugungen ähnelt, aber anders als diese ist.[43] Diese Einstellung lasse sich sowohl von Überzeugungen als auch von Wahrnehmungen unterscheiden: „[A] DCA is a kind of content-bearing state, tokens of which play a functional role distinct from that of the most familiar propositional attitudes (beliefs, desires, intentions, etc.) and distinct also from perception and hallucination."[44] Einer dieser Unterschiede besteht darin, dass die DCA uns nicht zum Handeln veranlasst. Auch Shaun Nichols und Stephen Stich haben in ihrem ‚boxologischen' Beitrag die These vertreten, dass neben einer „Belief Box" und einer „Desire Box" auch eine „Possible World Box" bzw. „Pretend Box" existiere.[45] Diese verschiedenen Boxen unterschieden sich nach ihrer Funktion. Die „Pretend Box" habe die Funktion, nicht die Welt darzustellen, sondern uns die Welt darzustellen, wie sie sein könnte. Diese „Pretend Box" hat Nichols und Stich zufolge den Charakter einer ‚Annahme' und ist insofern mit Überzeugungen verbunden.

Es gibt zudem Studien, die aus einer rein neurowissenschaftlichen Perspektive die Frage beantworten wollen, wie unsere emotionalen Reaktionen auf Fiktionen zu verstehen sind. In diesen Studien wird versucht, die Rolle der Imagination bei unserer Beschäftigung mit Fiktionen zu erklären. Diese Studien haben belegt, dass die Imagination ähnliche Gefühle wie reale Situationen und Objekte veranlassen kann. In beiden Fällen – bei der Imagination und bei der Wahrnehmung von Realem – werden dieselben Gehirnareale aktiviert, denn es gibt kein anatomisch spezifisches Gehirnareal, das für die Darstellung des Imaginären verantwortlich wäre. Was geschieht, wenn wir uns mit Fiktionen auseinandersetzen? Dann haben wir sowohl Wahrnehmungen von realen Dingen – wie etwa des gepolsterten Kinosessels, in dem wir sitzen[46] – als auch bloße Phantasien: wie etwa die des im Film simulierten Mörders. Diese Phantasien senden dann – genauso wie die Wahrnehmungen – Impulse an die für Emotionen zuständigen Gehirnzentren und diese Areale aktivieren die typischen emotionalen Antworten. Fik-

---

43 Schroeder / Matheson: Imagination, S. 21.
44 Ebd., S. 23.
45 Nichols / Stich: Mindreading, S. 28.
46 Schroeder / Matheson: Imagination, S. 28.

tionale und nicht-fiktionale Stimuli haben ähnliche neurale Konsequenzen: „It turns out that it makes no difference to the common core of real/imaginary activation whether the brain is activated by a representation of a thing or merely by voluntarily imagining that thing."[47] Wenn die Konsequenzen von realen und fiktionalen Stimuli in diesem Sinne ähnlich sind, so sind sie allerdings nicht einfach identisch: Die Verbindung mit der Motivation fehlt, und die gefühlte Qualität ist ebenfalls anders.

Angesichts dieser neuen Ergebnisse der Philosophie der Gefühle, der Ästhetik und der Neurophilosophie kann behauptet werden, dass in der Emotionsforschung insgesamt ein Paradigmenwechsel zugunsten eines Kognitivismus im weiten Sinne stattgefunden hat.

3.2 Der Negationismus: Die Fiktion des Paradoxons und die Echtheit fiktionsbezogener Gefühle

Im Rahmen des Kognitivismus im weiten Sinne, der die heutige Gefühlsforschung charakterisiert, löst sich das Paradoxon der Fiktion auf. Da nicht alle Gefühle – insbesondere nicht die Gefühle angesichts von Fiktionen – in Überzeugungen gründen, können unsere emotionalen Antworten auf Fiktionen nicht mehr als Herausforderung für die doxastische Rationalität betrachtet werden. Dies hat einige Autoren dazu geführt, die Idee eines Paradoxons überhaupt abzulehnen und von der ‚Fiktion des Paradoxons der Fiktion' zu sprechen.

Ein gutes Beispiel für diese negationistische These ist Jenefer Robinsons Buch *Deeper than Reason. Emotion and Its Role in Literature, Music, and Art* (2007). Der Autorin zufolge sind unsere emotionalen Antworten auf Fiktionen eine Art und Weise, einen Roman zu verstehen und ihn zu interpretieren. Laut Robinson tritt das Problem des Paradoxons nur innerhalb des strengen Kognitivismus auf, den sie als „judgement theory of emotion" bezeichnet.[48] Außerhalb dieses Gefühlsmodells seien unsere emotionalen Reaktionen auf Fiktionen nicht paradox, obgleich dies natürlich nicht heiße, dass wir uns nicht um eine Erklärung ihrer Struktur bemühen müssten: „We have emotional responses to all sorts of things, both real and imaginary, both perceived and merely thought about, both possible and impossible."[49] Gefühle werden als ein Verfahren verstanden, das in Gang gesetzt wird, wenn wir affektiv auf etwas reagieren, das für uns eine Bedeutung hat. Auf diese anfängliche Antwort – so die Autorin – folgt eine kognitive Model-

---

47 Ebd., S. 29.
48 Robinson: Reason, S. 143.
49 Ebd., S. 144.

lierung der Situation, die wiederum unsere physiologische Reaktion und unsere Handlungsneigungen beeinflusst.

Direkt auf die Fiktionalität des Paradoxons hat Danièle Moyal-Sharrok in „The Fiction of the Paradox: Really Feeling for Anna Karenina" hingewiesen. Auch diese Autorin erkennt, dass das Paradoxon nur im Rahmen streng kognitivistischer Gefühlsauffassungen entstehen kann, und positioniert sich innerhalb der Debatte mit einer realistischen These in Bezug auf Gefühle, die durch Fiktionen ausgelöst werden, und einer fiktionalistischen These in Bezug auf das Paradoxon. Gefühle angesichts von Fiktionen sind nicht anders als diejenigen Gefühle, die anstelle von Überzeugungen andere Phänomene als Grundlage haben: „Many of our emotions have to do with the non factual, such as fearing a ghost or a burglar when none is there; or fearing a forecast earthquake that does not occur."[50] In dieser Hinsicht bilden fiktionsbezogene Gefühle keine Sondergruppe aufgrund der Fiktionalität ihres Objekts.

4. Praktische Rationalität, Motivation und Handeln

Der Paradigmenwechsel in der Gefühlsforschung zugunsten eines Kognitivismus im weiten Sinne löst die Spannung auf der Ebene der Urteile auf. Es bleibt allerdings die Frage nach der praktischen Rationalität zu klären, d. h. der Vorwurf, dass Gefühle, die sich auf Fiktionen beziehen, keine Handlung motivieren. Es gibt viele Kontexte, in denen Gefühle keine Handlungen motivieren (das wird weiter unten ausgeführt), und nicht immer, wenn ein Gefühl keine Handlung motiviert, ist das schon irrational (wenn ich mich über meinen Sitznachbarn im Stadtbus ärgere und ihn nicht schlage, ist das rational). Also worin besteht der Vorwurf? Der Vorwurf gründet auf der Annahme, dass Handlungen von Überzeugungen veranlasst werden; und da den Gefühlsreaktionen auf Fiktionen das Überzeugungsmoment fehlt, sind sie auch vom Handeln abgekoppelt. Hier wiederum sehen wir die Auswirkungen des strengen Kognitivismus auf der praktischen Ebene. Der genannte Verdacht wird aber von der heutigen Gefühlsforschung in zwei Richtungen bestritten: Zum einen motivieren nicht alle Gefühle, die sich auf Reales beziehen, zum Handeln; zum anderen können Gefühlsreaktionen auf Fiktionen durchaus Handlungen veranlassen.

Richard Moran hat gezeigt, dass das Problem der Motivation nicht nur Gefühlsantworten auf Fiktionen betrifft. Es gibt vielmehr auch Gefühle in Bezug auf Reales, die nicht zum Handeln veranlassen. Eine Erklärung der mangelhaften Motivationskraft der ersten Gefühlsart sollte auch eine Er-

---

50 Moyal-Sharrock: Fiction, S. 169.

klärung dafür sein, warum Gefühle in Bezug auf reale Situationen und Objekte mitunter ebenfalls keine Motivationskraft zeigen.[51]

Peter Goldie unterscheidet einerseits zwischen Emotionen, die sich auf Reales, und solchen, die sich auf Fiktionen beziehen, und andererseits zwischen Emotionen, die sich auf aktuelle Ereignisse, und solchen, die sich auf nicht-aktuelle Ereignisse beziehen.[52] Laut Goldie gehört zum Wesen der Emotionen nicht unbedingt die Motivation zum Handeln. Es gibt vielmehr zahlreiche Emotionen, die sich auf nicht-aktuelle Ereignisse beziehen und die – genau wie es bei durch Fiktionen hervorgerufenen Emotionen oft der Fall ist – zu nichts motivieren. Hierher gehören zum Beispiel Emotionen, die sich auf eine hypothetische Situation beziehen, auf zukünftige Situationen, Emotionen angesichts von nicht-aktuellen Situationen, Emotionen, die durch einen Tagtraum entstehen, und Emotionen, die sich auf eine Tat in meiner Vergangenheit oder historische Ereignisse beziehen. Alle diese nicht-aktuellen Ereignisse lösen genuine echte Emotionen aus. Diese Emotionen motivieren aber nicht unbedingt zu Handlungen. Das Gleiche gilt für fiktionsbedingte Emotionen: Sie können zu Handlungen motivieren, müssen es aber nicht. Dies impliziert, dass der Vorwurf der praktischen Irrationalität gegen fiktionsbedingte Emotionen unbegründet ist. Solche Gefühle verhalten sich in Bezug auf Handlung und Motivation nicht wesentlich anders als Gefühle, die auf reale Dinge Bezug nehmen.

5. Die Zukunft des Paradoxons der Fiktion

Wir kommen zu dem Schluss, dass das Paradoxon der Fiktion, das die von Fiktionen ausgelösten Gefühle als eine Herausforderung für die doxastische und praktische Rationalität betrachtet, nur innerhalb eines streng kognitivistischen Paradigmas bestehen kann. In diesem Zusammenhang entstehen zwei wichtige Fragen: Zunächst diejenige, ob es die analytische Ästhetik seit den 1970er Jahren mit einem bloßen ‚Scheinproblem' zu tun hatte und sich auf einem Holzweg befand; und damit, ob es sinnvoll ist, sich weiter mit dem Paradoxon der Fiktion zu beschäftigen. In Bezug auf die erste Frage und den Vorwurf des ‚Scheinproblems' ist hier zwar festzuhalten, dass die Debatte von einer reduktiven Gefühlsauffassung motiviert war, die sich als falsch erwiesen hat – aber dies impliziert nicht, dass die ganze Debatte im Sande verlaufen ist. Die Diskussion um das Paradoxon hat sich als sehr fruchtbar für die heutige Philosophie erwiesen, eben weil sie den

---

51 Diese Bedingung kennt man als ‚Moran's constraint'. Vgl. Moran: Expression, S. 75–106; Currie: Paradox, S. 64.
52 Vgl. Goldie: Narrative, S. 54–69.

besagten Paradigmenwechsel in der Gefühlsforschung motiviert und beschleunigt hat. Denn die ganze Debatte hat immer wieder gezeigt, dass eine neue Gefühlsauffassung nötig ist, die alle Gefühlsarten – und nicht nur die Gefühle, die in Überzeugungen gründen – umfasst. Die Debatte hat darüber hinaus unser Verständnis der emotionalen Reaktionen auf Fiktionen erweitert und vertieft und sie hat die Aufmerksamkeit der heutigen Philosophie erneut auf Themen wie Imagination und Fiktion gelenkt.

Die zweite Frage betrifft die Zukunft des Paradoxons. Sollen wir uns weiter mit einem ‚Paradoxon' beschäftigen, das eigentlich kein Paradoxon mehr ist? 2011 hat Robert Stecker sich in dem Aufsatz „Should We Still Care about the Paradox of Fiction?" eben diese Frage gestellt, und hier kann seiner Diagnose nur zugestimmt werden: Zwar ist die zweite Prämisse des Paradoxons falsch, dies aber sollte uns nicht davon abhalten, uns weiter damit zu beschäftigen. Denn dank dieser Debatte eröffnen sich viele Themen in der analytischen Philosophie, die sonst unbehandelt blieben.[53] Nach dem Paradigmenwechsel ist zu vermuten, dass sich das Interesse an fiktionsinduzierten Gefühlen von der Rolle der Überzeugungen auf andere Aspekte verlagern wird. Gefühle, die sich auf Fiktionen beziehen, sollten uns dann wegen dieser anderen Aspekte beschäftigen und nicht deswegen, weil sie paradox sind.

Unter diesen anderen Aspekten sind die Rolle der Moral bei unserer Beschäftigung mit Fiktionen etwa im Rahmen des Problems des imaginativen Widerstands oder die Möglichkeit der Identifikation mit fiktiven Figuren zu erwähnen.[54] Auch die Untersuchung von komplexeren affektiven Antworten anstelle von bloßen Gefühlen wie Trauer oder Mitleid hat sich in dieser Debatte in jüngster Zeit als sehr produktiv erwiesen.[55] Besondere Aufmerksamkeit hat zuletzt die Rolle der Imagination gefunden – etwa in Nichols' Sammelband *The Architecture of Imagination* (2006) oder Curries und Ravenscrofts Buch *Recreative Minds* (2002). In neueren Beiträgen werden fiktionsbezogene Gefühle als Sonderfall von Gefühlsreaktionen auf imaginierte Gegenstände behandelt, denn beide entstehen aufgrund eines Gebrauchs der Phantasie. In diesem Zusammenhang wird neuerdings eine interessante Unterscheidung zwischen zwei Imaginationsarten vorgenommen, welche die Frage nach der Natur unserer emotionalen Antworten auf Fiktionen erhellen könnte. Während die ‚S-Imagination' (*Supposition-Imagination*) eine propositionale Natur hat, wird die ‚E-Imagination' (*Enactment-Imagination*) wie folgt beschrieben: „Enactment-imagination is a matter of creating or trying to create in one's own mind a selected mental state, or at least

---

53 Stecker: Paradox, S. 296.
54 Vgl. Nussbaum: Love.
55 Vgl. für eine ähnliche Bewertung Feagin: Imagining, S. 55.

a rough facsimile of such a state, through the faculty of imagination."[56] Diese Art Imagination ähnelt nicht Überzeugungen oder anderen kognitiven Akten, sondern sie vermittelt erfahrungsähnliche Momente, wenn wir uns vorstellen, in einer bestimmten Situation zu sein.[57] Diese Imaginationsart wäre m. E. für die andersartige Phänomenologie der fiktionsbezogenen Gefühle verantwortlich, die seit Hume eine ganze Tradition von Forschern angesprochen hat.[58] Auch wenn das Paradoxon der Fiktion sich als Paradoxon aufgelöst hat, hat also die Frage nach der Natur unserer emotionalen Reaktionen auf Fiktionen ihr Interesse für die heutige Forschung nicht verloren.[59]

Bibliographie

Ben-ze'ev, Aaron: The Subtlety of Emotions. Cambridge, MA 2000.
Boruah, Bijoy H.: Fiction and Emotion. A Study in Aesthetics and the Philosophy of Mind. Oxford 1988.
Carroll, Noël: Art, Narrative and Emotion. In: Mette Hjort / Sue Laver (Hg.): Emotion and the Arts. Oxford 1997, S. 190–211.
Currie, Gregory: The Nature of Fiction. Cambridge 1990.
Currie, Gregory: The Paradox of Caring. In: Mette Hjort / Sue Laver (Hg.): Emotion and the Arts. Oxford 1997, S. 63–77.
Currie, Gregory / Ian Ravenscroft: Recreative Minds. Oxford 2002.
Demmerling, Christoph / Hilge Landweer: Philosophie der Gefühle. Stuttgart 2007.
Döring, Sabine: Philosophie der Gefühle. Frankfurt/M. 2009.
Elster, Jon: Alchemies of the Mind. New York 1999.
Engelen, Eva-Maria: Gefühle. Stuttgart 2007.
Feagin, Susan: Imagining Emotions and Appreciating Fiction. In: Mette Hjort / Sue Laver (Hg.): Emotion and the Arts. Oxford 1997, S. 50–62.
Gaut, Berys: Art, Emotion and Ethics. Oxford 2007.
Gendler, Tamar Szabó / Karson Kovakovich: Genuine Rational Fictional Emotions. In: Matthew Kieran (Hg.): Aesthetics and the Philosophy of Art. Oxford 2006, S. 241–253.
Goldie, Peter: The Emotions. A Philosophical Exploration. Oxford 2002.
Goldie, Peter: Narrative, Emotion and Perspective. In: Matthew Kieran / Dominic McIver Lopes (Hg.): Imagination, Philosophy, and the Arts. London 2003, S. 54–68.

---

56 Goldman: Imagination, S. 42.
57 Dies richtet sich gegen Nichols und Stich und andere Autoren, die die Imagination im Zusammenhang mit bzw. in Analogie zu Überzeugungen beschrieben haben.
58 Hume führt an, dass Gefühle, die sich auf Fiktionen beziehen, gleichsam mit weniger Gewicht, als weniger solide und mit größerer Distanz erlebt werden als Gefühlsantworten auf Reales. Diese Terminologie wird von Meinong, Witasek, Külpe und Langer übernommen, und heutige Autoren wie Schroeder und Matheson, Goldman u. a. lehnen sich – ohne sich explizit darauf zu berufen – an diese Tradition an.
59 Für Anregungen zu diesem Aufsatz möchte ich mich bei Christoph Demerling, Tobias Klauk, Tilmann Köppe, Norbert Richter und Jan Straßheim bedanken.

Goldman, Alvin: Imagination in Responses to Fiction. In: Shaun Nichols (Hg.): The Architecture of Imagination. Oxford 2006, S. 41–56.
Green, Harvey: The Emotions. Dordrecht 1992.
Harris, Paul: The Work of the Imagination. Oxford 2000.
Hartmann, Martin: Gefühle. Wie die Wissenschaften sie erklären. Frankfurt/M. 2010.
Joyce, Richard: Rational Fear of Monsters. In: British Journal of Aesthetics 40 (2000), S. 209–234.
Kenny, Anthony: Action, Emotion and Will. London 1963.
Köppe, Tilmann: Evolutionary Psychology and the Paradox of Fiction. In: Studies in the Literary Imagination 42,2 (2009), S. 125–151.
Lamarque, Peter: How Can We Fear and Pity Fictions? In: British Journal of Aesthetics 21 (1981), S. 291–304.
Levinson, Jerrold: Emotion in Response to Art. In: Mette Hjort / Sue Laver (Hg.): Emotion and the Arts. Oxford 1997, S. 20–34.
Marks, Joel: A Theory of Emotions. In: Philosophical Studies 42 (1982), S. 227–242.
Matravers, Derek: The Challenge of Irrationalism, and How Not to Meet It. In: Matthew Kieran (Hg.): Aesthetics and the Philosophy of Art. Oxford 2006, S. 256–264.
Meinong, Alexius: Über Annahmen [1910]. In: Rudolf Haller / Rudolf Kindinger / Roderick Chisholm (Hg.): Alexius Meinong Gesamtausgabe, Bd. IV. Graz 1977.
Metz, Christian: Semiologie des Films. München 1972.
Moran, Richard: The Expression of Feeling in Imagination. In: The Philosophical Review 103,1 (1994), S. 75–106.
Moyal-Sharrock, Danièle: The Fiction of the Paradox: Really Feeling for Anna Karenina. In: Ylva Gustafsson / Camilla Kronqvist / Michael McEachrane (Hg.): Emotions and Understanding: Wittgensteinian Perspectives. Hampshire 2009, S. 165–184.
Neill, Alex: Empathy and (Film) Fiction. In: David Bordwell / Noël Carroll (Hg.): Post-Theory: Reconstructing Film Studies. Madison 1996, S. 175–194.
Nichols, Shaun: Introduction. In: S. N. (Hg.): The Architecture of Imagination. Oxford 2006, S. 1–18.
Nichols, Shaun / Stephen Stich: Mindreading. Oxford 2003.
Nussbaum, Martha: Love's Knowledge: Essays on Philosophy and Literature. Oxford 1990.
Nussbaum, Martha: The Upheavals of Thought. The Intelligence of Emotions. Cambridge 2005.
Paskins, Barry: On Being Moved by Anna Karenina and „Anna Karenina". In: Philosophy 52 (1977), S. 344–347.
Radford, Colin: How Can We Be Moved by the Fate of Anna Karenina? In: Proceedings of the Aristotelian Society, Supp. Vol. 49 (1975), S. 67–80.
Radford, Colin: Philosophers and Their Monstrous Thoughts. In: British Journal of Aesthetics 22 (1982), S. 261–263.
Radford, Colin: Fiction, Pity, Fear and Jealousy. In: Journal of Aesthetics and Art Criticism 53 (1995), S. 71–75.
Robinson, Jenefer: Deeper than Reason. Emotion and its Role in Literature, Music, and Art. Oxford 2005.
Schaper, Eva: Fiction and the Suspension of Disbelief. In: British Journal of Aesthetics 18 (1978), S. 31–44.
Schroeder, Timothy / Carl Matheson: Imagination and Emotion. In: Shaun Nichols (Hg.): The Architecture of Imagination. Oxford 2006, S. 19–40.
Scruton, Roger: Art and Imagination. London 1974.
Slaby, Jan: Gefühl und Weltbezug. Paderborn 2008.
Solomon, Robert C.: The Passions. Emotions and the Meaning of Life. Indianapolis 1993.

Stecker, Robert: Should we Still Care about the Paradox of Fiction? In: British Journal of Aesthetics 51,3 (2011), S. 295–308.
Suits, David B.: Really Believing in Fiction. In: Pacific Philosophical Quarterly 87 (2006), S. 369–386.
Vendrell Ferran, Íngrid: Die Emotionen. Gefühle in der realistischen Phänomenologie. Berlin 2008.
Vendrell Ferran, Íngrid: Emotion, Reason and Truth in Fiction. In: Universitas Philosophica 52 (2009), S. 19–52.
Vendrell Ferran, Íngrid: Ästhetische Erfahrung und Quasi-Gefühl. In: Venanzio Raspa (Hg.): The Aesthetics of the Graz School. Graz 2010, S. 129–168.
Voss, Christiane: Fiktionale Immersion. In: Gertrud Koch / C. V. (Hg.): Es ist als Ob. Fiktionalität in Philosophie, Film- und Medienwissenschaft. München 2009, S. 127–138.
Walton, Kendall L.: Mimesis as Make-Believe. On the Foundations of the Representational Arts. Cambridge 1990.
Walton, Kendall L.: Spelunking, Simulation, and Slime. In: Mette Hjort / Sue Laver (Hg.): Emotion and the Arts. Oxford 1997, S. 37–49.
Weston, Michael: How Can We Be Moved By the Fate of Anna Karenina? In: Proceedings of the Aristotelian Society, Supp. Vol. XLIX (1975), S. 81–94.
Witasek, Stefan: Grundzüge der Allgemeinen Aesthetik. Leipzig 1904.
Yanal, Robert: Paradoxes of Emotion and Fiction. Pennsylvania 1999.
Zipfel, Frank: Emotion und Fiktion. Zur Relevanz des Fiktions-Paradoxes für eine Theorie der Emotionalisierung in Literatur und Film. In: Sandra Poppe (Hg.): Emotionen in Literatur und Film. Würzburg 2012, S. 127–153.

NORBERT GROEBEN / URSULA CHRISTMANN

15. Empirische Rezeptionspsychologie der Fiktionalität

1. Empirische Rezeptionspsychologie: Methodologische Eingrenzung

‚Empirisch' bezeichnet im Zusammenhang mit der Rezeptionspsychologie den szientischen (aus der Naturwissenschaft stammenden) Empirie-Begriff. Das bedeutet: Es geht um die systematische Beobachtung/Erhebung von Rezeptionsprozessen sowie -produkten und deren Abhängigkeit von literarischen Texten; dabei wird diese Abhängigkeit durch spezifische (im Optimalfall experimentelle) Versuchspläne überprüft, in denen die (formale und inhaltliche) Variation von Texten als unabhängige Variable für die abhängige Variable der Textrezeption angesetzt wird.[1] Diese Design-Struktur impliziert den zentralen Unterschied zum Empirie-Begriff der (traditionellen) hermeneutischen Literaturwissenschaft, der vor allem auf die ‚historische bzw. philologische Erfahrung' zurückgreift.[2] Dieser Erfahrung liegt immer die eigene (Text-)Rezeption des literaturwissenschaftlichen Erkenntnis-Subjekts zugrunde, die als (rezipierte) Textbedeutung historisch oder philologisch aufgearbeitet wird. Auch die hermeneutische Empirie geht (im Regelfall) durchaus systematisch vor, z. B. wenn bei einer Interpretation die Geltungsprüfung durch methodisch geleitete Heranziehung von Belegstellen geschieht. Die Belegstellen bestehen aber aus rezipierten Textbedeutungen des Erkenntnis-Subjekts selbst. Damit liegt eine Subjekt-Objekt-Konfundierung vor, der das szientische Empirie-Konzept eine dezidierte Subjekt-Objekt-Trennung entgegensetzt.[3] Das heißt: In der empirischen Rezeptionspsychologie entwirft das Erkenntnis-Subjekt einen Untersuchungsplan, in dem die Abhängigkeit Text – Rezeption anhand der systematischen Erhebung der Rezeption von (anderen) Erkenntnis-Objekten überprüft wird. Der Rückgriff nicht auf die eigene, sondern auf die fremde Textrezeption (anderer) stellt das zentrale Charakteristikum der empirischen Rezeptionspsychologie dar. Dabei impliziert die Rede von der ‚Textrezeption'

---

1 Vgl. Groeben: Empirisierung.
2 Vgl. Fricke: Grundlagen.
3 So schon Groeben: Literaturpsychologie.

nicht zuletzt, dass es sich nicht (wie in der hermeneutischen Literaturanalyse) um den Austausch mit anderen Interpreten/innen handelt, die auf der Ebene der Erkenntnis-Subjekte verbleibt. Und die ‚empirische Systematik' besteht (zumindest) aus folgenden Schritten:[4] Herleitung von theoretischen Wenn-Dann-Hypothesen; Überführung der darin enthaltenen theoriesprachlichen Konstrukte in beobachtbare Variablen (sog. Operationalisierung durch Angabe von Beobachtungsinstrumenten); Entwicklung eines Versuchsplans (Design), der die Relation von Unabhängigen und Abhängigen Variablen festlegt (entsprechend den in der Wenn- bzw. Dann-Komponente der Hypothese enthaltenen Konstrukte); Durchführung des Versuchsplans unter Kontrolle der nicht-thematischen Variablen; inferenzstatistische Auswertung zur Abschätzung der Überzufälligkeit der erzielten Ergebnisse; interpretative Rückbindung der Resultate an die theoretische Hypothese zur Entscheidung über deren empirische Validität (Realgeltung). Eine derartige systematische Subjekt-Objekt-Trennung und Versuchsdurchführung wird in den Untersuchungen der Textverarbeitungspsychologie sowie der Empirischen Literaturwissenschaft realisiert, die deshalb im Folgenden im Mittelpunkt stehen.

Damit sind vor allem zwei (hermeneutische) Forschungstraditionen ausgeschlossen, die auf den ersten Blick eine gewisse Nähe zur Rezeptionspsychologie zu haben scheinen. Das Eine ist die (Konstanzer) Rezeptionsästhetik, in der die im Text ‚eingeschriebene Leserrolle' vom literaturwissenschaftlichen Erkenntnis-Subjekt ebenfalls aus der eigenen Textrezeption inferiert wird.[5] Das Andere ist die ideologkritische Interpretation, in der vom (eigenen subjektiven) rezipierten Textinhalt kurzschlüssig auf die Lektürewirkung bei den empirischen (anderen) Lesern geschlossen wird. Dass dieser Schluss unzulässig ist, hat sich immer wieder in der empirischen Textverarbeitungspsychologie erwiesen, in der sich die kognitiv-konstruktive Aktivität der Leser/innen als das zentrale Merkmal des Rezeptionsprozesses herausgestellt hat, durch das die Botschaft eines Textes im rezipierenden Bewusstsein auf vielfältigste Weise gebrochen und modifiziert werden kann.[6] Und diese kognitive Konstruktivität stellt damit zugleich eine unabweisbare inhaltliche Begründung für die methodische Subjekt-Objekt-Trennung der (szientifisch) empirischen Rezeptionspsychologie dar. Denn die Personalunion von Rezipienten- und Interpreten-Rolle bei der hermeneutischen Literaturinterpretation macht eine (erhebliche) Beeinflussung der Textrezeption vom eingenommenen Interpretationsstandpunkt aus wahr-

---
[4] Vgl. in komprimierter Zusammenfassung Groeben / Hurrelmann: Unterrichtsforschung, außerdem Hussy / Schreier / Echterhoff: Forschungsmethoden.
[5] Vgl. Warning: Rezeptionsästhetik.
[6] Vgl. Christmann / Groeben: Psychologie.

scheinlich. Demgegenüber kennen die Untersuchungsteilnehmer/innen (qua ‚Erkenntnis-Objekte') in der empirischen Rezeptionspsychologie normalerweise die Untersuchungshypothese (der Wissenschaftler/innen qua ‚Erkenntnis-Subjekte') nicht und werden erst nach Durchführung der Studie darüber aufgeklärt (In der evidenzbasierten Medizin gilt als ‚Gold-Standard' sogar der Doppel-Blindversuch, bei der auch die unmittelbaren Versuchsleiter/innen die Untersuchungshypothese nicht kennen.).

2. Ontogenese des Fiktions-Verstehens: Entwicklung des ‚Als-Ob'(-Spiels)

Als grundlegende Voraussetzung für das adäquate Verstehen von literarischen Texten wird in der Entwicklungs- und Textverarbeitungspsychologie die Entstehung eines Fiktionsbewusstseins angesetzt. Darin manifestiert sich zunächst einmal die Unterstellung, dass im Alltagsleben (und -sprachgebrauch) Fiktionalität als prototypischer Kern von literarischen Texten verstanden wird, weswegen auch in vielen psychologischen Untersuchungen Literarizität weitgehend mit Fiktionalität identifiziert wird (und umgekehrt). Dabei beginnt die Entwicklung des Fiktionsbewusstseins allerdings zunächst außerhalb von Literarizität im engeren Sinn, nämlich schon im Laufe des zweiten Lebensjahres durch das sog. Als-Ob-Spiel (auch Symbol- oder Fiktionsspiel genannt;[7] engl.: *pretence*, amerik.: *pretense game*).[8] Die prinzipielle Realitäts-Fiktions-Unterscheidung entwickelt sich zunächst im Einzelspiel (mit umfunktionierten Gegenständen), gefolgt von dem kognitiv aufwändigeren Parallel- und schließlich auch soziale Anforderungen umfassenden (kooperativen) Rollenspiel. Die Fähigkeit zum kooperativen Rollenspiel wird im Laufe des vierten Lebensjahres erreicht und im fünften Lebensjahr ausgebaut, indem dann auch komplexere Rollenkonstellationen von größerer Dauer realisiert werden. Dabei werden parallel zur kognitiven Entwicklung bestimmten Gegenständen u. U. nicht nur eine, sondern mehrere fiktive Bedeutungen zugeschrieben, z. T. auch innerhalb einer einzelnen kohärenten Spielsequenz. Bei den Parallel- und Rollenspielen gibt es eine Einigung auf den fiktiven Handlungsrahmen, und zwar zunächst lediglich durch den Beginn bzw. die Benennung eigener Spielhandlungen, später auch durch eine metakommunikative Einigung auf ein gemeinsames Handeln. Das Fiktionsbewusstsein steht (qua Als-Ob-Einstellung) vor allem im Dienste einer übergreifenden Fiktions-Realitäts-Verbindung, insofern mit diesen Spielen altersspezifische Alltagsprobleme und Entwicklungsthematiken bearbeitet werden (wie etwa Sauberkeitserziehung, Mutter-Kind-Bezie-

---

7 Vgl. Oerter: Psychologie.
8 Vgl. Winnicott: Playing.

hung, Krankheitserlebnisse, generell Familienkonstellationen etc.). Das frühkindliche Als-Ob-Spiel wird daher entwicklungspsychologisch als eine Form der Realitätsbewältigung verstanden.[9]

Ab dem sechsten Lebensjahr nimmt nicht zuletzt auch infolge des Schuleintritts die Häufigkeit des Symbolspiels wieder ab, weil die weitere Entwicklung der Fiktionskompetenz nun auf die Lese- und Mediensozialisation übergeht. Die Lesesozialisation hat im Optimalfall schon durch das Vorlesen von Bilderbüchern, Märchen etc. im Vorschulalter begonnen, flankiert durch das Erzählen von Alltagsgeschichten,[10] wobei hier die Geschlechtsvariable immer noch eine große Rolle spielt: Vorlesen geschieht meistens durch die Mütter, die Väter beteiligen sich in der Regel nur als Erzähler.[11] Im weiteren Kindes- und Jugendalter geschieht die Ausdifferenzierung des Fiktionsbewusstseins dann im Wechselspiel zwischen Lese- und Mediensozialisation (vgl. die *perceived reality*-Forschung),[12] bei dem es letztlich um eine gleichgewichtige Entwicklung von Realitäts-Fiktions-Unterscheidungen wie -Verbindungen geht.[13]

3. Realitäts-Fiktions-Unterscheidungen

Das Fiktionsbewusstsein umfasst im weiteren Sinn die grundlegende(re) Unterscheidung von Realität und Fiktion und manifestiert sich im engeren Sinn im stillschweigenden ‚Fiktionsvertrag' zwischen Leser/in und Autor/in,[14] der leserseitig das Bewusstsein impliziert, keinen Tatsachenbericht zu rezipieren (vgl. den Beitrag *2. Die Institution Fiktionalität*). Hier hat die Entwicklung von den darstellungsbezogenen über die semantischen Fiktionalitätstheorien hin zur pragmatischen Modellierung deutlich gemacht, dass es sich sowohl bei der Unterscheidung von Fiktion und Realität als auch von fiktionalen und nicht-fiktionalen Textsorten nicht um eine kontradiktorische Dichotomisierung von sich ausschließenden Merkmalen handeln kann, weil Fiktionen auch immer Elemente der wirklichen Welt bzw. Bezüge auf diese enthalten, sonst wären sie gar nicht verständlich. Insbesondere ist alles, was nicht ausdrücklich (vom Text/Autor) als fiktional eingeführt wird, als mit der ‚Realität' übereinstimmend zu verstehen (wobei ‚Realität' immer subjektiv erfahrene Wirklichkeit bedeutet, die zum größten Teil aus dem gesellschaftlich geteilten Wirklichkeitswissen besteht). Außerdem gibt es auch

---

9 Vgl. dazu Oerter: Spiel; Slade / Wolf: Children.
10 Vgl. Hurrelmann / Hammer / Nieß: Leseklima.
11 Vgl. dazu Groeben / Hurrelmann: Geschlecht; Hurrelmann: Lesesozialisationsinstanz.
12 Vgl. Buckingham: Children.
13 Vgl. O'Neill / Shultis: Emergence; Wooley / Cox: Development.
14 Vgl. Eco: Wald.

(zunehmend) Genres, die sowieso eine mehr oder weniger explizite Verbindung von Fiktion und Nicht-Fiktion anstreben.[15] Daraus folgt, dass auch die pragmatische Modellierung von Realitäts-Fiktions-Unterscheidungen die Übergänge bzw. Kombinationen dieser beiden Pole berücksichtigen muss. Das ist auf drei Ebenen möglich, und zwar sowohl in Bezug auf die Produkt- als auch die Rezeptionsseite, wie es das Modell von Nickel-Bacon, Groeben u. Schreier zeigt (vgl. Abb. 1).[16]

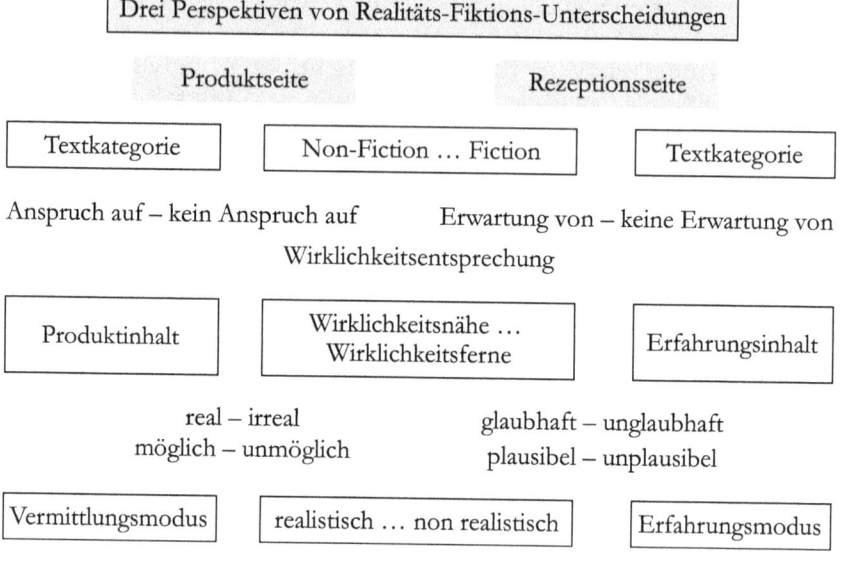

Abb. 1 Drei-Perspektiven-Modell der Realitäts-Fiktions-Unterscheidung

Die rezeptionsseitige Nicht-/Erwartung von Wirklichkeitsentsprechung wird pragmatisch zunächst durch paratextuelle Aspekte der Textkategorie (Bezeichnung als Roman oder dergl., aber auch Titel, Autor- und/oder Verlagsinformationen etc.) ausgelöst. Die Wirklichkeitsnähe oder -ferne der Fiktionen hängt von den semantischen Inhalten ab, die in den Dimensionen real–irreal sowie möglich–unmöglich variieren können und damit rezipientenseitig zu der Erfahrung von Un-/Glaubhaftigkeit bzw. Un-/Plausibilität der fiktiven Welt führen. Schließlich bewirken die (z. B. narratologischen) Vermittlungsstrategien des Textes einen mehr oder weniger realistischen Erfahrungsmodus, sodass die Fiktions-Realitäts-Unterscheidung eine hoch-

---

15 Vgl. Schreier/Groeben: Experiencing.
16 Nickel-Bacon/Groeben/Schreier: Fiktionssignale, S. 291; vgl. außerdem Rothmund/Schreier/Groeben: Fernsehen; Appel: Realität.

komplexe Gemengelage darstellt, die sich auch noch auf unterschiedliche Wirklichkeitsdimensionen beziehen kann, nämlich: die materiale Welt, die Erlebens- und die Geisteswelt.[17]

4. Kognitive Fiktionsverarbeitung: Mentale Modelle

In Bezug auf die kognitive Repräsentation der in literarischen Texten dargestellten Welt/en hat die psycholinguistische und kognitionspsychologische Forschung zur Textverarbeitung in den letzten 40 Jahren eine Entwicklung durchgemacht, die nach und nach auch literarisch-fiktionale Lektüren einbezogen hat. Denn zunächst lag das Schwergewicht vor allem auf nichtfiktionalen Informationstexten, bei denen zuerst die Wirkung von Oberflächenmerkmalen (wie grammatikalische Wortarten, Abfolge von Inhaltsworten etc.) analysiert wurde, daran anschließend die semantische Tiefenstruktur als Prädikat-Argument-Struktur (qua Repräsentation der Bedeutung).[18] Erst als die Integration von Textbedeutung und rezipientenseitigem Vorwissen in den Focus rückte, wurde mit der Konzeption von mentalen oder Situations-Modellen ein Komplexitätsgrad erreicht, der auch die Verarbeitung von fiktionalen Texten mit abdeckt. Dabei wird heute davon ausgegangen, dass die Textverarbeitung auf allen drei Ebenen verläuft: der Oberflächenebene, der Ebene der propositionalen Repräsentation und der von mentalen (Situations-)Modellen, und zwar gemäß dem umfassenden Strategiemodell von van Dijk und Kintsch, das einen flexiblen Strategie-Prozess ansetzt, in dem Text- und Weltwissen in Abhängigkeit vom Rezeptionsziel und den situativ-interaktiven Kontextbedingungen zusammengeführt werden.[19]

Für den spezifischeren Bereich der narrativen Texte postuliert das Event-Indexing-Modell,[20] dass die jeweilige Geschichte hinsichtlich fünf zentraler Dimensionen vermittelt und rezipiert wird, nämlich Raum (Lokationen), Zeit (Abfolge und Dauer von Ereignissen), Kausalität (Zustands- und Ereignisursachen), Protagonisten (z. B. Handlungen der Charaktere) sowie Intentionalität/Motivation (z. B. Ziele der Handlungen). Grundsätzlich sind bei der Verarbeitung von (fiktional-)narrativen Texten alle fünf Dimensionen relevant, allerdings häufig mit einer Dominanz der Dimensionen ‚Zeit' und ‚Protagonist'.[21] Bisher ist aber noch offen, ob nicht vielleicht

---

17 Vgl. Laucken: Denkformen; Nickel-Bacon / Groeben / Schreier: Fiktionssignale.
18 Vgl. Christmann: Textverstehen; Groeben: Entwicklung.
19 Vgl. Van Dijk / Kintsch: Strategies; vgl dazu auch Zwaan: Situation models.
20 Vgl. Zwaan / Langston / Graesser: Construction.
21 Zur empirischen Befundlage vgl. Groeben / Christmann: Narration.

(in Abhängigkeit von der Textkomplexität) auch mehr als fünf Dimensionen bedeutsam sein können und welche Interaktionen mit Lesermerkmalen (Interessen, Einstellungen, Kenntnisse etc.) zu berücksichtigen sind.

Komplementär zu diesem eher textorientierten Ansatz behandelt die sog. konstruktivistische Theorie von Graesser, Singer und Trabasso mehr die Strategien,[22] mit denen die Leser/innen das jeweilige Situationsmodell (des rezipierten Textes) aufbauen. Dabei postulieren die Autoren, dass Leser/innen ganz grundsätzlich (also unabhängig von Textsorte und Lesesituation) zwei Rezeptionsziele haben, nämlich ein mentales Modell zu generieren, das durch Kohärenz sowie Erklärung (der dargestellten Inhalte) gekennzeichnet ist. Diese Ziele steuern die Textverarbeitung als automatische Lesestrategie, von der nur bei ganz speziellen Lesezielen abgewichen wird.[23] Seit einiger Zeit wird zudem auch die Körpergebundenheit (*embodiment*) der menschlichen Intelligenz und damit Informationsverarbeitung intensiv thematisiert,[24] die den (leserseitigen) mentalen Modellen über fiktive Welten eine besondere Anschaulichkeit und reale Verankerung verleiht.

5. Narratologische (Einfluss-)Faktoren der mentalen Modellierung

Die spezifische(re) Berücksichtigung literarischer Textstrukturen für den Verarbeitungsprozess muss, da dessen empirische Untersuchung notwendigerweise keinen essentialistischen, sondern funktionalistischen Textbegriff impliziert, immer die Interaktion zwischen Leser- und Textmerkmalen thematisieren; insofern liegt hier ein Überlappungsbereich zwischen klassischer Textverarbeitungspsychologie und empirischer Literaturwissenschaft vor. Dabei zeigt sich zunächst, dass die Unterscheidung von Fiktion und Nicht-Fiktion über die kognitive Abbildung dieser Kategorien und die davon abhängige Erwartungshaltung zu unterschiedlichen Verarbeitungsprozessen und -produkten (bei ein und demselben Text) führt: nämlich differenziertes Wahrnehmen und Behalten der sprachlich-formalen Oberflächenstruktur bei als ‚literarisch' eingeführten Texten, dagegen besseres Behalten von Situationsinformationen bei ‚Nachrichten-Texten';[25] außerdem werden bei literarisch-fiktionalen Texten inhaltlich alternative Referenzrahmen einbezogen und damit polyvalente Interpretationen realisiert.[26] Ganz generell gilt, dass Genre-Vorwissen und -Erwartungen als mentale Schemata fungieren,[27]

---

22 Vgl. Graesser / Singer / Trabasso: Inferences.
23 Zusammenfassung der Befundlage ebenfalls in Groeben / Christmann: Narration.
24 Vgl. Wilson: Views.
25 Vgl. Zwaan: Effect.
26 So schon Meutsch: Literatur.
27 Vgl. Viehoff: Genres.

die z. B. auch die emotionale Reaktion auf Textinhalte beeinflussen, und zwar in Richtung auf eine Distanzierung von belastenden Textbotschaften.[28] Die Qualität der Textverarbeitung ist allerdings zugleich von den vorhandenen mentalen Ressourcen abhängig, die u. a. nötig sind, um unrealistische Darstellungen kritisch zu identifizieren.[29]

In Bezug auf die Relevanz von (narratologischen) Text-Strukturen für die mentale Modellierung hat sich rezeptionspsychologisch schon früh gezeigt, dass einzelne (Text-) Merkmale für die ‚normale' (durchschnittliche) Rezeption nicht die von der literaturwissenschaftlichen Narratologie behauptete Bedeutung besitzen; das betrifft z. B. die Kontrastierung von Ich- vs. Er-Form der Erzählperspektive,[30] die Verwendung von erlebter Rede etc.[31] oder des Metrums bei Gedichten.[32] Die Befundlage ändert sich allerdings, wenn auf Seiten der Textstruktur komplexe Merkmalskombinationen betrachtet werden (wie z. B. Äquivalenzen, Abweichungen, Mehrdeutigkeiten) bzw. Parallelitäten,[33] die van Peer auf verschiedenen linguistischen Niveaus (Phonologie, Grammatik, Semantik) zum Konzept des ‚*Foregrounding*' zusammengefasst hat;[34] ein solches literarisches ‚*Foregrounding*' führt zu besserer Erinnerung von formal-stilistischen Texteigenschaften sowie zu einem stärkeren emotionalen Erleben.[35] Insgesamt ist die Frage, welche (narratologischen) Textstrukturen in welcher Kombination, Gewichtung und Differenziertheit zu Effekten für welches Rezeptionsniveau (z. B. Laien vs. Experten) führen,[36] aber ein Problem, das noch weitestgehend von einer zukünftigen Kooperation zwischen hermeneutischer und empirischer Literaturwissenschaft zu lösen ist.

6. Kognitiv-emotionale Dimensionen der Verarbeitung: Involvement/Transportation

Eine der eindrucksvollsten Alltagserfahrungen im Umgang mit Literatur besteht in dem Erlebnis, dass man sich in der literarisch dargestellten fiktiven Welt fast völlig verlieren, in ihr aufgehen kann, wobei in den Zeiten der

---

28 Vgl. Robinson: Distancing.
29 Vgl. Shapiro / Kim: Realism.
30 Vgl. Ludwig / Faulstich: Erzählperspektive.
31 Vgl. Schram: Norm.
32 Vgl. Van Peer: Stylistics; vgl. zusammenfassend Groeben / Landwehr: Literaturpsychologie.
33 Vgl. dazu Hoffstaedter: Poetizität.
34 Van Peer: Stylistics.
35 Zusammenfassend van Holt / Groeben: Foregrounding.
36 Vgl. Zeitz: Differences.

jugendlichen ‚Lesewut' eine solche Absorption durch die fiktive Welt besonders intensiv erfahren wird. Die wissenschaftliche Rezeptionspsychologie hat dieses Phänomen zunächst für die Filmrezeption thematisiert,[37] mittlerweile aber auch für die literarische Lektüre aufgearbeitet. Dabei wird zwischen kognitivem und emotionalem Involvement unterschieden,[38] die aber eng miteinander verzahnt sind. Das kognitive Involviertsein besteht vor allem darin, dass die im Text enthaltenen Informationen durch Wissensbestände der/des Lesenden aufgefüllt werden, und zwar in Form von sog. elaborativen Inferenzen,[39] die man literaturwissenschaftlich als Ausfüllung der ‚Leerstellen' des Textes bezeichnen würde. Die mentalen Operationen dieses Ausfüllens werden emotional als eine Art ‚Transportation' erlebt,[40] d. h. parallel zu einer Reise in unbekannte/n Welten, in denen man sich virtuell bewegt und (per Identifikation) mithandelt.[41] Dabei wird die fiktive Welt einerseits, soweit möglich, in großer Anlehnung an die bekannte Alltagsrealität imaginiert (Ryan's „*principle of minimal departure*"),[42] andererseits werden auch fiktive Weltstrukturen (*story world rules*) akzeptiert,[43] die deutlich von der Alltagswelt abweichen, solange sie nur in sich kohärent sind und zumindest ansatzweise begründet werden.[44] Vorwissen über den dargestellten Problembereich und wahrgenommene Realitätsnähe der Darstellung erhöhen das Ausmaß der ‚Transportation',[45] während unerklärte Widersprüche zur außerliterarischen Wirklichkeit und interne Unplausibilitäten der fiktiven Welt die Konstruktion des mentalen Situationsmodells stören und so das Involvement nachhaltig reduzieren.[46]

Das betrifft insbesondere auch die emotionale Absorption beim Aufbau des jeweiligen textspezifischen mentalen Modells,[47] die man als ‚Flow' (im Sinne von Csikszentmihaly) auffassen kann,[48] also das vollständige Aufgehen in der Imaginationstätigkeit, wenn diese zum Ausblenden zentraler, nicht-fiktionsbezogener Informationen führt: nämlich sowohl hinsichtlich der ‚äußeren' (realen) Welt als auch des eigenen Selbst und der Zeit.[49] Diese Zeit- und Selbstenthobenheit ist auch als Präsenzgefühl (*presence*) beschrie-

---

37 Vgl. Batinic / Appel: Medienpsychologie.
38 Vgl. Appel: Realität.
39 Vgl. Kim / Rubin: Influence.
40 Vgl. Gerrig: Narrative Worlds.
41 Vgl. Appel: Realität.
42 Vgl. Ryan: Fiction.
43 Vgl. Segal: Theory.
44 Vgl. Busselle / Bilandzic: Fictionality.
45 Vgl. Green: Transportation.
46 Vgl. Busselle / Bilandzic: Fictionality.
47 Vgl. Harris: Absorption.
48 Vgl. Csikszentmihalyi: Flow.
49 Vgl. Appel: Realität.

ben worden, in dem das Bewusstsein über die technologische Bedingtheit des emotionalen Erlebens (also dessen Zustandekommen durch Literatur- oder Filmrezeption etc.) eingeschränkt ist. In der Regel ist ein solch intensives emotionales Involvement mit der Übernahme von Perspektiven einzelner Figuren aus der fiktiven Welt (s. u. Identifikation) verbunden, die bei bestimmten Textgenres (wie Abenteuer- oder Action-Romanen) den Auslöser für das Spannungserleben (*suspense*) darstellt.[50]

7. Emotionale Dimensionen: Fremdbezogene, selbstbezogene und Artefakt-Emotionen

Da beim reflexiven Subjekt für das Zustandekommen von Emotionen meistens auch kognitive Aspekte eine konstitutive Rolle spielen, überschneiden sich emotionale und kognitive Dimensionen des Rezeptionsprozesses in vielfältiger Weise. Dabei zieht aus grundsätzlicher literaturtheoretischer Perspektive das sog. Fiktionsparadox (siehe den Beitrag *14. Das Paradoxon der Fiktion*) besondere Aufmerksamkeit auf sich, das ist die Frage, wieso wir beim Rezipieren von Fiktion Emotionen erleben, die mit der Verarbeitung von nicht-fiktiver Realität vergleichbar sind. Für die Antwort scheinen Ansätze eine besondere Faszination auszuüben, die auf biologisch-organismische Grundlagen zurückgreifen: wie etwa die evolutionstheoretische Modellierung, für die (kognitiv repräsentierte) literarische Texte als Attrappen-artige Auslöser von Gefühlen fungieren;[51] oder z. B. psychophysiologische Ansätze wie die Erregungsübertragungs-Theorie von Zillmann,[52] die den/die Leser/in in einer Zeugen-Rolle sieht, mit asynchroner physiologischer Erregungs- und kognitiver Informationsverarbeitung, was vor allem zu Erleichterungsgefühlen bei (zunächst) negativen Ereignisabfolgen führt. Die nach organismischer Fundierung strebenden Theorieansätze haben allerdings Probleme mit der Differenziertheit fiktional ausgelöster Emotionen, sei es auf Seiten der literarischen Entstehungsbedingungen oder der sukzedenten Gefühlsphänomene. In der kooperativen Interaktion mit der hermeneutischen Literaturwissenschaft tun sich deshalb kulturwissenschaftlich-empirische Ansätze deutlich leichter, für die das Fiktions-Paradox kein besonders dramatisches Problem darstellt, weil z. B. auch die von Erinnerungen ausgelösten Gefühle eben keine unmittelbare Realitätserfahrung impli-

---

50 Vgl. Vorderer / Wulff / Friedrichsen: Suspense; Zillmann: Psychology.
51 Vgl. Mellmann: Emotionalisierung.
52 Vgl. Zillmann: Dramaturgy.

zieren und ganz grundsätzlich jede Wirklichkeit(serfahrung) eine (kognitive) Konstruktion darstellt.[53]

Innerhalb eines solchen Rahmens lässt sich die Verarbeitung fiktiver Welten dann als eine Art Simulation auffassen,[54] in der sich die Leser/innen mit den Zielen, Plänen und Handlungen der fiktiven Charaktere auseinandersetzen – und eine solche Auseinandersetzung ist das zentrale Merkmal aller emotionalen Reaktionen, gleichgültig ob in einem fiktionalen- oder nicht-fiktionalen Kontext. Da alle Leser/innen ihre je individuelle Textrezeption (und damit persönliche ‚Wahrheit') realisieren, können sie durch die literarische Simulation auch tiefere Einsicht in die eigenen Emotionen und damit gesteigerte Selbsterkenntnis erlangen.[55] Dabei lassen sich als basale Varianten Gefühle der Sympathie, der Identifikation oder Empathie (mit einer dargestellten Figur) unterscheiden, aber auch eigene wieder-erlebte oder erinnerte Gefühle.[56] Die Bandbreite der durch literarische Lektüre generierten Emotionen ist allerdings so groß, dass man über solche prototypischen Gefühle hinaus auch eine dimensionale Klassifikation versuchen kann,[57] nämlich auf der Ebene des Zeitbezugs aktuelles vs. erinnerndes Erleben, auf der Ebene des Personen-/Figurenbezugs empathisches Miterleben vs. Gegenüberperspektive und auf der Ebene des Emotionsobjekts Selbst- vs. Fremdbezug (wobei diese letzte Ebene vollständig mit den beiden vorherigen zu kreuzen ist). Über die so unterscheidbaren selbst- und fremdbezogenen Emotionen hinaus sind noch die sog. Artefakt-Emotionen zu berücksichtigen, die sich auf die ästhetische Form des literarischen Textes beziehen (und z. B. in den didaktischen Bemühungen um literarische Bildung einen zentralen Stellenwert einnehmen).

Unter der Perspektive des Rezeptionsprozesses spielen Emotionen zunächst bei der Lektüreauswahl eine Rolle, und zwar im Sinne des *mood managements*, d. h. der Selektion von Lektürestoffen zur Aufrechterhaltung oder Wiedergewinnung positiver Gefühlszustände (hedonistische Funktion);[58] aber auch die Abreaktion negativer Gefühle mithilfe entsprechender literarischer Texte ist möglich. Während des Lesens führen intensive Emotionen zu einer tieferen Verarbeitung (und damit längeren Lesezeit);[59] außerdem wird die inhaltliche Rezeption beeinflusst, indem z. B. Traurigkeit (über dargestellte Geschehnisse/Personen) zur Konzentration auf vorauslaufende Gründe (in der fiktiven Realität) führt, während Ärger eine Fokussierung

---

53 Vgl. Young: Emotions.
54 Vgl. Oatley: Fiction; Oatley: Emotions.
55 Vgl. Oatley: Fiction.
56 Vgl. Mar et al.: Emotion.
57 Vgl. van Holt/Groeben: Erleben.
58 Vgl. Zillmann: Mood management.
59 Vgl. Mar et al.: Emotion.

auf kommende Bewältigungshandlungen bewirkt. Das vor allem von der Medienpsychologie her bekannte Phänomen der (paradoxalen) ‚Angstlust' (z. B. bei Horrorfilmen; auch ‚*sad film paradox*' genannt)[60] ist nach neuerer Forschung u. U. falsch benannt, weil zwar durch die fiktionale Darstellung eine zum realen Alltagsleben vergleichbare Trauer erlebt werden kann, ihr Genuss gründet aber gerade darin, dass die jeweiligen Ereignisse (wegen der jederzeitigen Beendbarkeit der Lektüre) keine Angst auslösen.[61] Darüber hinaus wirkt sich die Textstruktur, wie literarästhetisch seit jeher postuliert, so aus, dass saliente Strukturen z. B. des *Foregrounding* (s. o.) zu mehr Artefakt-Emotionen führen (für den Aspekt der Verfremdung nachgewiesen von van Holt u. Groeben).[62] Aber auch längerfristige Wirkungen der durch literarische Lektüre ausgelösten Emotionen sind möglich: nämlich von der gesteigerten Selbsterfahrung und -erkenntnis bis hin zu einer relativ überdauernden Veränderung des Selbstkonzepts.[63] Darunter fällt auch die klassische Katharsis-Konzeption (Aristoteles/Lessing) mit der Spannung zwischen bloßer emotionaler Abreaktion (Purgation) und moralischer Läuterung (Purifikation).[64] Diese potenziell persönlichkeitsverändernde Kraft literarischer Lektüren wird innerhalb der Klinischen Psychologie mittlerweile sogar zu sehr ausdifferenzierten Programmen von sog. Bibliotherapie genutzt.[65]

8. Emotional-soziale Dimensionen: Empathie, Identifikation, Parasozialität

Die Thematisierung moralischer Aspekte von fiktionaler Literatur impliziert immer auch eine (emotional-)soziale Dimension. Das Kern-Konzept in dieser Dimension ist die Empathie, die Leser/innen auch gegenüber fiktiven Charakteren entwickeln können. Dabei geht man davon aus, dass eine (primär) kognitive Perspektivenübernahme die notwendige Voraussetzung dafür darstellt, dass gleiche oder ähnliche Gefühle wie bei der beobachteten Person (in der Alltagsrealität) bzw. Figur (in einer fiktiven Welt) entstehen.[66] Allerdings muss dabei die Unterscheidung zwischen dem Selbst und dem Gegenüber erhalten bleiben, sonst spricht man von emotionaler Ansteckung. Komplementär impliziert die Sympathie (auch für eine literarische

---

60 Vgl. Batinic / Appel: Medienpsychologie.
61 Vgl. Goldstein: Pleasure.
62 Vgl. Van Holt / Groeben: Erleben.
63 Vgl. Mar et al.: Emotion.
64 Vgl. Scheele: Grave; Scheele / DuBois: Catharsis.
65 Vgl. Petzold / Orth: Poesie.
66 Vgl. Davis: Empathy; Coplan: Engagement.

Figur) nicht das Erleben gleicher oder ähnlicher Gefühle, enthält aber u. U. einen stärker handlungswirksamen Hilfe-Impetus.

Dass literarische Lektüren Empathie (mit fiktiven Charakteren) auslösen können, ist nicht nur eine permanente Alltagserfahrung sowie These der traditionellen Literaturwissenschaft,[67] sondern auch ein gut bewährtes Ergebnis der empirischen Textverarbeitungspsychologie.[68] Dabei treten Empathie und Identifikation (mit der literarischen Figur: nicht im psychoanalytischen, sondern im alltagssprachlichen Sinn) häufig in Verbindung miteinander auf, und zwar nicht zuletzt deshalb, weil sich im Konzept der Identifikation Aspekte von Perspektivenübernahme, Einfühlung und Sympathie zu einem nicht nur kurzfristigen Komplex verbinden. Die Frage, was zu wem führt, dürfte allerdings eine unfruchtbare Linearisierung darstellen, weil es sich um einen gegenseitig verstärkenden Regelkreis handelt.[69] Denn Empathie kann durch Beschreibungen sowohl von Charakteren als auch von spezifischen Situationen ausgelöst werden, was wiederum die Identifikation mit der jeweiligen literarischen Figur zu verstärken vermag. Dabei erhöhen Charakteristika des Rezeptionsprozesses wie Absorption, Transportation, Immersion die Empathie- und Identifikationsintensität,[70] und zwar in Interaktion mit den interindividuellen Unterschieden in der Empathie-Bereitschaft (,*high* vs. *low empathizers*').[71] Auf Dauer sind daher sicher sowohl auf Rezipienten- wie auf Textseite noch komplexere Bedingungskonfigurationen aufzuarbeiten (die z. B. auch die ethische, ästhetische und epistemologische Charakteristik von Texten einbeziehen).[72]

Unter moralischer Perspektive ist zudem die Frage höchst interessant, ob die in literarischer Lektüre erlebte Empathie ein Äquivalent im realen (Alltags-)Leben bewirkt. Hier findet sich nicht selten das Stereotyp, dass Bücherwürmer durch sozialen Rückzug gekennzeichnet sind. Dieses Stereotyp lässt sich jedoch eindeutig falsifizieren, da lebenslange Lektüre fiktionaler Texte mit hoher Empathie-Fähigkeit und sozialer Kompetenz einhergeht (auch gerade im Kontrast zur Non-Fiktion-Rezeption). Dieser Transfer lässt sich sogar didaktisch einsetzen, indem durch die Lektüre geeigneter literarischer Texte die moralische Entwicklung von Kindern und Jugendlichen gefördert wird.[73] Zugleich gibt es eine Übersteigerung der Parallelität von inner- und außerliterarischer Empathie bzw. Identifikation, wenn nämlich die soziale Beziehung zu einer fiktiven Figur die zu realen Personen ersetzt

---

67 Vgl. Keen: Theory.
68 Vgl. Van Holt / Groeben: Erleben; Mar et al.: Bookworms.
69 Vgl. Keen: Theory.
70 Vgl. Johnson: Transportation.
71 Vgl. Argo / Zhu / Dahl: Fact; Koopmann / Hilscher / Cupchik: Responses.
72 Vgl. Konijn / Hoorn: Some.
73 Vgl. Bilsky: Altruismusforschung.

(Parasozialität). Dieses vor allem für TV-Serien gesicherte Phänomen scheint bei literarischer Lektüre weniger nahezuliegen,[74] was aber noch der expliziten empirischen Aufklärung harrt.

9. Realitäts-Fiktions-Verbindungen: Inkorrekte Überzeugungsänderungen

Wenn man vom Fiktionsbewusstsein als einem konstitutiven Merkmal literarischer Lektüre ausgeht, erscheint es höchst unwahrscheinlich, dass aus fiktionalen Texten Informationen in das Überzeugungssystem über die nicht-fiktionale Realität übernommen werden. Dementsprechend sind auch Lektüreeffekte wie z. B. Einstellungsänderungen jahrzehntelang ausschließlich für Informationstexte untersucht worden, von politischer Propaganda bis hin zu Unterrichtstexten.[75] Dabei wurden schlussendlich vor allem sog. Zwei-Wege-Modelle der Textverarbeitung (prominentestes Beispiel das ‚Elaboration-Likelihood-Model' von Petty u. Cacioppo) entwickelt,[76] die das Ausmaß von Überzeugungsänderungen durch die Qualität des Verarbeitungsprozesses erklären: Eine systematische Textanalyse bewirkt danach weniger Beeinflussbarkeit auf Seiten der Leser/innen als eine mehr oberflächliche, von den rhetorischen Textmerkmalen ausgehende Rezeption.

Mit der Ausweitung der untersuchten Textsorten wurde diese Modellierung auch auf fiktional-literarische Texte angewandt, und es stellte sich überraschenderweise heraus, dass auch aus fiktionalen Texten Informationen in das realitätsbezogene Überzeugungssystem der Rezipienten/innen übernommen werden. Dieser Effekt ist insbesondere an realitätsinadäquaten Informationen nachweisbar,[77] wobei in erster Linie generelle Informationen betroffen sind, weniger solche aus Realitätsausschnitten, die den Lesern/innen gut bekannt sind.[78] Wenn allerdings einmalig derartige Überzeugungsänderungen auftreten, dann verstärken sie sich mit der (verstrichenen) Zeit noch (sog. *sleeper*-Effekt).[79] Zur Erklärung lag auch hier zunächst das Zwei-Wege-Modell der Textverarbeitung nahe, das gerade auf die Einstellung der ‚*willing suspension of disbelief*' (als bewusstem Verzicht auf das Anlegen von Tatsachen-Kriterien) zurückgreifen kann, wodurch das Fehlen einer Motivation zu tiefergehender Textanalyse erklärt werden könnte.[80]

---

74 Vgl. Batinic / Appel: Medienpsychologie.
75 Vgl. zusammenfassend Drinkmann / Groeben: Metaanalysen.
76 Vgl. Petty / Cacioppo: Communication.
77 Vgl. Prentice / Gerrig: Boundary.
78 Vgl. Appel: Realität.
79 Vgl. Schreier: Belief change.
80 Vgl. Prentice / Gerrig / Bailis: Readers.

Die weitergehende intensive Forschung zum Überzeugungsprozess (also auch den vermittelnden und moderierenden Einflussfaktoren) hat allerdings mehr das emotional-motivationale Erklärungsmodell (*transportation imagery model* von Green u. Brock)[81] empirisch bewähren können.[82] Danach kommt es vor allem auf das emotionale Involvement der Leser/innen an, von dem wiederum die Identifikation mit den Protagonisten und die wahrgenommene Realitätsnähe (*perceived reality*) als vermittelnde Faktoren abhängen und die Modifikation des Überzeugungssystems bewirken. Diese Variablen korrelieren zwar durchaus negativ mit der Motivation zu kritischer Analyse, sodass keine vollständige Konkurrenz zwischen den Erklärungsmodellen besteht, aber die emotional-motivationalen Variablen scheinen das größere Gewicht zu besitzen.[83] Allerdings muss der Einfluss von weiteren vermutlich mitentscheidenden Moderator-Variablen wie Textgenre, Rezeptionskompetenz der Leser/innen (Experten vs. Laien) etc. noch aufgeklärt werden.

10. Realitäts-Fiktions-Verbindungen: Fiktionsverarbeitung als Probehandeln

Die empirische Befundlage ebenso wie die theoretischen Erklärungsmodelle im Zusammenhang mit den emotional-sozialen Dimensionen und Wirkungen von literarischer Lektüre zeigen jedoch, dass es im Gegensatz zu den realitätsinadäquaten Überzeugungsmodifikationen auch konstruktive Realitäts-Fiktions-Verbindungen gibt. Diese basieren im ersten Schritt auf den dargestellten Prozessen von Identifikation und Empathie mit literarischen Figuren (s. o.). Insofern literarische Texte mögliche Szenarien entwerfen, ist damit auch eine Ausweitung des psychischen Erlebenshorizonts verbunden, und zwar zum einen in der kognitiven Dimension, d. h. im Denken über andere Menschen, also als (subjektive) Theorie des (menschlichen) Geistes (*theory of mind*); zum anderen in der sozialen Dimension des Verständnisses für andere und für die Interaktion zwischen den Menschen.[84] Soweit die in Literatur dargestellten fiktiven Welten eine Ähnlichkeit mit der realen Lebenswirklichkeit aufweisen, kann diese Ausweitung des Erlebenshorizonts auch als Erfahrungszuwachs angesehen werden. Unter klassischer lerntheoretischer Perspektive ist eine derartige konstruktive Fiktions-Realitätsverbindung als Probehandeln zu modellieren;[85] im Kontext der neuen kognitions-

---

81 Vgl. Green / Brock: Mind's eye.
82 Zusammenfassend Schreier: Belief change.
83 Vgl. Appel: Realität.
84 Vgl. Mar / Oatley: Function.
85 So schon Groeben / Vorderer: Leserpsychologie, unter Rückgriff auf Bandura: Foundations.

wissenschaftlichen Modelle liegt die Rekonstruktion als eine Form von Simulation nahe (s. o. und Mar u. Oatley).[86] Auf jeden Fall vermag die Lektüre literarischer Texte zur Verbesserung sozialer Kompetenzen (wie Ausdrucksverstehen, interpersonale Wahrnehmung etc.)[87] beizutragen sowie, in Abhängigkeit von der lebenshistorischen Dauer solcher Lektüre, auch zu überdauernden Veränderungen des Selbstkonzepts (s. o. und Djikic et al.).[88]

Allerdings ist sicherlich eine entscheidende Voraussetzung für solche Effekte die Bereitschaft und Fähigkeit zur Verbindung von rezipierter Fiktion und praktischer Lebensrealität. Diesbezüglich betrifft eines der stabilsten Ergebnisse der Leseforschung den Geschlechterunterschied: Frauen lesen nicht nur mehr fiktionale Texte, sondern sie sind dabei auch eher bereit und in der Lage, diese mit ihren persönlichen Lebensproblemen in Verbindung zu bringen.[89] Eine solche Kompetenz zu konstruktiven Realitäts-Fiktions-Verbindungen mündet schließlich in eine übergreifende Fiktionskompetenz,[90] denn auch viele Probleme der Alltagswelt erfordern ein rezeptives bzw. produktives Fiktionsbewusstsein. Das reicht von der Vorstellung, welche gesellschaftlichen Veränderungen mit politischen (Wahl-) Programmen gemeint sind, bis zu den Entwicklungszielen und Lebensentwürfen für die eigene Zukunft (Selbstutopien).[91] Für ein derartig umfassendes Fiktionsbewusstsein dürfte dann die Simulation nicht mehr nur aus abstrahierender Selektion und Vereinfachung bestehen (wie das Mar u. Oatley für die literarische Lektüre postulieren),[92] sondern es spielen vermutlich auch komplementäre Prozesse der konkretisierenden Extrapolation und Ausdifferenzierung eine wichtige Rolle. Aber das ist eines der weiten Felder für die zukünftige Forschung qua interdisziplinärer Zusammenarbeit von hermeneutischer Literaturwissenschaft und empirischer Textverarbeitungspsychologie.

11. Forschungsstand und -zukunft

Die Vielfalt der empirisch untersuchten rezeptionspsychologischen Aspekte macht auf den ersten Blick den Eindruck, als könne man von einem befriedigenden Forschungsstand sprechen. Das trifft aber ganz und gar nicht

---

86 Vgl. Mar / Oatley: Function.
87 Vgl. Oatley: Flight simulator; Oatley: Communications.
88 Vgl. Djikic et al.: Being moved.
89 Vgl. Groeben / Hurrelmann: Lesekompetenz; Groeben / Hurrelmann: Geschlecht; Pette: Psychologie.
90 Vgl. Groeben / Dutt: Fiktionskompetenz.
91 Vgl. Obliers: Welten.
92 Vgl. Mar / Oatley: Function.

zu. Weder hinsichtlich der Quantität noch der Qualität ist mit den vorliegenden Untersuchungen der Gegenstandsbereich der Rezeptionspsychologie auch nur annähernd adäquat abgedeckt. Der Grund dafür liegt nicht zuletzt in dem immer noch erheblichen Graben zwischen der literarisch-hermeneutischen und szientifisch-empirischen (Wissenschafts-)Kultur.[93]

In Bezug auf den Umfang empirischer Prüfung(en) besteht aus empiriewissenschaftlicher Sicht ein zentrales Problem darin, dass die hermeneutisch vorgehende Philosophie und Literaturwissenschaft eine Fülle von nicht-analytischen Annahmen generieren, die empirisch geprüft werden müssen, auch wenn diese Notwendigkeit von hermeneutischer Seite z. T. nicht (so) gesehen oder anerkannt wird. Ob und wie z. B. fiktionale Darstellungen entsprechend der *Make-Believe*-Theorie (s. den Beitrag *3. Fiktionen als Make-Believe*) als ‚Requisiten' in einem ‚make-believe-Spiel' fungieren und bestimmte Vorstellungen evozieren, ist im Einzelnen empirisch zu prüfen, bevor über die Realitätsadäquanz (Validität) eines solchen Modells eine sinnvolle Einschätzung abgegeben werden kann. Und ebenso ist empirisch zu prüfen, ob reale Leser/innen in der Tat so kontextübergreifend-einheitliche Intuitionen haben, wie sie z. B. die philosophische Rekonstruktion bisweilen zu unterstellen scheint. Philosophisch sollte man beispielsweise selbstverständlich in Bezug auf die Existenz fiktiver Gegenstände nicht zugleich Realist und Antirealist sein (s. den Beitrag *7. Ontologie fiktiver Gegenstände*). Aber reale Überzeugungssysteme des Alltagsbewusstseins weisen nicht selten interne Inkohärenzen bzw. Spezifikationen auf, sodass es durchaus möglich wäre, dass konkrete Leser/innen in Bezug auf fiktive Gegenstände – eventuell kontextabhängig – sowohl einen antirealistischen als auch einen realistischen Standpunkt einnehmen. Doch selbst unabhängig von solchen potenziellen Komplikationen hat die Jahrhunderte lange hermeneutische Analyse (durch Philosophie und Literaturwissenschaft) einen solch umfangreichen Pool an Hypothesen zur Struktur und Verarbeitung von fiktionalen Texten erarbeitet, dass damit ein fast schon beängstigendes Reservoir für empirische (Überprüfungs-)Untersuchungen vorliegt. Die Beiträge *5. Fiktionssignale* und *9. Fiktionen, Wissen und andere kognitive Güter* geben einen ersten paradigmatischen Eindruck davon. Wenn man nun noch bedenkt, dass in der Regel jede hermeneutische Analyse zu einer Mehrzahl von z. T. auch recht globalen Hypothesen führt und szientifisch-empirische Untersuchungen notwendigerweise (wegen der Kontrolle nicht-thematischer Einflüsse und der Variation der zu untersuchenden Bedingungen, s. o. Punkt 1) auf recht eng umschriebene Hypothesen konzentriert sein müssen, wird unmittelbar einsichtig, dass sich die bisher realisierte rezeptionspsycho-

---

93 Vgl. dazu Snow: Kulturen; Kreuzer: Intelligenz.

logische Empirie höchstens im Promille-Bereich des möglichen und notwendigen Forschungsumfangs bewegt.

Diese Situation wird noch verschärft dadurch, dass auch die Forschungsqualität unter der suboptimalen interdisziplinären Kooperation zwischen den hermeneutischen und empirischen Wissenschaften leidet. Das manifestiert sich zunächst einmal darin, dass sicher manche der überprüften Hypothesen gegenüber den literaturwissenschaftlichen Modellen unnötig simpel oder unaktuell sind, weil auf psychologischer Seite einfach die Expertise für relevantere, sophistiziertere theoretische Modellierung(en) fehlt. Es wirkt sich aber auch auf die untersuchten Texte aus, die u. U. überhaupt nicht den durch die literaturwissenschaftlichen Analysen angezielten Qualitätsniveaus entsprechen. So sind z. B. die fiktionalen Texte, anhand derer die Übernahme von Wissen in realitätsbezogene Überzeugungssysteme geprüft worden ist (s. o. Punkt 9), von einer Schlichtheit, die erhebliche weitergehende Forschung zu dieser Frage erfordert. Und als mindestens genauso problematisch erweist es sich zumeist, wenn im Rahmen experimenteller Versuchspläne Textvariationen eingesetzt werden, bei denen die literarische Qualität der abgeänderten Ursprungstexte u. U. problematisch ist. Hier wäre eine bereitwilligere Kooperation mit (literarisch-literaturwissenschaftlichen) Experten vonnöten, die auch die Bereitschaft einbezieht, sich als Untersuchungsteilnehmer zur Verfügung zu stellen. Ein Großteil der literaturwissenschaftlichen Rezeptionshypothesen betrifft ja nicht in erster Linie die Textverarbeitung von naiven oder sogar relativ ungeübten Leser/innen, sondern von kompetenten, besonders qualifizierten Experten/innen. Doch während in anderen Bereichen der sog. angewandten (psychologischen) Forschung das Experten-Novizen-Paradigma eine große, unverzichtbare Rolle spielt, sind rezeptionspsychologische Untersuchungen zum Vergleich von eher ungeübter vs. kompetenter Verarbeitung literarischer Texte extrem rar. Am ehesten wären sie noch aus der Richtung der Empirischen Literaturwissenschaft zu erwarten. Aber hier ergibt sich das komplementäre Problem der suboptimalen methodologischen Expertise. Ein zureichendes rezeptionspsychologisches Forschungskorpus sollte Untersuchungen aufweisen, in denen die Effektstärke der statistischen Effekte angegeben wird und die eine Verbindung von sog. quantitativen und qualitativen Verfahren realisieren sowie sog. Kreuzvalidierungen an verschiedenen Rezipientengruppen, mit verschiedenen Texten, in verschiedenen Rezeptionssituationen etc. vornehmen. Dadurch wären vor allem auch die Wechselwirkungen zwischen Textmerkmalen, Rezipientencharakteristika und Verarbeitungssituationen aufklärbar, wie sie die mittlerweile erreichten Interaktionstheorien (s. o. Punkt 4 ff.) modellieren. Vor allem aber können und müssen auf diese Weise auch die Beziehungen zwischen den individuellen Rezipienten/innen (Micro-Ebene), den Institutionen des Literatursystems (Meso-Ebene) und den einschlägigen Konventionen/Normen (vgl. den Beitrag 2. *Die Institution Fiktionalität*) thematisiert und überprüft werden. Nimmt man all diese Forschungsdesiderata zusammen, so ist die Konsequenz unausweichlich, dass die vorliegenden Untersuchungsbeispiele zwar die Möglichkeit und den Sinn einer empirischen Rezeptionspsychologie zu demonstrieren vermögen, dass wir aber von einem auch nur halbwegs befriedigenden Forschungsstand noch jahrzehntelang entfernt sind!

Bibliographie

Appel, Markus: Realität durch Fiktionen. Rezeptionserleben, Medienkompetenz und Überzeugungsänderungen [2004]. Berlin 2005.

Argo, Jennifer J./Rui Zhu/Darren W. Dahl: Fact or fiction: an investigation of empathy differences in response to emotional melodramatic entertainment. In: Journal of Consumer Research 34 (2008), S. 614–623.

Bandura, Albert: Social foundations of thought and action: a social cognitive theory. Englewood Cliffs 1986.

Batinic, Bernard/Markus Appel: Lehrbuch Medienpsychologie. Berlin 2008.

Bilsky, Wolfgang: Angewandte Altruismusforschung. Analyse und Rezeption von Texten über Hilfeleistung. Bern 1989.

Buckingham, David: Children talking television: The making of television literacy. London, Washington 1993.

Busselle, Rick/Helena Bilandzic: Fictionality and perceived realism in experiencing stories: A model of narrative comprehension and engagement. In: Communication Theory 18 (2008), S. 255–280.

Christmann, Ursula: Textverstehen. In: Joachim Funke/Peter Frensch (Hg.): Handwörterbuch Allgemeine Psychologie: Kognition. Göttingen 2006, S. 612–620.

Christmann, Ursula/Norbert Groeben: Psychologie des Lesens. In: Bodo Franzmann/Klaus Hasemann/Dietrich Löffler/Erich Schön (Hg.): Handbuch Lesen. München 1999, S. 145–223.

Coplan, Amy: Empathic engagement with narrative fictions. In: The Journal of Aesthetics and Art Criticism 62 (2004), S. 141–152.

Csikszentmihalyi, Mihaly: Beyond boredom and anxiety: Experiencing flow in work and play. San Francisco 1975.

Davis, Mark H.: Empathy: A social psychological approach. Bolder 1996.

Djikic, Maja/Keith Oatley/Sara Zoeterman/Jordan B. Peterson: On being moved by art: How reading fiction transforms the self. In: Creativity Research Journal 21 (2009), S. 24–29.

Drinkmann, Arno/Norbert Groeben: Metaanalyse für Textwirkungsforschung. Weinheim 1989.

Eco, Umberto: Im Wald der Fiktionen. München 1994 (Erstdruck ital. u. d. T. ‚Sei passegiate nei boschi narrativi. Norton Lectures', Milano 1994).

Fricke, Harald: Erkenntnis- und wissenschaftstheoretische Grundlagen. In: Thomas Anz (Hg.): Handbuch der Literaturwissenschaft. Bd. 2: Methoden und Theorien. Stuttgart, Weimar 2007, S. 41–54.

Gerrig, Richard J.: Experiencing Narrative Worlds. On the psychological activities of reading. New Haven 1993.

Goldstein, Thalia R.: The pleasure of unadulterated sadness: Experiencing sorrow in fiction, nonfiction, and „in person". In: Psychology of Aesthetics, Creativity, and the Arts 3 (2009), S. 232–237.

Graesser, Arthur C. / Murray Singer / Tom Trabasso: Constructing inferences during narrative text comprehension. In: Psychological Review 101 (1994), S. 371–395.

Green, Melanie C.: Transportation into narrative worlds: The role of prior knowledge and perceived realism. In: Discourse Processes 38 (2004), S. 247–266.

Green, Melanie C. / Timothy C. Brock: In the mind's eye: Imagery and transportation into narrative worlds. In: M. C. G. / Jeffrey J. Strange / T. C. B. (Hg.): Narrative impact: Social and cognitive foundations. Mahwah 2002, S. 315–341.

Groeben, Norbert: Literaturpsychologie. Stuttgart 1972.

Groeben, Norbert: Historische Entwicklung der Sprachpsychologie. In: Joachim Funke / Peter A. Frensch (Hg.): Handbuch der Allgemeinen Psychologie – Kognition. Göttingen 2006, S. 575–583.

Groeben, Norbert: Was kann/soll ‚Empirisierung (in) der Literaturwissenschaft' heißen? In: Philip Anjouri / Katja Mellmann / Christian Rauen (Hg.): Empirie in der Literaturwissenschaft. Münster 2013, S. 47–74.

Groeben, Norbert / Ursula Christmann: Narration in der Psychologie. In: Matthias Aumüller (Hg.): Narration – Kognition – Text. Der Erzählbegriff in verschiedenen Disziplinen. Berlin 2012, S. 299–321.

Groeben, Norbert / Carsten Dutt: Fiktionskompetenz. In: Matías Martínez (Hg.): Handbuch Erzählliteratur. Theorie, Analyse, Geschichte. Stuttgart 2011, S. 63–67.

Groeben, Norbert / Bettina Hurrelmann (Hg.): Lesekompetenz: Bedingungen, Dimensionen, Funktionen. Weinheim 2002.

Groeben, Norbert / Bettina Hurrelmann (Hg.): SPIEL – Siegener Periodikum zur Internationalen Empirischen Literaturwissenschaft 23 (2004), Heft 1: Geschlecht und Lesen/ Mediennutzung.

Groeben, Norbert / Bettina Hurrelmann (Hg.): Empirische Unterrichtsforschung in der Literatur- und Lesedidaktik. Ein Weiterbildungsprogramm. Weinheim 2006.

Groeben, Norbert / Jürgen Landwehr: Empirische Literaturpsychologie (1980–1990) und die Sozialgeschichte der Literatur: ein problemstrukturierter Überblick. In: Internationales Archiv für Sozialgeschichte der deutschen Literatur 16,2 (1991), S. 143–235.

Groeben, Norbert / Peter Vorderer: Leserpsychologie: Lesemotivation – Lektürewirkung. Münster 1988.

Harris, Paul L.: Fictional absorption: emotional responses to make-believe. In: Stein Bråten (Hg.): Intersubjective communication and emotion in early ontogeny. Studies in emotion and social interaction. New York 1998, S. 336–353.

Hoffstaedter, Petra: Poetizität aus der Sicht des Lesers: Eine empirische Untersuchung der Rolle von Text-, Leser- und Kontexteigenschaften bei der poetischen Verarbeitung von Texten. Hamburg 1986.

Hurrelmann, Bettina: Informelle Lesesozialisationsinstanz Familie. In: Norbert Groeben / B. H. (Hg.): Lesesozialisation in der Mediengesellschaft. Weinheim 2004, S. 11–35.

Hurrelmann, Bettina / Michael Hammer / Ferdinand Nieß: Leseklima in der Familie. Gütersloh 1993.

Hussy, Walter / Margrit Schreier / Gerald Echterhoff: Forschungsmethoden in Psychologie und Sozialwissenschaften. Berlin 2010.

Johnson, Dan R.: Transportation into a story increases empathy, prosocial behavior, and perceptual bias toward fearful expressions. In: Personality and Individual Differences 52 (2012), S. 150–155.

Keen, Suzanne: A theory of narrative empathy. In: Narrative 14 (2006), S. 207–236.

Kim, Jungkee / Allan M. Rubin: The variable influence of audience activity on media effects. In: Communication Research 24 (1997), S. 107–135.

Konijn, Elly A. / Johan F. Hoorn: Some like it bad: Testing a model for perceiving and experiencing fictional characters. In: Media Psychology 7 (2005), S. 107–144.

Koopmann, Emy M. / Michelle Hilscher / Gerald C. Cupchik: Reader responses to literary depictions of rape. In: Psychology of Aesthetics, Creativity, and the Arts 6 (2012), S. 66–73.

Kreuzer, Helmut (Hg.): Literarische und naturwissenschaftliche Intelligenz – Dialog über die ‚zwei Kulturen'. Stuttgart 1969.

Laucken, Uwe: Denkformen der Psychologie. Dargestellt am Entwurf einer Logographie der Gefühle. Bern 1989.

Ludwig, Hans-Werner / Werner Faulstich: Erzählperspektive empirisch. Untersuchungen zur Rezeptionsrelevanz narrativer Studien. Tübingen 1985.

Mar, Raymond A. / Keith Oatley: The function of fiction is the abstraction and simulation of social experience. In: Perspectives on Psychological Science 3 (2008), S. 173–192.

Mar, Raymond A. / Keith Oatley / Jacob Hirsh / Jennifer dela Paz / Jordan B. Peterson: Bookworms versus nerds: Exposure to fiction versus non-fiction, divergent associations with social ability, and the simulation of fictional social worlds. In: Journal of Research in Personality 40 (2006), S. 694–712.

Mar, Raymond A. / Keith Oatley / Maja Djikic / Justin Mullin: Emotion and narrative fiction: Interactive influences before, during, and after reading. In: Cognition / Emotion 25 (2010), S. 818–833.

Mellmann, Katja: Emotionalisierung – Von der Nebenstundenpoesie zum Buch als Freund. Eine emotionspsychologische Analyse der Literatur der Aufklärungsepoche. Paderborn 2006.

Meutsch, Dieter: Literatur verstehen. Eine empirische Studie. Braunschweig 1987.

Nickel-Bacon, Irmgard / Norbert Groeben / Margrit Schreier: Fiktionssignale pragmatisch. Ein medienübergreifendes Modell zur Unterscheidung von Fiktion(en) und Realität(en). In: Poetica 32 (2000), S. 267–299.

Oatley, Keith: Why fiction may be twice as true as fact: Fiction as cognitive and emotional simulation. In: Review of General Psychology 3 (1999), S. 101–117.

Oatley, Keith: From the emotions of conversation to the passions of fiction. In: Antony S. R. Manstead / Nico Frijda / Agneta Fischer (Hg.): Feelings and Emotions. The Amsterdam Symposium. Cambridge 2004, S. 98–115.

Oatley, Keith: The mind's flight simulator. In: The Psychologist 21 (2008), S. 1030–1033.

Oatley, Keith: Communications to self and others: Emotional experience and its skills. In: Emotion Review 1 (2009), S. 206–213.

Obliers, Rainer: Subjektive Welten: Identitätsentwürfe und Prognosen. Frankfurt/M. 2002.

Oerter, Rolf: Psychologie des Spiels. Weinheim 1999.

Oerter, Rolf: Spiel und kindliche Entwicklung. In: Rolf Oerter / Leo Montada (Hg.): Entwicklungspsychologie. Weinheim 2002, S. 221–234.

O'Neill, Daniela K. / Rebecca M. Shultis: The emergence of the ability to track a character's mental perspective in narrative. In: Developmental Psychology 43 (2007), S. 1032–1037.

Pette, Corinna: Psychologie des Romanlesens: Lesestrategien zur subjektiven Aneignung eines literarischen Textes. Weinheim 2001.

Petty, Richard E. / John T. Cacioppo: Communication and persuasion: Central and peripheral routes to attitude change. New York 1986.

Petzold, Hilarion G. / Ilse Orth: Poesie und Therapie. Über die Heilkraft der Sprache: Poesietherapie, Bibliotherapie, Literarische Werkstätten. Bielefeld 2005.

Prentice, Deborah A. / Richard J. Gerrig: Exploring the boundary between fiction and reality. In: Shelly Chaiken / Yaacov Trope (Hg.): Dual-process theories in social psychology. New York 1999, S. 529–546.
Prentice, Deborah A. / Richard J. Gerrig / Daniel S. Bailis: What readers bring to the processing of fictional texts. In: Psychonomic Bulletin & Review 4 (1997), S. 416–420.
Robinson, Jenefer: The art of distancing: How formal devices manage our emotional responses to literature. In: The Journal of Aesthetics and Art Criticism 62 (2004), S. 153–162.
Rothmund, Jutta / Margrit Schreier / Norbert Groeben: Fernsehen und erlebte Wirklichkeit (I): Ein kritischer Überblick über die Perceived Reality-Forschung. In: Zeitschrift für Medienpsychologie 13 (2001), S. 33–44.
Ryan, Marie-Laure: Fiction, non-factuals, and the principal of minimal departure. In: Poetics 9 (1980), S. 403–422.
Scheele, Brigitte: Back from the grave: Reinstating the catharsis concept in the psychology of reception. In: Dick H. Schram / Gerard Steen (Hg.): The psychology and sociology of literature: in honor of Elrud Ibsch. Amsterdam 2001, S. 201–224.
Scheele, Brigitte / Fletcher DuBois: Catharsis as a moral form of entertainment. In: Jennings Bryant / Peter Vorderer (Hg.): Psychology of entertainment. Hillsdale 2006, S. 405–422.
Schram, Dick H.: Norm und Normbrechung: Die Rezeption literarischer Texte als Gegenstand empirischer Forschung. Braunschweig 1991.
Schreier, Margrit: Belief change through fiction: How fictional narratives affect real readers. In: Simone Winko / Fotis Jannidis / Gerhard Lauer (Hg.): Grenzen der Literatur. Berlin, New York 2009, S. 315–337.
Schreier, Margrit / Norbert Groeben: Experiencing reality in virtual environments. In: Wolfgang Frindte / Thomas Köhler / Pasqual Marquet / Elke Nissen (Hg.): Internet-based teaching and learning. (Internet Communication, vol. 3.) Bern 2001, S. 348–352.
Segal, Erwin M.: A cognitive-phenomenological theory of fictional narrative. In: J. F. Duchan / G. A. Bruder / L. Hewitt (Hg.): Deixis in Narrative: A Cognitive Science Perspective. Hillsdale 1995, S. 61–78.
Shapiro, Michael A. / Hyekyung Kim: Realism judgements and mental resources: A cue processing model of media narrative realism. In: Media Psychology 15 (2012), S. 93–119.
Slade, Arietta / Dennie P. Wolf: Children at Play: Clinical and Developmental Approaches to Meaning and Representation. New York 1994.
Snow, Charles P.: Die zwei Kulturen. Literarische und naturwissenschaftliche Intelligenz. Stuttgart 1967.
Van Dijk, Teun A. / Walter Kintsch: Strategies of discourse comprehension. New York 1983.
Van Holt, Nadine / Norbert Groeben: Konzept des Foregrounding in der modernen Textverarbeitungspsychologie. In: Journal für Psychologie 14 (2005), S. 311–332.
Van Holt, Nadine / Norbert Groeben: Emotionales Erleben beim Lesen und die Rolle textsowie leserseitiger Faktoren. In: Uta Klein / Katja Mellmann / Steffanie Metzger (Hg.): Heuristiken der Literaturwissenschaft. Disziplinexterne Perspektiven auf Literatur. Paderborn 2006, S. 111–130.
Van Peer, Willie: Stylistics and Psychology. Investigations of foregrounding. London 1986.
Viehoff, Reinhold: Literary genres as cognitive schemata. In: Gebhard Rusch (Hg.): Empirical Approaches to Literature. Proceedings of the Fourth Biannual Conference of the International Society for the Empirical Study of Literature Budapest, August 1995. Siegen 1995, S. 72–76.
Vorderer, Peter / Hans J. Wulff / Mike Friedrichsen: Suspense: Conceptualizations, theoretical analyses, and empirical explanations. Hillsdale 1996, S. 71–91.
Warning, Rainer: Rezeptionsästhetik. Theorie und Praxis. Stuttgart 1994.

Wilson, Margaret: Six Views of Embodied Cognition. In: Psychonomic Bulletin and Review 9 (2002), S. 625–636.
Winnicott, Donald, W.: Playing and Reality. London 1971.
Wooley, Jacqueline D. / Victoria Cox: Development of beliefs about storybook reality. In: Developmental Science 10 (2007), S. 681–693.
Young, Garry: Virtually real emotions and the paradox of fiction: Implications for the use of virtual environments in psychological research. In: Philosophical Psychology 23 (2010), S. 1–21.
Zeitz, Colleen M.: Expert-novice differences in memory, abstraction, and reasoning in the domain of literature. In: Cognition and Instruction 12 (1994), S. 277–312.
Zillmann, Dolf: The psychology of suspense in dramatic exposition. In: Peter Vorderer / Hans J. Wulff / Mike Friedrichsen (Hg.): Suspense: conceptualizations, theoretical analyses, and empirical explorations. Mahwah 1996, S. 199–231.
Zillmann Dolf: Mood management in the context of selective exposure theory. In: Michael E. Roloff (Hg.): Communication yearbook 23. Thousand Oaks 2000, S. 103–123.
Zillmann, Dolf: Dramaturgy for emotions from fictional narration. In: Jennings Bryant / Peter Vorderer (Hg.): Psychology of entertainment. Mahwah 2006, S. 215–238.
Zwaan, Rolf A.: Effect of Genre Expectations on Text Comprehension. In: Journal of Experimental Psychology: Learning, Memory and Cognition 20 (1994), S. 920–933.
Zwaan, Rolf A.: Situation models: The mental leap into imagined worlds. In: Barbara A. Spellman / Daniel T. Willingham (Hg.): Current directions in psychological science. Upper Saddle River 1999, S. 146–151.
Zwaan, Rolf / Mark Langston / Arthur Graesser: The construction of situation models in narrative comprehension. An event-indexing model. In: Psychological Science 6 (1995) S. 292–297.

III. Historische Dimensionen der Fiktionalität

WOLFGANG RÖSLER

16. Fiktionalität in der Antike

In der Antike wurde eine Konzeption von Fiktionalität begründet und zur Geltung gebracht, die Wesentliches von dem vorwegnimmt, was heute darunter verstanden wird. Allerdings ist es nicht so, dass neuere Theoriebildung, einer vertrauten Traditionslinie folgend, bewusst auf ein Modell aus der Antike zurückgegriffen hätte. Eher ergibt sich andersherum, dass ein an moderner Theorie geschulter analytischer Zugriff beim Studium antiker Literaturtheorie – besonders sind Gorgias und Aristoteles zu nennen – zu der nicht von vornherein zu erwartenden Erkenntnis zu gelangen vermag, dass die Reflexion über fundamentale Fragen des Funktionierens literarischer Kommunikation hier wie dort zur Entfaltung ähnlicher Theoriekonzepte geführt hat.

1. Phantastik und Wahrheitsanspruch: Gegensätzliche Befunde aus Homer

Gorgias und Aristoteles gehören in das 5./4. Jh. v. Chr. Doch lassen sich erste Aussagen über den Status poetischer Texte in ihrem Verhältnis zur Wirklichkeit schon lange vorher, wohl in der ersten Hälfte des 7. Jh. v. Chr., bei Homer und Hesiod finden, den ältesten griechischen Dichtern, von denen sich Werke erhalten haben,[1] und solche Äußerungen reißen in der Folgezeit nicht ab. Allerdings bricht sich eine adäquate Erfassung und Beschreibung von Fiktionalität erst zweieinhalb Jahrhunderte später Bahn, während in älteren Äußerungen noch Wahrheitspostulate an Dichtung he-

---

1 Die *Ilias* als das ältere der beiden homerischen Epen wird heute von Gelehrten wie Walter Burkert und Martin West übereinstimmend erst relativ spät datiert (Burkert: Theben: um 660, nach der Eroberung und Zerstörung des ägyptischen Theben im Jahre 663; West: Date: zwischen 670 und 640 mit einer Präferenz für 660–650; in seiner jüngsten Äußerung rechnet West: Making, S. 19, nunmehr mit einem sich über einen längeren Zeitraum, zwischen 680 und 640, erstreckenden Abfassungsprozess). Hesiod wird man, ob davor (so West) oder danach (zur Frage der Priorität vgl. Andersen/Haug: Chronology), nicht allzu weit entfernt ansetzen.

rangetragen und Lügevorwürfe gegen sie erhoben werden. Daraus ergibt sich, dass die Hervorbringung einer ins Positive gewendeten Konzeption von Fiktionalität ein längerer Prozess war, den man geradezu als deren „Entdeckung" ansehen und darstellen kann.[2]

Unter Fiktionalität wird dabei ein bestimmter Zustand des Kommunikationssystems verstanden, der sich in einer Kulturgemeinschaft etabliert hat und von einem überwiegenden Konsens der Mitglieder getragen ist. Der Konsens bezieht sich darauf, dass entsprechende, eben ‚fiktionale' Texte gerade nicht nach dem Kriterium beurteilt werden, das für Texte im Rahmen pragmatischer Kommunikation gilt, d. h. nach ‚wahr' oder ‚unwahr' (ggf. gar als Lüge, wenn absichtsvoll die Unwahrheit gesagt wird). Der Begriff der Fiktion wiederum bezieht sich auf den Vorgang der Abfassung von solchen Texten, die unter den Bedingungen eines eingespielten Fiktionalitätsbewusstseins ihre adäquate Rezeption erfahren. Fiktionalität und Fiktion stehen somit in einer Wechselbeziehung, die in einer gleichzeitigen Übereinstimmung von Bewusstheit und Erwartungshaltung auf der einen Seite, der des Publikums, und entsprechender Textproduktion auf der anderen, der Autorenseite ihren Ausdruck findet (vgl. den Beitrag *2. Die Institution Fiktionalität*). Diese Wechselbeziehung bildet sich jedoch im antiken Griechenland erst allmählich heraus, wobei die Entwicklung auf den beiden Seiten auch keineswegs synchron verläuft.

Das Problem lässt sich anhand eines der ältesten und berühmtesten Texte der griechischen Dichtung, der *Odyssee*, herausarbeiten. In dem Epos wird die zehn Jahre dauernde Heimkehr des Odysseus von Troia nach Ithaka mitsamt der Wiedergewinnung seiner einstigen Stellung erzählt. Dies geschieht nicht in linearer Abfolge der Ereignisse, sondern in kunstvollem, versetztem Aufbau. Die Erzählung beginnt erst im letzten Jahr der Irrfahrt. Nachdem die sog. Telemachie, die ersten vier Bücher der *Odyssee*, zunächst unter anderem die Situation auf Ithaka exponiert hat, wie sie sich nach der langen Abwesenheit des Königs durch das Auftreten und Verhalten der Freier zuletzt immer mehr zugespitzt hat, tritt Odysseus an dem Punkt in die Handlung ein, an dem der siebenjährige Aufenthalt auf der Insel Ogygia bei der Nymphe Kalypso endet. Die erzwungene Passivität, zu der er dort verurteilt war, hat ihn in tiefe Depression getrieben und seine Identität fast zerstört; nun darf er auf göttlichen Beschluss, den Hermes übermittelt, auf einem Floß die Insel verlassen. Doch kentert das Floß im

---

2 Entsprechend der Titel von Rösler: Entdeckung. Dieser Aufsatz stellt den inzwischen weit zurückliegenden Anfang der Beschäftigung des Autors mit dem hier behandelten Thema dar. Das Folgende ist denn auch nicht einfach eine Rekapitulation der seinerzeitigen Auffassung, sondern verarbeitet Einsichten, die sich ihm seitdem ergeben haben. – Vergleichbar ist der Ansatz der Untersuchung von Finkelberg: Birth; dazu Rösler: Rez. Finkelberg (mit weiterer Literatur).

Sturm, er rettet sich mit letzter Kraft schwimmend auf die Insel der Phaiaken, Scheria. In einer Reihe diffiziler Situationen, mit denen er daraufhin konfrontiert wird, bewährt sich, was man mit moderner Begrifflichkeit seine soziale Intelligenz nennen kann: Sie lässt ihn, den zunächst unbekannten Fremden, stets das angemessene Verhalten zeigen und den rechten Ton treffen. So gewinnt er den Respekt, ja die Zuneigung der Herrscherfamilie, erst der Prinzessin, Nausikaa, dann auch von deren Eltern, Alkinoos und Arete. Die ihm selbst verschüttete Erinnerung an seine Rolle im Troianischen Krieg wird durch glückliche Fügung wiederbelebt, er vermag in seine Identität zurückzukehren und erzählt dann – zum Abschluss und als Höhepunkt dieses Prozesses – in der Versammlung der Phaiaken, wer er ist, was er auf der Fahrt von Troia erlebt und erlitten hat und wie er nach Verlust all seiner Gefährten selbst als einziger übrig blieb. Die wundersame Rückführung nach Ithaka durch die Phaiaken, die Wiedergewinnung seiner Stellung als König von Ithaka und die bewegende Erneuerung der Beziehung zu Penelope nehmen dann die zweite Hälfte der *Odyssee* ein.

Die spektakulärsten Erlebnisse berichtet er selbst vor den atemlos lauschenden Phaiaken: Als er von Norden, aus Troia, kommend die Südspitze der Peloponnes, Kap Malea, umfahren will, um dann an der Küste entlang Kurs auf Ithaka zu nehmen, treibt ein Nordwind ihn mit seinen Schiffen aufs offene Meer. Nach neun Tagen ist jede Orientierung verloren; man befindet sich im Folgenden in einer irrealen Welt, die von phantastischen Gestalten bevölkert ist. In dieser Welt lauern Gefahren, die jede menschliche Erfahrung übersteigen. Zunächst werden das Land der Lotophagen, die mit der Lotosdroge über ein Mittel verfügen, das Menschen in den Zustand der Willenlosigkeit versetzt, und die Insel des menschenfressenden Kyklopen Polyphem passiert, den Odysseus überlistet. Auf der Weiterfahrt eröffnet zwar Aiolos, der Herr der Winde, die Möglichkeit rascher Heimkehr, indem er widrige Winde in einem Schlauch einschließt, doch wird die Hilfe von den Gefährten des Odysseus fahrlässig vereitelt. Danach erreicht man das Land der Laistrygonen, menschenfressender Riesen, denen zuletzt allein das Schiff des Odysseus zu entkommen vermag, dann Aia, die Insel der Zauberin Kirke, die Odysseus ein Jahr lang an sich bindet. Von hier aus unternimmt Odysseus sogar eine Fahrt an den Rand der Erde zum Ringstrom Okeanos, wo er auf den Eingang in die Unterwelt trifft und mit den Seelen Verstorbener in Dialog tritt. Wieder in Aia, erfährt er von Kirke Näheres über die Gefahren, die ihm auf der Weiterfahrt bevorstehen. Deshalb kann er sich auf die Begegnungen mit den Sirenen, die durch ihren Gesang Menschen bezaubern und sie dann töten, und den Meeresungeheuern Skylla und Charybdis vorbereiten, doch lässt es sich nicht verhindern, dass Skylla sechs Gefährten aus dem Schiff fortreißt. Die übrigen Gefährten verliert er, nachdem diese sich auf der Insel des Helios über sein

Verbot hinweggesetzt und Rinder des Gottes getötet und verspeist haben (was schon im Prooimion der *Odyssee* erwähnt wird): Der von Zeus bei der Weiterfahrt gesandte Blitz zerstört das Schiff; allein Odysseus vermag sich auf die Insel Ogygia zu retten, wo er Kalypso begegnet. Auch die letzte Station vor der Rückkehr nach Ithaka, der Aufenthalt bei den Phaiaken, gehört noch ganz dem Bereich des Irrealen zu, in den Odysseus am zehnten Tag seiner Irrfahrt eingetreten ist, hier freilich ins Positive gewendet. Die Polis der Phaiaken ist gezeichnet als eine *città ideale*, in der politische Verfassung und öffentliche Einrichtungen in jeder Beziehung von vorbildhafter Beschaffenheit sind. Zwar dauert die Heimfahrt dann nur eine einzige Nacht, die Odysseus schlafend verbringt, aber die Nähe zur Heimat ist nur scheinbar: Die phaiakischen Ruderer entfalten eine solche Geschwindigkeit, dass (so Homer) nicht einmal ein Falke das Schiff hätte einholen können. Als Odysseus am Morgen auf dem Strand von Ithaka erwacht, sind sie bereits wieder verschwunden. Jetzt, erst jetzt ist Odysseus im buchstäblichen Sinn wieder in der Realität angekommen.

Wie deutlich geworden ist, zeigt das Gedicht ein so hohes Maß an souverän gestalteter Phantastik,[3] dass man Mühe hat, sich vorzustellen, dass jemals ein Rezipient nicht zuallererst diesen Charakter realisiert hätte. Doch scheint sich die *Odyssee* in poetologischen Äußerungen, die sie enthält, selbst einen Status und eine Funktion zuzuweisen, die ganz anderer Art sind und das Phantastische, die Grenzen der Realität Überschreitende überhaupt nicht erfassen. Das Gedicht beginnt – ebenso wie die *Ilias*, für die sich in dieser Hinsicht ein ganz analoger Befund ergibt – mit einem Musenanruf, in dem der Dichter die Gottheit bittet, ihm das folgende Gedicht von dem „vielgewandten Mann" Odysseus gleichsam vorzusagen (bzw. im Fall der *Ilias* den Groll Achills vorzusingen). Diese Vorstellung, dass es die Musen, die Töchter des Zeus und der Mnemosyne, der Erinnerung, sind, die den Dichter überhaupt erst in den Stand versetzen, sein Gedicht hervorzubringen, findet sich mit besonderem Nachdruck artikuliert in einem neuerlichen Musenanruf vor dem Schiffskatalog im zweiten Buch der *Ilias*, in dem der Sänger sein Angewiesensein auf göttliche Eingebung[4] näher erläutert:

---

3 Vgl. Renger: Wirklichkeiten.
4 Mit dem Begriff ‚Eingebung' ersetze ich hier und im Folgenden, eine Anregung in der Diskussion auf der Vorbereitungstagung aufnehmend, den in der Fachdiskussion üblichen und auch von mir früher in diesem Zusammenhang verwendeten Begriff ‚Inspiration' (verbreitet ist auch das Kompositum ‚Museninspiration'). ‚Inspiration' überlässt dem menschlichen Schöpfer mehr Eigenanteil (ihm werden Impulse zu eigener kreativer Leistung gegeben), während nach den homerischen Formulierungen die Vorstellung vorzuliegen scheint, dass die Musen gleichsam dem Sänger vorsprechen.

Sagt mir nun, ihr Musen, die ihr die olympischen Häuser bewohnt,
– ihr seid ja Göttinnen, seid Augenzeugen und wisst alles,
wir aber hören nur die Kunde und wissen nichts –
wer die Führer und Herrscher der Danaer waren.[5]

Der Dichter weist sich selbst also nur die Rolle eines Mediums göttlichen Wissens zu. An dieser Stelle der *Ilias* bedarf er in besonderer Weise der Hilfe der Musen (und geht deshalb gezielt darauf ein), da er nun die Zusammensetzung der achäischen Flotte mitsamt den Anführern der Abteilungen in komprimiertester und damit zugleich diffizilster Form, der eines Kataloges, darzustellen hat. Was ihm die Musen vermitteln sollen, ist etwas, von dem er selbst nur indirekte Kunde (*kléos*) hat, bei dem aber die Musen als Göttinnen zugegen waren und das sie deshalb authentisch überliefern können. Die Voraussetzung von alledem, die Überzeugung, dass der Troianische Krieg ein Ereignis war, das tatsächlich stattgefunden hatte, und dass Homer somit ein in den Grundzügen historisches Geschehen darstellt, war für die Griechen auch in aufgeklärterer Zeit nicht zweifelhaft.

In der *Odyssee* wird das Vermögen des Sängers, aufgrund der ihm zuteilwerdenden göttlichen Eingebung vergangene Ereignisse, die er gar nicht miterlebt hat, trotzdem authentisch zu erzählen, sogar in die Handlung des Epos integriert. An zwei Stellen treten Sänger auf – der eine, Phemios, vor den Freiern in Ithaka, der andere, Demodokos, vor den Phaiaken und dem zunächst unbekannten Fremden (Odysseus) in Scheria –, die so ergreifend Begebenheiten im Umkreis des Troianischen Krieges zu erzählen verstehen, dass Anwesende, die davon betroffen sind oder gar dabei waren, aus der Fassung geraten: einerseits Penelope, als Phemios von der traurigen Rückfahrt der Achaier von Troia singt und sie schmerzlich an das ungeklärte Schicksal ihres Mannes erinnert wird;[6] andererseits Odysseus, zunächst als Demodokos von einem Streit zwischen Achill und Odysseus handelt, aus dem Agamemnon aufgrund eines Orakelspruches Zuversicht schöpfte, was nun in Odysseus schlagartig die abgesunkene Erinnerung an seinen einstigen Status wachruft und ihn in Tränen ausbrechen lässt,[7] und ein zweites Mal, als Demodokos das Gemetzel bei der Eroberung Troias in seinem ganzen Schrecken schildert.[8] Diese zweite Stelle ist besonders subtil: Odysseus hat vorher dem Sänger, der als blind eingeführt worden war (wodurch

---

5 Homer: Ilias 2,484–487. Alle Übersetzungen in diesem Beitrag stammen vom Verfasser.
6 Homer: Odyssee 1,325–344.
7 Ebd. 8,62–92.
8 Ebd. 8,499–531.

sich seine Abhängigkeit von göttlicher Eingebung potenziert), Komplimente für seine Sangeskunst gemacht:[9] Die Muse oder gar Apollon[10] hätten sie ihn, so mutmaßt er, gelehrt. Als wäre er dabei gewesen oder hätte es von einem Augenzeugen gehört, so singe er. Nun aber solle er (so fordert Odysseus ihn auf) ein Lied über das hölzerne Pferd singen, die List des Odysseus, die zum Untergang Trojas führte. Aus dem Zusammenhang ist naheliegend: Odysseus hat die Absicht, auf dem Höhepunkt dieses Liedes endlich seine Identität zu lüften: ‚Dieser Mann bin ich!' Aber dann verkündet der Sänger eine ganz andere, die eigentliche Wahrheit, indem er vom Leid der Menschen erzählt, die Opfer des Eroberungsrausches wurden. Und statt seinen Triumph zu zelebrieren, bricht Odysseus abermals in Tränen aus.

Wenn also – jedenfalls nach dem, was dazu in den Texten selbst gesagt ist – die immanente Funktion von Epen wie der betrachteten darin bestand, „Ruhmestaten von Männern" aus vergangener Zeit – griech. *kléa andrôn*[11] – in authentischer, auf göttlicher Eingebung beruhender Erzählung zu vermitteln und dadurch zu bewahren, dann stellt sich die Frage, welcher kulturellen Entwicklungsstufe diese Konzeption entstammt. Die Anfänge der griechischen Schriftkultur liegen zu dieser Zeit gut 100 Jahre zurück,[12] doch zeigen *Ilias* und *Odyssee* noch wesentliche Merkmale der vorausliegenden Mündlichkeit, die ebenfalls bereits eine hochentwickelte Dichtung hervorgebracht hatte. Vor allem spiegelt die Formelhaftigkeit der homerischen Epen, d. h. die Verwendung traditioneller, zum Repertoire der Gattung gehörender Formulierungen, deren Funktion es gewesen war, den Sänger in der Stresssituation der improvisierenden Hervorbringung des Textes im mündlichen Vortrag zu entlasten, die einstigen Gegebenheiten epischer Dichtung noch unübersehbar wider. Unter den Bedingungen der Oralität hatte der Sänger, was die Traditionsvermittlung angeht, eine exklusive Rolle inne. Bei ihm lag die Zuständigkeit für die kollektive Erinnerung, er fungierte (in der treffenden Formulierung von Marcel Detienne[13]) gleichsam als *maître de vérité*. Durch sein Wirken wurde die Gegenwart mit der Vergangenheit in Beziehung gesetzt und in ihr gleichsam fundiert, wobei Authentizität

---

9 Ebd. 8,486–498.
10 Apollon ist als Gott des Gesanges und des Saitenspiels mit den Musen eng verbunden (vgl. Hesiod: Theogonie 94 f.). Die Bezeichnung *Musagétas* (attisch *Musegétes*), ‚Anführer der Musen', ist zuerst bei Pindar belegt.
11 Dies der Terminus technicus für den Inhalt epischen Gesanges, z. B. des Demodokos (Homer: Odyssee 8,73).
12 Die Übernahme des phönizischen Alphabets durch die Griechen muss bald nach 800 erfolgt sein. Als frühestes Zeugnis liegt nun eine Inschrift aus Gabii bei Rom vor, die auf ca. 770 v. Chr. datiert wird (Peruzzi: Cultura; vgl. Burkert: Griechen, S. 139⁹).
13 Detienne: Maîtres.

und Glaubwürdigkeit durch den unterstellten Zugang zu göttlichem Wissen garantiert wurden. Somit ist es konsequent, wenn der Sänger in der *Odyssee* zu den *demioergoí* gezählt wird (neben Seher, Arzt und Baumeister), d. h. zu den Experten, deren Wirken für das Volk lebensnotwendig ist.[14]

Aus dieser Tradition also leitet sich offenkundig die Konzeption epischer Dichtung her, die in den Sängerdarstellungen der *Odyssee* noch lebendig ist, aber allein auch bereits durch die Musenanrufe in den homerischen Epen evoziert wird. Es liegt in der Natur der Sache, dass für solche Dichtung die Vorstellung eines autonomen Fingierens auf Seiten des Dichters außerhalb des Horizonts bleiben musste. Klärend ist eine konsequente Unterscheidung zwischen Fiktion und Imagination.[15] Zwar schließt erstere letztere grundsätzlich ein, doch gilt dies nicht umgekehrt. Hier, auf der frühesten erschließbaren Entwicklungsstufe griechischer Epik, war offenbar eine Kraft und Technik der Imagination wirksam, die sich als Ausfüllung und Konkretisierung eines durch die Tradition vorgegebenen und als ‚wahr' erachteten Geschehensrahmens im Akt der erzählenden Darstellung begriff und die diesen Vorgang als göttliche Eingebung auffasste. Auf einer solchen Grundlage konnte man z. B. die Kämpfe von Achaiern und Troern, wie sie die *Ilias* durchziehen, in vielen Einzelheiten erzählen, ebenso die Rückgewinnung der Macht im Palast von Ithaka durch Odysseus in der *Odyssee*, ohne dass durch den hohen Anteil eigener Imagination des Sängers die ‚Wahrheit' des Erzählten in Frage stand.

Andererseits begründet die Erzählung der Irrfahrten in der *Odyssee*, die wir analysiert haben, erhebliche Zweifel, ob mit der gerade versuchten Nachzeichnung dichterischer Bewusstseinsvorgänge auf der frühesten Entwicklungsstufe griechischer Epik auch noch das Selbstverständnis des *Odyssee*-Dichters voll erfasst wird. Denn die Phantastik der Abenteuer, die Odysseus im Gedicht erlebt, übersteigt bei weitem das Maß jener *kléa andrôn*, Ruhmestaten von Männern aus vergangener Zeit, die nach den Kriterien menschlicher Erfahrung imaginiert und als wahr erzählt werden konnten. Über dieses Maß hat sich der Dichter ersichtlich bewusst, geradezu lustvoll hinweggesetzt und unerhörte Begebenheiten in autonomer Fiktion gestaltet. Doch hat er, als wollte er diesen Bruch wiederum kaschieren, durch die Aufnahme der Sängergestalten des Demodokos und des Phemios in die Erzählung die traditionelle Funktion des Epos und das traditionelle Bild des Sängers besonders zur Geltung gebracht.

---

14 Homer: Odyssee 17,383–385.
15 Die Angemessenheit und Notwendigkeit dieser Unterscheidung im gegebenen Zusammenhang erscheint mir trotz der Einwände von Nünlist: Bildersprache, S. 20–22, offenkundig. In anderer Hinsicht, der Frage von Fiktionsanteilen im homerischen Epos, besonders in der *Odyssee*, nähert sich der vorliegende Beitrag dagegen Positionen von Nünlist: ebd., S. 13–20, an.

Bei Homer werden nach diesem Befund somit zwei Entwicklungsstufen in dem Prozess fassbar, den wir hier verfolgen: zum einen die frühe, in den Bedürfnissen und Zwängen der Illiteralität wurzelnde Stufe, auf der der Dichter als *maître de vérité* fungiert; zum anderen, in der speziellen Konstellation der *Odyssee*, die Eröffnung eines die Realität mittels dichterischer Fiktion überbietenden Raumes der Phantastik – ein Schritt, der zunächst nur erzählerisch vollzogen, nicht jedoch theoretisch erfasst und auf den Begriff gebracht wird. Zu einer offenen Diskussion über das Verhältnis des Epos zur Wahrheit kommt es erst zu einem späteren Zeitpunkt. Angestoßen wird sie aus einer anderen Richtung: Es geht dann um die theologische Dimension epischer Dichtung.

2. Statt Heiliger Schriften: Homer und Hesiod als Autoritäten griechischer Religion

Die Zuständigkeit des Sängers für die Sicherung der kollektiven Erinnerung bezog sich neben dem Heroenmythos, den *kléa andrôn*, auch auf den Göttermythos. Dieser Bereich ist in der frühen griechischen Dichtung für uns durch die *Theogonie* Hesiods repräsentiert, daneben durch eine Sammlung von teilweise ebenfalls frühen Götterhymnen, die in der Überlieferung Homer zugeschrieben ist; er greift aber in spezieller Weise auch auf *Ilias* und *Odyssee* über. In der *Theogonie* (auf deren erste Hälfte sich die folgende Inhaltsangabe beschränkt) wird erzählt, wie zuerst Chaos entsteht, dann Gaia (die Erde) und Eros, weiter entstehen Finsternis (*érebos*) und Nacht, aus dieser der Tag, Gaia bringt Uranos hervor, dann Berge und Meer. Es folgt eine zweite Generation, die nun aus der Verbindung weiblicher und männlicher Wesen entsteht. Unter anderem bringen Gaia und Uranos die zwölf Titanen hervor, sechs männlichen, sechs weiblichen Geschlechts, als jüngsten Kronos. Dieser entmannt seinen Vater, der seine Kinder allesamt in der ‚Höhlung der Erde' festgehalten hatte, mit einer Sichel, die ihm Gaia gegeben hat. Kronos behandelt dann freilich die eigenen Kinder, die er mit Rhea gezeugt hat, auf vergleichbare Weise: Er verschlingt sie nach der Geburt, und sie wachsen in seinem Leib heran. Zuletzt aber gelingt es Rhea, Zeus unbemerkt zu gebären und aufzuziehen. Als Zeus herangewachsen ist, zwingt er Kronos, die übrigen Kinder freizugeben. Ein Bruder des Kronos, also ebenfalls einer der Titanen, ist Iapetos, der mit Klymene Prometheus und Epimetheus zeugt, somit Vettern des Zeus. Bei der anstehenden Trennung der Lebensbereiche von Göttern und Menschen möchte Prometheus den Menschen helfen und begeht für sie Betrug bei der Festlegung der beiderseitigen Opferanteile und in der Folge auch den Diebstahl des Feuers. Zeus bestraft die Menschen – sie haben bis dahin ohne geschlechtlichen

Unterschied gelebt – mit der Erschaffung der ersten Frau, die Epimetheus ungeachtet aller Warnungen seines Bruders annimmt. Dadurch begründet sich überhaupt erst die menschliche Lebensform, die seitdem besteht.[16] Den Prometheus aber fesselt Zeus an einen Pfeiler und lässt einen Adler am Tage von seiner Leber fressen, die in der Nacht wieder nachwächst.

Auch von Hesiod werden die – vielfach bizarren – Ereignisse, die er übrigens im Vergleich zu der Darstellungsweise in *Ilias* und *Odyssee* viel knapper und mit wesentlich reduzierter imaginierender Vergegenwärtigung erzählt, als von den Musen vermittelt hingestellt. In einem längeren Hymnos, der das Gedicht einleitet, erzählt er von seiner Dichterweihe durch die Musen, die er als Hirt im Helikon-Gebirge in Böotien erfahren habe.[17] Sie hätten ihm göttlichen Gesang eingehaucht, damit er hinfort künde, was war und was sein wird, und ihn aufgefordert, das Geschlecht der ewig lebenden Götter zu besingen und stets mit ihnen selbst zu beginnen und zu schließen.

Inwieweit ein solcher Wahrheitsanspruch, wie er hier dezidiert zum Ausdruck gebracht wird, in der Sache auch für die zahlreichen Stellen gelten soll, an denen in *Ilias* und *Odyssee* von Göttern die Rede ist, lässt sich nur indirekt erschließen; wichtig ist deshalb, dass jedenfalls die Wirkungsgeschichte erweist, dass ihnen religiöse Substanz durchaus zuerkannt wurde. An den betreffenden Stellen wird nicht Göttermythos an und für sich, d. h. Interaktion der Götter untereinander, erzählt; diese treten vielmehr in ihrer Anteilnahme für das heroische Geschehen in den Blick, um das vor allem es in den homerischen Epen geht. Es wird durch das Engagement der Götter, die es nicht nur beobachtend verfolgen, sondern auch aktiv eingreifen (wie Athene als Unterstützerin des Odysseus, als die sie an zahlreichen Stellen der *Odyssee* in Erscheinung tritt), gleichsam erhöht. Doch kommt es – in der *Ilias*[18] – sogar zu skandalösen Vorfällen wie der instrumentalisierten Verführung des Zeus durch Hera und dem handgreiflich ausgetragenen Streit der Götter, die teils für die Achaier, teils für die Troianer Partei ergreifen.

---

16 In seinem anderen erhaltenen Gedicht, den später entstandenen *Erga*, kommt Hesiod darauf zurück und erzählt die Geschichte mit etwas anderer Akzentuierung. Die in der *Theogonie* anonyme Frau trägt hier den Namen Pandora. Vgl. Rösler: Pandora-Mythos.

17 Hesiod: Theogonie 21–34.

18 Homer: Ilias 14,153–360 bzw. 20,54–74; 21,391–513. In der *Odyssee* erscheinen die Götter im Ganzen moralischer, doch kommt es hier in einem weiteren Lied, dem zweiten, des Demodokos über den Ehebruch von Ares und Aphrodite – mit dem ‚homerischen' Gelächter der anderen Götter, als beide *in flagranti* ertappt werden – zu einer burlesken Götterdarstellung, die breiten Raum einnimmt (8,266–366). Übrigens ist auch diese Erzählung über die Götter durch die Handlung des Epos motiviert: Der Prozess der Wiedergewinnung seiner Identität erfordert es an dieser Stelle, dass Odysseus auch die Fähigkeit zu lachen wiedererlernt. Demgemäß ist der erheiternde Charakter der Erzählung durch mehrfache Verwendung von Begriffen des Lachens unterstrichen (8,307; 326; 343).

Das ist die ‚zweite Ebene' der epischen Erzählung, die so mit der eigentlichen Handlung, aus der sie abgeleitet ist, korrespondiert. Manches davon wird bereits in der Überlieferung miteinander verbunden gewesen sein, anderes auf eigene kreative Imagination des *Ilias*- bzw. des *Odyssee*-Dichters zurückgehen. Auch ohne ausdrückliche Klarstellung im Einzelnen war all das jedenfalls allgemein mit dem grundsätzlich geltenden Authentizitätssiegel der Musenbeglaubigung versehen.

Zwei höchst wichtige Zeugnisse (wohl aus dem späten 6. bzw. aus der zweiten Hälfte des 5. Jh. v. Chr.) lehren nun, dass beide Dichter zusammen, Homer und Hesiod, von den Späteren in der Tat als die maßgeblichen Vermittler griechischer Gottesvorstellung betrachtet wurden.[19] Der jüngere Gewährsmann, Herodot, führt das in einem umfangreichen Exkurs seines Geschichtswerkes näher aus, in dem er die Entstehung der griechischen Religion behandelt.[20] Er legt dar, fast alle Götternamen würden aus Ägypten stammen, einige andere von den Pelasgern, der des Poseidon aus Libyen. Über die Kenntnis der Namen hinaus hätten die Griechen aber keine Vorstellung von den Göttern gehabt:

> Woher jedoch jeder der Götter entstanden war oder ob sie schon immer alle da waren und wie beschaffen sie waren hinsichtlich ihrer Erscheinungsformen, das wussten sie [die Griechen] nicht, wie man sagt, bis vorgestern und gestern. Hesiod und Homer nämlich sind, meine ich, 400 Jahre älter als ich und nicht mehr. Diese nun sind es, die den Griechen eine Theogonie gemacht, den Göttern die Beinamen gegeben, Ehren und Fertigkeiten verteilt und ihre Erscheinungsformen bezeichnet haben.[21]

In dem älteren der beiden Zeugnisse, einem Fragment des Xenophanes,[22] verbindet sich die in der Sache übereinstimmende Diagnose unmittelbar mit Kritik an Homer und Hesiod:

---

19 Die folgenden Ausführungen zu Xenophanes und Herodot basieren auf Rösler: Kanonisierung.
20 Herodot 2,49–58.
21 Ebd. 2,53. Anschließend weist Herodot eine konkurrierende Auffassung zurück, derzufolge andere Dichter, von denen zu seiner Zeit religiöse Texte vorlagen, vor Homer und Hesiod gelebt hätten. In der Tat sind die Dichter Orpheus und Musaios, an die er denkt, als sekundäre Konstrukte vom Ende des 6. Jh. v. Chr. zu betrachten (vgl. Rösler: Kanonisierung, S. 113–115).
22 Xenophanes gehört zum Kreis der sog. ‚Vorsokratiker', mit denen die griechische Philosophie beginnt. Wie andere aus diesem Kreis (Parmenides, Empedokles) verfasste er seine Texte in metrischer Form (hexametrische Gedichte, Elegien). Eine auch nur einigermaßen genaue Datierung des Zitats ist nicht möglich. Die Lebenszeit des Xenophanes reicht von ca. 570 bis in die Zeit nach den Perserkriegen, nach 480. In einem Fragment – 21 B 8 (Diels / Kranz: Fragmente) –, das aber einem anderem Zusammenhang entstammt, bezeichnet er sich selbst als 92-jährig. Immerhin wird man davon ausgehen dürfen, dass Xenophanes seine Position nicht erst im hohen Alter begründet hat. Mit einer solchen Überlegung gelangt man über die Jahrhundertgrenze zurück ins (vermutlich späte) 6. Jh.

> Alles haben den Göttern Homer und Hesiod beigelegt,
> was bei den Menschen Schimpf und Tadel bedeutet:
> Entwenden, Ehebruch, gegenseitiges Täuschen.[23]

Die konstitutive Rolle, die sowohl Xenophanes als auch Herodot Homer und Hesiod bei der Ausgestaltung der griechischen Religion zusprechen, hat ihre Voraussetzung in einem fundamentalen, dabei einfachen Sachverhalt: Ihre Texte als die ältesten Texte der griechischen Dichtung, die man besaß, mussten die Funktion von etwas übernehmen, das es nicht gab: die Funktion von Heiligen Schriften. Die zunächst unangefochtene Geltung des Sängers als *maître de vérité*, durch den die Muse sprach bzw. sang, die als göttliche Autorität ihrerseits die Wahrheit des Vorgetragenen garantierte: Diese Konzeption konnte erst – musste dann aber auch – zum Problem und schließlich obsolet werden, als sich die Unvereinbarkeit jenes göttlichen Agierens, wie es bei Homer und Hesiod dargestellt ist, auf der einen und neugewonnener theologischer Einsichten auf der anderen Seite nicht mehr übersehen ließ und – in Verbindung damit – Dichtung als ‚Menschenwerk', d. h. als etwas erkannt wurde, für das der Autor, nicht eine Gottheit die Verantwortung trägt.

Der theologische Aspekt ist zentral für Xenophanes, dessen eigene Theologie dezidiert als Gegenentwurf zu der Gottesvorstellung konzipiert ist, die Homer und Hesiod vermitteln: Bei ihm gibt es ausdrücklich keine Theogonie;[24] es gibt – statt einer Vielzahl von Göttern, die sich durch verschiedene Namen voneinander unterscheiden müssten – nur einen einzigen, namenlosen Gott, der sich stets bewegungslos am gleichen Ort aufhält.[25] Die göttliche Erscheinungsform entspricht in nichts der menschlichen,[26] göttliches Wirken erfolgt allein mit geistigen Mitteln.[27] Im Rückblick hatte Xenophanes noch konstatiert (es handelt sich um einen isoliert überlieferten Einzelvers): „Da von Anfang an nach Homer alle gelernt haben …".[28] nun war er es selbst, der mit seiner theologischen Konzeption Nachfolge fand, wenn in den späten sechziger Jahren des 5. Jh. v. Chr. der Chor im athenischen Dionysostheater Erscheinung und Wirken des Zeus so beschrieb:

> Er stürzt von Hoffnungen, hochgetürmten, die Sterblichen, die ganz dem Verderben geweiht sind. Gewalt setzt keine er ein. Alles ist mühelos, was zum Göttlichen gehört. Sitzend vollzieht gleichwohl seinen Gedanken er irgendwie von dort, vom heiligen Sitz aus.[29]

---

23 21 B 11 (Diels / Kranz: Fragmente).
24 21 B 14,1 (Diels / Kranz: Fragmente); vgl. B 1,21 f. (ebd.).
25 21 B 23,1 (Diels / Kranz: Fragmente); B 26 (ebd.).
26 21 B 23,2 (Diels / Kranz: Fragmente); vgl. B 14–16 (ebd.).
27 21 B 25 (Diels / Kranz: Fragmente).
28 21 B 10 (Diels / Kranz: Fragmente).
29 Aischylos: Hiketiden 96–103.

Das ist kein anthropomorpher Zeus mehr, wie man ihn aus dem Epos kannte.

Parallel zu dieser Entwicklung konnte dann auch nicht länger ausgeblendet bleiben, dass es Menschen, nicht die Musen sind, die Dichtung ‚machen' – bezeichnenderweise wird ‚machen', *poieîn*, in der Folgezeit zum Terminus technicus für ‚dichten'; der Sänger wird entsprechend zum *poietés*.[30] Diese Auffassung ist bei Xenophanes in der Sache schon voll entfaltet (Homer und Hesiod haben, offenbar nach eigenem Ermessen, „zuerteilt"), und sie klingt auch bereits in einem isolierten Zitat aus Solon an: „Vieles Unwahre künden die Sänger".[31] Die Wahrheitsgarantie der Musen scheint an einer vieldiskutierten Stelle sogar bereits bei Hesiod in Frage gestellt zu werden, und zwar aus dem Mund der Musen selbst, wenn Hesiod von seiner Dichterweihe mitteilt, die Göttinnen hätten ihm gesagt, sie wüssten neben Wahrem „vieles Unwahre zu sagen, das dem Wahren ähnlich ist". Allerdings ist dies schwerlich im Sinne einer wirklichen Alternative gemeint, sondern so, dass die Allmacht der Musen durch einen polaren Gegensatz herausgestellt werden soll: Sie könnten, ganz nach Belieben („wenn wir wollen"), das eine tun („Wahres verkünden"), aber auch das tun, was ihrer eigentlichen Funktion, der Vermittlung des Wahren, am entferntesten wäre – was sie tatsächlich aber eben nicht tun. Nach Xenophanes wird dann Kritik an wahrheitswidriger dichterischer Darstellung zu einem alltäglichen Vorgang. Im frühen 5. Jh. v. Chr. konstatiert Pindar, Homer habe zugunsten des Odysseus das Mittel der Lüge eingesetzt,[32] und er gelobt seinerseits: „Ich werde nicht lügen!"[33] Zweifel an der Wahrheit der Dichtung artikuliert sich schließlich in der Historiographie des 5. Jh. v. Chr.: Hekataios bezichtigt Hesiod dichterischer Übertreibung, wenn er von 50 Söhnen des Aigyptos spricht, und konzediert seinerseits nicht einmal 20.[34] Herodot kritisiert Homer, er habe Helena während des Troianischen Krieges sich deshalb nicht in Ägypten (so die dortige Tradition, die Homer durchaus gekannt habe), sondern in Troia aufhalten lassen, weil sich daraus eine größere poetische Wirkung erzielen ließ.[35] Thukydides rügt, Homer vermittle von der Größe des Troianischen Krieges eine weit übertriebene Vorstellung.[36] Andererseits treten gegen den

---

30 Vgl. Ford: Origins, S. 131–157 („The Origin of the Word ‚Poet'").
31 Fragm. 29 (West: Iambi).
32 Pindar: Nemeen 7,20–27.
33 Pindar: Olympien 13,49–54.
34 Hekataios 1 F 19 (Jacoby: Fragmente).
35 Herodot 2,116 f. Mit der größeren Wirkung sind die Effekte gemeint, die sich in der *Ilias* daraus ergeben, dass Helena als zentrale Gestalt des Krieges (ihre Entführung hat ihn ausgelöst, ihre Wiedergewinnung ist das Ziel der Achaier) sich in der Stadt befindet, um die der Kampf tobt.
36 Thukydides 1,10.

Vorwurf der Lüge Apologeten Homers auf, die die *Ilias* zu einem ‚vorsokratischen' Traktat uminterpretieren und speziell zu den handgreiflichen Auseinandersetzungen der Götter im 20. und 21. Buch der *Ilias*, die sie als Darstellung kosmologischer Vorgänge verstehen wollen, erstaunliche Gleichsetzungen vornehmen: Apollon, Helios und Hephaistos repräsentierten das Feuer, Poseidon und Skamandros das Wasser, Artemis den Mond und Hera die Luft. Homer wird so gerettet als ‚Naturphilosoph', nicht als Dichter. Dies ist die Geburtsstunde der Allegorese. Zu nennen sind der noch ins 6. Jh. v. Chr. reichende Theagenes von Rhegion sowie Metrodor von Lampsakos (zweite Hälfte des 5. Jh. v. Chr.).[37] Gemeinsam ist beiden Haltungen – der Kritik wie der ‚Rettung' –, dass die Alternative ‚wahr'/ ‚unwahr' die Diskussion bestimmt. Der nächste Schritt musste nun darin bestehen, die dichterische ‚Unwahrheit' oder gar ‚Lüge' entschieden von negativer Bewertung zu befreien und ins Positive zu wenden.

3. Gorgias, antiker Vorläufer von Coleridge

Der erste, von dem eine entsprechende Äußerung vorliegt, ist der bereits eingangs als Wegbereiter hervorgehobene Gorgias von Leontinoi (Sizilien). Gorgias, der ein ähnlich hohes, wohl gar noch höheres Alter erreichte als Xenophanes (ca. 480–380 v. Chr.), war eine Persönlichkeit, die sich ganz der Praxis und Theorie verbaler Kommunikation in einem umfassenden Sinne widmete. Im Verlauf des 5. Jh., vor allem in seiner zweiten Hälfte, bewirkte die politische Entwicklung, namentlich in Athen, wo sich die Demokratie als Verfassung etabliert hatte, eine wachsende Bedeutung der öffentlichen Kommunikation. In Athen war die Volksversammlung der Souverän, die Willensbildung erfolgte über Rede und Gegenrede. In einem zeitgenössischen Zeugnis – einer Rede des athenischen Politikers Kleon vor der Volksversammlung im Jahre 427 v. Chr., dokumentiert durch Thukydides[38] – wird den Athenern der Vorwurf gemacht, sie würden durch ihre Begeisterung für wohlklingende Reden geradezu verführt, die Realität und die eigenen Interessen aus den Augen zu verlieren. In diese Zeit fällt konsequentermaßen die Herausbildung einer systematischen Rhetorik und die

---

37 Zu den referierten Gleichsetzungen siehe für Theagenes 8,2 (Diels / Kranz: Fragmente). Metrodor, Schüler des bedeutenden Vorsokratikers Anaxagoras, dehnte diese Konzeption auf die Heroen aus – Agamemnon repräsentiere den Aither, Achill die Sonne, Helena die Erde, Alexandros (Paris) die Luft und Hektor den Mond – und bezog auch Teile des menschlichen Körpers ein, indem er Demeter als Leber, Dionysos als Milz und Apollon als Galle identifizierte (61,4 [Diels / Kranz: Fragmente]). Vgl. Richardson: Professors, S. 62–80.

38 Thukydides 3,38.

Etablierung rhetorischen Unterrichts. Gorgias spielte hierbei eine maßgebliche Rolle, die spätestens seit 427 v. Chr. auch in Athen wahrgenommen wurde, wo er als Leiter einer Gesandtschaft seiner Heimatstadt auftrat und athenische Flottenhilfe gegen Syrakus erwirkte. (Es ist nicht ohne tiefere Bedeutung, dass das Auftreten des Gorgias in Athen unmittelbar in die gleiche Zeit fällt, den Sommer 427, wie die gerade erwähnte Rede Kleons vor der Volksversammlung.) Gorgias' Berühmtheit kommt nicht zuletzt darin zum Ausdruck, dass Platon ihn später zum Gesprächspartner des Sokrates in einem seiner großen Dialoge, eben dem *Gorgias*, machte, in dem er als herausragender Repräsentant der Sophistik erscheint.

Im Zentrum der Rhetorik-Theorie des Gorgias steht die *dýnamis* (d. h. Vermögen, Kraft, Macht) der Rede. Dabei interessiert ihn die Wirkung der Rede vor allem dort, wo sie nicht eine ohnehin bestehende Disposition bestärkt, sondern Dispositionen verändert oder gar umkehrt. Durch die Zufälligkeit der Überlieferung wird seine Position für uns vor allem aus einem Text kenntlich, den er selbst als ‚Spielerei' (*paígnion*) bezeichnet und in dem sich Praxis und Theorie der Rhetorik verbinden. Es handelt sich um eine fiktive Verteidigungsrede für Helena,[39] die gegen den Vorwurf in Schutz genommen wird, sie hätte Paris nicht nach Troia folgen dürfen. Gorgias spielt vier Möglichkeiten durch, wie es dazu gekommen sein könnte; jeweils ergibt sich, dass gegen Helena kein berechtigter Vorwurf erhoben werden kann. Den breitesten Raum nimmt die Widerlegung des Vorwurfs ein, sie habe sich überreden lassen. Gorgias schärft dabei in immer neuen Anläufen die Unwiderstehlichkeit der Rede ein; gemeint ist: einer Rede, die rhetorisches Format besitzt, der „sich die Überzeugungskraft hinzugesellt".[40] Diese Grundposition – dass ein Text Einfluss gewinnt auf die Einstellung dessen, der mit ihm konfrontiert wird – ist es nun, aus der auch seine fundamentale Äußerung zur Dichtung, speziell zur Tragödiendichtung, zu verstehen ist, die leider nur isoliert und auch nur als Paraphrase mit Elementen der authentischen Formulierung überliefert ist: Die Tragödie bewirke eine Täuschung (*apáte*) des Publikums, bei der „der Täuschende mehr im Recht sei als der nicht Täuschende und der Getäuschte klüger als der, der sich nicht habe täuschen lassen".[41] Das heißt: Bei einer Tragödienaufführung verkehren sich die Bewertungen für menschliche Verhaltensweisen gegenüber denen des Alltags ins Gegenteil. Gilt es sonst als ungerecht, andere zu täuschen, und als dumm, sich täuschen zu lassen, so ist hier mehr im Recht, wer täuscht (gemeint ist: der Autor), und klüger, wer dies bereit-

---

39 82 B 11 (Diels / Kranz: Fragmente).
40 Ebd. 13.
41 82 B 23. Der zitierende Autor, Plutarch, bringt die Stelle zweimal, in verschiedenen Schriften, mit ähnlicher Formulierung (vgl. ebd. im App. zu Z. 29).

willig mit sich geschehen lässt (der Zuschauer).[42] Diese Veränderung der Disposition, so kann man die Brücke zum Zentralgedanken der Gorgianischen Theorie schlagen, bewirkt eine Tragödie dank der spezifischen *dýnamis*, die ihr als Dichtung zu eigen ist. Wer sich – in vordergründig paradoxer Weise – darauf einlässt, verhält sich gerade angemessen.

Man kann sich dabei an den berühmten Satz von Samuel Taylor Coleridge erinnert fühlen, der einen Ausgangspunkt neuerer Fiktionstheorie darstellt: Es gelte, sich willentlich für eine Zeit vom Unglauben frei zu machen, wodurch erst das Vertrauen in die Dichtung hergestellt werde („to procure […] that willing suspension of disbelief for the moment, which constitutes poetic faith").[43] Auch hier ist in der Sache von der Klugheit des verständigen Rezipienten von Dichtung die Rede, der weiß, dass er nach den Maßstäben jenes Argwohns, wie er in der Normalität des alltäglichen Lebens einem klugen Menschen abverlangt ist, getäuscht wird – denn nach diesen Maßstäben ist die erzählte Geschichte unwahr – , der aber seinen realistischen Sinn zu dispensieren vermag und gerade dadurch zu einer adäquaten Aufnahme des poetischen Textes befähigt wird. Darüber geht Gorgias noch hinaus, indem er, anders als Coleridge, auch den Autor und seine Rolle im Prozess poetischer Kommunikation explizit in die Betrachtung einbezieht und bewertet.

Dass Gorgias in diesem Zusammenhang nicht allgemein von Dichtung, sondern speziell von Tragödiendichtung spricht, öffnet im Übrigen den Blick auf einen weiteren Grund, der an dieser Stelle der historischen Entwicklung eine Neudefinition des Status von Dichtung begünstigte, wenn nicht erzwang. Als Gorgias 427 nach Athen kam, stand dort, in der kulturellen Hauptstadt Griechenlands, die Tragödie in höchster Blüte, die, verglichen mit anderen poetischen Gattungen, erst vor relativ kurzer Zeit, im späten 6. Jh. v. Chr., eben in Athen begründet worden war, und zwar als innovative Synthese aus schon länger bestehenden Formen der Poesie. Die Form der dialogischen Rede, die vorher sowohl in epischer als ggf. auch in lyrischer Dichtung (letzteres vor allem bei Stesichoros) an einen Erzähler gebunden gewesen war, wurde aus dieser Abhängigkeit gleichsam befreit und als dramatische Dichtung neu formatiert, in die als zusätzliche Komponente chorlyrische Partien integriert waren. Diese Gattung war in der fraglichen Zeit, dem letzten Drittel des 5. Jh. v. Chr., die herausragende Gattung griechischer Dichtung (wobei sie inzwischen auch von der kontrastbilden-

---

42 Die Komparative spitzen die Antithese zu: Wer nicht täuscht, gilt an und für sich als gerecht; wer sich nicht täuschen lässt, an und für sich als klug. Im gegebenen Zusammenhang aber erweist sich dieses Verhalten als unterlegen; das je entgegengesetzte erbringt sogar noch ein Plus. Komplizierend die Interpretation der Stelle durch Sier: Gorgias (auf 44 Seiten!); zu den Komparativen vgl. S. 604–609.
43 Coleridge: Biographia, Bd. 2, S. 6.

den Komödie flankiert wurde). Ihre dramatische Struktur ließ nun freilich den traditionellen Ansatz, Dichtung als Rede ihres Verfassers zu betrachten und auf ihren Wahrheitsgehalt zu befragen, vollends undurchführbar und damit obsolet werden. Ob Sophokles oder Euripides, die führenden Tragödiendichter in der zweiten Hälfte des 5. Jh., bzw. ihre Konkurrenten im Tragödienagon die Wahrheit gesagt hatten oder nicht: Eine solche Frage stieß angesichts der dialogischen Struktur der Gattung ins Leere. Es überrascht deshalb nicht, dass in der Folgezeit statt der Frage der Wahrheit die Frage der Wirkung von Dichtung in den Vordergrund tritt.[44] Sie wird in den *Fröschen* thematisiert, der ‚poetologischen' Komödie des Aristophanes, die im Jahre 405 die in den Tragödien des Aischylos und des Euripides vermittelten Menschenbilder in komischer Kontrastierung herausstellt, und auf eine wieder ganz andere Weise im zweiten und dritten Buch von Platons *Politeia*, wo über die nachteiligen Konsequenzen reflektiert wird, die der Umgang mit Dichtung für die Erziehung der ‚Wächter' bzw. Krieger mit sich bringen würde. Diese sind der zweite Stand nach den regierenden Philosophen in dem Staatsentwurf, den Platon in dem monumentalen Dialog durchspielt, ohne dass sich klären ließe, inwieweit er sich selbst damit identifiziert hat. Für die Gegenreaktion des Aristoteles ist wichtig, dass bei Platon in diesem Zusammenhang gegenüber der Dichtung auch der alte Vorwurf im Geiste des Xenophanes erneuert und sogar noch erweitert wird, dass sie Lügengeschichten über die Götter und dazu auch über Heroen verbreite.

4. Die Vollendung des fiktionstheoretischen Entwurfs in der *Poetik* des Aristoteles

Vor dem Hintergrund der aufgezeigten Entwicklung lässt sich das Ergebnis, zu dem Aristoteles in seiner Abhandlung *Über die Dichtkunst* (*Perì poietikês* [scil. *téchnes*]) gelangt, als zweifaches darstellen: Er legt dar, dass Kunst im Allgemeinen und Dichtung im Besonderen aus einem dem Menschen angeborenen Mimesis-Trieb erwächst, der die Freude am eigenen aktiven Gestalten und an der Rezeption der künstlerischen Produkte anderer miteinan-

---

44 Unmittelbar findet sich die These des Gorgias von der legitimen Täuschung, die die Tragödie bewirke, in einem anonymen Traktat aufgenommen, den *Dissoi Logoi* (90 [Diels/Kranz: Fragmente]), entstanden wohl um die Wende vom 5. zum 4. Jh. v. Chr., der an einer Fülle von Beispielen durchspielt, dass sich über viele Dinge gegensätzliche Aussagen (dies etwa die Bedeutung des griechischen Titels) machen ließen. So beweise die Kunst, dass Lüge und Täuschung auch als gerecht angesehen werden könnten: „Denn wer in der Tragödiendichtung und in der Malerei am perfektesten täuscht, indem er schafft, was dem Wahren ähnlich ist, der ist der Beste" (3,10; vgl. 3,2).

der verbindet; sich diesem Trieb hinzugeben, kann – so folgt daraus – keinesfalls missbilligt oder gar verboten, sondern muss im Gegenteil aufgrund der positiven Auswirkungen, die daraus resultieren, ebenfalls positiv beurteilt werden. Und er bringt eine neue Definition von Dichtung hervor, die einerseits die alte, aber zuletzt von Platon nochmals wiederbelebte Anbindung an ein striktes Wahrheitspostulat definitiv überwindet und andererseits Konzeption des Gorgias weit zu überbieten vermag, die, ohne auf den Status des poetischen Textes näher einzugehen, auf die Bewertung der Akteure im Prozess der poetischen Kommunikation beschränkt und insofern bei allem erreichten Fortschritt letztlich defizitär geblieben war.

Aus der Zusammenfassung geht bereits hervor, dass die Schrift des Aristoteles mehr ist als eine ‚Poetik' im engen Sinne. Sie ist eine Anthropologie künstlerischen Handelns, deren Grundbegriff die Mimesis ist. Auch Platon hatte diesen Begriff verwendet, doch mit negativer Tendenz: Wenn junge Leute, die ‚Wächter' werden sollen, sich mit der ‚Nachahmung' von minderwertigen oder charakterlich schlechten Menschen abgeben würden, sei die Folge, dass sie sich den Objekten ihrer Nachahmung anglichen.[45] Die Wiedergabe von Mimesis mit Nachahmung, die bei Platon passend ist, greift bei Aristoteles zu kurz. Aristoteles verwendet den Begriff für alle Handlungen, die allein ästhetischer Zielsetzung unterliegen.[46] Oft eignet sich ‚(künstlerische) Darstellung' als Übersetzungsbegriff. Aristoteles arbeitet zu Beginn seiner Abhandlung ein System der Mimesis aus, das den einzelnen Arten in präziser Distinktion ihren Platz zuweist. Dabei bezieht er neben Epos, Tragödie, Komödie und Dithyrambendichtung auch Bildende Kunst, reines Instrumentalspiel und Tanz mit ein. Die traditionelle griechische Auffassung, die zu diesem Zeitpunkt noch unangefochten galt, definierte metrisch gebundene Rede *eo ipso*, d. h. unabhängig vom Inhalt, als Dichtung – z. B. das hexametrische Lehrepos des Vorsokratikers Empedokles über die Natur. Auch Gorgias gelangt über diese rein äußerliche Definition nicht ansatzweise hinaus.[47] Demgegenüber insistiert nun Aristoteles darauf,[48] dass bei Empedokles gar keine Mimesis, d. h. keine Darstellung mit primär ästhetischer Zielsetzung, vorliege: Empedokles sei demgemäß auch nicht als Dichter, sondern als Naturphilosoph (*physiólogos*) zu bezeichnen. Andersherum könnten auch Prosatexte Dichtung sein, wenn sie nämlich den Prinzipien künstlerischer Darstellung folgten, wie dies (so Aristoteles) bei der Gattung der Sokratischen Dialoge der Fall sei (Dialoge mit

---

45 Platon: Politeia 3,394e-398b.
46 Eine umfassende Begriffsanalyse bei Halliwell: Aesthetics, S. 151–176 („Inside and Outside the Work of Art: Aristotelian Mimesis Reevaluated").
47 82 B 11,9 (Diels/Kranz: Fragmente): „Die Dichtung insgesamt erachte und bezeichne ich als Rede, die ein Metrum hat."
48 Aristoteles: Poetik 1,1447a28-b24.

Sokrates als Hauptredner, doch ohne den Anspruch authentischer Dokumentation, vielmehr freie Schöpfungen ihrer Verfasser; dazu zählen als herausragende Werke auch die von Platon verfassten Dialoge). Später, in unmittelbarem Zusammenhang mit seiner Definition von Dichtung, trägt Aristoteles zur Sicherung des Ergebnisses noch ein weiteres, konstruiertes Beispiel nach:[49] Man könnte die *Historien* Herodots zu einem metrischen Text umarbeiten – und dieser bliebe doch ein Geschichtswerk. Angesichts dessen ist es durchaus konsequent, dass ein – nach traditionellen griechischen, aber auch nachantiken Maßstäben – wesentlicher Bereich von Dichtung in der *Poetik* des Aristoteles ausgeblendet ist: Griechische Lyrik hat zumeist einen expliziten lebensweltlichen Bezug; sie entfaltet keine eigene poetische Realität und gehört insofern nicht zur Mimesis; einzelne Ausnahmen wie die Mythen erzählende Lyrik des Stesichoros fallen, aufs Ganze gesehen, nicht ins Gewicht.

Dass die Fähigkeit, Mimesis sowohl aktiv zu betreiben als auch sich an ihr zu erfreuen und Nutzen aus ihr zu ziehen, zur Grundausstattung des Menschen gehört, zeigt Aristoteles zunächst nicht am Fall der Dichtung (Kap. 4 der *Poetik*). Er beginnt vielmehr mit der Beobachtung kindlichen Verhaltens: Kinder lernen zuvörderst durch Mimesis. Dann trägt er Beobachtungen zusammen, die sich bei der Betrachtung von Kunstwerken machen lassen. Dass wir Objekte, die wir in der Realität mit Widerwillen betrachten, etwa abstoßende Tiere oder Leichen, in künstlerischer Darstellung gerne sehen, erinnert allgemein an die Erkenntnis des Gorgias, dass Lebensrealität und Dichtung gegenteilige Einstellungen seitens der involvierten Personen erfordern. Bilder, so fährt er fort, appellieren an unsere Fähigkeit, das Dargestellte zu identifizieren. Gelingt das nicht, kann man sich ersatzweise an der handwerklichen Gestaltung, z. B. der Farbgebung, erfreuen. Aus dem den Menschen angeborenen Darstellungstrieb habe sich über Improvisationen auch die Dichtkunst herausgebildet, deren Entwicklung er anschließend rekonstruiert. Im Vordergrund steht auch bei ihm die Tragödie. Er analysiert ihre idealtypische Wirkung auf einen Zuschauer im Theater, die aus dessen Identifikation mit der Hauptperson des Stückes erwächst. Durch das Miterleben des unverdienten Unglücks eines Menschen, das die Tragödienhandlung vorführt, wird er in einen Zustand der Erschütterung versetzt, begleitet von der Sorge, es könnte ihn selbst Gleiches treffen. Aristoteles bezeichnet die betreffenden Affekte als *éleos* und *phóbos* (was Lessing mit ‚Mitleid' und ‚Furcht' übersetzte – die Diskussion hierüber dauert bis heute an). Doch hat das Durchlaufen dieser Erfahrung letztlich eine entlastende Wirkung; mit dem Ende des Stückes tritt eine ‚Reinigung' (*kátharsis*) von diesen Affekten ein, aufgrund derer der Zu-

---

49 Ebd. 9,1451a38-b4.

schauer erleichtert, ja befreit in das normale Leben zurückzukehren vermag. Aristoteles hat aber neben der Aufführung im Theater alternativ auch bereits diejenige Konstellation mit im Blick, die wir als die Grundsituation der Rezeption von fiktionaler Literatur empfinden: die einsame Lektüre, bei der der Leser, in Interaktion mit dem Text, dessen Konstituierung als individuelle kreative Leistung vollbringt.[50]

Ist man der skizzierten Argumentationslinie des Aristoteles so weit gefolgt, so erscheint seine Definition von Dichtung, die er im 9. Kapitel formuliert, von bezwingender Konsequenz und zugleich erstaunlicher Nähe zu modernen Vorstellungen.[51] Wie schon gesagt, ist das konstruierte Beispiel einer Versifizierung des Herodoteischen Geschichtswerkes konstitutiver Bestandteil der Definition. Sie lautet:[52]

> Deutlich wird aus dem Gesagten auch, dass nicht das die Aufgabe des Dichters ist, zu sagen, was (tatsächlich) geschehen ist, sondern wie etwas geschehen (sein) könnte,[53] und zwar das nach Wahrscheinlichkeit oder Notwendigkeit Mögliche. Der Geschichtsschreiber und der Dichter unterscheiden sich nämlich nicht dadurch voneinander, dass der eine im Metrum, der andere ohne Metrum redet. Es ließe sich ja das Werk Herodots in Metren setzen, und es wäre um nichts weniger ein Geschichtswerk mit Metrum als ohne Metrum. Nein, der Unterschied besteht darin, dass der eine sagt, was (tatsächlich) geschehen ist, der andere hingegen, wie etwas geschehen (sein) könnte. Deshalb ist Dichtung auch etwas Philosophischeres und Erhabeneres als Geschichtsschreibung. Denn die Dichtung sagt mehr das Allgemeine, die Geschichtsschreibung aber das Besondere.

Die Klarstellung des Aristoteles, dass Dichtung sich auf das Mögliche, nicht auf das Faktische beziehe, gewinnt auf die Diskussion der Folgezeit prägenden Einfluss. Zwar bleibt das Verfahren der allegorischen Deutung von Dichtung, besonders derjenigen Homers, im Rahmen philosophischer Systeme (Stoa, Neuplatonismus) in Gebrauch, wodurch man die eigene Lehre

---

50 Vgl. Aristoteles: Poetik 26,1462a11–14; 17f.; auch 6,1450b16–20 (dazu Rösler: Entdeckung, S. 312–317). Zur Zeit des Aristoteles, um die Mitte und in der zweiten Hälfte des 4. Jh. v. Chr., hatte einsames Lesen den mündlichen Vortrag als normale Form der Vermittlung und Aufnahme von Texten abgelöst.
51 Um es mit einem Gedankenspiel zu bezeichnen: Aristoteles könnte sich mit seinen Überlegungen problemlos an einer heutigen Diskussion über Fiktionalität, etwa im Kreis der Autorinnen und Autoren des vorliegenden Bandes, beteiligen. Auf manifeste Übereinstimmungen mit Diskussionsbeiträgen aus dem Jahrzehnt zwischen 1970 und 1980 (Johannes Anderegg, Siegfried J. Schmidt) wurde in Rösler: Entdeckung, S. 310f., hingewiesen.
52 Aristoteles: Poetik 9,1451a36–1351b7.
53 Der griechische Text lässt grammatikalisch gleichzeitiges wie vorzeitiges Verständnis zu. In den gedruckten Übersetzungen wird fast durchweg die Gleichzeitigkeit gewählt. Bedenkt man jedoch, dass Aristoteles weitestgehend Texte im Blick hat (aus Epos und, vor allem, Tragödie), die Begebenheiten des (in weit zurückliegender Zeit gedachten) Mythos darstellen, so spricht sehr viel dafür, dass Aristoteles es gerade anders gemeint haben dürfte.

als altehrwürdig erweist; es wird sogar von der pergamenischen Grammatikerschule unter Krates von Mallos (2. Jh. v. Chr.) praktiziert. Doch überwiegt die Sicht der alexandrinischen Grammatikerschule, deren Anfänge bezeichnenderweise mit der Schule des Aristoteles in personeller Verbindung standen. „Erst dann werde einer herausfinden, wo Odysseus umhergeirrt sei, wenn er auch den Lederhandwerker herausgefunden habe, der der Schlauch der Winde zusammengenäht hat" – so mit sarkastischer Ironie Eratosthenes (3. Jh. v. Chr.), eines ihrer Schulhäupter,[54] der den dezidiert aristotelischen Grundsatz vertritt, „jeder Dichter ziele auf Seelenführung (*pychagogía*), nicht auf Belehrung".[55] Aus einem solchen Geist kann dann sogar der alte Lügevorwurf an die Adresse der Dichter scherzhaft zum urbanen Kompliment umfunktioniert werden, wenn Horaz (1. Jh. v. Chr.) über Homer urteilt:[56] „Und er lügt so, mischt Falsches so mit Wahrem, dass mit dem Anfang die Mitte, mit der Mitte das Ende harmoniert." Und auf der gleichen Linie liegt es, wenn im Übergang vom 1. auf das 2. Jh. n. Chr. Plutarch am Beginn seiner Schrift über die Frage, wie ein junger Mann Dichtungen rezipieren solle,[57] programmatisch feststellt, der Adept müsse vordringlich den (an früherer Stelle bereits erwähnten, auf Solon zurückgehenden) Satz beherrschen und zur Hand haben: „Vieles Unwahre künden die Sänger", was sie, wie Plutarch hinzufügt, teils mit, teils ohne Absicht tun. Er legt dann dar, dass gerade in der ersten Variante, in der absichtsvollen Fiktion, der besondere Reiz der Dichtung begründet liege, und schärft nochmals ein: „Deshalb also müssen wir darauf hinwirken, dass ihm gleich von Anfang an in den Ohren klingt, dass der Dichtung überhaupt nicht an der Wahrheit gelegen ist."

Den christlichen Autoren der Spätantike, um auch diese Entwicklung noch in den Blick zu nehmen, liegt eine solche Einstellung dann freilich fern. Der Kirchenvater Basileios wird im 4. Jh. n. Chr. in seiner – thematisch mit der des Plutarch verwandten – Schrift an die Jugend über die Lektüre heidnischer Autoren, der „Magna Charta aller christlichen höheren Bildung für die kommenden Jahrhunderte",[58] zu der Frage zwar eine grundsätzlich positive Haltung einnehmen. Doch beschränkt er Funktion und Ausmaß der Lektüre in zweierlei Hinsicht, indem er sie zum einen

---

54 Bei Strabon: Geographica 1,2,15 p.24.
55 Ebd. 1,2,3 p.15.
56 Horaz: Ars poetica 151 f.
57 Die Schrift pflegt mit dem abkürzenden lateinischen Titel *De audiendis poetis* zitiert zu werden. Einführung, Ausgabe und Kommentar: Hunter / Russell: Plutarch. Das im Folgenden Referierte findet sich im zweiten Kapitel der Schrift. Das Zitat: 17d.
58 Jaeger: Christentum, S. 60. Eine Einführung in die Schrift des Basileios – auch sie wird üblicherweise mit lateinischem Titel zitiert (siehe die folgende Anm.) – gibt Döring: Nutzen (mit Hinweisen zu Ausgaben und Sekundärliteratur: S. 566 f.).

lediglich als Vorübung auf das Studium der Heiligen Schriften vorsieht[59] und zum anderen nur solche Texte gelten lässt, die die Tugend preisen bzw. Taten vorbildlicher Menschen schildern.[60] Klares Ausschlusskriterium ist demgegenüber die unangemessene Darstellung des Göttlichen, wenn anthropomorph gezeichnete Götter ein allzu menschliches Verhalten zeigen, das Missbilligung verdient.[61] Diese alte Kritik des Xenophanes hatte, wovon die Rede war, bereits Platon wiederbelebt, und in der Tat verwendet Basileios – unter christlichen Vorzeichen – verschiedentlich Platonische Argumente, besonders aus dem zweiten und dritten Buch der *Politeia*.[62]

Ausführlicher geht Basileios auf die Darstellung von Odysseus' Aufenthalt bei den Phaiaken ein (wovon bereits zu Beginn des vorliegenden Beitrages die Rede war), wohl um die Aufnahme der *Odyssee* in seinen Lektürekanon zu rechtfertigen. Dabei stützt er sich auf einen anonymen Gewährsmann, dessen Sicht er sich voll und ganz zu eigen macht. Seine gesamte Dichtung (so jener Experte) bestehe für Homer in einem Lob der Tugend, und dies gelte nicht zuletzt für die Verse, in denen Odysseus sich als Schiffbrüchiger auf die Insel Scheria rettet. Das tugendhafte Auftreten des Odysseus habe die Phaiaken so sehr beeindruckt, „dass sie von der Schwelgerei, die sie pflegten, abließen, nur noch auf ihn blickten und ihm allesamt nacheiferten, und keiner der Phaiaken habe sich damals etwas anderes mehr gewünscht, als wie Odysseus zu werden". Die Erzählung bekommt in dieser Zuspitzung einen Akzent, der nicht unwesentlich von dem abweicht, was oben dazu gesagt wurde, andererseits aber genau der Anforderung entspricht, die Basileios für Dichtung aufgestellt hatte, die sich zur Vorbereitung auf das Bibelstudium eignet. Nur leider, so muss man sagen, fehlt dafür die Grundlage im Homertext; der Wunsch ist Vater der Konstruktion. Von den genannten Wirkungen, die von der attestierten Tugendhaftigkeit des Odysseus auf die Phäaken ausgegangen sein sollen, weiß die *Odyssee* nichts.

Bibliographie

Andersen, Øivind / Dag T. T. Haug (Hg.): Relative Chronology in Early Greek Epic Poetry. Cambridge 2012.
Burkert, Walter: Die Griechen und der Orient. München 2003.

---

59 Basileios: Ad adolescentes de legendis libris gentilium 2,26–3,18.
60 Ebd. 4,3–19; 5,1–24.
61 Ebd. 4,20–28.
62 Näheres bei Döring: Nutzen, S. 554–558.

Burkert, Walter: Das hunderttorige Theben und die Datierung der Ilias. In: Wiener Studien N. F. 10 (1976), S. 5–21. (Wiederabgedruckt in: Burkert: Kleine Schriften I: Homerica. Göttingen 2001, S. 59–71.)
Coleridge, Samuel Taylor: Biographia Literaria [1817]. Oxford 1907.
Detienne, Marcel: Les maîtres de vérité dans la Grèce archaïque [1973]. Paris 2006.
Diels, Hermann / Walther Kranz (Hg.): Die Fragmente der Vorsokratiker. 6. Aufl. Berlin 1951–1952.
Döring, Klaus: Vom Nutzen der heidnischen Literatur für eine christliche Erziehung. Die Schrift *Ad adolescentes de legendis libris gentilium* des Basilius von Caesarea. In: Gymnasium 110 (2003), S. 551–567.
Finkelberg, Margalit: The Birth of Literary Fiction in Ancient Greece. Oxford 1998.
Ford, Andrew: The Origins of Criticism. Princeton, Oxford 2002.
Halliwell, Stephen: The Aesthetics of Mimesis. Princeton, Oxford 2002.
Hunter, Richard / Donald Russell (Hg.): Plutarch. How to Study Poetry. Cambridge 2011.
Jacoby, Felix (Hg.): Die Fragmente der griechischen Historiker. 1. Teil: Genealogie und Mythographie. Leiden 1957.
Jaeger, Werner: Das frühe Christentum und die griechische Bildung. Berlin 1963.
Nünlist, René: Poetologische Bildersprache in der frühgriechischen Dichtung. Stuttgart, Leipzig 1998.
Peruzzi, Emilio: Cultura greca a Gabii nel secolo VIII. In: La Parola del Passato 47 (1992), S. 459–468.
Renger, Almut-Barbara: Fremde Wirklichkeiten und phantastische Erzählungen als „Urtendenz der Dichtung selber" (Benjamin): Homers *Odyssee* und moderne (bzw. zeitgenössische) Fantasy. In: Nicola Hömke / Manuel Baumbach (Hg.): Fremde Wirklichkeiten. Literarische Phantastik und antike Literatur. Heidelberg 2006, S. 109–142.
Richardson, Nicholas J.: Homeric Professors in the Age of the Sophists [1975]. In: Andrew Laird (Hg.): Ancient Literary Criticism. Oxford 2006, S. 62–86.
Rösler, Wolfgang: Die Entdeckung der Fiktionalität in der Antike. In: Poetica 12 (1980), S. 283–319.
Rösler, Wolfgang: Rez. Finkelberg: *The Birth of Literary Fiction in Ancient Greece*. In: Gnomon 74 (2002), S. 295–299.
Rösler, Wolfgang: Kanonisierung und Identität. Homer, Hesiod und die Götter der Griechen. In: Karl-Joachim Hölkeskamp / Jörn Rüsen / Elke Stein-Hölkeskamp / Heinrich Theodor Grütter (Hg.): Sinn (in) der Antike. Orientierungssysteme, Leitbilder und Wertkonzepte im Altertum. Mainz 2003, S. 105–116.
Rösler, Wolfgang: Der Pandora-Mythos bei Hesiod. In: Heinz-Peter Preußer / Françoise Rétif / Juliane Rytz (Hg.): Pandora. Zur mythischen Genealogie der Frau. Heidelberg 2012, S. 47–54.
Sier, Kurt: Gorgias über die Fiktionalität der Tragödie. In: Ekkehard Stärk / Gregor Vogt-Spira (Hg.): Dramatische Wäldchen. Festschrift für Eckard Lefèvre zum 65. Geburtstag. Hildesheim, Zürich, New York 2000, S. 575–618.
West, Martin L. (Hg.): Iambi et Elegi Graeci. Bd. 2 [1972]. 2. Aufl. Oxford 1992.
West, Martin L.: The Date of the *Iliad*. In: Museum Helveticum 52 (1995), S. 203–219.
West, Martin L.: The Making of the *Iliad*. Oxford 2011.

Sonja Glauch

17. Fiktionalität im Mittelalter

Die Erzählpraxis und die Literaturtheorie des europäischen Mittelalters sind hinsichtlich des Fiktionalen kaum auf einen Nenner zu bringen. Während die Forschung vor allem im Artusroman des Hochmittelalters das Aufkommen einer quasi autonomen Erzählfiktionalität für möglich gehalten hat, die der neuzeitlichen sehr ähnelt, stehen für die zeitgenössische gelehrte Theorie andere literarische Formen im Zentrum der Auseinandersetzung mit dem Fiktionalen: so die Fabel und die Allegorie bzw. das *integumentum*. Charakteristisch für die erzählende Literatur des Mittelalters ist daneben, dass die wenigsten Texte sich trennscharf als faktual oder fiktional bestimmen lassen. Stattdessen müssen viele volkssprachige Werke und Gattungen in einem unbestimmten und forschungsgeschichtlich höchst umstrittenen ‚Dazwischen' gesucht werden. Der Beitrag situiert in *1. Problemaufriss und konzeptuelle Klärungen* das Fiktionalitätskonzept im Kontext wichtiger epistemischer, medialer und literaturgeschichtlicher Prämissen, welche die Literatur des Mittelalters kennzeichnen. Der folgende Teil des Beitrags liefert *2. Aspekte einer Beschreibung mittelalterlicher Erzählfiktionalität*, er gliedert sich in 2.1. Autonome, funktionale und spekulative Fiktionalität – 2.2. Spektrum nicht-referentiellen Erzählens und dessen Zusammenhang mit Fiktionalität – 2.3. Fiktionalität und Gattungszugehörigkeit – 2.4. Fiktionssignale – 2.5. Skalierte Fiktionalität? – 2.6. Ansätze mittelalterlicher Konzeptualisierungen von Fiktivität bzw. Fiktionalität.[1]

---

1 Aus Platzgründen kann der Beitrag seinen Gegenstand nicht erschöpfend behandeln. Vgl. Glauch: Fiktionalität, für eine um viele Nachweise ergänzte Fassung, die außerdem erweitert ist um die Abschnitte 2.7. Zusammenhang mit dem Wahrheits- und Wirklichkeitsverständnis des Mittelalters – 2.8. Fiktionalisierungsschübe – 2.9. Fiktionalität und Geltung.

1. Problemaufriss und konzeptuelle Klärungen

Im Folgenden soll eine historische Perspektive auf das Phänomen textueller Fiktionalität entwickelt werden. Ich vermeide es, von ‚literarischer' Fiktionalität zu sprechen, weil der Begriff des Litterat-Literarischen mit seiner Referenz auf lat. *littera*, den ‚Buchstaben', für die textuelle Kultur des Mittelalters einerseits zu eng ist – viele ihrer Formate wie die heroische Epik, Sage, gesungene Lyrik, geistliches und weltliches Spiel etc. richten sich nicht an Leser und sind erst sekundär auf Pergament und Papier gebracht worden – und weil er andererseits falsche Konnotationen wecken könnte, sowohl im Sinne einer wertenden Zuerkennung von Literarizität als auch im Sinne des Autonomiepostulats. Wenn ich im Folgenden den Begriff der Literatur dennoch nicht vermeiden kann, dann ist er etwa im Sinn von ‚Textkultur und von dieser hervorgebrachte Texte' gemeint.

Notwendigerweise muss zunächst geklärt werden, was ‚Fiktionalität' hier bedeuten soll. Dies scheint vonnöten, weil in der mediävistischen Forschung stark abweichende Positionen eingenommen werden: Sie reichen von der Anerkennung einer von der Neuzeit kaum verschiedenen Fiktionalitätspraxis über die prominente These von der (Wieder-)Entdeckung der Fiktionalität im hochmittelalterlichen Artusroman Chrétiens de Troyes[2] bis zum weitgehenden Ausschluss der als anachronistisch empfundenen Kategorie.[3] Ersichtlich haben diese widersprüchlichen Einschätzungen ihren Ursprung auch in unterschiedlichen Fiktionalitätskonzepten; es ist, kurz gesagt, mit ‚Fiktionalität' nicht immer dasselbe gemeint, wenn Mediävisten nach der Fiktionalität ‚ihrer' Literatur fragen.[4]

Fiktionalität soll hier nicht als Komponente oder Folgephänomen von *Literarizität, Narrativität* und *Textualität* verstanden werden, auch wenn ein erklecklicher Anteil der mediävistischen Diskussion der vergangenen Jahrzehnte Fiktionalität mit der Selbstausstellung vor allem dieser umfassenderen Phänomene markiert sehen wollte.[5] Gerade für die Vormoderne müssen die drei Kategorien *Textualität* (= mündliche oder schriftliche Fixierung), *Literarizität* (= Schriftwürdigkeit) und *Fiktionalität* als unabhängig voneinander aufgefasst werden.[6]

---

2 Vgl. Haug: Literaturtheorie; Haug: Entdeckung; Green: Beginnings. Kritische Einwände gegen Haug haben v. a. Huber: Rez. Haug, und Heinzle: Entdeckung, vorgebracht.
3 Schmitt: Inszenierungen; Kleinschmidt: Wirklichkeit.
4 Vgl. Herweg: Verbindlichkeit, S. 188 f.; allgemein Hempfer: Fiktionstheorie, S. 115.
5 Vgl. Kern: Leugnen, und Haug: Geschichte, S. 118 (Position 6). Eine kritische Bilanz zur Gleichsetzung von Fiktionalität mit Metanarrativität zuletzt bei Meincke: Selbstreflexion.
6 Vgl. Herweg: Verbindlichkeit, S. 201–203, der auch Rhetorizität und Artifizialität unter die von Fiktionalität zu trennenden Texteigenschaften rechnet.

Das intuitive Wissen, das die Beschäftigung mit der Literatur der Gegenwart und der jüngeren Vergangenheit leiten kann, ist hier insgesamt von keinem Nutzen, im Gegenteil: es kann in die Irre führen. Umgekehrt kann die historische Perspektive wohl helfen, scheinbare erzähltheoretische Selbstverständlichkeiten (wie etwa die gängige Annahme, Fiktionalität bedinge ein Auseinandertreten von Erzähler und Autor)[7] als etwas zu decouvrieren, das kontingent zur Konvention geworden ist.

Weitgehend zustimmungsfähig dürfte inzwischen sein: Fiktionalität ist weder eine Eigenschaft von Texten noch beruht sie auf dem ontologischen Status der Dinge, von denen gesprochen wird, noch ist sie gleichbedeutend mit ‚freier' schöpferischer Erfindung des Erzählten. Gerade ‚alte' Texte zeigen: es kann nicht darum gehen, wie ein heutiger Leser oder Interpret ihren Wahrheitsgehalt oder Wahrheitsanspruch beurteilt. Der intendierte zeitgenössische Leser oder Zuhörer und sein intendierter Umgang mit dem Text muss das Kriterium sein.[8] Damit kommen Autoren, Rezipienten und ihre aneinander gerichteten Erwartungen ins Spiel, anders gesagt, eine konventionalisierte soziale, kulturelle Praxis des Umgangs mit Texten. Pragmatische und institutionelle Fiktionstheorien beziehen diese Ebene mit ein. Sie suchen das entscheidende Fiktionalitätskriterium in einer Zuschreibung, einer Intention oder im Modus der Sprachhandlung, die mit dem Text als Ganzem vollzogen wird. Ein fiktionaler Text zeichnet sich dann dadurch aus, dass er – basierend auf Konvention – zu einem anderen Umgang mit sich einlädt und dass mit ihm anders umgegangen wird als mit einem nichtfiktionalen Text. Worin besteht aber der ‚andere Umgang'? Verschiedene Formulierungen zielen hier auf etwas Ähnliches,[9] nämlich darauf, dass die Aussagen des Textes nicht als zutreffende Aussagen über die Wirklichkeit verstanden werden sollen. Oder besser vielleicht: Das Äußerungssubjekt ist vom Rezipienten von der Verpflichtung entbunden, Sachverhalte zu berichten, die konventionell zur Wirklichkeit gerechnet werden.

Es erschwert die Beschreibung mittelalterlicher Sprachhandlungen als fiktional, dass es offensichtlich keine zeitgenössischen Selbstbeschreibungen und keine zeitgenössischen Konzepte einer Literaturtheorie gibt, die eindeutig auf Fiktionalität abzielen. Auch die Kategorisierung der Dichtung *inner-*

---

7 Dazu s. unten Abschnitt *2.4 Fiktionssignale.*
8 Chinca: Welten, S. 309–313, zeichnet den Weg der germanistischen Mediävistik hin zu einem pragmatischen Fiktionalitätskonzept nach; er macht mit Recht die enorme Wirkung von Walter Haugs Thesen für die Verspätung gegenüber etwa der Romanistik verantwortlich.
9 Der Leser soll „keine unmittelbaren Schlüsse vom Gehalt der Sätze [des Textes] auf das Vorliegen von Sachverhalten in der Wirklichkeit […] ziehen", s. den Beitrag *2. Die Institution Fiktionalität*; „die für die Fiktionalität konstitutive Entpflichtung von der Repräsentation außersprachlicher Sachverhalte in wahren Sätzen" (Kablitz: Menzogna, S. 224).

halb des Gebäudes der diskursiven und epistemischen Disziplinen in der scholastischen Philosophie, etwa bei Thomas von Aquin, der die Dichtung als „niedrigste Form der Wissensvermittlung" („*infima inter omnes doctrinas*", *Summa theologiae* I, 1, 9) bezeichnet, räumt der Literatur in Wahrheitsdingen keinen Sonderstatus ein; eine Haltung der „Vergleichgültigung gegenüber [...] der Wahrheit der in ihnen dargestellten Sachverhalte"[10] ist hier nicht zu erkennen. Wenn in der Frühen Neuzeit der englische Dichter Sir Philip Sidney eine *Defence of Poesie* (1595) anstimmt und in ihr Formulierungen der modernen Sprechakttheorie vorwegnimmt („I think truly, that of all writers under the sun the Poet is the least liar, and though he would, as a poet can scarcely be a liar. [...] the Poet, he nothing affirms, and therefore never lieth."),[11] dann konstatiert er die Ungültigkeit der binären Unterscheidung von Wahrheit und Lüge. Mittelalterliche Äußerungen über volkssprachliches Erzählen ordnen dieses dagegen sehr oft als Lüge ein. Der lat. Begriff *fictio* steht der Idee von ,Täuschung, Lüge' sehr nahe, und „the best-known ,theory of fiction' in the Middle Ages was represented by clerical condemnations of *fabula* as lying".[12] Ein möglicher Unterschied zwischen unglaubwürdigen, fehlerhaften faktualen Erzählungen und absichtsvoll fiktionalen Erzählungen wird mit diesem Attribut der Lüge eingeebnet. Der mittelalterliche Lügenvorwurf gegenüber erzählenden Texten könnte allerdings auf dreifache Weise interpretiert werden: als Missverständnis bzw. konzeptuelle Unzulänglichkeit, als ideologische Herabsetzung oder als Indiz für die Nichtexistenz eigentlicher Fiktionalität. Jedoch muss man sich von der Idee verabschieden, jeder Lügenvorwurf müsse die gleiche Sprache sprechen. Äußerungen über den Wahrheitsgehalt von Texten stammen aus so unterschiedlichen kulturellen Kontexten und epistemischen Situationen (abfällige Äußerungen über konkurrierende Gattungen, Moraldidaxe, historiographischer Diskurs, theologisch-philosophische Reflexion etc.), dass sie zweifellos von verschieden stark ausgeprägtem Fiktionalitätsbewusstsein unterlegt und ihre Urheber in unterschiedlichem Grad imstande und willens waren, dieses auf den Begriff zu bringen. Im Folgenden sollen sowohl fiktionstheoretische Zeugnisse des Mittelalters als auch die an Erzähltexten ablesbare Fiktionalitätspraxis bedacht werden – im Wissen darum, wie wenig die beiden Felder oft miteinander zu tun haben. Mittelalterliche

> Theorieentwürfe [sind] meist nicht ,objektive' Beschreibungen des praktischen Verfahrens, sondern sie entstammen einer aktuellen, ihren Zweck und damit ihre Formulierung

---

10 Kablitz: Literatur, S. 16.
11 Sidney: Defence, S. 52, zit. nach Martínez / Scheffel: Einführung, S. 15.
12 O'Connor: History, S. 111. Vgl. Gompf: Figmenta, S. 61.

determinierenden Entstehungssituation, und die Autoren verfolgen mit ihnen jeweils bestimmte Absichten.[13]

Das gibt Christel Meier hinsichtlich der Allegorie im Mittelalter zu bedenken; es gilt für die Fiktion gleichermaßen.

Als konzeptueller Gegenpol von Fiktionalität tritt Faktualität in den Blick. Der Begriff des Faktualen wird sehr oft, ausgesprochen oder unausgesprochen, als intensional identisch mit dem des Nicht-Fiktionalen gebraucht, m. E. zu Recht. Wenn es Literaturbereiche gibt (Gattungen, historische Zeiträume), in denen die Unterscheidung zwischen Fiktionalität und Nicht-Fiktionalität neutralisiert ist, bedeutet dies nur, dass dort beide Seiten der Unterscheidung gleichermaßen hinfällig sind. Texte, die weder fiktional noch nicht-fiktional sind, sind zugleich auch weder faktual noch fiktional, ebenso wie ein einzelnes Pantoffeltierchen weder männlich noch nichtmännlich und damit zugleich weder männlich noch weiblich ist. Als Gegenpole bestimmen sich die beiden Modi des Umgangs mit Texten, Faktualität und Fiktionalität, nun gegenseitig. Was das eine ist, will das andere nicht sein. Faktualität und Fiktionalität – und mit ihnen Faktizität und Fiktivität des Erzählten – werden hergestellt, werden im Erzählen inszeniert und signalisiert. Diese Konturierung setzt beim Publikum die Kenntnis der Differenz der beiden Konzepte voraus und generiert sie gleichzeitig immer wieder neu. Historisch wäre daher vielleicht nicht so sehr nach Konstanten in der Definition von faktualem und fiktionalem Erzählen zu suchen, sondern nach der Konstanz gegenseitiger Absetzungsbewegungen, Inszenierungen einer gegenläufigen Unterscheidung zweier Erzählgestus, die auch den Charakter einer gegenläufigen Denunziation annehmen kann. Im gesamten Mittelalter sind die Differenzen mündlich – schriftlich, volkssprachig – lateinisch mit den Wertungen unglaubwürdig – glaubwürdig, unseriös – seriös vergesellschaftet, was zumindest aus der Warte der Gebildeten dem sehr nahe kommt, was wir heute unter der Differenz fiktional – faktual verstehen.

Dennoch wirft die begriffliche Polarität von Faktualität und Fiktionalität für die Vormoderne ein Problem auf. Viele Fiktionalitätstheorien gehen vom logischen Primat des Faktualen, des Anspruchs auf Wirklichkeitsentsprechung aus, wogegen Fiktionalität einen *écart* darstelle, ist doch die Alltagskommunikation normalerweise auf die gemeinsame Wirklichkeit gerichtet und definieren doch auch die Grice'schen Konversationsmaximen faktuales Sprechen. Faktualität scheint auch intuitiv einfacher fassbar zu sein als ihr Gegenpol.[14] Wenn jedoch Dichtung aus historisch ferner oder

---

13 Meier: Allegorie-Forschung, S. 3.
14 Vgl. Martínez/Scheffel, die vom „Normalfall der faktualen Erzählung" sprechen (Einführung, S. 10), und s. auch den Beitrag *5. Fiktionssignale*.

gar vorhistorischer Zeit in den Blick kommt, läuft das Konzept des Faktualen in einer Hinsicht weitgehend ins Leere: Die Rolle des Dichtersängers war es nie, Wirklichkeitsaussagen über die Welt zu machen, in der auch die Zuhörer selbst lebten. Im Gegenteil war es fernes, unvertrautes Wissen, was Dichter in Verse brachten oder was in Sagen erzählt wurde: *existenziell* Fernes (Übermenschlich-Übernatürliches) als sakral-religiöses Wissen, *zeitlich* Fernes als Mythos und Geschichtsüberlieferung, als Fundierung von Recht und Ritual, und zuletzt *räumlich* Abgelegenes als Kunde von der Gestalt der Welt, als potentiell erfahrbares Fremd-Faszinierendes und als Folie der Selbstverständigung Dienliches. Der Begriff des Faktualen versagt vor der Nicht-Nachprüfbarkeit und dem Setzungscharakter all dieser poetischen Wissensbestände. Aufgabe der Sage und des Mythos war es, Wissen über unzugängliche Existenzbereiche von Generation zu Generation weiterzureichen. Wenn jedoch die Aeneis, das Nibelungenlied, die Erzählung von der Vertreibung aus dem Paradies auch als Literarisierungen solcher Sagen und Mythen nicht sinnvoll faktuale Erzählungen genannt werden können, weil die „unmittelbare Referenzialisierbarkeit, d. h. Verwurzelung in einem empirisch-wirklichen Geschehen"[15] nicht gegeben ist, dann haben sie nicht stattdessen als fiktional zu gelten. Zwar ist anzunehmen, dass Mythen- und Sagenerzählungen geglaubt wurden – aber da sie in einem andersartigen Welt- und Geschichtsverständnis verankert waren, wurden sie eben nicht als Erzählungen von (falsifizierbaren historischen) *Fakten* verstanden. Damit kollabiert hier die Unterscheidung von Faktualität und Fiktionalität. Anders gesagt: an dem traditionalen, archaischen mündlichen Erzählen, an dem das volkssprachige Mittelalter noch Anteil hat, geht die Opposition ‚faktual'/ ‚fiktional' vorbei, und damit verlieren auch beide Begriffe ihren Sinn. Vor allem die früh- und hochmittelalterliche Heldenepik bzw. Chanson de geste, die religiöse Dichtung, Legenden, Mirakelerzählungen und Sagen dürften sich der Unterscheidung entziehen. Sie konstituierten Wissen über die Welt, aber unter dem Vorzeichen einer vorwissenschaftlichen Wirklichkeitsauffassung. Dementsprechend janusköpfig zeigt sich die (früh-)neuzeitliche ‚Rationalisierung' dieser Wissensbestände: Riesen, Feen, Götter können (bis heute, man denke an den Yeti!) ebensowohl naturalisiert, d. h. rational aus ‚wirklichen' Phänomenen (Missbildungen, Trugwerk des Teufels, Magie, Aberglauben) erklärt wie ins Reich der dichterischen Fiktion abgeschoben werden. Nicht anders als jene gewaltsame nachträgliche Spaltung einer vorwissenschaftlichen Denk- und Wissensform ist es aber auch zu beurteilen, wenn die heutige Literatur- und Kulturwissenschaft solche Texte der Opposition ‚faktual'/‚fiktional' unterwirft. Wo die mittelalterliche Historiographie und Chronistik sich auf ‚Vorgeschichte' und die Fundamente der eige-

---

15 Martínez / Scheffel: Einführung, S. 15.

nen Kultur richten, haben sie an dieser Indifferenz des Mythos und der Sage teil. Die Ungültigkeit oder zweifelhafte Gültigkeit der Opposition ‚faktual'/‚fiktional' für viele narrative Texttypen des Mittelalters schmälert auch deutlich den praktischen Nutzen der „texttypologische[n] Funktion"[16] des Fiktionalitätsbegriffs – über weite Gebiete der Literatur des Mittelalters kann man reden, ohne sich überhaupt über ihre Fiktionalität oder Faktualität verständigen zu müssen.[17] Kienings Urteil, der Begriff der Fiktionalität erweise sich in der Mediävistik in vielen „neueren Arbeiten als Korsett, das den sonst beobachteten literarischen Komplexitäten kaum gerecht wird",[18] untermauert dies.

Allerdings überspannt die mittelalterliche Textkultur ein weites Feld – nicht nur zeitlich zwischen ca. 600 und 1500, sondern auch nach ihren Wirklichkeits- und Überprüfbarkeitsansprüchen. Prägend für das europäische Mittelalter ist die Ausbildung von Schriftliteraturen aus zunächst völlig mündlichen volkssprachlichen Textkulturen vor dem immer präsenten Hintergrund der eigentlichen ‚Schriftsprache', des Lateinischen. Für das Verständnis der Dichter und der Rezipienten vom Wesen der Dichtung oder der Literatur gilt Ähnliches: autochthone Poetologien – oft nur in Spuren zu greifen – kamen mit lateinischen Wissenstraditionen in Berührung, die meist im Rahmen des Schulwissens über die zwei sprachlichen Artes liberales, *grammatica* und *rhetorica*, vermittelt wurden und die gegenüber ihren antiken Ursprüngen jedoch oft abgemagert bis auf die Knochen wirken. Kraft dieses Nebeneinanders macht literarisches und literaturtheoretisches Selbstverständnis im Mittelalter keine lineare Entwicklung durch, sondern liegt in extremer Pluralität und Ungleichzeitigkeit des Gleichzeitigen vor. Entsprechend schwierig ist es, *die* ‚Fiktionalität im Mittelalter' zu fixieren. Man könnte wohl von eher von Fiktionalitäten sprechen, was als das Nebeneinanderbestehen verschiedener Fiktionalitätsdispositive in verschiedenen kulturellen Systemen und epistemischen Situationen auszubuchstabieren wäre.

Die umfassende Frage nach der Rolle von *Fiktionen* im Mittelalter, also die Frage nach den ‚Funktionen des Fiktiven' (so der Titel des *Poetik und Hermeneutik*-Bandes 1983), muss hier ausgeblendet bleiben. Die Vorstellungen, erkenntnistheoretischen Konstrukte und Wissensbestände des Mittelalters unterscheiden sich von denen der Jetztzeit vielfach grundlegend: Man denke an Erklärungsmodelle der mittelalterlichen Medizin, Kosmologie, Religion und Geschichte. Der ‚Fiktions'-Charakter historischer Konzepte

---

16 Hempfer: Fiktionstheorie, S. 113.
17 Vgl. Müller: Spiele, S. 285: Vor der Ausdifferenzierung eines relativ selbständigen Systems Literatur bleibt „der fiktionale oder nicht-fiktionale Status eines Textes meist einfach offen; die Grenzen ‚literarischen' Sprechens sind noch durchlässig gegenüber anderen Typen fingierenden Sprechens".
18 Kiening: Rez. Peters / Warning, S. 118.

tritt ihrer Alterität (ja oft Abstrusität) wegen für uns umso deutlicher hervor. Aber jene „imaginären, historisch gleichwohl wirksamen Weltentwürfe",[19] die sich oft eine Bezeichnung mit der literarischen Fiktion teilen müssen, gehören nicht anders als die sogenannten Fakten zur zeitgenössischen Wirklichkeit. Kein mittelalterlicher Text lockert seinen Wirklichkeitsbezug *allein* dadurch, dass er vom Sündenfall, von Heiligkeit, von der Jungfrauengeburt, von Nekromantie, vom Wendelmeer, von Kranichschnäblern, von Feen, von der trojanischen Abkunft eines mitteleuropäischen Adelshauses, vom Priesterkönig Johannes, von Ritterschaft und Minne spricht. Nichts anderes gilt am Beginn unseres 21. Jhs. für den Wirklichkeitscharakter von Fiktionen wie etwa des Urknalls, der Spiegelneuronen, der Chemtrails, des Fortschritts, der Menschenwürde und des Mietnomadentums.

Vor allem an den Rändern der bekannten Welt öffneten sich jedoch „Grenzräume der mittelalterlichen Wirklichkeit".[20] Es kennzeichnet die epistemische Situation des Mittelalters, dass ein Raum des sicheren Wissens ab einer gewissen Distanz in Räume des Ungewissen überging, in geographischer Ferne nicht anders als in historischer Ferne. Wo dieses Wissenszwielicht begann, war natürlich abhängig vom Gesichtskreis des jeweils Wissenden. Mittelalterliche Erzählstoffe besiedeln diese Grenzräume, ja loten sie geradezu aus. „Reiseberichte und Reiseerzählungen stellen […] einen zeitlosen ‚Faszinationstyp' ersten Ranges dar."[21] Vielfach muss dabei offen bleiben, ob die unbekannte Ferne des Orients als das geeignete Setting für Fiktionales empfunden wurde oder ob in der Grauzone zwischen Wissen und Nichtwissen eher Mythos, Sage und Legende angesiedelt wurden, die jene hinsichtlich Faktualität oder Fiktionalität neutrale dritte Qualität besitzen.

Der Bezirk des Wunderbar-Seltsam-Interessanten war jedoch nicht nur durch ein Nicht-Wissen-Können, das durch Nachforschung behebbar wäre, sondern gelegentlich auch durch die Belanglosigkeit von empirisch-faktischer Referenz geprägt. Ob ein Sachverhalt ‚wirklich' sei, ließ sich vor dem Hintergrund lateinischer Schulbildung zwar fragen; gegen seine überlieferte Bedeutungshaltigkeit und Zeichenhaftigkeit zog die Frage aber den Kürzeren.[22] Wo vom Heilswirken Gottes oder der Heiligen erzählt wird, „kann

---

19 Müller: Rez. Knapp/Niesner, S. 111.
20 Melville: Herrschertum, S. 15.
21 Herweg: Verbindlichkeit, S. 238; dort auch (S. 241) zur Fruchtlosigkeit, Reiseerzählungen der Zeit nach den Kriterien ‚fiktional' vs. ‚authentisch' zu scheiden.
22 Augustinus zieht in seinem Psalmenkommentar das dem Pelikan im *Physiologus* zugeschriebene wundersame Verhalten zwar in Zweifel („*fortasse hoc verum, fortasse falsum sit*"), hält wegen der Evidenz der Übereinstimmung mit der Heilswahrheit aber doch an ihm fest: „*tamen si verum est, quemadmodum illi congruat, qui nos vivificavit sanguine suo, videte*" (*Enarratio in psalmos*, Migne PL 37, Sp. 1299).

das Historische gleichsam in der Schwebe bleiben. Seine Richtigkeit (und damit auch seine Wahrscheinlichkeit und Geschichtlichkeit) empfängt es daraus, daß es an der Wahrheit der göttlichen Offenbarung und kirchlichen Lehre teilhat".[23] Die Heilsmacht und Wahrheit Gottes erweist sich gerade am Nicht-Erfahrbaren. Das Weltverständnis des Mittelalters zieht mithin als ‚wahr' das Erfahrungswirkliche und das transzendent-überzeitlich-ideal ‚Wahre' zusammen. „Heilsgeschichte ist nicht gleich Faktizität; referiert wird auf eine unhinterfragbare, ‚gegenwärtig' wahre Vergangenheit, nicht auf eine ‚faktische' in unserem Sinne."[24] Mit Meincke kann man das Aufkommen neuzeitlicher Romanfiktionalität in der „Preisgabe ‚heilsgeschichtlicher' Referenz" sehen, die „den Raum für die Relevanz von Faktizität erst eröffne[t]".[25]

2. Aspekte einer Beschreibung mittelalterlicher Erzählfiktionalität

2.1 Autonome, funktionale und spekulative Fiktionalität

Im mediävistischen Fiktionalitätsdiskurs der letzten Jahre wurde immer wieder ein Widerspruch sichtbar: Unzweifelhaft setzten die Autoren ‚Erfundenes', welches das (moderne) Kriterium der Nicht-Faktualität erfüllen würde, in großem Umfang zur Ausgestaltung ihrer Erzähltexte ein, auch wo offenkundig zeitgenössisch die Texte nicht im heutigen Sinn als fiktional angesehen wurden. Dies betrifft Gattungen wie die Heiligenlegende, die Bibel- und Geschichtsdichtung, aber auch die Historiographie. Um diesen Widerspruch aufzulösen, hat man eine Differenzierung von *funktionaler* und *autonomer* Fiktionalität bzw. *fictio*[26] vorgeschlagen. Die Begriffe hat zuerst Brigitte Burrichter im Kontext der Artus-Historiographie verwendet; sie sind von der mediävistischen Fiktionalitätsdiskussion dankbar aufgenommen worden. Andere Begriffspaare, die weitgehend dasselbe meinen, sind ‚suppletive' vs. ‚freie' Fiktionalität[27] und ‚oberflächliche' vs. ‚massive' Fiktionalität.[28] Autonome Fiktionalität entspricht dabei dem Fiktionalitätskonzept

---

23 Schreiner: Wahrheitsverständnis, S. 145.
24 Meincke: Selbstreflexion, S. 349.
25 Ebd.
26 Da es bei der „funktionalen Fiktionalität" nicht primär um eine „Makroeigenschaft" (Danneberg: Tränen, S. 45–48) der Texte geht, sondern um partielle Gestaltungslizenzen, spreche ich im Folgenden von funktionaler *fictio*. Diese Vokabel der antiken und mittelalterlichen Rhetorik und Literaturtheorie ist ähnlich mehrdeutig wie ‚Fiktion' heute in den europäischen Sprachen.
27 Knapp: Erzählen, S. 148.
28 Glauch: Schwelle, S. 181 f.

der Moderne. Als funktionale *fictio* wäre die Praxis zu bezeichnen, einen vorgegebenen, als historisch geglaubten Stoff dichterisch-rhetorisch zu gestalten. Während Burrichter „vor allem Beschreibungen, erfundene Reden und psychologische Begründungen" nennt,[29] zeigt der Blick auf die volkssprachige Erzählpraxis, wie hier nicht nur Erzählelemente wie Figurenreden, Fest- und Schlachtschilderungen sowie Ekphrasen frei ergänzt werden, sondern auch mit Vor- und Seitengeschichten, Vervielfältigungen oder Verschmelzungen von Geschehnissen usw. noch tiefer in den Handlungsablauf eingegriffen wird.[30] Diese Aufzählung lässt schon erkennen, wie problematisch es ist, funktionale *fictio* auf die Ebene des rhetorischen Ornats bzw. des *discours* zu beschränken, wie Burrichter dies suggeriert. Dennis H. Green arbeitet mit dem Konzept *episodischer Fiktion*;[31] dies eine treffende Bezeichnung für die mittelalterliche Praxis, ‚Lücken' der Geschichte zu nutzen, um sie mit ‚erfundenen' Geschichten zu füllen: man denke an Alexanders Indienabenteuer, apokryphe Kindheit-Jesu- und Marienlegenden und die Karlsepik. Ob diese ubiquitäre Praxis episodischer Fiktion jedoch als ein Ausgangspunkt der im 12. Jh. ‚entdeckten' Artusroman-Fiktionalität gelten kann – so Greens These –, scheint mir zweifelhaft. Auch episodische Fiktion tangiert den Wahrheitsanspruch und die generelle Historizität eines Stoffes nicht; zu viele oder zu dreiste Anreicherungen durch funktionale und episodische *fictio* lassen allenfalls unglaubwürdige faktuale Texte entstehen. Dies lehrt z. B. die Geschichte der volkssprachigen Legenden- und Mirakelerzählungen: auf sie richtet sich in Humanismus und Reformation zunehmend Skepsis. Die angreifbare Glaubwürdigkeit und der Abbruch der Druckproduktion nach 1521 zeigen, dass diese Legenden zumindest im 16. Jh. nicht als fiktionale Literatur, sondern als Irrlehren rezipiert wurden.[32] Es ist nicht festzustellen, ob und wo hier unzuverlässige Faktualität in Fiktionalität umschlägt. Entsprechend konträr positioniert sich die Forschung zu Texten wie Thomas Lirers Schwabenchronik, die sowohl für Geschichtsfälschung (also für faktual) wie für ein fiktionales Schelmenstück gehalten wurde.[33]

Funktionale *fictio* ließe sich begreifen als Spielart dessen, was als Reaktion auf die Thesen Hayden Whites am Beispiel des historiographischen Diskurses erörtert wurde und was die Grenze zwischen faktualem und fiktionalem Erzählen verwische: narrative Modellierung bewirke Fiktionalisierung. Dass faktuale Texte narrative Strategien benutzen, die auch in fiktionalen Texten

---

29 Burrichter: Wahrheit, v. a. S. 14, 19–22. Zur Kritik an Burrichters Ansatz vgl. Schmitt: Inszenierungen, S. 152–155.
30 Vgl. zum Trojaroman Konrads von Würzburg Worstbrock: Erfindung.
31 Green: Beginnings, S. 189–191.
32 Vgl. Ziegeler: Wahrheit.
33 Vgl. Graf: Geschichten, S. 81–93.

vorkommen, hat im Rahmen der Fiktionalitätstheorie zu verschiedenen Ansätzen geführt (s. den Beitrag *10. Panfiktionalismus*); vernünftig scheint jedoch die Auffassung, Narrativität und Fiktionalität seien voneinander unabhängige Größen, auch wenn sich bestimmte narrative Techniken als Fiktionssignale einbürgern können.[34]

Wie viel narrative oder rhetorische Stilisierung ein faktualer Text verträgt, ist nicht ein für allemal festgelegt. Der Spielraum funktionaler *fictio* ist historisch veränderlich. Diese Veränderlichkeit wird in der Praxis wirksam, wenn ehemals als faktual begriffene Texte später dem Bereich der Fiktionsliteratur eingemeindet werden. Der umgekehrte Fall ist selten, was dafür spricht, dass der Spielraum funktionaler *fictio* sich in Europa historisch zunehmend verengt hat. Die historische Andersartigkeit des mittelalterlichen Erzählens liegt mithin (auch) darin, dass faktualem Erzählen deutlich größere Freiräume für narrative Überformung offenstanden.

Bedeutsam ist funktionale *fictio* aus noch einem weiteren Grund: so gut wie überall, wo in mittelalterlichen Romanen ein Fiktionalitätsbewusstsein ausgestellt wird, wo die Erzähler also z. B. die Verbürgtheit von einzelnen Elementen der Geschichte in Frage stellen oder ironisieren, handelt es sich um Reflexionen über ausschmückendes Fingieren,[35] etwa über den Schnitt eines Kleides, die Mahlzeit eines Helden vor seinem Spazierritt, eine Kampfschilderung oder die Plausibilität des Herzenstausch-Topos. Wenn Hartmann von Aue im *Iwein* mit erzählerischer Selbstironie sich gehindert gibt, den Kampf zwischen Iwein und dem Brunnenherrn ausführlich zu schildern, so geht es nicht um das Faktum oder den Ausgang des Kampfes, sondern darum, „*wie dirre sluoc, wie jener stach*" (V. 1036), also um eine detaillierte Kampfreportage. Das „Machen des Kampfes mit Worten" (V. 1029 f.) fällt präzis in den Zuständigkeitsbereich funktionaler *fictio*. Solche Ironisierungen sind jedoch im Artusroman häufiger als in stärker sich historisch verankernden Romangattungen (oder sind sie vielleicht nur häufiger beachtet und beschrieben worden, weil sie als Belege für Fiktionalitätsbewusstsein gelten?), was auch dafür spricht, dass die Autoren in diesen Fällen rhetorisch legitimierte *fictio* eingestehen, um damit das rhetorische *artificium* und den Literarizitätsanspruch der eigenen Erzählung auszustellen und *zugleich* ein Fiktionalitätssignal zu setzen. Es ist also festzuhalten: funktionale *fictio* meint den rhetorischen Spielraum des ‚guten Erzählens', der am faktualen

---

34 Vgl. Zipfel: Fiktion, S. 171–179.
35 Vgl. Schmitts These, „daß sich Fiktion im Mittelalter vor allem auf der Ebene des Erzählens realisiert", während „Fiktion auf der Ebene der histoire, also im Sinne der Fiktivität des Dargestellten, in Vers- und Prosaromanen bis ins 16. Jahrhundert negiert wird" (Inszenierungen, S. 146). Im Einzelnen etwa die Beobachtung Nellmanns: Erzähltechnik, S. 69, dass bei Wolfram von Eschenbach „Fiktionshinweise nur dem Detail, nicht dem Ganzen der Erzählung" gelten.

(z. B. historiographischen) Charakter eines Textes nichts ändert. Funktionale *fictio* ist fiktionalitätsneutral. Dennoch kann offenbar, in eben dem Ausmaß, in dem sich das Gewicht in diese Narrationskunst verlagert und in dem die Erzähler sich darüber mit ihrem Publikum spielerisch verständigen, etwas entstehen, was im höfischen Erzählen als ‚Fiktionalität' imponiert.[36] Darüber hinaus stehen das rhetorische *artificium* und die Quellenkritik im höfischen Erzählen auch im Dienst der Vorbildlichkeit, Bedeutung und Verbindlichkeit der verarbeiteten Stoffe – einer zweiten und eigentlichen ‚Wahrheit'. Diese Wahrheit der Bedeutung (sei sie bezogen auf ein Gesellschafts- und Standesideal, die Minne oder die Heilsgeschichte), die sich auch in metaphorischem und allegorischem Sprechen geltend machen kann, überstrahlt das Handlungsgeschehen, für wie (oder wie wenig) ‚tatsächlich geschehen' auch immer dieses gehalten wird.

Im höfischen Roman tritt diese letztgenannte Form des Fiktionalen nur andeutungsweise zutage; anders verhält es sich in primär allegorischen Erzählungen. Fritz Peter Knapp schlägt neben der ‚funktionalen' und der (raren) ‚autonomen' hierfür als dritte Spielart eine ‚signifikative' Fiktionalität vor, „welche Nichtseiendes zur gleichnishaften Erhellung der Wahrheit des Seins vorführt".[37] Wenn man an Entwürfe wie Dantes *Commedia* denkt, schiene mir auch die Bezeichnung ‚spekulative' Fiktionalität geeignet. Stephen G. Nichols meint mit ‚theologischer Fiktionalität' wohl auch dasselbe: „a mode of representation combining wisdom mediated through imagination to convey doctrinal or dogmatic ‚truth'".[38]

Während funktionale *fictio* offensichtlich keine Fiktionalität im engeren Sinne darstellt, ist dies für ‚spekulative' und ‚theologische' Fiktionalität fraglich. Den Wahrheitsanspruch der Texte tangiert die Erfindung zwar nicht, aber ihren Wirklichkeitsbezug sehr wohl. Die Problematik dieser Form der Rede ist den Theologen selbst am schärfsten bewusst gewesen, vgl. Augustinus' Rechtfertigung:

quando id fingimus quod nihil significat, tunc est mendacium. Cum autem fictio nostra refertur ad aliquam significationem, non est mendacium, sed aliqua figura veritatis. (wenn wir etwas erfinden/ erdichten, was nichts bedeutet, dann ist es eine Lüge. Wenn sich aber unsere Erfindung/ Erdichtung auf eine Bedeutung bezieht, dann ist sie keine Lüge, sondern eine *figura* der Wahrheit. *Quaest. de Evang.* II, 51 = Migne PL 35, 1362)

---

36 Noch immer substantiell: Monecke: Technik, S. 84–121. – Ähnlich auch Müller: Spiele, S. 294, der für Chrétien ein „historisch spezifische[s], nämlich mittelalterliche[s]" Fiktionskonzept ansetzt, das „ein Fingieren des Inhalts insgesamt gerade ausschließt".
37 Knapp: Historie II, S. 10. Vgl. auch Glauch: Schwelle, S. 180: „alle verallgemeinernden, exemplarischen, im Extremfall allegorischen Techniken, mit denen gnomische Wahrheit in ein erfunden-partikuläres Szenario versetzt wird".
38 Nichols: Enigma, S. 454.

Fiktivität (also wohl auch Nicht-Wirklichkeit) und Wahrheit gehen hier, vermittelt über das Figurale, Hand in Hand. Wenn Fiktionen eingesetzt wurden, um Erkenntnis zu ermöglichen, wenn Fiktionen zur szenischen Einkleidung abstrakter Erkenntnis dienten, wurden sie dann aber faktual oder fiktional rezipiert? Diese Frage scheint in vielen Fällen unbeantwortbar. Man kann eine solche Erzählung als an ihrer Oberfläche nicht wirklichkeitskonform lesen, man kann aber auch die verstandene übertragene Bedeutung (den ‚Pivot' des Gleichnisses und die ‚Sachebene' der Allegorie nach Paul Michel)[39] für die gemeinte Aussage einer Erzählung halten. Personifikationsallegorien (Frau Welt, Dame Oiseuse) machen diese Ambiguität besonders deutlich: ist hier die Rede von einer Person oder von einem Abstraktum?

Auch wenn das damit verbundene theoretische oder systematische Problem nicht epochenspezifisch ist, hat es eine erhebliche literatur- und ideengeschichtliche Bedeutung für das Mittelalter, sind doch einige bedeutende Werke wie Dantes *Commedia* oder die *Scivias* der Hildegard von Bingen am ehesten als ‚spekulative' und ‚theologische' Fiktionswerke zu beschreiben. Auch ist die Theoriebildung des Mittelalters in diesem Feld am differenziertesten (vgl. mehrfacher Schriftsinn, Allegorie, *integumentum*).

2.2 Spektrum nicht-referentiellen Erzählens und dessen Zusammenhang mit Fiktionalität

Die mittelalterliche Literaturtheorie hat sich mit dem Phänomen uneigentlicher Rede umfassend auseinandergesetzt. Nötig machte das die hermeneutische Praxis im Umgang mit der Bibel sowie der antiken Mythologie und Philosophie: deren buchstäbliche Aussagen schienen oft irritierend oder schlechthin inakzeptabel. Dem konnte mit der Lehre vom ‚mehrfachen Schriftsinn' und der Praxis allegorisierender Lektüre abgeholfen werden.[40]

Im 12. Jh. verhandelten Autoren im Umkreis der sogenannten Schule von Chartres die allegorische Lesart des antiken Mythos insbesondere unter dem Begriff des *integumentum*, d. h. der ‚Verhüllung' einer Wahrheit durch poetische Redeweisen.[41] Bernardus Silvestris bestimmt in seinem Vergil-Kommentar das *integumentum* als „*genus demonstrationis sub fabulosa narratione veritatis involvens intellectum, unde et involucrum dicitur*" (S. 3). Auf diesem Wege

---

39 Michel: Alieniloquium, bietet einen historisch reflektierten sprachanalytischen Ansatz, Metapher, Gleichnis und Allegorie unter dem Rubrum der Bildrede gemeinsam zu behandeln.
40 Michel: Alieniloquium, S. 482–570.
41 Übersicht und Literaturhinweise bei Huber: Integumentum; Brüggen: Didaxe.

konnte der *fabula*, dem Erzählen von erfundenem und unwahrem Geschehen, eine enorme Dignität zuwachsen. Die neuplatonischen Frühscholastiker setzten dieses literaturtheoretische Programm auch schöpferisch in eigenen philosophischen Dichtungen um (Bernardus Silvestris, *Cosmographia*; Alanus ab Insulis, *De planctu naturae, Anticlaudianus*). Die Konzepte des mehrfachen Schriftsinns des (auch buchstäblich-historisch wahren) Bibelworts und der integumentalen Hermeneutik paganer Literatur wurden zwar weitgehend auseinandergehalten, sie treffen sich aber in der Suche nach übertragener, ‚höherer' Wahrheit, welche die wörtliche Aussage als uneigentlich erscheinen lässt. Die Frage, was man aus Erzählungen lernen könne, die nicht im buchstäblichen Sinn wahr sind, spielt keinen unwichtigen Part in der zeitgenössischen literaturtheoretischen Diskussion. Diese Diskussion kreist um etwas, das man von dem heutigen Begriff der Fiktionalität nicht wird trennen wollen; sie nutzt dafür auch den symptomatischen (s. u.) Begriff der *fabula* und wählt als einschlägiges Beispiel nicht selten die äsopische Tierfabel. Ob die Uneigentlichkeit, das ‚Als-ob', der Allegorie oder der Tierfabel jedoch dasselbe ist wie Fiktionalität, hängt vom Fiktionalitätsbegriff ab.[42]

Zahlreiche erzählende Formen waren nach dem Prinzip des tieferen Sinns bzw. der höheren Wahrheit gestaltet; es hat den Anschein, als ob für das Mittelalter die uneigentliche Lesbarkeit die Literaturfähigkeit von Gattungen wie der Tierfabel und des Tierepos überhaupt erst begründete. Das Märchen, das als Prägnanzform des Fiktionalen seine Gattungsidentität verliert, wenn es durch Allegorie oder einen lehrhaften Anspruch ‚aufgewertet' wird, ist deshalb wohl nicht zufällig im Mittelalter in der schriftlichen Überlieferung nicht in Reinform vertreten.[43] Bloße Fiktionalität ohne ‚Sinn' fiel von Seiten der Gebildeten fast grundsätzlich unter das Verdikt des Wertlosen.

Allegorisches Erzählen kommt in den Volkssprachen erst deutlich später als im Lateinischen zur Geltung; es prägt dann jedoch das Spätmittelalter und kann wohl als *die* fiktionale Erzählform des späten 13. bis frühen 15. Jhs. gelten.[44]

Neben der Tierfabel wird man auch funktional bestimmte Formen wie Parabel und Exempel (*bîspel*) – natürlich mit Ausnahme des historischen Beispiels[45] – zum Bereich nichtreferentiellen, mithin fiktionalen Erzählens

---

42 Vgl. Zymner: Bedeutung, S. 149 f., der dies verneint. Vgl. auch den vorigen Abschnitt, Anm. 39 u. ö.
43 Zum Problem des Märchens im Mittelalter wäre zu verweisen auf mehrere Beiträge in Knapp: Historie II.
44 Überblick Jauß: Entstehung; Meier: Allegorie-Forschung; Seitschek: Lüge.
45 Zu diesem von Moos: Geschichte.

zählen dürfen.[46] Überall hier tritt ein mögliches buchstäbliches Verständnis völlig hinter dem lehrhaften Zweck zurück.

Wo Erzählungen diesen Typs ihre Referenzlosigkeit nicht durch ihr Personal (Tiere, Personifikationen) oder ihre Rahmung (Traum, Vision) demonstrativ zu erkennen geben, legen sie eine solche nahe, indem sie für Figuren, Ort und Zeit keine spezifischen Angaben machen: ‚einmal‘, ‚ein Ritter‘, ‚ein König‘. Die Namenlosigkeit oder Allerweltsnamigkeit des Figurenpersonals könnte im Mittelalter als ein recht eindeutiges Fiktionalitätssignal verstanden worden sein, und dies nicht nur im Bereich beispielhaften Erzählens im engeren Sinne.

2.3 Fiktionalität und Gattungszugehörigkeit

Die mittelalterliche (Wieder-),Entdeckung der Fiktionalität‘ ist Chrétien de Troyes als dem Schöpfer des Artusromans zugesprochen worden. Für diese Gattung ist der Fiktionalitätsstatus wohl am grundsätzlichsten diskutiert worden.[47] Andere narrative Formen sind bei weitem nicht so intensiv und kontrovers thematisiert worden.

Auch für das Mittelalter dürfte gelten, dass einige narrative Gattungen[48] durch ihre Fiktionalität oder Nicht-Fiktionalität bestimmt sind, andere jedoch nicht. Nicht bestimmt können zum einen Gattungen sein, deren primäres Gattungskriterium eines der Form oder der Sprechhaltung ist (z. B. höfischer Roman, Prosaroman, *planctus*). Solche Gattungen können folglich fiktionale wie faktuale Texte umfassen. Eine andere Form der Fiktionalitätsindefinitheit präsentieren Typen wie die Sage und die Legende, die stofflich definiert sind, für die aber die Opposition fiktional – faktual wohl keine Relevanz besitzt (s. oben im Abschnitt *1. Problemaufriss und konzeptuelle Klärungen*).

Jean Bodel hat die französische Großepik am Ende des 12. Jhs. nach Stoffen eingeteilt und dabei einen jeweils unterschiedlichen Wahrheitsgehalt behauptet. Dies kommt der Vorstellung von einem unterschiedlichen Fiktionalitätsstatus verschiedener Erzählgattungen sehr nahe: „Die Erzählungen der Bretagne sind nichtig und bloß unterhaltsam (*vain et plaisant*), die

---

46 In diesem Feld von Gattungen und Textsorten herrscht eine notorische Spannung zwischen Wort- und Sachgeschichte der Gattungsbegriffe, dazu exemplarisch von Heydebrand: Parabel. Grundlegend im Einzelnen: Dicke: Exempel; Grubmüller: Esopus; Grubmüller: Fabel; Zymner: Uneigentlichkeit.
47 Haug: Entdeckung; Burrichter: Wahrheit; Burrichter: Fiktionalität; Greiner: Erzählen; Green: Beginnings; Grünkorn: Fiktionalität; Raumann: Fictio.
48 Der verwendete Gattungsbegriff kann hier nicht näher expliziert werden; vgl. Glauch: Schwelle, S. 231–239.

von Rom lehrreich und voller Sinn (*sage et de sens aprendant*), die von Frankreich sind wahr, wie jeden Tag offenkundig wird (*voir chascun jour aparant*)."[49] Während man die Absage an den keltischen Stoffkreis auch als Anerkennung seiner Fiktionalität verstehen könnte, lässt Bodel keinen Zweifel am Historizitätsanspruch der Chanson de geste. Dieser Anspruch der heroischen Epik wird anderweitig auch da sichtbar, wo gelehrte Historiographen deren Angaben mit den Wissensbeständen der lateinischen Schriftlichkeit zu konkordieren versuchen – und verwerfen müssen. Theoderich der Große und die Sagenfigur Dietrich von Bern gehören für das mittelalterliche Geschichtsbild einem Wissenskontinuum an, in dem es allerdings ein Verbürgungsgefälle gibt.[50] Die Heldenepik gilt bis zum Ende des Mittelalters fast ohne Ausnahme als Geschichtsüberlieferung, nicht als fiktionale Dichtung.

Bemerkenswert scheint jedoch, dass zwischen nicht-fiktionalen Gattungen wie der Geschichtsschreibung/Geschichtsepik und gemeinhin für fiktional gehaltenen Gattungen wie dem Artusroman fließende Übergänge bestehen. Nur selten scheint es sinnvoll, diese als Parodien oder experimentelle Gattungshybriden zu erklären.[51] Eher muss man eine grundsätzliche Übergängigkeit von nichtfiktionalen und fiktionalen Erzählformen und -registern konstatieren, wie sie offenbar auch im 17. und 18. Jh. noch besteht. Solche Übergänge sind im Mittelalter besonders virulent im Bereich von Historiographie – Epik[52] und von religiösem Erzählen – weltlichem Erzählen.[53] Die fraglichen Texte besiedeln ein *Kontinuum* zwischen den jeweiligen Polen. Diese grundsätzliche Übergängigkeit ist mit dichotomischen Fiktionalitätskonzepten schwer in den Griff zu bekommen; sie gehört zu den Stützen eines skalierten Fiktionalitätsbegriffs (s. u., Abschnitt *2.5. Skalierte Fiktionalität?*). Unentscheidbare Fälle im Übergangsbereich machen oft den Eindruck, sie seien auf zwei Gattungspole gleichermaßen hinorientiert, wobei der jeweils eine Pol (höfische Epik) eher formal, der andere Pol (heroische Epik, historische Epik, Legende) eher stofflich fixiert erscheint.[54] Dies

---

49 Bodel: Saisnes, V. 9–11.
50 Müller: Spiele, S. 287; Lienert: Dietrichepik, S. 231–246, dort auch Beispiele aus der Chronistik. Im Blick auf das Spätmittelalter etwas einschränkend Knapp: Historie (I), S. 164.
51 Vgl. Knapp: Das Wunderbare, zur Fiktionalisierung des romanischen Heldenepos.
52 Burrichter: Wahrheit; Müller: Spiele, S. 295; Wolfzettel: Historizität, S. 93 f.; Bedford: Fictionalising; Neudeck: Otto; Damian-Grint: Historians. Sehr profund und theoriebewusst zuletzt Herweg: Verbindlichkeit, zum mhd. Roman um 1300. Aus der Überlieferungsperspektive Wolf: Buch, S. 207: „Historiographie, Epik, Hagiographie und Sage erweisen sich dabei als weitgehend entgrenzte Gattungen."
53 Man denke in der deutschen Literatur an die höfischen Legendendichtungen Hartmanns von Aue, Rudolfs von Ems und Konrads von Würzburg oder an die Assimilation von Legendenstoffen an die Orient- und Brautwerbungsepik (*Orendel, St. Oswald*).
54 Ein klassischer Problemfall ist hier Wolframs von Eschenbach *Willehalm*.

legt wiederum nahe, das vermeintlich Fiktionale am höfischen Erzählen sei letztlich eine Funktion des *discours*, eine Manifestation ‚funktionaler' *fictio* bzw. Rhetorizität und eines sich seiner selbst bewussten Erzählers.

Noch zu wenig erforscht ist die Frage, ob auch Erzählgattungen, die wie die Tierepik oder das Märchen eher stofflich als fiktional bestimmt sind, solch breite, fließende Übergänge zu nicht-fiktionalen Gattungen aufweisen.

2.4 Fiktionssignale

Ein fiktionaler Text muss vom Rezipienten als solcher erkannt werden; er muss diesem als ein solcher entgegentreten. Mögliche Anzeichen, an denen ein Rezipient erkennen kann, wann er keinen faktualen Text vor sich hat, sind jedoch vielfältig, oft polyphon und immer angewiesen auf die Beschlagenheit des Lesers im Interpretieren dieser Anzeichen. Solche Fiktionssignale rekrutieren sich aus textuellen Merkmalen (des Erzählten sowie des Erzählens), paratextuellen Phänomenen und Gegebenheiten des Umlaufs eines Werks. In einer kulturellen Konvention verankert, sind Fiktionssignale historisch stark veränderlich. Was in einer zeitgenössischen Rezeptionssituation Zeichenwert hatte, ist darüber hinaus nicht unbedingt identisch mit denjenigen Charakteristika eines Texts, die es der heutigen Analyse ermöglichen, ihn einem Theoriemodell gemäß als fiktional zu klassifizieren.[55]

Die folgende Übersicht soll einige Fiktionssignale historisch situieren, die entweder in der allgemeinen Fiktionalitätstheorie oder in der mediävistischen Interpretationspraxis häufig genannt werden.

(1) *‚Phantastik'/Wirklichkeitsferne*. Die Literatur des Mittelalters beschränkt sich auf ein schmales mittleres Spektrum zwischen den Polen realistischen und phantastischen Erzählens, wie sie heute das Feld abstecken. Phantastik darf nun generell als stabiles Fiktionssignal gelten. Die Wirklichkeitsauffassung des Mittelalters umgreift allerdings auch Wunderbares und Magisches. Aus diesem Grund wurde und wird der Begriff ‚Phantastik' für das Mittelalter oft als problematisch empfunden.[56] Das Erzählen von Dingen, die der heutige Mensch für irreal zu halten geneigt ist (Riesen und Zwerge, Mensch-Tier-Monstren, Drachen, magische Requisiten, Wundertätigkeit Gottes und der Heiligen, etc.) signalisiert folglich keine Fiktionalität (vgl. Legende, Mirakel, Mystik). Gegenüber der Wirklichkeitsauffassung der Neuzeit ist der Kreis dessen, was tatsächlich unmöglich scheint und über den Phantastikaspekt Fiktionalität anzeigen könnte, viel enger gezogen. Al-

---

55 So Hempfer: Fiktionstheorie, S. 120 f. zum Unterschied zwischen Fiktionssignalen und Fiktionsmerkmalen.
56 Vgl. den Forschungsaufriss bei Wolfzettel: Problem.

lenfalls könnte eine kritisch-rationale Haltung, die ein Erzähler gegenüber dem Wunderbaren einnimmt, Faktualität signalisieren;[57] wo das Wunderbare dagegen als abundant und selbstverständlich erscheint, herrscht aber nicht im Umkehrschluss Fiktion. Dennoch existieren auch im Mittelalter Texttypen, in denen die schiere Unmöglichkeit der berichteten Geschehnisse das (vermutlich primäre) Fiktionssignal darstellt:[58] etwa die Unsinnsdichtung, die Tierepik und jene amüsant-schwankhaften Erzählungen (Fabliaux, Mären), in denen Körperteile wie Penis und Vulva sich von ihren Besitzern lossagen und wie Figuren agieren.

(2) *Rahmungen (Traum, Vision)*. Obwohl die v. a. im Spätmittelalter prominenten Personifikationsallegorien (wie Guillaumes de Lorris *Rosenroman*) allein durch die Namen ihres Figurenpersonals die Irrealität der Handlung signalisieren, weisen sehr viele dieser (meist in der ersten Person erzählten) Dichtungen zusätzlich einen Rahmen auf, der wohl die Realität des Verfassers und Erzählers mit der Irrealität der ‚Erlebnisse' der Erzählerfigur verklammern soll. Zugleich fungiert ein Rahmen, der das Geschehen zum Traum erklärt, natürlich als Indikator einer ‚anderen' Wirklichkeit und damit als Fiktionssignal. ‚Andere' Wirklichkeiten wurden aber wohl nicht grundsätzlich als kontrafaktisch verstanden. Die ‚andere' Wirklichkeit, die in Visionen von Jenseitswelten oder Offenbarungen erfahren und als solche Erfahrung narrativiert werden konnte (z. B. in der Mystik), galt wohl soweit nicht als Erfindung und Fiktion, als sie durch die Autorität kirchlicher Schriften gedeckt war. So können Traum- und Visions-Rahmungen nicht *grundsätzlich* als Fiktionssignale gelesen werden; sie spielen mit anderen Signalen zusammen.

(3) *Erzähler-Autor-Differenz*. Im mittelalterlichen Erzählen ist das Auftreten eines vom Autor unzweifelhaft verschiedenen Erzählers, gleichbedeutend mit dem Vorliegen einer ineinander geschachtelten Verdoppelung der Sprachhandlungssituation, eine Ausnahme. Die markante namentliche Nicht-Identität (Fälle wie ‚Serenus Zeitblom' und ‚Kater Murr') kommt extrem selten vor. Dieses narratologische Phänomen geht Hand in Hand mit einer medienhistorischen Unzulänglichkeit: die volkssprachige Schriftlichkeit kennt nämlich, anders als die lateinische, bis zum Humanismus keine stabilen Paratexte in der Art eines *titulus* und damit gar kein Verfahren (und wohl auch kein Bedürfnis), einen Verfassernamen außerhalb der Erzählung sicher zu tradieren. Aus diesem Grund bleibt manchmal auch unklar, ob Erzählernennungen im Text authentisch oder fingiert sind (z. B. Jean de Mandeville, *Les voyages d'outre mer*; Göttweiger *Trojanerkrieg*). Ebenso

---

57 Damian-Grint: Historians, S. 86.
58 Exemplarische Beispiele aus spätmittelalterlichen und frühneuzeitlichen Reiseberichten bei Knape: Fiktionalität.

könnten einige Fälle eher als Autor-Pseudonyme denn als Erzählernamen zu deuten sein. Statt einer in der Gegenwart meist klaren Grenze zwischen Paratext und Text zeigen Texte im Manuskriptzeitalter oft eine unscharf konturierte Grenzzone, die sich über Pro- und Epiloge, Incipits und Explicits erstreckt und in der Überlieferung ebenso mobil ist wie sie mit einem Oszillieren von Stimmen und Instanzen einhergeht.[59]

Ein ebenso deutliches Fiktionssignal wie die Namensdifferenz von Autor und Erzähler ist aber auch die Stilisierung der Erzählerstimme in einer Rolle, die der Verfasser unzweifelhaft nicht selbst einnehmen kann (ob nun ein gebratener Schwan spricht [Carmina Burana 130] oder ein männlicher Autor die Rede einer Frau fingiert). Erzähltheoretisch problematisch – und in der Mediävistik umstritten – wird es da, wo die Erzähler eine Haltung einnehmen, die unbedenklich auch dem Verfasser selbst zugeschrieben werden kann oder die gar die Identität des Verfassers akzentuiert (vgl. *Parzival* 114, 12 f.: „*ich bin Wolfram von Eschenbach / unt kan ein teil mit sange*"). Mindestens bis ins 14. Jh. scheint dies in den meisten Erzählgattungen auch der Normalfall zu sein: hier besteht kein Anlass, den Autor nicht für den Erzähler zu halten[60] – allerdings ist auch die Fiktionalität vieler dieser Gattungen unklar. Da diese Position zu Missverständnissen einladen könnte: das schließt weder aus, dass die Stilisierung der narrativen Instanz zwischen einer Autorrolle und einer Erzählerrolle wechseln bzw. stärker als die eine oder die andere ausgeprägt sein kann, noch dass der Erzähler sich ironisch, unzuverlässig oder sonstwie geben oder hinter einer Maske agieren kann. All dies wird auch faktualen Erzählern ohne weiteres zugestanden.

Dieser Faktenlage scheint ein Theoriemodell, das den markiert fingierten Erzähler als *ein* Fiktionssignal unter anderen wertet, eher gerecht zu werden, als eines, das die Nichtidentität von Autor und Erzähler zum zwangsläufigen Begleitphänomen des Fiktionalen macht.[61] Die Frage nach der Fiktionalität wäre also aus ihrer starren Koppelung mit der Frage, ob und wie stark ein vom Autor verschiedener Erzähler hervortritt, zu lösen.

(4) *Erzähltechnische Besonderheiten*, die als typisch und daher auch indikativ für die neuzeitliche Fiktionalität diskutiert worden sind (Phänomene der

---

59 Glauch: Schwelle, S. 51–65; vgl. das von O'Connor: History, S. 124 f., analysierte Beispiel aus der isländischen *Vilmundar saga*. Die Funktion dieser Grenzzone ist eine der Rahmung, ihre Gestaltung jedoch noch wenig konventionalisiert: „The epilogue thus inhabits a textually and conceptually unstable space poised between the narrative world and the ‚real' world, in which these two worlds may momentarily meet."
60 Zu dem ganzen Problemkomplex vgl. Glauch: Schwelle, S. 77–105; Unzeitig: Autorname; Hübner: Erzählform, S. 16 f.
61 Gegen den Lehrsatz vom notwendigen Stellvertreter des Autors im fiktionalen Text wird erfreulicherweise zunehmend Stellung bezogen, vgl. Kablitz: Literatur; Köppe / Stühring: Pan-narrator.

Fokalisierung und Informationsvergabe, der Erzählsituation, unvermittelte Erzähleinsätze etc.; vgl. den Beitrag 5. *Fiktionssignale*), stellen im Mittelalter wohl generell kein solches Signal dar, weil sie entweder noch nicht oder kaum zu beobachten sind oder aber teilweise andere Funktionen haben als in der modernen Erzählkunst.[62] Da der Bezirk des Erzähltechnischen auch von Mimesiskonventionen und rhetorischen Lizenzen geprägt wird, ist damit zu rechnen, dass hier primär veränderliche literarische Gewohnheiten das Sagen haben. Die Darstellung von Figureninnenwelten ist beispielsweise „im höfischen Roman in eklatant höherem Ausmaß ‚da‘ als in der Heldenepik";[63] ob sie aber Fiktionalität signalisieren konnte, ist sehr fraglich.

(5) *Metafiktion* halten Martinez / Scheffel für eine „von Autoren fast aller Epochen in jeweils zeitspezifischer Form genutzte Technik",[64] wobei die Autoren jedoch metanarrative Äußerungen als Metafiktion (miss-)verstehen. Im mittelalterlichen Erzählen sind meta*narrative* Einlassungen der Erzähler nun außerordentlich gängig. Man könnte diese Ausschöpfung der „potentiellen Autoreflexivität des narrativen Diskurses"[65] geradezu für ein Charakteristikum des höfischen Romanerzählens halten. Jedoch kann die Selbst-Thematisierung des Erzählens „grundsätzlich auch in faktualen Erzähl-Texten vorkommen [...] und [stellt] insofern an sich kein Fiktionssignal dar[]".[66] Die in der Mediävistik „mit dem Fiktionalitätsparadigma gemeinhin verbundene Annahme einer fiktionalen Indikatorfunktion narrativ-poetologischer Selbstreflexion" sitzt daher einem Irrtum auf, wie zuletzt Meincke luzid offengelegt hat.[67] Echte Metafiktion oder Fiktionsironie ist in mittelalterlichen Texten wiederum kaum nachzuweisen. Gelegentlich stellen Erzähler es ihrem Publikum oder ihren Mäzenen anheim, ob und wie die Erzählung fortgesetzt werden wird. Das dürfte zuweilen im Sinne der Unbestimmtheit des weiteren Geschehens als Eingeständnis der Fiktion zu lesen sein (z. B. am Schluss des *Bel Inconnu*), zuweilen aber auch im Sinne der Unbestimmtheit der weiteren erzählerischen Gestaltung nur die Leistung des mittelalterlichen Wiedererzählers meinen.[68]

---

62 So zur Fokalisierungstechnik im höfischen Roman grundlegend Hübner: Erzählform. Zur Tempusgestaltung Haferland: Erzähler, S. 370–375.
63 Hübner: Erzählform, S. 47.
64 Martinez / Scheffel: Einführung, S. 17.
65 Hempfer: Autoreflexivität.
66 S. den Beitrag 5. *Fiktionssignale*.
67 Meincke: Selbstreflexion, das Zitat S. 314.
68 So findet man Thematisierungen des ‚Machens‘ einer Geschichte, gerade auch (hypothetische) Erwägungen, anders zu erzählen, durchaus auch in höfisch erzählten Bibel- und Legendendichtungen, etwa in Konrads von Fußesbrunnen *Kindheit Jesu*, vgl. Raumann: Fictio, S. 122.

(6) *Wahrheitsbeteuerungen und Quellenberufungen* gehören zum allgegenwärtigen Handwerkszeug mittelalterlicher Erzähler.[69] Sie werden in der mediävistischen Forschung gelegentlich als ironisch verstanden und als Technik gedeutet, dem Publikum die Fiktionalität der Erzählung zu signalisieren.[70] In der Tat unterminiert hyperbolisches und widersprüchliches Pochen auf Glaubwürdigkeit sich selbst, und anerkanntermaßen haben literarhistorisch prominente Texte wie Cervantes' *Don Quijote* ihre Nicht-Faktualität auch auf diese Weise ironisch offenbart. Eine Erzähleräußerung auf diese Weise als ‚nicht ernst gemeint', als ‚tongue in cheek', als unzuverlässig zu verstehen, ist dennoch etwas, wozu erst die Praxis des Umgangs mit fiktionalen Texten berechtigt. Mithin wird dieses Signal veranschlagt, um ein Textverständnis zu instituieren, welches man schon braucht, um die Erzählerbemerkung als unzuverlässig zu verstehen. Anders gesagt: die Auffassung von Beglaubigungsformeln als Fiktionalitätssignal ist zirkulär, sofern nicht andere Fiktionssignale den Weg weisen.[71] Im Hinblick auf mittelalterliche Erzählgattungen wie den späthöfischen Roman und die Sagaliteratur sind zuletzt starke Argumente vorgebracht worden, Vorlagenberufungen als Teil von ernst gemeinten Historisierungsstrategien zu lesen.[72] Auch eine Auswertung der Beglaubigungstechniken der anglonormannischen Geschichtsdichtung des 12. Jhs., wie Damian-Grint sie unternommen hat, lässt nur den Schluss zu, dass Wahrheitsbeteuerungen Historizität untermauerten, nicht unterminierten.[73]

Anders ist es natürlich zu beurteilen, wenn Erzähler nicht die Wahrheit ihrer Worte bekräftigen, sondern diese explizit in Zweifel ziehen: „ob dies nun gelogen oder wahr ist – Gott schenke uns ein frohes Leben!"[74] oder sich zum Lügen bekennen: „Diese ganz neue Geschichte hat einer gemacht, der Lügen erfindet."[75] In der Gattung des Fabliau, die schon mit ihrem Namen, einem Diminutivum von frz. *fable*, ihre Fiktionalität offenlegt, de-

---

69 Einige Beispiele bei Knapp: Wahrheit, S. 597–599; systematisch zur deutschen Romanliteratur des 13. bis 16. Jhs. Schmitt: Inszenierungen.
70 Z. B. Neudeck: Otto, S. 173 f. zum *Herzog Ernst*. Plausibel scheint dies im Fall des *Parzival*, in dem Wolfram von Eschenbach mit Quellenverweisen derart spielt, dass „die Rolle des Erzählers als Wiedererzähler explizit überschritten wird", wie Kellner: Maere, argumentiert (S. 182); vgl. auch Green: Beginnings, S. 73–84.
71 S. den Beitrag *5. Fiktionssignale* zum unzuverlässigen Erzählen.
72 Schmitt: Inszenierungen; O'Connor: History.
73 Vgl. Damian-Grint: Historians, S. 151–153, mit in der Geschichtsdichtung deutlich häufigeren Quellenberufungen und Wahrheitsversicherungen, verglichen mit Chansons de geste, höfischen Romanen und Antikenromanen derselben Zeit.
74 Heinrich der Glîchezâre: *Reinhart Fuchs*, V. 2248a/b: „*ditz si gelogen oder war, / got gebe vns wuneclîche iar!*"
75 „*Icil qui les mençonges trueve / A fait ceste trestote nueve*", *Le Prestre et la Dame*, V. 1 f., zit. nach Grubmüller: Ordnung, S. 134.

cken solche Erzählerbemerkungen das ganze Feld von der ironischen Wahrheitsbeteuerung bis zum Eingeständnis der Lüge ab.[76] Hiermit werden Fiktionalitätssignale gesetzt, die allerdings gegenüber der Zugehörigkeit der Texte zu einer fiktionalen Gattung eher sekundär sein dürften. Eine ironische Wahrheitsbehauptung wie im mhd. *Sperber* kann erst wegen der Gattungszugehörigkeit zum Fabliau bzw. Märe überhaupt als Fiktionalitätssignal dechiffriert werden.

(7) *Gattungszugehörigkeit* (s. oben den Abschnitt *2.3. Fiktionalität und Gattungszugehörigkeit*). Analog zur heutigen Funktion von Paratexten und von Konventionen des literarischen Markts dürfte im Mittelalter die Zugehörigkeit zu einer Gattung ein sehr wirksames Fiktionalitäts- bzw. Faktualitätssignal abgegeben haben – freilich nur, sofern diese Gattung durch Fiktionalität oder Faktualität bestimmt war. Für den Artusroman ist die Wirksamkeit dieses Fiktionssignals vielfach plausibel gemacht worden.

(8) *Kontextualisierung in der Rezeptionssituation*. Ob heutzutage ein Wortbeitrag beispielsweise ‚in der Bütt', bei einer Dichterlesung oder einer Aktionärshauptversammlung stattfindet, dürfte als rezeptionsleitendes Signal letztlich stärker sein als alle innertextlichen Indizien. Die Erzählliteratur des Mittelalters ist noch stark situativ und in der Vortragsmündlichkeit verankert. Deshalb ist die Rezeptionssituation auch als mögliches Fiktionalitätssignal für die mittelalterliche Literatur bedeutsamer als für die buchzentrierte Literatur der Moderne. Freilich bleiben die Situativität des Vortrags oder der Lektüre und die sonstigen pragmatischen Rahmenbedingungen der heutigen Analyse weitgehend unzugänglich. In Grenzen sind sie vielleicht durch Überlieferungszusammenhänge zu greifen: Die gemeinsame ‚Verpackung' von Texten zu Sammelhandschriften spricht auch für einen gemeinsamen Nutzungszweck.[77] Allerdings bedeutet unsere Unkenntnis der Rahmenbedingungen zwar, dass wir oft nicht imstande sind, einen Text oder eine Gattung als fiktional oder faktual einzuordnen, nicht aber, dass diese Einordnung auch damals offen war.

2.5 Skalierte Fiktionalität?

Will man Fiktionalität als eine konventionalisierte soziale Praxis verstehen, ist ein weites Ausgreifen über die Literaturgeschichte hinaus in die Kultur-

---

76 Beispiele bei Grubmüller: Ordnung, S. 133 f.
77 Vgl. Huot: Song, S. 11–35, bes. S. 27–32 zur Einbettung von Chrétiens Artusromanen in Waces Verschronik der britischen Frühgeschichte. Eine Musterung der volkssprachigen Textkultur des 12. und 13. Jhs. unter dem Aspekt von Überlieferungssymbiosen leistet Wolf: Buch.

und Sozialgeschichte geboten. Fiktionalität zu historisieren heißt dann eine gelebte historische Praxis zu rekonstruieren. Aus dem Mittelalter sind jedoch keine direkten Beschreibungen oder Benennungen dieser Praxis erhalten. So kann der mutmaßliche Umgang mit den Texten nur indirekt erschlossen werden. Zu solchen indirekten – und zudem eher selten eindeutigen – Aufschlüssen über die Wahrnehmung und Einschätzung von Texten gehören u. a. Äußerungen über ihren Wahrheitsgehalt und ihren Wert, intertextuelle Bezugnahmen, die Einordnung in Sammelhandschriften und Bibliotheken sowie die Zitierfähigkeit der Texte oder ihrer Gegenstände in ‚seriöser‘ Wissensliteratur (Enzyklopädik, Chronistik, Historiographie, Theologie etc.). In der Summe leisten es diese Indikatoren jedoch nicht, die Erzähltexte quasi per Hammelsprung in klare Gruppen (fiktional – nicht fiktional – unbestimmt) zu scheiden. Es zeichnen sich schleichende Übergänge ab, was die Bereitschaft angeht, Texten eine epistemische Verankerung zuzugestehen.

In dieser Lage ist in den letzten Jahren mehrfach vorgeschlagen worden, das mittelalterliche Fiktionalitätsverständnis als ein graduelles und Fiktionalität mithin als skalierbar zu verstehen.[78] Man habe also Erzähltexte nicht als *entweder* fiktional oder faktual begriffen, sondern als *mehr oder weniger* dazu berechtigend, aus ihren Aussagen unmittelbar auf das Vorliegen von Sachverhalten in der Wirklichkeit zu schließen. Um mögliche Einwände gleich auszuräumen: damit ist nicht ein Grad der *Mischung* von fiktionaler und nichtfiktionaler Rede in einem Text gemeint, und auch nicht die verschieden deutliche Markierung durch Fiktionssignale oder verschiedene Grade von Fiktivität oder Wirklichkeitsferne des Erzählten. Vielmehr rangiere der zeitgenössische *Umgang* mit den Texten *zwischen* zwei Polen, nämlich diese Texte für rein fiktional (wie die Tierfabel) oder für reine Wirklichkeitserzählungen (wie eine Chronik oder das Evangelium) zu halten. Das bedeutet zugleich: die ‚Institution‘ Fiktion war kein eigengesetzlicher, säuberlich abgegrenzter Raum innerhalb der vielfältigen Kommunikationsmöglichkeiten zwischen Autoren und ihren Publika, sondern Texte konnten sich in verschiedenen, stärker fiktionalen und stärker nichtfiktionalen Rezeptionsweisen wiederfinden. Es bedeutet nicht, dass die Rezipienten nur nicht wussten, ob sie diese Texte als fiktional oder als faktual behandeln sollten, sondern dass es auch legitime Positionen dazwischen geben konnte.

---

78 So Müller: Spiele, insbes. S. 295; Glauch: Schwelle, S. 185–195; Neudeck: Otto, S. 44–55; Green: Beginnings, S. 200, spricht von einer „sliding scale between episodic or incipient fictionality (*matière de Rome*) and fully developed, thorough-going fictionality (*matière de Bretagne*)".

Gegen diesen Vorschlag hat sich vehementer Widerspruch erhoben.[79] Für Andreas Kablitz

> bezeichnet ‚Fiktionalität' ein Phänomen, das einzig und allein mittels eines klassifikatorischen Begriffs benannt werden kann. Ein Text ist entweder von der Verpflichtung, wahre Sachverhalte zum Inhalt zu haben, enthoben oder er ist es nicht. Hier gibt es kein Mehr oder Weniger.[80]

Dies ist offenkundig vom heutigen Begriffsverständnis her gedacht. Aber auch für dieses Begriffsverständnis ist einzugestehen, dass Grenzfälle der Klassifikation im Fall

> von Texten vorliegen[können], von denen wir annehmen können oder müssen, dass sie mit Absichten produziert wurden, die den in (F6) spezifizierten lediglich *ähneln*. [...] Einschlägig dürften hier beispielsweise vormoderne Texte sein.[81]

Was jedoch als Grenzfall der heutigen Fiktionalitätspraxis erscheint, kann ein paradigmatischer Fall einer historischen Praxis gewesen sein. Mehr noch: Die historische Praxis *als solche* wird dann der heutigen Praxis lediglich ähneln. Das Ziel der mediävistischen Literaturwissenschaft muss nun natürlich sein, die historische Praxis nicht als einen Grenzfall der rezenten Praxis zu zeichnen, sondern sie in ihrer Eigenart zu bestimmen.

Offensichtlich hängt die Möglichkeit, Fiktionalität als abgestuft zu denken, von ihrer Begriffsbestimmung ab. Wenn von einer ‚Als-Ob'-Struktur ausgegangen wird, ist ein Mehr oder Weniger schwer zu denken.[82] Auch ein Fiktionalitätsentwurf wie der Dannebergs („Zu fiktionalen Welten gibt es immer nur einen einzigen Zugang, nämlich über die Interpretation der als fiktional angesehenen Darstellungsgesamtheit")[83] lässt keine Graduierung zu. Allerdings versperrt die Literatur des Mittelalters sich diesem Fiktionalitätskonzept. Mittelalterliche Erzählwelten wie die Artuswelt, die Dietrich-von-Bern-Welt, die Karl-der-Große-Welt, die Priester-Johannes-Welt werden von zahllosen Texten ausgestaltet, ergänzt und neuformuliert und sind nicht von einer ‚Gründungserzählung' ins Leben gerufen. Die Verfasser einer fiktionalen Darstellung, etwa eines Artusromans, sind hier nicht zugleich die Schöpfer einer ganzen fiktionalen Welt. Wirklich ‚univiale' fiktionale Welten finden sich im Mittelalter primär in den Erzähltraditionen der Allegorie und der Kleinepik. In der Großepik sind ‚Inselwelten' (z. B. Wolf-

---

79 Vgl. Zipfel: Fiktion, S. 292–297, der die Einbettung in die Sprachhandlungspraxis Fiktion als Entweder-Oder begreift; Danneberg: Tränen (s. oben, Anm. 26).
80 Kablitz: Literatur, S. 17.
81 Gertken / Köppe: Fiktionalität, S. 258 (Hervorheb. im Orig.).
82 Hempfer: Fiktionstheorie, vertritt allerdings ein Modell, in dem er einen skalierbaren Typusbegriff des Fiktionalen (S. 119 f.) mit der „intuitiv so einleuchtend[en]" Als-ob-Struktur (S. 124–128) zusammendenkt.
83 Danneberg: Tränen, S. 65.

rams *Titurel*, Wittenwilers *Ring*) rar. Statt der strikten Opposition zwischen ‚univialen' fiktionalen Welten und ‚multivialer' realer Welt lässt sich das mittelalterliche Erzähluniversum eher als eines charakterisieren, das narrative Entwürfe in eben dem Maß als Ergänzung und Erweiterung der realen Welt verstand, wie diese Entwürfe durch Wissen über diese Welt gedeckt und autorisiert waren; es wurden also narrative Entwürfe als umso fiktionaler[84] behandelt, desto geringer ihre Überschneidungen mit dem Wissen über diese Welt waren, und als umso seriöser, desto mehr sie durch anderweitiges Weltwissen authentisiert waren. Da die Überschneidung mit dem anderweitigen Weltwissen graduell differierte (für die Artuswelt war sie geringer als für die Troja-Welt, dennoch nicht Null) und in ihrem Ausmaß natürlich in erster Linie vom individuellen Weltwissen und Weltverständnis des Rezipienten abhing, scheint es zulässig, mittelalterliches Fiktionalitätsverständnis als skaliert oder graduiert zu begreifen.

Dabei wird sich schwerlich klären lassen, ob Texte, die in einem Kontinuum zwischen beispielsweise historiographischem und romanhaftem Erzählen angesiedelt sind, in ihrem Fiktionalitätsstatus genauso zu beurteilen sind wie Legenden und Sagen, für die hier für eine Neutralisierung der Differenz plädiert wurde. Diese Neutralisierung der Differenz von Fiktionalität und Faktualität setzt Anne-Sophie Meincke auch für die höfische Epik an.[85] Auch für die Historie im strengen Sinn könnte diese Indifferenz zuweilen einschlägig sein. Wo das Mittelalter von historischer Dimension erzählt, wird insbesondere für die ‚Anfänge' nicht nur die Grenze des Dokumentierbaren, sondern auch die des Wahrscheinlichen weit überschritten bzw. die Sphäre des Transzendenten berührt: es finden sich mythisch-nichtmenschliche Spitzenahnen von Adelssippen, religiös fundierte Gründungssagen von Städten, die Durchdringung von Heilsgeschichte und Geschichte etc. (Ähnliches gilt auch für den geographischen Weltordo, wie er beispielhaft auf der Ebstorfer Weltkarte zur Anschauung kommt: Hier ist die Topographie der Welt heilsgeschichtlich überformt, mit historischer Tiefendimension versehen und mit sagenhaftem Wissen über die Wunder der fernen Weltgegenden angereichert.) Dieses im Mittelalter weitverbreitete Phänomen fiktiv-mythischer Pseudo-Historizität, das weder als fiktionale Historizität noch als Geschichtsfälschung zutreffend benannt scheint, ist vielleicht am ehesten dem Wissensmodus der Sage und des Mythos zuzuordnen und damit dem Bereich, in dem keine Differenz zwischen faktual und fiktional greift.

---

84 Oder – bei Verkennung oder ostentativer Geringschätzung des Fiktionalen – als umso lügenhafter.
85 Vgl. Meincke: Selbstreflexion, S. 348.

Als Alternative zu einem graduellen Fiktionalitätsbegriff hat zuletzt Herweg vorgeschlagen, am Modell scharf umgrenzter autonomer Fiktionalität festzuhalten, wo „heilsgeschichtlich-legendarische, moraldidaktische, allegorische und dergleichen Sinngebungen und Referenzen" *a priori* ausgeschlossen sind, und den Gegenpol als *Historizität* zu fassen, die „je nach dem Grad [der] Öffnung des Referenziellen zur Fiktion oder der Fiktion zum Referenziellen, je nach gewählter stilistisch-formaler Darbietungsweise [...] in einem weiten Spektrum bis dicht an die Autonomiegrenze skalierbar" ist.[86] Auch dieses Modell geht von einem Kontinuum zwischen Chronistik und Historiographie am einen Pol und dem Roman am anderen Pol aus, hat jedoch keinen Ort für die Fiktionalität des *integumentum* oder des Lügenmärchens und erschwert es, diejenigen Texte zu beschreiben, die knapp vor der „Autonomiegrenze" liegen: Sie sind minimal historial, aber was sind sie dann? – fiktional eben noch nicht. Auch hat die Forschung der genauen Lage dieser Grenze bisher nicht habhaft werden können, was dafür sprechen könnte, dass sie keinen scharfen Einschnitt bildet.

2.6 Ansätze mittelalterlicher Konzeptualisierungen von Fiktivität bzw. Fiktionalität

Die Begriffe und Konzepte, deren sich die Theoriebildung des Mittelalters bediente, um über Fiktives und/oder Fiktionales zu sprechen, sind notorisch diffus. Das Wortfeld von *fictio* und *figmentum* soll hier ausgeblendet bleiben, weil es keine volkssprachigen Pendants hat. *Fabula* scheint dagegen sowohl im scholastischen Diskurs wie in der literarischen Praxis eine wichtige Rolle zu spielen. Wenn hier daneben noch Lüge/*mendacium* thematisiert wird, dann ist dies nur ein erster Vorstoß in ein bislang noch nicht systematisch aufgearbeitetes Gebiet. Auch *merveille, avantureᐟaventiure* und mhd. *nâch wâne* könnten zu dem Vokabular gehören, das die französische und deutsche Erzählkultur für Annäherungen an das Konzept des Fiktionalen benutzte.

(1) fabula

Isidor von Sevilla stellt im Buch I („De Grammatica") seiner im Mittelalter vielbenutzten Enzyklopädie die *ficta* der *fabula* (I 40) den *facta* der *historia* (I 41) gegenüber: „*fabulas poetae a fando nominaverunt, quia non sunt res factae, sed tantum loquendo fictae. [...] historia est narratio rei gestae, per quam ea, quae in praeterito factae sunt, dinoscuntur*". Die *fabula* könne drei Zwecken dienen: der Unterhaltung (*delectandi causa*), der Ausrichtung auf die *natura rerum* oder auf

---

86 Herweg: Verbindlichkeit, S. 205.

die *mores hominum*. Für letzteres stehen nach Isidor die äsopischen Tierfabeln; bei ihnen lasse sich durch die erfundene Erzählung (*per narrationem fictam*) eine wahre Bedeutung (*verax significatio*) auf *id quod agitur* beziehen.

Isidor bemüht sich, auch die aus der antiken römischen Rhetoriklehre (Cicero, Rhetor ad Herennium, Quintilian) stammende dreifache Differenzierung der Erzählarten in *fabula, argumentum* und *historia* in Einklang damit zu bringen. Auch auf jene Trias wurde im Mittelalter oft Bezug genommen:[87]

> Nam historiae sunt res verae quae factae sunt; argumenta sunt quae etsi facta non sunt, fieri tamen possunt; fabulae vero sunt quae nec factae sunt nec fieri possunt, quia contra naturam sunt. (Isidor, Etymologiae I 44,5)

Es gab Versuche, das *verisimile* des *argumentum* zum theoretischen (Teil-)Fundament der volkssprachigen mittelalterlichen Erzählfiktionalität zu erklären.[88] Dazu verlockt haben dürfte die Prominenz des Wahrscheinlichkeitskriteriums in der aristotelischen und der seit der Renaissance davon abhängigen neuzeitlichen Poetologie. Diese Idee ist jedoch entkräftet worden:[89] Nicht nur erhalten die Begriffe *argumentum* und *fabula* dort, wo sie in der mittelalterlichen Literaturtheorie aufgegriffen werden, immer wieder verschiedene begriffliche Füllungen; überdies spielt das *argumentum* in der Praxis der historiographischen oder romanesken Selbstverortung offenbar keinerlei Rolle.

Dagegen scheint der Terminus *fabula*, frz. *fable*, in dieser Praxis etwas zu bezeichnen, das von dem heutigen Begriff ‚Fiktion' nicht weit entfernt ist. Natürlich fehlt dem Gebrauch von *fabula* der Beiklang der Anerkennung – aber Fiktion wird im Mittelalter nie *per se* positiv bewertet, allenfalls kann sie als Darstellungsmittel eines anerkennenswerten Zwecks entschuldbar sein oder Anerkennung finden. *fabula* oder *fable* ist daher oft das Minderwertige, von dem man sich distanzieren will. Als Selbstbezeichnung kommt der Ausdruck in der Großepik wohl nicht vor, während das kleinepische-fiktionale Fabliau seinen Namen daher hat.

Nicht immer ist ersichtlich, ob mit *fabula/fable* die Unwahrheit des Erzählten, also Fiktivität, gemeint ist, oder Fiktionalität. Wo die unterhaltende Intention erwähnt wird, könnte es auch um letzteres gehen; dennoch wird *fabula* eher auf Inhaltsmomente als auf den ganzen Text bezogen.

---

87 Mehtonen: Concepts. Eine knappe Übersicht bei Grünkorn: Fiktionalität, S. 41–48.
88 Jauß: Genese, bes. S. 424–429.
89 Vgl. Knapp: Wahrheit, S. 607–610; Knapp: Historie (I), S. 171–174; Neudeck: Otto, S. 22–26.

(2) Lüge, mendacium, mençonge, menzogna[90]

Wenn im Mittelalter Darstellungen als ‚Lüge' apostrophiert werden, ist dies zunächst oft – im heutigen Sinne von ‚Lüge' – als kritische Distanznahme gegenüber Fälschungen, abweichenden Lehrmeinungen etc. zu verstehen. Der Begriff fällt aber auch in Bezug auf Erzählungen, die rein unterhaltenden Charakter hatten und nach heutigen Maßstäben prototypisch fiktional waren. Als *lygisaga* konnte im 12. Jh. eine phantastisch-abenteuerliche Wikingersaga bezeichnet werden,[91] unter dem Rubrum der Lügendichtung oder Lügenrede stehen utopisch-phantastisch-unsinnige Sprachspiele,[92] und die mittelniederländische Literatur kennt für kurze schwankhafte Verserzählungen den Gattungsnamen *boerde*, der etwa ‚erfundene Erzählung, Lüge, Posse' bedeutet. Das Attribut der ‚Lüge' ist hier nicht abwertend gemeint, zumal wenn die Autoren es selbst benutzen. Es ist aber zugleich ein Attribut, das wegen seiner pejorativen Grundbedeutung jederzeit auch gegen die so bezeichneten Texte verwendet werden konnte. Wenn es den spezifisch fiktionalen Modus des fehlenden Wirklichkeitsbezugs treffen sollte (diese Geschichten seien zwar nicht wahr, sie geben dies auch gar nicht vor, aber es sei unterhaltsam, sie anzuhören), dann wurde es möglicherweise in selbstironischer Weise gebraucht.

Auf die lange vormittelalterliche Geschichte des Lügebegriffs in der Auseinandersetzung mit Dichtung (Homer, Lukian, Platon) sei hier nur nebenbei verwiesen. Wie man aus ihr folgern kann, bediente sich eine der frühesten Konzeptualisierungen des Fiktionalen des Begriffs der Lüge. Pointierte Positionen wie jene des Solonschen Diktums ‚Vieles lügen die Dichter' (*polla pseudontai aoidoi*) sorgten für eine lange Geltung dieser Konzeptualisierungen bis in die Frühe Neuzeit,[93] wenn nicht überhaupt mit Blumenberg „die Tradition unserer Dichtungstheorie seit der Antike [...] sich unter dem Gesamttitel einer Auseinandersetzung mit dem antiken Satz, daß die Dichter lügen, verstehen [läßt]".[94] In poetologischen Statements in der französischen Literatur des hohen Mittelalters fallen die Ausdrücke *mençonge* und *fable* oft gemeinsam, wenn Autoren ihre geistlichen oder historiographischen Texte als wahr (oder faktual?) deklarieren.[95] Für Dante

---

90 Zum Verhältnis von Lüge, *fabula* und Fiktion in der hochmittelalterlichen lateinischen Literaturtheorie s. Mehtonen: Concepts, S. 123–139; zu einer vormodernen ‚Poetik des Mendakischen' Ernst: Lüge.
91 O'Connor: History, S. 133–138.
92 Zu den ma. Formen von Unsinns- und Lügendichtung vgl. Kerth: Lügen (mit Übersicht über die ältere Literatur). Die Dichtungen deklarieren sich oft selbst als Lügen oder Widersinn.
93 Gompf: Figmenta; Schmitt: Inszenierungen, S. 1–5.
94 Blumenberg: Wirklichkeitsbegriff, S. 47.
95 Green: Beginnings, S. 137–140.

liegt auch der *sensus allegoricus* der Fabeln der Dichter unter einer ‚schönen Lüge' verborgen: *„Questo è quello che si nasconde sotto 'l manto di queste favole, ed è una veritade ascosa sotto bella menzogna"* (*Convivio* II,1).

Wie bei Dante wird der ‚lügenhaften' Nicht-Wirklichkeit des Dargestellten oft ein ästhetischer Mehrwert attestiert. Dazu charakterisiert diese Lüge ein Aspekt der Intentionalität, nämlich mindestens die fehlende Täuschungsabsicht, oder aber darüber hinaus eine Absicht zu unterhalten oder zu belehren. In seinen *Soliloquia* (II, 9) differenziert Augustinus zwischen Unwahrem mit Täuschungsabsicht (*fallax*) und bloß Unwahrem (*mendax*), das nicht darauf abzielt, jemanden zu täuschen. Zum Zweitgenannten stellt Augustinus das Theater und „viele Dichtungen" (*mimi et comoediae et multa poemata*) sowie Scherze und Witze (*omnes fere qui iocantur*), die alle lügen, um zu amüsieren, nicht um irrezuführen (*delectandi potius quam fallendi voluntate*). – Luther unterscheidet im Nachwort zu seiner *Lügend von S. Johanne Chrysostomo* (1537) zwischen *zweierley lügen* (S. 61, Z. 22): Die einen *liegen schertzlicher weise* (Z. 23); sie tun dies, um *die leute frölich zu machen* (Z. 24). Sie „lügen" jedoch so auffällig (*machens so grob*, Z. 24), *das mans mercken und lachen solle* (Z. 24 f.). Die anderen seien *rechte lügener*, die mit *ernst liegen und wissentlich die leute betriegen und beschedigen wollen* (S. 61, Z. 27 f.).[96] Übersetzt in moderne Terminologie meint ‚Lüge' offenkundig die Fiktivität des Dargestellten. Indem diese von einer entsprechenden Sprachhandlungsintention unterfangen ist, scheint sogar Fiktionalität auf einen Begriff gebracht, denn man darf Augustin und Luther unterstellen, die auktoriellen Absichten als abgestimmt auf die Auffassung der Rezipienten (andernfalls läge ja eben *fallendi voluntas* vor) und mithin als eingebettet in eine konventionalisierte Praxis verstanden zu haben. In der literarischen Praxis ist dieses Konzept allerdings für die offenkundigste Fiktivität zuständig; es findet im Bereich des Romanerzählens gerade keine Anwendung.

Bibliographie

Bedford, Kathryn Ann: Fictionalising the Past: Thirteenth-Century Re-imaginings of Recent Historical Individuals. [Diss.] Durham 2012.

Bernardus Silvestris: Commentum super sex libros Eneidos. Hg. von Julian Ward Jones und Elizabeth Frances Jones. Lincoln, London 1977.

Blumenberg, Hans: Wirklichkeitsbegriff und Möglichkeit des Romans [1964]. In: H. B.: Ästhetische und metaphorologische Schriften. Hg. von Anselm Haverkamp. Frankfurt/M. 2003, S. 47–73.

Bodel, Jehan: La Chanson des Saisnes. Hg. von Annette Brasseur. Bd. 1. Genf 1989.

---

96 Luther zit. nach Ziegeler: Wahrheit, S. 244. Dort auch eine eingehende Diskussion der Stelle.

Brüggen, Elke: Fiktionalität und Didaxe. Annäherungen an die Dignität lehrhafter Rede im Mittelalter. In: Ursula Peters (Hg.): Text und Kultur. Mittelalterliche Literatur 1150–1450. Stuttgart, Weimar 2001, S. 546–574.

Burrichter, Brigitte: Wahrheit und Fiktion. Der Status der Fiktionalität in der Artusliteratur des 12. Jahrhunderts. München 1996.

Burrichter, Brigitte: Fiktionalität in französischen Artustexten. In: Harald Haferland / Matthias Meyer (Hg.): Historische Narratologie – Mediävistische Perspektiven. Berlin, New York 2010, S. 263–279.

Carmina Burana. Texte und Übersetzungen. Mit den Miniaturen aus der Handschrift und einem Aufsatz von Peter und Dorothee Diemer hg. von Benedikt Konrad Vollmann. Frankfurt/M. 1987.

Chinca, Mark: Mögliche Welten. Alternatives Erzählen und Fiktionalität im Tristanroman Gottfrieds von Straßburg. In: Poetica 35 (2003), S. 307–333.

Dante Alighieri: Convivio. Das Gastmahl. Italienisch-Deutsch. Übersetzt von Thomas Ricklin. Hg. unter der Leitung von Ruedi Imbach. Hamburg 1996–2004.

Damian-Grint, Peter: The New Historians of the Twelfth-Century Renaissance. Inventing Vernacular Authority. Woodbridge 1999.

Danneberg, Lutz: Weder Tränen noch Logik. Über die Zugänglichkeit fiktionaler Welten. In: Uta Klein / Katja Mellmann / Steffanie Metzger (Hg.): Heuristiken der Literaturwissenschaft. Disziplinexterne Perspektiven auf Literatur. Paderborn 2006, S. 35–83.

Dicke, Gerd: Exempel. In: Klaus Weimar u. a. (Hg.): Reallexikon der deutschen Literaturwissenschaft. Bd. 1. Berlin, New York 1997, S. 534–537.

Ernst, Ulrich: Lüge, integumentum und Fiktion in der antiken und mittelalterlichen Dichtungstheorie: Umrisse einer Poetik des Mendakischen. In: Ulrich Ernst (Hg.): Homo mendax. Lüge als kulturelles Phänomen im Mittelalter. Berlin 2004, S. 73–100.

Gertken, Jan / Tilmann Köppe: Fiktionalität. In: Simone Winko / Fotis Jannidis / Gerhard Lauer (Hg.): Grenzen der Literatur. Zu Begriff und Phänomen des Literarischen. Berlin, New York 2009, S. 228–266.

Glauch, Sonja: An der Schwelle zur Literatur. Elemente einer Poetik des höfischen Erzählens. Heidelberg 2009.

Glauch, Sonja: Fiktionalität im Mittelalter, revisited (in Vorbereitung).

Gompf, Ludwig: Figmenta poetarum. In: Alf Önnerfors (Hg.): Literatur und Sprache im europäischen Mittelalter. Festschrift für Karl Langosch. Darmstadt 1973, S. 53–62.

Graf, Klaus: Exemplarische Geschichten. Thomas Lirers „Schwäbische Chronik" und die „Gmünder Kaiserchronik". München 1987.

Green, Dennis Howard: The Beginnings of Medieval Romance. Fact and Fiction, 1150–1220. Cambridge u. a. 2002.

Greiner, Thorsten: Das Erzählen, das Abenteuer und ihre ‚sehr schöne Verbindung'. Zur Begründung fiktionalen Schreibens in Chrétiens de Troyes Erec-Prolog. In: Poetica 24 (1992), S. 300–316.

Grubmüller, Klaus: Meister Esopus. Untersuchungen zu Geschichte und Funktion der Fabel im Mittelalter. München 1977.

Grubmüller, Klaus: Fabel, Exempel, Allegorese. Über Sinnbildungsverfahren und Verwendungszusammenhänge. In: Walter Haug / Burghart Wachinger (Hg.): Exempel und Exempelsammlungen. Tübingen 1991, S. 58–76.

Grubmüller, Klaus: Die Ordnung, der Witz und das Chaos. Eine Geschichte der europäischen Novellistik im Mittelalter: Fabliau – Märe – Novelle. Tübingen 2006.

Grünkorn, Gertrud: Die Fiktionalität des höfischen Romans um 1200. Berlin 1994.

Haferland, Harald: Rezension zu Martínez / Scheffel: Einführung in die Erzähltheorie. In: Beiträge zur Geschichte der deutschen Sprache und Literatur 125 (2003), S. 378–387.

Haferland, Harald: Gibt es einen Erzähler bei Wickram? Zu den Anfängen modernen Fiktionsbewusstseins. Mit einem Exkurs: Epistemische Zäsur, Paratexte und die Autor/Erzähler-Unterscheidung. In: Maria E. Müller / Michael Mecklenburg (Hg.): Vergessene Texte – Verstellte Blicke. Neue Perspektiven der Wickram-Forschung. Frankfurt/M. 2007, S. 361–394.

Hartmann von Aue: Iwein. Hg. von Ludwig Benecke und Karl Lachmann, neu bearb. von Ludwig Wolff. 7. Aufl. Berlin 1986.

Haug, Walter: Literaturtheorie im deutschen Mittelalter. Von den Anfängen bis zum Ende des 13. Jahrhunderts. Eine Einführung [1985]. 2., überarb. und erw. Aufl. Darmstadt 1992.

Haug, Walter: Geschichte, Fiktion und Wahrheit. Zu den literarischen Spielformen zwischen Faktizität und Phantasie. In: Fritz Peter Knapp / Manuela Niesner (Hg.): Historisches und fiktionales Erzählen im Mittelalter. Berlin 2002, S. 115–131.

Haug, Walter: Die Entdeckung der Fiktionalität. In: W. H. (Hg.): Die Wahrheit der Fiktion. Studien zur weltlichen und geistlichen Literatur des Mittelalters und der frühen Neuzeit. Tübingen 2003, S. 128–144.

Heinrich der Glîchezâre: Reinhart Fuchs. Mittelhochdeutsch und Neuhochdeutsch. Hg., übers. und erl. von Karl-Heinz Göttert. Bibliograph. erg. Ausg. Stuttgart 1987.

Heinzle, Joachim: Die Entdeckung der Fiktionalität. Zu Walter Haugs „Literaturtheorie im deutschen Mittelalter". In: Beiträge zur Geschichte der deutschen Sprache und Literatur 112 (1990), S. 55–80.

Hempfer, Klaus W.: Die potentielle Autoreflexivität des narrativen Diskurses und Ariosts „Orlando Furioso". In: Eberhard Lämmert (Hg.): Erzählforschung. Ein Symposion. Stuttgart 1982, S. 130–156.

Hempfer, Klaus W.: Zu einigen Problemen einer Fiktionstheorie. In: Zeitschrift für französische Sprache und Literatur 100 (1990), S 109–137.

Henrich, Dieter / Wolfgang Iser (Hg.): Funktionen des Fiktiven München 1983. (Poetik und Hermeneutik, Bd. 10)

Herweg, Mathias: Wege zur Verbindlichkeit. Studien zum deutschen Roman um 1300. Wiesbaden 2010.

Heydebrand, Renate von: Parabel. In: Archiv für Begriffsgeschichte 34 (1991), S. 27–122.

Huber, Christoph: Integumentum. In: Harald Fricke u. a. (Hg.): Reallexikon der deutschen Literaturwissenschaft. Bd. 2. Berlin, New York 2000, S. 156–160.

Huber, Christoph: Rezension zu Haug: Literaturtheorie. In: Anzeiger für das deutsche Altertum 99 (1988), S. 60–68.

Hübner, Gert: Erzählform im höfischen Roman. Studien zur Fokalisierung im „Eneas", im „Iwein" und im „Tristan". Basel 2003.

Huot, Sylvia: From Song to Book. The Poetics of Writing in Old French Lyric and Lyrical Narrative Poetry. Ithaca 1987.

[Isidor von Sevilla:] Isidori Hispalensis Episcopi Etymologiarum Sive Originum Libri XX. Hg. von Wallace Martin Lindsay. Oxford 1911.

Jauß, Hans Robert: Entstehung und Strukturwandel der allegorischen Dichtung. In: H. R. J. (Hg.): Grundriß der romanischen Literaturen des Mittelalters VI,1. Heidelberg 1968, S. 146–244.

Jauß, Hans Robert: Zur historischen Genese der Scheidung von Fiktion und Realität. In: Dieter Henrich / Wolfgang Iser (Hg.): Funktionen des Fiktiven. München 1983, S. 423–431.

Kablitz, Andreas: Literatur, Fiktion und Erzähler nebst einem Nachruf auf den Erzähler. In: Irina O. Rajewsky / Ulrike Schneider (Hg.): Im Zeichen der Fiktion. Aspekte fiktionaler

Rede aus historischer und systematischer Sicht. Festschrift für Klaus W. Hempfer zum 65. Geburtstag. Stuttgart 2008, S. 13–44.

Kablitz, Andreas: Bella menzogna. Mittelalterliche allegorische Dichtung und die Struktur der Fiktion (Dante, „Convivio" – Thomas Mann, „Der Zauberberg" – Aristoteles, „Poetik"). In: Peter Strohschneider (Hg.): Literarische und religiöse Kommunikation in Mittelalter und Früher Neuzeit. DFG-Symposion 2006. Berlin, New York 2009, S. 222–271.

Kellner, Beate: Ein maere wil i'u niuwen. Spielräume der Fiktionalität in Wolframs von Eschenbach „Parzival". In: Ursula Peters / Rainer Warning (Hg.): Fiktion und Fiktionalität in den Literaturen des Mittelalters. Festschrift für Jan-Dirk Müller zum 65. Geburtstag. München 2009, S. 175–203.

Kern, Peter: Leugnen und Bewußtmachen der Fiktionalität im deutschen Artusroman. In: Volker Mertens / Friedrich Wolfzettel (Hg.): Fiktionalität im Artusroman. Tübingen 1993, S. 11–28.

Kerth, Sonja: Lügen haben Wachtelbeine. Überlegungen zur mittelhochdeutschen Unsinnsdichtung. In: Dorothea Klein / Elisabeth Lienert / Johannes Rettelbach (Hg.): Vom Mittelalter zur Frühen Neuzeit. Festschrift für Horst Brunner. Wiesbaden 2000, S. 269–289.

Kiening, Christian: Rezension zu Ursula Peters / Rainer Warning (Hg.): Fiktion und Fiktionalität in den Literaturen des Mittelalters. Festschrift für Jan-Dirk Müller zum 65. Geburtstag. München 2009. In: Beiträge zur Geschichte der deutschen Sprache und Literatur 134 (2012), S. 116–118.

Kleinschmidt, Erich: Die Wirklichkeit der Literatur. Fiktionsbewußtsein und das Problem der ästhetischen Realität von Dichtung in der Frühen Neuzeit. In: Deutsche Vierteljahrsschrift für Literaturwissenschaft und Geistesgeschichte 56 (1982), S. 174–197.

Knape, Joachim: Fiktionalität und Faktizität als Erkenntnisproblem am Beispiel spätmittelalterlicher Reiseerzählungen. In: Holger Krapp / Thomas Wägenbauer (Hg.): Künstliche Paradiese, virtuelle Realitäten. Künstliche Räume in Literatur-, Sozial- und Naturwissenschaften. München 1997, S. 47–62.

Knapp, Fritz Peter: Historische Wahrheit und poetische Lüge. Die Gattungen weltlicher Epik und ihre theoretische Rechtfertigung im Hochmittelalter. In: Deutsche Vierteljahrsschrift für Literaturwissenschaft und Geistesgeschichte 54 (1980), S. 581–635.

Knapp, Fritz Peter (Hg.): Historie und Fiktion in der mittelalterlichen Gattungspoetik. Sieben Studien und ein Nachwort. Heidelberg 1997.

Knapp, Fritz Peter: Historisches und fiktionales Erzählen im Mittelalter. Ein Nachwort in eigener Sache. In: F. P. K. / Manuela Niesner (Hg.): Historisches und fiktionales Erzählen im Mittelalter. Berlin 2002, S. 148–159.

Knapp, Fritz Peter (Hg.): Historie und Fiktion in der mittelalterlichen Gattungspoetik (II). Zehn neue Studien und ein Vorwort. Heidelberg 2005.

Knapp, Fritz Peter: Das Wunderbare im deutschen und französischen Heldenepos um 1200. In: F. P. K. (Hg.): Historie und Fiktion in der mittelalterlichen Gattungspoetik (II). Zehn neue Studien und ein Vorwort. Heidelberg 2005, S. 151–168.

Knapp, Fritz Peter / Manuela Niesner (Hg.): Historisches und fiktionales Erzählen im Mittelalter. Berlin 2002.

Köppe, Tilmann / Jan Stühring: Against pan-narrator theories. In: Journal of Literary Semantics 40 (2011), S. 59–80.

Lamarque, Peter / Stein Haugom Olsen: Truth, Fiction, and Literature. A Philosophical Perspective. Oxford 1994.

Lienert, Elisabeth: Die ‚historische' Dietrichepik: Untersuchungen zu „Dietrichs Flucht", „Rabenschlacht" und „Alpharts Tod". Berlin, New York 2010.

Martínez, Matías / Michael Scheffel: Einführung in die Erzähltheorie [1999]. 8. Aufl. München 2009.

Mehtonen, Päivi: Old Concepts and New Poetics. Historia, Argumentum, and Fabula in the Twelfth- and Early Thirteenth-Century Latin Poetics of Fiction. Helsinki 1996.

Meier, Christel: Überlegungen zum gegenwärtigen Stand der Allegorie-Forschung. Mit besonderer Berücksichtigung der Mischformen. In: Frühmittelalterliche Studien 10 (1976), S. 1–69.

Meincke, Anne Sophie: Narrative Selbstreflexion als poetologischer Diskurs. Fiktionalitätsbewußtsein im „Reinfried von Braunschweig"? In: Zeitschrift für deutsches Altertum und deutsche Literatur 136 (2007), S. 312–351.

Melville, Gert: Herrschertum und Residenzen in Grenzräumen mittelalterlicher Wirklichkeit. In: Hans Patze / Werner Paravicini (Hg.): Fürstliche Residenzen im spätmittelalterlichen Europa. Sigmaringen 1991, S. 9–73.

Michel, Paul: Alieniloquium. Elemente einer Grammatik der Bildrede. Bern u. a. 1987.

Monecke, Wolfgang: Studien zur epischen Technik Konrads von Würzburg. Das Erzählprinzip der ‚wildekeit'. Stuttgart 1968.

Moos, Peter von: Geschichte als Topik. Das rhetorische Exemplum von der Antike zur Neuzeit und die ‚historiae' im „Policraticus" Johanns von Salisbury. Hildesheim 1988.

Müller, Jan-Dirk: Literarische und andere Spiele. Zum Fiktionalitätsproblem in vormoderner Literatur. In: Poetica 36 (2004), S. 281–311.

Müller, Jan-Dirk: Rez. zu Knapp / Niesner: *Erzählen*. In: Beiträge zur Geschichte der deutschen Sprache und Literatur 126 (2004), S. 109–115.

Nellmann, Eberhard: Wolframs Erzähltechnik. Untersuchungen zur Funktion des Erzählers. Wiesbaden 1973.

Neudeck, Otto: Erzählen von Kaiser Otto. Zur Fiktionalisierung von Geschichte in mittelhochdeutscher Literatur. Köln 2003.

Nichols, Stephen G.: Enigma of Wisdom: On Narrating Origins and Ends in 13th and 14th Century France. In: Ursula Peters / Rainer Warning (Hg.): Fiktion und Fiktionalität in den Literaturen des Mittelalters. Festschrift für Jan-Dirk Müller zum 65. Geburtstag. München 2009, S. 451–470.

O'Connor, Ralph: History or fiction? Truth-claims and defensive narrators in Icelandic romance-sagas. In: Mediaeval Scandinavia 15 (2005), S. 101–169.

Raumann, Rachel: ‚Fictio' und ‚historia' in den Artusromanen Hartmanns von Aue und im „Prosa-Lancelot". Tübingen, Basel 2010.

Schmitt, Stefanie: Inszenierungen von Glaubwürdigkeit. Studien zur Beglaubigung im späthöfischen und frühneuzeitlichen Roman. Tübingen 2005.

Schreiner, Klaus: Zum Wahrheitsverständnis im Heiligen- und Reliquienwesen des Mittelalters. In: Saeculum 17 (1966), S. 131–169.

Seitschek, Gisela: Schöne Lüge und verhüllte Wahrheit. Theologische und poetische Allegorie in mittelalterlichen Dichtungen. Berlin 2009.

Unzeitig, Monika: Autorname und Autorschaft. Zur Bezeichnung und Konstruktion von Autorschaft in der deutschen und französischen erzählenden Literatur des 12. und 13. Jahrhunderts. Berlin, New York 2010.

Wace's Roman de Brut. A history of the British. Hg. und übers. von Judith Weiss. 2., überarb. Aufl. Exeter 2002.

Wolf, Jürgen: Buch und Text. Literatur- und kulturhistorische Untersuchungen zur volkssprachigen Schriftlichkeit im 12. und 13. Jahrhundert. Tübingen 2008.

Wolfram von Eschenbach: Parzival. Nach der Ausgabe Karl Lachmanns revidiert und kommentiert von Eberhard Nellmann. Frankfurt/M. 1994.

Wolfzettel, Friedrich: Historizität und Roman. Zu einer alternativen Sicht der französischen Gattungsgeschichte. In: Fritz Peter Knapp / Manuela Niesner (Hg.): Historisches und fiktionales Erzählen im Mittelalter. Berlin 2002, S. 91–114.

Wolfzettel, Friedrich: Das Problem des Phantastischen im Mittelalter. In: Friedrich Wolfzettel (Hg.): Das Wunderbare in der arthurischen Literatur. Probleme und Perspektiven. Tübingen 2003, S. 3–21.

Worstbrock, Franz Josef: Die Erfindung der wahren Geschichte. Über Ziel und Regie der Wiedererzählung im Trojanerkrieg Konrads von Würzburg. In: Ursula Peters / Rainer Warning (Hg.): Fiktion und Fiktionalität in den Literaturen des Mittelalters. Festschrift für Jan Dirk Müller zum 65. Geburtstag. München 2009, S. 155–174.

Ziegeler, Hans-Joachim: Wahrheit, Lügen, Fiktionen. Zu Martin Luthers „Lügend von S. Johanne Chrysostomo" und zum Status literarischer Gattungen im 15. und 16. Jahrhundert. In: Walter Haug (Hg.): Mittelalter und frühe Neuzeit. Übergänge, Umbrüche und Neuansätze. Tübingen 1999, S. 237–262.

Zipfel, Frank: Fiktion, Fiktivität, Fiktionalität. Analysen zur Fiktion in der Literatur und zum Fiktionsbegriff in der Literaturwissenschaft. Berlin 2001.

Zymner, Rüdiger: Uneigentliche Bedeutung. In: Fotis Jannidis / Gerhard Lauer / Matías Martínez / Simone Winko (Hg.): Regeln der Bedeutung. Zur Theorie der Bedeutung literarischer Texte. Berlin, New York 2003, S. 128–168.

Zymner, Rüdiger: Uneigentlichkeit. Studien zu Semantik und Geschichte der Parabel. Paderborn u. a. 1991.

TILMANN KÖPPE

18. Fiktionalität in der Neuzeit

Der vorliegende Beitrag rekonstruiert Aspekte der Fiktionalität in der Neuzeit. Er gliedert sich in einleitende Überlegungen zur historischen Institution der Fiktionalität und zu Problemen ihrer Rekonstruktion (1), die Charakterisierung von Kernaspekten der neuzeitlichen Fiktionalitätsinstitution (2) sowie eine zusammenfassende Einschätzung von Kontinuitäten und Unterschieden zwischen neuzeitlicher und ‚moderner' Institution der Fiktionalität und ihrer Thematisierung im ‚romantheoretischen' Diskurs des 17. Jahrhunderts (3).

1. Die Institution Fiktionalität in der Neuzeit – Probleme ihrer Rekonstruktion

Die Grundannahme der ‚institutionellen' Theorie der Fiktionalität lautet, dass fiktionales Erzählen möglich ist, weil und insofern Produzenten und Rezipienten, also z. B. die Autoren und Leser eines Romans, ein durch bestimmte Konventionen koordiniertes Verhalten an den Tag legen. Wenn Sprecher signalisieren, dass sie fiktional reden, so machen sie damit insbesondere deutlich, dass man das von ihnen Gesagte nicht für bare Münze nehmen darf; anstatt zu glauben, was in einem fiktionalen Text steht, soll man es sich lediglich vorstellen. Die Aufgabe einer systematischen Theorie der Fiktionalität besteht darin, das Konventionsset der Fiktionalitätsinstitution genauer zu bestimmen, die Reichweite und den Status von Ausnahmen innerhalb der Konventionen zu erläutern und im Einzelnen darzulegen, wie sich die Konventionen auf der Ebene der Semantik der Texte, der Ontologie der Bezugsgegenstände oder der Sprachhandlungssituation niederschlagen.[1] Ausgehend von den fundierenden Konventionen der Fiktionalitätsinstitution wird heute beispielsweise von verschiedenen Theoretikern angenommen, dass Eigennamen in fiktionalen Kontexten typischerweise

---

1 Vgl. Lamarque / Olsen: Truth, insbes. Kap. 2.

nicht auf wirkliche Gegenstände Bezug nehmen, dass fiktive Bezugsgegenstände eine eigene ontologische Klasse bilden und dass Autoren fiktionaler Texte keine der Sprechakte ausführen, die durch normalerweise gültige Sprechaktkonventionen geregelt sind.[2]

Die institutionelle Theorie der Fiktionalität stellt einen flexiblen Rahmen zur Beschreibung historischer Wandlungen von Institutionen zur Verfügung. Das Wissen um Regeln und Konventionen – und damit das Regel- bzw. Konventionsset selbst – wird tradiert und kann sich im Laufe der Zeit in vielfältiger Weise ändern: Die fraglichen Konventionen können u. a. unterschiedliche Gegenstände und Sachverhalte betreffen, sie können unterschiedlich weit verbreitet sein, unterschiedliche Grade der Bewusstheit oder Problematisierung aufweisen, mit unterschiedlichen Autorisierungsgraden oder Sanktionsberechtigungen verbunden sein oder auch mit unterschiedlichen Nachbarinstitutionen zusammenhängen bzw. von diesen abhängig sein. Eine umfassende Charakterisierung einer sozialen Praxis/Institution muss daher letztlich eine ganze ‚Lebensform' beschreiben,[3] und das kann hier nicht geleistet werden. Die nachstehende Untersuchung bemüht sich um das Aufdecken von Hinweisen dafür, dass in der Neuzeit im Rahmen einer sozialen Praxis zwischen fiktionalen und nicht-fiktionalen Texten unterschieden wurde.[4]

Die Annahme, dass wir es bereits in der Neuzeit mit einer sowohl sozialen als auch regelgeleiteten Praxis der Unterscheidung von fiktionalen und nichtfiktionalen Texten zu tun haben, speist sich im Wesentlichen aus zwei einfachen Beobachtungen: Erstens wird unter den Gelehrten über die Produktion und Aufnahme der Texte *debattiert*, d. h. der Umgang mit ihnen wird nicht als bloße Privatangelegenheit angesehen, mit der man es halten kann, wie man möchte. Zweitens geht es bei diesen Debatten im Kern um Normen, d. h. um die Frage, welche Formen der Produktion und Rezeption der Texte *angemessen* (*richtig*, *vertretbar*) sind und welche nicht. In dem Moment, wo derartige Normen im ‚kulturellen Wissen' einer Gruppe verankert sind,[5] sprechen wir von einer sozialen Regel oder Kon-

---

2 Tatsächlich besteht, was diese Thesen angeht, substantieller Streit in der Fiktionalitätstheorie; siehe die differenzierteren Stellungnahmen insbesondere in den Beiträgen 6. *Fiktion, Wahrheit, Referenz*, 7. *Ontologie fiktiver Gegenstände* und 4. *Fiktionalität und Sprechakte* im Band.
3 Vgl. Winch: Idea, insbes. S. 81–85.
4 Beginn und Ende der Neuzeit können unterschiedlich angesetzt werden; in der Literaturwissenschaft (und so auch hier) werden üblicherweise das 16. und 17. Jahrhundert der Neuzeit zugerechnet.
5 Zum Konzept des kulturellen Wissens vgl. etwa Titzmann: Wissen.

vention, die das Verhalten sowie die Verhaltenserwartungen der Gruppenmitglieder koordiniert.[6]

Wie in diesem Artikel begründet wird, gibt das neuzeitliche Nachdenken über Fiktionalität deutliche Hinweise auf das Bestehen einer Institution Fiktionalität, die der heutigen stark ähnelt.[7] Die heutige, in vielen Aspekten gut zugängliche und erforschte Institution der Fiktionalität dient als Muster, von dem ausgehend nach den Konturen der neuzeitlichen Institution gefragt werden kann. Dabei wird ein modernes Vokabular zugrunde gelegt, das die fraglichen Positionen mit den Mitteln einer wissenschaftlichen Standards genügenden Beschreibungssprache verständlich zu machen versucht.[8] Vorab müssen wesentliche Schwierigkeiten kurz benannt werden, denen sich eine solche Rekonstruktion ausgesetzt sieht:

Das implizite Regelwissen einer Person oder einer Personengruppe, das die Institution konstituiert, lässt sich nicht unmittelbar untersuchen. Im Falle der Neuzeit muss man mit expliziten und tradierten Äußerungen Vorlieb nehmen. Konkret heißt das: Aus einzelnen, schriftlich überlieferten historischen Zeugnissen wird darauf geschlossen, wie die soziale Praxis funktioniert haben könnte. Zwei Typen von Unsicherheiten sind im Rahmen dieser Schlüsse besonders einschlägig: solche, die sich aus der Interpretation der Quellen ergeben, und solche, die die Repräsentativität der Quellen-Stichprobe betreffen.

Was die Interpretation der Quellen angeht, so gilt: Explizit gesagt wird i. d. R. nur das nicht Selbstverständliche,[9] institutionalisierte Praxen sind aber durch ‚Selbstverständlichkeiten', d. h. ein oft unbewusstes (‚intuitives') Regelwissen, geprägt. Man muss daher damit rechnen, dass das explizit Gesagte gerade nicht dem konventionellen Regelfall entspricht bzw. diesen gerade nicht repräsentiert. Ein Beispiel, das im Folgenden ausführlicher diskutiert wird: Wenn vehement behauptet wird, dass die Dichter lügen, so darf man daraus nicht schließen, in der Neuzeit seien Dichter eben allgemein für Lügner gehalten worden. Vielmehr kann die Behauptung als eine Art Warnung verstanden werden, mit der ein verbreiteter und/oder missbräuchli-

---

6   S. den Beitrag 2. *Die Institution Fiktionalität*. Eine tiefgehende Untersuchung des Konventionsbegriffs ist Lewis: Convention.
7   Ohne solche Ähnlichkeiten ließe sich auch kaum rechtfertigen, weshalb von der Institution der *Fiktionalität* in der Neuzeit gesprochen werden sollte.
8   Vgl. Stegmüller: Rekonstruktion; vgl. auch die Forderung in Titzmann: Skizze, S. 400. Es wird also beispielsweise ein neuzeitlicher Text als ‚fiktional' charakterisiert, wenn er die Kriterien für fiktionale Texte erfüllt, obwohl er in der Neuzeit nicht so genannt worden wäre. Aussagen wie ‚Die neuzeitlichen Autoren kannten den Unterschied zwischen fiktionalen und nicht-fiktionalen Texten' müssen folglich *de re* interpretiert werden. Für Zweifel an diesem Verfahren vgl. Tarot: Fiktion; Kundert: Fiktion, S. 61.
9   So legen es die Grice'schen Konversationsmaximen nahe, vgl. Grice: Logik.

cher Umgang mit der Dichtung angeprangert werden soll. Worin genau der verbreitete Umgang bestand – und damit: welche Konventionen die etablierte Praxis konstituierten –, ist damit aber noch nicht geklärt. Zusätzliche Schwierigkeiten ergeben sich aus den konkreten Äußerungskontexten: Aussagen zum Status der in Rede stehenden Texte finden sich z. T. in den fiktionalen Texten selbst, d. h. in Kontexten fiktionaler Rede, etwa in Rollenprosa, in der unterschiedliche Auffassungen unterschiedlichen Figuren in den Mund gelegt werden, ohne dass der Autor des Textes mit einer davon identifiziert werden könnte, oder auch in Übersetzungspassagen, in denen ein anderer Autor lediglich zitiert wird (hier muss dann ggf. die Aussageabsicht des zitierten Sprechers von der des zitierenden unterschieden werden). Außerdem sind die fraglichen Äußerungen nicht selten mit rhetorischen Strategien der Rechtfertigung, Verteidigung, Werbung o. ä. verbunden, was naturgemäß zu Verzerrungen des Sachgehalts (Über- oder Untertreibungen, Beschönigungen usw.) führen kann – der Lügenvorwurf ist ein Beispiel auch dafür.

Die Repräsentativität der Stichprobe schließlich betrifft die Frage, ob bzw. in welchem Maße anhand des untersuchten Quellenmaterials Verallgemeinerungen gerechtfertigt sind. Wie bereits angedeutet, finden die überlieferten Debatten über den Fiktionalitätsstatus von Texten unter einem gelehrten Publikum statt, zugänglich sind also von vornherein nur die Auffassungen einer besonderen und zudem zahlenmäßig relativ kleinen Bevölkerungsschicht. Die hier vorgelegte Rekonstruktion konzentriert sich zudem auf eine – gemessen an der Quellenlage insgesamt kleine – Auswahl von Quellen, nämlich solche zur deutschsprachigen ‚Romantheorie‘ des 17. Jahrhunderts.[10]

Eine basale Unterscheidung, die dieser Untersuchung zugrunde liegt, sei abschließend noch einmal hervorgehoben. Es handelt sich um die Unterscheidung zwischen der neuzeitlichen *Praxis* oder *Institution* der Fiktionalität und dem neuzeitlichen Fiktionalitäts-*Diskurs*: Die Praxis/Institution der Fiktionalität ist das System der Regeln oder Konventionen, die den Umgang mit bestimmten Medien anleiten. Das Wissen um diese Regeln muss den Teilnehmern an dieser Praxis nicht bewusst sein (d. h. man kann Entdeckungen machen in Bezug auf die Regeln, denen man unbewusst schon lange gefolgt ist). Als ‚Diskurs‘ wird hier dagegen die Menge der Aussagen über einen bestimmten Gegenstandsbereich verstanden. Der Fiktionalitätsdiskurs der Neuzeit zeichnet sich dadurch aus, dass er erstens unter heute nicht mehr gebräuchlichen Benennungen geführt wird; zweitens werden

---

10 Gleichwohl sind diese Quellen besonders wichtig; vgl. zu dieser Einschätzung Stierle: Fiktion, S. 400; vgl. Steinecke / Wahrenburg: Romantheorie, S. 18 (Einleitung); Trappen: Fiktionsvorstellungen, S. 140.

Probleme der Fiktionalität im hier herangezogenen Quellenmaterial, dem neuzeitlichen Romandiskurs des 17. Jahrhundts, eher indirekt verhandelt, d.h. sie stellen weder den Hauptgegenstand der Texte dar, noch ist die Klärung von Problemen der Fiktionalität das Hauptanliegen der Autoren. Methodisch ergibt sich aus der Unterscheidung von Diskurs und Praxis ein zweischrittiges Verfahren: In den expliziten Äußerungen des historischen Diskurses müssen die eher am Rande auftretenden Äußerungen zu Problemen der Fiktionalität identifiziert werden, und anhand dieser Äußerungen müssen dann Hypothesen zu den Konturen der historischen Praxis aufgestellt werden.

2. Kernaspekte der neuzeitlichen Fiktionalitätsinstitution

Die herangezogenen Quellen geben Hinweise darauf, dass die Unterscheidung von fiktionalen und nichtfiktionalen Texten insbesondere an den folgenden Aspekten festgemacht wird:

– *Textproduktion*: Welcher Art sind die Schaffensakte, denen sich die Texte verdanken?
– *Semantik*: Unter ‚Semantik' wird hier der Gehalt (oder auch die ‚Bedeutung') der Texte verstanden, also das, wovon sie handeln. Insbesondere stellen sich die Fragen: Handeln die Texte von der Wirklichkeit? Enthalten die Texte wahre Sätze?
– *Pragmatik und Testimonialsituation*: Unter ‚Pragmatik' werden hier Aspekte der Sprechhandlungssituation verstanden, in der ein Text kommuniziert wird und an der (mindestens) ein Sprecher/Autor/Erzähler und ein Hörer/Leser beteiligt sind. Die wichtigsten Fragen lauten hier: Was tut, wer einen Text kommuniziert? Verfügt der Sprecher über aufrichtige Mitteilungsabsichten? Als ‚Testimonialsituation' wird hier der spezifische Aspekt der Vertrauenswürdigkeit des Sprechers/Autors/Erzählers bezeichnet.[11] Insbesondere stellen sich die Fragen: Sind seine Aussagen vertrauenswürdig? Ist der Sprecher/Autor/Erzähler eine zuverlässige Informationsquelle?

Nachstehend werden nun anhand des neuzeitlichen Quellenmaterials Belege für die These angeführt, dass zwischen fiktionalen und nicht-fiktionalen Texten unterschieden wurde, wobei dieser Unterschied anhand von Aussagen über die Textproduktion, semantische Texteigenschaften sowie den pragmatischen und testimonialen Kontext der Textkommunikation belegt wird.

---

11 Vgl. grundlegend Coady: Testimony.

Textproduktion

Im Quellenmaterial finden sich zahlreiche Hinweise auf eine Textsortenunterscheidung, die an der Textproduktion ansetzt und fiktionalen Texten das Merkmal zuspricht, erfunden zu sein. Martin Opitz verwendet in „Argenis Deutsch gemacht durch Martin Opitzen ..." (1626), seiner Übertragung von John Barclays *Argenis*-Roman (1621), eine ganze Reihe von Ausdrücken, die auf die Erfundenheit wesentlicher Aspekte des Romans abstellen. In einer Art poetologischem Kommentar erläutert der Autor, dass er eine „Fabel in gestalt einer Historien" erzähle: „In derselben wil ich wunderliche Geschichte erzehlen / vnd allerley Schlachten / Heurathen / Blutvergiessen vnd Frewde mit seltzamer Verlauffung durcheinander mengen."[12] Dabei gelte, dass der Roman, von dem auch als von einer „artlichen Erfindung" die Rede ist, einerseits menschliche Laster anschaulich mache und verurteile, andererseits jedoch verhindere, dass sich jemand persönlich getroffen fühle: „Damit ich dasselbe vermeyden möge / wil ich viel erfinden / das sich zu denen welche ich berühre nicht wird reimen können."[13] Nicht nur die wiederholte Rede vom ‚Erfinden', auch der Hinweis auf eine „Fabel", in der eine Reihe spektakulärer Ereignisse in offenbar beliebiger Reihenfolge erzählt würden, verweist auf den kreativen, d. h. nicht faktengebundenen, Produktionsspielraum des Autors.

In Georg Philipp Harsdörffers „Frawen=Zimmer Gespräch=Spiel" (1641) diskutieren vier Figuren über den Sinn und Zweck der Dichtung, und auch hier wird zur Abgrenzung derselben von anderen Textsorten auf Produktionsaspekte Bezug genommen. Dichtung, so heißt es kritisch, sei „müssiges Traumschreiben", wovon sie handele, sei „nur erdichtet / vnd niemals gewesen / noch seyn werden"; summarisch wird Dichtung auch als „Fabelwerck" oder „Erfindnuß" bezeichnet.[14] Zugunsten der Dichtung wird argumentiert: „Darff ein jeder nicht mahlen was jhm einfällt? kan nicht der zarte Pensel nach jnnerlichen Sinn=Bewegungen das jenige entwerffen vnd vorbilden / welches auch nirgendwo befindlich ist?"[15] Und weiter: „Ist auch sonsten den Poeten nicht auffzurucken / daß sie Poeten seyn / das ist / sich befreyen / etwas zu erdichten vnd zu erdencken / welches sie ohne jemands Ergernuß vnnd Nachtheil von Alters hergebracht / zu thun befugt / ja schuldig seyn".[16]

---

12 Zitiert nach der Quellensammlung Lämmert: Romantheorie, S. 4. Eine weitere nützliche Quellensammlung (mit einigen Überschneidungen) ist Steinecke / Wahrenburg: Romantheorie.
13 Lämmert: Romantheorie, S. 4.
14 Ebd., S. 6 f.
15 Ebd., S. 7.
16 Ebd., S. 8 f.

18. Fiktionalität in der Neuzeit

Philipp von Zesen erläutert in der Vorrede zu seinem Roman *Assenat* (1670): „Aber diese meine Geschicht ist / ihrem grundwesen nach / nicht erdichtet. Ich habe sie nicht aus dem kleinen finger gesogen / noch bloß allein aus meinem eigenen gehirne ersonnen. Ich weis die Schriften der Alten anzuzeigen / denen ich gefolget."[17] Hier wird klar unterschieden zwischen einer ‚erdichteten', d. h. selbst ausgedachten Geschichte und einer Geschichte, deren Haupthandlung („grundwesen") als zuverlässig geltenden Quellen entnommen wurde und die daher als wirklichkeitsgetreue Schilderung gelten darf. Allerdings deutet Zesen zugleich an, dass diese Unterscheidung nicht uneingeschränkt gelte:

> Hier siehestu dan klahr genug / daß ich diese Geschicht nicht unbillich heilig nenne: die ich noch über das / in ihrem gantzen grund-wesen / wie ich sie in der heiligen Schrift / und in den besten unter den andern gefunden / heil und unverükt gelaßen; wiewohl ich ihr zu weilen / nach dieser ahrt zu schreiben / einen höhern und schöneren schmuk und zusatz / der zum wenigsten wahrscheinlich / gegeben.[18]

Nicht alles, was sich in dem Roman findet, ist eine Übernahme aus den Quellen. Es gibt vielmehr ‚Ausschmückungen' und ‚Zusätze', die auf Zesens eigenes Konto gehen und von denen er annimmt, dass sie „zum wenigsten wahrscheinlich" sind.

Im Kern dieselbe Unterscheidung zwischen erfundenen und nicht erfundenen Geschichten findet sich in Siegmund von Birkens „Teutsche Redebind- und Dicht-Kunst" (1679). Hier heißt es:

> Wer nun endlich diese Feder ansetzen will / der muß ihm erstlich einen Helden oder eine Heldenthat erwehlen / davon er schriebe / und so eine Schrift / heist ein *GeschichtGedichte*. oder er muß einen Helden und Heldenthat erdichten / welches man eine *GedichtGeschicht* nennen kan.[19]

Auch hier wird die Unterscheidung beider Textsorten an deren Genese festgemacht: Entweder man orientiert sich an einem vorgefundenen Gegenstand oder man denkt sich diesen selber aus. Allerdings wird sogleich ein ergänzendes semantisches Kriterium genannt: „Der Poet und *Historicus*, sind hierin̄ voneinander unterschieden / daß dieser schreibet / was geschehen

---

17 Ebd., S. 20.
18 Ebd.; vgl. aber denselben Text (ebd., S. 21), wo es heißt: „Hier aber haben wir keiner erdichtungen / keiner vermaskungen / keiner verdrehungen nöhtig gehabt. Die nakte Wahrheit dieser sachen / davon hiesige Geschicht handelt / konte solches alles [i. e. die Vermittlung von Wahrheiten] ohne das genug tuhn."
19 Ebd., S. 26. Bereits in Birkens Vorrede (1669) zu Herzog Anton Ulrichs *Aramena* heißt es (fast definitorisch) zur Gattung der „Geschichtsgedichte", es handele sich teils um „ganz-erdichtete Historien / welche der Verfasser erfunden" (ebd., S. 23). „Historien" bedeutet hier nur so viel wie Erzähltexte; vgl. Melville: Historie, S. 50.

ist / jener aber / was geschehen können."[20] Die Abgrenzung ist vermutlich so zu verstehen, dass der Dichter *nur* schreibt, was geschehen könnte, und *nicht* beschreibt, was geschehen ist (vgl. unten).

Als letzter Beleg für produktionsbezogene Aspekte einer Textsortenunterscheidung soll Christan Thomas' dialogische Abhandlung „Schertz= und Ernsthaffter, Vernünfftiger und Einfältiger Gedancken" (1688) herangezogen werden. Auch hier wird auf das Erfinden als Bestandteil des Romanschreibens verwiesen:

> Aber derjenige, so einen Roman schreibet, muß nicht allein die Geschicklichkeit eines *Historici* darthun, sondern er muß auch über dieses das Werck und den Grund der Historie entweder selbst aus seinen Kopff erdencken, oder, wenn er sich ja der wahren Historie mit bedienet, die Umstände derselben mit seinen Erfindungen so genau zu verknüpfen wissen, daß solche nicht alleine dem Leser oder demjenigen, so die wahre Historie weiß, wahrscheinlich vorkömmet, sondern, daß auch einer der der wahren Historien unkündig, nicht mercken kan, das ertichtete von dem wahrhafftigen zu unterscheiden.[21]

Einem Roman kann zugrunde liegen, was sich tatsächlich ereignet hat; auch in diesem Fall spielt jedoch die Erfindungsgabe des Dichters eine wichtige Rolle. Interessant ist weiterhin, dass die Wahrscheinlichkeit des Dargestellten, von der bereits bei Birken und Zesen die Rede war, *nicht* als Kriterium zur Textsortenunterscheidung taugt: Auch der Dichter soll sich, zumal wenn er historische Ereignisse zugrunde legt, um eine wahrscheinlich anmutende Geschichte bemühen.

Zusammenfassend lässt sich das Folgende zum textsortenunterscheidenden Kriterium der Textproduktion festhalten:

Der neuzeitliche poetologische Diskurs kennt die Unterscheidung zwischen ‚erfundenen' und ‚nicht erfundenen' Geschichten, und es gibt zumindest Hinweise darauf, dass Texte zur Dichtung hinzugezählt werden, *weil* oder *insofern* das Dargestellte erfunden ist. Als nicht erfunden gilt eine Geschichte bereits dann, wenn sie auf für zuverlässig gehaltenen Quellen beruht; eine wichtige Quelle ist dabei die Bibel. Vom heutigen Fiktionalitätsverständnis – nicht der Experten, aber doch der Laien – scheint diese Auffassung nur insofern abzuweichen, als typischerweise andere Quellen als zuverlässige Aussagen über die Wirklichkeit anerkannt werden.

Allerdings kennt der neuzeitliche Diskurs den komplizierten Fall der ‚teilweise' erfundenen Geschichte: Explizit erwähnt werden das Phänomen der mehr oder minder starken Abweichung von einer vorgefundenen Ge-

---

20 Ebd. Zum aristotelischen Ursprung des Kriteriums in Kap. 9 der *Poetik* (1451b) vgl. den Beitrag *16. Fiktionalität in der Antike*. Ob das semantische Kriterium und das produktionsbezogene als gleichbedeutend, einander ergänzend oder als alternativ verstanden wurden, lässt sich nicht ausmachen.

21 Lämmert: Romantheorie, S. 40. Für weitere Belege vgl. etwa Sauder: Argumente, S. 132.

schichte und die Erfindung neuer Namen (und sonstiger Attribute?) für (wirkliche) Personen.[22] Welchen Einfluss diese Befunde für die Textsortenunterscheidung haben, ist schwer zu sagen; hier gibt es u. a. die folgenden Möglichkeiten:

- Die fraglichen Texte stellen Mischformen fiktionaler und nicht-fiktionaler Rede dar.[23]
- Die fraglichen Texte sind fiktional, sie legen aber wahre Auffassungen über die Wirklichkeit zumindest nahe (s. dazu unten).
- Die fraglichen Texte sind fiktional, ihr Plot (d. h. eine abstrahierende Beschreibung zentraler Ereignisse) ist aber zugleich der Plot wirklicher Ereignisse (etwa nach dem Muster des moderneren historischen Romans).[24]
- Die fraglichen Texte sind aufgrund ihres komplizierten Wirklichkeitsbezugs Grenzfälle, für die eine Textsortenunterscheidung ‚fiktional/nicht-fiktional' nicht möglich ist.[25]

Da die genannten Phänomene von Verteidigern der Dichtung angeführt werden, liegt die Vermutung nahe, dass sie die Dignität der Dichtung verbürgen sollen, indem sie auf die eine oder andere Weise deren Erkenntnisbedeutsamkeit belegen. (Dann wäre dem Verteidiger der Dichtung allerdings gerade nicht damit gedient, wenn sich herausstellte, dass ein Text, der auf einer wahren Geschichte beruht, gar keine Dichtung ist. – An einer genaueren Klärung dieser Zusammenhänge scheint den untersuchten Autoren aber nicht gelegen zu sein.) Kaum plausibel dürfte die (extreme) Schlussfolgerung sein, die genannten Phänomene zeigten, dass in der Neuzeit grundsätzlich nicht zwischen fiktionalen und nicht-fiktionalen Texten unterschieden wurde. Vielmehr zeigt sich bei den Autoren ein differenzierteres Bewusstsein für die Tatsache, dass sich die Erfindungsgabe der Dichter auf unterschiedliche Aspekte ihrer Texte erstrecken bzw. unterschiedlich weitreichend sein kann – ein Befund, der natürlich ebenso für das heutige Fiktionalitätsverständnis gilt und aus dem nicht geschlossen werden muss, zwischen fiktionalen und nicht-fiktionalen Texten lasse sich nicht unterscheiden.[26]

---

22 Bei Birken ist etwa die Rede von einer „warhaftige[n] Geschicht unter dem führhang erdichteter Namen" (Lämmert: Romantheorie, S. 23; vgl. unten, Anm. 27); Bezugspunkt dürfte wiederum Aristoteles sein, vgl. oben, Anm. 20.
23 Für einen Erklärungsansatz vgl. den Beitrag 4. *Fiktionalität und Sprechakte*.
24 Zum hier zugrunde gelegten Konzept des Plots vgl. Nehamas: Mythology; für eine einschlägige Charakterisierung des historischen Romans vgl. Eco: Wald, S. 141.
25 Vgl. dazu Gertken / Köppe: Fiktionalität, S. 259 f.
26 Vgl. etwa Gabriel: Fiktion, S. 594, der meint, Fiktionen könnten in Bezug auf ihr „Dasein" und „Sosein" von der Wirklichkeit abweichen.

Dem generell apologetischen Charakter vieler Quellen mag auch geschuldet sein, dass nicht recht deutlich wird, ob die Erfundenheit als eigentliches (oder alleiniges) Kriterium der Abgrenzung von fiktionalen und nichtfiktionalen Texten angesehen wird. Das Kriterium wird jedenfalls oft in Kombination mit semantischen Gesichtspunkten, nämlich der Wahrheit oder Wahrscheinlichkeit des Dargestellten, genannt. Auch hier gibt es einen Interpretationsspielraum: Werden semantische Gesichtspunkte genannt, um deutlich zu machen, dass es sich überhaupt um Dichtung handelt, oder vielmehr um nachzuweisen, dass die in Rede stehenden Texte, es handele sich um Dichtung oder nicht, auch nützlich sind? Klar ist lediglich, dass die Wahrscheinlichkeit des Dargestellten nicht für ein Merkmal allein nicht-fiktionaler Texte gehalten wird; auch der Dichter hat sich vielmehr um die Wahrscheinlichkeit des Dargestellten zu bemühen.

Semantik

Eng verbunden mit der Frage nach dem Erfindungscharakter der Dichtungen ist die Frage nach ihrem Weltbezug und Wahrheitsgehalt. Für beides ist die bereits zitierte Opitz'sche Übersetzung von John Barclays *Argenis* eine eindrückliche Quelle:

> Dann weil ich keine History schreibe / die sich genaw an die Warheit binden muß / so werde ich mich dieser Freyheit sicher gebrauchen dürffen. [...] Vber diß so wil ich allerley eingebildete Namē hierzu gebrauchē / [...] daß sich der so wol jrren wird der alles / als der jenige der nichts von solcher Erzehlung für wahr wird halten wöllen.[27]

Der Dichter muss nicht schreiben, was er für wahr hält, und er gibt seinen Figuren nicht die Namen wirklicher Personen. Allerdings wird zugleich angedeutet, dass sich die Dichtung gleichwohl auf die Wirklichkeit bezieht. Möglich wird dies durch eine Unterscheidung des von der Dichtung wörtlich Ausgesagten und des durch sie Nahegelegten: Das wörtlich Ausgesagte ist nicht wahr, aber ihm lässt sich dennoch eine indirekt getätigte Aussage über die Wirklichkeit (oder auch: eine Anspielung auf die Wirklichkeit) entnehmen.[28] Dieser ‚indirekte' Wahrheitsgehalt der Dichtung wird von vielen ihrer Verteidiger geltend gemacht – auch dann, wenn die ‚wörtliche' Unwahrheit der Dichtung eingeräumt wird. So fragt etwa in Georg Philipp Harsdörffers bereits zitiertem „Frawen=Zimmer Gespräch=Spiel" (1641) eine ‚Anklägerin' der Dichtung: „Dann was ist der Vnwarheit vonnöthen /

---

27 Lämmert: Romantheorie, S. 4.
28 Vgl. ausführlich Köppe: Literatur, Kap. 3.3.2.1; ähnlich, und in Bezug auf die historischen Texte, ist wohl auch die in Gumbrecht: Roman, S. 434, gebrauchte Rede von der „Dissoziation in der Applikation der Wahrheitsfrage auf Text-Oberfläche und Text-Tiefenstruktur" gemeint (im Original hervorgehoben).

wann die Warheit solches so viel erbawlicher verrichten kan?"[29] Entsprechend lautet die Antwort der ‚Verteidigung', dass sich „die Warheit [...] meistentheils verkleidet / vnd mit lachendem Mund sich sehen vnnd hören lassen darff".[30] Noch deutlicher heißt es in Zesens *Assenat*-Vorrede (1670): „In ihnen [i. e. den vertretbaren Dichtungen] wird darüm die wahrheit mit einer andern gestalt vermummet / und mit wahrscheinlichen / auch oftmahls kaum oder gar nicht wahrscheinlichen erdichtungen vermasket / ja selbsten verdrehet".[31]

Dass auch das Kriterium der Wahrheit im Detail einige Schwierigkeiten bereitet, belegt Eberhard Guerner Happels Übersetzung des „Traité de l'origine des romans" (1670) des Bischofs Pierre Daniel Huet.[32] Die Übersetzung ist in Happels Roman *Insulanischer Mandorell* (1682) eingefügt. Romane, so heißt es dort, sind „Gezierete Sachen", die „von warhafften Geschichten" unterschieden werden müssen.[33] Allerdings gelte:

> Man begreifft aber unter den *Romanen* auch nicht diejenigen Historien / so mit vielen Fabeln auß staffiret sind / alß des *Herodoti* seine wiewohl dieser noch weniger erdichtete Sachen hat / alß man wohl glauben solte. [...] Diese Historien sind in *Genere* wahr / aber in gewissen Stücken falsch. Die *Romanen* hingegen sind in gewissen Theilen wahr / und im gantzen oder in *Genere* falsch. Diese sind warheit mit falschheit vermenget / und jene sind falscheit mit warheit vermischet. Ich kan wohl sagen daß in angeregten Historien die Warheit die Oberhand behält! und daß die Falscheit dergestalt in den Romanen herschet / daß sie falsch heissen mögen im gantzen wesen / Und zertheilet.[34]

Zwar wird die grundsätzliche Unterscheidbarkeit zwischen der auf Wahrheit abzielenden Geschichtsschreibung einerseits und ‚falschen' Romanen andererseits betont.[35] Solange aber nicht genauer spezifiziert wird, was es heißen soll, dass „die Warheit die Oberhand behält", scheint die Unterscheidung von (fiktionalen) Romanen und (nicht-fiktionaler) Geschichtsschreibung anhand des Wahrheitskriteriums schwierig zu sein.

Zusammenfassend lässt sich festhalten: In der Dichtung steht grundsätzlich Unwahres, daher muss sie verteidigt werden. Die wichtigste Verteidigungsstrategie besteht in der Behauptung, dass Dichtungen dennoch erkenntnisbedeutsam sein können. Entscheidend für die hier in Rede stehende Frage nach der Textsortenunterscheidung ist jedoch: Dass manche

---

29 Lämmert: Romantheorie, S. 8; vgl. bereits ebd., S. 6 („Vnwarheit").
30 Ebd., S. 9.
31 Ebd., S. 20.
32 Vgl. ausführlich Voßkamp: Romantheorie, Kap. V.
33 Lämmert: Romantheorie, S. 30.
34 Ebd., S. 31.
35 Vgl. ebd., S. 32, wo es (in demselben Text) heißt, schlechte Geschichtsschreibung werde „bey gebrech der Warheit" nicht dadurch zum Roman, dass man ihr „einen Glantz andichte[t]".

Texte Dichtungen sind und dass sie sich (zumindest bei ‚oberflächlicher' Betrachtung) nicht durch Wahrheit auszeichnen, wird offenbar allgemein anerkannt. Strittig ist allein die Frage, ob Dichtungen (dennoch) nützlich sind oder nicht. Im Einzelnen ergibt sich in Bezug auf semantische Kriterien zur Unterscheidung von Dichtung und anderen Textsorten ein ähnliches Bild wie bereits beim produktionsorientierten Kriterium; unklar ist, wie trennscharf das Kriterium der Wahrheit ist und welche Konsequenzen aus dem Phänomen der Wahrheiten vermittelnden Dichtung gezogen werden sollten. Eine elegante Lösung, die sich zumindest andeutet, besteht in der Unterscheidung des explizit Ausgesagten (das in der Dichtung nicht wahr ist) und des Nahegelegten (das auch in der Dichtung wahr sein kann).

Pragmatik und Testimonialsituation

Neben der Frage, ob Dichter ihre Stoffe erfinden oder nicht, und der Frage, ob in ihren Texten die Wahrheit steht, ist für die Unterscheidung fiktionaler und nicht-fiktionaler Texte die Frage relevant, durch welche Besonderheiten sich die Kommunikation der fraglichen Texte auszeichnet: Was tut, wer eine fiktionale Geschichte erzählt? Und kann man diesem Erzähler glauben?

Einen klaren Hinweis darauf, dass sich Autoren und Leser fiktionaler Texte auf bestimmte Weise verhalten, findet sich wiederum in der Opitz'-schen Übersetzung von Barclays *Argenis*: „Ich kenne vnsere Gemüter. Weil sie darfür halten werden / daß ich nur Mähre sagte / so wirdt mich ein jeder hören / vnd sich an mir ergetzen als an einem Spectakel in der Comedien oder auff dem Fechtplatze."[36] Hier wird offensichtlich darauf angespielt, dass das Publikum über bestimmte Textsortenerwartungen verfügt, auf die sich der Dichter verlassen kann: „Mähre" oder „Comedien" werden offenbar auf spezifische Weise gehört oder gelesen. Instruktiv ist in diesem Zusammenhang der Verweis auf den „Fechtplatz": Das dort veranstaltete „Spectakel" ist kein echtes Gefecht, sondern es dient u. a. Übungs- oder Schauzwecken. Darf man entsprechend schließen, dass auch die „Mähre" nicht als ‚echte' Kommunikation aufgefasst wird, dass also auf Seiten des Sprechers nicht die üblichen oder eigentlichen Handlungen ausgeführt werden? Der *locus classicus* dieser geradezu modern anmutenden Auffassung ist Philip Sidneys „An Apology for Poetry" (1579/1595). Auf den Vorwurf, der Dichter sei „the mother of lies",[37] antwortet Sidney:

> To the second [imputation] therefore, that they should be the principal liars, I answer paradoxically, but truly, I think truly, that of all writers under the sun the poet is the least

---

36 Ebd., S. 4.
37 Für antike Vorläufer vgl. die Nachweise (im Kommentar) in Sidney: Apology, S. 203; vgl. auch den Beitrag *16. Fiktionalität in der Antike*.

liar, and, though he would, as a poet can scarcely be a liar. The astronomer, with his cousin the geometrician, can hardly escape, when they take upon them to measure the height of the stars. How often, think you, do the physicians lie, when they aver things good for sicknesses, which afterwards send Charon a great number of souls drowned in a potion before they come to his ferry? And no less of the rest, which take upon them to affirm. Now for the poet, he nothing affirms, and therefore never lieth. For, as I take it, to lie is to affirm that to be true which is false; so as the other artists, and especially the historian, affirming many things, can, in the cloudy knowledge of mankind, hardly escape from many lies. But the poet (as I said before) never affirmeth. The poet never maketh any circles about your imagination, to conjure you to believe for true what he write. He citeth not authorities of other histories, but even for his entry calleth the sweet Muses to inspire into him a good invention; in truth, not labouring to tell you what is or is not, but what should or should not be. And, therefore, though he recount things not true, yet because he telleth them not for true he lieth not – […].[38]

Sidney argumentiert, der Dichter könne kein Lügner sein, weil er eine Voraussetzung dafür, nämlich das Behaupten, nicht erfülle. Dass das, was der Dichter sagt, falsch ist, kann, wie Sidney richtig bemerkt, kein hinreichendes Merkmal für Lügen sein, es müsste auch als wahr behauptet werden.[39] Es stellt sich nun natürlich die Frage, welche Gründe Sidney für die Feststellung des nicht-behauptenden Charakters dichterischer Aussagen hatte. Hat er festgestellt, dass es sich hier um eine im Bewusstsein des neuzeitlichen Publikums fest verankerte Überzeugung handelte? Das ist nicht völlig unplausibel, wenn man annimmt, dass sich auch ein neuzeitliches Publikum, wenn es denn tatsächlich belogen wurde, anders verhalten hat als ein neuzeitliches Publikum, das einer „Mähre" lauscht. Entsprechend ließe sich die bereits zitierte Bemerkung aus Harsdörffers „Frawen=Zimmer Gespräch=-Spiel" (1641) interpretieren, die Dichter hätten „ohne jemands Ergernuß vnnd Nachtheil von Alters hergebracht" gedichtet:[40] Wird man belogen, so führt dies in der Tat nicht selten zu ‚Ärgernis und Nachteil', was eben nicht der Fall ist, wenn man Fiktionen konsumiert. Sidney käme, unter dieser Interpretation der Hintergründe seiner Bemerkung, das Verdienst zu, eine verbreitete Praxis (wenngleich wohl nicht als erster) auf den Punkt gebracht zu haben.[41] Aber es könnte auch sein, dass Sidneys Rede vom nicht-behauptenden Charakter dichterischen Sprechens ein genialer philosophischer

---

38 Sidney: Apology, S. 102 f.
39 Auch dies sind freilich keine hinreichenden Bedingungen für das Lügen; vgl. ausführlich Rott: Wert.
40 Vgl. oben, Anm. 16.
41 Zur Annahme entsprechender Konventionen vgl. (mit ansonsten z. T. erheblichen Unterschieden in Rahmenannahmen und Untersuchungsergebnis) auch Kundert: Fiktion, insbes. S. 51, 56 u. ö.; Zeller: Fabula, S. 58; Kleinschmidt: Wirklichkeit, S. 179 („Der frühneuzeitliche Rezipient bestimmt eine fiktionale Textebene weitgehend pragmatisch aus der Einschätzung der kommunikativen Rahmensituation des Textes."); vgl. aber ebd., S. 188–190.

Einfall zur Verteidigung der Dichtung ist, der sich nicht auf die Beobachtung einer Praxis stützt. Entsprechend kann man dann auch nicht auf die Verbreitung dieser Praxis in der Neuzeit schließen, sondern nur auf die hinlänglich bekannte Tatsache, dass es geboten erscheint, die Dichtung zu verteidigen.

In der deutschsprachigen neuzeitlichen Romanpoetik gibt es durchaus Beispiele für den Lügenvorwurf. Besonders engagiert wird er etwa in Gotthard Heideggers „Mythoscopia romantica" (1698) erhoben. Von den „Gedichtgeschichten" meint Heidegger, es sei „alles durchauß erlogen",[42] „so seyn die *Roman* ein lauterer Lugen=Kram",[43] „wer *Romans* list / der list Lügen".[44] Und weiter:

> Die *Roman*-Schreiber betriegen uns / wie die schlechte Mahler und Wand=Dorcker / welche Schlösser / Bösche / See / Brücken / Gärten etc. umher schmieren / die nirgend seyn! Doch bildens ihnen die Einfeltigen starck ein / Ha / sagen sie / das ist ein lustiger Ohrt / ein zierliches Schloß! etc.[45]

Insgesamt ist Heideggers Text eine (polemische) Warnung vor dem Romanlesen. Ist deshalb auch der Lügenvorwurf eine polemische Übertreibung? Im letzten Zitat scheint sich zumindest anzudeuten, dass das Problem der Vermittlung von Irrtümern nicht (oder nicht allein) auf dem Lügen der Autoren, sondern auch auf der ‚Einfältigkeit' mancher Leser beruhen könnte. Vielleicht möchte Heidegger pauschal vor den Romanen warnen, weil manche Leser (*irrtümlich*) für bare Münze nehmen, was sie lesen? In diesem Fall würde der Text *ex negativo* darauf verweisen, dass es eine Praxis des *korrekten* (oder *kompetenten*) Romanlesens gibt, zu der gehört, dass man gerade nicht von der Wahrheit des Gesagten ausgeht, und entsprechend könnte dem Dichter auch nicht unterstellt werden, dass er notorisch lüge.[46]

Dass Romane nur für bestimmte Leser eine Gefahr darstellten, wird von verschiedenen Autoren angedeutet. Andreas Heinrich Buchholtz schreibt in der Vorrede seines *Herkules*-Romans (1659), der *Amadis*-Roman könne ein schlechtes Beispiel abgeben:

> Dann die Leichtfertigkeiten hecheln gar zu grob / und die unziemliche Betreibungen zwischen jungen verliebeten hohen Standes=Leuten brechen so unverschämt loß / daß von keuschen Herzen es ohn ärgernis nicht wol kan gelesen werden; was wolte dann von

---

42 Lämmert: Romantheorie, S. 52.
43 Ebd., S. 53.
44 Ebd., S. 55; vgl. auch die Rede von „erlognen Umstanden" (ebd.).
45 Ebd. Differenzierter ist übrigens die Bemerkung in Johann Rists „Die alleredelste Zeit=Verkürtzung" (1667), in der die Aussage, es handele sich um „Handgreiffliche=Lügen", nur für bestimmte (nämlich schlechte) „Romans" reserviert wird (ebd., S. 18).
46 Unter der Voraussetzung, dass eine halbwegs plausible Definition von ‚Lüge' zugrunde gelegt wird, über die beispielsweise Augustinus bereits verfügt hat; vgl. Künne: Wahrheit, S. 119 f., sowie den Beitrag 9. *Fiktionen, Wissen und andere kognitive Güter*, Abschnitt 2.6.

frech=wilden geschehen? Zwar ein gefusseter ehrliebender Geist achtet dessen wenig; aber wer vermuhtet sich eines solchen bey der lustsüchtigen Jugend?[47]

Ähnliches liest man in Christian Thomas' Abhandlung „Schertz= und Ernsthaffter, Vernünfftiger und Einfältiger Gedancken" (1688). Wenn das Romanlesen unerwünschte Folgen hat (etwa falsche Auffassungen über die Ehe), so liegt das nicht zuletzt an der Inkompetenz mancher Leser: „albernen Leuten, die für sich eine *inclination* zur Thorheit gehabt, und solche Bücher hätten sollen ungelesen lassen".[48] Auch hier könnte es immerhin sein, dass sich die Erfahrenheit kompetenter Leser nicht nur auf die in den Romanen verhandelten *Inhalte* erstreckt, die als problematisch erkannt werden, sondern dass es sich auch um eine Sache des kompetenten Umgangs mit Romanen *als solchen* handelt. Jugendliche und andere Personen mit einer „*inclination* zur Thorheit" wissen demnach schlicht noch nicht, dass man nicht alles glauben darf, was in Romanen steht; ihnen fehlt, wie man heute sagen würde, die notwendige Medienkompetenz.

Zusammenfassend kann festgehalten werden: Den Dichtern wird auch im poetologischen Diskurs der Neuzeit vorgeworfen, dass sie lügen. Für den hier in Rede stehenden Zusammenhang wichtiger als dieser – vielleicht eher als polemische Diffamierung denn als präzise Beschreibung der Praxis gemeinter – Vorwurf ist aber, dass fiktionale Texte von nicht-fiktionalen aufgrund pragmatischer und die Testimonialsituation betreffender Merkmale unterschieden werden. In jedem Fall deutet sich ein Bewusstsein dafür an, dass fiktionale Texte auf besondere Weise aufgenommen und auch rezipiert werden. Die entsprechende Medienkompetenz kann man besitzen oder auch nicht; es gibt Hinweise darauf, dass sie, wie allgemeine moralische Kompetenz auch, im Laufe der Erziehung/des Heranwachsens erworben wird (oder zumindest werden kann).

3. Zusammenfassung:
Kontinuitäten und Besonderheiten der neuzeitlichen Debatte

Dem untersuchten Quellenmaterial lassen sich deutliche Hinweise auf eine soziale, konventionalisierte Praxis der Unterscheidung fiktionaler und nicht-fiktionaler Texte entnehmen.[49] Zu den fiktionalen werden solche Texte ge-

---

47 Lämmert: Romantheorie, S. 13; eine wichtige Quelle dürfte Plato sein (*Der Staat*, Abschnitt 598).
48 Ebd., S. 43. An anderer Stelle ist auch vom „Mißbrauch" der Bücher die Rede (ebd., S. 45, vgl. ebd., S. 44).
49 Nicht beantwortet werden kann die Frage nach dem Beginn dieser Praxis; zur Unklarheit darüber in der Forschung vgl. Trappen: Fiktionsvorstellungen, S. 139 f.

zählt, die ‚erfunden' oder ‚erdichtet' sind; sie werden insbesondere gegen Texte abgegrenzt, deren Gehalte auf zuverlässigen Quellen beruhen; weiterhin ist das in fiktionalen Texten Gesagte (mit Einschränkungen, s. u.) nicht wahr, und es deutet sich an, dass fiktionale Texte als besondere Form der Kommunikation aufgefasst wurden, innerhalb derer Sprecher von Aufrichtigkeitspflichten entlastet sind und deren kompetente Hörer nicht alles glauben, was sie erzählt bekommen.

Die Ähnlichkeiten dieser Praxis mit der heutigen Institution Fiktionalität sind unübersehbar; bei den behandelten Aspekten handelt es sich durchwegs um Bausteine moderner Theorien der Fiktionalität. Der Eindruck der Ähnlichkeit von neuzeitlicher und moderner Praxis wird noch gestützt durch Differenzierungen, um die sich die Autoren der untersuchten Quellen bemühen: Dichtungen können (a) von Dingen handeln, die es gibt; (b) von Dingen handeln, die es gibt, aber unter falschem Namen; (c) von Dingen handeln, die es gibt, aber in einer Weise, die sich (so) nicht zugetragen hat (und die sich mit mehr oder minder großer Wahrscheinlichkeit hätte zutragen können); (d) von Dingen handeln, die es nicht gibt; (e) von Dingen handeln, die es nicht gibt, aber in einer Weise, die Aufschluss über die Wirklichkeit gibt (und insbesondere moralische Einsichten oder modales Wissen vermittelt). Auch diese Differenzierungen lassen sich ohne Einschränkung für die heutige Praxis konstatieren, und sie sind (mit-)verantwortlich für die Schwierigkeiten, die sich bei der Textsortenklassifikation ergeben können.[50]

Starke Kontinuitäten ergeben sich übrigens auch im Vergleich zur Antike: Zentrale Punkte der neuzeitlichen Debatte finden sich bereits in den kanonischen Schriften von Plato und Aristoteles. Das gilt für die von Sokrates gegen die Dichtung erhobenen Vorwürfe, sie stelle eine ungute psychologische Beeinflussung ihrer Leser (bei Plato: Zuschauer) dar, sie sei ein schlechtes Vorbild, enthalte falsche Aussagen und täusche ‚Kinder' und ‚Toren'; und für die Aristotelische Verteidigung, Dichtung könne über allgemeine Zusammenhänge informieren und enthalte (wenngleich ‚unter falschem Namen') oft Bezugnahmen auf die Wirklichkeit.

Unterschiede zwischen neuzeitlicher und moderner Praxis der Fiktionalität lassen sich in den folgenden Bereichen ausmachen:

In der Neuzeit werden andere Texte als fiktional resp. nicht-fiktional eingeschätzt als heute. Grund dafür ist jedoch nicht ein anderes Set von Unterscheidungskriterien. Vielmehr divergieren die Einschätzungen darüber, welche Texte die Kriterien erfüllen und welche nicht. Ein aufschlussreiches Beispiel ist die Berufung auf die Zuverlässigkeit von zugrunde liegen-

---

50 Vgl. insbesondere die Beiträge *2. Die Institution Fiktionalität* und *17. Fiktionalität im Mittelalter*.

den Quellen als Unterscheidungskriterium. Sowohl in der Neuzeit als auch heute werden Texte normalerweise nicht zu den fiktionalen gezählt, wenn sich ihr Gehalt (in hinreichendem Umfang) einer als zuverlässig eingestuften Vorlage verdankt.[51] Unterschiedlich sind allerdings die Auffassungen darüber, *welche* Quellen zuverlässig sind und welche nicht. Wird, um den prominentesten Beispieltyp zu benennen, eine biblische Erzählung für ein historisches Dokument gehalten, so ist auch deren Nacherzählung eine zuverlässige (nicht-fiktionale) Informationsquelle; wird die biblische Erzählung nicht für ein historisches Dokument gehalten, so gilt das nicht. Ähnliches gilt für das Wahrheitskriterium: Eine Übereinstimmung hinsichtlich der Annahme, dass in fiktionalen Texten Gesagtes nicht (wörtlich) wahr ist, ist vereinbar mit einem Dissens darüber, *welche* Aussagen in entsprechenden Texten wahr sind und welche nicht. Die Entscheidung über die Wahrheit von Aussagen hängt ab von schwer einschätzbaren Faktoren wie den Wissensbeständen von Individuen sowie dem generellen (aus individuellen Wissensbeständen abstrahierten) ‚Wirklichkeitsverständnis' einer Kultur.[52] Ein besonders drastisches frühneuzeitliches Beispiel ist die *Melusine*, die 1456 von Thüring von Ringoltingen aus dem Französischen übersetzt und 1474 erstmalig gedruckt wurde.[53] Die sagenhafte Geschichte handelt von einer Frau, die sich in ein Wesen mit Schlangenleib verwandelt. Dennoch beharrt der Übersetzer im Nachwort auf der Wahrheit des Erzählten („darumm nun das Buch fuer ein warheit geschrieben / vnd erzeigig werden mag"),[54] schließlich seien noch heute Nachkommen Melusines am Leben.[55] – Unterschiede in der Auffassung darüber, was in der Wirklichkeit der Fall oder auch nur möglich ist, ändern aber nichts daran, dass die Praxis der Unterscheidung fiktionaler und nicht-fiktionaler Texte dasselbe Kriterium (nämlich etwa die Wahrheit des Gesagten) zugrunde legen kann.

Ein schwieriges Problem, das hier nicht gelöst werden kann, wird durch die Frage aufgeworfen, ob daraus folgt, dass der neuzeitlichen Praxis derselbe *Begriff* von Fiktionalität zugrunde gelegen hat. Die Antwort auf diese Frage hängt sicherlich davon ab, welche Bedingungen für das Verfügen über einen Begriff angesetzt werden. Geht man davon aus, dass über einen Begriff zu verfügen bedeutet, dass man zutreffende klassifikatorische Urteile fällen kann, und gilt weiterhin, dass neuzeitliche und moderne Teilnehmer an der Praxis sehr unterschiedliche Urteile über die Fiktionalität oder Nicht-

---

51 Vgl. aber oben, Anm. 23–25, für Qualifikationen dieser Aussage.
52 Vgl. den Beitrag *17. Fiktionalität im Mittelalter.*
53 Vgl. Kayser: Wahrheit, S. 61.
54 Ebd.
55 Vgl. ebd., S. 61 f. – Befremdlich mutet auch an, dass der Übersetzer auch von den Helden der Tafelrunde sagt, sie hätten gelebt.

Fiktionalität derselben Texte fällen würden,[56] so würde man in Bezug auf Neuzeit und Moderne von unterschiedlichen Begriffen sprechen. Geht man dagegen davon aus, dass ein Verständnis der Intension eines Begriffs, d. h. der Kriterien, die ein Gegenstand erfüllen muss, um unter den Begriff zu fallen, hinreichend dafür ist, dass man über den fraglichen Begriff verfügt, so können eine neuzeitliche und eine moderne Person über denselben Begriff verfügen, obwohl sie unterschiedliche klassifikatorische Urteile fällen. Diese Problematik kann hier, wie gesagt, nicht entschieden werden.[57] Wichtig für den vorliegenden Zusammenhang ist denn auch allein die These, dass eine deutliche Ähnlichkeit zwischen neuzeitlicher und moderner Praxis der Unterscheidung von und des Umgangs mit fiktionalen Medien konstatiert werden kann. Wie es um die begrifflichen Kompetenzen der Akteure dieser Praxis bestellt ist, und damit um eine tiefergehende Analyse derselben, sei dahingestellt.

Eine weitere Besonderheit, die im Vergleich mit der heutigen Institution Fiktionalität einschlägig sein mag, betrifft den Zusammenhang von Diskurs und Praxis. Für die Neuzeit wurde konstatiert, dass der Fiktionalitätsdiskurs eher indirekte Schlüsse auf die Praxis des Umgangs mit den fraglichen Medien zulässt. Es scheint also, wenn man so sagen darf, eine gewisse Entfernung von Diskurs und Praxis zu geben, insofern Probleme der Fiktionalität nur am Rande, oder eben indirekt, behandelt werden. Hier ist gleichwohl Vorsicht angebracht. Zum einen mag dieser Eindruck zwar anhand des hier herangezogenen Quellenmaterials (nämlich Quellen zur frühen Romanpoetik) als angemessen erscheinen. In der Rhetorik, Theologie und Philosophie gibt es gleichwohl seit der Antike eine kontinuierliche direkte Auseinandersetzung mit Fragen der Fiktionalität, die hier schlicht nicht berücksichtigt wurde.[58] Zum anderen darf man auch von der heutigen Fiktionalitätsinstitution annehmen, dass sie erstens von der Theorie der Fiktionalität bislang weder vollständig beschrieben noch umfassend erklärt worden ist, und dass es zweitens gewichtige Unterschiede gibt zwischen den Aussagen der Theo-

---

56 *Nota bene*: Darüber wissen wir nichts! Vielleicht waren sich alle neuzeitlichen Mütter und Väter einig, dass Wiegenlieder fiktionale Geschichten erzählen.
57 Grundlegende Überlegungen zu Problemen begrifflicher Kompetenz finden sich in Laurence/Margolis: Concepts. In der literaturwissenschaftlichen Forschung zur Geschichte des ‚Fiktionalitätsbegriffs‘ wird typischerweise weder geklärt, was es heißt, über einen Begriff zu verfügen, noch, wer über den fraglichen Begriff verfügt haben soll; entsprechend schwer zu verstehen sind auch die Thesen zu ‚Wandlungen des Fiktionalitätsbegriffs‘; vgl. etwa Friedrich: Fiktionalität, S. 338 f.; Voßkamp: Romantheorie, S. 15, 55, 57 f. u. ö.
58 Vgl. Kleinschmidt: Wirklichkeit; Trappen: Fiktionsvorstellungen, S. 140–145; Danneberg/Spoerhase: Wissen, insbes. S. 35–46, mit einer Fülle weiterer Literaturangaben.

retiker und den ‚unbewussten' Annahmen der vielen ‚Laien', die die Praxis tragen.

Kennzeichnend für den neuzeitlichen Fiktionalitäts-*Diskurs* ist das Dominieren von Aussagen über den Wert oder Zweck der Dichtung. Positiv wird ihre Erkenntnisbedeutsamkeit herausgestellt, negativ die Tatsache, dass sie ihre Leser zu untugendhaftem Verhalten anstacheln könnte. Eine wichtige Rolle spielt dabei die Emotionalität. So heißt es in Harsdörffers „Frawen=Zimmer Gesprächs=Spiel" (1641) von Seiten der Dichtungs-Kritik: Die Figuren „erregen dergestalt vnsere Gedancken / daß wir mit jhnen weinen / lachen / trawren / Verlangen tragen / vnd allen jhren Begierden / gleichsam wircklich beypflichtē / obwolen sie nur erdichtet / vnd niemals gewesen / noch seyn werden."[59]

Es ist eine schwierige Frage, ob man annehmen sollte, dass diese Merkmale des Diskurses auch Merkmale der Praxis der Fiktionalität sind. Lassen sich aus Aussagen wie der zitierten Schlüsse darauf ziehen, wie mit fiktionalen Medien im Unterschied zu nicht-fiktionalen umgegangen wurde? – Diese Frage muss hier ebenso offen bleiben wie die Frage nach den genaueren Konturen der neuzeitlichen Fiktionalitätsinstitution.

Bibliographie

Coady, C. A. J.: Testimony. A Philosophical Study. Oxford 1992.
Carroll, Noël: Beyond Aesthetics. Philosophical Essays. Cambridge 2001.
Danneberg, Lutz / Carlos Spoerhase: Wissen in Literatur als Herausforderung einer Pragmatik von Wissenszuschreibungen: sechs Problemfelder, sechs Fragen und zwölf Thesen. In: Tilmann Köppe (Hg.): Literatur und Wissen. Theoretisch-methodische Zugänge. Berlin, New York 2011, S. 29–76.
Eco, Umberto: Im Wald der Fiktionen. Sechs Streifzüge durch die Literatur. Übersetzt von Burkhart Kroeber. 2. Aufl. München 1999.
Friedrich, Hans-Edwin: Fiktionalität im 18. Jahrhundert. Zur historischen Transformation eines literaturtheoretischen Konzepts. In: Fotis Jannidis / Gerhard Lauer / Simone Winko (Hg.): Grenzen der Literatur. Zu Begriff und Phänomen des Literarischen. Berlin, New York 2009, S. 338–373.
Gabriel, Gottfried: Fiktion. In: Klaus Weimar u. a. (Hg.): Reallexikon der deutschen Literaturwissenschaft. Bd. 1. Berlin, New York 1997, S. 594–598.
Gertken, Jan / Tilmann Köppe: Fiktionalität. In: Fotis Jannidis / Gerhard Lauer / Simone Winko (Hg.): Grenzen der Literatur. Zu Begriff und Phänomen des Literarischen. Berlin, New York 2009, S. 228–266.
Grice, H. Paul: Logik und Konversation. Übersetzt von Andreas Kemmerling. In: Georg Meggle (Hg.): Handlung, Kommunikation, Bedeutung. Frankfurt/M. 1993, S. 243–265.

---

[59] Lämmert: Romantheorie, S. 6. Für eine moderne Kritik dieser wiederum Platonischen Auffassung vgl. Carroll: Aesthetics, S. 272–274.

Gumbrecht, Hans Ulrich: Wie fiktional war der höfische Roman? In: Dieter Henrich / Wolfgang Iser (Hg.): Funktionen des Fiktiven. München 1983, S. 433–440.
Kayser, Wolfgang: Die Wahrheit der Dichter. Wandlungen eines Begriffes in der deutschen Literatur. Hamburg 1959.
Kleinschmidt, Erich: Die Wirklichkeit der Literatur. Fiktionsbewußtsein und das Problem der ästhetischen Realität von Dichtung in der Frühen Neuzeit. In: Deutsche Vierteljahrsschrift für Literaturwissenschaft und Geistesgeschichte 56 (1982), S. 174–197.
Köppe, Tilmann: Literatur und Erkenntnis. Studien zur kognitiven Signifikanz fiktionaler literarischer Werke. Paderborn 2008.
Kundert, Ursula: Ist Fiktion Lüge? Lügenvorwurf in fiktionalem Gewand in Gotthard Heideggers „Mythoscopia Romantica" (1698). In: Katja Bär (Hg.): Text und Wahrheit. Frankfurt/M. u. a. 2004, S. 51–62.
Künne, Wolfgang: Wahrheit. In: Ekkehard Martens / Herbert Schnädelbach (Hg.): Philosophie. Bd. 1. Reinbek bei Hamburg 1998, S. 116–171.
Lamarque, Peter / Stein Haugom Olsen: Truth, Fiction, and Literature. A Philosophical Perspective. Oxford 1994.
Lämmert, Eberhard / Hartmut Eggert / Karl-Heinz Hartmann (Hg.): Romantheorie 1620–1880. Dokumentation ihrer Geschichte in Deutschland. Frankfurt/M. 1988.
Laurence, Stephen / Eric Margolis (Hg.): Concepts. Core Readings. Cambridge, MA, London 1999.
Lewis, David: Convention. A Philosophical Study. Cambridge, MA 1969.
Melville, Gert: Historie. In: Harald Fricke u. a. (Hg.): Reallexikon der deutschen Literaturwissenschaft. Bd. 2. Berlin, New York 2000, S. 49–52.
Nehamas, Alexander: Mythology. The Theory of Plot. In: John Fisher (Hg.): Essays on Aesthetics. Philadelphia 1983, S. 180–197.
Rott, Hans: Der Wert der Wahrheit. In: Mathias Mayer (Hg.): Kulturen der Lüge. Köln, Weimar, Wien 2003, S. 7–34.
Sauder, Gerhard: Argumente der Fiktionskritik 1680–1730 und 1960–1970. In: Germanisch-Romanische Monatsschrift 26 (1976), S. 129–140.
Sidney, Philip: An Apology for Poetry or The Defence of Poesy. Hg. von Geoffrey Shepherd, 3., von R. W. Maslen überarb. Aufl. Manchester, New York 2002.
Stegmüller, Wolfgang: Gedanken über eine mögliche rationale Rekonstruktion von Kants Metaphysik der Erfahrung. In: W. S. (Hg.): Aufsätze zu Kant und Wittgenstein. Darmstadt 1974, S. 1–61.
Steinecke, Hartmut / Fritz Wahrenburg (Hg.): Romantheorie. Texte vom Barock bis zur Gegenwart. Stuttgart 1999.
Stierle, Karlheinz: Fiktion. In: Karlheinz Barck u. a. (Hg.): Ästhetische Grundbegriffe. Bd. 2. Stuttgart, Weimar 2001, S. 380–428.
Tarot, Rolf: „Fiktion" bei Harsdörffer. In: Italo Michele Battafarano (Hg.): Georg Philipp Harsdörffer. Ein deutscher Dichter und europäischer Gelehrter. Bern u. a. 1991, S. 105–126.
Titzmann, Michael: Kulturelles Wissen – Diskurs – Denksystem. Zu einigen Grundbegriffen der Literaturgeschichtsschreibung. In: Zeitschrift für französische Sprache und Literatur 99 (1989), S. 47–61.
Titzmann, Michael: Skizze einer integrativen Literaturgeschichte und ihres Ortes in einer Systematik der Literaturwissenschaft. In: M. T. (Hg.): Modelle des literarischen Strukturwandels. Tübingen 1991, S. 395–438.
Trappen, Stefan: Fiktionsvorstellungen in der Frühen Neuzeit. Über den Gegensatz zwischen ‚fabula' und ‚historia' und seine Bedeutung für die Poetik. In: Simpliciana 20 (1998), S. 137–163.

Voßkamp, Wilhelm: Romantheorie in Deutschland. Von Martin Opitz bis Friedrich von Blanckenburg. Stuttgart 1973.
Winch, Peter: The Idea of a Social Science and its Relation to Philosophy. London, New York 2008.
Zeller, Rosemarie: ‚Fabula' und ‚Historia' im Kontext der Gattungspoetik. In: Simpliciana 20 (1998), S. 49–62.

IV. Fiktionalität im disziplinären Kontext

JAN-NOËL THON

19. Fiktionalität in Film- und Medienwissenschaft

1. Disziplinäre Einordnung

Am Anfang der vorliegenden Auseinandersetzung mit Fiktionalität im Kontext der Film- und Medienwissenschaft soll die Frage stehen, was hier eigentlich mit ‚Film- und Medienwissenschaft' gemeint ist und wie sich die Film- und Medienwissenschaft zur Literatur- und Kommunikationswissenschaft verhält. Grundsätzlich spricht zunächst einiges dafür, die Filmwissenschaft als Teilbereich der Medienwissenschaft zu verstehen, wobei filmwissenschaftliche Fragestellungen zumindest im deutschsprachigen Raum die medienwissenschaftliche Landschaft nachhaltig geprägt haben. Während es der Filmwissenschaft aber – wenig überraschend – vor allem um die Theorie, Analyse und Geschichte ‚des Films' geht, beschäftigt sich die Medienwissenschaft allgemeiner mit der Theorie, Analyse und Geschichte ‚der Medien'.[1] Trotz eines Methodenpluralismus', der durchaus auch Platz für sozialwissenschaftlich-empirische Perspektiven bietet, begreift sich die deutschsprachige Medienwissenschaft aufgrund ihrer Entwicklung aus der Literaturwissenschaft[2] und in Abgrenzung zur Kommunikationswissenschaft[3] heute in erster Linie als Geistes- bzw. Kulturwissenschaft. Dies gilt nicht weniger für die Filmwissenschaft als Teilbereich der Medienwissenschaft, der aus historischen und epistemologischen Gründen eine besondere Nähe zu literatur- und kulturwissenschaftlichen Theorien und Methoden erkennen lässt.[4] Die Fernsehwissenschaft zeichnet sich demgegenüber sowohl aufgrund ihres Gegenstandsbereichs als auch mit Blick auf ihr metho-

---

1 Vgl. etwa Hickethier: Einführung, S. 332–379. Vgl. auch Borstnar/Pabst/Wulff: Einführung, für eine ähnlich verbreitete *Einführung in die Film- und Fernsehwissenschaft*, die allerdings eine allzu explizite disziplinäre Verortung weitgehend vermeidet.
2 Vgl. etwa Hickethier: Einführung, S. 7.
3 Vgl. etwa ebd., S. 6–8.
4 Vgl. etwa Bordwell: Narration; Bordwell/Thompson: Film; Monaco: Film; oder die Beiträge in Hill/Gibson: Film; sowie noch ausgeprägter Lange: Einführung, deren *Einführung in die Filmwissenschaft* bezeichnenderweise in einer ‚Germanistik'-Reihe erschienen ist.

disches Spektrum insgesamt durch eine größere Nähe zur Kommunikationswissenschaft aus.[5]

So oder so lässt sich aber festhalten, dass die Medienwissenschaft nicht nur durch einen gewissen Methodenpluralismus geprägt ist, sondern dass sie darüber hinaus auch eine große Bandbreite an konventionell distinkten Einzelmedien abdeckt,[6] in denen wiederum häufig sowohl fiktionale als auch nicht-fiktionale Angebote realisiert werden. So beschäftigt sich die Filmwissenschaft mit fiktionalen Spielfilmen ebenso wie mit nicht-fiktionalen Dokumentarfilmen, die Comicforschung ebenso mit fiktionalen *Graphic Novels* wie mit nicht-fiktionalen *Graphic Memoirs* – und selbst die Computerspielforschung versteht das Computerspiel nicht mehr grundsätzlich als fiktionale Form, sondern beginnt sich zunehmend für im weiteren Sinne nicht-fiktionale *Serious Games* oder gar *Documentary Games* zu interessieren. Weitere Teilbereiche der Medienwissenschaft, die sich zwar ebenfalls sowohl mit fiktionalen ‚Unterhaltungsangeboten' als auch mit nicht-fiktionalen ‚Informationsangeboten' beschäftigen, im vorliegenden Beitrag aber aus Platzgründen nicht im Detail behandelt werden können, wären etwa die Fernsehwissenschaft, die Hörfunk- oder die Journalismusforschung, wobei insbesondere letztere wiederum in erster Linie durch kommunikationswissenschaftliche Methoden geprägt ist.

Fragt man nun aber weiter, inwiefern die skizzierten Gegenstandsbereiche der Film- und Medienwissenschaft im Sinne des vorliegenden Bandes fiktionstheoretisch fundiert diskutiert werden, so muss die Antwort doch eher ernüchternd ausfallen: Zwar lässt sich insbesondere in der Filmwissenschaft seit etwa den 1980er Jahren eine gewisse Wirkmächtigkeit filmphilosophischer Ansätze beobachten, aber die Überschneidungen zwischen den in den weiteren Beiträgen des vorliegenden Bandes diskutierten Fiktionstheorien und der filmwissenschaftlichen Auseinandersetzung mit Spiel- oder Dokumentarfilmen erscheinen nach wie vor als recht gering. Das gilt umso mehr für den umfassenderen Bereich der Medienwissenschaft: Blickt man etwa auf die deutschsprachige Comicforschung oder Computerspielforschung, so lässt sich zwar durchaus von einem ausgeprägten Interesse am Spannungsfeld von Fiktionalität und Nicht-Fiktionalität aber eben in der Regel kaum von einer fiktionstheoretisch fundierten Diskussion der sich daraus ergebenden Fragen sprechen. Um also einerseits an die fiktionstheo-

---

5 Vgl. aber auch die Zusammenstellung ‚klassischer' Texte in Adelmann et al.: Grundlagentexte, sowie z. B. Keilbach / Stauff: Fernsehen; Mittell: Strategies; Uricchio: Constructing, für einen Überblick über neuere Entwicklungen im Rahmen einer eher kulturwissenschaftlich ausgerichteten Fernsehwissenschaft.

6 Für eine knappe Diskussion mit einem Schwerpunkt auf der Frage der ‚Medialität' vgl. etwa Thon: Mediality, sowie ausführlicher Vogel: Medien; Schmidt: Faszination; und die Beiträge in Münker / Roesler: Medium.

retische Orientierung des vorliegenden Bandes anzuschließen und andererseits der methodischen und theoretischen Vielfalt in der Film- und Medienwissenschaft Rechnung zu tragen, sollen im Folgenden zunächst einige einflussreiche Versuche in Richtung einer medienübergreifenden Fiktionstheorie skizziert und der Zusammenhang zwischen medienspezifischen Fiktionstheorien und medienspezifischen Darstellungstheorien an ausgewählten exemplarischen Beispielen aus dem Bereich der transmedialen Narratologie beleuchtet werden, bevor im Anschluss ein kurzer Überblick über jeweils spezifische Perspektiven auf (Nicht-)Fiktionalität in der Filmwissenschaft, der Comicforschung und der Computerspielforschung gegeben wird.

2. Transmediale Fiktionstheorie(n) als transmediale Darstellungstheorie(n)

Für die Film- und Medienwissenschaft erscheinen zunächst insbesondere jene Fiktionstheorien als relevant, die sich nicht – oder zumindest nicht ausschließlich – auf sprachlich verfasste Fiktionen konzentrieren. Es geht hier, in anderen Worten, um zumindest im Ansatz *transmediale Fiktionstheorien*, deren – meist recht abstrakte – Argumentation grundsätzliche Gültigkeit für eine Vielzahl ganz unterschiedlicher Medien beansprucht. Nicht zuletzt angesichts des Umstandes, dass mit Kendall L. Walton, Gregory Currie und Marie-Laure Ryan drei zentrale Vertreter solcher medienübergreifend angelegten Fiktionstheorien aber durchaus auch nicht-fiktionale Darstellungen als Teil des Gegenstandsbereichs ihrer jeweiligen Theorien begreifen, lassen sich derartige transmediale Fiktionstheorien auch grundsätzlicher als *transmediale Darstellungstheorien* verstehen, insofern sie umfangreiche darstellungstheoretische Elemente enthalten.[7]

Bestimmend für Waltons vor allem in *Mimesis as Make-Believe* entwickelte Fiktionstheorie ist zunächst die Annahme, dass es sich bei Darstellungen (*representations*) um Artefakte handelt, deren Funktion es ist, als Requisiten (*props*) in Imaginationsspielen (*games of make-believe*) zu dienen. Allerdings betont Walton, dass einerseits auch andere Objekte als Requisiten in derartigen Imaginationsspielen fungieren können und dass andererseits unsere Imaginationsspiele sich nicht auf ‚autorisierte' Imaginationen (*mandated imaginings*) beschränken müssen. Entsprechend unterscheidet er zunächst zwischen ‚autorisierten' Werkwelten (*work worlds*) und ‚nicht-autorisierten' Imaginationswelten (*game worlds*), um sich anschließend im Detail mit Prinzipien der Generierung (‚autorisierter') fiktiver Tatsachen auseinanderzuset-

---

[7] Vgl. etwa Walton: Mimesis, S. 70–105; Currie: Nature, S. 90–98; Currie: Image, S. 12–16; Currie: Narratives, S. 1–26; Ryan: Worlds, S. 13–30.

zen.⁸ Zentrale Generierungsprinzipien (*principles of generation*) sind dabei insbesondere das Realitätsprinzip (*Reality Principle*) und das Prinzip der allgemeinen Überzeugungen (*Mutual Belief Principle*), aber Walton selbst betont immer wieder die grundsätzliche Unmöglichkeit, die Imaginationsspiele, die wir mit Darstellungen ganz unterschiedlicher Art spielen, auf eine überschaubare Anzahl explizierbarer ‚Generierungsprinzipien' zu reduzieren. Trotz gewisser terminologischer Eigenwilligkeiten, die nicht zuletzt in der weitgehenden Gleichsetzung von ‚Fiktion' (*fiction*) und ‚Darstellung' (*representation*) resultieren,⁹ erscheint die Walton'sche Fiktions- bzw. Darstellungstheorie aufgrund ihrer transmedialen Anlage – Walton behandelt vor allem Literatur und Kunst, aber auch Filme, Comics und verschiedene andere Darstellungsformen – von besonderer Relevanz für die Film- und Medienwissenschaft.

Tatsächlich schließt mit Currie ein insbesondere für die Filmwissenschaft zentraler Fiktionstheoretiker explizit an Waltons Überlegungen zu Fiktion bzw. Darstellung als durch Imaginationsspiele bestimmt an, die Currie weiterentwickelt und auch für kognitionstheoretisch informierte Überlegungen anschlussfähig macht. Dabei vertritt Currie – anders als Walton – eine dezidiert intentionalistische Theorie, die grundsätzlich davon ausgeht, dass Darstellungen im Allgemeinen und narrative Darstellungen im Besonderen durch das Ziehen von Schlüssen auf die Intentionen ihrer Produzenten verstanden werden. In *The Nature of Fiction* konzentriert sich Currie noch weitgehend auf literarische fiktionale Texte, obwohl bildende Kunst, Theater und insbesondere Film gelegentlich erwähnt werden und Currie seinen Ansatz zur Erklärung von Fiktionen als auf ‚alle Medien' anwendbar verstanden wissen möchte. In *Image and Mind* setzt sich Currie dann jedoch dezidiert mit filmischen Fiktionen auseinander und erweitert darüber hinaus seine intentionalistisch-pragmatische Fiktionstheorie durch neuere Überlegungen zur Imagination aus der Kognitionswissenschaft,¹⁰ um schließlich in *Arts and Minds* die medienübergreifende Perspektive bereits im Titel explizit auf ‚darstellende Künste' im Allgemeinen zu beziehen. Zwar setzt sich Currie zumindest in seinen frühen Arbeiten noch recht ausführlich mit dem Problem der Fiktionalität von Darstellungen bzw. mit dem Unterschied zwischen fiktionalen und nicht-fiktionalen Darstellungen auseinander, es handelt sich bei seinen Überlegungen aber wiederum in weiten Teilen eher um eine allgemeine Darstellungstheorie als um eine spezifische Fiktions-

---

8 Vgl. auch den Beitrag *8. Fiktive Tatsachen*.
9 Für eine ausführlichere Auseinandersetzung mit Waltons Fiktionstheorie vgl. den Beitrag *3. Fiktionen als Make-Believe*. Zu Waltons Fiktionalitätsbegriff vgl. auch den Beitrag *20. Fiktionalität in Kunst und Bildwissenschaften*.
10 Vgl. auch Currie / Ravenscroft: Minds.

bzw. Fiktionalitätstheorie. Besonders deutlich wird das in Curries aktuellstem Buch, *Narratives and Narrators*, in dem es ihm ausdrücklich um eine die Grenzen von fiktionaler und nicht-fiktionaler Darstellung überschreitende, transmedial und narratologisch orientierte Darstellungstheorie geht.

Noch stärker als Currie integriert Ryan narratologische Theoriebestände in ihre fiktionstheoretischen Überlegungen, die sie in *Possible Worlds, Artificial Intelligence, and Narrative Theory* wiederum zunächst vor allem anhand literarischer Texte entwickelt, dann aber insbesondere in *Narrative as Virtual Reality* und *Avatars of Story* im Kontext einer transmedialen Narratologie auf eine Vielzahl weiterer medialer Formen wie Reality-Formaten im Fernsehen, Live-Übertragungen im Rundfunk, multimodalen Erzählungen im Internet oder interaktiven Erzählungen im Computerspiel überträgt. Den Großteil ihrer Fiktionstheorie entwickelt Ryan allerdings bereits in *Possible Worlds*, wobei ihr Ansatz – ebenso wie Curries Überlegungen in *The Nature of Fiction* – bereits grundlegend transmedial angelegt ist, sie ihre Beispiele aber in erster Linie aus dem literarischen Bereich wählt. So bemerkt sie zu ihrer theoretischen und methodischen Orientierung etwa: „Following this trend, I propose to explore fictionality and narrativity as distinct properties, and to address both issues from an interdisciplinary perspective – a perspective which may be called semiotic, since my approach is largely formalist, and my concern is signification in all kinds of texts, not just in literary ones."[11] Ähnlich wie Walton beschäftigt sich Ryan zunächst vor allem mit der darstellungstheoretischen Frage, wie sich die ‚Leerstellen' in prinzipiell unvollständigen narrativen Darstellungen füllen lassen, was sie zur Formulierung eines – mit Waltons Realitätsprinzip vergleichbaren – Prinzips der minimalen Abweichung (*Principle of Minimal Departure*) führt, demzufolge „[w]e will project upon these worlds everything we know about reality, and we will make only the adjustments dictated by the text."[12] Ähnlich wie Currie knüpft auch Ryan zudem an Waltons Überlegungen zur Fiktion als Imaginationsspiel an, betont dabei aber vor allem das Spannungsverhältnis zwischen unserer Realität als einzige „*actually* actual world" und einer potentiell unendlichen Zahl von „*pretended* actual worlds"[13], die sie im Anschluss an einschlägige Arbeiten von Pavel, Doležel und anderen als eine besondere Form möglicher Welten versteht.[14] Nicht zuletzt für film- bzw. medienwissenschaftliche Überlegungen zu hybriden Formen ‚zwischen Fakt und Fik-

---

11 Ryan: Worlds, S. 2f.
12 Ebd., S. 51. Vgl. auch Ryan: Story/Worlds/Media, für ausführlichere Überlegungen zu Formen und Funktionen von narrativ dargestellten Welten – sogenannten ‚Storyworlds' – in der gegenwärtigen Medienkultur.
13 Ryan: Worlds, S. 24, Herv. im Original.
14 Vgl. Pavel: Worlds, und Doležel: Heterocosmica, sowie die Kritik in Ronen: Worlds, und Zipfel: Fiktion.

tion', die später noch ausführlicher diskutiert werden, könnte dabei zudem Ryans Versuch interessant sein, sogenannte Zugänglichkeitsrelationen (*accessibility relations*) als Maßeinheit für die ‚Entfernung' solcher möglichen Welten von der aktualen Welt (oder auch die ‚Entfernung' zwischen verschiedenen möglichen Welten) einzusetzen.[15]

Bereits dieser kurze Blick auf die von Walton, Currie und Ryan erarbeiteten, transmedial ausgerichteten Fiktionstheorien sollte nun – neben zumindest einigen Gemeinsamkeiten und Unterschieden in ihren jeweiligen Argumentationsweisen – vor allem zwei Aspekte verdeutlicht haben, die auch mit Blick auf die Frage nach der (Nicht-)Fiktionalität unterschiedlicher medialer Formen von einiger Relevanz sind: Erstens können transmediale Fiktionstheorien auch oder gar in erster Linie als transmediale Darstellungstheorien verstanden werden, was wiederum die Frage aufwirft, inwiefern medienspezifische Darstellungstheorien zumindest bis zu einem gewissen Grad als medienspezifische Fiktionstheorien verstanden werden können. Zweitens lässt sich ein Zusammenhang zwischen fiktionalen und narrativen Darstellungen konstatieren, der zwar keineswegs ein Zusammenfallen von Fiktionalität und Narrativität, aber doch eine gewisse Nähe der Fiktions- zur Erzähltheorie impliziert.[16] Zwar handelt es sich bei der Narratologie in der gegenwärtigen Medienwissenschaft – zumindest im Vergleich zur deutlich ausdifferenzierteren literaturwissenschaftlichen Erzähltheorie – noch um ein verhältnismäßig junges Forschungsfeld, aber gerade in den letzten Jahren hat es zunehmend Bemühungen gegeben, einerseits medienspezifische narratologische Modelle jenseits der bereits seit den 1980er Jahren etablierten Filmnarratologie zu erarbeiten und diese andererseits innerhalb des mediale wie disziplinäre Grenzen transzendierenden Projekts einer genuin transmedialen Narratologie zu verorten.[17] Vor diesem Hintergrund sollen im Folgenden – wiederum in der gebotenen Kürze – einige ausgewählte medienspezifisch angelegte und narratologisch orientierte Darstellungstheorien aus der Filmwissenschaft, der Comicforschung und der Computerspielforschung auf ihren fiktionstheoretischen Gehalt hin befragt werden.

---

15 Vgl. den Beitrag *11. Fiktion und Modallogik*, für eine fiktionstheoretische Diskussion des Möglichkeitsbegriffs und Ryans Überlegungen zu fiktiven Welten als möglichen Welten.
16 Vgl. hierzu auch grundsätzlicher Cohn: Distinction; Bunia: Faltungen; Martínez / Scheffel: Narratology; Schaeffer: Narration; Ryan: Worlds; Zipfel: Fiktion.
17 Vgl. zu unterschiedlich umfassenden Perspektiven auf das Projekt einer transmedialen Narratologie etwa Herman: Narratology; Herman: Elements; Ryan: Avatars; Ryan: Foundations; Thon: Narratology; Thon: Subjectivity; Wolf: Metalepsis; Wolf: Narratology; sowie die Beiträge in Meister: Narratology; Ryan: Narrative across Media; Ryan / Thon: Storyworlds.

3. Medienspezifische Darstellungstheorie(n) als medienspezifische Fiktionstheorie(n)

Wie bereits erwähnt, handelt es sich bei der Filmtheorie um den sowohl fiktionstheoretisch als auch narratologisch fundiertesten Bereich neben der Literaturtheorie. Dabei haben nicht nur fiktionstheoretisch orientierte Studien zum Film häufig einen narratologischen Einschlag,[18] sondern auch filmnarratologische Arbeiten kommen selten ohne eine Auseinandersetzung mit fiktionalen Darstellungen aus.[19] Als beispielhaft für die kognitionswissenschaftlich informierte Behandlung darstellungs- wie fiktionstheoretischer Fragen innerhalb der Filmnarratologie mag etwa Edward Branigans *Narrative Comprehension and Film* gelten, das sogar mit einem separaten, durchaus fiktionstheoretisch fundiert erscheinenden Kapitel zur filmischen Fiktion endet. Freilich ist selbst für filmnarratologische Studien ein dezidiert auf das Fiktionalitätsproblem abzielendes Kapitel recht ungewöhnlich und auch Branigans Studie ist letztlich – trotz eines ausgeprägten metatheoretischen Interesses und der erwähnten kognitionstheoretisch informierten Grundhaltung – vor allem narratologisch bzw. eben darstellungstheoretisch ausgerichtet. Entsprechend lässt sich bereits für die Filmnarratologie festhalten, dass medienspezifische Darstellungstheorien zwar Elemente medienspezifischer Fiktionstheorien enthalten mögen, der Schwerpunkt der Theoriebildung aber eher auf darstellungs- denn auf fiktionstheoretischen Überlegungen liegt.

Zwar ist die Comicforschung bislang nicht in einem mit der Filmwissenschaft vergleichbaren Maße institutionalisiert, aber auch hier finden sich inzwischen eine Reihe umfangreicher narratologisch ausgerichteter Studien, die meist vor allem die medienspezifischen Darstellungsmittel des Comics zu systematisieren suchen.[20] Ein gutes Beispiel hierfür ist Martin Schüwers *Wie Comics erzählen*, das sich ausführlich mit darstellungstheoretischen Detailfragen auseinandersetzt, bevor es den Zusammenhang zwischen sprachlichem und nicht-sprachlichem Erzählen im Comic aus einer klassisch-narratologischen Perspektive zu fassen versucht. Zwar lässt sich immer wieder

---

18 Vgl. etwa Currie: Nature; Currie: Image; Currie: Narratives.
19 Vgl. etwa Bordwell: Narration; Branigan: Comprehension; Kuhn: Filmnarratologie. Expliziter fiktionstheoretisch (dabei aber nicht notwendigerweise narratologisch) fundiert sind häufig Arbeiten zu Figuren im Film; vgl. etwa Eder: Figur; Eder: Figuren; Eder / Jannidis / Schneider: Characters, S. 3–66.
20 Vgl. etwa Groensteen: Bande dessinée; Schüwer: Comics; Kukkonen: Storytelling. Zu aktuellen narratologischen Ansätzen vgl. auch die Beiträge in Gardner / Herman: Narratives, und Stein / Thon: Comic Strips. Für weitere einflussreiche darstellungstheoretische, dabei aber nicht explizit narratologische Arbeiten zum Comic vgl. etwa aus dem französischsprachigen Raum Groensteen: Systéme; Peeters: Case; Marion: Traces.

eine Bezugnahme Schüwers auf filmnarratologische und filmphilosophische Theoriebestände, dabei aber letztlich kaum eine Auseinandersetzung mit im engeren Sinne fiktionstheoretischen Fragestellungen konstatieren. Allerdings lassen sich Schüwers darstellungstheoretische Überlegungen wiederum in einem allgemeineren Sinne (auch) als fiktionstheoretische Überlegungen verstehen, insofern nicht nur jede Fiktionstheorie Elemente einer Darstellungstheorie voraussetzt, sondern eben auch jede Darstellungstheorie in gewisser Hinsicht als Fiktionstheorie verstanden werden kann, was sich im Übrigen in ähnlicher Weise auch für den Großteil der sonstigen vorliegenden – nach wie vor vor allem an fiktionalen Darstellungen interessierten – comicnarratologischen Arbeiten sagen lässt, zumal das Medium des Comics noch einmal deutlich stärker als das Medium des Films oder das Medium des Computerspiels durch narrative Formen dominiert ist und etwa Stephan Packard konstatiert, „daß nicht-narrative Comics tatsächlich so gut wie nicht auffindbar sind."[21]

Anders als bei Filmen und Comics (bzw. den entsprechenden darstellungstheoretischen Diskussionen in der Filmwissenschaft und der Comicforschung) war die Narrativität des Computerspiels innerhalb der Computerspielforschung lange umstritten. Hier wäre insbesondere die äußerst polemisch ausgetragene sogenannte ‚Ludologie/Narratologie-Debatte' zu nennen, die der Computerspielforschung einiges an Arbeit am eigenen Selbstverständnis ermöglicht hat. Dass es sich bei dieser Debatte wohl vor allem um ein wissenschaftspolitisch motiviertes Scheingefecht selbsternannter ‚Ludologen' gegen weitgehend imaginierte ‚Narratologen' handelte, ist inzwischen freilich ebenfalls gut dokumentiert, sodass sich die ‚Debatte' heute als weitgehend erledigt betrachten lässt.[22] Letztlich wird eine pauschale Charakterisierung von Computerspielen als ‚narrativ' oder ‚nicht-narrativ' den vielfältigen Möglichkeiten des Mediums oder auch nur dessen ‚narrativen' Vertretern kaum gerecht, da sich auch letztere eher als komplexe Kombinationen aus narrativen und ludischen Elementen erweisen.[23] Nicht unwesentlichen Anteil daran, dass Computerspiele inzwischen aber zunehmend *auch* auf ihre Narrativität hin untersucht werden, hatte beispielsweise Jesper Juul, der in *Half-Real* zwar immer noch kaum von narrativen Elementen zu sprechen wagt, aber zumindest das für Computerspiele konstitutive Spannungsverhältnis zwischen ‚Spielregeln' und ‚Fiktion' in den

---

21 Packard: Anatomie, S. 97.
22 Vgl. etwa Frasca: Ludologists; Jenkins: Design; sowie die Überblicksdarstellung in Neitzel: Narrativity; Ryan: Avatars, S. 181–203.
23 Für eine ausführlichere Diskussion dieser für zahlreiche Vertreter des Mediums konstitutiven Hybridität vgl. neben Jenkins: Design; Juul: Half-Real; Ryan: Avatars, S. 181–203, auch Thon: Formen; Thon: Games; Thon: Weiten.

Mittelpunkt seiner Überlegungen stellt. Freilich bezieht sich Juul zwar explizit auf einschlägige Fiktionstheorien, setzt sich dann aber wiederum nahezu ausschließlich mit darstellungstheoretischen Fragestellungen auseinander und kann also – durchaus stellvertretend für vergleichbare Ansätze innerhalb der Computerspielforschung – ebenfalls nur in einem allgemeinen Sinne als Beitrag zu einer Fiktionstheorie des Computerspiels verstanden werden, in dem jegliche Darstellungstheorie auch als Beitrag zur Fiktionstheorie gelesen werden kann (und *vice versa*). Anzumerken wäre hier allerdings zumindest noch, dass die Computerspielforschung sich aufgrund der Interaktivität und Nonlinearität auch ausgeprägt narrativer Computerspiele mit besonderen darstellungstheoretischen Problemen konfrontiert sieht, die Darstellungstheorien des Computerspiels – vielleicht doch stärker als das bei Darstellungstheorien des Films oder des Comics der Fall ist – Gelegenheiten zu auch fiktionstheoretisch relevanten Reflexionen zum Zusammenhang von Darstellung und Dargestelltem geben.[24]

Zusammenfassend sei noch einmal betont, dass sich einerseits medienspezifische Darstellungstheorien narratologischen oder nicht-narratologischen Zuschnitts zwar grundsätzlich auch als Beiträge zur Fiktionstheorie verstehen lassen, insofern jede Fiktionstheorie Elemente einer Darstellungstheorie voraussetzt,[25] dass aber andererseits Fiktionalität in der Film- und Medienwissenschaft vor allem *ex negativo*, d. h. in der mit nicht-fiktionalen Darstellungen beschäftigten Theoriebildung thematisiert wird.[26] Freilich lässt sich auch hier nur bedingt von einer fiktionstheoretischen Fundierung der verschiedenen film- und medienwissenschaftlichen Diskussionen sprechen und in einigen Fällen mögen sich insbesondere theoretisch ausgerichtete MedienwissenschaftlerInnen „des Eindrucks kaum erwehren [können], daß viele Differenzen darauf zurückzuführen sind, daß die jeweiligen Begriffe, vor allem die des Fiktionalen und Nicht-Fiktionalen, in vielen Fällen ungenau bestimmt"[27] oder zumindest nicht immer in einem ähnlich techni-

---

24 Vgl. exemplarisch Walker: Fiction, die sich an einer Übertragung der Walton'schen Darstellungs- bzw. Fiktionstheorie auf Computerspiele versucht. Vgl. auch deutlich knapper Thon: Games, zur ebenso grundlegenden wie problematischen Frage, was in Computerspielen eigentlich *dargestellt* wird. Weitere prominente Beispiele für eine darstellungstheoretische Wendung des Fiktionsbegriffs in Bezug auf Computerspiele wären etwa Atkins frühe Studie zu *Computer Games as Fictional Form* (Atkins: Game) oder Aarseths Überlegungen zum Verhältnis von Fiktion und Simulation (beispielsweise in Aarseth: Doors).
25 Vgl. hierzu bereits ausführlich Walton: Mimesis, sowie aus narratologischer Perspektive Martínez / Scheffel: Narratology, und aus literaturwissenschaftlicher Perspektive Bunia: Fiktion.
26 Dies wohl auch, da es sich zumindest in sogenannten ‚Unterhaltungsmedien', für die sich die Film- und Medienwissenschaft traditionell in besonderem Maße interessiert, bei fiktionalen Darstellungen eher um den ‚unmarkierten Fall' handelt.
27 Kessler: Fakt, S. 63.

schen Sinne verwendet werden, wie das in der philosophischen oder literaturwissenschaftlichen Fiktionstheorie gemeinhin der Fall ist.[28] Zwar scheint es kaum möglich, der Vielfalt heterogener Ansätze in der Film- und Medienwissenschaft im Rahmen eines kurzen Artikels gerecht zu werden, aber es soll im Folgenden dennoch versucht werden, anhand der Dokumentarfilmtheorie in der Filmwissenschaft, der Auseinandersetzung mit *Graphic Memoirs* in der Comicforschung und der Diskussion um sogenannte *Documentary Games* in der Computerspielforschung zumindest die Umrisse eines film- bzw. medienwissenschaftlichen Verständnisses von Nicht-Fiktionalität (und damit im Umkehrschluss letztlich auch: von Fiktionalität) schlaglichtartig sichtbar zu machen.

4. (Nicht-)Fiktionalität und Dokumentarfilme in der Filmwissenschaft

Die Frage nach der (Nicht-)Fiktionalität filmischer Darstellungen wird im Rahmen der Film- und Medienwissenschaft vor allem mit Bezug auf den Dokumentarfilm und also als Bestandteil unterschiedlicher Dokumentarfilmtheorien diskutiert, wobei mit Margrit Tröhler festzustellen ist, dass letztere durchaus andere Akzente setzen als das Fiktionstheorien in der Regel tun: „Stark vereinfacht behandeln die Fiktionstheorien die Frage der konstruierten *Realität des Films* unter dem Aspekt der Eigengesetzlichkeit der fiktionalen Welt und deren semantisch-logischem Verhältnis zur Wirklichkeit, während in der Dokumentarfilmtheorie der medial beglaubigte Wirklichkeitsbezug dominant in ethischen Begriffen verhandelt wird."[29] Am ehesten anschlussfähig an die bereits skizzierten transmedialen und medienspezifischen Darstellungs- bzw. Fiktionstheorien erscheinen dabei pragmatische Ansätze zum nicht-fiktionalen Film im Allgemeinen und zum Dokumentarfilm im Besonderen, die nicht so sehr die indexikalische Beziehung zwischen fotografischem Bild und ‚abgebildeter' Welt hervorheben, sondern vielmehr davon ausgehen, dass Dokumentarfilme solche Filme sind, die als ‚dokumentarisch' verstanden werden sollen.[30] Aufschlussreich sind in die-

---

28 Für einen guten Überblick über etablierte fiktionstheoretische Begriffsverwendungen vgl. Zipfel: Fiktion. Vgl. auch Zipfel: Fictionality, für einen aktuellen Versuch in Richtung einer transmedialen Fiktion(alität)stheorie, die die spezifische Medialität konventionell distinkter Einzelmedien in besonderer Weise berücksichtigt.
29 Tröhler: Authentizität, S. 152, Herv. im Original.
30 Vgl. insbesondere Odin: Film; Odin: Fiction, im Gegensatz etwa zu Grierson: Documentary; Winston: Real. Vgl. allgemeiner zu nicht-fiktionalem Film und Dokumentarfilm auch Carroll: Film; Carroll: Fiction; Plantinga: Documentary; Plantinga: Rhetoric oder – stärker auf die Abbildung der ‚sozialen Wirklichkeit' zielend – Nichols: Reality; Nichols: Boundaries.

sem Zusammenhang auch die Arbeiten von Currie, der – zuletzt mit Hilfe der Unterscheidung zwischen ‚representation-by-origin' und ‚representation-by-use' in *Narratives and Narrators* – die indexikalische Qualität des fotografischen Bildes nachdrücklich betont und daran anschließend ein eher ‚enges' Verständnis von Dokumentarfilmen vertritt: „In cinema we may have events and characters presented not as fact but as the material for make-believe, we may have actors and sets artfully contrived to inform us of actual events or we may have straightforward documentary film."[31]

Ebenfalls stark an traditionellen philosophischen Fiktionstheorien orientiert erscheinen die Arbeiten von Noël Carroll und Carl R. Plantinga, die beide – durchaus kompatibel zu intentionalistisch-pragmatischen und institutionellen Fiktionstheorien – davon ausgehen, dass mit Dokumentarfilmen behauptet werden kann bzw. Aussagen getroffen werden können, wobei die Kommunikation dieser nicht-fiktionalen Kommunikationsintention durch konventionalisierte Markierungen innerhalb von institutionalisierten Produktions- und Rezeptionsprozessen erfolgt.[32] Zwar stehen weder Carroll noch Plantinga für eine ‚essentialistische' Bestimmung der (Nicht-)Fiktionalität filmischer Darstellungen, wie sie sich etwa in der frühen filmtheoretischen Rede vom Film als „Vollendung der fotografischen Objektivität in der Zeit"[33] bei André Bazin oder der dieser diametral entgegengesetzten Charakterisierung des Films als ‚immer schon fiktional' bei Christian Metz finden.[34] Doch selbst pragmatische Positionen, die ‚nur' von der grundsätzlichen Unterscheidbarkeit fiktionaler und nicht-fiktionaler Filme auf Grundlage der von ihnen kommunizierten kommunikativen Intentionen ausgehen, sind angesichts neuerer filmgeschichtlicher Entwicklungen durchaus auch jenseits eines ‚postmodernen Skeptizismus'[35] als ‚zu starr' kritisiert worden. Insbesondere in neueren filmwissenschaftlichen Arbeiten wird zunehmend ein Spiel mit dem Überschreiten und Unterlaufen der konventionalisierten

---

31 Currie: Image, S. 16.
32 Vgl. wiederum Carroll: Fiction; Carroll: Film; Plantinga: Documentary; Plantinga: Rhetoric; vgl. auch den Beitrag 2. *Die Institution Fiktionalität*.
33 Bazin: Ontologie, S. 25. Unmittelbar davor etwas ausführlicher: „Welche kritischen Einwände wir auch immer haben mögen, wir sind gezwungen, an die Existenz des repräsentierten Objektes zu glauben, des tatsächlich re-präsentierten, das heißt, des in Zeit und Raum präsent gewordenen. Die Fotografie profitiert von der Übertragung der Realität des Objektes auf seine Reproduktion." (Bazin: Ontologie, S. 24.)
34 „Jeder Film ist ein fiktionaler Film." (Metz: Signifikant, S. 45.) Vgl. auch Hediger: Überhandnehmen, der Bazins und Metz' Positionen in den – noch vor Metz formulierten – Überlegungen Stanley Cavells zusammengeführt sieht, nach denen „[d]er Film zugleich ein inhärent nichtfiktionales *und* fiktionales Medium" (Hediger: Überhandnehmen, S. 180, Herv. im Original, unter Verweis auf Cavell: World, S. 16 ff.) sei.
35 Vgl. insbesondere Carroll: Film. Vgl. auch Ryan: Postmodernism, zu dem wohl auch Metz' oben zitierte Position zu zählen wäre (vgl. auch den Beitrag 10. *Panfiktionalismus*).

bzw. institutionalisierten Grenzen zwischen ‚Fakt' und ‚Fiktion' bzw. zwischen ‚nicht-fiktionaler' und ‚fiktionaler' Darstellung konstatiert,[36] was einerseits der gestiegenen Relevanz von ‚Hybridformen' wie Dokudrama, Scripted Reality oder Mockumentaries in der gegenwärtigen Medienkultur angemessen sein dürfte, andererseits aber an der einen oder anderen Stelle einen – jedenfalls aus Sicht einer intentionalistisch-pragmatischen bzw. institutionellen Fiktionstheorie – problematischen ‚graduellen' Fiktionalitätsbegriff vorauszusetzen scheint. Unabhängig von der Beobachtung, dass fiktive Welten sich mehr oder weniger stark von unserer Welt unterscheiden können, gehen philosophische Fiktionstheorien häufig davon aus, dass es sich bei Fiktionalität nicht um ein ‚graduelles' Phänomen handelt.[37] Ebendies ist aber in der Film- und Medienwissenschaft äußerst strittig, wobei sich die durch die genannten ‚Hybridformen' kommunizierten komplexen Kommunikationsintentionen in der Tat kaum angemessen als ausschließlich ‚fiktional' oder ‚nichtfiktional' beschreiben lassen.

Als in der Film- und Medienwissenschaft besonders einflussreich und anschlussfähig haben sich vor diesem Hintergrund die semio-pragmatischen Arbeiten Roger Odins herausgestellt, der zunächst grundsätzlich die rezeptionsästhetisch gefasste Möglichkeit nicht nur einer ‚fiktionalisierenden' sondern eben auch einer ‚dokumentarisierenden' Lektüre beschreibt, zugleich aber davon ausgeht, „daß es ein Ensemble von Filmen gibt, das ausdrücklich verlangt, auf diese Weise gelesen zu werden".[38] Odin betont dabei – durchaus kompatibel mit grundlegenden fiktions- bzw. dokumentarfilmtheoretischen Annahmen bei Carroll und Plantinga – die institutionalisierte Produktion von ‚dokumentarisierenden' Lektüren ebenso wie den Umstand, dass die ‚Erwünschtheit' einer solchen Lektüre paratextuell oder textuell markiert werden muss, wenn er Dokumentarfilme als jene Filme definiert, die in ihrer „Struktur explizit (auf die eine oder andere Weise) die Anweisung zur Durchführung einer dokumentarischen Lektüre integriert" haben.[39] Ein wichtiger Unterschied zu stärker in der analytisch-philosophischen Tradition verorteten Fiktions- bzw. Nicht-Fiktionstheorien des Films besteht allerdings darin, dass Odin davon ausgeht, dass die entsprechenden Rezeptionshaltungen (oder ‚Lektüren') sich auf verschiedene Teile des Films beziehen können, die dann entsprechend ‚dokumentarisch' und ‚nicht-dokumentarisch' bzw. ‚nicht-fiktional' und ‚fiktional' zu verstehen wären. Hier geht es also nicht (nur) darum, dass ursprünglich als nicht-fiktional inten-

---

36 Vgl. etwa Paget: Way; Roscoe / Hight: Faking; Lipkin / Paget / Roscoe: Docudrama sowie Hediger: Überhandnehmen; Mundhenke: Friktionen; Tröhler: Authentizität.
37 Vgl. etwa Currie: Nature, S. 90–92; Doležel: Heterocosmica, S. 24–28; Zipfel: Fiktion, S. 292–297.
38 Odin: Film, S. 126.
39 Ebd., S. 135; vgl. den Beitrag *5. Fiktionssignale*.

dierte und rezipierte Darstellungen nachträglich als fiktional rezipiert werden können, was auch in der etablierten Fiktionstheorie weitgehend unstrittig ist.[40] Insbesondere, wenn man – wie weite Teile der gegenwärtigen Filmwissenschaft – (Nicht-)Fiktionalität weder als intrinsische Eigenschaft der Medialität bestimmter Darstellungen wie etwa des fotografischen Bildes begreifen noch als ausschließlich durch unproblematische Zuschreibungen ‚stabiler' kommunikativer ‚Makro-Intentionen' bestimmt verstehen möchte, scheint ein semio-pragmatisch bzw. rezeptionsästhetisch basiertes Verständnis von (Nicht-)Fiktionalität fraglos reizvoll. Festzuhalten bleibt aber dennoch, dass Odins Semio-Pragmatik des Dokumentarfilms – anders als die Arbeiten von Carroll oder Plantinga – mit traditionellen, (sprach-)philosophisch geprägten Fiktionstheorien nur begrenzt kompatibel ist, die in der Regel nicht davon ausgehen, dass ein (filmisch oder sprachlich verfasster) Text an verschiedenen Textstellen im Wechsel als fiktional bzw. nicht-fiktional verstanden werden kann.

5. (Nicht-)Fiktionalität und *Graphic Memoirs* in der Comicforschung

Zwar finden sich immer wieder auch Comics (bzw. *Graphic Novels*) mit journalistischem oder dokumentarischem Anspruch,[41] aber der Schwerpunkt ‚nicht-fiktionaler' Comics wie auch der entsprechenden Diskussion in der Comicforschung liegt ohne Frage auf sogenannten *Graphic Memoirs*, also autobiographischen Comics, deren Autoren ‚aus ihrem Leben erzählen'. Obwohl sich *Graphic Memoirs* wie Art Spiegelmans *Maus* (1986/1991), David B.s *L'Ascension du Haut Mal* (1996–2003), Marjane Satrapis *Persepolis* (2000–2003), Craig Thompsons *Blankets* (2003), Alison Bechdels *Fun Home* (2006), oder David Smalls *Stitches* (2009) aus Sicht einer intentionalistisch-pragmatischen bzw. institutionellen Fiktionstheorie fraglos als ‚nicht-fiktional' verstehen lassen, betont die Comicforschung – ähnlich wie bestimmte Teile der neueren filmwissenschaftlichen Forschung zu dokumentarischen

---

40 Vgl. Gorman: Fiction, S. 164. Das ‚Oszillieren' zwischen fiktionaler und nicht-fiktionaler Darstellung (bzw. ‚Lektüre') in Dokumentarfilmen und anderen Filmgattungen ist aber ebenfalls bereits in den ‚klassischen' Arbeiten etwa von Nichols: Reality; Nichols: Boundaries, angelegt.

41 Vgl. etwa Joe Sacco, der mit *Palestine* (1996) und *Safe Area Goražde* (2000) vielbeachtete Arbeiten mit zweifellos journalistischem Anspruch vorgelegt hat. Vgl. dazu auch Adams: Novels, S. 121–160; Gadassik/Henstra: Comics; Woo: Journalism. Vgl. weiterhin die Diskussion ‚dokumentarischer' Animationsfilme wie *Waltz with Bashir* (2008) oder *The Green Wave* (2010) bei Paul Wells, der davon ausgeht, dass „the intention to create ‚documentary' is inhibited by the fact that the medium cannot be objective." (Wells: Animation, S. 27)

Formen – nicht selten die vermeintliche ‚Fiktionalität' der entsprechenden Werke.[42] Dabei lassen sich zwei zentrale Argumentationsmuster unterscheiden: Einerseits wird im Anschluss an einschlägige Arbeiten aus der literaturwissenschaftlichen Autobiographieforschung von einer prinzipiellen ‚Subjektivität' und ‚Unzuverlässigkeit' autobiographischen Erzählens ausgegangen und vor diesem Hintergrund die prinzipielle Unmöglichkeit nichtfiktionalen autobiographischen Erzählens *auch* im Medium des Comics konstatiert. Andererseits wird gelegentlich – im Rahmen einer mit älteren Positionen zum privilegierten Status des fotografischen Bildes in der (Dokumentar-)Filmtheorie vergleichbaren Argumentation – davon ausgegangen, dass das Medium des Comics selbst aufgrund seiner spezifischen semiotischen Möglichkeiten und Grenzen ‚nicht-fiktionales' Erzählen unmöglich macht, insofern eine gezeichnete Darstellung grundsätzlich keine ‚indexikalische' Relation zum Dargestellten realisieren könne. Der Begriff der ‚Indexikalität' wird hier ebenso wie in der Dokumentarfilmtheorie in der Regel im Peirce'schen Sinne als „natural or causal connection" zwischen Darstellung und Dargestelltem (bzw. zwischen Bezeichnendem und Bezeichnetem) verwendet.[43]

Beide skizzierten Einwände gegen die Nicht-Fiktionalität von *Graphic Memoirs* scheinen in der Sache zunächst berechtigt: Einerseits neigen *Graphic Memoirs* gerade auch im Vergleich mit traditionellen literarischen Autobiographien zur ausgeprägten Selbstreflexion und Problematisierung allzu simpler ‚Wahrheitsansprüche'. Andererseits ist es durchaus nicht falsch, dass das für den Comic charakteristische Set an Darstellungsstrategien einer ‚transparenten' Darstellung auf unterschiedliche Weise entgegensteht. Allerdings gehen eben auch die LeserInnen von *Graphic Memoirs* in der Regel davon aus, dass die Autorin oder der Autor nur von Geschehnissen erzählt, von denen sie oder er annimmt, dass diese sich tatsächlich zugetragen haben.[44] Wiederum aus Sicht einer intentionalistisch-pragmatischen oder institutionellen Fiktionstheorie spricht einiges dafür, Fiktionalität weder über ‚wahre Aussagen über die Welt' noch über eine indexikalische Relation zwischen Dargestelltem und Darstellung, sondern eben als Eigenschaft von Darstellungen zu verstehen, die den Anspruch kommunizieren, ‚wahre Aussagen über die Welt' zu machen – zumal es wenig plausibel erscheint, Fik-

---

42 Vgl. zuletzt Chute: Women; Gardner: Autography; Pedri: Memoir; sowie die Beiträge in Chaney: Subjects.
43 Merrell: Peirce, S. 53. Vgl. zur vermeintlichen Fiktionalität von Bildern auch allgemeiner Walton: Mimesis („Pictures are fictions by definition", S. 351) im Gegensatz etwa zu Ryan: Fiction („some pictures are fictional, some are non-fictional, and for some of them the decision is irrelevant", S. 20); vgl. den Beitrag *20. Fiktionalität in Kunst und Bildwissenschaften*.
44 Vgl. wiederum Pedri: Memoir.

tionalität im Umkehrschluss über das Vorliegen ‚falscher Aussagen über die Welt' bzw. die Abwesenheit einer indexikalischen Beziehung zwischen Dargestelltem und Darstellung zu bestimmen, was in wenig intuitiver Weise wahlweise jede Lüge oder Falschmeldung bzw. die überwiegende Mehrzahl visueller wie verbaler Darstellungen zu ‚Fiktionen' werden lassen würde: „Fictional statements need not actually be untrue because it would not make any difference to a work's fictional status whether any of the statements made in it turned out to be true by coincidence [...]. Likewise factual discourse is intended to be true, although it may not be: mistaken statements are still factual ones."[45] Insofern lässt sich einerseits also wiederum nur bedingt von einer fiktionstheoretischen Fundierung der Comicforschung auch in Bezug auf nicht-fiktionale Comics sprechen. Andererseits ließe sich hier einmal mehr konstatieren, dass die (sich erst noch im Prozess der Institutionalisierung befindende) Comicforschung und die (deutlich etabliertere) Fiktionstheorie einiges voneinander lernen könnten: Erstere hätte sich von einer stärkeren Berücksichtigung der fiktionstheoretischen Diskussionen eine terminologische Präzisierung insbesondere mit Blick auf Begriffe wie ‚Fiktionalität' und ‚Nicht-Fiktionalität' bzw. ‚fiktiv' und ‚nicht-fiktiv' zu versprechen, während letztere sich angesichts der mit autobiographischen und anderen nicht-fiktionalen Comics verbundenen darstellungstheoretischen Probleme – etwa der metaphorischen Darstellung in *Maus* und *L'Ascension du Haut Mal*, der Inanspruchnahme ‚dichterischer Freiheit' in *Persepolis* und *Blankets* oder der medienspezifischen Formen des Realismus gezeichneter Bilder in *Fun Home* und *Stitches* – stärker als bisher um eine Ausdifferenzierung und punktuelle Hinterfragung vermeintlicher Gewissheiten über das ‚Wesen' (nicht-)fiktionaler Darstellungen jenseits des literarischen Textes bemühen könnte.

6. (Nicht-)Fiktionalität und *Documentary Games* in der Computerspielforschung

Die medienwissenschaftliche Computerspielforschung ist ein immer noch verhältnismäßig junges Feld und nach wie vor lässt sich konstatieren, dass „die trans-, multi- und interdisziplinären Zugriffe auf das Computerspiel jung, disparat und noch keineswegs im Sinne einer Disziplin konsistent" sind.[46] Dass zwischen dem Ende der 1990er Jahre und dem Anfang der 2000er Jahre der Fokus noch in erster Linie auf darstellungstheoretischen

---

45 Gorman: Fiction, S. 163.
46 Neitzel / Nohr: Spiel, S. 10. Vgl. auch die ‚Neuauflage' dieser Standortbestimmung in Neitzel / Nohr: Studies.

Fragestellungen und dem Computerspiel als fiktionaler Form lag, hat dabei einerseits mit den Konsolidierungsprozessen eines noch recht jungen Forschungsfeldes, andererseits aber auch mit der historischen Entwicklung des Mediums selbst zu tun. Nachdem seit der Jahrtausendwende zunehmend auch ein Markt für *Serious Games*, Computerspiele mit historischem Setting und andere in einem weiteren Sinne nicht-fiktionale Computerspiele entstand, hat sich dann aber auch die Computerspielforschung verstärkt der (Nicht-)Fiktionalität von Computerspielen gewidmet. Nicht zuletzt aus fiktionstheoretischer Sicht besonders interessant sind dabei sogenannte *Documentary Games*, also Computerspiele wie *Waco Resurrection* (2003), *JFK Reloaded* (2004), *Kuma\War* (2004 ff.), *Under Siege* (2005) oder *Super Columbine Massacre RPG!* (2005), die einen dezidiert ‚dokumentarischen' Anspruch kommunizieren.

Allerdings führt die spezifische Medialität des Computerspiels auch und gerade bei derartigen *Documentary Games* zu einer Reihe besonderer darstellungs- und fiktionstheoretischer Probleme, die nur teilweise mit den im Kontext nicht-fiktionaler Comics oder Filme auftauchenden Problemen vergleichbar sind. So stellt bereits William Uricchio in einer frühen Auseinandersetzung mit Geschichtsdarstellungen im Computerspiel zutreffend fest: „One might be tempted to conclude that computer games, in sharp contrast to media such as print, photography, audio recording, and television, are somehow incapable of being deployed for purposes of historical accuracy, documentation, and thus representation. Although they can integrate all of these earlier media, computer games might seem closest to historical documentation only when emulating them, in the process supressing games' defining interactive relationship with the gamer."[47] Einerseits verwendet kein Computerspiel ausschließlich dokumentarisches Material, wenn es auch durchaus gängige Praxis ist, digitalisierte ‚dokumentarische' Fotografien, Filmausschnitte oder Audioaufnahmen z. B. in Form von Cut-Scenes in neuere Computerspiele zu integrieren. Insofern es sich hier also nicht oder zumindest nicht ausschließlich um fotografische Bilder, sondern eben vor allem um in Echtzeit computergenerierte Darstellungen handelt, lassen sich *Documentary Games* nicht im selben Maße als ‚indexikalisch' verstehen, wie das etwa bei den fotografischen Bildern bestimmter Dokumentarfilme der Fall sein mag. Bereits Joost Raessens betont in einem der frühesten Aufsätze zum Thema, dass die neuere Dokumentarfilmtheorie nicht mehr ausschließlich auf den indexikalischen Charakter fotografischer Bilder, sondern eben eher auf die Möglichkeit einer ‚dokumentarisierenden Lektüre' von ‚dokumentarisch intendierten' Darstellungen zielt und das insofern Überlegungen aus der Dokumentarfilmtheorie durchaus auf ‚dokumenta-

---

47 Uricchio: Simulation, S. 327. Vgl. auch die aktuellen Beiträge in Schwarz: Kühe.

risch' angelegte Computerspiele übertragen werden können.[48] Nicht nur aus darstellungs- sondern durchaus auch aus fiktionstheoretischer Perspektive wichtiger als diese – auch für *Graphic Memoirs* und andere nicht-fiktionale Comics sowie nicht-fotografische Bilder allgemein geltende – Einschränkung ist aber die in Computerspielen aufgrund ihrer Interaktivität grundsätzlich prekäre Relation zwischen Darstellung und Dargestelltem.

Insofern Computerspiele zwar ‚dokumentarisches' Material in Cut-Scenes einbinden und realweltliche Räume zunehmend ‚realistisch' simulieren können, das Spielgeschehen aber notwendigerweise von SpielerIn zu SpielerIn und von Spieldurchgang zu Spieldurchgang variiert, lässt sich kaum davon sprechen, dass es sich bei *Documentary Games* um mit Dokumentarfilmen direkt vergleichbare Darstellungen mit im herkömmlichen Sinne dokumentarischem Charakter handelt. Vor diesem Hintergrund haben unlängst Ian Bogost, Simon Ferrari und Bobby Schweizer vorgeschlagen, zwischen drei Weisen zu unterscheiden, auf die Computerspiele sich mit der ‚Wirklichkeit' auseinandersetzen können: „through explorable *spatial reality*, which makes the environments of events navigable; through experiential *operational reality* that re-creates the events themselves; and through *procedural reality*, or interactions with the behaviours that drive the systems in which particular events take place."[49] Während also neuere filmwissenschaftliche Theorien davon ausgehen, dass insbesondere die ZuschauerInnen hinsichtlich der Unterscheidung zwischen fiktionaler und nicht-fiktionaler Darstellung hybrider Filme zwischen einer ‚fiktionalisierenden' und einer ‚dokumentarisierenden Lektüre' oszillieren können und die Comicforschung sowohl die spezifische Medialität gezeichneter Darstellungen in *Graphic Memoirs* als auch die ‚künstlerische Freiheit' ihrer AutorInnen betont, wird die Computerspielforschung durch ihren Gegenstand mit in gewisser Hinsicht grundlegenderen darstellungs- und fiktionstheoretischen Fragen konfrontiert: Was wird in einem *Documentary Game* (oder einem anderen fiktionalen oder nicht-fiktionalen Computerspiel) eigentlich dargestellt und welche Elemente des Dargestellten sind über verschiedene Spieldurchgänge stabil genug, um sie mit einer ‚Aussageintention' im Sinne der intentionalistisch-pragmatischen bzw. institutionellen Fiktionstheorie zu verbinden?

---

48 Vgl. Raessens: Play.
49 Bogost / Ferrari / Schweizer: Newsgames, S. 64, Herv. im Original. Vgl. auch die ausführlicheren Überlegungen in Bogost: Games, und den auch im Sinne einer komplementären Perspektive aufschlussreichen Versuch in Bogost / Poremba: Games, die von Nichols: Reality, unterschiedenen dokumentarischen Formen auf *Documentary Games* zu übertragen. Vgl. weiterhin Fullerton: Games; Galloway / McAlpine / Harris: Model.

7. Fazit und Forschungsdesiderata

Abschließend sei noch einmal festgehalten, dass sich die Film- und Medienwissenschaft zwar schon aufgrund ihres Gegenstandsbereichs durchaus für Fiktionalität und Nicht-Fiktionalität in unterschiedlichen Medien interessiert, die entsprechenden Überlegungen dabei aber bislang nur selten als im analytisch-philosophischen Sinne fiktionstheoretisch fundiert erscheinen. Nun handelt es sich bei einer solchen Fundierung offensichtlich keineswegs um eine notwendige Bedingung für das Gelingen film- bzw. medienwissenschaftlicher Forschung. Bereits die vorangegangene grobe Skizze der Rolle, die Überlegungen zu Fiktionalität und Nicht-Fiktionalität etwa in der Filmwissenschaft, der Comicforschung und der Computerspielforschung spielen, dürfte aber verdeutlicht haben, dass es durchaus wünschenswert sein könnte, wenn philosophische und literaturwissenschaftliche Fiktions- oder Darstellungstheorien sowie medienwissenschaftliche Darstellungs- oder Medientheorien sich stärker als bislang gegenseitig zur Kenntnis nähmen. Dabei lassen sich – bei aller gebotenen Vorläufigkeit – im Sinne weiter bestehender Forschungsdesiderata drei Bereiche skizzieren, in denen die (geistes- bzw. kulturwissenschaftliche) Medienwissenschaft und die (philosophische bzw. literaturwissenschaftliche) Fiktionstheorie stärker als bislang aufeinander Bezug nehmen könnten:

1) Medienspezifische Darstellungstheorien (wie sie bislang vor allem in der Film- und Medienwissenschaft entwickelt werden) können grundsätzlich zur Ausdifferenzierung transmedialer Fiktionstheorien (wie sie bislang vor allem in der Philosophie und Literaturwissenschaft entwickelt werden) beitragen.
2) Dezidierte Fiktionstheorien (wie sie bislang vor allem in der Philosophie und Literaturwissenschaft entwickelt werden) können zur fiktionstheoretischen Fundierung und terminologischen Präzisierung film- und medienwissenschaftlicher Studien zu fiktionalen wie nicht-fiktionalen Angeboten beitragen.
3) Film- und medienwissenschaftliche Studien mit ihrer Betonung der Hybridität (nicht-)fiktionaler Darstellungen in unterschiedlichen Medien können dazu beitragen, dass etablierte Fiktionstheorien ihre Prämissen hinterfragen und zu differenzierteren Analysen insbesondere von hybriden Formen ‚zwischen Fiktion und Nicht-Fiktion' finden.

(1) geht also davon aus, dass es die zur Kenntnisnahme von in der Medienwissenschaft entwickelten, medienspezifisch ausdifferenzierten Darstellungstheorien etwa des Films, des Comics oder des Computerspiels insbesondere transmedial ausgerichteten philosophischen Fiktionstheorien

ermöglichen würden, ihre darstellungstheoretischen Anteile ‚medienbewusster' zu gestalten. Demgegenüber betont (2) den Wert, den allgemeinere begriffliche Reflexionen etwa aus der philosophischen Fiktionstheorie auch für in erster Linie an der Analyse konkreter Medienangebote und mediengeschichtlicher Entwicklungen interessierte medienwissenschaftliche Arbeiten haben. Dies gilt insbesondere für die in einigen dieser Arbeiten nach wie vor zu beobachtenden terminologischen Schwierigkeiten etwa mit Blick auf die Unterscheidung der Begriffspaare ‚Fiktion/Nicht-Fiktion', ‚fiktiv/nicht-fiktiv' und ‚fiktional/nicht-fiktional', die in der Fiktionstheorie meist längst als geklärt betrachtet werden. Schließlich wäre im Sinne von (3) aber auch zu fragen, inwiefern die medienwissenschaftliche Analyse konkreter Medienangebote ihrerseits dazu führen kann, dass vermeintlich ‚geklärte' fiktionstheoretische Begriffe angesichts neuerer mediengeschichtlicher Entwicklungen in Richtung einer zunehmenden ‚Hybridisierung' fiktionaler und nicht-fiktionaler Formen neu zu bedenken und etwa mit Blick auf die zunehmend als Bestandteil gegenwärtiger Medienkompetenz vorauszusetzende Möglichkeit zu modifizieren wären, bei der Rezeption von Filmen, Comics und Computerspielen auf differenzierte Weise zwischen ‚fiktionalen' und ‚nichtfiktionalen' Rezeptionshaltungen zu oszillieren. Auch wenn ein solches Programm einer stärkeren Annäherung von (geistes- bzw. kulturwissenschaftlicher) Medienwissenschaft und (philosophischer bzw. literaturwissenschaftlicher) Fiktionstheorie hier nur angedeutet werden kann, sollte doch deutlich gemacht worden sein, dass es sich dabei um eine für beide Seiten lohnende Unternehmung handeln dürfte.

Bibliographie

Aarseth, Espen: Doors and Perception. Fiction vs. Simulation in Games. In: Intermédialités 9 (2007), S. 35–44.
Adams, Jeff: Documentary Graphic Novels and Social Realism. Oxford 2008.
Adelmann, Ralf / Jan-Otmar Hesse / Judith Keilbach / Markus Stauff / Matthias Thiele (Hg.): Grundlagentexte zur Fernsehwissenschaft. Köln 2002.
Atkins, Barry: More than a Game. The Computer Game as Fictional Form. Manchester 2003.
B., David: L'Ascension du Haut Mal. Vol. I-VI. Paris 1996–2003.
Bazin, André: Ontologie des photographischen Bildes. In: A. B.: Was ist Kino? Bausteine zur Theorie des Films. Köln 1975, S. 21–27.
Bechdel, Alison: Fun Home. A Family Tragicomic. Boston, MA 2006.
Bogost, Ian: Persuasive Games. The Expressive Power of Videogames. Cambridge, MA 2007.
Bogost, Ian / Simon Ferrari / Bobby Schweizer: Newsgames. Journalism at Play. Cambridge, MA 2010.

Bogost, Ian / Cindy Poremba: Can Games Get Real? A Closer Look at ‚Documentary' Digital Games. In: Andreas Jahn-Sudmann / Ralf Stockman (Hg.): Computer Games as a Sociocultural Phenomenon. Games Without Frontiers – War Without Tears. Basingstoke 2008, S. 12–21.
Bordwell, David: Narration in the Fiction Film. Madison 1985.
Bordwell, David / Kristen Thompson: Film Art. An Introduction. 10. Aufl. New York 2013.
Borstnar, Nils / Eckhard Pabst / Hans-Jürgen Wulff: Einführung in die Film- und Fernsehwissenschaft. Konstanz 2002.
Branigan, Edward: Narrative Comprehension and Film. London 1992.
Bunia, Remigius: Faltungen. Fiktion, Erzählen, Medien. Berlin 2007.
Bunia, Remigius: Fiktion als Darstellung. Von der Wirklichkeit in der Literatur, von Ferienparks und Versuchslaboren. In: Zeitschrift für Literaturwissenschaft und Linguistik 40 (2010), S. 148–160.
Carroll, Noël: Fiction, Non-Fiction, and the Film of Presumptive Assertion. A Conceptual Analysis. In: Richard Allen / Murray Smith (Hg.): Film Theory and Philosophy. Oxford 1999, S. 173–202.
Carroll, Noël: Nonfiction Film and Postmodernist Skepticism. In: David Bordwell / N. C. (Hg.): Post-Theory. Reconstructing Film Studies. Madison 1996, S. 283–306.
Cavell, Stanley: The World Viewed. Reflections on the Ontology of Film. Cambridge, MA 1979.
Chaney, Michael A. (Hg.): Graphic Subjects. Critical Essays on Autobiography and Graphic Novels. Madison 2011.
Chute, Hillary: Graphic Women. Life Narrative and Contemporary Comics. New York 2010.
Cohn, Dorrit: The Distinction of Fiction. Baltimore, MD 1999.
Currie, Gregory: Arts and Minds. Oxford 2004.
Currie, Gregory: Image and Mind. Film, Philosophy, and Cognitive Science. Cambridge 1995.
Currie, Gregory: Narratives and Narrators. A Philosophy of Stories. Oxford 2010.
Currie, Gregory: The Nature of Fiction. Cambridge 1990.
Currie, Gregory / Ian Ravenscroft: Recreative Minds. Oxford 2002.
Doležel, Lubomír: Heterocosmica. Fiction and Possible Worlds. Baltimore, MD 1998.
Eder, Jens: Die Figur im Film. Grundlagen der Figurenanalyse. Marburg 2008.
Eder, Jens: Was sind Figuren? Ein Beitrag zur interdisziplinären Fiktionstheorie. Paderborn 2008.
Eder, Jens / Fotis Jannidis / Ralf Schneider (Hg.): Characters in Fictional Worlds. Understanding Imaginary Beings in Literature, Film, and Other Media. Berlin 2010.
Frasca, Gonzalo: Ludologists Love Stories, Too. Notes from a Debate that Never Took Place. In: Marinka Copier / Joost Raessens (Hg.): Level Up. Digital Games Research Conference Proceedings. Utrecht 2003, S. 92–99.
Fullerton, Tracy: Documentary Games. Putting the Player in the Path of History. In: Zach Whalen / Laurie Taylor (Hg.): Playing the Past. Nostalgia in Videogames and Electronic Literature. Nashville 2008, S. 1–28.
Gadassik, Alla / Sarah Henstra: Comics (as) Journalism. Teaching Joe Sacco's Palestine to Media Students. In: Lan Dong (Hg.): Teaching Comics and Graphic Narratives. Essays on Theory, Strategy and Practice. Jefferson 2012, S. 243–260.
Galloway, Dana / Kenneth McAlpine / Paul Harris: From Michael Moore to JFK Reloaded. Towards a Working Model of Interactive Documentary. In: Journal of Media Practice 8,3 (2007), S. 325–339.
Gardner, Jared: Autography's Biography, 1972–2007. In: Biography 31,1 (2008), S. 1–26.

Gardner, Jared / David Herman (Hg.): Graphic Narratives and Narrative Theory. Sonderausgabe von SubStance 40,1 (2011), S. 3–202.
Gorman, David: Fiction, Theories of. In: David Herman / Manfred Jahn / Marie-Laure Ryan (Hg.): Routledge Encyclopedia of Narrative Theory. London 2005, S. 163–167.
Grierson, John: Grierson on Documentary. Hg. von Forsyth Hardy. Los Angeles 1966.
Groensteen, Thierry: Systéme de la bande dessinée. Paris 1999.
Groensteen, Thierry: Bande dessinée et narration. Paris 2011.
Hediger, Vinzenz: Vom Überhandnehmen der Fiktion. Über die ontologische Unterbestimmtheit filmischer Darstellung. In: Gertrud Koch / Christiane Voss (Hg.): Es ist, als ob. Fiktionalität in Philosophie, Film- und Medienwissenschaft. München 2009, S. 164–184.
Herman, David: Toward a Transmedial Narratology. In: Marie-Laure Ryan (Hg.): Narrative across Media. The Languages of Storytelling. Lincoln, NE 2004, S. 47–75.
Herman, David: Basic Elements of Narrative. Chichester 2009.
Hickethier, Knut: Einführung in die Medienwissenschaft. Stuttgart 2003.
Hill, John / Pamela Church Gibson (Hg.): Film Studies. Critical Approaches. Oxford 2000.
Jenkins, Henry: Game Design as Narrative Architecture. In: Pat Harrigan / Noah Wardrip-Fruin (Hg.): FirstPerson. New Media as Story, Performance, and Game. Cambridge, MA 2004, S. 118–130.
JFK Reloaded. Traffic Games 2004. (PC)
Juul, Jesper: Half-Real. Video Games between Real Rules and Fictional Worlds. Cambridge, MA 2005.
Keilbach, Judith / Markus Stauff: Fernsehen als fortwährendes Experiment. Über die permanente Erneuerung eines alten Mediums. In: Nadja Elia-Borer / Samuel Sieber / Georg Christoph Tholen (Hg.): Blickregime und Dispositive audiovisueller Medien. Bielefeld 2011, S. 155–181.
Kessler, Frank: Fakt oder Fiktion? Zum pragmatischen Status dokumentarischer Bilder. In: Montage AV 7,2 (1998), S. 63–78.
Kuhn, Markus: Filmnarratologie. Ein erzähltheoretisches Analysemodell. Berlin 2011.
Kukkonen, Karin: Contemporary Comics Storytelling. Lincoln, NE 2013.
Kuma\War. Kuma Reality Games 2004 ff. (PC)
Lange, Sigrid: Einführung in die Filmwissenschaft. Darmstadt 2007.
Lipkin, Steven N. / Derek Paget / Jane Roscoe: Docudrama and Mock-Documentary. Defining Terms, Proposing Canons. In: Gary D. Rhodes / John P. Springer (Hg.): Docufictions. Essays on the Intersection of Documentary and Fictional Filmmaking. Jefferson 2006, S. 11–26.
Marion, Philippe: Traces en cases. Travail graphique, figuration narrative et participation du lecteur. Louvain-la-Neuve 1993.
Martínez, Matías / Michael Scheffel: Narratology and Theory of Fiction. Remarks on a Complex Relationship. In: Tom Kindt / Hans-Harald Müller (Hg.): What Is Narratology? Questions and Answers Regarding the Status of a Theory. Berlin 2003, S. 221–238.
Meister, J. Christoph (Hg.): Narratology beyond Literary Criticism. Mediality – Disciplinarity. Berlin 2005.
Merrell, Floyd: Peirce, Signs, and Meaning. Toronto 1997.
Metz, Christian: Der imaginäre Signifikant. Psychoanalyse und Kino. Münster 2000.
Mittell, Jason: Strategies of Storytelling on Transmedia Television. In: Marie Laure Ryan / Jan-Noël Thon (Hg.): Storyworlds across Media. Toward a Media-Conscious Narratology. Lincoln, NE 2014 (in Vorbereitung).
Monaco, James: Film verstehen. Kunst, Technik, Sprache, Geschichte und Theorie des Films und der Medien. Reinbek 2000.

Mundhenke, Florian: Polyphone Friktionen – die Analyse von Doku-Hybriden aus rezeptionspragmatischer Perspektive. In: MEDIENwissenschaft 1 (2010), S. 29–37.

Münker, Stefan / Alexander Roesler (Hg.): Was ist ein Medium? Frankfurt/M. 2008.

Neitzel, Britta: Narrativity in Computer Games. In: Peter Hühn / J. Christoph Meister / John Pier / Wolf Schmid (Hg.): The Living Handbook of Narratology. Hamburg 2013 (in Vorbereitung).

Neitzel, Britta / Rolf F. Nohr: Das Spiel mit dem Medium. Partizipation – Immersion – Interaktion. In: B. N. / R. F. N. (Hg.): Das Spiel mit dem Medium. Partizipation – Immersion – Interaktion. Zur Teilhabe an den Medien von Kunst bis Computerspiel. Marburg 2006, S. 9–17.

Neitzel, Britta / Rolf F. Nohr: Game Studies. In: MEDIENwissenschaft 4 (2010), S. 416–435.

Nichols, Bill: Representing Reality. Bloomington, IN 1991.

Nichols, Bill: Blurred Boundaries. Questions of Meaning in Contemporary Culture. Bloomington, IN 1994.

Odin, Roger: Dokumentarischer Film – dokumentarisierende Lektüre. In: Christa Blüminger (Hg.): Sprung im Spiegel. Filmisches Wahrnehmen zwischen Fiktion und Wirklichkeit. Wien 1990, S. 125–146.

Odin, Roger: De la fiction. Brüssel 2000.

Packard, Stephan: Anatomie des Comics. Psychosemiotische Medienanalyse. Göttingen 2006.

Paget, Derek: No Other Way to Tell It. Dramadoc/Docudrama on Television. Manchester 1998.

Pavel, Thomas G.: Fictional Worlds. Cambridge, MA 1986.

Pedri, Nancy: Graphic Memoir. Neither Fact nor Fiction. In: Daniel Stein / Jan-Noël Thon (Hg.): From Comic Strips to Graphic Novels. Contributions to the Theory and History of Graphic Narrative. Berlin 2013, S. 127–153.

Peeters, Benoît: Case, planche, récit. Lire la bande dessinée. Tournai 1998.

Plantinga, Carl R.: Defining Documentary. Fiction, Non-Fiction, and Projected Worlds. In: Persistence of Vision 5 (1987), S. 44–54.

Plantinga, Carl R.: Rhetoric and Representation in Non-Fiction Film. Cambridge 1997.

Raessens, Joost: Reality Play. Documentary Computer Games beyond Fact and Fiction. In: Popular Communication 4 (2006), S. 213–224.

Ronen, Ruth: Possible Worlds in Literary Theory. Cambridge 1994.

Roscoe, Jane / Craig Hight: Faking It. Mock-Documentary and the Subversion of Factuality. Manchester 2001.

Ryan, Marie-Laure: Possible Worlds, Artificial Intelligence, and Narrative Theory. Bloomington, IN 1991.

Ryan, Marie-Laure: Postmodernism and the Doctrine of Panfictionality. In: Narrative 5,2 (1997), S. 165–187.

Ryan, Marie-Laure: Narrative as Virtual Reality. Immersion and Interactivity in Electronic Media. Baltimore, MD 2001.

Ryan, Marie-Laure (Hg.): Narrative across Media. The Languages of Storytelling. Lincoln, NE 2004.

Ryan, Marie-Laure: On the Theoretical Foundations of Transmedial Narratology. In: J. Christoph Meister (Hg.): Narratology beyond Literary Criticism. Mediality – Disciplinarity. Berlin 2005, S. 1–23.

Ryan, Marie-Laure: Avatars of Story. Minneapolis, MN 2006.

Ryan, Marie-Laure: Fiction, Cognition, and Non-Verbal Media. In: Marina Grishakova / M.-L. R. (Hg.): Intermediality and Storytelling. Berlin 2010, S. 8–26.

Ryan, Marie-Laure: Story/Worlds/Media. Tuning the Instruments of a Media-Conscious Narratology. In: M.-L. R. / Jan-Noël Thon (Hg.): Storyworlds across Media. Toward a Media-Conscious Narratology. Lincoln, NE 2014 (in Vorbereitung).

Ryan, Marie-Laure / Jan-Noël Thon (Hg.): Storyworlds across Media. Toward a Media-Conscious Narratology. Lincoln, NE 2014 (in Vorbereitung).

Sacco, Joe: Palestine. Seattle, WA 1996.

Sacco, Joe: Safe Area Goražde. Seattle, WA 2000.

Satrapi, Marjane: Persepolis. Vol. I-IV. Paris 2000.

Schaeffer, Jean-Marie: Fictional vs. Factual Narration. In: Peter Hühn / John Pier / Wolf Schmid / Jörg Schönert (Hg.): Handbook of Narratology. Berlin 2009, S. 98–114.

Schmidt, Siegfried J. S.: Kalte Faszination. Medien, Kultur, Wissenschaft in der Mediengesellschaft. Weilerswist 2000.

Schüwer, Martin: Wie Comics erzählen. Grundriss einer intermedialen Erzähltheorie der grafischen Literatur. Trier 2008.

Schwarz, Angela (Hg.): Wollten Sie auch immer schon einmal pestverseuchte Kühe auf Ihre Gegner werfen? Eine fachwissenschaftliche Annäherung an Geschichte im Computerspiel. 2., erw. Aufl. Münster 2012.

Small, David: Stitches. New York, NY 2009.

Spiegelman, Art: Maus. A Survivor's Tale. I. My Father Bleeds History. New York, NY 1986.

Spiegelman, Art: Maus. A Survivor's Tale. II. And Here My Troubles Began. New York, NY 1991.

Stein, Daniel / Jan-Noël Thon (Hg.): From Comic Strips to Graphic Novels. Contributions to the Theory and History of Graphic Narrative. Berlin 2013.

Super Columbine Massacre RPG! Danny Ledonne 2005. (PC)

The Green Wave. Regie und Drehbuch Ali Samadi Ahadi. Deutschland 2011.

Thompson, Craig: Blankets. Marietta, GA 2003.

Thon, Jan-Noël: Unendliche Weiten? Schauplätze, fiktionale Welten und soziale Räume heutiger Computerspiele. In: Klaus Bartels / J.-N. T. (Hg.): Computer/Spiel/Räume. Materialien zur Einführung in die Computer Game Studies. Hamburg 2007, S. 29–60.

Thon, Jan-Noël: Computer Games, Fictional Worlds and Transmedial Storytelling. A Narratological Perspective. In: John R. Sageng (Hg.): Proceedings of the Philosophy of Computer Games Conference 2009. Oslo 2009, S. 1–6.

Thon, Jan-Noël: Mediality. In: Lore Emerson / Benjamin Roberdson / Marie-Laure Ryan (Hg.): Johns Hopkins Guide to Digital Media and Textuality. Baltimore, MD 2014 (in Vorbereitung).

Thon, Jan-Noël: Toward a Transmedial Narratology. On Narrators in Contemporary Graphic Novels, Feature Films, and Computer Games. In: Jan Alber / Per Krogh Hansen (Hg.): Beyond Classical Narration. Unnatural and Transmedial Challenges. Berlin 2013, S. 25–56.

Thon, Jan-Noël: Zu Formen und Funktionen narrativer Elemente in neueren Computerspielen. In: Jürgen Sorg / Jochen Venus (Hg.): Erzählformen im Computerspiel. Zur Medienmorphologie digitaler Spiele. Bielefeld 2013 (in Vorbereitung).

Thon, Jan-Noël: Subjectivity across Media. On Transmedial Strategies of Subjective Representation in Contemporary Feature Films, Graphic Novels, and Computer Games. In: Marie-Laure Ryan / J.-N. T. (Hg.): Storyworlds across Media. Toward a Media-Conscious Narratology. Lincoln, NE 2014 (in Vorbereitung).

Tröhler, Magrit: Filmische Authentizität. Mögliche Wirklichkeiten zwischen Fiktion und Dokumentation. In: Montage AV 13,2 (2004), S. 149–169.

Under Siege. Afkar Media/Dar al-Fikr 2005. (PC)

Uricchio, William: Simulation, History, and Computer Games. In: Jost Raessens / Jeffrey Goldstein (Hg.): Handbook of Computer Games Studies. Cambridge, MA 2005, S. 327–338.

Uricchio, William: Constructing Television. Thirty Years that Froze an Otherwise Dynamic Medium. In: Marijke de Valck / Jan Teurlings (Hg.): After the Break. Television Theory Today. London 2013, S. 65–78.

Vogel, Matthias: Medien der Vernunft. Eine Theorie des Geistes und der Rationalität auf Grundlage einer Theorie der Medien. Frankfurt/M. 2001.

Waco Resurrection. C-level 2003. (PC)

Walker, Jill: Fiction and Interaction. How Clicking a Mouse Can Make You Part of a Fictional World. Bergen 2003.

Walton, Kendall L.: Mimesis as Make-Believe. On the Foundations of the Representational Arts. Cambridge, MA, London 1990.

Waltz with Bashir. Regie und Drehbuch Ari Folman. Israel 2008.

Wells, Paul: Understanding Animation. London 1998.

Winston, Brian: Claiming the Real. The Documentary Film Revisited. London 1995.

Wolf, Werner: Metalepsis as a Transgeneric and Transmedial Phenomenon. A Case Study of the Possibilities of ‚Exporting' Narratological Concepts. In: J. Christoph Meister (Hg.): Narratology beyond Literary Criticism. Mediality – Disciplinarity. Berlin 2005, S. 83–107.

Wolf, Werner: Narratology and Media(lity). The Transmedial Expansion of a Literary Discipline and Possible Consequences. In: Greta Olson (Hg.): Current Trends in Narratology. Berlin 2011, S. 145–180.

Woo, Benjamin: Reconsidering Comics Journalism. Information and Experience in Joe Sacco's „Palestine". In: Joyce Goggin / Dan Hassler-Forest (Hg.): The Rise and Reason of Comics and Graphic Literature. Critical Essays on the Form. Jefferson, NC 2010, S. 166–177.

Zipfel, Frank: Fictionality across Media. Toward a Transmedial Concept of Fictionality. In: Marie-Laure Ryan / Jan-Noël Thon (Hg.): Storyworlds across Media. Toward a Media-Conscious Narratology. Lincoln, NE 2014 (in Vorbereitung).

Zipfel, Frank: Fiktion, Fiktivität, Fiktionalität. Analysen zur Fiktion in der Literatur und dem Fiktionsbegriff in der Literaturwissenschaft. Berlin 2001.

REGINA WENNINGER

20. Fiktionalität in Kunst- und Bildwissenschaften

Theorien der Fiktionalität sind vor allem eine Domäne der Literaturtheorie und entsprechend beiläufig behandeln sie in der Regel die bildende Kunst. Zwar ist Fiktionalität für Malerei, Graphik, Skulptur etc. von kaum geringerer Bedeutung als für die Literatur. Doch theoretische Ansätze, die sich dezidiert der bildenden Kunst widmen, sind vergleichsweise rar (auch wenn es sie gibt, wie wir unten sehen werden). Bezeichnenderweise beziehen sich selbst Lexikonartikel und Überblicksdarstellungen wie selbstverständlich ausschließlich oder primär auf Literatur.[1] Sofern Fiktionalitätstheorien versuchen, die bildende Kunst zu integrieren, geschieht dies meist nur kursorisch und vor allem derivativ: indem eine an der Literatur entwickelte Fiktionalitätskonzeption auf die bildende Kunst übertragen wird.[2] Oft beschränkt sich die Diskussion auf referenztheoretische Fragen, wie sie Bilder fiktiver Gegenstände aufwerfen.[3] Für diese Marginalisierung sind mehrere Gründe denkbar: zum einen die begriffsgeschichtlich enge Verbindung von Fiktion und (sprachlicher) Narration, mit dem Roman als dem „eigentlichen Paradigma der Fiktion";[4] zum anderen die traditionelle Fokussierung von Kunsttheorie und Kunstgeschichtsschreibung auf den Aspekt der Mimesis, der Wirklichkeitsabbildung oder Naturnachahmung; und schließlich, damit eng verbunden und bedingt durch die Besonderheit des visuellen Mediums, der Vorrang anderer theoretischer Fragen, allen voran Fragen der (bildhaften) Repräsentation und ihrer visuellen Wahrnehmung. (Allerdings können die beiden letzten Punkte, wie sich zeigen wird, unmittelbar relevant werden für Fragen der Fiktionalität in der bildenden Kunst.)

Spielt die bildende Kunst in Fiktionalitäts*theorien* eine untergeordnete Rolle, so sind empirisch-historisch orientierte Einzeluntersuchungen, die

---

1 Vgl. z. B. die entsprechenden Einträge in Barck: Grundbegriffe, oder der *Encyclopedia of Aesthetics* (Stierle: Fiktion, bzw. McCormick / Iser / Wilson: Fiction).
2 Z. B. Currie: Fiction, S. 192 ff.; eine wichtige Ausnahme bildet Walton: Mimesis, wovon unten noch die Rede sein wird.
3 Vgl. Goodman: Languages, S. 21 ff.; Goodman: Worldmaking, S. 102–107.
4 Stierle: Fiktion, S. 393.

sich gerade in jüngerer Zeit den verschiedenen Formen und Funktionen des Fiktiven und Fiktionalen in der bildenden Kunst widmen, umso zahlreicher. Allerdings wird der Begriff der Fiktionalität dabei häufig lediglich suggestiv verwendet, ohne dass er explizit reflektiert würde.

Wie in der Diskussion um Fiktionalität generell, finden sich auch in kunstwissenschaftlichen Kontexten unterschiedliche Lesarten und Verwendungsweisen des Begriffs: Er wird auf fiktive Darstellungsinhalte ebenso bezogen wie auf die Simulation von Wirklichkeit, im Medium ebenso verortet wie in der „fictive stance" des Produzenten oder den „games of make-believe" des Rezipienten. Entsprechend variieren die Gegenstandsbereiche, die jeweils unter den Fiktionalitätsbegriff fallen. Während manche Autoren lediglich die Darstellung fiktiver Entitäten wie Fabelwesen darunter subsumieren, bestimmen andere Fiktionalität als Grundlage von Repräsentation schlechthin. Einige dieser Konzeptionen und Anwendungsbereiche werden im Folgenden vorgestellt.

Der vorliegende Beitrag gliedert sich in zwei Teile: Der erste, theoretische Teil stellt relevante Details von Kendall Waltons *Make-Believe*-Theorie vor, der derzeit maßgeblichen Theorie zum Thema innerhalb der philosophischen Ästhetik;[5] daneben werden zwei weitere Diskussionskontexte skizziert, in denen fiktionale Bilder eine Rolle spielen. Der zweite Teil widmet sich exemplarisch verschiedenen konkreten Erscheinungsformen, Funktionen und Aspekten des Fiktiven und Fiktionalen in der bildenden Kunst und deren kunstwissenschaftlicher Diskussion.

1. Theoretische Ansätze

1.1 Kendall Waltons *Make-Believe*-Konzeption

Zu den wenigen analytisch ausgerichteten theoretischen Ansätzen, in denen die Anwendung auf die bildende Kunst breiten Raum einnimmt, zählt Kendall Waltons *Make-Believe*-Konzeption von Repräsentation bzw. Fiktionalität, detailliert ausgearbeitet in *Mimesis as Make-Believe. On the Foundations of the Representational Arts* (1990).[6] Zugleich einer der einflussreichsten und meistdiskutierten Beiträge der vergangenen Jahre, wird Waltons Theorie im Folgenden daher ausführlicher vorgestellt.

---

5 Für eine ausführliche Darstellung von Waltons Theorie, siehe den Beitrag *2. Fiktionen als Make-Believe*.
6 Für eine bündige Darstellung der zentralen Argumentationsstränge mit einigen Klärungen siehe Walton: Précis. Hilfreich für einen ersten Überblick ist zudem Levinson: Making.

Waltons Theorie beansprucht nicht nur, auf alle Künste, insbesondere auch die bildende Kunst anwendbar zu sein; es soll auch keine Gattung – namentlich nicht die Literatur – als paradigmatisch ausgezeichnet oder ihr Priorität zugeschrieben werden. In dieser Allgemeinheit sieht Walton zugleich das entscheidende Adäquatheitskriterium für jede Fiktionalitätstheorie. Gerade die Anwendung auf bildhafte Repräsentationen wird dabei zum Testfall: „Any adequate theory of fiction must accommodate pictorial fictions [...]. A theory that does not will not be adequate to explain even literary fiction."[7] An dieser Herausforderung scheitern seines Erachtens all jene Fiktionalitätstheorien, die auf das Medium Sprache zugeschnitten sind, etwa indem sie Fiktionalität in Analogie zu Sprechakten explizieren: „Fictional pictures obviously need not represent speech acts. A picture of a unicorn does not represent anyone's asserting that there is a unicorn or anyone's performing any other illocutionary act. It just represents a unicorn."[8]

Waltons eigene Antwort auf diese selbstgestellte Herausforderung besteht in seiner *Make-Believe*-Konzeption von Fiktionalität. Diese entwickelt er im Rahmen seiner Theorie der Repräsentation in den Künsten. Repräsentation wird mit Rekurs auf eine bestimmte Konzeption von Fiktionalität bestimmt. Das Schlüsselelement, das dieser Engführung zugrunde liegt und mit Bezug worauf beide Begriffe expliziert werden, ist der Begriff des *Make-Believe*. Repräsentationen, so Waltons viel zitierte Kernthese, sind „objects whose function [...] is to serve as props in games of make-believe"[9] – Objekte also, deren Funktion es ist, als Requisiten in Spielen des Sich-etwas-Vorstellens oder Imaginierens oder des So-tun-als-ob zu dienen. Von dieser „simple intuition"[10] ist es kein weiter Schritt mehr zur Gleichsetzung von Repräsentation und Fiktion, auf die Waltons Theorie ausdrücklich hinausläuft: „I favor an account on which fictions are simply representations in my sense [...]."[11] Das heißt, analog zur Bestimmung von Repräsentation: „to be fictional is, at bottom, to possess the function of serving as a prop in games of make-believe."[12]

Indem sie als „props in games of make-believe" fungieren – in „*visual games*", im Fall der bildenden Kunst –, generieren Repräsentationen fiktionale Wahrheiten bzw. entsprechende Vorstellungen („imaginings") seitens des Betrachters: Eine Proposition ist in Bezug auf ein gegebenes Werk fiktional, in Waltons Nomenklatur, wenn sie wahr ist in der fiktionalen

---

7 Walton: Mimesis, S. 75.
8 Ebd., S. 84.
9 Walton: Précis, S. 380; vgl. Mimesis, S. 11, 69, *passim*.
10 Walton: Mimesis, S. 102.
11 Walton: Précis, S. 380.
12 Walton: Mimesis, S. 102.

Welt des betreffenden Werkes.¹³ So ist es z. B. „fiktional in Seurats *La Grande Jatte*" oder „wahr in der fiktionalen Welt von *La Grande Jatte*", dass ein Paar im Grünen spazieren geht, die Dame einen Sonnenschirm trägt usw.¹⁴ Welche Vorstellungen angemessen oder welche fiktionalen Wahrheiten für ein Werk gelten, ist dabei abhängig von den spezifischen Eigenschaften des betreffenden Werkes – etwa der Anordnung von Farben und Formen auf der Leinwand – sowie allgemeinen Regeln („principles of generation"), was unter welchen Gegebenheiten vorzustellen ist.¹⁵ Waltons Theorie erhält damit eine entschieden normative Dimension. Er spricht dementsprechend von „authorized games of make-believe", von „prescriptions to imagine"¹⁶ oder davon, dass „what is fictional is to be imagined".¹⁷ Denn zwar können Betrachter alle möglichen *games of make-believe* mit einem Werk spielen; doch was für diese „Game World" zutrifft, muss nicht für die „Work World" des Werkes gelten: Mit *La Grande Jatte* ein Spiel zu spielen, wonach dort nicht bürgerliche Städter im Grünen zu sehen sind, sondern etwa Nilpferde, die ein Schlammbad nehmen, wäre für *La Grande Jatte* unangemessen; es zu spielen, hieße, das Werk zu missbrauchen.¹⁸

„[A]t heart a theory of imaginative participation",¹⁹ bietet Waltons *Games-of-make-believe*-Konzeption nicht nur eine Alternative zu vorherrschenden Theorien bildhafter Repräsentation – zu traditionellen Ähnlichkeitstheorien ebenso wie zeichentheoretischen Konzeptionen. Auch im Hinblick auf den Begriff der Fiktionalität hat Walton einen in mehrfacher Hinsicht unkonventionellen Ansatz in die Diskussion gebracht, zumal was seine Implikationen für Fiktionalität in der bildenden Kunst betrifft. Am deutlichsten werden diese Besonderheiten anhand dessen, was Walton ablehnt: Neben der allgemeinen Fokussierung des Fiktionalitätsdiskurses auf Sprache und literarische Fiktion sind dies vor allem die gängige Auffassung des Fiktionalen als Gegenpol zum Realen oder Faktischen sowie die Beschränkung des Begriffs der Repräsentation bzw. Fiktion auf gegenständliche Kunst. Waltons Gegenvorschläge und ihre teils problematischen Implikationen seien im Folgenden kurz skizziert. Ebenfalls Gegenstand kritischer Diskussionen wurde die zentrale Rolle, die Walton der Imagination in der Bildwahrnehmung zuweist, worauf im Anschluss eingegangen wird.

---

13 Vgl. ebd., S. 35 f.
14 Vgl. ebd., und S. 51; Walton: Précis, S. 380.
15 Vgl. Walton: Mimesis, S. 38, S. 40, S. 61–63; vgl. auch Walton: Précis, S. 380.
16 Walton: Mimesis, S. 58.
17 Ebd., S. 41; vgl. auch S. 61–63; Précis, S. 380.
18 Vgl. Walton: Mimesis, S. 59 f.
19 Maynard: Imaginings, S. 391.

„Fact can be Fiction and Fiction Fact"

„A fictive picture is one whose subject does not exist",[20] lautet eine gängige Auffassung. Waltons Bestimmung von Fiktionalität dagegen ist erklärtermaßen unabhängig von der Frage nach dem Wirklichkeitsgehalt einer Darstellung, ob sie also etwa existierende Entitäten oder reale Ereignisse repräsentiert oder nicht: „Fact can be fiction and fiction fact."[21] Die Darstellung eines Einhorns unterscheidet sich hinsichtlich ihrer Fiktionalität – ihrer Funktion in ‚visual *games of make-believe*' – demnach nicht vom Portrait einer historischen Persönlichkeit, eine fiktive Stadtansicht nicht von einer Venedig-Vedute Canalettos.

Damit steht Waltons Position in diametralem Gegensatz zu Auffassungen, die, unter Berufung auf den üblichen Sprachgebrauch, Fiktionalität als Gegenbegriff zum Wahren, Realen oder Tatsächlichen verstehen und anhand der Dichotomien von wahr/falsch oder real/nicht-real explizieren. Auf entsprechenden Widerstand ist seine Position gestoßen. Dass Bilder „fictions by definition" sein sollen,[22] schien vielen ebenso unplausibel, wie auf Kosten des Distinktionsvermögens des Fiktionalitätsbegriffs zu gehen. Erstens wären nach Waltons Theorie auch dokumentarische Bilder als fiktional zu klassifizieren, was manche Kritiker für „Unsinn" halten.[23] Zweitens scheint auch eine einleuchtende Unterscheidung innerhalb der Kunst wie die zwischen der Darstellung von Fabelwesen und den Portraits historischer Persönlichkeiten verloren zu gehen. Es sei jedoch nicht ohne Weiteres einzusehen, machte etwa Gregory Currie geltend, weshalb man beispielsweise Goyas Portrait des Duke von Wellington als fiktional bezeichnen sollte: „Goya's portrait of the Duke of Wellington, for instance, does not strike me as any more fictional than a photograph of the Duke would be. [...] There are fictional paintings and nonfictional ones. [...] The fiction – nonfiction distinction cuts across all the representational media I know of." Walton jedoch „[...] obliterates the distinction between fictional and nonfictional depictions".[24]

Instruktiv ist diese Kritik an Waltons Konzeption insofern, als sie den Blick auf grundsätzlich unterschiedliche Ansätze zu einem Verständnis von Fiktionalität in der Kunst lenkt. Schließlich besteht die Differenz nicht in unterschiedlichen Annahmen über den Realitätsgehalt einer Darstellung. Walton behauptet nicht, dass der Duke von Wellington eine fiktive Figur ist. Vielmehr beginnt der Konflikt auf einer grundlegenderen Ebene. Be-

---

20 Lopes: Pictures, S. 197.
21 Walton: Mimesis, S. 74.
22 Ebd., S. 351.
23 Blunck: Wirklichkeiten, S. 27, Fn. 76.
24 Currie: Fiction, S. 39 und S. 97.

schreiben ließe er sich etwa anhand der Unterscheidung von Darstellung und Dargestelltem, von „Fiktionalität des Mediums" vs. „Fiktionalität des Medialisierten".[25] Beziehen Currie und andere den Fiktionalitätsbegriff auf den Gegenstand der Darstellung, so bezieht sich Walton im weitesten Sinne auf das Medium, oder genauer: Repräsentationen, sofern sie als „props in games of make-believe" fungieren. Damit sind die beiden Positionen nicht notwendig inkompatibel. So ließe sich innerhalb von Waltons Ansatz weiterhin differenzieren zwischen fiktiven und nicht-fiktiven Darstellungsinhalten. Tatsächlich verwendet Walton selbst, wie er ausdrücklich einräumt,[26] den Fiktionsbegriff auf beiderlei Weise, also auch in Bezug auf Darstellungs*inhalte*, etwa wenn er Bilder von Einhörnern als „fictional pictures" bezeichnet[27] oder *La Grande Jatte* als „portraying fictitious things beyond itself" charakterisiert.[28]

Nicht-Gegenständliche Repräsentationen

Auch in anderer Hinsicht beansprucht Walton für den Begriff der Fiktion einen ungewöhnlich weiten Anwendungsbereich: insofern er ihn auf einen weiten Begriff der Repräsentation anwendet. Dieser umfasst bei Walton nicht nur repräsentationale im Sinne figurativer oder gegenständlicher Kunst, sondern auch im landläufigen Sinne abstrakte oder nicht-gegenständliche Kunst, wie etwa die Malerei des russischen Konstruktivismus oder des Abstrakten Expressionismus. Im Unterschied zu figurativer Kunst, die als solche „things beyond itself" repräsentiert,[29] sind es im Fall nicht-gegenständlicher Kunst die Farben und Formen der Bildoberfläche selbst, die gewissermaßen die Rolle der ‚Charaktere' in den fiktionalen Welten der Bilder übernehmen.[30]

So vermittelt beispielsweise Kasimir Malevichs *Suprematistisches Gemälde 6* (Abb. 1) den Eindruck, verschiedene Rechtecke seien im dreidimensionalen Raum hintereinander gestaffelt; tatsächlich befinden sich aber alle Formen auf derselben Ebene der flachen Leinwand, und es handelt sich streng genommen auch z. B. nicht um einen grünen Balken vor einem schwarzem Rechteck, sondern um zwei längliche grüne Formen, getrennt durch die Spitze des gelben Vierecks, bzw. eine unregelmäßige schwarze Form mit zahlreichen rechtwinkligen Ausbuchtungen. Dass sich beim Betrachter jener

---

25 Blunck: Wirklichkeiten, S. 27, Fn. 76, der aber in einer solchen Differenzierung offenbar keine Lösung sieht.
26 Vgl. Walton: Mimesis, S. 385, Fn. 2.
27 Ebd., S. 84.
28 Ebd., S. 57.
29 Ebd.
30 Ebd. und Walton: Précis, S. 380.

räumliche Wahrnehmungseffekt einstellt, heißt, so Walton, nichts anderes, als dass wir (unwillkürlich) das gelbe Rechteck als vor einem grünen Balken und einem schwarzen Rechteck schwebend imaginieren. Anders formuliert: Es ist fiktional, dass sich ein gelbes Rechteck vor einem grünen Balken befindet, und das Gemälde hat die Funktion, diese Fiktion zu erzeugen.[31]

Ähnlich wie bei der Anwendung auf fiktive Darstellungsinhalte könnte man auch hierin eine Überstrapazierung des Fiktionsbegriffs sehen. Mag die Klassifizierung abstrakter Werke als Repräsentationen noch einleuchten, wird dies für ihre Klassifizierung als Fiktion schon schwieriger. Wenn Walton etwa vorschlägt, dass Jackson Pollocks Action Paintings „fictional truths about drippings and splashings" generieren,[32] so scheint eine solche Redeweise zumindest gewöhnungsbedürftig.

Kunst = Fiktion?

Andererseits lässt sich sowohl Waltons Anwendung des Fiktionsbegriffs auf nicht-fiktive Inhalte als auch seine Anwendung auf abstrakte Kunst verteidigen. Auch wenn man seiner Theorie inhaltlich nicht zustimmt, so ist doch seine Verwendung des Fiktionsbegriffs zumindest terminologisch nicht so idiosynkratisch, wie seine Kritiker gelegentlich insinuieren; vielmehr hat sie durchaus gewisse Affinitäten zu etablierten Auffassungen von Fiktionalität.

Für die Anwendung auch auf Darstellungen realer Gegenstände spricht etwa die grundsätzliche Vermitteltheit von Darstellungen. In diesem Sinne trüge Waltons These schlicht dem Gemeinplatz Rechnung, dass keine noch so wirklichkeitsgetreue Repräsentation, keine noch so große Ähnlichkeit die abgebildete Realität selbst buchstäblich wiederholen kann, und auch eine Dokumentarfotografie immer nur ein (ausschnitthaftes, geformtes) Bild der Wirklichkeit liefert. Dies mag es zwar nicht weniger problematisch erscheinen lassen, auch Pressefotos als Fiktionen zu bezeichnen[33] (sieht man einmal von deren notorischen ‚fiktionalisierenden' Manipulationen und Instrumentalisierungen ab); doch macht dies einen weiten Fiktionsbegriff zumindest innerhalb der Kunst plausibler, etwa die Anwendung auch auf Portraits historischer Persönlichkeiten, realitätsgetreue Stadtansichten etc. In etwas anderer Terminologie, aber mit derselben Stoßrichtung ließe sich geltend machen, dass künstlerische Repräsentationen insofern per se Fiktionen sind, als sich in ihnen eine Form des „world making"[34] oder der „world projection" manifestiert: „[T]he heart of representation […] lies […] in

---

31 Für dieses Beispiel siehe Walton: Mimesis, S. 54–56.
32 Ebd., S. 56.
33 Vgl. Blunck: Wirklichkeiten, S. 27.
34 Vgl. Goodman: Worldmaking.

using some artefact to project a world distinct from our actual world. Representation [...] is world projection."[35] Diese Welt, so wäre zu ergänzen, ist auch dann „distinct from our actual world", wenn ‚reale' Dinge oder Gegebenheiten repräsentiert werden. Damit verwandt sind Auffassungen, die unter „Fiktion" in der Kunst schlichtweg alles subsumieren, worin Kunst über bloßes Abbilden hinausgeht: den Stil des Künstlers, expressive Qualitäten, gestalterische, formende oder ordnende Elemente etc.[36] Indem der Begriff der Fiktion auf das spezifische ‚Surplus' der Kunst bezogen wird, wird Fiktion zu einem Distinktionsmerkmal von Kunst vs. Nicht-Kunst schlechthin, das ‚Fiktionale' und das ‚Ästhetische' oder ‚Künstlerische' fallen ins Eins.[37]

Auch angesichts von Waltons weitem Begriff von Fiktion und Repräsentation liegt die Frage nahe, ob er nicht eher ein Kriterium für Kunst als eine Theorie der Fiktionalität liefert. Wenn selbst nicht-gegenständliche Kunst und Werke mit nicht-fiktiven Inhalten unter seinen Fiktionsbegriff fallen, gibt es dann überhaupt Kunstwerke, auf die er nicht zutrifft? Allerdings deutet Walton selbst an, mit seiner Konzeption von Repräsentation bzw. Fiktion keine notwendige Bedingung von Kunst liefern zu wollen, wenn er schreibt: „Any work with the function of serving as a prop in games of make-believe, however minor or peripheral or instrumental this function might be, qualifies as ‚fiction'; only what lacks this function entirely will be called nonfiction."[38] Zugleich wird an diesem Zitat deutlich, dass auch keine vollständige Charakterisierung all dessen angestrebt wird, was ein Kunstwerk ausmacht: Die Rolle der Fiktionalität kann unter Umständen lediglich „minor" oder „peripheral" sein. Tatsächlich scheint seine Theorie bei manchen Kunstformen an ihre Grenzen zu stoßen. Nicht nur ist zweifelhaft, ob die Rede von *games of make-believe* in Bezug auf abstrakte oder rein ornamentale Kunst besonders treffend ist;[39] auch Formen konzeptueller Kunst (auf die Walton selbst nicht eigens eingeht) wird seine Theorie nur bedingt gerecht: Ist z. B. Jasper Johns' *Flag* (Abb. 2) eine gemalte *Flagge* oder das *Bild* einer Flagge? Anders formuliert: *Ist* es eine Flagge oder *stellt* es eine Flagge

---

35 Wolterstorff: Works, preface [o. Pag.].
36 Eine solche Auffassung legt etwa Podro: Fiction, nahe.
37 Vgl. dazu Anderegg: Das Fiktionale, bes. S. 157.
38 Walton: Mimesis, S. 72. Dass es sich keinesfalls um eine *hinreichende* Bedingung für Kunst handelt, wird bereits dadurch deutlich, dass Walton alle Arten von „props in games of make-believe" in seine Theorie integriert, von Kinderspielzeug bis hin zu Ad-hoc-*props* wie Wolkenbilder oder etwa Baumstümpfe, die im Kinderspiel kurzerhand zu Bären erklärt werden (vgl. Walton: Mimesis, S. 26, S. 87, *passim*; vgl. auch den Beitrag 2. *Fiktionen als Make-Believe*).
39 Die Anwendbarkeit seiner Theorie auf ornamentale Kunst wird von Walton selbst diskutiert, vgl. Walton: Mimesis, S. 280–284.

dar – oder ist es ein Flaggenbild, das genau diese Frage aufwirft, was es heißt, etwas darzustellen? Wenn eine der Pointen des Werkes darin besteht, den Betrachter mit solchen Fragen zu konfrontieren, dann scheinen sie nicht ohne weiteres in Waltons *Make-Believe*-Modell integriert werden zu können. Nach Walton würden wir uns angesichts von *Flag* vorstellen, eine Flagge zu sehen. Doch die konzeptuelle Komplexität des Werkes, die Fragen nach dem Verhältnis von Bild und Objekt, die es aufwirft, seine charakteristische Ambivalenz zwischen ‚Flagge sein' und ‚Flagge darstellen', wird dadurch nicht eingefangen.

Verhältnis Imagination – Wahrnehmung

Wenn Kunstwerke Requisiten in „games of make-believe" sind, dann fungieren speziell Werke der *bildenden* Kunst als Requisiten in ‚*visual* games'.[40] Damit stellt sich die Frage nach dem Verhältnis von Imagination und visueller Wahrnehmung. Dass die Erfahrung bildhafter Repräsentationen mit Rekurs auf Wahrnehmung allein nicht hinreichend beschrieben ist, sondern die Imagination dabei eine entscheidende Rolle spielt, steht für Walton außer Frage und ergibt sich aus seiner *Make-Believe*-Konzeption von Repräsentation. Was das Verhältnis von Wahrnehmung und Imagination betrifft, geht Walton von zwei negativen Thesen aus: erstens, dass Bilder nicht nur Auslöser von Vorstellungen oder diese Vorstellungen eine Folge der Wahrnehmung eines Bildes sind (so wie der Anblick von etwas Tagträume in Gang setzen kann); zweitens, dass die fraglichen Vorstellungen nicht (nur) propositionale Vorstellungen – also Vorstellungen, *dass* etwas der Fall ist – sind. Vielmehr handle es sich um eine „first person imagination" oder ein „imagining from the inside",[41] wobei imaginative und perzeptuelle Elemente untrennbar miteinander verbunden seien: „The seeing and the imagining are inseparably bound together, integrated into a single complex phenomenological whole."[42]

Diese These zählt zu den meistdiskutierten Elementen seiner Theorie; über ihre Deutung wurde ebenso gerätselt, wie ihre Gültigkeit angezweifelt. Umstritten ist vor allem, was es genau heißt, dass Wahrnehmung und Imagination „untrennbar miteinander verbunden" sind. Dabei ist zum einen unklar, wie der von Walton behauptete nicht-propositionale Charakter der Imagination genauer zu verstehen ist. Manche Autoren haben daraus ge-

---

40 Jedenfalls in der Regel; inwieweit dies auch für Werke der Konzeptkunst gilt, wäre zu diskutieren. Walton selbst nimmt auf diese Frage nicht Bezug.
41 Walton: Mimesis, S. 293, *passim*; vgl. auch Walton, Précis, S. 424.
42 Walton: Mimesis, S. 295; vgl. auch S. 301: „imagining is an integral part of one's visual experience of the canvas"; Walton: Reply, S. 425: „[…] a single experience which is at once imaginative and genuinely visual."

schlossen, es müsse sich um eine Visualisierung, ein ‚Bild vor dem geistigen Auge' handeln[43] – eine Auslegung, die Walton allerdings mit dem Hinweis zurückgewiesen hat, sie suggeriere fälschlich „an imaginative experience which is separate from the actual seeing of the picture".[44] Eine andere Frage ist, was als der Inhalt der Vorstellung anzusehen ist: das Dargestellte (etwa eine Mühle mit rotem Dach), oder doch nur das Bild einer Mühle, oder aber die eigene visuelle Wahrnehmung des Bildes einer Mühle? Letztere Lesart wird in der Tat durch Walton nahegelegt, wenn er schreibt, der Betrachter imaginiere seine eigene Wahrnehmung der Leinwand als Wahrnehmung des Dargestellten. Für einen Betrachter von Hogarths *Mill with a Red Roof* bedeutet dies beispielsweise: „Rather than merely imagining seeing a mill, as a result of actually seeing the canvas, *one imagines one's seeing of the canvas to be a seeing of a mill*, and this imagining is an integral part of one's visual experience of the canvas."[45] Man könnte diese Formulierung dahingehend verstehen, dass sich der Betrachter sozusagen *de re* von der eigenen Wahrnehmung vorstellt, sie sei eine Wahrnehmung des Dargestellten. Allerdings scheint zweifelhaft, ob Walton dies gemeint haben kann. Wäre doch eine solche Lesart entweder abwegig oder unverständlich, wie Malcolm Budd feststellt: „I do not visualize my experience of seeing the picture to be an experience of seeing the scene depicted. (It is unclear what this could be.)"[46] Und auch Richard Wollheim bekennt, die von Walton beschriebene Erfahrung erscheine ihm als „so elusive, so unfamiliar, that [...] it reminds me of nothing familiar and provides me with no reason to think that it could fill the role [Walton] assigns to it".[47]

Für seine Kritiker haben diese Schwierigkeiten darüber hinaus die generelle Frage aufgeworfen, ob die Imagination überhaupt die prominente Rolle in der Bildwahrnehmung spielt, die Walton ihr zuschreibt. Scheint es nicht plausibler und ausreichend zu sagen, dass man etwas *in* einem Bild oder ein Bild *als* etwas *sieht*, ohne zusätzlich den Begriff der Imagination zu bemühen?[48] Diese Position vertritt Wollheim, der damit zugleich Waltons Ansatz,

---

43 Wollheim: Note, S. 404; Budd: Mimesis, S. 197.
44 Walton: Reply, S. 424 f.
45 Walton: Mimesis, S. 301, meine Hervorhebung; s. auch Walton: Reply, S. 425.
46 Budd: Mimesis, S. 197.
47 Wollheim: Note, S. 404.
48 Levinson etwa hält es für zweifelhaft, „that make-believe – which is to say, *imagining*, of a certain sort – is what is centrally involved in all interactions with representational works. It seems that many cases, particularly in visual art, would be more comfortably described in terms of *perceiving-as* (or *perceiving-in*) – a species of perception – without assimilating this automatically to imagining. When I look at Dürer's engraving, I see part of it as a man, or I see a man in it, but I find it odd to say, as a ground-level description, that I imagine there is a man before me." (Levinson: Making, S. 294) Er schlägt stattdessen vor: „Rather, I would say, I readily *imagine* there is a man before me because I am having

Repräsentation mit Rekurs auf Fiktion (Imagination, *make-believe*) zu erklären, grundsätzlich in Frage stellt: „How much, if any, of the structure of make-believe underlies [pictorial representation]? To my mind [...] too little to justify the project of explaining pictorial representation in terms of make-believe."[49] In seiner eigenen Theorie bildhafter Repräsentation bzw. Wahrnehmung betont auch Wollheim die charakteristische „twofold experience" eines Gemäldes. Doch die Rolle, die Walton der Imagination zuweist, übernimmt bei Wollheim das, wofür er den Begriff des „seeing-in" geprägt hat:[50] Zusätzlich zur Wahrnehmung der Farbe auf der Leinwand sieht der Betrachter *in* den Farben und Formen auf der Leinwand das Dargestellte: In den Farbtupfen von *La Grande Jatte* erkennt er etwa Personen an einem Flussufer. Die Frage, ob dieses „seeing-in" mit Walton eher als Imagination, oder mit Wollheim als Wahrnehmung, als „an autonomous perceptual skill",[51] zu bestimmen ist, ist nach wie vor offen. Und damit auch die Frage, wie bedeutsam überhaupt ein Walton'scher Begriff von Fiktion für die Erklärung bildhafter Repräsentation ist.[52]

1.2 Bilder fiktiver Gegenstände in bild- und referenztheoretischen Kontexten

Von Waltons breit angelegter Studie abgesehen, finden sich andere theoretische Überlegungen zu bildlicher Fiktionalität allenfalls im Kontext spezieller Einzelprobleme. Das Hauptaugenmerk gilt dabei Darstellungen fiktiver

---

the prior and irreducible *perceptual* experience of seeing a man in the picture." (Levinson: Making, S. 294) Damit legt Levinson jedoch genau jene kausale Abfolge nahe, die Walton explizit ablehnt.

49 Wollheim: Note, S. 405.
50 Siehe bes. Wollheim: Painting, S. 46–79. Zur Diskussion zwischen Walton und Wollheim vgl. Wollheim: Note; Wollheim: Representation; Walton: Reply, S. 423–427; Walton: Seeing-In; Walton: Depiction. Vgl. zu dieser Frage auch Stock: Imagining.
51 Wollheim: Note, S. 405.
52 Kritische Auseinandersetzungen mit Waltons Theorie finden sich zum Großteil in Aufsätzen und Rezensionen zu *Mimesis as Make-Believe*; da deren Autoren ihrerseits keine umfassenden Gegenentwürfe speziell zur Fiktionalität in der bildenden Kunst vorgelegt haben, werden sie hier nicht ausführlicher behandelt. Gregory Currie hat zwar eine eigene Theorie der Fiktion entwickelt, behandelt bildliche Darstellungen darin allerdings, wie oben bereits angemerkt, nur *en passant* (siehe Currie: Fiction, S. 192 ff.). – Zur Diskussion um *Mimesis as Make-Believe* generell siehe z. B. das Sonderheft in *Philosophy and Phenomenological Research* 51,2 (1991), das unmittelbar nach Erscheinen des Buches Stellungnahmen unterschiedlicher Autoren sowie Waltons *Replies* versammelte und damit den Auftakt zur nach wie vor anhaltenden Auseinandersetzung mit Waltons Überlegungen bildete.

Gegenstände wie Fabelwesen. Zwei Diskussionskontexte, für die solche Darstellungen relevant wurden, seien hier in aller Kürze skizziert.

Zum einen werfen fiktive Gegenstände referenztheoretische Fragen auf. Das Kernproblem lautet: Wie kann ein Bild etwas darstellen oder repräsentieren, das gar nicht existiert? Maßgeblich für die Diskussion wurde Nelson Goodmans Lösungsvorschlag. Für ihn liegt der Schlüssel in der Ambiguität von ‚repräsentieren', die es aufzulösen gelte: Demnach ist ‚repräsentieren' im Fall der Darstellung fiktiver Gegenstände nicht als zweistelliges Prädikat aufzufassen (X repräsentiert Y), sondern bezieht sich lediglich auf die ‚Art' eines Bildes, was mithin keinen existierenden Darstellungsgegenstand voraussetzt. Wir können anhand bestimmter Charakteristika der Bilder selbst etwa Pegasus-Bilder von Einhorn-Bildern unterscheiden, ohne annehmen zu müssen, dass es sich um Bilder *von* Pegasus im Sinne einer zweistelligen Abbildungsrelation handelt.[53]

Zum anderen kommt Bildern fiktiver Entitäten in einem größeren bildtheoretischen Kontext eine argumentative Rolle zu: Sie liefern ein wichtiges Argument gegen sogenannte Ähnlichkeitstheorien des Bildes.[54] Ähnlichkeitstheorien des Bildes zufolge beruhen bildliche Darstellungen wesentlich auf einer Ähnlichkeitsbeziehung zwischen Darstellung und Dargestelltem. Dagegen lassen sich nun unter anderem Bilder von fiktiven Gegenständen ins Feld führen: Denn einem Gegenstand, der gar nicht existiert, so der Einwand, kann eine Darstellung auch nicht ähnlich sein. Was also eine Darstellung des Weihnachtsmannes oder eines Einhorns zu einer solchen Darstellung macht, kann die Ähnlichkeitstheorie nicht erklären.[55]

Doch auch unter ganz anderen begrifflichen Vorzeichen stellt sich die Frage nach dem Zusammenhang von Fiktionalität und bildlicher Darstellung: wenn man den Begriff der Fiktion auf die *Illusion von Wirklichkeit* mit den Mitteln der Kunst bezieht. Damit ist zugleich eine der prominentesten Formen angesprochen, in denen Fiktionalität in der Geschichte der bildenden Kunst in Erscheinung getreten ist und für kunstwissenschaftliche Diskussion gesorgt hat. Um diese und andere geht es im Folgenden.

---

53 Für eine knappe Diskussion dieses und anderer Vorschläge – etwa, solche Bilder als Abbildungen *möglicher* Objekte zu analysieren – vgl. Lopes: Pictures, S. 197–208. Für den Vorschlag, sie als *de dicto*-Repräsentationen aufzufassen, siehe Wolterstorff: Works, S. 283. Für den Versuch, „to do without fictitious entities", siehe Walton: Mimesis, S. 130–137, 387–419; s. auch die Beiträge 6. *Fiktion, Wahrheit, Referenz* und 7. *Ontologie fiktiver Gegenstände*.
54 Siehe dazu Scholz: Bild, S. 29–39.
55 Dies ist nur ein Argument gegen die Ähnlichkeitstheorie. Für die Diskussion dieses und weiterer Einwände siehe Scholz: Bild.

2. Formen und Funktionen des Fiktiven in der bildenden Kunst

Spielt die bildende Kunst in Theorien der Fiktionalität eine vergleichsweise marginale Rolle, setzt sich die historisch-empirisch orientierte Kunstwissenschaft umso intensiver mit den unterschiedlichen Erscheinungsformen und Funktionen des Fiktiven bzw. künstlerischen Strategien und Verfahrensweisen der Fiktionalisierung in der bildenden Kunst auseinander. Das Spektrum der in den Blick genommenen Phänomene reicht von den phantastischen Bilderwelten der frühen Neuzeit bis zu den virtuellen Welten der Computerkunst, von Architekturutopien bis zur ‚inszenierten Fotografie', und vom ‚Fake' als künstlerischer Strategie bis zu fiktiven Künstlern oder auch den Legendenbildungen der Kunstgeschichtsschreibung. Das Interesse gilt dabei vor allem den vielfältigen Wechselbeziehungen, Verschränkungen und Durchdringungen von Fiktion und Wirklichkeit, Fakt und Fiktion, Authentizität und Inszenierung, wie sie gerade in der Gegenwartskunst auf unterschiedliche Weise erprobt werden.[56]

Die verschiedenen künstlerischen Phänomene im Hinblick auf die Rolle, die das Fiktive in ihnen spielt, trennscharf zu klassifizieren, ist kaum möglich. Zu fließend sind die Grenzen, zu komplex und vieldeutig häufig die Phänomene, und zu interpretations- und perspektivenabhängig jede Kategorisierung. Dennoch lassen sich zur groben Orientierung einige Unterscheidungen treffen. Bei aller Problematik der pauschalen Kontrastierung von ‚Fiktion' und ‚Wirklichkeit', bietet diese einen hilfreichen Ausgangspunkt. Dabei ist es für eine erste Differenzierung sinnvoll, sich erneut zwei grundlegende Bestimmungen von ‚Fiktion' vor Augen zu führen: im Sinne von Erfundenem, Erdachtem einerseits und im Sinne von Vortäuschung, Vorspiegelung, Simulation andererseits. Im letzteren Fall kann die Fiktion dann gerade in der Nachahmung oder Simulation von Wirklichkeit bestehen, im Erzeugen des bloßen Scheins von Wirklichkeit oder Echtheit. Dies ermöglicht eine grobe Unterscheidung von Kunst, die in ihren Darstellungen eher einen *Kontrast zur* Wirklichkeit entwirft, und Kunst, die eher auf die ‚täuschend echte' *Simulation von* Wirklichkeit setzt.

2.1 Fiktion als Simulation von Wirklichkeit

Dass der bildende Künstler historisch als „Handwerker des Abbildens" begann,[57] während die Imagination zunächst als Privileg der Dichter galt,

---

56 Ein buntes Panorama an unterschiedlichen Spielarten von Fiktionalität in der Gegenwartskunst dokumentieren die Beiträge in Wulffen: Fiktion.
57 Belting: Phantasie, S. 144.

mag, wie oben angedeutet, eine Vernachlässigung von Fragen der Fiktionalität in Kunsttheorie und Kunstgeschichtsschreibung begünstigt haben – allerdings nur in Bezug auf *eine* Lesart des Fiktionsbegriffs: Fiktion als Erfindung. Denn einen anderen Diskurs um Kunst und Fiktion hat die Auffassung von Kunst als Mimesis gerade begründet: den Diskurs um Kunst als Illusion von Wirklichkeit. In der Kunst selbst lassen sich verschiedene Spielarten von Fiktion-als-Mimesis unterscheiden.

„Die Lust am schönen Schein": Das Trompe-l'œil

Visuell auf die Spitze getrieben wird die Simulation von Wirklichkeit im Trompe-l'œil (franz., „Täusche das Auge"): der ‚täuschend echten' Darstellung von Gegenständen, Tieren, Personen bis hin zu Scheinarchitekturen etwa italienischer Barockkirchen, deren gemalte Kuppeln und Simse nicht vorhandene Architekturelemente *in situ* vortäuschen. Bereits in der Antike war die Augentäuschung mit bildnerischen Mitteln ein Topos, Gegenstand beliebter Anekdoten – am berühmtesten Plinius' „Trauben des Zeuxis" und der „Vorhang des Parrhasios"[58] – und bekanntlich Grund für Platon, die Malerei als Erzeugerin bloßer Trugbilder zu verurteilen.

Zur Perfektion gebracht wurde das Trompe-l'œil in der niederländischen Malerei des 17. und 18. Jahrhunderts, vor allem in den sogenannten Quodlibets: gemalten Ansammlungen von allerlei Krimskrams, oft aus Papier wie Briefe oder Notizzettel, so zum Beispiel in Samuel van Hoogstratens *„Augenbetrüger"-Stillleben* (1666/78) (Abb. 3) oder den Quodlibets Cornelis Gijsbrechts. Zur Erzeugung der naturalistischen Effekte bedient sich die Trompe-l'œil-Malerei verschiedener Verfahren, wozu etwa Zentralperspektive, Modulierung durch Schatten, natürliche Größe sowie die perfekte optische Imitation von Oberflächenbeschaffenheiten und damit die Suggestion bestimmter haptischer Qualitäten gehören. Eine überraschende Renaissance erlebte die Kunst der Augentäuschung im 20. Jahrhundert, etwa in den mit gemalten Elementen versehenen Collagen der Kubisten, den Figuren Duane Hansons, dem amerikanischen Fotorealismus, Warhols *Brillo-Boxes* oder Thomas Demands papierenen Büroräumen bis hin zu bemalten Hauswänden im Stadtraum.[59]

Das Trompe-l'œil zielt auf einen doppelten Effekt: Täuschung und Ent-Täuschung. Es kalkuliert mit der Verblüffung des Betrachters, lebt vom Überraschungseffekt und dem Staunen über die Virtuosität des Künstlers, dem die täuschend echte Darstellung geglückt ist. All dies erfordert jedoch,

---

58 Plinius d. Ä., Nat. Hist. XXXV, 64.
59 Für zahlreiche Beispiele von der Antike bis in die Gegenwart siehe Westheider / Hedinger: Illusion.

dass das Trompe-l'œil als das erkannt wird, was es ist: eine Augentäuschung. Die „spielerische Lust am Schein",[60] der ästhetische Genuss an der gelungenen Täuschung, setzt voraus, dass die Augentäuschung im nächsten Moment als solche erkannt wird, umschlägt in die Erkenntnis der Künstlichkeit und damit Platz macht für „reflektiertes Schauvergnügen, Staunen und Bewunderung" und das Vergnügen am „kunstreichen Betrug"[61] – verbunden mit der Befriedigung darüber, die Täuschung sogleich durchschaut zu haben. Anders formuliert: Erst die Differenzerfahrung ermöglicht den ästhetischen Genuss, der „[i]n der Verwechslung von Fiktion und Wirklichkeit liegt".[62]

Lange Zeit als bloße oberflächliche Spielerei abgetan, erfuhr das Trompe-l'œil in der zweiten Hälfte des 20. Jahrhunderts wieder vermehrt Aufmerksamkeit seitens der Kunstgeschichte. Zugute kamen ihm dabei der sogenannte *iconic turn* sowie die Herausbildung der Bildwissenschaften. In deren Zuge wird das Trompe-l'œil heute vor allem als Form der ‚Meta-Malerei' diskutiert, als Malerei, die ihre eigenen Bedingungen reflektiert.[63] Als „selbst-bewusstes Bild"[64] zielt das Trompe-l'œil demnach nicht nur auf die unterhaltsame Überraschung, sondern verbindet dieses mit einer Reflexion des eigenen Status als Bild und seiner „dual reality": nämlich Abbild einer Wirklichkeit außerhalb seiner selbst und zugleich eigenständiges Objekt mit spezifischer Materialität zu sein.[65]

Fiktionalität ist im Trompe-l'œil in zweierlei Hinsicht involviert: in der Vorspiegelung von Realität, der Erzeugung einer – zumindest kurzzeitigen – Illusion, und damit verbunden in der Reflexion der eigenen Künstlichkeit, die Tatsache, dass auch die perfekte Abbildung der Wirklichkeit stets nur ein Abbild sein kann, nie die Wirklichkeit selbst. Allerdings ist die Zuordnung: hier Bild, dort dargestelltes Objekt, nicht immer so klar und eindeutig möglich, sondern wird von manchen Trompe-l'œils gezielt hintertrieben: beispielsweise wenn der Rahmen des Trompe-l'œil ebenfalls gemalt ist oder wenn dem Bildträger des täuschend echten Bildes einer Staffelei zugleich die Form einer Staffelei gegeben wurde. Man kann von hier eine Linie ziehen zu den konzeptuellen Vexierbildern mancher Künstler des 20. Jahrhunderts, bei denen zwar der Aspekt der Augentäuschung keine Rolle mehr spielt, die aber in ähnlicher Weise die Frage nach dem Verhältnis und der

---

60 Boehm: Schein, S. 25.
61 Ebd., S. 26; zu dieser Struktur des ästhetischen Vergnügens an der (durchschauten) Täuschung siehe auch Koschorke: Pygmalion, bes. S. 304–305.
62 Koschorke: Pygmalion, S. 304.
63 Zur ‚Meta-Malerei' vgl. Stoichiță: Bild.
64 Wie es im Titel von Stoichiță: Bild, heißt.
65 Vgl. Ebert-Schifferer: Durchblick.

Unterscheidung von Bild und Objekt aufwerfen:[66] etwa die bereits erwähnten Flaggenbilder Jasper Johns' aus den 1950er Jahren, die den Betrachter vor die (in diesem Fall weniger visuelle, als vielmehr semantisch-konzeptuelle) Frage: Flagge oder Bild einer Flagge? stellen.

Zudem ist das Trompe-l'œil bzw. generell das, was gemeinhin als realistische Malerei bezeichnet wird, unter wahrnehmungstheoretischen Gesichtspunkten diskutiert worden.[67] Eine der zentralen Fragen in diesem Kontext lautet, wie zu erklären ist, dass uns manche Bilder realistischer als andere erscheinen. Sind diese objektiv ‚richtiger' in der Darstellung der äußeren Welt, wie wir sie wahrnehmen, gibt es also „objective standards of representational accuracy", wie Ernst Gombrich insistiert?[68] Oder ist dies doch nur, wie Goodman nahelegt, eine Frage sich wandelnder Darstellungskonventionen und Sehgewohnheiten?[69] Einig sind sich beide Positionen darin, dass es erstens das ‚unschuldige Auge' nicht gibt und zweitens kein Maler einfach nur ‚abmalt, was er sieht', sondern immer bestimmte bildnerische Verfahren zur Erzeugung visueller Effekte einsetzen muss.[70] Strittig ist hingegen der Status dieser Verfahren, mit denen der Eindruck eines wirklichkeitsgetreuen Abbilds beim Betrachter erzielt wird: Ist etwa eine zentralperspektivische Darstellung insofern ‚objektiv richtig', als sie tatsächlich jenen Wahrnehmungseindruck erzeugt, den wir auch erhalten, wenn wir in die Welt blicken? Oder erscheint sie uns nur kontingenterweise realistischer als solche Darstellungen, die nicht die Prinzipien der Zentralperspektive anwenden? Was also heißt ‚Wirklichkeitstreue' in der Malerei? Und welchen Anteil hat der Betrachter an der Erzeugung der Illusion? Ist seine Imagination erforderlich, damit die Verfahren der Maler den illusionistischen Effekt erzielen und ihm das Bild realistisch erscheint? Oder sollte man eher von Interpretation sprechen? Und inwieweit müssen wir erst lernen, Bilder als realistische Darstellungen zu sehen?[71]

---

66 Weshalb sie gelegentlich in die Tradition des Trompe-l'oil gestellt werden, vgl. z. B. Ebert-Schiffer: Durchblick, S. 19.
67 Eine maßgebliche Rolle spielte dabei Ernst Gombrichs Studie *Art and Illusion* (1960), nach wie vor ein zentraler Bezugspunkt der Diskussion.
68 Gombrich: Art, S. x (Preface to the second edition).
69 Vgl. Goodman: Languages, S. 10–19.
70 Vgl. Gombrich: Art, S. xi (Preface to the second edition).
71 Vgl. dazu Gombrich: Art; Gombrich: Representation. Während Nelson Goodman als stellvertretend für die ‚konventionalistische' Lesart gelten kann, wird Gombrich gerne als Gewährsmann für die ‚objektivistische' in Anspruch genommen (vgl. Carrier: Perspective). Allerdings oszillieren seine Ausführungen zwischen beiden Positionen: War Gombrich Anfang der 1960er Jahre angetreten, die Rolle von Konventionen gegenüber traditionellen Ähnlichkeitstheorien der Repräsentation stark zu machen, so sah er sich später veranlasst, die objektivistischen Elemente seiner Theorie zu betonen, um sich gegen eine

Immersion: Virtuelle Welten

Ist das intellektuelle und ästhetische Vergnügen an der trickreichen Täuschung und dem Durchschauen derselben für das Trompe-l'œil wesentlich, so zielen andere Formen illusionistischer Kunst auf den gegenteiligen Effekt ab: die möglichst umfassende Absorption oder Immersion des Betrachters und die Aufhebung ästhetischer Distanz[72] – also auf jenen Effekt, der häufig mit dem Begriff des Virtuellen in Verbindung gebracht wird.[73]

Paradigmatisch hierfür sind die virtuellen Räume oder computeranimierten Welten der ‚Cyber Art‘, etwa in den Arbeiten der kanadischen Künstlerin Charlotte Adèle Davies, für die sich dementsprechend die Bezeichnung „*immersive environments*" eingebürgert hat.[74] Anders als das Trompe-l'œil konfrontieren sie den Betrachter nicht einfach mit täuschend echt dargestellten Gegenständen, sondern simulieren ganze Umgebungen oder ‚Illusionsräume‘, die ihm den Eindruck vermitteln sollen, er befinde sich selbst am Ort des darstellten Geschehens.[75] Indem der Betrachter in diese Welten „eintaucht", werden sie für ihn „zusätzlich zu ihrer Eigenschaft, virtuelle Wirklichkeiten zu sein, zur realen Wirklichkeit".[76]

Inszenierte Authentizität

Gemeinsam ist traditioneller Trompe-l'œil-Malerei und virtuellen Installationen, dass sie zur Illusionserzeugung auf wahrnehmungspsychologische Effekte setzen. Darin unterscheiden sich beide von bestimmten künstlerischen Strategien und Verfahren, die man unter dem Schlagwort der ‚inszenierten Authentizität‘ zusammenfassen kann und die vor allem seit den 1970er

---

relativistische Vereinnahmung zu verwahren (vgl. dazu Mitchell: Nature; Lepsky: Gombrich). Für einen wichtigen Beitrag in der Gombrich-Rezeption siehe auch Bryson: Vision.

72 Vgl. Grau: Kunst, S. 124 ff., S. 171 ff. Die Grenzen zum Trompe-l'œil sind jedoch fließend, wenn man an gemalte Scheinarchitektur *in situ* denkt, die eine ähnlich umfassende Raumillusion erzeugt, oder auch an die Illusionsräume antiker römischer Villen wie der Villa dei Misteri, Pompeji, von 60 v. Chr., sowie die Dioramen und Panoramabilder des 19. Jahrhunderts: Beispiele wie diese sehen mache Autoren als Vorläufer heutiger virtueller Kunst (z. B. Grau: Kunst, S. 18), während andere sie als Fortsetzung des traditionellen Trompe l'oeils verstehen (z. B. Boehm: Schein, S. 27, Wiesing: Präsenz, S. 107–124).

73 Vgl. Grau: Kunst, S. 23. Diese begriffliche Verbindung ist allerdings nicht unumstritten; für eine Kritik an der Gleichsetzung von virtuellen Realitäten mit ‚immersiven Bildern‘ vgl. Wiesing: Präsenz, S. 107–124.

74 Vgl. dazu Grau: Kunst, S. 188–194; Gehmann: Einführung, S. 18; Ackers: Osmose; Gehmann: Welten; Könches: Leben.

75 Vgl. Grau: Kunst, S. 14.

76 Gehmann: Einführung, S. 18; vgl. auch den Beitrag 19. *Fiktionalität in Film- und Medienwissenschaft*.

Jahren in Installations-, Performance- und Aktionskunst sowie der Fotografie zu beobachten sind. Charakteristisch für diese Verfahren ist ein Spiel mit Schein und Sein, das weniger auf wahrnehmungspsychologischer Ebene abläuft, als in der Inszenierung von historischer, biographischer oder alltäglicher (Schein-)Wirklichkeit besteht, sei es in (quasi-)dokumentarischer Form oder in Aktion. Oft wird der Betrachter dabei gezielt im Unklaren gelassen, wo die Grenzen zwischen bloßer Inszenierung und ‚authentischer Wirklichkeit' verlaufen, und häufig verbindet sich damit ein ausgeprägt konzeptueller und/oder kritischer Anspruch: Die Fiktion bzw. Inszenierung übernimmt gewissermaßen eine diskursive Funktion, etwa als Mittel zur Reflexion bildtheoretischer Fragen oder von Gesellschaftskritik.

Der Schein des Dokumentarischen

Eine wichtige Rolle in der Diskussion um scheinbar dokumentarische Kunst spielt die sogenannte ‚inszenierte Fotografie'.[77] Diese Formulierung ist doppeldeutig: Sie kann sich sowohl auf die Aufnahme einer *vor* der und *für* die Kamera inszenierten Wirklichkeit, also eines außerbildlichen Geschehens beziehen, als auch auf die bildhafte Inszenierung von Vorgefundenem *durch* die Fotografie, eine durch die Fotografie erst entworfene Wirklichkeit.[78] Damit sind zugleich zentrale Fragen der aktuellen Diskussion um inszenierte Fotografie angesprochen: wie sich mit Fotografien Wirklichkeiten schildern, verfälschen, aber auch eigene Wirklichkeiten entwerfen lassen, wie sich ‚fotografisch vermittelte' und ‚fotografisch erzeugte' (Bild-)Wirklichkeit zueinander verhalten.[79]

Befördert wurde dieses kunst-, bild- und medienwissenschaftliche Interesse an inszenierter Fotografie einerseits durch die Diskussion um die technische Manipulierbarkeit fotografischer Bilder und ihre Instrumentalisierung in Politik und (neuen) Medien, wie sie zuerst die Bildberichterstattung zum Irakkrieg in den 1990er Jahren ausgelöst hat.[80]

Die Fragen werden andererseits aufgeworfen durch Fotografien von Künstlern wie Jeff Wall und deren ‚arrangierter Zufälligkeit': Viele seiner Fotografien, wie z. B. *The Storyteller* (Abb. 4) oder *Morning Cleaning*, wirken – jedenfalls auf den ersten Blick – wie zufällige Momentaufnahmen des Alltäglichen, sind aber tatsächlich aufs sorgfältigste komponiert und das Ergebnis oft langwieriger Vorbereitungen. Zugleich changieren viele dieser ‚gestellten Szenarien' zwischen scheinbarer Authentizität und offenkundiger

---

77 Vgl. dazu z. B. die Beiträge in Blunck: Wirklichkeit.
78 Vgl. Blunck: Wirklichkeiten, S. 20 f.
79 Vgl. ebd., S. 18 und S. 20 f.
80 Vgl. zu diesem weiteren Kontext z. B. die Beiträge in Knieper/Müller: Authentizität.

Inszeniertheit; oftmals sind sie dabei von einer ausgesprochenen Theatralität gekennzeichnet. Gerade in ihrer ‚theatralischen Darbietung', so eine gängige Interpretation seiner Arbeiten, verweisen die Fotografien Walls nicht nur auf ein Geschehen außerhalb der Fotografie, sondern auf sich selbst, integrieren dadurch narrative und selbstreflexive, diskursive Elemente.[81]

Formen künstlerischer Inszenierung, die sich den Anschein des Dokumentarischen geben, finden sich nicht nur im Medium der Fotografie und werfen nicht nur bildtheoretische Fragen auf. Viel diskutiert und analysiert im Hinblick auf ihre ‚inszenierte Authentizität' wurden in jüngerer Zeit auch die Installationen, mit denen Künstlerinnen wie Sophie Calle oder Tracey Emin Formen der Selbst-Inszenierung erproben: indem sie etwa (vorgeblich) persönliche Gegenstände und autobiographische Dokumente versammeln, ihr tatsächliches oder fiktives Privatleben ausbreiten und damit sich selbst – oder ein bestimmtes Bild ihrer selbst – zum Gegenstand ihrer Kunst machen. Die Grenzen zwischen Autobiographie, Selbst-Inszenierung, Irreführung und Erfindung scheinen fließend, zumal durch den Kunstkontext auch das tatsächlich Dokumentarische Teil einer Inszenierung wird.[82]

Fiktive Institutionen

Wieder eine andere Form der Fiktion im Sinne simulierter Alltagswirklichkeit bieten jene Fälle ‚künstlerischer Strategien des Fake',[83] die sich der Nachahmung alltäglicher Organisationsstrukturen und institutioneller Praktiken bedienen. Dazu gehören insbesondere von Künstlern ‚gegründete' Fake-Institutionen oder -Organisationen. Wirklichkeit wird hier nicht abgebildet, mit visuellen Mitteln repräsentiert, sondern gewissermaßen performativ, im Nachvollzug oder ‚in Funktion' fingiert.[84] Entscheidend ist also, dass die entsprechenden Praktiken bzw. Institutionen im öffentlichen Raum – und nicht etwa als Happening in einer Galerie – ausgeübt werden bzw. in Erscheinung treten. Auf einer diskursiven oder reflexiven Ebene zielen diese Projekte weniger auf eine bildtheoretische Reflexion des Status des Bildes und der Grenzen und Möglichkeiten von Repräsentation, als auf Ge-

---

81 Vgl. Stemmrich: Exaltation, bes. S. 156 f. Zur Diskussion, Analyse und Deutung von Jeff Walls Arbeiten insb. im Hinblick auf Inszeniertheit und Theatralität siehe z. B. Fried: Photography; Hochdörfer: Wall, darin bes. Stemmrich: Exaltation; Stemmrich / Wall: Szenarien; Hammerbacher: Fotografie.
82 Zur kunstkritischen, oft polemischen Auseinandersetzung um Sophie Calle vgl. z. B. Muhr: Story. Für einen analytischeren Zugang zu Fragen inszenierter Authentizität allgemein vgl. die Beiträge in Fischer-Lichte / Horn: Authentizität.
83 Vgl. Römer: Strategien.
84 Vgl. ebd., S. 242, Fn. 4.

sellschafts- oder Institutionenkritik: Die Gesellschaft und ihre Institutionen und Praktiken werden persifliert, indem sie imitiert werden. Mittels der Nachbildung wird eine Sinnverschiebung gegenüber dem realen Vorbild – ironische Brechung, kritische Reflexion etc. – signalisiert.

So kam es etwa in den 1980er Jahren zu einer ganzen Reihe fiktiver Firmengründungen vor allem durch Künstlerkollektive. Exemplarisch dafür ist die fiktive Fluggesellschaft *Ingold Airlines*, die 1982 von dem Schweizer Künstler Res Ingold gegründet wurde und seither in Form von Logos, Werbematerial und eigener Website[85] ebenso auf sich aufmerksam macht, wie sie als fiktiver Sponsor realer Kunstausstellungen in Erscheinung tritt oder eine Aktionärsgründerversammlung abhielt, auf der der „Ressortleiter Öffentlichkeitsarbeit" Börsengangpläne vorstellte. Als künstlerisches ‚Produktionsmaterial' dienen mithin die Kommunikationsformen, Marketingstrategien und PR-Praktiken der freien Wirtschaft und ihrer Logokultur.[86] Von einer ‚echten' Fluglinie scheint sich *Ingold Airlines* lediglich dadurch zu unterscheiden, dass sie keinen regulären Flugbetrieb anbietet (sieht man vom Shuttleflugzeug zwischen Bonn und Kassel zur documenta IX ab).[87]

Wenn *Ingold Airlines* als Kunstprojekt zugleich die Bestrebungen von Wirtschaftsunternehmen imitiert, sich als Kunstförderer zu profilieren, so erhält das Projekt eine zusätzliche ironisch-konzeptkünstlerische Pointe, die das Vexierspiel mit den Kategorien Realität, Imitation, Fiktion auf die Spitze treibt: So wurde die Aktionärsgründerversammlung als Vernissage veranstaltet,[88] und der „Geschäftsbericht" lässt sich ebenso gut als Werkkatalog, der die Aktivitäten des Künstlers bzw. Firmenleiters Ingold auflistet, wie als Anspielung auf die Geschäftsberichte großer Banken verstehen, die „mittels der Abbildung von erworbener Kunst ihren kulturellen Status zu manifestieren suchen".[89]

Changieren die Verfahren von *Ingold Airlines* „zwischen konzeptueller Geste und ironischem Kommentar",[90] treten andere Künstler, die mit Fakes im öffentlichen Raum agieren, provokanter auf. Zu nennen wäre etwa Christoph Schlingensiefs Projekt *Ausländer raus! Schlingensiefs Container*, das im Jahr 2000 auf dem Wiener Opernplatz durchgeführt wurde, kurz nachdem die FPÖ unter Jörg Haider Regierungspartei geworden war: In einer Mischung aus *Big Brother*-Spektakel und politischer Wahlkampfveranstaltung wurde dabei eine Kampagne inszeniert bzw. fingiert, in deren Verlauf echte Asylbewerber per öffentlicher Abstimmung ‚herausgewählt' werden konn-

---

85 Ingold Airlines <http://www.ingoldairlines.com/start_set.htm> (14.04.2013).
86 Vgl. Römer: Strategien, S. 243, S. 245.
87 Vgl. ebd., S. 242.
88 Ebd., S. 248.
89 Ebd., S. 245.
90 Ebd.

ten, während Schlingensief fremdenfeindliche Wahlkampfparolen der FPÖ zitierte.[91]

Zielt die Augentäuschung auf das intellektuelle Vergnügen und die virtuellen Welten der Cyber-Art auf Immersion, so steht hinter künstlerischen Fakes wie denen von Ingold oder Schlingensief ein mehr oder weniger aufklärerischer Impetus – wobei das Verfahren letztlich ein durchaus traditionelles ist: die Gesellschaft wird kritisiert, indem man ihr buchstäblich den Spiegel vorhält. Solche Fake-Aktionen sind wiederum nicht zu verwechseln mit anderen Formen politisch oder sozial motivierter Aktionskunst, die sich ebenfalls im Grenzbereich von Kunst, politischem Aktivismus, Sozialarbeit oder Dienstleistung bewegen, aber durchaus nicht als persiflierende oder ironisierende Fakes gemeint sind. Jochen Gerz' Projekt *2–3-Straßen* etwa tut nicht nur so, *als ob* es ein kreatives Sozialprojekt zur Stadtteilförderung wäre, sondern versteht sich als ein solches Projekt. Es wurde 2011 in drei Städten des Ruhrgebiets durchgeführt und hatte zum Ziel, Bewohner vernachlässigter Stadtteile in ein künstlerisches Gemeinschaftsprojekt zu integrieren, um „soziale Kreativität" und „das öffentliche Miteinander" zu fördern und Kreativität als „Standortfaktor" zu etablieren.[92] Maßnahmen der Stadtteilförderung wurden hier nicht nachgestellt, so wie *Ingold Airlines* oder *Schlingensiefs Container* Phänomene aus Wirtschaft und Gesellschaft ‚nachinszenieren', sondern schlicht durchgeführt, ganz frei von Ironie. Die Unterscheidung von Repräsentiertem und fingierender Repräsentation scheint nicht mehr zu greifen.

Was die Welt der Fakes betrifft, so sei schließlich noch hingewiesen auf die Fülle an fiktiven Künstlern und Kunstwerken, die es im Laufe der Kunstgeschichte nicht nur zu beachtlichem Ruhm, sondern inzwischen auch bis zu eigenen Enzyklopädien, Wikipedia-Einträgen und sogar ganz realen Ausstellungen gebracht haben. Als Phänomen sind sie bisher allerdings noch kaum wissenschaftlich untersucht, von einigen Einzelstudien abgesehen.[93] Ebenfalls primär von kunsthistoriographischem Interesse ist die Frage nach dem Anteil von Fiktion in seriöser Kunstgeschichtsschreibung, sei es, dass man dabei an ihre Legendenbildungen denkt,[94] oder sich auf die Konstruktivität kunsthistorischer Narrative generell bezieht.

---

91 Lilienthal / Philipp: Schlingensief. Vgl. auch den Dokumentarfilm von Paul Poet: Ausländer raus! Schlingensiefs Container, 2002.
92 Siehe die Projektbeschreibung unter <http://www.2-3strassen.eu/das_projekt.html> (14.04.2013).
93 Eine ganze „Enzyklopädie fiktiver Künstler" bietet Koen: Kunst; für ein Beispiel aus dem Mittelalter vgl. Evans: Painting; für einige Beispiele aus jüngster Zeit vgl. Wulffen: Fiktion.
94 Vgl. z. B. Koldehoff: Van Gogh.

2.2 Fiktion contra Wirklichkeit?

Besteht die Fiktionalität der oben skizzierten Fälle vor allem darin, dass die Illusion von Wirklichkeit erzeugt, Authentizität – wenn auch manchmal ganz offenkundig – fingiert wird, so scheint sie in anderen Fällen gerade im Entwurf einer Gegenwelt zur Wirklichkeit im Sinne der äußeren, sinnlich erfahrbaren empirischen Alltagswelt zu bestehen. Das Fiktionale ist hierbei vor allem an den Darstellungsinhalten festzumachen, wobei die in ihnen entworfenen Welten unterschieden werden können nach Art und Umfang ihrer Abweichung von der alltäglichen Wirklichkeit.[95] Die phantastische Malerei eines Hieronymus Bosch oder die Traumwelten und Verfremdungen des Surrealismus lassen sich hier ebenso nennen wie die ‚unmöglichen' Bilder Eschers, die utopischen Architekturentwürfe der französischen Revolutionsarchitektur ebenso wie die Ideallandschaften der Landschaftsmalerei um 1800.

Diese Beispiele machen zugleich deutlich, dass die plakative Kontrastierung von fiktiv vs. real oder fiktiv vs. wahr differenzierungsbedürftig ist, will man sie auf die Kunstwerke anwenden. Denn Fiktives und Reales gehen in ihnen auf vielfache Weise Hand in Hand:

Erstens gilt, ebenso wie für sprachliche, auch für bildhafte Fiktionen das Realitätsprinzip:[96] Auch „projected worlds are always *anchored to* entities existing in the actual world", wie Wolterstorff festhält.[97] Wiedererkennbare Elemente unserer alltäglichen Erfahrungswelt finden sich auch und gerade in der phantastischen Malerei, deren Szenarien andernfalls gar nicht als solche erkennbar wären: tierartige Lebewesen bei Bosch, vertraute Architekturelemente und eine, wenn auch trickreich gebrochene, Anwendung der Zentralperspektive in den ‚unmöglichen' Architekturansichten von Piranesi bis Escher, zoo- und anthropomorphe Mischwesen, Landschaften und Dingmagie bei den Surrealisten usw.

Zweitens lassen sich die betreffenden Werke nicht reduzieren auf die einfache Darstellung fiktiver Entitäten wie Einhörner und andere Fabelwesen, fiktive Städte oder fiktive Persönlichkeiten, wie sie im Fokus der referenztheoretischen Diskussion um fiktive Bilder stehen.[98] Die Dinge liegen meist komplizierter, und das Fiktionale und das Reale sind in vielfältiger Weise aufeinander bezogen und miteinander verzahnt: So sind die Ungeheuer, die in Goyas Capricci der „Schlaf der Vernunft gebiert", weniger

---

95 Wie diese Wirklichkeit zu bestimmen ist und ob eine solche Bestimmung überhaupt möglich oder sinnvoll ist, kann hier nicht diskutiert werden.
96 Für eine Formulierung dieses Prinzips vgl. z. B. Walton: Mimesis, S. 144–150.
97 Wolterstorff: Works, S. 356, originale Hervorh.
98 Vgl. oben und die Beiträge 6. *Fiktion, Wahrheit, Referenz* und 7. *Ontologie fiktiver Gegenstände.*

Ausgeburten der Phantasie als der tatsächlichen gesellschaftlichen Verhältnisse: ein „Pandämonium der menschlichen Natur".[99] Die Surrealisten wiederum zielten mit ihrer programmatischen Beschwörung des „Wunderbaren" weniger darauf ab, eine Gegenwelt zur Alltagswirklichkeit zu evozieren, als auf eine Erweiterung oder Vervollständigung des Wirklichen.[100] Zugleich sollte das surrealistische Bild eine Erkenntnisfunktion übernehmen: Gerade vom Unvertrauten, Widersprüchlichen, Verstörenden und Befremdlichen erwartete man sich eine „plötzliche Erhellung des Wirklichen":[101] „[M]an wollte sich nicht der Realität entziehen, sondern eine tiefergehende Vorstellung von ihr entwickeln."[102] Und auch im ganz anders gelagerten Fall der idealen Landschaft soll sich, nach der Vorstellung der idealistischen Ästhetik, gerade im Idealen oder in der Überhöhung der Wirklichkeit ‚das Wahre' zeigen. Von den Intrikatheiten religiöser Kunst in Sachen Wahrheit und Fiktion ganz zu schweigen.

So erweist sich auch an solchen konkreten Fallbeispielen die Kontrastierung des Fiktiven und des Realen einmal mehr als höchst fragil, und es wird zunehmend unklar, wo und wie die Grenzen zu ziehen sind.

2.3 Belebte Bilder. Und noch einmal *Make-Believe*

Abschließend sei auf einen besonderen Fall von Fiktionalität oder Fiktionalisierung – oder besser ‚Projektion' – eingegangen, der weniger die Kunst selbst als ihre Rezeption betrifft: das Phänomen der ‚Beseelung', ‚Verlebendigung' oder der scheinbaren ‚Lebendigkeit' von Kunstwerken und verwandten Objekten, wie es derzeit in sogenannten Bildakttheorien unter dem Schlagwort bildlicher ‚Präsenz' untersucht wird.[103] Zum Inbegriff wurde der Pygmalion-Mythos, der in jüngerer Zeit Ausgangspunkt zahlreicher kunstwissenschaftlicher Überlegungen zur Verhältnis von Betrachter und Werk bildete.[104]

In der ‚Belebung' von Kunstwerken durch den Betrachter zeigt sich auch eine Analogie zum *Paradoxon der Fiktion*. Zwar taucht die Frage nach unserer psychologischen Beziehung zu fiktiven Charakteren *in* Werken der bilden-

---

99 Belting: Phantasie, S. 150.
100 Vgl. Schneede: Surrealismus, S. 48 f.
101 Ebd., S. 50. Zu den technischen, methodischen sowie inhaltlich-ikonografischen Verfahren der surrealistischen Malerei, mit denen eine solche Veränderung der Wirklichkeitswahrnehmung erzielt werden sollte, siehe ebd., S. 139–165. Für einen Überblick über verschiedene Formen phantastischer Malerei siehe Schmied: Malerei.
102 Schneede: Surrealismus, S. 52 f.
103 Z. B. Bredekamp: Bildakt; Mitchell: Pictures; Wiesing: Präsenz.
104 Siehe z. B. die Beiträge in Mayer / Neumann: Pygmalion, sowie Stoichiţă: Pygmalion.

den Kunst im Fiktionalitätsdiskurs praktisch nicht auf (anders als die heftig diskutierte entsprechende Frage in Bezug auf Gestalten in Literatur und Film). Doch die ‚Beseelung‘ oder ‚Verlebendigung‘ *von* Bildern und vergleichbaren Artefakten wirft eine ähnliche Frage auf: Wie ist zu erklären oder zu analysieren, dass uns Artefakte mitunter als belebt erscheinen oder wir ihnen die Attribute handelnder Subjekte zuschreiben, während wir zugleich wissen, dass es sich um unbelebte Objekte handelt?

Soweit ersichtlich ist Waltons *Make-Believe*-Theorie, um auf sie zurückzukommen, in diesem Kontext bislang nicht rezipiert worden. Dabei wäre es interessant, sie einmal auf dieses Phänomen anzuwenden. Scheint sie doch gerade hier, womöglich mehr als in Bezug auf die von Walton selbst beschriebenen Formen der Bildwahrnehmung und Imagination, besondere Relevanz und Plausibilität zu gewinnen. Wenn sich Waltons Vorschlag etwas abgewinnen lässt, unseren Umgang mit Kunstwerken in Analogie zu Kinderspielen zu verstehen, in denen Baumstümpfe als Bären imaginiert und Puppen zu Wesen aus Fleisch und Blut werden, dann vielleicht gerade hier.

20. Fiktionalität in Kunst- und Bildwissenschaften   491

Abbildungen

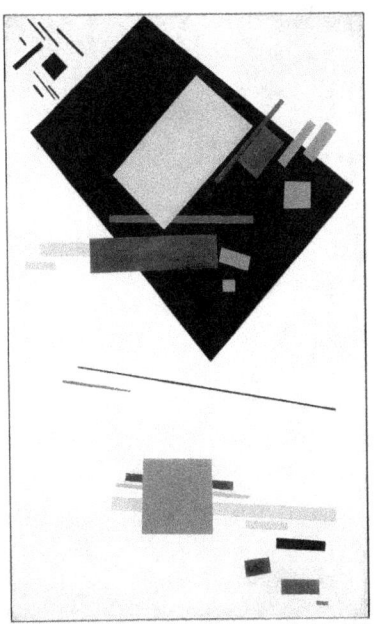

Abb. 1 Kasimir Malevich, *Suprematistisches Gemälde*, 1915, Öl auf Leinwand, 101,5 × 62 cm. Stedelijk Museum Amsterdam

Abb. 2 Jasper Johns, *Flag*, 1954–55, Enkaustik, Öl und Collage auf Stoff, auf Sperrholz montiert, 107,3 × 153,8 cm. Museum of Modern Art New York. © VG Bild-Kunst, Bonn 2013 / © Photo Scala, Florenz 2013

Abb. 3 Samuel van Hoogstraten, „*Augenbetrüger*"-*Stillleben* (1666/78), Öl auf Leinwand, 63 × 79 cm. Kunsthalle Karlsruhe, Inv. Nr. 2620

Abb. 4 Jeff Wall, *The Storyteller*, 1986, Großbilddia in Leuchtkasten, 229 × 437 cm. Mit freundlicher Genehmigung des Künstlers

Bibliographie

Ackers, Susanne: Osmose und Ephémère. Zwei immersive virtuelle Umgebungen von Charlotte Adèle Davies aus den Jahren 1995 und 1998. 2006. <http://opus.hbk-bs.de/volltexte/2010/51/>, <urn:nbn:de:gbv:834-opus-510> (14.04.2013).
Anderegg, Johannes: Das Fiktionale und das Ästhetische. In: Dieter Henrich / Wolfgang Iser (Hg.): Funktionen des Fiktiven. München 1983, S. 153–172.
Barck, Karlheinz / Martin Fontius / Dieter Schlenstedt (Hg.): Ästhetische Grundbegriffe. Bd. 2. Stuttgart 2001.
Belting, Hans: Über Phantasie und Kunst. In: Gottfried Boehm (Hg.): Homo pictor. München 2001, S. 143–155.
Blunck, Lars (Hg.): Die fotografische Wirklichkeit. Inszenierung – Fiktion – Narration. Bielefeld 2010.
Blunck, Lars: Fotografische Wirklichkeiten. In: L. B.: Die fotografische Wirklichkeit. Inszenierung – Fiktion – Narration. Bielefeld 2010, S. 9–36.
Boehm, Gottfried: Die Lust am Schein im Trompe-l'œil. In: Ortrud Westheider / Bärbel Hedinger (Hg.): Täuschend echt. Illusion und Wirklichkeit in der Kunst. München 2010, S. 24–29.
Bredekamp, Horst: Theorie des Bildakts. Berlin 2010.
Bryon, Norman: Vision and Painting. The Logic of the Gaze. London 1983.
Budd, Malcolm: Rez. Kendall L. Walton: *Mimesis as Make-Believe: On the Foundations of the Representational Arts*. In: Mind, New Series 101 (1992), S. 195–198.
Carrier, David: Perspective as a Convention: On the Views of Nelson Goodman and Ernst Gombrich. In: Leonardo 13,4 (1980), S. 283–287.
Currie, Gregory: The Nature of Fiction. Cambridge 1990.
Ebert-Schifferer, Sybille: Der Durchblick und sein Gegenteil. Malerei als Täuschung. In: Ortrud Westheider / Bärbel Hedinger (Hg.): Täuschend echt. Illusion und Wirklichkeit in der Kunst. München 2010, S. 16–23.
Evans, Michael: Fictive Painting in twelfth-century Paris. In: John Onians (Hg.): Sight & insight. Essays on art and culture in honour of E. H. Gombrich at 85. London 1994, S. 73–87.
Fischer-Lichte, Erika / Christian Horn: Inszenierung von Authentizität. 2., überarb. und akt. Aufl. Tübingen 2007.
Fried, Michael: Why Photography Matters as Art as Never Before. New Haven 2008.
Gehmann, Ulrich (Hg.): Virtuelle und ideale Welten. Karlsruhe 2012.
Gehmann, Ulrich: Virtuelle und ideale Welten – eine Einführung. In: U. G.: Virtuelle und ideale Welten. Karlsruhe 2012, S. 7–25.
Gombrich, Ernst H.: The „What" and the „How". Perspective Representation and the Phenomenal World. In: Richard Rudner / Israel Scheffler (Hg.): Logic and Art. Essays in Honor of Nelson Goodman. Indianapolis 1972, S. 129–149.
Gombrich, Ernst H.: Art and Illusion. A study in the psychology of pictorial representation [1959]. 5. Aufl. London 1977.
Goodman, Nelson: Languages of Art. Indianapolis 1976.
Goodman, Nelson: Ways of Worldmaking. Indianapolis 1978.
Grau, Oliver: Virtuelle Kunst in Geschichte und Gegenwart. Visuelle Strategien. Berlin 2001.
Hammerbacher, Valérie: Jenseits der Fotografie. Arrangement, Tableau und Schilderung – Bildstrategien in den Arbeiten von Jeff Wall. Weimar 2010.
Hochdörfer, Achim (Hg.): Jeff Wall. Photographs. Köln 2003.

Knieper, Thomas / Marion G. Müller: Authentizität und Inszenierung von Bilderwelten. Köln 2003.
Koen, Brams: Erfundene Kunst: eine Enzyklopädie fiktiver Künstler von 1605 bis heute. Frankfurt/M. 2003.
Koldehoff, Stefan: Meier-Graefes van Gogh. Wie Fiktionen zu Fakten werden. Köln 2002.
Könches, Barbara (Hg.): Konstruiertes Leben: Szenarien der Fiktion zwischen Computergames, Cyber-Sex, Nanobytes, Robotic Arts. Karlsruhe 2003.
Koschorke, Albrecht: Pygmalion als Kastrat – Grenzwertlogik der Mimesis. In: Mathias Mayer / Gerhard Neumann (Hg.): Pygmalion. Die Geschichte des Mythos in der abendländischen Kultur. Freiburg i.Br. 1997, S. 299–322.
Lepsky, Klaus: Ernst H. Gombrich. Theorie und Methode. Wien 1991.
Levinson, Jerrold: Making Believe. In: J. L.: The Pleasures of Aesthetics. Philosophical Essays. Ithaca, London 1996, S. 287–305.
Lilienthal, Matthias / Claus Philipp: Schlingensiefs Ausländer raus. Bitte liebt Österreich. Dokumentation. Frankfurt/M. 2000.
Lopes, Dominic: Understanding Pictures. Oxford 1996.
Mayer, Mathias / Gerhard Neumann (Hg.): Pygmalion. Die Geschichte des Mythos in der abendländischen Kultur. Freiburg i.Br. 1997.
Maynard, Patrick: Real Imaginings. In: Philosophy and Phenomenological Research 51,2 (1991), S. 389–394.
McCormick, Peter / Wolfgang Iser / Catherine Wilson: Fiction. In: Michael Kelly (Hg.): Encyclopedia of Aesthetics. Vol. 2. New York 1998, S. 177–185.
Mitchell, W. J. T.: Nature and Convention. Gombrich's Illusions. In: W. J. T. M.: Iconology. Image, Text, Ideology. Chicago 1986, S. 75–94.
Mitchell, W. J. T.: What Do Pictures Want? The Lives and Loves of Images. Chicago 2005.
Muhr, Stefanie: „The truest story of my life". Sophie Calle und die Wahrheit der Fiktion. In: Wahrheit und Wahrhaftigkeit in der Kunst von der Neuzeit bis heute. Berlin 2010, S. 145–157.
Plinius Secundus der Ältere, Caius: Naturalis Historia / Naturkunde in 37 Bänden. Lat./Dt. Hg. und übers. von Roderich König, Buch 35: Farben. Malerei. Plastik. 2., überarb. Aufl. München 1997.
Podro, Michael: Fiction and Reality in Painting. In: Dieter Henrich / Wolfgang Iser (Hg.): Funktionen des Fiktiven. München 1983, S. 225–237.
Römer, Stefan: Künstlerische Strategien des Fake. Kritik von Original und Fälschung. Köln 2001.
Scholz, Oliver R.: Bild, Darstellung, Zeichen. 2., vollst. überarb. Aufl. Frankfurt/M. 2004.
Schmied, Wieland: Zweihundert Jahre phantastische Malerei. 2 Bde. München 1980.
Schneede, Uwe M.: Die Kunst des Surrealismus. Malerei, Skulptur, Dichtung, Fotografie, Film. München 2006.
Stemmrich, Gregor: Zwischen Exaltation und sinnierender Kontemplation. Jeff Walls Restitution des Programms der Painture de la vie moderne. In: Achim Hochdörfer (Hg.): Jeff Wall. Photographs. Köln 2003, S. 154–173.
Stemmrich, Gregor (Hg.) / Jeff Wall: Szenarien im Bildraum der Wirklichkeit: Essay und Interviews. Amsterdam, Dresden 1997.
Stierle, Karlheinz: Fiktion. In: Karlheinz Barck / Martin Fontius / Dieter Schlenstedt (Hg.): Ästhetische Grundbegriffe. Bd. 2. Stuttgart 2001, S. 380–428.
Stock, Kathleen: The Role of Imagining in Seeing-In. In: The Journal of Aesthetics and Art Criticism 66,4 (2008), S. 365–380.
Stoichiţă, Victor I.: Das selbstbewußte Bild. Vom Ursprung der Metamalerei. München 1998.

Stoichiță, Victor I.: The Pygmalion Effect. From Ovid to Hitchcock. Chicago 2008.
Walton, Kendall L.: Mimesis as Make-Believe. On the Foundations of the Representational Arts. Cambridge, MA, London 1990.
Walton, Kendall L.: Précis of Mimesis as Make-Believe: On the Foundations of the Representational Arts. In: Philosophy and Phenomenological Research 51,2 (1991), S. 379–382.
Walton, Kendall L.: Reply to Reviewers. In: Philosophy and Phenomenological Research 51,2 (1991), S. 413–431.
Walton, Kendall L.: Seeing-In and Seeing Fictionally. In: K. L. W.: Marvelous Images. On Values and the Arts. Oxford 2008, S. 133–142.
Walton, Kendall L.: Depiction, Perception, and Imagination. In: K. L. W.: Marvelous Images. On Values and the Arts. Oxford 2008, S. 143–155.
Westheider, Ortrud / Bärbel Hedinger (Hg.): Täuschend echt. Illusion und Wirklichkeit in der Kunst. München 2010.
Wiesing, Lambert: Artifizielle Präsenz. Studien zur Philosophie des Bildes. Frankfurt/M. 2005.
Wollheim, Richard: Painting as an Art. London 1987.
Wollheim, Richard: A Note on Mimesis as Make-Believe. In: Philosophy and Phenomenological Research 51,2 (1991), S. 401–406.
Wollheim, Richard: On Pictorial Representation. In: The Journal of Aesthetics and Art Criticism 56 (1998), S. 217–233.
Wolterstorff, Nicholas: Works and Worlds of Art. Oxford 1980.
Wulffen, Thomas (Hg.): Fiktion der Kunst der Fiktion. Eine Dokumentation in zwei Teilen. In: Artforum International 202 und 204 (2010), S. 36–213 bzw. S. 36–211.

TOBIAS KLAUK

21. Fiktionalität in der Philosophie: Fiktionalismus

1. Überblick

Es existiert eine breite philosophische Debatte zu semantischen, ontologischen und anderen Problemen, die von Fiktionen aufgeworfen werden. Viele Artikel des Handbuchs sind der ausführlichen Erörterung der wichtigsten dieser Probleme gewidmet. Wenn hier noch einmal die Bedeutung fiktionaler Kontexte für die Philosophie aufgenommen wird, so kann es dementsprechend nicht darum gehen, die dort behandelten Themen in unbefriedigender Kürze wiederzukäuen. Vielmehr soll erläutert werden, in welcher Weise Fiktionen für philosophische Denkbewegungen wichtig sein können.

Drei Berührungspunkte fallen ins Auge. Erstens verhandeln fiktionale Texte oft philosophische Ideen. Man denke zum Beispiel an Sartres *La Nausée* oder das Aufgreifen philosophischer Ideen in den Romanen Thomas Manns. Tatsächlich gibt es ganze Gattungsformen (wie den Roman à thèse), die gerne, wenn auch nicht ausschließlich, philosophische Thesen und Themen exemplarisch behandeln. Genauso existieren philosophische Ideen, die unter anderem und prominent in fiktionalen Texten entfaltet worden sind. Berühmte Beispiele finden sich in der deutschen Romantik wie auch erneut bei den französischen Existenzialisten. Solche meist literarischen Behandlungen geben Anlass zu der Frage, inwiefern fiktionale Literatur ein geeignetes Medium für philosophischen Erkenntnisgewinn sein kann.[1]

Zweitens werden fiktive Szenarien in der Philosophie ausführlich genutzt. Dabei denke ich nicht in erster Linie an Versuche, philosophische Thesen anhand von fiktionaler Literatur zu belegen, auch wenn man solche Versuche problematisch finden kann. So kritisierte etwa kürzlich Thomas Assheuer in der *Zeit* Axel Honneth für dessen Tendenz, fiktionale Literatur „als Beleg für seine Zeitdiagnosen heranzuziehen".[2] Philosophische Gedan-

---

1 S. den Beitrag 9. *Fiktion, Wissen und andere kognitive Güter*.
2 Assheuer: Philosophen.

kenexperimente beginnen mit der Aufforderung, sich Szenarien vorzustellen. Solche Szenarien sind fiktional in dem schwachen Sinne, dass es nicht darauf ankommt, ob sie faktisch sind oder nicht. Es ist also damit zunächst nicht mehr gemeint, als dass man sich beim Vorstellen von Szenarien in Gedankenexperimenten nicht auf den Wahrheitsgehalt der Szenarien festlegt.[3]

Man könnte nun fragen, ob die Fiktionalität der Szenarien das Verfahren Gedankenexperiment unzuverlässig machen. Ist Gedankenexperimenten zu trauen, wenn sie auf Szenarien aufbauen, auf deren Wahrheitsgehalt es nicht ankommt? Doch eine solche Frage kann nur stellen, wer sich noch nie mit der argumentativen Struktur von Gedankenexperimenten beschäftigt hat. Gegenbeispiele zu Unmöglichkeitsbehauptungen z. B. können schlagend sein, ohne dass das Beispielszenario jemals auftritt. Es genügt, dass es im relevanten Sinn möglich ist.

Ein engerer Zusammenhang zwischen der Fiktionalität von Szenarien in Gedankenexperimenten und Bedenken gegenüber der Angemessenheit solcher Gedankenexperimente lässt sich aus kursorischen Bemerkungen Roy Sorensens destillieren. Er legt nahe, Szenarien in Gedankenexperimenten seien unvollständig, *weil* sie fiktional seien.[4] Ebenso wie in Shakespeares Drama nicht festgelegt ist, wie viele Kinder Lady Macbeth hat, sind auch nicht alle Fragen an Szenarien in Gedankenexperimenten beantwortbar. Sorensen übersieht, dass dieser Umstand aber gar nicht nützt, um gegen den Wert von Gedankenexperimenten zu argumentieren oder, wie Sorensen, gegen die These, Gedankenexperimente seien Experimente. Gedankenexperimente werden angestellt, indem eine bestimmte Frage an das Szenario gestellt wird. Wir wollen etwa wissen, ob eine Handlung in dem Szenario moralisch gerechtfertigt ist. Damit ist völlig kompatibel, dass wir andere Fragen an das Szenario nicht beantworten können, z. B. wie viele Knöpfe die Jacke des Handelnden hat. Man muss also angeben, ob die Szenarien in Bezug auf die relevante Frage unvollständig sind.[5] Die allgemeine Art Unvollständigkeit, die alle Beschreibungen aufweisen, genügt nicht, um interessante Punkte bezüglich Gedankenexperimenten zu machen.

Die Debatte zu Funktion und Grenzen des Verfahrens ,Gedankenexperiment' in der Philosophie hat daher nur sehr begrenzt mit dem fiktionalen Status der in Gedankenexperimenten verwendeten Szenarien zu tun. Zwar wird immer wieder bezweifelt, dass bestimmte Klassen von Szenarien beurteilbar oder relevant für die entsprechende philosophische Fragestellung sind; diese Sorgen beziehen sich jedoch typischerweise auf sehr fremde,

---

3 Klauk: Gedankenexperimente, S. 78–81.
4 Sorensen: Thought Experiments, S. 246 f.
5 Vgl. Klauk: Gedankenexperimente, S. 127 f.

ungewöhnliche Szenarien. Wie auch immer man solche Bedenken im Einzelnen beurteilen mag, sie sind keine Bedenken gegenüber der Verwendung *fiktionaler* Szenarien überhaupt. Dementsprechend stelle ich diese Sorgen hier zurück.[6]

In der literaturwissenschaftlichen Debatte schließlich findet sich manchmal die Auffassung, (fiktionale) Literatur selbst stelle typischerweise Gedankenexperimente an. Die plausible Version dieser These besagt allerdings nicht mehr, als dass die in fiktionaler Literatur beschriebenen Szenarien in philosophischen Gedankenexperimenten verwendet werden können. Fiktionaler Literatur selbst fehlt typischerweise der argumentative Zusammenhang, der Gedankenexperimente auszeichnet.[7]

Der dritte Berührungspunkt von Fiktionalität und Philosophie, Fiktionalismus, ist bei weitem der interessanteste. Grob umrissen behaupten Fiktionalisten bezüglich eines Gegenstandsbereiches oder Diskurses, dass die Äußerungen in diesem Diskurs fiktional sind oder wesentliche Merkmale mit fiktionalen Äußerungen teilen. Mathematische Fiktionalisten behaupten also z. B., dass die Sätze der Mathematik fiktional sind, moralische Fiktionalisten, dass Sätze mit moralischem Vokabular fiktional sind.

Es gibt eine lange Geschichte fiktionalistischer Positionen; ernsthaft ins philosophische Bewusstsein gerückt sind solche Positionen seit 1980 Hartry Fields *Science Without Numbers* und Bas van Fraassens *The Scientific Image* erschienen, die fiktionalistische Positionen bezüglich der Mathematik bzw. naturwissenschaftlicher Theorien vertraten.[8] Ob eine fiktionalistische Position ihren Alternativen vorzuziehen ist, muss sich letztlich im Einzelfall entscheiden. Ich beschränke mich daher an dieser Stelle darauf, die generelle Idee des Fiktionalismus vorzustellen, verschiedene Arten fiktionalistischer Positionen zu unterscheiden und einige zentrale Einwände zu besprechen.

2. Die Idee des Fiktionalismus

Stellen wir uns jemanden namens Petra vor, die wie wir alle am moralischen Diskurs teilnimmt. Sie äußert z. B. Sätze wie ‚Dass Du Jan angelogen hast, ist nicht in Ordnung', ‚Pränatale Diagnostik ist moralisch fragwürdig' oder ‚Es ist gut, seine Versprechen zu halten'. Sie ist der Überzeugung, dass einige dieser Äußerungen wahr sind und andere falsch, dass man morali-

---

6 Für eine ausführliche Diskussion verschiedener Einwände gegen die Verwendung bestimmter Klassen von Szenarien in Gedankenexperimenten, siehe Klauk: Gedankenexperimente, S. 121–196.
7 Vgl. Klauk: Thought Experiments, S. 30–36.
8 Einen kurzen Überblick über die Geschichte fiktionalistischer Positionen bietet Sainsbury: Fiction, ausführlich wird diese Geschichte diskutiert in Rosen: Problems.

schen Sätzen (also solchen, die moralisches Vokabular wie ‚gut‘, ‚moralisch fragwürdig‘ oder ‚moralisch falsch‘ enthalten) sinnvoll Wahrheitswerte zuschreiben kann. Aber Petra ist auch eine Philosophin und von ontologischen Skrupeln erfasst. Sie ist überzeugt, dass moralische Eigenschaften wie ‚gut sein‘ oder ‚schlecht sein‘ ontologisch ganz fragwürdig sind. Solche Eigenschaften von etwa Handlungen scheinen z. B. nicht in geordneter Weise mit anderen natürlichen Eigenschaften zusammenzuhängen. Welche Gründe auch immer Petra im Einzelnen haben mag, sie ist überzeugt, dass es moralische Eigenschaften nicht gibt.

Nimmt man nun die Annahme hinzu, dass Sätze in denen Dingen nichtexistente Eigenschaften zugeschrieben werden, falsch sind oder keinen Wahrheitswert haben, so ergibt sich, dass auch alle Sätze mit moralischem Vokabular falsch sind (oder keinen Wahrheitswert haben). Diese Folgerung ist unbequem, denn Petra möchte weiter sagen, dass es wahr ist, dass es nicht in Ordnung war, Jan anzulügen, und dass der Satz ‚Es ist gut, seine Versprechen zu brechen‘ falsch ist.

Eine Option, mit diesem Widerspruch umzugehen, besteht darin, die ontologischen Zweifel aufzugeben. Vielleicht sind moralische Eigenschaften am Ende gar nicht so seltsam, wie es zuerst schien. Nehmen wir an, dass Petra – aus welchen Gründen auch immer – diesen Weg nicht einschlagen möchte.

Eine zweite Option wäre es, die Annahme aufzugeben, dass moralische Sätze einen Wahrheitswert haben. Nonkognitivisten vertreten die Ansicht, dass moralische Sätze entgegen dem ersten Anschein nicht Meinungen ausdrücken, die wahr oder falsch sein können, sondern (je nach Typus Nonkognitivismus) eher wie Befehle, Wünsche, etc. anzusehen sind. Nehmen wir an, Petra möchte auch diesen Weg nicht einschlagen. Sie möchte daran festhalten, dass moralische Sätze Gedanken ausdrücken, die im Prinzip wahrheitswertfähig sind.

Eine dritte Option, mit dem Widerspruch umzugehen, besteht in einer Fehlertheorie. Petra könnte behaupten, dass moralische Sätze zwar im Prinzip wahrheitswertfähig sind, tatsächlich aber alle falsch sind (bzw. keinen Wahrheitswert haben), weil es die moralischen Eigenschaften, die in diesen Sätzen zugeschrieben werden, nicht gibt. Aber welchen Grund hat Petra dann noch, Sätze wie ‚Dass Du Jan angelogen hast, ist nicht in Ordnung‘ zu äußern? Sie weiß ja schon, dass sie nicht wahr sind. Natürlich *könnte* die Fehlertheorie korrekt sein, aber angesichts der andauernden moralischen Praxis fällt es schwer, an sie zu glauben.

Es gibt allerdings einen ganz praktischen Grund für Petra, weiter an der moralischen Praxis teilzunehmen. Würde sie außerhalb des philosophischen Seminars behaupten, dass alle Sätze mit moralischem Vokabular falsch sind, so hätte sie zumindest mit Unverständnis, wenn nicht mit klarer Ablehnung ihrer Mitmenschen zu kämpfen. Gesucht ist hier aber ein theoretischer Grund.

Der Fiktionalismus bietet einen Ausweg an. Den moralischen Diskurs, sagt die Fiktionalistin, müssen wir uns vorstellen wie den fiktionalen Diskurs. Auch Sätze in fiktionalen Kontexten sind niemals wahr. Und trotzdem fällt es niemandem ein, die Praxis der Fiktion aufzugeben. Fiktionale Sätze, so eine mögliche Formulierung (die in Kürze modifiziert werden muss), sind Abkürzungen. ‚Holmes wohnt in der Baker Street' hat keinen Wahrheitswert, denn ‚Holmes' referiert auf niemanden. Tatsächlich schreibt die Fiktionalitätspraxis aber vor, den Satz so zu verstehen: ‚In den Detektivgeschichten von Conan Doyle wohnt Holmes in der Baker Street.' Und dieser Satz ist wahr!

Genauso, sagt die moralische Fiktionalistin, muss man moralische Sätze verstehen. ‚Pränatale Diagnostik ist moralisch bedenklich' ist falsch oder hat keinen Wahrheitswert. Versteht man den Satz aber als Abkürzung für ‚Gemäß der Fiktion der Moral ist pränatale Diagnostik moralisch fragwürdig', so ist er wahr! Das würde erklären, warum es vernünftig sein kann, Sätze wie ‚Pränatale Diagnostik ist moralisch fragwürdig' zu benutzen, um Meinungen auszudrücken und sie für wahr oder falsch zu halten. Der eigentliche Gehalt des Satzes ist ‚Gemäß der Fiktion der Moral ist pränatale Diagnostik moralisch bedenklich'.

Der auf diese Weise grob umrissene moralische Fiktionalismus hat drei markante Eigenschaften. Er ist erstens *deskriptiv*, er soll den tatsächlichen Diskurs beschreiben. Die Alternative besteht in einem *präskriptiven* Fiktionalismus, der vorschlägt, wie unser Diskurs aussehen sollte.[9] Zweitens ist der krude moralische Fiktionalismus eine *Reaktion* auf Einwände gegen eine *eliminativistische Position* bzw. eine *Irrtumstheorie*. Er soll erklären, warum wir sinnvoll an unserer Praxis, moralische Sätze zu äußern, festhalten können, obwohl diese Sätze alle nicht wahr sind. Er soll also einen entscheidenden *Nutzen* dieser Praxis aufzeigen. Von dieser Motivation sind fiktionalistische Positionen aber im Prinzip unabhängig. Man könnte der Überzeugung sein, dass der moralische Diskurs fiktional ist, ohne die entsprechenden ontologischen Skrupel bezüglich moralischer Eigenschaften zu haben. Und drittens ist er ein Fiktionalismus *bezüglich des moralischen Diskurses*.

---

9 Diese Unterscheidung findet sich in der Literatur häufig auch unter dem Etikett *hermeneutischer versus revolutionärer Fiktionalismus*. Diese Terminologie geht zurück auf Burgess / Rosen: Subject.

3. Erste Einwände

Der im vorigen Abschnitt umrissene moralische Fiktionalismus ist noch sehr krude und hier nur zu expositorischen Zwecken benutzt worden. An seinem Beispiel lassen sich gut einige offensichtliche Fallstricke für die Fiktionalistin erkennen.[10]

Erstens kann man überlegen, ob überhaupt etwas gewonnen wurde. Dass sich alle moralischen Sätze als fiktional herausstellen, klingt zunächst einmal ebenso unglaubwürdig wie dass sich alle moralischen Sätze als falsch herausstellen. Fiktionale Texte besitzen eine ganze Reihe von Eigenschaften, die vom moralischen Diskurs nicht geteilt werden. Insbesondere gehen wir mit fiktionalen Texten auf charakteristische Weise um, wir sind im Prinzip bereit zwischen Autor und Erzähler zu unterscheiden, wir fragen, warum etwas auf ganz bestimmte Weise ausgedrückt wurde, wir stellen uns eine Menge Dinge vor, von denen nur manche vom Text autorisiert sind, etc. Offenbar ist die Behauptung, dass der moralische Diskurs fiktional ist, viel zu stark. Zum Glück kommt die Fiktionalistin mit einer schwächeren Behauptung aus. Sie kann behaupten, dass der moralische Diskurs wesentliche Eigenschaften des fiktionalen Diskurses teilt und dass es diese Eigenschaften sind, die den Nutzen des moralischen Diskurses ausmachen, obwohl die Sätze des Diskurses falsch sind.

Zweitens wird bislang behauptet, dass der *eigentliche Gehalt* der Aussage ‚Pränatale Diagnostik ist moralisch fragwürdig' lautet ‚Gemäß der moralischen Fiktion gilt: Pränatale Diagnostik ist moralisch fragwürdig.' Es ist aber mehr als zweifelhaft, ob die zweite Formulierung wirklich den Gehalt einfängt, den typische Sprecher ausdrücken möchten. Sie wollen keine Aussagen über die Fiktion der Moral machen, sie wollen allein über Pränatale Diagnostik reden.[11]

Dieser sogenannte Meta-Fiktionalismus, der also den eigentlichen Gehalt einer Aussage angeben will, sieht sich mit weiteren Einwänden konfrontiert. Yablo untersucht einen solchen mathematischen Fiktionalismus und stellt fest, dass wir davon ausgehen, dass mathematische Sätze notwendig und *a priori* sind. Die metafiktionalistische Reformulierung ‚Gemäß der mathematischen Fiktion ist $2+2=4$' scheint aber weder notwendig noch *a priori* wahr zu sein, denn die mathematische Fiktion hätte anders lauten können. Ein weiteres Problem betrifft, worum wir uns sorgen.

> It is a matter of concern that the number of starving people is large and rising. We do not seem to care in the same way about the content of standard math. If the meta-

---

10 Für einen wesentlich raffinierteren, aber auch wesentlich komplizierteren moralischen Fiktionalismus, siehe z. B. Kalderon: Moral Fictionalism.
11 Vgl. Yablo: Path, S. 76.

fictionalist is correct, though, quasi-asserting that the number of starving people is large is really asserting that the number is large *according to standard math*. And it does not seem plausible that what we regret or deplore or are concerned about here is that the number is large according to standard math.[12]

Richard Joyce schließlich wirft der Meta-Fiktionalistin vor, dass sie das Erzählen mit dem Beschreiben einer Geschichte verwechselt. Wenn wir uns mit Fiktionen beschäftigen tun wir das Erste, der Meta-Fiktionalismus legt nahe, dass wir das Zweite tun.[13]

Eine Möglichkeit, diesen Einwänden zu begegnen, bestände darin, den Fiktionalismus nicht mehr als *deskriptiv* zu verstehen, sondern als *präskriptiv*. Es ginge der Fiktionalistin dann darum, dass mit Sätzen im moralischen Diskurs die ausführlicheren Übersetzungen gemeint sein sollten, und nicht mehr darum, dass Sprecher bisher ihre Aussagen so verstünden. In unserem Beispiel untergrübe man damit allerdings die ursprüngliche Motivation für den Fiktionalismus. Wenn der Fiktionalismus präskriptiv verstanden wird, so kann er nicht mehr dazu dienen, eine Fehlertheorie bzw. einen Eliminativismus bezüglich moralischer Eigenschaften attraktiver zu machen. Ist der Fiktionalismus unabhängig von solchen Überlegungen motiviert, so steht einem der Schritt zum präskriptiven Fiktionalismus offen.

Eine andere Möglichkeit, den Einwänden zu begegnen, ist es, den Verweis auf die moralische Praxis aus dem Gehalt des Satzes herauszunehmen. Der Gehalt der Aussage ‚Pränatale Diagnostik ist moralisch fragwürdig' ist ‚Pränatale Diagnostik ist moralisch fragwürdig'. Aber diesen Gehalt hat der Satz nur relativ zu einem bestimmten Hintergrund. Die Fiktionalistin könnte also sagen, dass der Satz gemäß der moralischen Praxis den Gehalt ausdrückt, den er ausdrückt. Tatsächlich steht Fiktionalistinnen hier mehr als eine Option offen. Es ist an der Zeit, diese Optionen explizit zu machen.

4. Spielarten des Fiktionalismus

Wir haben bereits gesehen, dass man zwischen einem deskriptiven und einem präskriptiven Fiktionalismus unterscheiden sollte, und dass Fiktionalismus immer ein Fiktionalismus bezüglich eines bestimmten Diskursbereiches ist. Welche Optionen stehen einer Fiktionalistin offen bezüglich des Gehalts der Sätze des fraglichen Diskurses?

Eklund unterscheidet zwei grundlegende Optionen, *Content Fictionalism* und *Force Fictionalism*.[14] Die Content-Fiktionalistin behauptet, dass in nor-

---

12 Ebd.
13 Siehe Joyce: Fictionalism.
14 Siehe Eklund: Fictionalism.

malen Äußerungen von Sätzen ein Gehalt *ausgesagt* wird, dass dieser Gehalt aber *ein anderer als der wörtliche* ist. Die Force-Fiktionalistin dagegen behauptet, dass in normalen Äußerungen der Gehalt nicht ausgesagt wird, sondern ein anderer Sprechakt vollzogen wird. Beide Arten von Fiktionalismus sind kombinierbar:

> This is even a rather natural view: in an ordinary utterance of a sentence of D, the speaker pretends-true the literal content of the sentence, and in doing so she asserts something other than the literal content.[15]

Die Unterscheidung lässt sich noch weiter präzisieren. Yablo unterscheidet drei Positionen, die eine Fiktionalistin bezüglich des Gehalts einer Aussage im fraglichen Diskurs einnehmen kann: Instrumentalismus, Meta-Fiktionalismus und Objekt-Fiktionalismus.[16]

Die Vertreterin unseres kruden Beispielfiktionalismus bezüglich des moralischen Diskurses vertrat einen *Meta-Fiktionalismus*. Der *eigentliche Gehalt* der Aussage ‚Pränatale Diagnostik ist moralisch fragwürdig' sollte lauten ‚Gemäß der moralischen Fiktion gilt: Pränatale Diagnostik ist moralisch fragwürdig.' Wir haben bereits gesehen, dass dies eine problematische Idee ist.

Der *instrumentelle Fiktionalismus* entspricht ungefähr Eklunds Force-Fiktionalismus. Allerdings soll er nur Positionen erfassen, die nicht gleichzeitig eine Art von Content-Fiktionalismus beinhalten:

> Someone who stops here – someone with no story to tell about what we are ‚really' doing in making as if S, and why that would be a sensible thing to do – I will call an instrumentalist fictionalist, or simply an instrumentalist.[17]

Yablos Beispiel für eine solche Position ist der mathematische Fiktionalismus von Field in *Science Without Numbers*.

Es gibt gute Gründe, den moralischen Force-Fiktionalismus mit einem Content-Fiktionalismus zu kombinieren. Yablo nennt (für den Fall des mathematischen Fiktionalismus) gleich drei: Erstens scheinen Sätze wie ‚Pränatale Diagnostik ist moralisch fragwürdig' echte Meinungen auszudrücken. Die instrumentelle Fiktionalistin sagt, dass wir einen anderen Sprechakt als eine Behauptung ausführen, weigert sich aber der Intuition gerecht zu werden, dass irgendein Inhalt ausgedrückt wird, geschweige denn anzugeben, was der wirkliche Gehalt der Sätze sein könnte.[18] Zweitens scheinen die Äußerungen als korrekt und inkorrekt beschreibbar zu sein und es liegt nahe anzunehmen, dass eine Äußerung korrekt ist, wenn ihr wirklicher Ge-

---

15 Ebd. Der krude moralische Fiktionalismus, der oben vorgestellt wurde, ist dagegen ein reiner Content-Fiktionalismus.
16 Siehe Yablo: Path.
17 Ebd., S. 74.
18 Ebd.

halt wahr ist. Wiederum verweigert die instrumentelle Fiktionalistin die Aussage.[19] Drittens gibt es eine pragmatische Herausforderung. Die instrumentelle Fiktionalistin gibt an, keine Behauptung zu machen, indem sie ‚Pränatale Diagnostik ist moralisch fragwürdig' äußert. Gleichzeitig gibt sie aber Argumente, um die Äußerung zu stützen, ärgert sich, wenn Leute anderer Meinung sind, etc. Wenn dieses Verhalten nicht damit erklärt werden soll, dass etwas behauptet wurde, dann sollte die Fiktionalistin eine alternative Erklärung anbieten.

Diese Argumente scheinen einen moralischen instrumentellen Fiktionalismus ebenso zu treffen wie einen mathematischen instrumentellen Fiktionalismus. Ob sie ohne Weiteres auf instrumentelle Fiktionalismen bezüglich anderer Diskurse zu übertragen sind, muss hier offen bleiben.

Der Objekt-Fiktionalismus gibt an, was der tatsächliche Gehalt des Satzes S im fraglichen Diskurs ist, ohne dabei in die Fallstricke des Meta-Fiktionalismus zu geraten. Der wirkliche Gehalt von S ist der Umstand K, der S fiktional macht, wobei man die Fiktion als gegeben ansieht.[20]

Tatsächlich ist der so umschriebene Objekt-Fiktionalismus nicht Yablos letztes Wort in der Sache. Hier geht es aber zunächst nur um die Unterscheidung verschiedener Versionen des Fiktionalismus in Bezug auf die Frage, ob und welcher Gehalt mit den Sätzen des fraglichen Diskurses ausgedrückt wird. Eine Ergänzung Yablos (den reflexiven Fiktionalismus) werden wir später als Antwort auf eine bestimme Art Einwand gegen den Fiktionalismus kennenlernen. Eine andere Version (Figuralismus) versucht nachzuweisen, dass die so gewonnene Position wesentliche Eigenschaften mit figürlicher Rede teilt.[21]

Eine weitere wichtige Typisierung fiktionalistischer Positionen betrifft die Frage, ob die Fiktionalistin so etwas wie den wörtlichen Gebrauch von Sätzen zulässt. Im moralischen Diskurs soll ‚Pränatale Diagnostik ist moralisch fragwürdig' nicht seinen wörtlichen Gehalt haben. Aber vielleicht gibt es Fälle, in denen der Satz mit seinem wörtlichen Gehalt verwendet wird?[22] Die Unterscheidung wird wichtig, um einem zentralen Argument gegen fiktionalistische Positionen begegnen zu können.

Eklund unterscheidet Fiktionalismen anhand der Einstellungen, die Sprecher zu den Äußerungen im fraglichen Diskurs haben.[23] Dahinter steht erneut die Frage, ob Fiktionalisten behaupten, dass der fragliche Diskurs fiktional ist, oder ob sie lediglich behaupten, dass der fragliche Diskurs

---

19 Vgl. ebd., S. 75.
20 Vgl. ebd., S. 77.
21 Vgl. ebd., S. 80–87.
22 Eklund nennt Positionen, die diese Möglichkeit zulassen, *Gebrauchsfiktionalismen*, Positionen, die diese Möglichkeit ablehnen, *Bedeutungsfiktionalismen*. Vgl. Eklund: Fictionalism.
23 Siehe Eklund: Fictionalism.

wichtige Eigenschaften mit dem fiktionalen Diskurs teilt. Typischerweise berufen Fiktionalisten sich auf Waltons *Make-Believe* Theorie.²⁴ Dabei ist aber offenbar nicht intendiert, dass wir in allen Hinsichten mit z. B. den Äußerungen im moralischen Diskurs ebenso umgehen wie mit fiktionalen Äußerungen. Wichtig für die Fiktionalistin ist, dass Sprecher die Äußerungen nicht glauben, sondern zu ihnen nur die *Make-Believe-Einstellung* haben.

Es gibt allerdings fiktionalistische Positionen, welche die Sprechereinstellungen anders verorten. Van Fraassen unterscheidet Meinung von *Akzeptanz*.²⁵ Ihm zufolge sollten Sprecher im wissenschaftlichen Diskurs die beste Theorie akzeptieren aber nicht glauben. Eklund hält *Indifferenz* gegenüber den existentiellen Implikationen des mathematischen Diskurses für angebracht.²⁶ Yablo denkt über *Präsupposition* als die richtige Einstellung im mathematischen Diskurs nach.²⁷

Schließlich lassen sich Fiktionalismen nach den verschiedenen Diskursen unterscheiden, die als fiktional ausgezeichnet werden sollen. Es ist nützlich, dabei im Blick zu behalten, die Existenz welcher Gegenstände gegebenenfalls geleugnet werden soll. So sind z. B. vorgeschlagen worden: Fiktionalismus bezüglich möglicher Welten, des mathematischenDiskurses, wissenschaftlicher Theorien oder Modelle, des moralischen Diskurses, negativer Existenzaussagen, Identitätsaussagen, Wahrheit und so fort.²⁸

5. Motivation für fiktionalistische Positionen

Echte Argumente für fiktionalistische Positionen sind rar, nicht weil Fiktionalismus von vornherein eine absurde philosophische These wäre, sondern weil Fiktionalismus meist ins Spiel gebracht wird als eine Alternative, die weniger Probleme nach sich ziehen soll als ihre Rivalen. Zu diesen Problemen können die ontologischen Kosten der Theorie gehören, aber genauso z. B., dass ein Fiktionalismus (vorgeblich) den entsprechenden Diskurs schlicht besser beschreibt als seine Rivalen. Dieser Schluss auf die beste Erklärung ist, wenn er plausibel gemacht werden kann, wohl der beste Pfeil im Köcher der deskriptiven Fiktionalistin.²⁹ Zwei weitere allgemeine Argumente verdienen Beachtung:

---

24 Siehe den Beitrag *3. Fiktionen als* Make-Believe.
25 Siehe Van Fraassen: Image.
26 Siehe Eklund: Fiction.
27 Siehe Yablo: Failure.
28 Selbstverständlich lassen sich andere Einteilungen geben. Vgl. z. B. Kalderon: Moral Fictionalism, Kap. 3.
29 Vgl. auch Yablo: Paradox, der versucht, diesen Schluss mit Hilfe der Analogie zu klar nicht-wörtlicher Rede zu etablieren.

5.1 Das Paradox der Existenz

Einerseits scheinen ontologische Fragen äußerst schwierig zu beantworten zu sein. Gibt es wirklich Zahlen, moralische Eigenschaften, Tatsachen, fiktive Gegenstände, etc.? Philosophen führen über solche Fragen erbitterte Debatten mit ausgefeilten Argumenten. Gleichzeitig scheint es einfachste Argumente für die Existenz all dieser Dinge zu geben. Man denke an Moores Argument für die Existenz externer Gegenstände:

> I can prove now, for instance, that two human hands exist. How? By holding up my two hands, and saying, as I make a certain gesture with my right hand, ‚Here is one hand', and adding, as I make a certain gesture with the left, ‚and here is another'. And if, by doing this, I have proven *ipso facto* the existence of external things, you will all see that I can also do it now in numbers of other ways.[30]

Dasselbe Manöver funktioniert auch für Zahlen: 2+2=4. Also gibt es eine Zahl, die vier ergibt, wenn sie zu zwei addiert wird. Also gibt es eine Zahl. Und so fort für jeden beliebigen Gegenstandsbereich. Die Fiktionalistin bietet eine Erklärung an, die sowohl die ontologischen Bemühungen der Philosophen als auch die Common-Sense-Argumente ernst nimmt.[31] Normalerweise ähnelt unsere Rede über externe Gegenstände, Zahlen etc. fiktionaler Rede. Wir legen uns damit nicht wirklich auf die Existenz all dieser Dinge fest. Sobald wir aber Philosophie betreiben, nehmen wir die Sätze wörtlich, gleichzeitig reißen wir sie aber auch aus ihrem angestammten Kontext. Die Frage, ob es externe Gegenstände gibt, ist schwer zu beantworten, sobald wir das alltägliche (fiktionale) Spiel verlassen. Und der Fehler, den die Common-Sense-Argumente machen, ist, so zu tun, als gälten die Regeln des fiktionalen Spiels auch noch in der philosophischen Beschäftigung mit Fragen der Existenz. Eklund weist darauf hin, dass ein derart motivierter Fiktionalismus ein Gebrauchsfiktionalismus ist.[32] Es gibt ihm zufolge fiktionale und nichtfiktionale Verwendungen der fraglichen Sätze.

Allerdings sollte man festhalten: Gerade weil die Diagnose der Fiktionalistin so leicht verallgemeinerbar ist, taugt sie nur begrenzt als Motivation für einen speziellen Fiktionalismus bezüglich eines bestimmten Diskurses. Wenn Fiktionalismus die richtige Diagnose für das Paradox der Existenz ist, dann gibt es eigentlich keinen Bereich der Sprache, der nicht unter diese Diagnose fällt. Die meisten Philosophinnen werden diese Folgerung ablehnen – das Etikett ‚Fiktionalismus' verliert mit einem Mal seine unterscheidende Kraft (s. den Beitrag *10. Panfiktionalismus*) und das ontologische Projekt scheint überhaupt in Frage gestellt, wenn man nicht mehr darauf bauen

---

30 Moore: Proof, S. 144.
31 Siehe Yablo: Paradox.
32 Siehe Eklund: Fictionalism.

kann, dass unsere Theorien uns auf bestimmte Existenzannahmen verpflichten.[33]

5.2 Das Orakel

Eine zweite Motivation für fiktionalistische Positionen speist sich aus dem Orakel-Argument. Nehmen wir an, ein allwissendes Orakel verkündete uns, dass alle Sätze, die wir im moralischen Diskurs äußern, falsch sind.[34] Wären wir beunruhigt? Gäben wir die moralische Praxis auf? Wohl kaum, ist die Antwort der Fiktionalistin. Unser moralischer Diskurs könnte fortbestehen; nichts würde sich ändern. Und die *deskriptive* Fiktionalistin kann auch erklären, warum das so wäre: Es kam im moralischen Diskurs noch niemals auf die Wahrheit der geäußerten Sätze an. Der Nutzen des Diskurses besteht in etwas anderem.

Das Orakelargument sieht sich mit mindestens zwei Problemen konfrontiert.[35] Erstens geht es davon aus, dass Sprechern die ontologischen Verpflichtungen bewusst sind, die sie mit ihren Äußerungen eingehen. Es ist aber zweifelhaft, ob dem wirklich so ist. Tatsächlich ist der deskriptive Fiktionalismus darauf festgelegt, dass Sprecher nicht über alle Aspekte ihrer Äußerung Bescheid wissen, um nicht einer Spielart des phänomenologischen Argumentes ausgeliefert zu sein.[36] Zweitens ist fraglich, ob ontologische Verpflichtungen an den Äußerungen einer Person festgemacht werden sollten und nicht vielmehr an ihren Meinungen. Das Orakel-Argument funktioniert nur für den ersten Fall.

6. Argumente gegen den Fiktionalismus

Es mangelt nicht an allgemeinen und konkreten Argumenten gegen fiktionalistische Positionen. Es gilt jedoch immer im Auge zu behalten, gegen welche Typen von Fiktionalismus sich diese Argumente jeweils richten.

---

33 Aber siehe Yablo: Ontology, der diese Konsequenz gerade begrüßt.
34 Das Gedankenexperiment des allwissenden Orakels stammt aus Burgess / Rosen: Subject, vgl. auch Yablo: Paradox.
35 Auf beide Probleme weist Eklund in *Fictionalism* hin.
36 Siehe unten: Das phänomenologische Argument.

6.1 Das phänomenologische Argument

Auf den ersten Blick ist die Idee der deskriptiven Fiktionalistin geradezu absurd kompliziert. Das Reden über Moral, Zahlen, mögliche Welten, wissenschaftliche Theorien, das einfach und gradlinig schien, soll in Wirklichkeit mit den Komplikationen des fiktionalen Diskurses beladen sein? Der Verdacht liegt nahe, dass der Fiktionalismus das Offensichtliche leugnet, nur um nicht zugeben zu müssen, dass bestimmte Arten von Gegenständen existieren.

Nun ist dieser Verdacht, so plausibel er auch erscheinen mag, für sich genommen noch kein Argument gegen einen deskriptiven Fiktionalismus. Wir haben oben gesehen,[37] dass einige Konkretisierungen des Verdachts nur gegen einen instrumentellen Fiktionalismus sprechen. Stanley versucht, ein allgemeineres Argument zu konstruieren:

> If the hermeneutic fictionalist is correct, then x can bear the propositional attitude of pretense toward a proposition, without it being in principle accessible to x that x bears the propositional attitude of pretense toward that proposition. But this introduces a novel and quite drastic form of failure of first person authority over one's own mental states.[38]

Ob dieser Einwand treffend ist, hängt davon ab, wie genau man ‚pretense' verstehen möchte. Walton z. B. erklärt explizit, dass die *Make-Believe*-Einstellung nicht damit einhergehen muss, dass der Sprecher aktiv so tut, als ob. Es genügt, wenn er Teilnehmer des entsprechenden Diskurses ist.[39]

Stanley gibt ein zweites Argument: Wenn der fragliche Diskurs fiktional ist, so sollte man erwarten, dass dieselben psychischen Fähigkeiten eine Rolle spielen, um diesen Diskurs und typische fiktionale Kontexte zu verstehen. Tatsächlich ist diese These aber empirisch problematisch. Versuche mit Autisten zeigen, so Stanley, dass diese große Probleme haben, fiktionale Kontexte zu verstehen, nicht aber z. B. Arithmetik.[40] Das Argument zeigt einmal mehr, dass Fiktionalisten lediglich behaupten sollten, dass der fragliche Diskurs gewisse Eigenschaften fiktionaler Kontexte aufweist. Die unterschiedlichen Fähigkeiten, die benötigt werden, um typische fiktionale Kontexte und den fraglichen Diskurs zu verstehen, um den es der Fiktionalistin geht, lassen sich dann (hoffentlich) über die Unterschiede der beiden Diskurse erklären. Ob es der Fiktionalistin am Ende gelingt, eine passende

---

[37] S. o.: Abschnitt 4. Spielarten des Fiktionalismus.
[38] Stanley: Fictionalism, S. 47.
[39] Vgl. Walton: Metaphor.
[40] Stanley: Fictionalism, S. 47–50.

Menge übereinstimmender Eigenschaften anzugeben, muss sich im Einzelfall erweisen.[41]

6.2 Das Fiktionsargument

Man kann sehr grundsätzlich in Zweifel ziehen, ob ein Fiktionalismus bezüglich irgendeines Diskursbereiches die ihm zugewiesenen Aufgaben erfüllen kann. Eine typische Motivation für den Fiktionalismus ist es, gewissen ontologischen Verpflichtungen zu entgehen und dabei erklären zu können, warum unser Diskurs einen Wert hat, obwohl die meisten der in ihm geäußerten Sätze falsch sind oder keinen Wahrheitswert haben. Wer aus solch einem Grund eine fiktionalistische Position einnimmt, geht dabei anscheinend wie selbstverständlich davon aus, dass die Frage der Ontologie fiktiver Gegenstände zugunsten der Antirealisten entschieden ist. Während Vertreter antirealistischer Positionen in der Debatte um die Ontologie fiktiver Gegenstände sich nicht endgültig widerlegt sehen, so muss man doch zur Kenntnis nehmen, dass es realistische Positionen gibt, denen viele Philosophinnen mit ausgefeilten Argumenten den Vorzug geben – so zum Beispiel Maria Elisabeth Reicher, die den entsprechenden Beitrag für diesen Band verfasst hat.[42]

Was, wenn eine realistische Auffassung von Namen in fiktionalen Kontexten korrekt ist? Die Fiktionalistin z. B. bezüglich Zahlen könnte sich dann nicht darauf berufen, dass der Fiktionsdiskurs uns nicht auf die Existenz fiktiver Gegenstände festlegt. Sie muss sich vielmehr fragen lassen, ob die Überzeugung, dass es keine Zahlen gibt, sich mit einer fiktionalistischen Position verträgt, wenn das namensgebende Paradigma einer solchen Position, der Fiktionalismus bezüglich fiktiver Gegenstände, mit einer realistischen Auffassung solcher Gegenstände einhergeht.

Während der Fiktionalismus damit sicherlich an spontaner Attraktivität verlieren würde, muss ein solches Argument noch nicht sein Ende bedeuten. Erstens kann sich die Fiktionalistin darauf festlegen, dass die Gegenstände, um die es ihr geht, auf keinen Fall existieren, dass in diesem Punkt also gerade eine Disanalogie zwischen fiktionaler Rede und dem fraglichen Diskurs besteht. Es bliebe zu sehen, ob diese Position verteidigt werden kann. Und zweitens scheinen alle Fiktionstheorien im Prinzip sowohl mit einer realistischen als auch mit einer irrealistischen Auffassung von fiktiven Namen vereinbar zu sein. Wir haben ja bereits gesehen, dass Fiktionalismus streng von der ontologischen These, die ihn oft motiviert, getrennt werden

---

41 Stanley z. B. ist der Überzeugung, dass alle solche Versuche zum Scheitern verurteilt sind. Siehe Stanley: Fictionalism, S. 50.
42 S. den Beitrag 7. *Ontologie fiktiver Gegenstände.*

sollte. Kurz, wenn die Realistin bezüglich fiktiver Gegenstände Recht hat, so kann z. B. ein moralischer Fiktionalismus zwar nicht begründen, dass es keine moralischen Eigenschaften gibt, er ist aber trotzdem kompatibel mit dieser Position – und das ist zunächst alles, was die typische Fiktionalistin benötigt.

6.3 Das Argument der Selbstwiderlegung

Manche Arten des Fiktionalismus haben sich als selbstwiderlegend herausgestellt. Rosens ursprüngliche Version seines Fiktionalismus bezüglich möglicher Welten beispielsweise fällt diesem Einwand zum Opfer.[43] Rosen findet die Rede von möglichen Welten nützlich, ist aber sowohl unzufrieden mit bisherigen Versuchen, diese Redeweise antirealistisch aufzufassen als auch mit der Idee, es gebe tatsächlich eine Menge möglicher Welten. Während also der modale Satz ‚Es ist möglich, dass Schwäne blau sind' wahr ist, hält Rosen die Übersetzung in die Rede möglicher Welten (‚Es gibt eine mögliche Welt, in der Schwäne blau sind') für falsch: Es gibt nur eine Welt, nämlich unsere. Der Fiktionalismus soll nun erlauben, die Rede von möglichen Welten als sinnvoll und nützlich zu verstehen, ohne die ontologischen Kosten (in Form unendlich vieler möglicher Welten) zahlen zu müssen. Zunächst stellt Rosen fest, dass es für Fiktionalisten ein Übersetzungsschema zwischen normaler modaler Rede und Möglicher-Welten-Rede gibt:

Es ist möglich, dass p, genau dann, wenn es gemäß der modalen Fiktion eine mögliche Welt gibt, in der p der Fall ist; es ist notwendig, dass p, genau dann, wenn gemäß der modalen Fiktion in allen möglichen Welten p der Fall ist.

Die modale Fiktion, die Rosen benutzt, ist, von kleineren Modifikationen abgesehen, Lewis'.[44] Man sehe sich nun einen Satz an wie

(1)   Es ist notwendig, dass viele Welten existieren.

Gelesen mit weitest möglichem Skopus für den impliziten Quantor darf die Fiktionalistin (1) nicht zustimmen. Sie will ja gerade sagen, dass es nur eine Welt gibt – oder zumindest in dieser Frage neutral bleiben. Setzt man nun (1) in Rosens Schema ein, so erfährt man, dass (1) genau dann gilt, wenn auch gilt:

---

43 Rosens erster Entwurf eines Fiktionalismus bezüglich möglicher Welten findet sich in Rosen: Fictionalism. Der Einwand findet sich ursprünglich in Brock: Fictionalism, und Rosen: Problem. Nolan / O'Leary-Hawthorne: Fictionalisms, haben den Einwand auf andere Diskursbereiche ausgeweitet. Die Darstellung des Problems folgt ihrem Aufsatz.
44 Vgl. Lewis: Plurality.

(2) Gemäß der modalen Fiktion ist es in allen möglichen Welten der Fall, dass viele Welten existieren.

Satz (2) ist wahr, wie sich bei Lewis nachlesen lässt. Und da (1) genau dann wahr ist, wenn auch (2) wahr ist, ist die Fiktionalistin auf (1) festgelegt. Aus Rosens Fiktionalismus bezüglich möglicher Welten folgt damit nicht nur, dass es mehrere Welten gibt, sondern sogar, dass es sie notwendig gibt. Er ist selbstwiderlegend.

Fiktionalisten können dem Argument allerdings begegnen, wenn sie zulassen, dass es wörtliche Verwendungen von (1) gibt. Nur innerhalb der modalen Fiktion verlassen wir uns auf Übersetzungsschemata wie das von Rosen. Für Verwendungen außerhalb der modalen Fiktion (z. B. im philosophischen Seminar) gilt, dass sie durchaus wörtlich gemeint sein können.[45] Welche Sätze genau innerhalb und welche außerhalb des Diskurses anzusiedeln sind, und ob diese Unterscheidung haltbar ist, muss für den Einzelfall entschieden werden.

6.4 Der systematische Einwand

Stanley bringt mehrere Einwände mit derselben Stoßrichtung gegen deskriptive Fiktionalismen vor.[46] Er bemängelt, dass sich deskriptive Fiktionalismen nicht gut mit einer kompositionellen Semantik vertragen:

> It is fairly widely accepted that speakers have an extraordinary ability to understand the real world truth-conditions of novel utterances, that is, utterances of sentences they have never heard before. But in order to explain this ability, there must be a systematic relationship between the real world semantic values of the parts of the sentences, and the real world semantic values of the whole sentences. But if there are apparently literal discourses that involve the mechanism of pretense, then no such explanation appears forthcoming. Assuming the pretense account, there is no systematic relationship between many kinds of sentences and their real world truth-conditions.[47]

Der Einwand hat allerdings verschiedene Schwächen. Erstens lohnt es sich zu bemerken, dass ähnliche Probleme die Fiktionstheorie schon sehr lange begleiten. Searle etwa weist in einer ähnlichen Argumentation explizit darauf hin, dass man ‚pretense' nicht als eigene Art Sprechakt begreifen sollte, weil sonst die Verständlichkeit neuer Sätze nicht gewährleistet sei.[48] Zweitens kann man bezweifeln, dass alle sprachlichen Phänomene von einer kompositionellen Semantik abgedeckt werden müssen. Yablo nennt als Beispiele

---

45 Siehe Nolan / O'Leary-Hawthorne: Fictionalisms, und Yablo: Path.
46 Vgl. Stanley: Fictionalism.
47 Ebd., S. 41.
48 Searle: Status, S. 323 f. Siehe auch den Beitrag *4. Fiktionalität und Sprechakte*.

Ironie, Metonymie und Hyperbel. Genauso, so Yablo, muss auch die Fiktionalistin für die fraglichen Diskursteile keine kompositionelle Semantik vorlegen.[49] Drittens könnte sich eine Fiktionalistin auf eine minimale Semantik (wie etwa in Borgs *Minimal Semantics*) berufen, in der das Verständnis der Satzbedeutung weitestgehend unabhängig vom Wissen um die Existenz der Gegenstände ist, auf die referiert wird.

Auch wenn der Fiktionalismus Stanleys konkretem Einwand entgehen mag, so verweist der Einwand doch auf ein übergeordnetes Problem: Die Fiktionalistin muss sich Gedanken darüber machen, auf welche Fiktionstheorie sie sich berufen will und wie die Elemente, die sie aus dieser Theorie übernehmen möchte, mit allgemeinen Anforderungen an die Verständlichkeit und dem Verhältnis von Semantik und Pragmatik zusammengehen.[50]

6.5 Welche Fiktion?

Fiktionalistinnen behaupten auf die eine oder andere Weise, dass die Sätze eines bestimmten Diskurses nur gemäß einer bestimmten Fiktion als wahr aufgefasst werden, wobei ‚Fiktion' hier, wie wir gesehen haben, nicht eine Fiktion im herkömmlichen Sinne bedeuten muss, sondern meist eine bestimmte realistische Theorie als Grundlage hat. Nun ist bei literarischen Fiktionen jedem klar, dass ‚Faust verführt Gretchen' wahr sein kann gemäß einem fiktionalen Werk, und falsch gemäß einem anderen fiktionalen Werk, in denen beiden die Faust- und Gretchen-Figuren vorkommen.

Damit muss sich jede fiktionalistische Position die Frage gefallen lassen, warum sie sich auf genau die ‚Fiktion' beruft, auf die sie sich beruft. Sainsbury argumentiert, dass für manche Diskurse diese Frage nicht beantwortbar ist:

> It's worth trying to understand the contrast between mathematical fictionalism and the other two fictionalisms on which we have focused, concerning possible worlds and morality. In the last two cases, the fictionalist had no answer to the question: why choose one relevant fiction rather than another? For example, why choose a possible worlds fiction in which the accessibility relation is transitive rather than one in which it is not? Why choose a moral fiction according to which abortion is sometimes permissible rather than one according to which it is never permissible?[51]

Sainsbury hat sicherlich Recht, dass Fiktionalisten darauf in vielen Fällen keine Antwort haben.[52] Nun ist es zwar so, dass die Frage, welche Moral

---

49 Yablo: Path, S. 96 f.; Stanley: Fictionalism, ist von dieser Antwort nicht überzeugt.
50 Siehe auch Eklund: Fictionalism, Abschnitt 4.5 und 4.6.
51 Sainsbury: Fiction, S. 204.
52 Aber man vergleiche Fields Fiktionalismus in Field: Science, den Sainsbury von diesem

man wählen sollte, im ethischen Diskurs beantwortet werden sollte, nicht durch Metaüberlegungen zur Natur dieses Diskurses. Und im Fall der Modallogik lässt sich gar dafür argumentieren, dass der modale Diskurs die Benutzung verschiedener modallogischer Systeme zulässt, wie auch der fiktionale Diskurs das Lesen verschiedener Texte erlaubt, die jeweils eigene Regeln mit entwerfen. Aber, so Sainsburys Idee, die Diskussion, welche Moral man wählen sollte, gehört selbst mit zum moralischen Diskurs. Und die Fiktionalistin hat keinerlei Ressourcen, diesen Teil des moralischen Diskurses abzubilden. Damit wäre das fiktionalistische Projekt bezüglich des moralischen Diskurses, das sich ja gerade auf die Fahnen geschrieben hatte, zu erklären, wie der moralische Diskurs zu verstehen ist (deskriptiv) oder verstanden werden sollte (präskriptiv), gescheitert.

Der Fiktionalistin bieten sich vier grundlegende Strategien an, mit diesem schwerwiegenden Einwand umzugehen. Erstens gibt es Fiktionalismen, auf die Sainsburys Einwand von vornherein nicht zutrifft.[53] Zweitens kann die Fiktionalistin erlauben, dass nicht alle Teile z. B. des moralischen Diskurses fiktionaler Rede ähneln, sie kann also einen Gebrauchsfiktionalismus vertreten.[54] Die Diskussion, welches ethische System zu bevorzugen ist, wäre dann gerade nicht Teil des alltäglichen moralischen Diskurses. Drittens kann die Fiktionalistin ablehnen, dass die Wahl zwischen verschiedenen ‚Fiktionen' Teil des fraglichen Diskurses ist. Diese Strategie liegt z. B. für den modallogischen Fiktionalismus nahe. Und viertens kann die Fiktionalistin versuchen zu zeigen, dass der Fiktionalismus sehr wohl erlaubt, zwischen den verschiedenen ‚Fiktionen' auszuwählen. Das könnte z. B. dann der Fall sein, wenn alle moralischen ‚Fiktionen' in den Kriterien zur Auswahl der besten mehr oder minder übereinstimmten oder die Kriterien gar konstitutiv für das Vorliegen einer moralischen ‚Fiktion' wären.

Damit hat sich keines der typischen Argumente gegen Fiktionalismen als unüberwindlich herausgestellt. Allerdings bedeutet das nicht, dass eine konkrete fiktionalistische Position gegen all diese Einwände gefeit wäre. Der vorige Abschnitt bietet nicht mehr und nicht weniger als eine (unvollständige) Aufgabenliste, die eine fiktionalistische Position jeweils abarbeiten sollte, um als plausible Alternative zu anderen Positionen wahrgenommen zu werden.

Vorwurf explizit ausnimmt, und Sainsburys eigene antirealistische Auffassung von fiktiven Gegenständen in Sainsbury: Fiction.
53 So z. B. Sainsburys eigener Fiktionalismus. Siehe Fußnote 52.
54 Vgl. Abschnitt 4.

Bibliographie

Assheuer, Thomas: Wenn Philosophen Romane lesen. In: Die Zeit Nr. 8 (16.02.2012). <http://www.zeit.de/2012/08/Philosoph-Honneth> (04.04.13).
Borg, Emma: Minimal Semantics. Oxford 2007.
Brock, Stuart: Modal fictionalism: A response to Rosen. In: Mind 102 (1993), S. 147–150.
Burgess, John P. / Gideon Rosen: A Subject with no Object. Oxford 1997.
Eklund, Matti: Fiction, Indifference and Ontology. In: Philosophy and Phenomenological Research 71 (2005), S. 557–579.
Eklund, Matti: Fictionalism. In: Stanford Encyclopedia of Philosophy (Jul. 2011). <http://plato.stanford.edu/entries/fictionalism> (04.04.13).
Field, Hartry: Science Without Numbers. Princeton 1980.
Joyce, Richard: Moral Fictionalism. In: Mark Kalderon (Hg.): Fictionalism in Metaphysics. Oxford 2005, S. 287–313.
Kalderon, Mark (Hg.): Fictionalism in Metaphysics. Oxford 2005.
Kalderon, Mark: Moral Fictionalism. Oxford 2005.
Klauk, Tobias: Gedankenexperimente in der Philosophie. Eine Familie philosophischer Verfahren (2008). <http://webdoc.sub.gwdg.de/diss/2008/klauk/klauk.pdf> (04.04.13).
Klauk, Tobias: Thought Experiments and Literature. In: Dorothee Birke / Michael Butter / Tilmann Köppe (Hg.): Counterfactual Thinking / Counterfactual Writing. Berlin, New York 2011, S. 30–44.
Lewis, David: On the Plurality of Worlds. Oxford 1986.
Moore, George Edward: Proof of an External World. In: G. E. M.: Philosophical Papers. New York 1962, S. 144–148.
Nolan, Daniel / John O'Leary-Hawthorne: Reflexive Fictionalisms. In: Analysis 56 (1996), S. 23–32.
Rosen, Gideon: Modal Fictionalism. In: Mind 99 (1990), S. 327–354.
Rosen, Gideon: A Problem for Fictionalism about Possible Worlds. In: Analysis 53 (1993), S. 71–81.
Rosen, Gideon: Problems in the History of Fictionalism. In: Mark Kalderon (Hg.): Fictionalism in Metaphysics. Oxford 2005, S. 14–64.
Sainsbury, R. Mark: Fiction and Fictionalism. New York 2010.
Searle, John R.: The Logical Status of Fictional Discourse. In: New Literary History 6 (1975), S. 319–332.
Sorensen, Roy: Thought Experiments. New York, Oxford 1992.
Stanley, Jason: Hermeneutic Fictionalism. In: Peter French / Howard K. Wettstein (Hg.): Figurative Language (Midwest Studies in Philosophy XXV) 2001, S. 36–71.
Van Fraassen, Bas: The Scientific Image. Oxford 1980.
Walton, Kendall L.: Mimesis as Make-Believe. On the Foundations of the Representational Arts. Cambridge, MA, London 1990.
Walton, Kendall L.: Metaphor and Prop Oriented Make-Believe. In: European Journal of Philosophy 1 (1993), S. 39–57.
Yablo, Stephen: Does Ontology Rest on a Mistake? In: Proceedings of the Aristotelian Society, Supp. Vol. 72 (1998), S. 229–261.
Yablo, Stephen: A Paradox of Existence. In: Anthony Everett / Thomas Hofweber (Hg.): Empty Names, Fiction and the Puzzles of Non-Existence. Stanford 2000, S. 75–312.
Yablo, Stephen: Go Figure: A Path through Fictionalism. In: Peter A. French / Howard K. Wettstein (Hg.): Figurative Language (Midwest Studies in Philosophy XXV) 2001, S. 72–102.

Yablo, Stephen: Non-Catastrophic Presupposition Failure. In: Judith Jarvis Thomson / Alex Byrne (Hg.): Content and Modality: Themes from the Philosophy of Robert Stalnaker. Oxford 2006.

STEFAN HAAS

22. Fiktionalität in den Geschichtswissenschaften

Fiktionalität als epistemologisches Problem wird in den historischen Wissenschaften in der Regel unter dem Stichwort der Narrativität diskutiert. Durch das ‚Erzählen' von Geschichte, so die Grundannahme, wird das kontingente Geschehen in der Vergangenheit erst mit Sinn versehen. Der Preis hierfür ist die Relativierung des Wissenschaftscharakters der Historiographie, in deren Texte sich durch das nicht aus der Geschichte erklärliche Erzählen fiktionale Elemente einschleichen. Narrativität wurde in den 1960er und 1970er Jahren als Gegenentwurf zu den in diesem Zeitraum dominierenden szientistischen Ansätzen strukturalistischer Provenienz entwickelt (1). Systematisiert wurde dieses Theorem im Wesentlichen durch Hayden White (2). Auf einem stärker hermeneutisch ausgerichteten Ansatz basiert die Narrativitätstheorie Paul Ricoeurs, die die Kategorie Zeitlichkeit in den Mittelpunkt rückt (3). Die Kritik an White aus den Kontexten der *gender theory*, des *postcolonial* sowie des *cultural turns* führten zu einer Modifikation des narrativistischen Modells (4). Dadurch wurde es zu einem der zentralen Theoreme der historischen Wissenschaften. Es öffnete die theoretische Diskussion für Fragen nach Differenzen und Ähnlichkeiten von Historiographie und fiktionaler Literatur sowie faktualen *possible world*-Historiographien (5). Mit der Ausweitung der Geschichtswissenschaft zu einer komplexen Medienwissenschaft statt der traditionellen Aufstellung als Textwissenschaft stellt sich auch das Thema narrativer Theoriebildung und ihrer Medienabhängigkeit neu. Damit einher gehen Überlegungen zur Überwindung klassischer durch postmoderne Narrative (6).

1. Die Entdeckung historiographischer Fiktionalität

Die Frage, ob Geschichte als Wissenschaft Texte generiert, die nicht nur faktische, sondern auch fiktionale Elemente enthalten, bedroht die Geschichtswissenschaft.[1] Die Aussicht, die Frage würde mit ja beantwortet

---

[1] Einen sehr brauchbaren Überblick über die mittlerweile klassische Literatur bietet Ro-

werden können, gar müssen, unterminiert zentrale Differenzsetzungen, aus denen sich die Identität der Geschichte als Wissenschaft speist: Geschichte versus Legende, versus Mythen, versus Lügen. Die Unterscheidung zwischen Realem und Fiktivem in der (niedergeschriebenen) Geschichte, ist zentral für die Konstituierung der Geschichte als Wissenschaft.[2]

Die Zurückweisung des Fiktiven ist im Bereich der Geschichtswissenschaft zunächst wesentlich ein politischer Diskurs der Trennung zwischen methodisch und quellentechnisch begründet Behauptbarem und ideologisch Ersehntem. Diese Diskussion betrifft die Inhaltsebene historischer Aussagen. Die narrativistischen Ansätze behaupten nun weniger, dass historiographische Texte fiktiv – im Sinne einer nicht vorhandenen Übereinstimmung von Aussage und historischen Fakten –, sondern dass sie fiktional sind.[3] Fiktional bedeutet in diesem Kontext, dass der Text Aussagen über historische Sachverhalte trifft, die nicht allein eine textliche Repräsentation derselben darstellen. Vielmehr wird behauptet, dass diese Aussagen dadurch, dass sie textlich ausgesagt werden, einen Mehrwert an Bedeutung erhalten, der sich nicht aus der empirischen datengesättigten Geschichtsanalyse ableiten lässt. In konsequenten narrativistischen Theorien wird diese Fiktionalität des historiographischen Textes als unumgänglich und darüber hinaus als eine zentrale – wenn nicht die entscheidende – Konstitutionsbedingung verstanden. Sie resultiert aus der Materialität des Textes und damit aus den Bedingungen seiner Textlichkeit. Dies bedeutet nicht, dass hier Phantasie oder Ideologie beteiligt wären.

Dass das Thema Fiktionalität in den letzten Jahren, vornehmlich im Kontext der Cultural Turns, ein zentrales wissenschaftstheoretisches Reflexionsfeld geworden ist, liegt nicht zuletzt an der diese Wende tragenden Frage nach den Produktionsbedingungen von Wissen, die im Subtext auch eine Frage nach der Gültigkeit und dem Status wissenschaftlicher Aussagen ist. Gerade das Fehlen einer breiten Auseinandersetzung um wissenschaftstheoretische Fragen hat die beständige Virulenz der oben genannten Dichotomien aufrecht erhalten – ebenso wie der Umstand, dass die Geschichtswissenschaft, verstanden als Verständigung einer wissenschaftsbasierten Gesellschaft über ihre historische Identität, immer Kompromisse in der

---

berts: Reader. Gute Einführungen sind: Munslow: Narrative; Jaeger: Erzählen im historiographischen Diskurs.
2 Pandel: Legenden, S. 17 f., sieht den Historiker bzw. die Historikerin als „Grenzwächter, der die stets drohenden Übergriffe des Fiktiven und Imaginären in das Reale abwehren muss".
3 Was wiederum bedeutet, dass narrativistische Ansätze geschichtswissenschaftliche Texte nicht automatisch in die Nähe von Legenden und Mythen rücken, was aber in der frühen Diskussion von Vertretern eines klassischen Geschichtsrealismus häufig behauptet worden ist.

Verständlichkeit ihrer Aussagen hat machen müssen. Strenge wissenschaftliche Normen und breite gesellschaftliche Anschlussfähigkeit scheinen sich auszuschließen.

Auf der anderen Seite hat der Cultural Turn die quasi ethnologischen Bedingungen der Wissensproduktion hervorgehoben und dadurch auch das Feld wissenschaftlicher Erkenntnisproduktion pluralisiert und geöffnet. Mit einer einfachen Selbstbezeichnung als hier Wissenschaft, da Legenden war es von nun an nicht mehr getan. Vielmehr musste die Art und Weise, wie Wissen produziert wird, selbst zum kulturwissenschaftlichen Thema werden. In diesem Kontext wurde ein Werk neu rezipiert, das seit seiner Entstehungszeit für Kontroversen sorgte: Hayden Whites *Metahistory*. Dieses Buch behauptete, dass das Ergebnis eines geschichtswissenschaftlichen Erkenntnisprozesses, sobald er in einen Text verwandelt wird, literarische Elemente als wesentliche Konstitutionsfaktoren beinhalte. An diese Überlegungen schlossen sich weitere an. Diese werden im folgenden Text strukturiert herausgearbeitet. Es geht in diesem Text also nicht um eine Debatte um Fiktionalität, die das Wahre von Falschen unterscheiden und Legenden und politische Inanspruchnahmen der Geschichte zurückweisen will, sondern um die mit dem Begriff Fiktionalität verbundene Frage nach dem Status geschichtswissenschaftlicher Erkenntnis und der erkenntnisformulierenden Medien, die diese generieren.[4]

Historiographie hat sich, seit in ihrem Diskurs Wissenschaftlichkeit als Anspruch definiert wird, bemüht, diesen gegen Politik auf der einen, gegen Literatur auf der anderen Seite abzugrenzen. Besondere Bedeutung erlangte dieses Theorem, als mit der Strukturgeschichte erstmals flächendeckend in den westlichen Historiographien eine Alternative zum Historismus erfolgreich war in der Durchsetzung von empirischer Forschung einerseits, in der institutionellen Etablierung andererseits.[5] Mit einer Zurückweisung des positivistischen, faktenorientierten Wahrheitsanspruchs des Historismus, der Inkorporation von meist an der Soziologie orientierten Theorien im Sinne umfassender Erklärungsmodelle, einer analytischen Wissenssprache, einer dezidierten häufig quantitative Verfahren integrierenden Methodik, einer

---

4 Daher wird sich der hier vorliegende Beitrag auch nicht mit den an die Narrativitätsdebatten anschließenden empirischen Untersuchungen zur Geschichte von Textlichkeit und Medialität befassen, insofern diese ein Beitrag zur empirischen Forschung, aber nicht primär zur metatheoretischen Reflexion sind.
5 Hier kann keine umfassende Literatur zu den verschiedenen Spielarten der Strukturgeschichte und des Soziologismus in der Geschichtswissenschaft aufgeführt werden. Hingewiesen werden soll nur auf die nun langsam einsetzende narratologische Erforschung der unterschiedlichen Spielarten dieser Richtungen wie bspw. Annales Schule (1.-3. Generation), Bielefelder Schule bzw. Historische Sozialwissenschaft, Angelsächsische Sozialgeschichtsschreibung etc.: Carrard: Poetics; Rüth: Geschichte.

möglichst transparenten Offenlegung von Erkenntnisinteressen und einer analytischen, narrative Elemente möglichst zurückdrängenden Wissenschaftssprache wurde versucht, eine möglichst wissenschaftliche Praxis von Historiographie zu etablieren.

Ausgerechnet in der Hochphase dieses soziologischen Strukturalismus in der Geschichtswissenschaft in den 1960er und 1970er Jahren werden die ersten Untersuchungen publiziert, die das Narrative als genuines Element der Geschichtsschreibung herausarbeiten. Damit werden die Versuche, Geschichte als szientistische Praxis zu etablieren, vermeintlich konterkariert. Fiktionalität wird als ein wesentliches Element historiographischer Texte angesehen.

Dabei ist der Ausgangspunkt der Umstand, dass historiographische Erkenntnis an mehreren Stellen prekär ist: Zum ersten in der Erforschung eines nicht mehr präsenten Sachverhalts, der über den Umweg einer Analyse von übriggebliebenen Materialien und Geschichten, die als Quellen aufgefasst werden, zu rekonstruieren ist. Des Weiteren in der Notwendigkeit, diese Quellen kritisch in ihrem Aussagewert zu überprüfen und in einem historiographischen Kontext zu interpretieren. Auch erweist sich die Praxis, die Ergebnisse der Quellenrecherche aufeinander zu beziehen, in einen Kontext zu stellen und weiterreichende Schlüsse zu ziehen, als diskussionswürdig. Und zuletzt steht die Frage, ob bei der Abfassung dieser Ergebnisse in einem erkenntnisvermittelnden Medium dieses neutral oder selbst an der Generierung von Erkenntnis beteiligt ist (s. den Beitrag *10. Panfiktionalismus*).

Die strukturhistorische Forschung hat nun primär an einer Modifikation der akzeptierten Quellengattungen und erkenntnisleitenden Methoden gearbeitet, hat auch die Fragestellung und Erkenntnisinteressen neu formuliert und den Erfahrungen einer modernen Gesellschaft des 20. Jahrhunderts angepasst. Nicht zuletzt hat sie auch den Schreibstil ihrer Arbeiten modifiziert und einen analytisch-kritischen Duktus meist einem narrativ-rekonstruierenden vorgezogen. Besonders letzteres wurde aber nur selten reflektiert und stellt den epistemologischen blinden Fleck strukturhistorischer Forschungen dar. Genau an jenem Punkt setzt die Kritik der frühen narrativistischen Geschichtstheorie an.[6] Hatte die Analytische Geschichtstheorie noch die Subsumierung der Einzelfälle unter ein *Covering Law* als Subtext historiographischer Praxis herausgearbeitet,[7] so wurde der Aufmerksam-

---

6 Einen sehr guten und umfassenden Überblick bei Scholz-Williams: Geschichte.
7 Das Theorem des ‚Covering Law' bezeichnet die Überzeugung, dass in der Geschichtsschreibung jede Aussage über einen Einzelfall aus einer allgemeinen, gesetzesartigen Überzeugung des Historikers bzw. der Historikerin resultiert, aus der meist unreflektiert ein deduktiver Schluss auf das individuelle historische Phänomen gezogen wird. Dieses nomologisch-deduktive Modell findet sich in: Hempel / Oppenheim: Studies; Hempel:

keitsfokus nun zugunsten der Abfassung der Ergebnisse einer Forschungstätigkeit in einen historiographischen Text ins Zentrum der Theoriebildung gerückt. Dabei ging man von einem einfachen, die sozialhistorische Avantgarde aber provozierenden Satz aus: „History tells stories".[8] Danto verbarg in diesem Satz aber sowohl eine Absage an strikte Kausalitätsmodelle als auch eine Modifikation des Covering-Law-Modell der Analytischen Philosophie.[9] Das Erzählen selbst wiederum hat die Aufgabe, (historische) Wirklichkeit zu ordnen, wobei Danto in seinen Analysen primär die Satzebene reflektiert. Ähnlich wie zeitgleich Morton White definiert er Geschichtsschreibung als eine „Serie von narrativen Argumenten".[10]

2. Die Systematisierung des narrativitätstheoretischen Ansatzes: Hayden White

Hayden White legt nun, anders als Danto, den Schwerpunkt nicht auf den einzelnen Satz, sondern auf die Gesamtstruktur eines historiographischen Textes. Fiktional ist in einem Buch die Auswahl und Zusammenstellung der einzelnen Elemente, die anders als in einer Chronik weit über die Bedeutung des individuellen Faktums hinausweisen und der Geschichte – im doppelten Wortsinn als Text wie als Vergangenheitsbild – erst Sinn verleihen. Damit ist die Behauptung formuliert, dass jeglicher geschichtswissenschaftliche Text Sinn und Bedeutung der *history* nur durch die Konstruktion einer *story* formulieren kann. Geschichtswissenschaft wird dann in diesem Sinne als fiktional aufgefasst.

Damit verbindet White aber nicht die Überzeugung, dass jegliche Geschichtsschreibung sich nicht von Literatur unterscheidet. Geschichtsschreibung enthält vielmehr faktuale Elemente auf der Ebene der Ereignisse. Diese können, ganz im Sinn des Historismus und seiner Frage, ‚was eigentlich geschehen sei', durch quellenkritische Methoden aus den Dokumenten wissenschaftlich herausgearbeitet werden. Dadurch entsteht eine Chronik, die sich zunächst deutlich von jeglicher Fiktion unterscheidet. Da nun aber nicht jedes in der zeitlich geordneten Chronik vorhandene Datum in den wissenschaftlichen Text übernommen wird, und auch nicht jedes einzelne Datum den gleichen Stellenwert beansprucht, wird durch Auswahl, Reihung, Herstellung von Bezügen eine Erzählung von Geschichte konstruiert,

---

Reasons, S. 143–163; zur Auseinandersetzung vgl. Dray: Laws; Mandelbaum: Explanation, S. 229–242.
8 Danto: Philosophy, S. 110.
9 Vgl. Scholz-Williams: Geschichte, S. 335.
10 Scholz-Williams: Geschichte, S. 335.

die sich nicht zwingend aus den Fakten selbst ergibt und für die die Fakten keine hinreichende Grundlage sind. Dass es White gelungen ist, für diese Überzeugung ein systematisches Erklärungsmodell anzubieten, das breit anschlussfähig für weitere empirische Forschung war und ist, hat ihn zur lautesten Stimme unter den narrativistischen Ansätzen in der internationalen Geschichtstheorie gemacht.

Durch die Auswahl derjenigen Daten einer Chronik, die in die Darstellung übernommen werden sollen, besonders aber durch die Auswahl eines Anfangs- und eines Endpunktes, entsteht eine Struktur, die als Geschichte im Sinne von *story* den Gegenstand konturiert und gliedert. Aber auch wenn Anfangs- und Endpunkt gesetzt sind und sich somit ein roter Faden durch die Geschichte zieht, ist damit allein noch nicht die Frage beantwortet, wozu man diese Geschichte wissen muss und welchen Sinn sie ‚macht'. Neben der jeweiligen Art der formalen Schlussfolgerung und der ideologischen Implikation ist es besonders das *emplotment*,[11] das der einzelnen erzählten Geschichte einen Sinn verleiht, der über die pure Reihung von Ereignissen hinausweist. Dieses ist eine narrative Modellierung des Bezugs zwischen den einzelnen einbezogenen Fakten, sodass eine in sich schlüssige und überzeugende Erzählung entsteht. In Anlehnung an den kanadischen Literaturwissenschaftler Northrop Frye nennt White vier grundsätzliche, mögliche Typen eines solchen *emplotments*.[12] Die Reihung der einzelnen Ereignisse, die *story*, wird durch ein solches Muster zu einer *history*, die einen Sinn ergibt. Die Entscheidung für einen solchen Typus erfolgt dabei meist unreflektiert und resultiert nicht aus den historischen Fakten, sondern aus dem Gestaltungswillen oder der Persönlichkeit des Autors bzw. der Autorin. Diese Muster, von denen es nur vier gibt, entstammen in ihrer Grundstruktur der abendländischen Tradition:

(1) Die Romanze oder besser *romance* erzählt eine Geschichte von der Selbstfindung des Helden durch Überwindung von Widerständen in der Außenwelt.
(2) Die Satire schildert als Gegenteil der *romance* das Scheitern des Helden.
(3) Als Versöhnung antagonistischer Kräfte und damit den Triumph des Helden bezeichnet White die Komödie.
(4) Deren Gegenteil, die Tragödie, macht die Ursachen einer Krise offensichtlich, kostet aber den Helden das Leben.

Diese vier Grundtypen müssen sich nun nicht auf männliche Protagonisten im Singular beziehen, sondern können auch als soziale Gruppen oder Klassen, Nationen oder Regionen, Kräfte, Erfindungen, Diskurse oder ähnliches

---

11 Vgl. White: Metahistory, S. 7.
12 Vgl. Frye: Analyse, S. 165–243.

aufgefasst werden. Auch die Geschichte einer Idee kann in einem historiographischen Werk als Tragödie erzählt werden, wenn diese nach einer widrigen Geschichte kurz vor dem Erfolg durch die erfolgte Einsicht in ihre Bedingungen an Wert für die historischen Protagonisten verliert. Whites Arbeiten sind nicht *per se* auf einen klassischen Historismus und das Theorem ‚Große Männer machen große Geschichte' fokussiert, auch wenn in seinem Hauptwerk *Metahistory* von 1973 nicht nur dieser Ansatz theoretisch entwickelt wird, sondern als empirisches Analyseraster für die Erforschung der Geschichtsschreibung von knapp zwei Handvoll Autoren des 19. Jahrhunderts verwendet wird (Burckhardt, Marx, Nietzsche, Croce, Hegel, Michelet, Ranke und de Tocqueville).

Neben diesem Erklärungsmuster durch spezifisches *emplotment* nennt White auch die formale Schlussfolgerung[13] und die ideologische Implikation[14] als Strategien der Sinngebung der *history* durch die *story*. Macht diese fast strukturalistisch anmutende Typologisierung der Erzählstrukturen die Überzeugungskraft der White'schen Analysen mit aus, so ist es gerade die implizit in dem Ansatz enthaltene Annahme, dass durch die Anbindung an kulturell vertraute narrative Strukturen beim Publikum das Gefühl von Vertrautheit gegenüber der Geschichte entsteht und damit ihre Bewältigung einhergeht. Für White ist die Geschichte an sich als Ansammlung von Fakten kontingent. Die Relation der einzelnen Daten ergibt sich nicht aus diesen selbst oder einem Metaprinzip in der Geschichte, sondern aus der literarischen Gestaltung des Geschichtsschreibenden. Diese Gestaltungskraft ist nicht frei, sondern rückgebunden an Traditionen, die bei der Abfassung eines historiographischen Textes bewusst oder unbewusst aktiviert werden. „Die Erzählung als Form der Schilderung eines bestimmten Ereignisablaufs in der Zeit ist nicht nur rhetorisches Darstellungsmedium, sondern birgt zugleich die Erklärung dieses Ereignisablaufs."[15] White gab mit diesem Ansatz den Anspruch auf Wissenschaftlichkeit der Geschichtsschreibung nicht auf. Die einzelnen Fakten lassen sich durchaus quellenkritisch erarbeiten und falsifizieren. Aber das Theorem vom prinzipiell literarischen Charakter des fertigen Geschichtswerkes hat nicht nur die Diskussion um die Rolle des Erkenntnissubjekts im historiographischen Erkenntnisprozess maßgeblich beeinflusst, es war auch ein wesentlicher Baustein in den *cultural turns* der vergangenen zwanzig Jahre und ihre Präferenz für konstruktivistische Epistemologien.

---

13 Er unterscheidet hier wiederum vier Grundtypen: *Formism*, *Organicism*, *Mechanism* und *Contextualism*.
14 Auch hier wiederum vier Formen: *Anarchism*, *Conservatism*, *Radicalism* und *Liberalism*.
15 Scholz-Williams: Geschichte, S. 323.

3. Zeitlichkeit und Narration: Paul Ricoeur

Über das Argument, dass sich die Einordnung eines historischen Faktums, das quellenkritisch abgesichert und als historisches Ereignis formuliert wird, über ein Vorverständnis, das der Betrachtende mitbringt, in ein komplexes Gefüge solcher Fakten einordnen lässt, wird die Hermeneutik als Disziplin im Kontext der Narrativitätsdebatte wichtig.[16] Einschlägig ist hierfür Paul Ricoeurs Arbeit zu *Zeit und Erzählung*.[17] Zeitlichkeit wird als zentrales Element menschlicher Seinsweise aufgefasst. Dies wird aber nicht direkt erfahrbar, sondern entsteht erst in der Erzählung. Im Erzählen von Zeit entsteht eine Ordnung und Struktur, die menschliche Seinsweise erst begreifbar werden lässt. Insofern das Ordnen von Zeit die primäre Funktion von Erzählen ist, besteht zwischen fiktionaler Literatur, Autobiographie und Historiographie nur ein gradueller, aber kein fundamentaler Unterschied: „Human beings are story tellers who exist ontologically in a universe of narrative making".[18]

Mit der prinzipiellen Notwendigkeit, erzählt zu werden, wird Geschichte auch nicht wie im Positivismus zu einem virtuellen Kosmos gesicherten Faktenwissens. Vielmehr muss Geschichte immer wieder neu erzählt werden. Die kleinen Modifikationen, Schwerpunktverschiebungen, Auslassungen oder Aufnahmen neuer Details verändern die Erzählung gegenüber einer früheren. In diesem Erzählprozess konstituiert sich auch das Subjekt beständig neu. Als ‚narrative Identität' benennt Ricoeur den Vorgang, bei dem in einer Erzählung die Figuren ebenso wie der Erzählende erst geschaffen werden.

Der Ansatz Ricoeurs wird im Kontext der Narrativitätsdebatte der Geschichtstheorie positiv aufgenommen. White sieht sein Grundanliegen, Literaturtheorie und Geschichtswissenschaft stärker aufeinander zu beziehen, bestätigt.[19] Ihm gelingt es in seinen späteren Aufsätzen sogar, durch die Rezeption von Ricoeur die Starre, die seinen Schemata in *Metahistory* noch anhaftet, zu überwinden und eine flexiblere Beschreibung narrativer Strategien zu entwickeln.[20] Dennoch ist es gerade die Begründung über eine philosophische Anthropologie, die einer Operationalisierbarkeit der Theorie Ricoeurs innerhalb der Geschichtswissenschaft im Wege steht. Anders als im Fall von *Metahistory*, deren System zur Hypothesenbildung weiterführender geschichtswissenschaftlicher Untersuchungen verwendet werden kann,

---

16 Vgl. Mommsen: Sprache.
17 Vgl. Ricoeur: Zeit. Überblick bei Meyer: Ricoeur.
18 Munslow: Narrative, S. 16.
19 Vgl. White: Content, S. 170.
20 Vgl. ebd.

bietet Ricoeur eher eine theoretische Begründung für die Notwendigkeit und die Bedeutung, die das Erzählen für die Konstitution von zeitbezogenem Wissen hat. Durch die Verknüpfung mit Fragen der Identitätskonstruktion stellt das Buch auch einen wesentlichen Baustein bei der Neubewertung der Erinnerung als einer aktiven Tätigkeit der Sinnkonstruktion dar. Die Diskussion innerhalb der historischen Wissenschaften schließt aber deutlich nachhaltiger an Whites Arbeiten an.

4. Kritik an und Weiterentwicklung von Metahistory

Tatsächlich wird in den 1970er und 1980er Jahren das Bekenntnis zur literarischen Qualität der Geschichtswissenschaft nahezu ein Allgemeinplatz.[21] Aber einer Systematisierung der Argumente, wie sie bei White vorliegen, lässt sich damit allein nicht gerecht werden. Und auch wenn White das Selbstverständnis vieler Geschichtswissenschaftler und -wissenschaftlerinnen verändert hat, die Forschungspraxis änderte sich nur langsam. Von entscheidenderer Bedeutung dürften – und hier fehlen noch genauere Untersuchungen zur Rezeption der narrativitätstheoretischen Ansätze und ihrer Wirkung im historiographischen Diskurs – die öffentlichkeitswirksamen Bücher alltagshistorischer Provenienz gewesen sein. Diese demonstrierten ein neues, erfolgreiches Erzählen von Geschichte, das nicht von einem konservativen Impetus des ‚*revival of narrative*' geprägt war.[22] Vielmehr wurden in den Büchern von Ginzburg, Le Roy Ladurie oder Davis,[23] um nur eine Auswahl zu nennen, neue Formen der Verschränkung von Alltags- und Strukturgeschichte, von Historischer Biographie und wissenschaftlicher Epochenanalyse vorgelegt.

Neben dieser wissenschaftspraxeologischen Ebene fokussierte sich der theoretische Diskurs stark auf eine Kritik an Hayden Whites *Metahistory*,[24] der auf diese selbst mit einer Fülle weiterführender Artikel reagierte, in denen er aber an seiner Grundhaltung festhielt.[25] Kritisiert wurde, dass das

---

21 U. a. bei Mommsen: Sprache, S. 38.
22 Vgl. Stone: Revival, S. 3–24.
23 Vgl. Davis: Frauenleben; Ginzburg: Käse; Le Roy Ladurie: Montaillou.
24 Aus primär geschichtswissenschaftlicher und geschichtstheoretischer Perspektive vgl. Ankersmit: Representation; Ankersmit / Domanska / Kellner: White; Ankersmit: Nutzen, S. 13–39; Barberi: Clio; Lorenz: Histories, S. 309–329; Oexle: Sehnsucht, S. 1–18; Vann: Reception, S. 143–161; Dray: Nature. Aus primär literaturwissenschaftlicher Perspektive vgl. u. a. Doležel: Worlds, S. 785–809; Nünning: Fictions, S. 1–380.
25 Frühe weiterführende Artikel sind zusammengefasst in White: Tropics. Die späteren Arbeiten, die auch die Kritik an seinem Buch *Metahistory* mit verarbeiten, sind versammelt in White: Content.

System Whites selbst ahistorisch formuliert war. White unterstellte, dass die von ihm erarbeiteten Schemen universell und zeitlos gültig seien. Später hat, im Kontext der postkolonialen Ausweitung der Geschichte, White sein Schema auf westliche Geschichtsschreibung beschränkt.[26] Ein weiterer Kritikpunkt war, dass sein Erklärungsschema nur auf narrative Texte im klassischen Sinn, die eine Erzählung über Geschichte vorlegen, zutreffen würde. Moderne Texte, die sich an einer analytischen theoriegeleiteten Sprache der Sozialwissenschaften orientieren würden, könnten mit seinem Schema nicht interpretiert werden. Auch wurde ihm vorgeworfen, dass in seinen Texten die Genderkategorie unberücksichtigt sei. Mandelbaum knüpfe seine Kritik an den narrativistischen Positionen von Gallie, Danto und White vor allem an deren Vernachlässigung des Handlungskontextes, in dem ein handelndes Subjekt sich in einer historischen Situation befinde. Die narrative Struktur würde zu sehr die Abfolge von Ereignissen in den Fokus stellen.[27]

Whites *Metahistory* war aber wesentlich daran beteiligt, wenn auch nicht allein verantwortlich dafür, dass sich die geschichtstheoretische Debatte in den 1970er und 1980er Jahren auf Fiktionalität historiographischer Texte fokussierte. Louis Mink vollzog einen Linguistic Turn,[28] indem er narrative Formen als kognitive Instrumente historiographischer Organisation von geschichtlicher Kontingenz beschrieb.[29] Damit einher geht die Überzeugung, dass historische Ereignisse unterschiedlich ‚emplotted' werden können, ohne dass es möglich wird, den Wahrheitsgehalt der verschiedenen Erzählungen – soweit sie in sich ähnlich stringent gearbeitet sind – abzuwägen.[30]

5. Fiktionale oder fiktive Geschichte

Die Fokussierung der Geschichtstheorie auf Narrativität verlegt den Fokus der Aufmerksamkeit auf klassisch erzählende historiographische Texte um den Preis, analytisch und systematisch gearbeitete, stärker an einer Theoriebildung interessierte Textformen zu vernachlässigen. Unter Einbezug der anthropologischen Dimension Ricoeurs laufen sie gar Gefahr, solche Texte als unwesentlich, weil nicht identitätsbildend und zeitkonstitutiv, anzusehen. Auf der anderen Seite wächst mit dem Narrativitätstheorem das Interesse an alternativen Formen literarischer Darstellung von Geschichte. Dies geschieht über das Argument, dass sich literarische und historiographische

---

[26] Kritik bspw. aus sinologischer Perspektive: Schneider: Wahrheit.
[27] Vgl. Mandelbaum: Note. Zur Diskussion vgl. Ely / Gruner / Dray: Mandebaum.
[28] Vgl. Vann: Mink.
[29] Vgl. Mink: Form. Allgemein Mink: Understanding.
[30] Vgl. Ankersmit: Dilemma, S. 1–27.

Texte ähnlicher sind, als dies eine szientistische Auffassung von Geschichte als Wissenschaft akzeptieren würde: „Die faktualen Texte der Geschichtsschreibung und die fiktionalen Texte der Literatur haben gemeinsam, dass sie Geschichten erzählen."[31]

Innerhalb der Geschichtswissenschaft werden seit den 1990er Jahren verstärkt alternative Formen der Erzählung von Geschichte ausprobiert. Oft wird durch einen direkten Einbezug fiktionaler Textelemente experimentell versucht, offene Probleme der Repräsentation von postmodernen Theoremen wie Vielstimmigkeit, Multiperspektivität, Pluralität etc. in die Textgestaltung zu implementieren.[32] Der Historische Roman gewinnt als Gattung zunehmend an Interesse, weil die Grenzen zwischen diesem und einem historiographischen Werk als offener und durchlässiger angenommen werden, als dies in einer szientistischen Geschichtsauffassung, die allein über die Kategorien Wahrheit und Falschheit operiert, möglich wäre.[33] Diese Ansätze funktionieren aber stärker auf einer empirischen Ebene der Untersuchung der Entstehungsbedingungen von Geschichtsbildern als auf der der Theoriebildung. Aber ähnlich wie auch beim Historischen Roman eine höhere Aufmerksamkeit durch narrativistische Theoreme entsteht, gilt dies auch für die kontrafaktische Geschichte. Als Gedankenexperimente, die auf Fragen „was wäre geschehen, wenn nicht ..." antworten, erkunden sie über die Darstellung alternativer Geschichtsverläufe Möglichkeiten der Schärfung von Kausalitätserklärungen für das reale Geschehen. Allerdings bleiben solche Experimente häufig im Metaphorischen und sind daher für die Weiterentwicklung einer wissenschaftlichen Methodologie zurzeit noch von nur untergeordneter Bedeutung. Die von einer kontrafaktischen Geschichte gelieferten Argumente funktionieren auf der Ebene der Analogiebildung und illustrieren mehr, als dass sie etwas beweisen können.

6. Postmoderne Narrative, Medialität und Narrative Theoriebildung

Der Erfolg narrativistischer Theoreme im geschichtswissenschaftlichen Diskurs ist nicht zuletzt ein Resultat der Affinität dieser Ansätze zur postmodernen Theoriebildung. Wenn Lyotard das Ende der großen Meistererzählungen feststellt und an deren Stelle das Aufkeimen zunehmend kleiner Erzählungen mit beschränkter Gültigkeit konstatiert,[34] wird die Ähnlichkeit

---

31 Martínez / Scheffel: Einführung, S. 155.
32 Vgl. Haas: Ende.
33 Zum Historischen Roman: Rennhak: Sprachkonzeption; Engler / Müller: Metafiction; Korte / Paletschek: Geschichte; Nünning: Fiktion.
34 Vgl. Lyotard: Condition.

zwischen postmodernem und narrativistischem Diskurs deutlich. Beide formulieren eine Krise der Repräsentation. In dieser referiert ein Text nicht mehr problemfrei auf eine äußere Realität. Vielmehr erhält er einen Aussagewert dadurch, dass er seine Gültigkeitsbedingungen selbst kreiert – um den Preis, den Anspruch aufzugeben, die Außenwelt eineindeutig wahr abzubilden. Wissenschaftliche Arbeiten verstehen sich in diesem Dispositiv nicht mehr als Formulierungen gültiger Wahrheit. Vielmehr sind sie kurzfristige Realisierungen einer immer wieder neu zu schreibenden Geschichte. Sie sind immer standortgebundene, von ihren jeweiligen theoretischen Annahmen und Implikationen abhängige arbiträre Sinngebungen. Beide Ansätze führen zu einer Pluralisierung: An die Stelle der einen Wahrheit tritt eine vielfältigere Richtigkeit, Stimmigkeit und Triftigkeit, um das Verhältnis von Text zu der von diesem repräsentierten bzw. konstituierten Welt zu beschreiben. Auch für Hayden White gibt es nicht mehr die eine wahre Erzählung. Vielmehr ist ihm das Problem, zwischen zwei ähnlich komplex und quellenkritisch sauber gearbeiteten Texten eine Bewertung nicht mehr vornehmen zu können, bewusst. White geht nur nicht so weit, wie einige postmoderne Theoretiker und Theoretikerinnen im Umkreis des Poststrukturalismus, alles als Fiktion anzusehen. Vielmehr sind in seiner Vorstellung die einzelnen Fakten, aus denen eine Erzählung gearbeitet wird, quellenkritisch sauber erarbeitbar.[35]

Der postmoderne Diskurs in den historischen Wissenschaften formuliert aber Pluralität als weiterreichenden Begriff, als dies bei White angelegt ist.[36] Besonders im Hinblick auf den *postcolonial turn* und die Ausweitung der Perspektive auf transethnische und transkulturelle Betrachtungsweisen wird das Thema Multiperspektivität als werkimmanente Anforderung thematisiert. Pluralität in der klassischen Narrativitätsdebatte ist immer die Vielfalt von mehreren Texten, die jeweils unterschiedliche Erzählungen realisieren. Für die postmoderne Geschichtspraxis ist dies nicht mehr ausreichend. Sie muss Textformen finden, in denen die Pluralität der Perspektiven und der Erzählform nicht im virtuellen Kosmos eines Forschungsstandes vorhanden ist, sondern in einem in sich abgeschlossen Werk selbst.[37] Dies führt zu Versuchen, mit multiperspektivischen narrativen Formen den postmodernen Status des Geschichtswissens zu repräsentieren.[38] Dazu gehören Versuche, einen multikulturellen Dialog durch eine vielstimmige narrative Pra-

---

35 Vgl. Golob: Irony, S. 55–66.
36 Vgl. Doležel: Narrative.
37 Ein sehr guter Überblick bis zum Erscheinungsjahr des Aufsatzes: Jaeger: Multiperspektivisches Erzählen; vgl. auch Berkhofer: Story, Kap. 7.
38 Ein Beispiel für multiperspektivisches Erzählen in der Geschichtswissenschaft ist Price: Alabi.

xis zu realisieren.³⁹ Damit ist nicht nur eine Multiperspektivität der Quellen in transnationalen Forschungsvorhaben, sondern eine solche der Textpraxis der Wissenschaftlerinnen und Wissenschaftler gemeint. Multiperspektivität resultiert vor allem aus dem Verlust an Metatheorien oder Metanarrativen, in denen widersprüchliche Sichtweisen aufgehen könnten. Dort, wo diese verloren gehen, wo die relationale Bindung einer Perspektive auf Geschichte nicht mehr auflösbar ist, ist Multiperspektivität in der Präsentation historischen Wissens eine probate Lösungsstrategie. Besonders offensichtlich wirksam wird diese, wo transkulturelle Kontexte angesprochen werden. Andere narrative Theorien bleiben aber über das Argument, dass selbst ein multiperspektivischer Text eine Kontextbildung benötigt, der Vorstellung einer ‚Great Story' treu.⁴⁰

Whites Anliegen war noch stärker einer empirischen Analyse vorhandener, meist klassischer Texte der Geschichtswissenschaft verpflichtet, auch wenn sein methodologischer Ansatz entscheidend war für die Weiterentwicklung der Theoriebildung. Genau diese neu entstehende Auffassung von historischen Texten als fiktional führt in Verbindung mit der Krise der Repräsentation zur Suche nach neuen Textpraktiken, die nicht nur, wie oben bereits benannt, den klassischen Text modifizieren, sondern Neue Medien in das Portfolio der historiographischen Erkenntnisformulierung und -vermittlung integrieren.⁴¹ Nicht zuletzt resultiert daraus das gesteigerte Interesse der historischen Wissenschaften an Hypertexten, Multimediaanwendungen, Computerspielen, Infografiken und Filmen als auch der akademischen Geschichtswissenschaft zur Verfügung stehenden Ausdrucksmedien historischen Wissens.⁴² Die Debatte um die Fiktionalität historiographischer Texte wird in diesem Kontext erweitert um Fragen nach den spezifischen Bedingungen der Medialität von Fiktionalität in einer medienoffenen Wissenschaftspraxis. Zwar fehlen hier noch weitgehend theoretische Syntheseleistungen, doch lässt sich bereits absehen, dass die Differenzen gebildet werden besonders entlang von Dichotomien wie Linearität des Textes versus Netzwerkcharakter hypertextueller und multimedialer Medien oder Werkscharakter und damit geschlossene narrative Struktur versus Multiautorenschaft und damit offene und permanent wandelbare, vom jeweiligen Rezipienten zu realisierende narrative Form.⁴³

Mit der medialen Ausweitung der Aufmerksamkeit der Fiktionalitätsdebatte in den historischen Wissenschaften einher geht auch die Frage, ob die

---

39 Vgl. Berkhofer: Story, S. 197–199.
40 Vgl. ebd., S. 40–45.
41 Vgl. Haas: Bedingungen.
42 Vgl. Haas: Schreiben; Haas: History.
43 In diesem Kontext kann man von einem *medial turn* der Narrativitätsdebatte, die ursprünglich Teil des *linguistic turns* war, sprechen.

kleinste Einheit einer narrativen Realisierung von Sinnkonstitution tatsächlich das einzelne Werk ist. Dort, wo der Werkscharakter zunehmend aufgelöst wird, ist ein solches Verfahren sinnentleert. In diesem Kontext hat sich in den vergangenen Jahren eine Praxis entwickelt, nicht mehr wie White das einzelne Werk als geschlossen anzunehmen, sondern den Transfer zwischen Texten, den White weitgehend ausblendete, wieder stärker in die Narrativitätsdebatte zu integrieren. In diesem Kontext spricht man von Narrativen als kleinen Elementen einer Erzählung, die rezipiert und in andere Texte übernommen werden können. Solche Narrative können die Sonderwegsthese, die Entstehung der Bundesrepublik aus den Trümmern des Weltkrieges oder die Bildung einer US-amerikanischen Identität an der *Frontier* sein. Anders als die Forschungen Whites erlaubt eine historiographische Narrativitätstheorie, die weniger in sich abgeschlossene Werke als solche kleinen Bausteine einer historischen Erzählung in den Blick nimmt, die wechselseitige Vernetzung von historiographischen Texten und die mit dieser verbundenen Praktiken der Lektüre, Rezeption, Zitation, Abgrenzung usw. zu untersuchen. Narrativitätstheorie wird dadurch auch anschlussfähig an Diskurstheorie und kann historiographische Praxis als eine in weiten Teilen diskursive kollektive Praxis der Generierung und Adaption von Narrativen begreifen. Dort, wo die Narrative dann bewusst als Erklärungsmodelle von komplexen historischen Prozessen verstanden werden, die isolierbar und transferierbar auf andere Forschungskontexte sind, ist von einer ‚narrativen Theoriebildung' gesprochen worden.[44]

Insgesamt wird Narrativität heute in der historiographischen Praxis ebenso wie in der Theoriebildung als breit akzeptiertes Diskursfeld thematisiert. Die frühen Formen einer Typologisierung von narrativen Strukturen in einzelnen Sätzen oder in Werken sind heute durch eine Praxis ergänzt worden, in der Narrativität nicht mehr nur als retrospektive Analysekategorie fertiger Texte, sondern als Gestaltungsaufgabe im Prozess der Erkenntnisgenerierung und -vermittlung selbst begriffen wird. Im Kontext der postmodernen Krise der Repräsentation ist dabei nicht nur eine Ausweitung narrativer Praktiken und ihre theoretische Reflexion auf nicht textliche Medien zu erkennen, sondern auch die zunehmende Lösung vom klassischen Werkscharakter historiographischer Literatur.

Bibliographie

Ankersmit, Frank R.: The Dilemma of Contemporary Anglo-Saxon Philosophy of History. In: History and Theory, Beiheft 25 (1986), S. 1–27.

---

44 Vgl. Haas: Theoriemodelle.

Ankersmit, Frank R.: Historical Representation. Stanford, CA 2001.
Ankersmit, Frank R.: Vom Nutzen und Nachteil der Literaturtheorie für die Geschichtstheorie. In: Daniel Fulda (Hg.): Literatur und Geschichte. Ein Kompendium zu ihrem Verhältnis von der Aufklärung bis zur Gegenwart. Berlin 2002, S. 13–39.
Ankersmit, Frank R. / Ewa Domanska / Hans Kellner (Hg.): Re-figuring Hayden White. Stanford, CA 2009.
Barberi, Alessandro: Clio verwunde(r)t. Hayden White, Carlo Ginzburg und das Sprachproblem der Geschichte. Wien 2000.
Berkhofer, Robert F.: Beyond the great story. History as text and discourse. Cambridge, MA u. a. 1995.
Carrard, Philippe: Poetics of the new history. French historical discourse from Braudel to Chartier. Baltimore 1992.
Danto, Arthur C.: Analytical Philosophy of History. Cambridge 1965.
Davis, Natalie Zemon: Drei Frauenleben. Glikl, Marie de l'Incarnation, Maria Sibylla Merian. Darmstadt 1996.
Doležel, Lubomír: Possible Worlds of Fiction and History. In: New Literary History 29 (1998), S. 785–809.
Doležel, Lubomír: Fictional and Historical Narrative. Meeting the Postmodern Challenge. In: David Herman (Hg.): Narratologies. New Perspectives on Narrative Analysis. Columbus 1999, S. 247–273.
Dray, William H.: Laws and explanation in history [1957]. 3. Aufl. London 1970.
Dray, William H.: On the Nature and Role of Narrative in Historiography. In: History and Theory 10 (1971), S. 153–171.
Ely, Richard / Rolf Gruner / William Dray (Hg.): Mandelbaum on Historical Narrative: A Discussion. In: History and Theory 8 (1969), S. 274–294.
Engler, Bernd / Kurt Müller (Hg.): Historiographic metafiction in modern American and Canadian literature. Paderborn 1994.
Frye, Northrop: Analyse der Literaturkritik. Stuttgart 1964.
Ginzburg, Carlo: Der Käse und die Würmer. Die Welt eines Müllers um 1600. Frankfurt/M. 1979.
Golob, Eugene: The Irony of Nihilism. In: History and Theory 19 (1980), S. 55–66.
Haas, Stefan: Vom Ende des Körpers in den Datennetzen. Dekonstruktion eines postmodernen Mythos. In: Clemens Wischermann / S. H. (Hg.): Körper von Gewicht. Der menschliche Körper als Ort der Selbst- und Weltdeutung. Stuttgart 2000, S. 85–109.
Haas, Stefan: History and Computer Games. Narrative Structures in the Age of the Electronic Media and their Implications on Historical Consciousness and the Theory of History. In: Attila Pók / Jörn Rüsen / Jutta Scherrer (Hg.): European History. Challenge for a Common Future. Hamburg 2002, S. 176–201.
Haas, Stefan: Mediale Bedingungen der Erkenntnisformulierung und -vermittlung in den Kultur- und Sozialwissenschaften. Theoretische und pragmatische Perspektiven. In: Fabio Crivellari / Kay Kirchmann / Marcus Sandl / Rudolf Schlögl (Hg.): Medialität der Geschichte. Historizität und Medialität in interdisziplinärer Perspektive. Konstanz 2004, S. 211–238.
Haas, Stefan: Vom Schreiben in Bildern. Visualität, Narrativität und digitale Medien in den historischen Wissenschaften. In: Zeitenblicke. Digitale Medien und Wissenschaftskulturen 5,3 (2006). <http://www.zeitenblicke.de/2006/3/Haas/index_html> (03.12.2006).
Haas, Stefan: Theoriemodelle der Zeitgeschichte. In: Frank Bösch (Hg.): Zeitgeschichte. Konzepte und Methoden. Göttingen 2012, S. 67–83.
Hempel, Carl Gustav: Reasons and Covering Laws in Historical Explanation. In: Sidney Hook (Hg.): Philosophy and History. A Symposium. New York 1963, S. 143–163.

Hempel, Carl Gustav / Paul Oppenheim: Studies in the Logic of Explanation. In: Philosophy of Science 15 (1948), S. 135–175.
Jaeger, Stephan: Multiperspektivisches Erzählen in der Geschichtsschreibung des ausgehenden 20. Jahrhunderts. Wissenschaftliche Inszenierungen von Geschichte zwischen Roman und Wirklichkeit. In: Ansgar Nünning / Vera Nünning (Hg.): Multiperspektivisches Erzählen. Zur Theorie und Geschichte der Perspektivenstruktur im englischen Roman des 18. bis 20. Jahrhunderts. Trier 2000, S. 323–346.
Jaeger, Stephan: Erzählen im historiographischen Diskurs. In: Christian Klein / Matías Martínez (Hg.): Wirklichkeitserzählungen. Felder, Formen und Funktionen nicht-literarischen Erzählens. Stuttgart 2009, S. 110–135.
Korte, Barbara / Sylvia Paletschek (Hg.): Geschichte im Krimi. Beiträge aus Kultur- und Geschichtswissenschaften. Köln 2009.
Le Roy Ladurie, Emmanuel: Montaillou. Village occitan de 1294 à 1324. Paris 1975.
Lorenz, Chris: Can Histories be true? Narrativism, Positivism, and the ‚Metaphorical Turn'. In: History and Theory 37 (2002), S. 309–329.
Lyotard, Jean-François: La condition postmoderne. Rapport sur le savoir. Paris 1979.
Mandelbaum, Maurice: Historical Explanation. The problem of ‚covering laws'. In: History and Theory 1 (1961), S. 229–242.
Mandelbaum, Maurice: A Note on History as Narrative. In: History and Theory 6 (1967), S. 413–419.
Martínez, Matías / Michael Scheffel: Einführung in die Erzähltheorie. 7. Aufl. München 2007.
Meyer, Ursula K.: Paul Ricoeur. Die Grundzüge seiner Philosophie. Aachen 1991.
Mink, Louis: Narrative Form as Cognitive Instrument. In: Robert Carnary / Henry Kozicki (Hg.): The Writing of History. Literary Form and Historical Understanding. Madison 1978, S. 129–140.
Mink, Louis: Historical Understanding. Ithaca 1987.
Mommsen, Wolfgang J.: Die Sprache des Historikers. In: Historische Zeitschrift 238 (1984), S. 57–81.
Munslow, Alun: Narrative and History. Basingstoke 2007.
Nünning, Ansgar: Von historischer Fiktion zu historiographischer Metafiktion. Bd. 1: Theorie, Typologie und Poetik des historischen Romans. Trier 1995.
Nünning, Ansgar: Verbal Fictions? Kritische Überlegungen und narratologische Alternativen zu Hayden Whites Einebnung des Gegensatzes zwischen Historiographie und Literatur. In: Literaturwissenschaftliches Jahrbuch N. F. 40 (1999), S. 351–380.
Oexle, Otto Gerhard: Sehnsucht nach Klio. Hayden Whites Metahistory – und wie man darüber hinwegkommt. In: Rechtshistorisches Journal 11 (1992), S. 1–18.
Pandel, Hans-Jürgen: Legenden – Mythen – Lügen. Wie viel Fiktion verträgt unser Geschichtsbewusstsein? In: Geschichte lernen 52 (1996), S. 15–19.
Price, Richard: Alabi's World. Baltimore 1990.
Rennhak, Katharina: Sprachkonzeption im metahistorischen Roman. Diskursspezifische Ausprägungen des Linguistic Turn in ‚Critical Theory', Geschichtstheorie und Geschichtsfiktion. München 2002.
Ricoeur, Paul: Zeit und Erzählung. München 1988.
Roberts, Geoffrey (Hg.): The History and Narrative Reader. London, New York 2001.
Rüth, Axel: Erzählte Geschichte. Narrative Strukturen in der französischen Annales-Geschichtsschreibung. Berlin 2005.
Schneider, Axel: Wahrheit und Geschichte. Zwei chinesische Historiker auf der Suche nach einer modernen Identität für China. Wiesbaden 1997.

Scholz-Williams, Gerhild: Geschichte und die literarische Dimension: Narrativik und Historiographie in der anglo-amerikanischen Forschung der letzten Jahrzehnte. Ein Bericht. In: Deutsche Vierteljahrsschrift für Literaturwissenschaft und Geistesgeschichte 63 (1989), S. 315–388.
Stone, Lawrence: The Revival of Narrative. Reflection of a New Old History. In: Past and Present 85 (1979), S. 3–24.
Vann, Richard T.: Louis Mink's Linguistic Turn. In: History and Theory 26 (1987), S. 1–14.
Vann, Richard T.: The reception of Hayden White. In: History and Theory 27 (1998), S. 143–161.
White, Hayden V.: Metahistory. The Historical Imagination in Nineteenth-Century Europe. Baltimore u. a. 1973.
White, Hayden V.: Tropics of Discourse: Essays in Cultural Criticism. Baltimore u. a. 1978.
White, Hayden V.: The Content of Form. Narrative Discourse and Historical Representation. London 1987.

Namen- und Sachregister

‚Als-ob' 7, 17, 21, 50, 84, 86, 89–91, 135 f., 145, 164, 166–168, 271, 281 f., 288, 293 f., 301, 321, 324, 326, 340 f., 398, 408, 469, 487, 508
Alward, Peter 72
Antikognitivismus, s. Kognitivismus
Antirealismus, s. Realismus
Aristoteles 26, 51, 255, 302, 349, 363, 378–382, 427, 434
Augustinus von Hippo 229, 392, 396, 413, 432
Authentizität 28, 367 f., 372, 376, 380, 392, 402, 409, 479, 483–485, 488
Autonomie 116, 150, 216, 236, 239, 369, 385 f., 393, 396, 410, 477
Azzouni, Jody 128, 145

Banfield, Ann 42, 99
Barclay, John 424, 428, 430
Bareis, J. Alexander 98, 113
Barsalou, Lawrence W. 289
Barthes, Roland 243
Beardsley, Monroe C. 43, 146 f.
Beauchard, Pierre-François (David B.) 455
Bechdel, Alison 455
Behauptung 9, 37, 43, 48, 73, 76–94, 125, 132, 136 f., 140, 143–145, 160 f., 164 f., 168, 171, 174, 177, 203, 230, 238, 240, 303, 406, 323, 431, 503 f.
Ben-ze'ev, Aaron 317
Bernardus Silvestris 397 f.
Bild / Abbild 15, 28, 30, 51, 53, 62 f., 176, 221–223, 225, 229, 23, 243, 304–306, 321, 323, 344, 379, 380, 446, 452 f., 455–459, 462, 487–490, 527
Bildakttheorie 489
Birken, Siegmund von 425–427

Blume, Peter 236, 240, 247, 250 f.
Bodel, Jean 399 f.
Boyd, Brian 289
Braithwaite, R. B. 166, 169
Branigan, Edward 449
Brock, Stuart 510
Brock, Timothy C. 308, 352
Buchholtz, Andreas Heinrich 432
Burkert, Walter 363
Burrichter, Brigitte 393 f.

Cacioppo, John T. 351
Calle, Sophie 485
Carroll, Noël 228, 322 f., 453–455
Carter, Rita 281
Chrétiens de Troyes 386, 399
Cohn, Dorrit 99 f., 107, 114, 119
Coleridge, Samuel Taylor 17, 44, 318, 375, 377
Colonna, Vincent 98
Comic 3, 5, 27, 47, 121, 309, 444–446, 448–452, 455–461
Computerspiel 28, 444–452, 457–461
Cosmides, Leda 280, 284, 290 f.
Crittenden, Charles 167, 170 f., 235 f.
Csíkszentmihály, Mihály 346
Currie, Gregory 13, 18, 28, 36, 43, 50, 52 f., 80 f., 91, 93, 136, 141 f., 144, 200–203, 205–206, 245, 326, 329, 334, 445–448, 453, 471 f., 477

Danneberg, Lutz 408
Dante Alighieri 396 f., 412 f.
Danto, Arthur C. 520, 525
Darstellung, s. Repräsentation
David B., s. Beauchard, Pierre-François
Davies, Charlotte Adèle 483

Denotation 224 f.
Derrida, Jacques 242
Detienne, Marcel 368
Dijk, Teun van 343
Dokumentarfilm 296, 444, 452 f., 454
Doležel, Lubomír 13, 16, 242, 259–262, 266, 447
Dutton, Denis 151, 280

Eibl, Karl 236, 240–242
Eklund, Matti 502–506
Elgin, Catherine 212
Elster, Jon 328
Emin, Tracey 485
Emotion /Gefühl 8, 20, 22–24, 38, 55, 209, 217, 228 f., 231, 279, 283 f., 286, 290 f., 298 f., 313–335, 345–352, 437
Empathie / Identifikation 24, 309, 334, 346 f., 348–352, 380
Emplotment 247, 521 f.
Erzählen, faktuales 6, 21, 26, 61, 99–101, 104f, 107–121, 129, 140, 144, 235–252, 289, 292 f., 385, 388–395, 397, 399, 401–407, 409, 412, 416, 520, 526
Erzählen, unzuverlässiges 58, 65, 113 f., 177, 192, 195, 202, 403, 405, 456
Erzähler, fiktiver 12, 27, 40–42, 80 f., 84, 100, 112 f., 116, 200, 202, 215, 267, 387, 402–406, 501
Everett, Anthony 184–186
Exemplifikation 182, 224, 226, 284, 294
Existenz fiktiver Gegenstände 6, 22 f., 44, 131–140, 159–189, 291, 314 f., 317, 319, 323, 353, 505–507, 509, 512
Existenz des Dargestellten 27, 286, 453

Farrell, Frank B. 211, 224
Feagin, Susan 326
Fielding, Henry 228
Fiktionalismus 236, 323–326, 496–513
Fiktionalität, Grade/Abstufung/Skalierung der 47, 281, 293 f., 385, 400, 406–410
Fiktionalität, Institution der 5, 7, 9 f., 15, 17 f., 20, 26, 35–48, 62, 64, 81–83, 85 f., 88–90, 93, 100, 110, 119, 192–194, 241 f., 260, 266, 355, 387, 407, 419–428, 434, 436 f., 453–455, 459
Fiktionalität, Ursprünge der 35, 277–297, 304, 306, 363–384, 391

Fiktionalität, autonome vs. funktionale 385 f., 393–397, 410
Fiktionalitätssignal/-merkmal 10, 15, 25, 46, 64, 71, 73, 78, 97–124, 132, 294, 342, 389, 395, 399, 401–407, 419
Fiktionen, inkonsistente 199, 270 f.
Fiktionskompetenz 3, 10, 27, 35, 105, 300, 341, 352 f., 355, 432–434, 436, 461
Finkelberg, Margalit 364
Fish, Stanley 241
Frye, Northrop 521

Gabriel, Gottfried 236, 427
Gaut, Berys 150, 315, 329
Gedankenexperiment 118, 226, 497 f., 526
Gefühl, s. Emotion
Gegenstand, abstrakter 11 f., 136–137, 141 f., 174–187
Gendler, Tamar Szabó 329
Genette, Gérard 98, 110–112, 114 f., 118
Gerz, Jochen 487
Geschichtsschreibung 6, 19, 29 f., 216, 247 f., 381, 390, 400, 405, 429, 467, 479 f., 487, 516–529
Gibson, John 236, 240–242, 244
Giovannelli, Alessandro 301
Goldie, Peter 328, 333
Gombrich, Ernst H. 52, 482
Goodman, Nelson 43, 212, 225, 240 f., 478, 482
Gorman, David 99, 101, 121
Graesser, Arthur 344
Graphic Novel 23, 444, 455
Green, Dennis H. 394
Green, Melanie C. 352
Grice, Herbert Paul 18, 36, 39, 81, 101, 389
Grodal, Torben 286 f.
Groeben, Norbert 24, 98, 342, 349

Halliwell, Stephen 51, 379
Hamburger, Käte 44, 99, 114, 117
Hanley, Richard 199
Happel, Eberhard Guerner 429
Harsdörffer, Georg Philipp 424, 428, 431, 437
Hartmann von Aue 395, 400
Heidegger, Gotthard 432
Heintz, John 174
Hempfer, Klaus W. 101, 408

Herrmann, Meike 98, 100 f.
Holt, Nadine van 349
Hoogstraten, Samuel van 480, 492
Howell, Robert 174, 271
Huet, Pierre Daniel 429

Identifikation, s. Empathie
Illusion 28, 111, 114, 116, 287, 300, 303, 318, 321, 327, 478, 480 f., 483, 488
Imagination, s. Vorstellung
Immersion / Transportation 55, 308, 318, 350, 483, 487, 345–347, 352
Ingarden, Roman 43, 177, 206, 300 f., 306
Ingold, Res 486 f.
Inszenierung 28, 293, 389, 479, 483–487
Intention 8, 36, 39, 42, 46, 52 f., 61–64, 88, 100, 103 f., 120, 149 f., 168, 186, 194, 279, 288, 300, 328, 330, 387, 411, 413, 446, 453–455, 469
Intentionalität 328, 343, 413
Interpretation 4, 7, 11–13, 38, 47, 57 f., 68, 88, 93, 100 f., 103, 105, 111, 113–115, 120, 125, 127 f., 135, 146–154, 166, 169, 186, 190–192, 200, 202–204, 206, 209, 236, 247, 257 f., 264, 278, 331, 338 f., 344, 375, 387, 401, 408, 421, 482, 519, 525
Involvement 284, 345–347, 352
Inwagen, Peter van 138
Iser, Wolfgang 235, 306
Isidor von Sevilla 410 f.

Jackson, Frank 171
Jacquenod, Claudine 98, 118
Johns, Jasper 474, 482, 491
Juul, Jesper 450 f.

Kant, Immanuel 222, 231, 302
Kenny, Anthony 317
Kintsch, Walter 343
Klee, Paul 223
Knapp, Fritz Peter 396
Kognitivismus / Antikognitivismus 137, 215–219
Kognitivismus (der Emotionen) 313, 323, 325, 327–332
Kommunikation 5, 10, 14, 18, 36, 52, 70, 76, 90, 93 f., 100 f., 104, 246, 294, 309, 340, 363 f., 375, 377, 389, 407, 423, 430 f., 434, 453, 455, 486

Köppe, Tilmann 65, 98, 101, 315
Kovakovich, Karson 329
Künne, Wolfgang 134, 136, 140, 183

Lamarque, Peter 2, 35–43, 209, 227, 235, 238, 244, 246, 251, 321
Leerstelle / Unbestimmtheitsstelle 56, 125, 139, 177, 183–186, 202, 206, 306, 346, 404, 447
Lejeune, Philippe 113
Leslie, Alan M. 281 f., 288
Levinson, Jerrold 476
Lewis, David 13, 69, 136, 194–200, 205 f., 265 f., 270–271, 510 f.
Lüge 3, 6, 26, 71, 78, 83, 93, 229, 364, 374 f., 378, 382, 388, 396, 405 f., 409 f., 412 f., 421 f., 431–433, 457, 517
Luther, Martin 413
Lyotard, Jean-François 526

Make-Believe 7 f., 17, 20, 37, 43 f., 50–66, 145, 200, 286, 323–327, 354, 445, 453, 468–477, 489 f.
Malevich, Kasimir 472, 491
Mally, Ernst 182
Mandelbaum, Maurice 525
Mar, Raymond A. 353
Margolis, Joseph 146, 151, 167, 171
Martinich, Aloysius P. 81, 90, 130, 134
Matravers, Derek 329
Meinong, Alexius 138 f., 172, 177, 182, 186 f., 314, 335
Mellmann, Katja 290
Metafiktion, s. Rede, metafiktionale
Metz, Christian 318, 453
Mimesis 51, 378–380, 404, 480
Mink, Louis 525
Modallogik 13 f., 48, 255–272, 513
Modell, mentales 343–346
Mögliche Welten 13, 29, 167, 174, 194–196, 198 f., 205 f., 256–272, 447 f., 505, 508, 510 f.
Montfoort, Ineke van 98
Moran, Richard 332 f.
Moyal-Sharrok, Danièle 332
Mutual Belief Principle 59, 198–200, 201, 266, 446
Mythos 370 f., 381, 390–392, 397, 409, 489

Nagel, Thomas 227, 244

Narrativität 6, 24, 30, 36, 98, 110, 235, 246–250, 267 f., 307 f., 322, 343, 391, 394 f., 399, 402–404, 409, 446–448, 450 f., 485, 487, 516–529
Neumann, Birgit 115
Nichols, Shaun 330, 334 f.
Nickel-Bacon, Irmgard 98, 107 f., 342
Nietzsche, Friedrich 238, 242, 247, 522
Noneismus 167, 172 f.
Nünlist, René 369
Nünning, Ansgar 115

Oatley, Keith 353
Odin, Roger 454 f.
Olsen, Stein Haugom 2, 35–43, 209, 227, 235, 238, 244, 246, 251
Ontogenese (des Fiktionsverstehens) 340 f.
Ontologie 6 f., 11 f., 15 f., 19, 41, 44, 48, 132–140, 159–187, 191, 259, 261–263, 265, 286, 289, 291, 300, 303, 324, 387, 420, 499 f., 505–507, 509 f., 523
Opitz, Martin 424, 428, 430

Packard, Stephan 450
Panfiktionalismus 19 f., 235–254
Paradoxon der Fiktion 22 f., 55, 290 f., 313–335, 347, 489
Paratext 10, 64, 98, 100 f., 103, 106, 118 f., 342, 401–403, 406, 454
Parsons, Terence 138 f., 174
Pavel, Thomas G. 16, 259, 261–264, 266, 447
Peer, Willie van 345
Petty, Richard E. 351
Phantastik 28, 59, 104, 108, 363, 370, 401 f., 412, 479, 488
Pinker, Steven 279
Plantinga, Carl R. 453 f., 455
Platon 215 f., 376, 378–380, 383, 412, 433 f., 480
Plinius d. Ä. 480
Pollock, Jackson 473
Pragmatik 7, 10, 15–19, 44, 68, 89, 98, 125, 135 f., 139, 246, 259, 261, 263, 342, 387, 406, 423, 430–433, 436, 453–456, 459, 504, 512
pretence / pretense 9, 37, 51, 56, 81–86, 90, 211, 284, 288, 330, 340, 347, 503, 508, 511
Priest, Graham 167, 172, 262

Proudfoot, Diane 265, 270 f.
Putnam, Hilary 227

Radford, Colin 314 f., 319 f.
Rationalität 32, 36, 154, 201, 313, 315 f., 319, 324 f., 329, 331–333, 390, 402
Ravenscroft, Ian 326, 329, 334
Realismus / Antirealismus bezügl. fiktiver Gegenstände 4 f., 11 f., 132–140, 159–187, 262, 354, 509 f., 512 f.
Realismus der Darstellung 109, 111, 286–289, 292, 300, 345 f., 447, 452, 454, 457, 459, 473, 480–482
Realität / Wirklichkeit
Reality Principle 59, 196–200, 266, 346, 446 f.
Rede, fiktionsinterne 125–134, 140–146, 137
Rede, metafiktionale 68 f., 86, 115 f., 125–130, 132–140, 142, 146, 404
Referenz 10 f., 56, 75, 131 f., 134, 136, 140–142, 164, 166 f., 170–172, 179, 237–239, 241–246, 260, 291, 393, 397–399, 467, 477 f., 500, 527
Repräsentation / Darstellung 8, 12, 23, 28, 52–54, 56, 65 f., 99 f., 107, 111 f., 148, 196, 198, 208, 223 f., 227, 230, 237, 250, 286, 289, 291 f., 330, 379, 383, 387, 408, 412 f., 445–461, 467–478, 482, 485, 487 f., 517, 527–529, 535
Repräsentation, mentale / kognitive Repräsentation 21–23, 280–285, 289–293, 303–305, 307, 321 f., 343, 347
Rezeption 6–10, 17–19, 20–25, 27, 35–40, 42–44, 51 f., 55, 58, 63 f., 100, 102, 104–106, 113, 118, 192, 261, 264, 285, 298–310, 316, 318, 327, 338–356, 364, 381, 401, 406 f., 453–455, 461, 489 f.,
Rezeptionssignal, s. Fiktionalitätssignal/-merkmal
Ricoeur, Paul 516, 523–525
Riffaterre, Michael 102
Robinson, Jenefer 331
Roman 3, 6, 8, 18, 22, 27, 39, 46, 53–56, 58, 60, 63, 71, 87 f., 99, 116, 118, 120, 197 f., 210 f., 227 f., 230 f., 303 f., 331, 347, 385 f., 393–396, 399–401, 404–406, 409–413, 422–426, 429, 432 f., 467, 496, 526
Rosen, Gideon 510 f.
Ruiswijk, Willem van 98

Namen- und Sachregister

Ryan, Marie-Laure 28, 60, 235 f., 242, 247, 249–251, 267 f., 307, 346, 445, 447 f.
Ryle, Gilbert 50–52, 166

Sainsbury, R. Mark 135 f., 512 f.
Salmon, Nathan 137, 141 f.
Sartre, Jean-Paul 268, 302, 496
Satrapi, Marjane 455
Saussure, Ferdinand de 238 f., 242, 245, 247, 251
Schaeffer, Jean-Marie 99, 101
Schaper, Eva 323 f.
Schlingensief, Christoph 486 f.
Schmidt, Siegfried J. 240
Schreier, Margrit 98, 107 f., 342
Schüwer, Martin 449 f.
Scruton, Roger 321 f.
Searle, John R. 9, 16 f., 43, 69–95, 107, 131, 160, 211, 511
Seurat, Georges 58, 470, 490
Shusterman, Richard 147 f.
Sidney, Philip 43, 388, 430 f.
Simulation 38, 81–86, 89, 91–95, 286–9, 291, 306, 323, 325 f., 348, 353, 451, 459, 468, 479 f., 483, 485
Singer, Murray 344
Sklovskij, Viktor 224
Small, David 455
Solomon, Robert 317
Spiegelman, Art 455
Spielfilm 4, 8, 22, 28, 47, 55, 286, 306, 309, 444
Sprechakt 9, 16, 37, 40 f., 43, 68, 76–95, 145 f., 148–150, 153 f., 160, 164, 168, 260, 388, 420, 469, 503, 511
Stanley, Jason 508 f., 511 f.
Stecker, Robert 128, 136, 142 334
Stevenson, Charles L. 153
Stich, Stephen 330, 335
Stolnitz, Jerome 211
Stroll, Avrum 130, 134
Stühring, Jan 13, 202–206
Suits, David B. 326 f.
Sutrop, Margit 52
Swirski, Peter 288

Tatsache, fiktive 6–8, 12 f., 190–206, 265 f., 310, 445
Testimony / Zeugnis 214, 423
Theologie 370, 373, 396 f., 407, 436

Thomas von Aquin 388
Thomas, Christian 426, 433
Thomasson, Amie L. 136–138, 142
Thompson, Craig 455
Thüring von Ringoltingen 435
Trabasso, Tom 344
Transportation, s. Immersion
Tröhler, Margrit 452

Überzeugung 23, 27, 59 f., 74–76, 153, 160, 200–202, 205 f., 209, 212–214, 220 f., 232, 302–305, 308, 313, 317–319, 321–332, 334 f., 351 f., 354 f., 376, 431, 446, 519
Unbestimmtheitsstelle, s. Leerstelle
Urteil 146 f., 153, 218 f., 222, 227, 231, 315, 317 f. 321–325, 328, 332, 435 f.

Vaihinger, Hans 251, 301
Vermeule, Blakey 288
Virtualität 28, 346, 479, 483, 523, 527
Voltaire (François-Marie Arouet) 231
Voltolini, Alberto 185
Vorstellung / Imagination 7 f., 17 f., 20–22, 28, 37–42, 52 f., 62–65, 186, 193 f., 200, 205 f., 222, 228, 248, 260, 266, 277, 280–294, 298 f., 301–309, 313, 322, 325, 329 f., 334 f., 346, 354, 369, 372 f., 431, 445 f., 469 f., 475–7, 479, 489 f.
Voss, Christiane 318

Wahrheit 9–12, 22, 29, 39, 42, 44, 61, 68, 70–73, 74, 78–81, 84, 89, 93, 95, 101, 113, 120, 125–128, 131–133, 136–138, 143, 147, 151 f., 161, 163 f., 166–168, 170, 176, 179–183, 213 f., 216, 220 f., 229 f., 240, 245, 258, 263 f., 266, 269–272, 281 f., 303, 305, 322, 363 f., 368–371, 373–375, 378 f., 382, 387 f., 392–394, 396–399, 405 f., 411, 425, 428–430, 432, 435, 456, 497, 499 f., 505, 507, 509, 518, 525–527
Wahrheit, fiktionale 51, 55–61, 64 f., 72, 135, 140, 142–146, 190–206, 269–272, 469 f., 489
Wahrnehmung 102, 105, 146, 221 f., 224, 243, 247, 279–283, 286, 293, 303–306, 309, 320, 323, 328–330, 344, 353, 407, 467, 470, 473, 475–477, 482, 489 f.

Wahrscheinlichkeit 98, 108 f., 255, 381, 411, 426, 428, 434
Walker, Jill 451
Wall, Jeff 484 f., 492
Walsh, Richard 112
Walton, Kendall L. 8 f., 13, 17, 22, 28, 30, 41, 43 f., 50–66, 136, 191, 193 f., 196, 198, 205 f., 209, 251, 261, 271 f., 286, 301, 306 f., 324–327, 445–448, 451, 468–477, 490, 505, 508
West, Martin L. 363
Weston, Michael 320 f.
White, Hayden 30, 247–249, 251, 394, 516, 518, 520–529
Wildekamp, Ada 98
Wirklichkeit, s. Realität

Wissen 5, 20, 22, 24 f., 127, 177, 190–206, 209–232, 255, 259, 264, 355, 390, 518, 526–529
Wolfram von Eschenbach 395, 400, 403, 405
Wollheim, Richard 476 f.
Wolterstorff, Nicholas 137, 209, 488

Yablo, Stephen 501, 503–505, 511 f.
Yanal, Robert 321

Zesen, Philipp von 425 f., 429
Zillmann, Dolf 347
Zipfel, Frank 10, 62, 243, 292, 314, 408, 452
Zeugnis, s. *Testimony*

Anschriften der Beiträgerinnen und Beiträger

PD Dr. J. Alexander Bareis – Lunds Universitet, Språk- och litteraturcentrum, Box 201, S-22100 Lund, alexander.bareis@tyska.lu.se

Prof. Dr. Ursula Christmann – Universität Heidelberg, Psychologisches Institut, Hauptstraße 47–51, D-69117 Heidelberg, Ursula.Christmann@psychologie.uni-heidelberg.de

PD Dr. Sonja Glauch – Universität Erlangen-Nürnberg, Institut für Germanistik, Bismarckstr. 1, D-91054 Erlangen, sonja.glauch@fan.de

Prof. Dr. Norbert Groeben – Peterstalerstr. 103, D-69118 Heidelberg, n.groeben@uni-koeln.de

Prof. Dr. Stefan Haas – Universität Göttingen, Seminar für Mittlere und Neuere Geschichte, Heinrich-Düker-Weg 14, D-37073 Göttingen, stefan.haas@phil.uni-goettingen.de

Dr. Tobias Klauk – Universität Göttingen, Courant Forschungszentrum „Textstrukturen", Nikolausberger Weg 23, D-37073 Göttingen, tobias.klauk@zentr.uni-goettingen.de

Prof. Dr. Tilmann Köppe – Universität Göttingen, Courant Forschungszentrum „Textstrukturen", Nikolausberger Weg 23, D-37073 Göttingen, tilmann.koeppe@zentr.uni-goettingen.de

Dr. Eva-Maria Konrad – Universität Regensburg, Lehrstuhl für Neuere deutsche Literaturwissenschaft 2, Universitätsstraße 31, D-93053 Regensburg, Eva-Maria.Konrad@sprachlit.uni-regensburg.de

Prof. Dr. Edgar Onea – Universität Göttingen, Courant Forschungszentrum „Textstrukturen", Nikolausberger Weg 23, D-37073 Göttingen, edgar.onea@zentr.uni-goettingen.de

Prof. Dr. Maria Elisabeth Reicher – RWTH Aachen, Philosophisches Institut, Eilfschornsteinstraße 16, D-52062 Aachen, maria.reicher-marek@rwth-aachen.de

Prof. Dr. Wolfgang Rösler – Humboldt-Universität zu Berlin, Institut für Klassische Philologie, Unter den Linden 6, D-10099 Berlin, wolfgang.roesler@rz.hu-berlin.de

Prof. Dr. Oliver R. Scholz – Universität Münster, Philosophisches Seminar, Domplatz 23, D-48143 Münster, oscholz@uni-muenster.de

Jan-Noël Thon – Universität Tübingen, Medienwissenschaft, Wilhelmstr. 50, D-72074 Tübingen, jan.thon@uni-tuebingen.de

Dr. Íngrid Vendrell Ferran – Universität Marburg, Institut für Philosophie, Wilhelm-Röpke-Straße 6, D-35032 Marburg, vendrell@staff.uni-marburg.de

Dr. Regina Wenninger – Zentralinstitut für Kunstgeschichte, Katharina-von-Bora-Str. 10, D-80333 München, r.wenninger@zikg.eu

Jan C. Werner – Universität Göttingen, Promotionsprogramm „Theorie und Methodologie der Textwissenschaften und ihre Geschichte" (TMTG), Kreuzbergring 50, D-37075 Göttingen, Jan.Werner@phil.uni-goettingen.de

PD Dr. Frank Zipfel – Universität Mainz, Institut für Allgemeine und Vergleichende Literaturwissenschaft, Jakob-Welder-Weg 18, D-55128 Mainz, fzipfel@uni-mainz.de

Prof. Dr. Rüdiger Zymner – Universität Wuppertal, FB A: Allgemeine Literaturwissenschaft, Gaußstr. 20, D-42097 Wuppertal, zymner@uni-wuppertal.de

www.ingramcontent.com/pod-product-compliance
Lightning Source LLC
Chambersburg PA
CBHW070746230426
43665CB00017B/2264